Vor der Reise
Calvados

Praktische Reisetipps A–Z
Bessin und Bocage

Land und Leute
Halbinsel Cotentin

Seine-Tal
Bucht von St.-Michel

Côte d'Albâtre, Pays de Caux
Département Orne

Côte Fleurie
Anhang

Côte de Nacre
Kartenatlas

Pays d'Auge

Hans Otzen
Normandie

Die Normannnen sind noch immer, wie vor tausend Jahren,
ein Volk von Fischern, Seefahrern und Bauern.
Es ist ein rühriger Menschenschlag,
listenreich, zäh und lebensbejahend.
(Frank Theisen, langjähriger Frankreich-Korrespondent)

Impressum

Hans Otzen
Normandie

erschienen im
REISE KNOW-HOW Verlag Peter Rump GmbH
Osnabrücker Str. 79
33649 Bielefeld

© Peter Rump 2001
2., komplett aktualisierte Auflage 2003

Alle Rechte vorbehalten.

Gestaltung
  Umschlag: M. Schömann, P. Rump (Layout);
    Günter Pawlak (Realisierung)
  Inhalt: Günter Pawlak (Layout und Realisierung)
  Fotos: der Autor (HO), Caroline Tiemann (CT), Anja Fröhlich (AF)
  Titelfoto: Anja Fröhlich
  Bildbearbeitung: Becker Reprotechnik
  Karten: Catherine Raisin, Thomas Buri, der Verlag

Lektorat: Anja Fröhlich
Lektorat (Aktualisierung): Liane Werner

Druck und Bindung
  Fuldaer Verlagsagentur

ISBN 3-8317-1124-0
Printed in Germany

Dieses Buch ist erhältlich in jeder Buchhandlung der BRD,
der Schweiz, Österreichs, Belgiens und der Niederlande.
Bitte informieren Sie Ihren Buchhändler
über folgende Bezugsadressen:
BRD
  Prolit GmbH, Postfach 9, 35461 Fernwald (Annerod)
  sowie alle Barsortimente
Schweiz
  AVA-buch 2000
  Postfach, CH-8910 Affoltern
Österreich
  Mohr Morawa Buchvertrieb GmbH
  Sulzengasse 2, A-1230 Wien
Niederlande, Belgien
  Willems Adventure
  Postbus 403, NL- 3140 AK Maassluis

Wer im Buchhandel trotzdem kein Glück hat,
bekommt unsere Bücher auch direkt bei:
Rump Direktversand Heidekampstraße 18,
D-49809 Lingen (Ems) oder über
unseren **Büchershop im Internet:**
www.reise-know-how.de

*Wir freuen uns über Kritik, Kommentare
und Verbesserungsvorschläge.*

*Alle Informationen in diesem Buch sind vom
Autor mit größter Sorgfalt gesammelt
und vom Lektorat des Verlages gewissenhaft
bearbeitet und überprüft worden.*

*Da inhaltliche und sachliche Fehler nicht ausgeschlossen
werden können, erklärt der Verlag,
dass alle Angaben im Sinne der Produkthaftung
ohne Garantie erfolgen und dass Verlag
wie Autor keinerlei Verantwortung und
Haftung für inhaltliche und sachliche Fehler
übernehmen.*

*Die Nennung von Firmen und ihren Produkten und
ihre Reihenfolge sind als Beispiel ohne Wertung
gegenüber anderen anzusehen.
Qualitäts- und Quantitätsangaben sind rein subjektive
Einschätzungen des Autors und dienen keinesfalls
der Bewerbung von Firmen oder Produkten.*

Hans Otzen

Normandie

REISE KNOW-HOW im Internet

Aktuelle Reisetipps und Neuigkeiten
Ergänzungen nach Redaktionsschluss
Büchershop und Sonderangebote
Weiterführende Links zu über 100 Ländern

www.reise-know-how.de
info@reise-know-how.de

Wir freuen uns über Anregung und Kritik.

Inhalt

Vorwort	11
Hinweise zur Benutzung	12

Vor der Reise

Informationen	16
Botschaften und Konsulate	17
Ein- und Ausreisebestimmungen	18
Geld und Kosten	19
Versicherungen	19
Reisezeit	21
Ausrüstung	22

Praktische Reisetipps A–Z

Anreise	26
Auto fahren	27
Baden und Strände	29
Behinderte unterwegs	31
Einkaufen	32
Elektrizität	34
Essen und Trinken	34
Feiertage	39
Foto und Video	39
Gesundheit	40
Medien	41
Nachtleben	41
Notfälle	42
Öffnungszeiten	42
Post	43
Sport	43
Sprache	46
Telefonieren	49
Tiere	49
Tourist-Informationen	50
Unterkunft	50
Verkehrsmittel	57

Land und Leute

Geologie und Geografie	60
Klima	63
Pflanzen- und Tierwelt	64
Die Gezeiten	68
Geschichte	70
Die Normandie heute	97
Bevölkerung und Wirtschaft	100
Architektur	109
Malerei, Literatur, Kunsthandwerk	121

Im Osten der Normandie

Das Seine-Tal der Haute Normandie

Überblick	130
Vernon	131
Das normannische Vexin	137
Gaillon	141
Les Andelys	142
Von Les Andelys bis Rouen	145
Im Tal der Andelle	151
Im Tal der Eure	155
Rouen	169
Die Straße der Abteien	189
Risle aufwärts in das Pays d'Ouche	203
Le Havre	220

Côte d'Albâtre und Pays de Caux

Überblick	230
Étretat	233
Fécamp	237
Plateau de Caux	243
Caux Maritime	245
Dieppe	257
Das Pays de Bray	267
Le Tréport	273
Eu und das Tal der Bresle	277

INHALT

Im Herzen der Normandie

Die Côte Fleurie
Überblick	286
Honfleur	287
Côte de Grâce	297
Trouville-sur-Mer	298
Deauville	302
Villers-sur-Mer	309
Houlgate	313
Dives-sur-Mer	315
Cabourg	318

Die Côte de Nacre
Überblick	324
Sword Beach	325
Juno Beach	330
Gold Beach	338
Omaha Beach	343

Das Pays d'Auge
Überblick	350
Im unteren Pays d'Auge	351
Das zentrale Pays d'Auge	360
Im oberen Pays d'Auge	374

Im Herzen von Calvados
Überblick	392
Caen	392
Die Umgebung von Caen	405
In der Ebene von Caen	409
Pays de Falaise	411
Ausflug in die Suisse Normande	418

Bessin und Bocage
Überblick	423
Bayeux	424
Die Umgebung von Bayeux	432
Westliches Bessin	433
Pré-Bocage	437
Bocage	439

Im Westen der Normandie

Die Halbinsel Cotentin
Überblick	450
Saint-Lô	451
Utah Beach	457
Der Nordosten	463
Cherbourg-Octeville	470
Cap de la Hague	476
Die Westküste	480

Die Bucht von Mont St.-Michel
Überblick	498
Granville	498
Die Bucht	504
Avranches	509
Le Mont St.-Michel	513
Das Hinterland	522

Im Süden der Normandie

Das Département Orne
Überblick	532
Domfront	533
Bagnoles-de-l'Orne	536
Carrouges	538
Sées	540
Argentan	546
Alençon	551
Die Region Perche	559

Anhang

Literaturtipps	568
Glossar	569
Französische Küchenausdrücke	576
Kleine Sprachhilfe	578
Register	590
Der Autor	600
Kartenatlas	**nach 600**

Exkurse

- Cidre, Calvados und Pommeau 35
- Guy de Maupassant – ein normannischer Schriftsteller 48
- Der Atlantikhummer – ein rauer Geselle 65
- Normannische Seefahrer auf allen Weltmeeren 86
- Das Normanner Rind 104
- Die Herrenhäuser des Pays d'Auge 116
- Claude Monet in Giverny 134
- Richard Löwenherz – Abenteurer auf dem Königsthron? 146
- Gustave Flaubert und seine Madame Bovary 152
- Jeanne d'Arc – ein Bauernmädchen macht Weltgeschichte 182
- Parc Naturel Régional de Brotonne 198
- Der Englische Landungsversuch in Dieppe 264
- Eugène Boudin und die Wurzeln des Impressionismus 292
- Wilhelm der Eroberer 316
- Marcel Proust – ein Leben an der Küste 320
- D-Day: Die Landung der Alliierten am 6. Juni 1944 346
- Camembert – der berühmteste Käse der Normandie 386
- Der Teppich von Bayeux 430
- Le Parc Naturel Régional des Marais du Cotentin et du Bessin 454
- Ein Ausflug zu den Kanalinseln 485
- Ein Abstecher zu den Îles Chausey 503
- Le Percheron – das Arbeitspferd aus der Normandie 558
- Das Blutwurstfest von Mortagne-au-Perche 560

Kartenverzeichnis

Stadtpläne

Alençon 552
Argentan 547
Avranches 508
Bayeux 428
Bernay 214
Caen 394
Cherbourg 471
Coutances 490
Dieppe 259
Évreux 158
Falaise 412
Granville 500
Honfleur 291
Le Havre 222
Le Mont St.-Michel 514
Les Andelys 144
Lisieux 362
Rouen .... in der vorderen Umschlagklappe
Sées 541
Vire 440

Landkarten im Farbkarten-Atlas nach Seite 600

Halbinsel Cotentin (nördl.) II
Alabasterküste (westl.), Pays de Caux IV
Alabasterküste (östl.), Pays de Caux, Pays de Bray VI
Halbinsel Cotentin (südl.) VIII
Côte de Nacre, Caen, Bayeux, Bessin und Bocage X
Côte Fleurie, Risle aufwärts, Pays d'Auge XII
Rouen und das Seine-Tal XIV
Im Tal der Eure XVI
Bucht von Mont St.-Michel, Bocage XVIII
Suisse Normande, Département Orne XX
Alençon und Perche XXII
Normandie, Überblick XXIV

Vorwort

Die Antwort auf die Frage, was an der Normandie so faszinierend ist, fällt ganz unterschiedlich aus – und dies muss angesichts ihres vielfältigen Erscheinungsbildes auch so sein.

Das helle Licht an der Kanalküste, das vom Meer und vom Strand reflektiert wird, hat schon die frühen Impressionisten so nachhaltig beeindruckt, dass sie ihre Staffeleien an den Stränden der kleinen Fischerdörfer aufstellten, die sich im 19. Jahrhundert schnell zu Seebädern entwickelten und mit ihrem Ambiente und den sich hier tummelnden Menschen interessante Motive abgaben – so entstanden die schönsten Bilder, die in der Geschichte der Malerei je hervorgebracht worden sind.

Die Architekten sind beeindruckt, weil in der Normandie die Wurzeln zum Baustil der Gotik gelegt wurden, der wir die glanzvollsten Kirchen des Mittelalters verdanken und die hier mit dem Flamboyant-Stil einen allerletzten Höhepunkt erfuhr.

Die Historiker sind beeindruckt, weil in der Normandie gleich mehrfach Weltgeschichte geschrieben wurde – als der Normannenherzog *Wilhelm* England eroberte, als im Hundertjährigen Krieg die Engländer vom europäischen Festland verdrängt wurden und nicht zuletzt, als die Alliierten im Juni 1944 in der Normandie landeten und damit das Ende des Zweiten Weltkrieges herbeiführten.

Die Feinschmecker sind beeindruckt, weil die Normandie so einmalig schöne Spezialitäten hervorgebracht hat, die längst weltberühmt sind: Da sind die Käsesorten wie Livarot oder Camembert, da ist der Apfel mit den Endprodukten Cidre, Pommeau oder Calvados, die Birne mit dem Birnenwein Poiré, da sind die herrlichen Fische, die Austern und die Hummer, die Fleischwaren, die Backwaren und die vielen anderen Köstlichkeiten.

Aber vor allem der Urlauber kommt auf seine Kosten – die Strände an der Côte Fleurie zählen zu den schönsten Frankreichs und die Badeorte an der Kanalküste bieten für jeden Geschmack etwas, angefangen bei den mondänen Badeorten wie Deauville oder Trouville über die Familienseebäder wie Villers-sur-Mer, Houlgate oder Cabourg bis hin zu einsamsten Stränden, wie sie nach wie vor an der Küste der Halbinsel Cotentin zu anzutreffen sind.

Doch die Normandie bietet weit mehr als Gotik, Strände und Küste. Da sind die kulturhistorisch so interessanten Großstädte Rouen und Caen, da ist Bayeux mit dem einmaligen Wandteppich, der die Geschichte der Eroberung Englands durch den Normannenherzog Wilhelm so plastisch schildert.

Und dann gibt es die vielen, eher versteckten Schönheiten der Normandie, die Besucher nur entdecken können, wenn sie darauf hingewiesen

Hinweise zur Benutzung

Dieses Reisehandbuch versteht sich in erster Linie als Ratgeber für Urlauber, die die Normandie individuell entdecken möchten.

In den Kapiteln **Vor der Reise** und **Praktische Reisetipps A–Z** erhält der Leser alle notwendigen Informationen und Adressen, die er zur Vorbereitung der Reise und während des Urlaubs braucht.

Das Kapitel **Land und Leute** erlaubt vertiefende Einblicke in die Gesellschaft, Geschichte und Kultur des Reiseziels.

Der Aufbau der **Ortsbeschreibungen** folgt der gängigen Reiseroute der Besucher der Normandie. Von Paris kommend führt der Weg die Seine flussabwärts, wo man in Gisors normannischen Boden betritt. Von hier aus wird zunächst der Unterlauf der Seine mit der Hauptstadt der Normandie, Rouen, beschrieben. Die Reise- und Beschreibungsroute richtet sich dann zunächst ostwärts aus, der Alabasterküste entlang. Anschließend werden die Küstenabschnitte des Départements Calvados, die Côte Fleuri und die Côte de Nacre mit ihrem Hinterland beschrieben. Hier wird ein besonderes Augenmerk auf das Pays d'Auge mit seinen wunderschönen Herrenhäusern (manoirs) gelegt. Die Reiseroute folgt dann der Küstenlinie der Halbinsel Cotentin mit ihren teilweise noch weitgehend unberührten Stränden. Einen weiteren Höhepunkt bildet

werden. Gerade auch jenen Besonderheiten will sich dieser Reiseführer widmen, um ein umfassendes Bild von der Normandie zu vermitteln. Da seien nur die klassischen romanischen Abteien im unteren Seine-Tal erwähnt, das Pays d'Ouche mit seinen reizvollen Flussläufen und Dörfern, das Pays d'Auge mit seinen zauberhaften Herrenhäusern, die Region Perche mit ihrer traditionellen Pferdezucht, das vom Tal der Orne geprägte Erholungsgebiet der Swisse Normande, die landschaftlichen Schönheiten des Parc Naturel Régional de Normandie-Maine und nicht zuletzt die Heckenlandschaft der Bocage.

Insofern bietet sich dem Besucher der Normandie ein vielfältiges Spektrum an Attraktionen und Sehenswürdigkeiten, mit denen man einen Erholungsurlaub an der Kanalküste besonders attraktiv gestalten kann!

Hans Otzen

Schloss Beaumesnil

der Mont Saint-Michel mit dem weltberühmten Kloster auf dem Heiligen Michaelsberg. Den Abschluss bildet die Beschreibung des Départements Orne mit dem Parc Naturel Régional Normandie-Maine.

Dem Aufbau der Ortsbeschreibungen liegt ein einheitliches Schema zu Grunde. Nach einem allgemeinem Überblick (soweit erforderlich) werden Informationen über den Standort gegeben, danach Hinweise zur Geschichte und zu den Sehenswürdigkeiten. Die **Praktischen Tipps** enthalten Angaben zu Fremdenverkehrsämtern, Hotels und Restaurants, Museen und Besichtigungsmöglichkeiten, sportlichen Aktivitäten, Einkaufsmöglichkeiten und sonstigen Attraktionen der beschriebenen Regionen.

Bei größeren Orten stehen die **Postleitzahl** und die **Telefon-Vorwahl** gleich am Anfang der Praktischen Tipps. Wird bei Adressen von Einrichtungen in der Umgebung keine eigene Vorwahl erwähnt, so gilt hier die oben angegebene.

Das gesamte Reisehandbuch ist aufgelockert durch **Exkurse,** die dem Leser Hintergrundwissen zu bestimmten Themen vermitteln.

Die **Stadtpläne** zu den größeren Orten und Städten finden sich in den jeweiligen Kapiteln. Übersichtskarten zu den beschriebenen Regionen sind im **Farbkarten-Atlas** zusammengefasst. Zusätzlich zu den Kopfzeilen wird am Beginn der einzelnen Ortsbeschreibungen mit Pfeil ↗ auf den Farbkarten-Atlas verwiesen. Außerdem befindet sich ein Blattschnitt in der hinteren Umschlagklappe.

Im Anhang findet der Leser **Literaturhinweise,** ein **Glossar,** eine **Kleine Sprachhilfe** und ein ausführliches **Register.**

VOR DER REISE

Vor der Reise

Die Église Saint-Maclou in Rouen

Fachwerkhäuser in Fécamp

Klippen an der Alabasterküste bei Yport

Informationen

Fremdenverkehrsämter – Maisons de France

In Deutschland
- Westendstraße 47, 60325 Frankfurt/Main, Tel. 069/97 58 01 31, Fax 069/74 55 56 oder Tel. 0190/57 00 25, Fax 0190/59 90 61 (0,62 € bzw. 1,21 DM/min), maison-de-la-france@t-online.de, www.franceguide.com

In Österreich
- Argentinerstraße 41a, 1040 Wien, Tel. 01/50 32 80, Fax 01/50 32 871, info@maison-de-la-france.at

In der Schweiz
- Rennweg 42, Postfach 7226, 8023 Zürich, Tel. 0900 900 699, Fax 01/217 46 17, tourismefrance@bluewin.ch

Französische Kulturinstitute

In Deutschland
- Kurfürstendamm 211, 10719 Berlin, Tel. 030/88 59 02 0, Fax 030/88 21 287, info@if-berlin.b.shuttle.de
- Sachsenring 77, 50677 Köln, Tel. 0221/93 18 770, Fax 0221/93 18 77 13, ifcologne@angel.de
- Zeppelinallee 21, 60325 Frankfurt, Tel. 069/79 40 60, Fax 069/79 40 620, if-ffm@t-online.de
- Seminarstr. 3, 69117 Heidelberg, Tel. 06221/60 58 0, Fax 06221/60 58 16, GPCheidelberg@t-online.de
- Hardenbergstr. 11, 24105 Kiel, Tel. 0431/80 49 65, Fax 0431/80 47 98 CCFKiel@t-online.de
- Lumumbastr. 11-13, 04105 Leipzig, Tel. 0341/58 98 90, Fax 0431/58 98 979, ifkultur@rz.uni-leipzig.de
- Kaulbachstr. 13, 80539 München, Tel. 089/28 66 28 0, Fax 089/28 66 28 666, institutfrancais.muenchen@t-online.de
- Stephanstr. 7, 18055 Rostock, Tel. 0381/45 50 07, Fax 0381/45 50 08, ifrostock@caramail.com
- Diemershaldenstr. 11, 70187 Stuttgart, Tel. 0711/23 92 50, Fax 0711/23 92 511, adm.if@t-online.de
- Französische Kulturinstitute gibt es außerdem in: Aachen, Bonn, Dresden, Düsseldorf, Erlangen, Hamburg, Hannover, Karlsruhe, Mainz, Saarbrücken und Tübingen.

In Österreich
- Währinger Straße 30, 1090 Wien, Tel. 01/319 65 08, Fax 01/317 69 97
- Rennweg 13, 6020 Innsbruck, Tel. 0512/58 13 92, Fax 0512/56 27 88
- Gemaltes Haus/Herzoghof, Herrengasse 3/II, 80 10 Graz, Tel. 0316/82 93 96 45, Fax 0316/82 93 98-5
- Georg Trakl-Haus, Waagplatz 1a/II/3, 5020 Salzburg, Tel. 0662/84 53 70, Fax 0662/84 88 91

In der Schweiz
- Es gibt kein Französisches Kulturinstitut in der Schweiz. Diese Aufgabe übernimmt die Kulturabteilung (*Service de Cooperation et d'Action Culturelle*) der Französischen Botschaft (Adresse: siehe „Botschaften und Konsulate").

Informationen aus dem Internet

Das **Fremdenverkehrsamt der Normandie** ist unter folgender Adresse im Internet zu finden:

- http://www. normandy-tourism.org
- E-Mail: normandy@imaginet.fr

Informationen zu den meisten Orten und Sehenswürdigkeiten kann man über die Internetadressen der örtli-

BOTSCHAFTEN UND KONSULATE

chen Fremdenverkehrsämter, der Museen, Schlösser etc. erhalten. Ansonsten helfen natürlich die üblichen Suchmaschinen weiter.

Aktuellste Infos und Tipps zur Ergänzung dieser Auflage sowie weiterführende Links finden sich außerdem auf der **Verlags-Homepage** unter den Stichwörtern „Latest News" und „Travellinks". Diesen Service bietet der Verlag zu allen Reiseführern von Reise Know-How:

● http://www.reise-know-how.de/

Botschaften und Konsulate

Botschaften und Konsulate bieten Hilfe in der Not – z.B. bei Verlust des Ausweises. Auch wenn man Opfer eines Diebstahls wurde und sich nicht mehr zu helfen weiß, sind die offiziellen Vertretungen Anlaufstellen, wo man Unterstützung erwarten kann.

Vertretungen in Frankreich

● **Botschaft der Bundesrepublik Deutschland,** 75008 Paris, 13/15, Avenue Franklin D. Roosevelt, Tel. 0153 83 45 00, Fax 0143 59 74 18, info@amb-allemagne.fr, www.amb-allemagne.fr, Konsularischer Amtsbezirk: Départements Calvados, Eure, Manche, Seine-Maritime, Orne
● **Honorarkonsulat der Bundesrepublik Deutschland,** 76600 Le Havre, 7, Rue Pierre-Brossolette, Tel. 0235 21 11 22, Fax 0235 21 15 54, Amtsbezirk: Départements Calvados, Manche, Seine-Maritime mit Ausnahme des Arrondissement Rouen
● **Honorarkonsulat der Bundesrepublik Deutschland,** 76000 Rouen, 43, Rue Jean Lecanuet, Tel. 0235 88 16 52, Fax 0235 88 79 78, Amtsbezirk: Arrondissement Rouen sowie Département Eure
● **Österreichische Botschaft,** 75007 Paris, 6, Rue Fabert, Tel. 0140 63 30 63, Fax 0145 55 63 65, paris-ob@bmaa.gv.at, www.amb-autriche.fr
● **Konsularabteilung der Österreichischen Botschaft,** 75007 Paris, 17, Avenue de Villars, Tel. 0140 63 30 90, Fax 0145 55 63 65, paris-ob@bmaa.gv.at, zuständig für alle Départements der Normandie
● **Schweizer Botschaft,** 75007 Paris, 142, Rue de Grenelle, Tel. 0149 55 67 00, Fax 0149 55 57 67, vertretung@par.admin.ch
● **Schweizer Konsulat,** 21000 Dijon, 18, Cours Général-de-Gaulle, Tel. 0280 38 16 47, Fax 0380 66 36 46

Vertretungen in Deutschland

● **Botschaft der Republik Frankreich,** 10117 Berlin, Pariser Platz 5 (Besucheradresse: Wilhelmstraße 69), Tel. 030/590 03 90 00, Webmaster@botschaft-frankreich.de, www. botschaft-frankreich.de
● **Konsularabteilung der Französischen Botschaft Berlin,** www.consulatfrance.de/Berlin Zuständigkeitsbereich: Berlin, Brandenburg, Mecklenburg-Vorpommern, Sachsen, Sachsen-Anhalt, Thüringen
● **Französisches Generalkonsulat Düsseldorf,** 40474 Düsseldorf, Cecilienallee 10, Tel. 0211/49 77 30, Fax 0211/49 12 240, www. consulatfrance.de/Düsseldorf, Zuständigkeitsbereich: Nordrhein-Westfalen
● **Französisches Generalkonsulat Frankfurt,** 60487 Frankfurt, Ludolfusstraße 13, Tel. 069/79 50 960, Fax 069/79 50 96 46, www.consulatfrance.de/francfort, Zuständigkeitsbereich: Hessen und Rheinland-Pfalz
● **Französisches Generalkonsulat Hamburg,** 20148 Hamburg, Pöseldorfer Weg 32, Tel. 040/41 41 060, Fax 040/41 41 06 60/50, cgf-hambourg@attglobal.net, www.consulfrance-hamburg.de, Zuständigkeitsbereich: Hamburg, Niedersachsen, Schleswig-Holstein, Bremen

Vor der Reise

Ein- und Ausreisebestimmungen

- **Französisches Generalkonsulat München,** 81675 München, Möhlstr. 5, Tel. 089/41 94 11-0, info@consulfrance-munich.de, www.consulfrance-munich.org, Zuständigkeitsbereich: Bayern
- **Französisches Generalkonsulat Saarbrücken,** 66111 Saabrücken, Johannisstraße 2, Tel. 0681/93 67 50, consulat.france.sarrebruck@t-online.de, www.consulatfrance.de/Sarrebruck, Zuständigkeitsbereich: Saarland
- **Französisches Generalkonsulat Stuttgart,** 70184 Stuttgart, Richard Wagner Straße 53, Tel. 0711/23 747, Fax 0711/23 60 537, www.consulfrance-stuttgart.org, Zuständigkeitsbereich: Baden-Württemberg

Vertretungen in Österreich

- **Französische Botschaft,** A-1040 Wien, Technikerstraße 2, Tel. 01/502 75 0, Fax 01/502 75 168, www.ambafrance-at.org
- **Französisches Konsulat,** A-1010 Wien, Wipplingerstraße 24, Tel. 01/536 12 0, Fax 01/356 12 253, fransulat@chello.at, www.ambafrance-at.org/consulat

Vertretungen in der Schweiz

- **Französische Botschaft,** CH-3006 Berne, Schosshaldenstraße 46, Tel. 031/359 21 11, Fax 031/359 21 91, www. ambafrance-ch.org/Files/frameset.htm
- **Französische Botschaft/Konsulat Bern,** CH-3006 Berne, Schosshaldenstraße 46, Tel. 031/359 21 11, Fax 031/359 21 74
- **Schweizer Generalkonsulat Genf,** CH-1205 Geneve, 11, Rue Imbert-Galloix, Tel. 022 319 00 00, Fax 022/319 00 71, consulat.france@ties.itu.int, www. consulfrance-geneve.org
- **Schweizer Generalkonsulat Zürich,** CH-8008 Zürich, Mühlebachstrasse, Tel. 01/268 85 85, Fax 01/268 85 00, consulat.france.zurich@swissonline.ch, www. consulfrance-Zurich.org

Ein- und Ausreisebestimmungen

Innerhalb der Europäischen Union sind alle Grenzen gefallen. Dennoch gibt es grundlegende Vorschriften, die einzuhalten sind.

So ist es erforderlich, einen **Personalausweis** mitzuführen. Kinder unter 16 Jahren benötigen einen Kinderausweis oder einen entsprechenden Eintrag in den Papieren der Eltern. Das gilt auch für Einreisende aus der Schweiz.

Bei **längeren Aufenthalten** (EU-Bürger sechs Monate, Schweizer drei Monate) sind Anmeldungen erforderlich, z.B. für den Wohnungswechsel. Genaue Auskunft erteilen Botschaften und Konsulate.

Wer mit dem eigenen Pkw anreist, sollte bedenken, dass die **Grüne Versicherungskarte** zwar nicht zwingend erforderlich ist, bei Unfällen aber oft verlangt wird.

Für alle **Haustiere** ist ein gültiges Impfzeugnis gegen Tollwut mitzuführen. Tiere unter drei Monaten dürfen jedoch nicht nach Frankreich mitgenommen werden.

Auch ohne Grenzen kann man **zollpflichtige Waren** nicht beliebig ein- oder ausführen, sondern nur für den privaten Gebrauch. Als Limit gelten für Bürger der Europäischen Union beispielsweise pro Erwachsenen 800 Zigaretten und 10 Liter Spirituosen oder 20 Liter Wein.

GELD UND KOSTEN, VERSICHERUNGEN

Geld und Kosten

Die französische **Währung** war der Franc (FF), der in 100 Centimes (C) unterteilt war. Er ist inzwischen vom Euro abgelöst. Von der alten Währung spricht niemand mehr, sie ist – wie die D-Mark in Deutschland – völlig aus dem Verkehr gezogen.

Euroschecks werden in Frankreich angenommen, sie sind jedoch kaum noch gebräuchlich. Viel praktischer sind nämlich **Geldautomaten**, die Scheckkarten mit Pin-Nummer akzeptieren und den Betrag in Euro herausgeben. Im Normalfall werden bis zu 250 Euro ausbezahlt.

Der Euroscheck ist von der **Kreditkarte** als praktischem Zahlungsmittel für den ausländischen Urlauber weitgehend abgelöst worden. Hotels, Restaurants, Vermieter von Ferienwohnungen und fast alle Geschäfte akzeptieren sie. Die in Frankreich wichtigste Karte ist Visa, gefolgt von Master Card. American Express wird nur bedingt akzeptiert.

Die **Kosten** für französische Produkte entsprechen auf Grund des freien Warenverkehrs innerhalb der EU weitgehend den Preisen in Deutschland, Holland oder Österreich. Insofern lohnt es aus Kostengesichtspunkten kaum, französische Produkte aus dem Urlaub mit nach Hause zu bringen – Ausnahmen bilden die vielen regionalen Spezialitäten Burgunds, die vielfach nur vor Ort erhältlich sind.

Versicherungen

Am unkompliziertesten ist es, gleich mit der Reisebuchung eines der von den Reiseveranstaltern angebotenen **Versicherungspakete** abzuschließen. Ein solches umfasst Kranken-, Unfall-, Gepäck- und Haftpflicht-Versicherungen. Günstiger ist hingegen der gezielte Abschluss einzelner Policen, z.B. bei Banken oder freien Versicherungsmaklern.

Für Leute, die viel reisen, lohnen sich **Jahresversicherungen.** Notieren sollte man sich die auf den Versicherungsscheinen oder -karten angegebenen Notfall-Rufnummern.

Inwieweit Versicherungen im Einzelfall tatsächlich sinnvoll sind, muss jeder selbst entscheiden. **Unfall und Haftpflicht** können beispielsweise bereits durch bestehende Versicherungen abgedeckt sein; die Deckungssummen sind jedoch zu überprüfen. Als Schadensnachweis ist der Versicherung gegebenenfalls ein Polizeiprotokoll vorzulegen.

Gepäckversicherung

Der Abschluss einer Gepäckversicherung lohnt sich nicht immer. Es gibt viele Einschränkungen, z.B. bezüglich Sonderausstattung (Laptop, Kamera, Sportgeräte etc.). Bei Verlust oder Beschädigung von versichertem Gepäck müssen, abgesehen von einer Bestätigung des entsprechenden Beförderungs- oder Beherbergungsunternehmens, eine genaue Auflistung der feh-

Vor der Reise

VERSICHERUNGEN

lenden/beschädigten Gegenstände sowie schlimmstenfalls Kaufquittungen vorgelegt werden.

Reiserücktrittskosten-Versicherung

Eine Reiserücktrittskosten-Versicherung kann extra vereinbart werden. In Anbetracht der relativ hohen Kosten sind die Bedingungen hierfür genau zu studieren. Nur in speziellen Fällen zahlt die Versicherung bei Nichtantritt einer Reise oder bei einem unfreiwilligen Abbruch tatsächlich.

Krankenversicherung

Unverzichtbar ist der Abschluss einer **Auslandsreise-Krankenversicherung.** Im Reisebüro können Krankenversicherungen noch kurzfristig vor Reise-

Ländliche Fachwerkidylle im Pays d'Auge

antritt unkompliziert für unterschiedliche Zeitdauer abgeschlossen werden, meist günstiger sind jedoch die Angebote von Privatversicherern. Universa beispielsweise bietet eine Krankenversicherung für beliebig viele Reisen von jeweils maximal zwei Monaten Dauer innerhalb eines Jahres für weniger als 10 Euro pro Person an.

Bei Versicherungsabschluss sollte auf **Vollschutz ohne Summenbegrenzung** geachtet werden. Außerdem ist zu überprüfen, ob ein **Rücktransport** im Fall eines Unfalls oder einer schweren Krankheit übernommen wird, bzw. an welche Bedingungen (z. B. Krankenhausaufenthalt) dieser geknüpft ist. Eine **automatische Verlängerung** der Versicherung im Krankheitsfall ist ein weiterer wichtiger Punkt. Die Leistungspflicht sollte auch bei verhinderter Rückreise weiter gelten, andernfalls gehen die enormen Behandlungskosten sofort nach Ablauf zulasten des Patienten.

Bei Eintreten eines Notfalles sollte die Versicherungsgesellschaft telefonisch verständigt werden. Ausführliche **Quittungen** (mit Datum, Namen, Bericht über Art und Umfang der Behandlung, Betrag) sind Voraussetzung, damit die Auslagen von der Versicherungsgesellschaft erstattet werden.

Sicherungsschein

Jeder, der eine **Pauschalreise** bucht, hat das Recht darauf, sich zu vergewissern, dass sein Reiseveranstalter gegen eine Insolvenz (Pleite) abgesichert ist.

Eine Pauschalreise ist jede Kombination zweier gleichwertiger Reiseleistungen, also beispielsweise bereits die kombinierte Buchung von Flug und Mietwagen.

Spätestens bei der ersten (An-)Zahlung muss der Veranstalter bzw. das Reisebüro dem Kunden deshalb einen **Sicherungsschein** aushändigen. Wenn ein Veranstalter – aus welchen Gründen auch immer – diesen Sicherungsschein verweigert, kann man davon ausgehen, dass er gegen eine Pleite nicht versichert ist. Das muss kein Grund sein, die Reise nicht zu buchen, man muss sich nur darüber im Klaren sein, dass man damit das Risiko eingeht, im Pleitefall bereits bezahlte Reiseleistungen nicht zu erhalten – beispielsweise den Rückflug ...

Reisezeit

Die beste Reisezeit für die Normandie ist der **Sommer** – wie kann es an der See auch anders sein. Doch sollte man die Hochsaison möglichst meiden, wenn alle Franzosen in die Ferien aufbrechen und die touristische Infrastruktur allerorten in Beschlag nehmen. Dies ist ab Anfang Juli der Fall, spätestens jedoch nach dem 14. Juli, dem französischen Nationalfeiertag. Ende August, wenn die Schulferien in Frankreich zu Ende sind, wird es wieder ruhiger.

Besonders zu empfehlen ist die **Vorsaison** ab Mitte Mai bis Ende Juni. Dann sind die Tage besonders lang, die Sonne ist intensiv, und das einma-

Ausrüstung

Im Pays d'Auge

lig schöne Licht verführt zu Abendspaziergängen. Außerdem hat der Golfstrom das Wasser des Ärmelkanals schon so erwärmt, dass Urlauber, die „nur" die Nordsee gewohnt sind, von der Wassertemperatur überrascht sein werden. Weitere Vorteile sind, dass die Hotels und Restaurants bereits offen sind, das Personal aber noch nicht so von den einbrechenden Landsleuten genervt ist und dass die Preise noch nicht ihren Höchststand erreicht haben.

Ausrüstung

Die Normandie bietet eine perfekte Infrastruktur, die dem Besucher alles bietet, was das Herz begehrt. Insofern ist eine spezielle Ausrüstung für einen Aufenthalt in der Normandie nicht erforderlich – die Frage, was in den Koffer oder in den Rucksack gehört, ist ausschließlich eine Frage der persönlichen Bedürfnisse, die sich an der Art des Aufenthaltes orientieren sollten.

AUSRÜSTUNG

Der **Strandurlauber** sollte neben der üblichen Badeausrüstung eine Sonnenbrille und Sonnenschutzmittel mit hohem Lichtschutzfaktor einpacken – die Sonne an der Küste ist intensiv, der helle Strand reflektiert die Strahlen und der kühle Wind täuscht oftmals darüber hinweg, wie stark das ultraviolette Licht die Haut angreift.

Der **Wanderurlauber** findet in der Normandie ausgedehnte Wanderwege, von denen der Küstenwanderweg GR 223 zweifelsohne der interessanteste und abwechslungsreichste ist. Darüber hinaus gibt es auch im Inneren der Normandie viele gut ausgeschilderte Wanderwege und unzählige Pfade, die kaum genutzt werden. Tages- oder Wanderrucksack sind für längere Touren unumgänglich, ebenso ein Kompass und **Karten**. Gute Landkarten, Straßenkarten und Wanderkarten sind in großer Auswahl und in den erforderlichen Maßstäben in Buchhandlungen, an Kiosken und an Tankstellen zu bekommen. Spezielle Wanderkleidung ist selbstverständlich – sie sollte fest sein, denn mancher Weg ist auch dornenreich.

Lohnenswert ist es auf jeden Fall, ein **Fernglas** einzupacken – an der See gibt es in der Ferne immer etwas zu sehen. Für die Vogelbeobachtung ist das Glas sogar unverzichtbar. Doch auch, um die Herrenhäuser im Inneren der Normandie genauer ansehen zu können, ist es unbedingt empfehlenswert, denn diese liegen oft weit zurück inmitten eines großen, privaten Parkgeländes, dessen Zugang dem normalen Besucher versperrt ist

Zum **Fotografieren** ist es nützlich, Filme von zu Hause mitzubringen, da Fotomaterial in Frankreich bedeutend teurer ist als in Deutschland und z.B. hochempfindliche Filme auch nicht überall zu bekommen sind.

Das wechselhafte Wetter der Normandie erfordert eine vielseitige **Bekleidung**. Im Sommer kann es sehr warm werden, aber relativ schnell auch wieder abkühlen. Daher ist es ratsam, neben den Badesachen auch Regenkleidung einzupacken – der nächste Schauer kommt bestimmt.

Weniger wechselhaft geht es in den Edelhotels an der Côte Fleurie zu – hier wird von den Gästen nicht nur zu den Mahlzeiten angemessene und gepflegte Bekleidung erwartet. Krawatten sind in Kasinos Vorschrift.

Vor der Reise

Praktische Reisetipps A–Z

Praktische Reisetipps A–Z

Château d'Agnessau bei Trouville-sur-Mer

Typisch für die Normandie: zu Hotels oder Restaurants umgebaute Fachwerkhäuser

Normanner Rind

Anreise

Mit dem Flugzeug

Per Flugzeug in die Normandie zu reisen ist etwas **umständlich** – es gibt keine Direktflüge aus Deutschland, der Schweiz oder aus Österreich und Charterflüge werden auch nicht angeboten.

Wenn man im normalen Linienflugverkehr anreisen will, sollte man auf jeden Fall auf **Sondertarife** achten, die über das Wochenende, bei Reisen mit einem Partner oder zu bestimmten Flugzeiten angeboten werden.

Es bieten sich eine ganze Reihe von Landeflughäfen in der Normandie an, aber immer ist der Umweg über Paris in Kauf zu nehmen. Bei Anflug aus dem Ausland ist hier in der Regel ein Wechsel zwischen den Terminals des **Pariser Großflughafens** Charles de Gaulle erforderlich. Es sollte aber dringend darauf geachtet werden, dass nicht zusätzlich ein Wechsel zwischen den Pariser Flughäfen – so beispielsweise zwischen Le Bourget und Charles de Gaulle – ansteht. Denn dann nützt die ganze Fliegerei überhaupt nichts mehr!

Mit der Bahn

Die Anreise mit der Eisenbahn ist auch nicht unbedingt komfortabel, da man in Paris den **Bahnhof wechseln** muss. Rouen und die Zielorte an der Alabasterküste, Caen, Bayeux und Cherbourg erreicht man vom Pariser Bahnhof St.-Lazare. Vom Bahnhof Montparnasse gelangt man nach Alençon, Argentan und Granville wie auch zum Mont St.-Michel. Der Superschnellzug TGV verbindet Paris mit Cherbourg.

Die einfache Fahrt von Köln nach **Paris** kostet 75 €, die Weiterfahrt nach **Rouen** 17 €. Im Superschnellzug Thalys ist jedoch eine Platzreservierung erforderlich.

Sondertarife werden im grenzüberschreitenden Verkehr nach Frankreich nicht angeboten, auch keine Studentenermäßigung. Die Vergünstigungen innerhalb Frankreichs sind hingegen vielfältig, unterliegen aber gewissen Grundbedingungen, was das Alter des Reisenden, die Reisezeit oder beispielsweise die Wochentage betrifft. So fahren Kinder bis zu vier Jahren kostenlos mit Erwachsenen mit. Jugendliche bis zu zwölf Jahren zahlen den halben Preis. Ein *carissimo*-Ticket bietet jungen Leuten bis 25 Jahre je nach Reisezeit Ermäßigungen von 20% bis 50%. Außerdem gibt es ein *billet de séjour*, das zwei Monate Gültigkeit hat und für Fahrten über tausend Entfernungskilometer Ermäßigung bietet, es gilt ab der Grenze zu Frankreich.

Mit dem Auto

So ist davon auszugehen, dass die meisten Normandie-Besucher aus Deutschland, der Schweiz und aus Österreich mit dem Auto – mit oder ohne Caravan – anreisen. Die französischen **Autobahnen** sind hervorragend ausgeschildert und durch die Mautge-

AUTO FAHREN

Autobahngebühren für Pkws:

Bis Paris
- A1 Lille – Paris 10,37 €
- A4 Straßburg – Paris 28,05 €

In der Normandie
- Paris – Abfahrt Vernon (weiter Richtung Giverny, Gisors) 3,35 €
- Paris – Abfahrt Rouen (weiter Richtung Dieppe) 8,23 €
- Paris – Abfahrt Fécamp (weiter Richtung Pont de Brotonne, Vallée de la Seine) 7,77 € (zuzügl. Brückenzoll)
- Paris – Abfahrt Le Havre (weiter Richtung Etretat) 11,74 € (zuzügl. Brückenzoll)
- Paris – Abfahrt Deauville/Trouville (weiter Richtung Honfleur, Pont de Normandie) 12,50 €
- Paris – Abfahrt Caen (weiter Richtung Bayeux, Cabourg) 20,43 €
- Rouen – Caen 12,20 €
- Le Havre – Abfahrt Yerville 7,50 €

Brückenzoll
- Pont de Brotonne 5,50 €
- Pont de Tancarville 3,50 €
- Pont de Normandy 6,25 €

bühren in der Regel nicht so voll wie die deutschen. Letzteres gilt allerdings nicht für die Hauptreisezeit im Juli und August, wenn sich auch die Franzosen auf den Weg zu ihren Ferienzielen machen.

Empfehlenswert ist die Anfahrt **Richtung Paris.** Dabei sollte jedoch der gebührenfreie, durch den Großstadtverkehr aber schon völlig überlastete Autobahnring vermieden werden. Wer hier in den Berufsverkehr kommt, muss (selbst in der französischen Ferienzeit) mit nervenaufreibenden Staus rechnen, die viel Zeit kosten können.

Um den Verkehrsknotenpunkt Paris zu umfahren, empfiehlt es sich bei der Anreise **von Saarbrücken/Straßburg,** kurz hinter Reims von der Autoroute de l'Est A4 abzufahren und nördlich von Paris über Soisson, Compiègne und Beauvais auf der Route Nationale N 31 nach Rouen zu kommen. Diese Route ist zeitmäßig zwar etwas länger, aber dafür landschaftlich wesentlich reizvoller.

Für die Anreise **von Westdeutschland** über Belgien ist es ohnehin sinnvoller, bereits bei Amiens von der Autoroute du Nord A1 abzuzweigen und über die N 29 in die Normandie einzureisen. Hier ist Aumale „Grenzort" – nicht umsonst nennt sich dieser beschauliche kleine Ort im Tal der Bresle *La Porte de la Normandie* („Das Tor zur Normandie").

Auto fahren

Die Schreckenserzählungen über den **unkonventionellen Fahrstil** der Franzosen gehören in den Bereich der Märchen, obwohl auf Landstraßen immer noch riskant überholt wird. Drakonische Strafen halten inzwischen aber selbst die Franzosen von der Raserei ab. Üblich ist es allerdings noch immer, in den engen Innenstädten mit knappem Parkplatzangebot beim Einparken den Vorder- bzw. Hintermann mit der Stoßstange leicht nach vorne oder nach hinten zu schieben.

Die **Höchstgeschwindigkeit** innerorts beträgt 50 km/h, auf Landstraßen 90 km/h, auf Kraftfahrschnellstraßen 110 km/h und auf Autobahnen 130 km/h.

Bei Führerscheinbesitz von weniger als zwei Jahren und bei Nässe reduzieren sich diese Geschwindigkeiten auf Landstraßen auf 80 km/h, auf Schnellstraßen auf 100 km/h und auf Autobahnen auf 110 km/h.

Diese Angaben gelten auch für Pkw mit Caravan und für Wohnmobile unter 3,5 Tonnen Gewicht. Für Wohnmobile über 3,5 Tonnen gelten als Höchstgeschwindigkeiten auf Landstraßen 80 km/h, auf Schnellstraßen und Autobahnen 100 km/h.

Ein Autofahrer aus Deutschland, Österreich oder der Schweiz wird mit den **Verkehrszeichen** in Frankreich gut zurechtkommen. Die Wegweiserbeschilderung ist übersichtlich. Hilfreich ist es, sich die Straßennummer zu merken, die auf den Hinweisschildern angebracht ist. Vorteilhaft ist vor allem auch die Beschilderung zu Kreisverkehren in mehreren Etappen. (Siehe auch „Kleine Sprachhilfe/Abschnitt Verkehr" im Anhang.)

Das Straßennetz ist in der Normandie gut ausgebaut und besteht aus vier Typen von Straßen:

Autoroutes (A) sind Autobahnen wie im übrigen Mitteleuropa. Sie sind hervorragend ausgebaut, gut beschildert, kosten aber Gebühren (*péage*). Deshalb sind sie auch nicht so überfüllt wie beispielsweise in Deutschland.

Routes Nationales (N) entsprechen als Durchgangsstraßen den deutschen Bundesstraßen. Sie sind auf französischen Autokarten in der Regel rot eingetragen. Diese Straßen sind ebenfalls gut ausgebaut.

Die **Routes Départementales (D)** entsprechen unseren Landstraßen und sind gelb eingezeichnet. Sie sind oft schmaler und unübersichtlicher, der Belag ist aber einwandfrei.

Nebenstraßen (ebenfalls mit „D" gekennzeichnet) sind weiß eingetragen und vor allem zum Genießen der Landschaft und der Ortschaften geeignet. Ein schnelles Fortkommen ist wegen der vielen, teils auch engen Kurven aber kaum möglich.

Das Angebot an **Straßenkarten** ist groß. Übersichtlich sind die Karten von Michelin. Die Normandie-Karte 1:200.000 trägt die Nummer 231. Darüber hinaus gibt es vom Institut Géographique National sehr gute Karten mit vielen geografischen Hinweisen im Maßstab 1:100.000.

Treibstoff ist in Frankreich noch teurer als in Deutschland, Österreich und der Schweiz. Es wird unterschieden zwischen Normalbenzin bleifrei (*Essence sans plomb*), Superbenzin bleifrei (*Super sans plomb*), bleihaltigem Superbenzin (*Super*) und Diesel (*Gazole*).

Bei einer **Panne** kann man sich an AIT-Fipa-Assistance wenden, der mit dem deutschen ADAC vergleichbar ist. **Notrufsäulen** gibt es entlang der

Autobahnen und an viel befahrenen Nationalstraßen.

> **Wichtige Telefonnummern**
> - AIT-Fipa-Assistance: 05 10 61 06
> - Verkehrspolizei: 17

Die international bekannten **Mietwagenfirmen** sind in der Normandie in allen größeren Orten vertreten. Die Suche erleichtert das örtliche Telefonbuch. Die deutsche Sprache ist vielen Vermietern geläufig, die Anmietung mit Kreditkarte problemlos. Die Preise entsprechen denen in Deutschland. Der Fahrer muss aber mindestens 21 Jahre alt sein.

Baden und Strände

Die normannische Küste bietet vielfältigste Bademöglichkeiten, herrliche Strände laden hierzu ein. Doch es sei auf allerlei Gefahren hingewiesen, die gerade hier an der Kanalküste besonders zu beachten sind.

Die Gezeiten

Der große Gezeitenunterschied, mit Niveau-Unterschieden zwischen Ebbe und Flut von fünf bis zu zehn Metern, hat eine außerordentliche **Sogwirkung** zur Folge, und das nicht nur bei ablaufendem Wasser. Daher sollte überhaupt nur an bewachten Strandabschnitten gebadet werden. Außerdem muss man auch an sandigen Strandabschnitten immer wieder mit vorgelagerten Felsformationen rechnen, an denen man sich verletzen kann. Zum Trost: Das Meerwasser ist an der normannischen Kanalküste durch den Einfluss des Golfstroms wärmer, als man es vermuten würde.

> **Warnhinweise an den Stränden**
>
> An den Strandwachen wird mit Fahnen darauf aufmerksam gemacht, wie gefährlich das Baden im Meer gerade ist:
> - Dreieckige **rote Fahne**: Badeverbot
> - Dreieckige **gelbe Fahne**: Baden ist gefährlich, aber unter Aufsicht erlaubt
> - Dreieckige **grüne Fahne**: keine erkennbare Gefahr, Baden erlaubt
> - Dreieckige längs **rot gestreifte Fahne**: Achtung! Gefahr durch landseitigen Wind
> - Rechteckige **schwarz-weiße Fahne**: latente Witterungsgefahr (z.B. Nebel), Baden auf eigene Verantwortung

Die Wasserstände bei Ebbe und Flut werden in **Gezeitentabellen** dargestellt. Der Tidenhub wird darin in Koeffizienten angegeben, wobei der maximalen Flut der Koeffizient 120 zugeordnet wird. Ein solcher Koeffizient beschreibt in der Bucht von Mont St.-Michel einen Tidenhub von annähernd 13 Metern. Bei einer normalen Flut liegt der Koeffizient bei 50 (Tidenhub ca. fünf Meter). Gezeitentabellen sind bei den Fremdenverkehrsämtern erhältlich.

Baden und Strände

Strände

Vom gepflegtesten „Edel"-Strand bis zum reinen Naturstrand bietet die Normandie alles, was sich der Urlauber wünschen kann.

Östlich der Seine herrschen Stein- und Kieselstrände vor, wobei es auch kleine Sandstrandabschnitte gibt, die allerdings nur schwer zu erreichen sind. Hier an der **Alabasterküste,** wo die Kalkfelsen steil ins Meer abfallen, haben sich zwischen Étretat und Le Tréport einige sehr unterschiedliche Seebäder entwickeln können, jedes mit seinem ganz eigenen, besonderen Flair.

Westlich der Seine schließt sich die **Côte Fleurie** an, deren Sandstrände vom Feinsten sind. Sie werden hervorragend gepflegt und gesäubert, insbesondere bei Trouville und Deauville.

Strand bei Ault

An der **Côte de Nacre** wird es dann teilweise wieder steiniger und bei Ebbe zieht sich das Wasser noch weiter zurück als an anderen Stellen der Normandie-Küste.

Die **Halbinsel Contentin** hat sowohl an ihrer West- als auch an der Ostseite schöne Strände, die vielfach von wunderschönen Dünenlandschaften begrenzt werden. Sie sind teilweise so wenig touristisch erschlossen, dass man sie fast noch als naturbelassen bezeichnen kann.

Die **Wasserqualität** an den Küsten der Normandie ist überwiegend gut bis sehr gut. Zum einen sorgt der immense Tidenhub für einen außerordentlichen Wasseraustausch, zum anderen haben die Kommunen in den letzten Jahren große Anstrengungen unternommen, um die Qualität der abfließenden Gewässer zu verbessern. So ist es gerade an der Calvados-Küste gelungen, auch noch die letzten Problemfälle zu lösen, so dass sogar im Abflussbereich der Seine und der vielen kleinen Flüsse, die an der Côte Fleurie und der Côte Nacre ins Meer münden, beste Badeverhältnisse herrschen.

> **Beim Baden im Pool**
>
> Eine Bestimmung, herausgegeben vom französischen Gesundheitsministerium, verlangt bei der Benutzung von Schwimmbecken das Tragen von **„Badehosen"**. Bermudas und Schwimmshorts sind danach als Badekleidung für Pools nicht mehr erlaubt.

FKK

Die Franzosen sind Individualisten. Sie organisieren sich ungern und schon gar nicht in der so genannten Freikörperkultur. „Oben ohne" ist an allen Stränden verbreitet, aber ein Höschen – und sei es noch so klein – wird angezogen. Ganz nackend liegt den Franzosen nicht so und ist deshalb in Frankreich nicht üblich.

Ausgewiesene **FKK-Strände** sind in der Normandie nur selten anzutreffen. Einen solchen Strand gibt es beispielsweise in Yveport. FKK wird auch in den weiten Dünen von Merville betrieben. Ein FKK-Schwimmbad gibt es in Bardouville im Bereich Vallée de Seine.

Behinderte unterwegs

In Frankreich ist in letzter Zeit viel unternommen worden, um Behinderten verbesserten Zugang zu öffentlichen wie auch privaten Einrichtungen zu ermöglichen. Heute sind eigentlich alle **Ämter** für Rollstuhlfahrer zugänglich; wo dies noch Schwierigkeiten bereitet, sind die Angestellten sehr aufgeschlossen und hilfsbereit. Viele **Museen** und vor allem viele der **historischen Bauten** erfüllen aber noch nicht die entsprechenden Voraussetzungen – einfach weil die Baulichkeiten hierfür auch nicht geeignet sind.

Gemäß Angaben der Anbieter und/oder Verantwortlichen ist unter den

EINKAUFEN

"Praktischen Tipps" zu den Ortsbeschreibungen vermerkt, unter welchen Gegebenheiten **besondere Vorkehrungen** für Behinderte getroffen wurden. In der Regel ist damit die besondere Eignung für Rollstuhlfahrer gemeint.

Besondere Hinweise über behindertengerechte Restaurants, Hotels oder Camping-Plätze findet man im **Michelin-Führer** (Guide Rouge Michelin France) und im **Michelin Camping-Führer,** die im örtlichen Buchhandel erhältlich sind, leider aber nur auf Französisch erscheinen.

Einkaufen

Einkaufen bereitet in der Normandie überhaupt keine Probleme. Für den Feriengast wird neben persönlichen Vorlieben vor allem das Angebot an **regionalen Spezialitäten** von Interesse sein. Entsprechend den Schwerpunkten der landwirtschaftlichen Produktion der Normandie sind dies in erster Linie Milch-, Fleisch- und Apfelprodukte. Spezielle Hinweise zu ortstypischen Produkten, wie Nahrungsmitteln, aber auch kunsthandwerklichen Gegenständen, finden sich unter den "Praktischen Tipps" bei den Beschreibungen der einzelnen Regionen.

Fachgeschäfte

Neben den allgemein üblichen **Supermärkten,** die mehr oder weniger breite Angebote an Nahrungsmitteln und Non-Food-Sortimenten führen, gibt es eine große Auswahl an Fachgeschäften für Nahrungsmittel und Getränke, in denen vor allem die Spezialitäten der Region angeboten werden. Solche Fachgeschäfte, wie zum Beispiel für Käse oder auch für Wein, sind in großer Anzahl nicht nur in den größeren Orten anzutreffen. Ihre Stärke besteht in der Auswahl und vor allem in der Fachberatung.

In der **Boulangerie** ("Bäckerei") gibt es nicht nur das für Frankreich so typische Stangenweißbrot, das *baguette*, sondern auch dunklere Brotsorten, wie zum Beispiel das *pain de campagne*. Überall gibt es die auch bei uns immer beliebter werdenden *croissants* (Hörnchen) ebenso wie die Blätterteig-Brötchen mit Schokoladenfüllung, das *petit pain au chocolat,* das inzwischen auf keinem Frühstücksbüfett mehr fehlt.

Die **Pâtisserie,** oft der Boulangerie angegliedert, ist das Geschäft für feine Backwaren, Feingebäck und feine Kuchen – also das, was als Konditorei bezeichnet werden kann.

Die **Confiserie,** das Süßwarengeschäft, spricht die spezielle Kundschaft derer an, die es ganz süß mögen. Das Sortiment ist groß, die Verführung noch größer. Doch natürlich haben solche Spezialgeschäfte es auch in der Normandie immer schwerer, ihre Existenz zu sichern, da die Großformen des Lebensmitteleinzelhandels die Kunden an sich ziehen.

Auch das Lebensmittelfachgeschäft, die **Épicerie,** stirbt angesichts der Ausbreitung der Supermärkte immer weiter aus, vor allem die *petite épicerie du coin,* ein Geschäftstyp, der auch als „Tante-Emma-Laden" bezeichnet wird.

Doch die gehobenen Spezialitätengeschäfte haben Bestand – in Frankreich gibt es hierfür eben eine große Kundschaft. Zu solchen Geschäften zählt auch die **Poissonnerie**, das Fischfachgeschäft. Diese Läden haben in der Regel beeindruckende Auslagen, sind peinlich sauber und bestechen durch die Vielfalt des Angebots an Fischen, Krustentieren und Muscheln.

Spezialgeschäfte auf dem Fleisch- und Wurstwarensektor werden in Frankreich unter der Bezeichnung *Boucherie* bzw. *Charcuterie* geführt. Die **Boucherie** ist das Schlachtergeschäft mit hervorragend präsentierten Fleischteilstücken vom Rind, Kalb, Schwein, Schaf, von der Ziege und von den unterschiedlichsten Wildfleischsorten. Die **Charcuterie** führt dagegen auch die ganze Vielfalt der normannischen Fleischwaren und Wurstsorten, so vor allem *Andouille,* die Kuttelwurst, und *Boudin,* die typische normannische Blutwurst.

Eine ganz große Besonderheit stellt in Frankreich der Fachgeschäftstyp der **Crèmerie** dar. Andernorts sind diese Milchfachgeschäfte längst ausgestorben – in Frankreich haben sie sich mit einem enormen Käseangebot halten können und sind aus dem Lebensmitteleinzelhandelssektor nicht wegzudenken.

Letztlich sei noch auf den **Marché**, den Wochenmarkt, hingewiesen, auf dem in Frankreich – wie in vielen anderen europäischen Ländern auch – eine Vielfalt frischer Erzeugnisse vom Lande feilgeboten wird.

Ab-Hof-Verkauf

Von ganz besonderem Interesse, gerade auch für den Urlaubsgast in der Normandie, ist der Ab-Hof-Verkauf **landwirtschaftlicher Spezialitäten.** Diese landwirtschaftliche Selbstvermarktung ist in der ganzen Normandie weit verbreitet. Hier kann man alles erwerben, was der jeweilige Hof an Grundprodukten wie beispielsweise Obst und Gemüse, Molkereierzeugnisse sowie Rindfleisch, Schweinefleisch, Lammfleisch und etwa auch Ziegenfleisch produziert. Darüber hinaus bieten diese Selbstvermarkter ein vielfältiges Angebot an landwirtschaftlichen Verarbeitungsprodukten. Hier geht es – wie könnte es in der Normandie auch anders sein – um Cidre, Pommeau, Calvados, aber auch um Obstsäfte, Obstessig, Marmeladen, Gelees, Fleischwaren und Geflügelprodukte.

Überaus intensiv betrieben wird die landwirtschaftliche Selbstvermarktung im **Pays d'Auge.** Hier ist man natürlich auch ganz besonders stolz auf die Produkte, die die regionale Landwirtschaft mit ihren Obstgärten hervorbringt. Überall an den Landstraßen des Pays d'Auge findet man die Hinweisschilder auf selbstvermarktende Bauernhöfe. In der Regel geben die örtlichen Fremdenverkehrsämter Auskunft über die jeweiligen bäuerlichen Anbieter.

Der Einkauf auf dem Bauernhof bietet dem Urlauber auch die Möglichkeit, Einblick in die für die Region **typischen Bauernhäuser** zu bekommen. Denn natürlich sind die Bauern, die ihre Produkte dem Endverbraucher anbieten, darauf bedacht, ihren Hof besonders adrett zu präsentieren. Auch viele der **manoirs,** der Herrenhäuser des Pays d'Auge, sind sich keinesfalls zu schade, Selbstvermarktung zu betreiben. Beispielhaft sei hier nur das Manoir de Sens bei Beuvron-en-Auge erwähnt, ein Gestüt mit eigener Trabrennbahn, dessen prachtvolles Herrenhaus inmitten eines wundervoll gepflegten Parks liegt, umgeben von gepflegten Wirtschaftsgebäuden, in denen sich unter anderem auch eine Pferdebesamungsstation befindet.

Elektrizität

In Frankreich beträgt die Spannung des elektrischen Stroms 220 Volt. Theoretisch könnten also alle elektrischen Geräte, die ansonsten auch in Europa laufen, in Frankreich eingesetzt werden. Doch ihre Stecker passen in der Regel nicht in die modernen französischen Steckdosen mit dem herausragenden Erdungsstift. Daher ist es wichtig, in das Handgepäck einen **Adapter** mit einzupacken.

In fast allen französischen Hotels sind in den Badezimmern (aber nicht in den Schlafzimmern) internationale **Rasierstecker** angebracht. Nur in sehr altertümlichen Hotels und ganz einfachen Unterkünften kann man davon noch nicht ausgehen. Wer also den Adapter liegen ließ, kann seine Akku-Taschenlampe oder seinen Laptop durch Anschluss im Hotelbadezimmer aufladen.

Essen und Trinken

Essen und Trinken spielt eine große Rolle im Leben der Franzosen. Angesichts dieser kulinarischen Wertschätzung ist es nur allzu verständlich, dass man in Frankreich ganz eigenständige Essgewohnheiten hat.

Essgewohnheiten

Dem **Frühstück** *(petit déjeuner)* schenken die Franzosen jedoch nur wenig Aufmerksamkeit. Früher bestand es in der Regel aus einer großen Tasse Milchkaffee *(café au lait),* der gerne aus der *bol,* der typischen großen Trinkschale, getrunken wird, zusammen mit einem Hörnchen *(croissant),* evtl. Butter und Marmelade dazu – alles in großer Eile eingenommen. Inzwischen ändern sich aber die Sitten. Die Zeit für ein opulentes Mittagessen fehlt zunehmend, so dass es auch für die Franzosen wichtiger wird, sich morgens so weit zu verpflegen, dass man mittags mit einem Imbiss über die Runden kommt. In guten Hotels ist längst das Frühstücksbüfett eingeführt: Wurst, Schinken, Käse und Eier sind selbstverständlich. Man sollte sich allerdings recht-

Cidre, Calvados und Pommeau

Die Normandie ist ein traditionelles Apfelanbaugebiet. Die Römer brachten einst die Kunst der Obstveredlung mit und schon die Wikinger werden auf ihren Raubzügen auf Äpfel gestoßen sein.

Das Hauptanbaugebiet liegt im Département Calvados, meeresnah mit ausgeglichenem Klima und gut verteilten Niederschlägen. Natürlich spielt auch die Bodenbeschaffenheit eine große Rolle im **Pays d'Auge** mit seinen Hügeln und Tälern, wo in einer Mischung aus Streuobstwiesen und Milchwirtschaft Landwirtschaft betrieben wird. Gerade die oft kleinen und schrumpeligen Früchte aus dem Streuobstanbau eignen sich besonders gut für die Weiterverarbeitung zu Cidre.

Traditioneller **Cidre** setzt sich aus Äpfeln dreier Geschmacksrichtungen zusammen: süß, bitter und sauer. Eine ideale Kombination ergibt sich aus zwei Äpfeln süß und zwei Äpfeln bitter auf einen Apfel sauer.

Nach der Ernte werden die Früchte auf der Wiese zusammengetürmt – man wartet auf den ersten Frost. Dann werden die Äpfel zermahlen und in die Kelter geschichtet. Der gepresste Most bleibt in den Fudern, wo die Gärungsprozess bei winterlichen Temperaturen nur langsam verläuft.

Industriell erzeugter Cidre wird gefiltert, pasteurisiert und eventuell mit Kohlensäure versetzt. *Cidre fermier* wird auch heute noch in Eigenproduktion gefertigt, die Bauern füllen ihren Cidre ungefiltert ab. Trocken ausgebauter Cidre *(cidre brut)* hat dann einen Alkoholgehalt von etwa 4,5%.

Aus dem vergorenen Apfelsaft wird auch der **Calvados** hergestellt. Jener Cidre, der als solcher getrunken werden soll *(cidre bouché)*, wird von seiner Hefe abgezogen, um ihn konsumfertig zu machen. Der für Calvados bestimmte Cidre bleibt etwa zwei Jahre lang auf der Hefe im Fass.

Der Brennprozess für den anerkannten Calvados du Pays d'Auge verläuft in zwei Schritten. Im ersten Durchgang entsteht ein bis zu 30%iger Raubrand. Mit dem zweiten Destillierungsvorgang wird dann der Vorlauf und Nachlauf ausgesondert und man erhält den Hauptbrand mit einem Alkoholgehalt von bis über 70%.

Der weitere Werdegang des Calvados gleicht nun dem des Weinbrandes. Er wird in Eichenfässer gefüllt, die ihm ein bestimmtes Aroma geben. Große Spezialisten füllen sogar in Cidre-Fässer ab, um ihn auf diese Weise noch mit einem fruchtigen Aroma zu versehen. Durch behutsame Reifung wird der Calvados von Jahr zu Jahr feiner. Und so wird seine Qualität auch nach der Zahl der im Fass verbrachten Jahre gemessen, denn nach der Abfüllung reift er nicht weiter.

Pommeau heißt eine weitere Apfelspezialität aus der Normandie, die aber bisher kaum über ihre Grenzen hinaus bekannt ist. Er entsteht, wenn frisch gepresster Apfelmost durch die Zugabe von Calvados-Destillat am Gären gehindert wird. Auf diese Weise bewahrt der Pommeau das volle Apfelaroma mit Fruchtsüße und angenehmer Säure, verbunden mit dem intensiven Geschmack des Brandes. Echter Pommeau muss vierzehn Monate im Holzfass altern. Er wird kühl, aber nicht eiskalt als Aperitif getrunken und eignet sich besonders zu Apfeldesserts.

zeitig nach den Frühstückszeiten erkundigen, denn oft wird es erst ab 8 Uhr serviert.

Trotz veränderter Essgewohnheiten spielt das **Mittagessen** (déjeuner) weiterhin eine große Rolle – wenn die Zeit dafür reicht. In aller Ruhe werden mehrere Gängen eingenommen. Vorspeise, Hauptgericht und Nachtisch sind die Regel. Dazu gibt es einen passenden Rotwein, selbst wenn am Nachmittag noch weitergearbeitet wird. Ein solches Mittagessen wird frühestens ab 13 Uhr eingenommen und dauert bis zu zwei Stunden – man will das Essen ja schließlich genießen.

Obwohl die Franzosen mittags spät und reichlich essen, gibt es abends nochmal eine warme Mahlzeit (dîner). Auch das französische **Abendessen** besteht aus mehreren Gängen, gerne wird eine Auswahl an Vorspeisen angeboten, es gibt ein Fleisch- und ein Fischgericht. Auch abends darf der Wein zum Essen nicht fehlen. Glücklicherweise ist es heute aber selbstverständlich, mittags wie abends auch Wasser anzubieten, das es mit (gazeuse) oder ohne Kohlensäure gibt. Nach dem Nachtisch wird noch Käse oder Obst gereicht. Als Abschluss darf der Kaffee nicht fehlen – und ein Schnaps, in der Normandie natürlich gerne ein Calvados.

Im Restaurant

Die **Speisekarte** (menu), die ein Restaurant seinen Gästen reicht, unterscheidet nicht zwischen Mittags- und Abendgerichten. Sie ist unterteilt nach Vorspeisen, Fleischgerichten, in der Normandie regelmäßig auch Fischgerichten, unter denen auch Muscheln und Krustentiere zu finden sind, immer öfter auch vegetarischen Gerichte und Nachspeisen. Zuletzt werden die Getränke aufgelistet.

So kann man sich seine Mahlzeit individuell zusammenstellen und **à la carte** essen. Doch preisgünstiger ist es, eines der **Menü-Angebote** auszuwählen, die jedes Restaurant auf der Karte hat. Mit solchen menus, oft auch als menu touristique ausgelobt, profiliert sich der Wirt eines jeden Restaurants. Insofern sollte es überhaupt keine Vorbehalte geben, sich für ein solches Menü-Angebot zu entscheiden. Jedes Restaurant zeigt sich übrigens großzügig, wenn es darum geht, einzelne Menü-Bestandteile gegen Gerichte auf der Karte auszutauschen. Man sollte dann auch großzügig gegenüber dem in der Regel moderaten Aufpreis sein.

Die **Preise** für das menu touristique bewegen sich in der Regel zwischen 10 und 15 €, für das eigentliche menu um die 15 €, in guten oder auch sehr guten Restaurants bis 45 €, jeweils ohne Getränke. Man sollte bei diesen Preisangaben immer berücksichtigen, dass das Niveau der Gastronomie in der Normandie sehr hoch ist, im Gegensatz zu manch anderer französischen Küche die Portionen immer ausreichend sind und das Preis-Leistungs-Verhältnis deswegen ausgesprochen gut ist.

Die in diesem Buch unter den „Praktischen Tipps" bei den Ortsbeschrei-

Essen und Trinken

bungen empfohlenen Restaurants sind in folgende Kategorien eingestuft:

Restaurantkategorien	
€	Menü-Preise bis 17,50 €
€€	Menü-Preise bis 25 €
€€€	Menü-Preise bis 30 €
€€€€	Luxusklasse

Regionale Spezialitäten

Ein Essen à la carte ist erheblich teurer, aber in der Regel auch ein außerordentlicher Genuss. Ein großzügig zusammengestelltes individuelles Essen beginnt mit einem **Apéritif.** Hier kommt ein Glas Champagner oder ein Likör in Betracht, als normannische Spezialität der Pommeau, ein Apfellikör. Restaurants, die etwas auf sich halten, bieten dazu ein *amuse-geule,* einen kleinen Appetithappen:

Bei den **Vorspeisen** *(hors d'œvre, entrée)* zeigt sich die ganze Kreativität des Restaurant-Kochs, angefangen bei *Rillettes* (deftiges Schweinefleisch in Schmalz), Pasteten, Terrinen, *Tartes* (flache Gemüse-, Obst- oder Käsetorten) über Salate, Suppen, kleine Eierspeisen, Schnecken und vieles andere mehr.

Die **Hauptgerichte** haben als wertbestimmenden Bestandteil Rind-, Kalb-, Schwein-, Schaf-, Ziegen- oder Geflügelfleisch, Fisch, Krustentiere oder Muscheln, die in der Normandie oft mit Sahnesoßen verfeinert werden. Man schmort z.B. gerne Hähnchen à *la vallée d'Auge* (mit Cidre und Crème), Enten à *la Rouennaise* (im eigenen Saft), Kaninchengerichte oder Seezunge à *la Cauchois* sowie Fische à *la Dieppoise* (mit Weißwein, Muscheln, Garnelen und Champignons).

Dazu werden **Beilagen** gereicht – Gemüse in Butter gedünstet oder als Auflauf, in Sahnesoße, mit Äpfeln verfeinert oder gefüllt. Der Fantasie sind keine Grenzen gesetzt.

Dies gilt auch für die **Nachspeisen.** Dazu zählen die Soufflees, alle Arten von Schaumspeisen (kleine Aufläufe, mit Eischnee gelockert), *crêpes,* dünne Pfannkuchen gefüllt oder belegt mit Obst, *Rabotes aux Pommes* (Äpfel im Schlafrock), kleines Gebäck, Torten und Kuchen, die süß und herzhaft sind.

Sprachhilfe zu allem rund um die französische Küche findet man im Anhang im „Glossar der Küchenausdrücke" und in „Kleine Sprachhilfe/Im Restaurant". Außerdem sei verwiesen auf den Kauderwelsch-Sprechführer aus dem Reise Know-How Verlag:

● **Französisch für Restaurant und Supermarkt,** Kauderwelsch Band 134, ISBN 3-89416-498-0

Getränke

Ein üppiges französisches Abendessen kann sich über Stunden hinziehen – da muss etwas für die Verdauung getan werden. Dafür gibt es das *trou normand,* das „normannische Loch", das gerne als Ausrede genutzt wird, um zwischen den einzelnen Gängen ein Gläschen **Calvados** zur Verdauung zu trinken.

Feiertage

In Frankreich gelten die folgenden gesetzlichen Feiertage:

- **1. Januar:** Neujahr *(Jour de l'An)*
- **Ostermontag** *(Pâques)*
- **1. Mai:** Tag der Arbeit *(Fête du Travail)*
- **8. Mai:** Tag der deutschen Kapitulation am Ende des Zweiten Weltkrieges *(Armistice)*
- **Christi Himmelfahrt** *(Ascension)*
- **Pfingstmontag** *(Pentecôte)*
- **14. Juli:** Nationalfeiertag *(Fête Nationale)*
- **15. August:** Mariä Himmelfahrt *(Assomption)*
- **1. November:** Allerheiligen *(Toussaint)*
- **11. November:** Waffenstillstand am Ende des Ersten Weltkrieges *(Armistice)*
- **25. Dezember:** Weihnachten *(Noël)*

Hinweise zu regionalen Festen und Festivals finden sich unter den „Praktischen Tipps" zu den einzelnen Orten.

Zu den Vorspeisen wird gerne ein leichter Weißer oder ein Roséwein getrunken. Bei den Hauptgerichten werden die schwereren roten **Weine** bevorzugt, wobei es keine Unterscheidung dergestalt gibt, dass zu rotem Fleisch nur roter und zu weißem Fleisch nur weißer Wein getrunken wird.

Zum Abschluss wird Kaffee und/oder ein **Digestif** getrunken: Cognac, Obstschnaps oder natürlich ein Calvados.

Die Ruine der romanischen Abteikirche Notre-Dame von Jumièges

Foto und Video

Fotografieren und Filmen bereitet in der Normandie eine ungemeine Freude, denn die **Lichtverhältnisse** sind vor allem im Sommer einfach ideal. Diese Tatsache hat schließlich schon die Impressionisten veranlasst, ihre Staffeleien an den Stränden der Normandie aufzustellen. Die intensive Sonne schafft kontrastreiche Konturen, die Luft ist klar, **Motive** gibt es reichlich: So heben sich die Burgen und Schlösser, die Kirchen und Klöster gegen den Himmel ab, die Landschaft erstrahlt in den vielfältigsten Farben und die Blüten in den Parks leuchten im schönsten Rot, Rosa, Weiß und Violett.

Dass man auch im Urlaub die **Menschen** nicht ungefragt in ihrem Alltag fotografieren sollte, ist selbstverständlich. Wer sich also auf die Suche nach belebten Bildern begibt, sollte sein „Modell" höflich um ein Foto bitten. Die „anonymen Massen" z.B. in Einkaufsstraßen oder auf Märkten darf man aber auch schon mal ohne Erlaubnis ablichten.

Das Fotografieren in Museen ist meist nicht zulässig, in öffentlichen Gebäuden und in den meisten Kirchen hat hingegen niemand etwas dagegen. Überall, wo **kunsthistorisch interessante Gebäude** gegen Eintritt zu besichtigen sind, ist das Fotografieren in der Regel verboten. Dafür gibt es in den angeschlossenen Verkaufsläden nicht nur Prospekte, Bücher und Andenken, sondern auch Postkarten und Dias in großer Menge.

Fotomaterial jeder Art (sowohl Filme als auch Gerätschaften) sind in Frankreich ungleich teurer als in Deutschland. Und auch die Auswahl ist nicht so groß. Dia-Filme sind zudem nicht überall erhältlich.

Entsprechend den Lichtverhältnissen kommt man in der Normandie mit 100-ASA-Filmen gut aus. Für schlechtere Wetterlagen sollte man mit 200-ASA-Filmen arbeiten, innerhalb von Kirchen und anderen Gebäuden mit 400-ASA-Filmen. Doch auch solche lichtempfindlichen Filme sind nicht überall erhältlich. Dem Fotofan sei also empfohlen, alle Fotomaterialien, die er für einen Aufenthalt in der Normandie zu benötigen glaubt, **im Gepäck mitzubringen.**

Gesundheit

Die **ärztliche Versorgung** in Frankreich entspricht dem hohen europäischen Niveau. So gibt es auch in der Normandie genügend Ärzte, Krankenhäuser und Apotheken.

Für alle Fälle sollte sich der Urlauber aber vor Antritt der Reise bei seiner Krankenkasse einen **ärztlichen Versorgungsschein** besorgen, der EU-Bürger in Frankreich zu kostenloser Behandlung bei Ärzten und in Krankenhäusern berechtigt. Man darf sich jedoch nicht darauf verlassen, dass dieses Formblatt auch akzeptiert wird. Krankenscheine, auch Auslandskrankenscheine, sind bei Ärzten und Krankenhäusern nämlich kaum bekannt. Deshalb wird man Rechnungen vor Ort bezahlen und hinterher bei der Krankenkasse zur Erstattung einreichen müssen.

Da die deutsche Sprache in der Normandie nicht weit verbreitet ist, wird ein Arztbesuch **auf Französisch** (eventuell auch auf Englisch) stattfinden müssen. Der praktische Arzt ist der *médicin*. Man kann auch in ein Krankenhaus *(hôpital)* gehen. Bei Zahnschmerzen hilft der *dentiste*.

Apotheken sind am grünen Kreuz quer zum Laden erkenntlich. Bei Dunkelheit blinken diese Kreuze unübersehbar.

MEDIEN, NACHTLEBEN

Adressen von **Krankenhäusern** erfährt man in Apotheken. **Krankenwagen** heißen *SAMU (Service d'Aide Médical d'Urgence)* und haben die **Notrufnummer: 15.**

Medien

In der modernen Kommunikationswelt von heute, in der man per Handy im Internet surfen kann, stellt sich eigentlich nicht mehr die Frage nach der weltweiten, zeitnahen Information. Doch wer möchte als Urlauber nicht auch aktuelle Informationen aus dem lokalen Umfeld erhalten – oder die Geschehnisse auf dieser Erde aus der Sicht des Gastgeberlandes erfahren?

Zeitungen

Die wichtigsten **französischen Tageszeitungen** sind Le Monde (liberal) und Le Figaro (konservativ), dazu Libération und l'Humanité (kommunistisch); die größte Tageszeitung in der Normandie ist Ouest France. Als Wochenzeitungen erscheinen Le Point und L'Express.

Englische Tages- und Wochenzeitungen sind an der ganzen Küste und auch in den Städten im Inland erhältlich. **Deutschsprachige** Zeitungen kann man hingegen nur in der Saison an zentralen Verkaufspunkten in den Städten und in den wichtigsten Seebädern kaufen.

Radio und Fernsehen

In der verkabelten Satellitenfernsehwelt ist der Zugang zu den wichtigsten Programmen problemlos möglich. Die bedeutendsten französischen **Fernsehsender** sind FT1 (kommerziell), Antenne 2 (staatlich bei hoher Werbefinanzierung) sowie TV3, das auch Regionalprogramme anbietet.

In französischen Hotels und Ferienwohnungen werden heute über die landeseigenen Sender hinaus auch Programme aus dem Ausland angeboten – darunter in der Regel mehrere deutsche, holländische, belgische, italienische, kaum österreichische und fast nie schweizer Programme.

Regionale und lokale **Rundfunksender** gibt es viele. Sie sind auf Grund der französischen Gesetzgebung verpflichtet, einen bestimmten Anteil an französischer Musik und französischen Nachrichten zu bieten. Auch die aktuellen Verkehrsberichte werden hier durchgegeben – allerdings meist in einer Geschwindigkeit, dass es selbst Geübten schwer fällt, sie zu verstehen.

Nachtleben

Das Nachtleben in der Normandie ist nicht besonders ausgeprägt, wenn überhaupt, dann an der Küste in den **Seebädern** und in den **größeren Städten** zu finden.

Zum Lebensrhythmus der Franzosen gehört ein relativ spätes Abendessen, bei dem sehr ausgiebig gespeist wird.

NOTFÄLLE, ÖFFNUNGSZEITEN

Ein großer Teil des Nachtlebens findet daher in den **Restaurants** statt.

Natürlich gibt es auch **Nachtlokale,** dies sind in der eher familiären Normandie jedoch Bars und Lokale, die eben sehr lange für ihre Gäste geöffnet haben. Auch einige **Diskotheken** sind vorhanden, Adressen finden sich unter den „Praktischen Tipps" zu den Ortsbeschreibungen.

Eine Besonderheit der Normandie sind die **Kasinos,** wo man sich dem Glücksspiel hingeben kann. Roulette, Boule und Automaten sind die häufigsten Angebote, Kenner können auch Siebzehnundvier, Bakkarat u.a. spielen. Die Kasinos stellen aber noch weit mehr dar – es sind Unterhaltungsstätten mit umfangreichen Kulturangeboten und Programmen wie Theater, Musikaufführungen, Zauberern, Diskotheken, Restaurants, Billard, Piano-Bars und vielem anderen mehr. Entsprechende Hinweise sind ebenfalls unter den „Praktischen Tipps" zu den Ortsbeschreibungen zu finden.

Ein Abendvergnügen ganz besonderer Art sind die **son-et-lumière-Aufführungen,** mit denen manche Städte, Burgen und Kirchen auf ihre kulturhistorische Bedeutung aufmerksam machen, indem sie ihre Sehenswürdigkeiten am Abend mit Scheinwerfern anstrahlen und über Lautsprecher die Geschichte und Geschichten dazu erzählen.

Notfälle

Bei Notfällen in Frankreich helfen die folgenden Telefonnummern:

Notrufnummern
- **Polizei:** 17
- **Krankenwagen:** 15
- **Feuerwehr:** 18
- **Pannenhilfe:** 05 10 61 06
- **Kreditkarten-Sperrung:**
  Visa: 161 54 42 12 12
  MasterCard (Euro Card): 161 456 753 53

Siehe auch Kap. „Gesundheit" und „Vor der Reise/Botschaften und Konsulate".

Öffnungszeiten

Der **französische Arbeitsrhythmus** weicht etwas von den in Deutschland üblichen Zeiten ab, dementsprechend sind auch die Öffnungs- und Geschäftszeiten anders – ein wenig mediterran geprägt. Die Arbeitszeit in der Normandie beginnt in der Regel um 8 Uhr und geht vormittags bis 12 Uhr bzw. 12.30 Uhr. Dann schließt sich eine Mittagspause von bis zu zwei Stunden an. Nachmittags geht es gegen 14 Uhr weiter und um 18 Uhr bzw. 18.30 ist Schluss.

Nach diesen Arbeitszeiten richten sich beispielsweise die Schalterzeiten der **Banken** und der offiziellen Verkaufsstellen wie die der **Post,** sie haben von 9 bis 12 Uhr und von 14 bis 16/17 Uhr geöffnet.

Post, Sport

Normale **Geschäfte** wie Bäcker, Metzger oder auch Schuh- und Textilgeschäfte schließen ebenfalls über Mittag, insbesondere in ländlichen Regionen.

Großstadtgeschäfte, Kaufhäuser, Hyper- und teilweise auch **Supermärkte** haben durchgehend geöffnet, sie sind samstags auch nachmittags offen und gelegentlich sogar sonntagvormittags. In den großen Städten schließen die Innenstadtgeschäfte gegen 19 Uhr, Supermärkte haben bis 20 Uhr geöffnet.

Die Geschäfte in den **Badeorten** sind auch am Wochenende geöffnet, schließen jedoch über Mittag.

Die Öffnungszeiten der **Museen** sind jeweils unter den „Praktischen Tipps" angegeben.

Post

Postämter (PTT) gibt es in allen größeren Orten. Sie haben in der Regel von 9 bis 12 Uhr und von 14 bis 16/17 Uhr geöffnet, Hauptpostämter in den Großstädten durchgehend bis 18/19 Uhr.

Briefmarken kann man auch in Tabakgeschäften und dort, wo es Postkarten gibt, kaufen. Inzwischen sind in den großen Postämtern aber auch Münzfrankierer aufgestellt, die das Anstehen an den Schaltern vermeiden helfen. Briefe und Karten, die innerhalb Europas verschickt werden sollen, müssen mit Marken zu 0,46 Euro frankiert werden.

Auslandsbriefe muss man in die speziellen **Briefkästen** für Auslandspost (autres destinations) stecken – sofern vorhanden. Die Adressenangabe lautet für Deutschland „Allemagne", für Österreich „Autriche" und für die Schweiz „La Suisse".

Die Postämter bieten als Service auch die **postlagernde Zusendung** (poste restante) von Briefen, Paketen etc. an. Postlagernde Sendungen müssen wie folgt adressiert werden: „Name, Poste centrale, Poste restante, Ort mit Postleitzahl".

Auch **Faxe** kann man bei der Post verschicken, obwohl diesen Service heute schon jedes Hotel bietet.

Sport

Angeln

Angeln gehört zu den beliebtesten Freizeitvergnügungen der Franzosen und hat in der Normandie eine besonders große Verbreitung gefunden – kein Wunder bei so viel Küste und so vielen kleinen Flüssen im Hinterland.

Das **Hochseeangeln** wird heute als Tourismusattraktion in jedem Badeort angeboten, der über einen Hafen verfügt. Für das **Angeln im Süßwasser** ist eine Erlaubnis (permis) einzuholen, die in der Regel bei den örtlichen Fremdenverkehrsämtern gegen ein angemessenes Entgelt erworben werden kann.

●**Pêche en Rivière/Pêche en Mer,** Informationsbroschüre des Comité Régional de Tourisme de Normandie (Adresse: siehe Kap. „Tourist-Informationen")

Sport

Golf

In der Normandie gibt es **fast vierzig Golfplätze.** Das Comité Régional du Tourisme de Normandie bietet eine Broschüre an, in der alle Plätze mit ihren Besonderheiten aufgeführt sind. Auch über die Unterbringungs- und Restaurationsmöglichkeiten der Golfplätze gibt dieses Informationsheft Auskunft.

● **Golf Normandie,** Informationsbroschüre des Comité Régional de Tourisme de Normandie (Adresse: siehe Kap. „Tourist-Informationen")

Reiten

Die Normandie ist das Land der Pferde – hier gibt es international renommierte Gestüte und Reitschulen allerorten. **Reiterhöfe** bieten Unterkunft für Pferd und Besitzer sowie Ausritte und Kutschfahrten an. Das bekannteste aller Gestüte ist Haras National du Pin, im Jahre 1715 von *Colbert* gegründet. In der Saison können hier an jedem Dienstag Vorführungen besucht werden.

● **Auskunft** über Gestüte, Reitschulen etc. geben die örtlichen Fremdenverkehrsämter.

Reiter am Strand von Franceville-Plage

SPORT

Rad fahren

Rad fahren ist eine der großen Leidenschaften der Franzosen. Meist in Gruppen „besetzen" sie in entsprechender Montur vor allem an Wochenenden die Nebenstraßen, von denen es so viele schöne und gerade in der Normandie gibt. Auch wenn sich die Autofahrer auf diesen Landstraßen manchmal zu Rennfahrern entwickeln und gleichermaßen riskante wie aggressive Überholmanöver praktizieren, so sind sie doch im Umgang mit Fahrradfahrern sehr rücksichtsvoll.

Viele der **lokalen Fahrrad-Klubs** veranstalten ein- oder mehrtägige Radwanderungen, an denen Auswärtige und Urlauber gerne teilnehmen können. Entsprechende Ansprechadressen vermitteln die örtlichen Fremdenverkehrsämter.

Einzelne **deutsche Reiseveranstalter** bieten inzwischen ebenfalls Fahrradtouren in der Normandie an. Dabei gehört der separate Transport des Gepäcks von Station zu Station zum Standardservice.

Die **Mitnahme des eigenen Fahrrads** in die Normandie ist ratsam und bei Anreise mit Auto und entsprechendem Dachgepäckträger auch kein Problem. So ist man unabhängig und kann Touren individuell und wetterabhängig vor Ort zusammenstellen. Es ist aber auch möglich, einzelne Etappen mit der Bahn zurückzulegen, denn in Regionalzügen kann man sein Fahrrad ohne Aufpreis mitnehmen.

Wer sein eigenes Rad jedoch lieber zu Hause lassen möchte, der kann an Bahnhöfen und in Fahrradgeschäften ein **Velo mieten**.

- Die **Fédération Française de Cyclotourisme,** 75013 Paris, 8, Rue Jean-Marie-Jégo, Tel. 0145 80 30 21, teilt auf Anfrage die Anschriften der örtlichen Fahrradklubs mit und ist selbst Veranstalter von Radtouren.

Wandern

Ein gut ausgebautes und beschildertes Netz von Wanderwegen lädt nicht nur Wanderurlauber zu längeren Spaziergängen oder auch ausgedehnten Touren ein. Die *sentiers de grande randonnée* sind, mit „GR" abgekürzt und mit Nummern versehen, in den Wanderkarten 1:50.000 des Institut National de Géographie (IGN) eingetragen. Diese Karten sind in allen Buchhandlungen, Schreibwarengeschäften und Zeitungsverkaufsstellen erhältlich.

Folgende **Fernwanderwege** durchqueren die Normandie:

- GR 2: **La Seine et Normandie**
(Topo-guide réf. N° 201)
- GR 21-211-212-25: **Pays de Caux, Côte d'Albâtre** (Topo-guide réf. N° 202)
- GR 22: **La Manche, L'Eure**
(Topo-guide réf. N° D050, für den Teilbereich Orne réf. N° 040 und 039)
- GR 26: **Calvados, Eure**
(Section Calvados Topo-guide réf. „Tour du Pays d'Auge", Section Eure Topo-guide réf. „A pied dans l'Eure)
- GR 222-224 **Vallées et Forêts de l'Eure**
(Topo-guide réf. N° 271)
- GR 223: **Tour du Cotentin – Tour du Val de Saire** (Topo-guide réf. N° 200)
- GR 226: **Calvados, Orne**
(Topo-guide réf. „Tour du Bocage Virois")
- GR 261: **Les Plages du Débarquements**
(Topo-guide local réf. „Les Plages du Débarquements))

Praktische Reisetipps A–Z

- GR 36-221: **Suisse Normande, Pays Falaise, Parc Naturel-Régional de Normandie Maine** (Topo-guide réf. N° 312)
- GR 22-36: **Tours dans le Parc Naturel-Régional de Normandie Maine,** (Topo-guide réf. N° 039)

Neben diesen Fernwanderwegen gibt es noch eine Vielzahl örtlicher Wander- und Spazierwege, über die die Fremdenverkehrsämter Auskunft geben.

- **Randonnées de Normandie** und **Séjours randonnées en Normandie,** Informationsbroschüren des Comité Régional de Tourisme de Normandie (Adresse: siehe Kap. „Tourist-Informationen"), letztere mit Angaben zu Wanderunterkünften
- Nützliche Hinweise finden sich außerdem im Internet unter: **www.spaziergaenger.de**

Segeln, Surfen und Strandsegeln

Die Normandie bietet mit ihrer über 300 Kilometer langen Küste und den vielen Binnengewässern ideale Voraussetzungen für Segelfreunde. Es gibt alleine 37 Jachthäfen *(ports de plaisances),* die alle erforderlichen Infrastrukturen für Freizeitkapitäne aufweisen. **Regatten** und **Segelkurse** werden von den örtlichen Segelvereinen organisiert. Das Gleiche gilt für **Surfkurse.** Vor Ort kann man Segelboote und Surfbretter ausleihen. Entsprechende Hinweise sind unter den „Praktischen Tipps" bei den Ortsbeschreibungen zu finden.

Für **Strandsegler** sind die breiten Strände der Normandie ein ideales Terrain. An der Côte Fleurie, der Côte de Nacre und auf der Halbinsel Cotentin können sie ihrem Sport ausgiebig frönen.

Sprache

Die Sprache der Normandie ist heute **Französisch.** Das ist aber keineswegs immer so gewesen, denn die Normannen brachten als Eindringlinge ihre eigene Sprache mit. Sie blieben jedoch immer eine Minderheit hinsichtlich der Urbevölkerung, die einst keltisch war, später römisch beeinflusst und schließlich von den einwandernden Franken unterlaufen wurde.

Die Nordmänner stellten zudem keine einheitliche Gruppierung dar. Im 2. Jahrhundert waren es meist **Angeln, Sachsen** und **Jüten,** die in das Gebiet der heutigen Normandie eindrangen. Diese germanischen Volksstämme lebten neben den einheimischen Kelten einher, die zunehmend **romanische Elemente** in ihren Sprachgebrauch übernahmen, woraus sich langsam das Französische zu entwickeln begann.

Ab dem 8. Jahrhundert ließen sich dann eindringende Dänen und Norweger in den Städten der Normandie nieder. Vor diesem geschichtlichen Hintergrund entwickelten sich **Rouen** und **Bayeux** unterschiedlich: Bayeux hatte einen großen altsächsischen Bevölkerungsanteil, dessen Sprache dem der eingefallenen Nordmänner zumindest ähnelte. Hier war auch das Christentum noch nicht so weit verankert wie in Rouen, wo es bereits als verbindende kulturelle Klammer wirken konnte. So setzte in Rouen – im Gegensatz zu Bayeux – schon in der zweiten Normannengeneration der

SPRACHE

Assimilierungsprozess ein. Der große Normannenführer *Rollo* war zu Beginn des 10. Jahrhunderts noch ganz in diesem Spannungsfeld aus Herkunft und Sprache verhaftet.

Erst als die normannischen Herrscher ihre isolierte Stellung im Lande aufgaben und das fränkische Feudalsystem übernahmen, sich in ihrer Herrschaft also zunehmend auf den ortsansässigen Adel stützten, wurden sie auch gesellschaftlich Teil des Systems, mit dem sie dann die französische Sprache übernahmen. Dies war spätestens seit *Wilhelm dem Eroberer* der Fall.

Besucher, die kein französisch sprechen, werden in der Normandie auch mit **Englisch** zurechtkommen. **Deutsch** wird von den Einheimischen jedoch kaum gesprochen.

In alltäglichen Urlaubssituationen mag auch die **„Kleine Sprachhilfe"** im Anhang weiterhelfen. Dort findet sich außerdem ein **„Glossar der Küchenausdrücke"**, das insbesondere im Restaurant oder beim Einkaufen zurate gezogen werden kann. Wer noch mehr lernen möchte, sei auf die **Kauderwelsch-Sprechführer** und den **ReiseWortSchatz** aus dem REISE KNOW-HOW Verlag verwiesen:

- **Französisch für Restaurant und Supermarkt,** Kauderwelsch Band 134, ISBN 3-89416-498-0
- **Französisch – Wort für Wort,** Kauderwelsch Band 40, ISBN 3-89416-492-1
- **Französisch Slang – das andere Französisch,** Kauderwelsch Band 42, ISBN 3-89416-017-9
- **ReiseWortSchatz Französisch,** ISBN 3-89416-594-4

Sprachschulen für Ausländer

- **Centre d'enseignement Universitaire International pour Étrangers** – SUEE (Service Universitaire des Étudiants Étrangers), Université de Caen, Annexe Vissol, Avenue de Bruxelles, PB 5186, 14032 Caen Cedex, Tel. 0231 56 55 38, Fax 0231 93 69 19, ceuie@admin.unicaen.fr

  Sommer-Intensivkurse von Mitte Juni bis Ende August, begleitende touristische Ausflüge und kulturelle Aktivitäten, Studienseminare, Herbst-Intensivkurse, Teilnahme an den regulären Französisch-Vorlesungen; Unterbringung: in Familien, in Studentenheimen, in Hotels etc.

- **Centre d'Études de Lisieux,** 10-12 et 14, Boulevard Carnot, BP 176, 14404 Lisieux Cedex, Tel. 0231 31 22 01, Fax 0231, 31 22 21, centre.normandie@wanadoo.fr

  Studentenkurse, Erwachsenenkurse, Wirtschaftskurse, Intensivkurse, Halb-Intensivkurse mit nachmittäglichen touristischen Angeboten, Einzelkurse im Frühling, Sommer, Herbst; Unterbringung: in Familien oder im Chateau Carnot

- **Inlingua,** BP 156, 76144 Le Petit Quevily Cedex (Rouen), Tel. 0235 69 81 61, Fax 0235 69 81 59, rouen@inlingua.fr

  Gruppen- oder Einzelunterricht, Ferienkurse, Themenkurse (Küche, Gastronomie, Malerei, Gärten etc.) verbunden mit touristischen und sportlichen Angeboten; Unterbringung: in Famil en oder im Hotel

- **École de Roches,** BP 710, 27137 Verneuil-sur-Avre, Tel. 0232 23 40 00, Fax 0232 32 25 28, roches@infonie.fr

  Kurse während der Semester Sept. bis Juni, Sommerkurse von 3 bis 9 Wochen, Gruppen-Wochenkurse Sept. bis Mai, Individualkurse verbunden mit Kultur-, Touristik- und Animationsangeboten; Unterbringung: im Internat oder in Familien

- **Alliance Française,** 76000 Rouen, 29, Rue de button, Tel. 0235 98 55 99, Fax 0235 89 98 58, alliance.francaise.rouen@wanadoo.fr

  Anfänger- und Fortgeschrittenenkurse während des ganzen Jahres

Guy de Maupassant – ein normannischer Schriftsteller

Henri-René-Albert Maupassant, genannt *Guy*, ist in mehrfacher Hinsicht ein normannischer Schriftsteller – in dieser Eigenschaft wird er eigentlich nur noch von *Gustave Flaubert* übertroffen, der auch sein großer Lehrmeister war.

Guy de Maupassant wurde im Jahre 1850 auf Schloss Miromesnil bei Dieppe als Spross einer wenig begüterten lothringischen Adelsfamilie geboren. Die Scheidung seiner Eltern setzte ihm arg zu, erzogen wurde er von seiner Mutter. Die Volksschule besuchte er in Yvetot, das Gymnasium in Rouen. In Paris studierte er die Rechte, nahm am Krieg 1870/71 teil und wurde Beamter, zunächst im Marineministerium, dann im Kultusministerium. Dort begannen unter Anleitung Flauberts, einem Jugendfreund seiner Mutter, seine Lehrjahre der Schriftstellerei.

Von Flaubert lernte er, den Kleingeist der Welt schriftstellerisch umzusetzen. Die künstlerische Analyse der Banalität, wie sie Flaubert so einmalig in seinem Roman „Madame Bovary" gelang, wurde auch zum Ansatzpunkt des Schaffens für Maupassant. Er bediente sich dabei Figuren aus allen Sozialschichten des Landes: Fischer und Bauern aus der Normandie – Fécamp war ein beliebter Handlungsort für ihn –, kleine Pariser Beamte, verarmte Aristokraten, wie er sie aus der eigenen Familie kannte, und vor allem auch Typen aus der Halbwelt. Aber seine Ausdrucksweise schaffte es, das Gewöhnliche dieser Figuren, wie es sich in der Banalität des Alltäglichen mit ihrer Langeweile, Habsucht, billigen Liebe und ihren Illusionen offenbart, auf ungewöhnliche Weise darzustellen. Er ist der Meister der disziplinierten, kurzen, treffenden – oft sarkastischen – Ausdrucksweise. Die Novelle wurde zu seiner bevorzugten Mitteilungsform.

Seine erste Novelle, die er 1880 veröffentlichte, hieß „Boule de Suif", die Geschichte eines Mädchens aus dem Prostituiertenmilieu, das man „Fettkügelchen" nannte und ihn sofort berühmt machte. Sein Erfolg als Schriftsteller war schon bald so groß geworden, dass er sich dieser Tätigkeit ganz widmen konnte. Er schrieb sich ein Vermögen zusammen, unternahm ausgedehnte mondäne Reisen und führte ein ausschweifendes Leben.

Guy de Maupassant war in der Tat kein Kostverächter. Er hielt sogar noch an seinem Lebensstil fest, als er schon längst an Syphilis litt. Sein Gehirn war etwa seit 1890 angegriffen, Angstzustände und Wahnsinnsanfälle suchten ihn zunehmend heim. Er war noch keine 43 Jahre alt, als er starb.

In einer nur zehnjährigen Schaffensperiode hat Guy de Maupassant an die 300 Novellen verfasst, darunter „La Maison Tellier", „Histoire d'une fille de ferme", „Deux amies" oder „Yvette". Von seinen sechs Romanen erreichten aber nur zwei das Niveau seiner Novellen („Bel Ami" und „Une Vie").

Telefonieren

Vor einigen Jahren sind in Frankreich die Telefonnummern umgestellt worden. Seither ist vor der Rufnummer eine vierstellige **Vorwahl** zu wählen: erst die „0", dann die Regionalkennziffer und dann die zweistellige Ortskennziffer. Für Nord-West-Frankreich einschließlich der Normandie gilt die Regionalkennziffer „2". Die anderen Regionen Frankreichs haben die folgenden Ziffern erhalten: Paris und Umgebung „1", Nord-Ost „3", Süd-Ost einschließlich Korsika „4" und Süd-West „5". Die Schreibweise von Telefonnummern sieht in Frankreich üblicherweise folgendermaßen aus: Tel. 0232 33.79.00, oft werden die Punkte auch weggelassen (so wie in diesem Reisehandbuch).

Auch wenn die Umstellung bereits einige Zeit zurückliegt, sollte vor allem bei nicht ganz aktuellen Informationsmaterialien darauf geachtet werden.

Auslandsvorwahlen

nach Frankreich: 0033
nach Deutschland: 0049
nach Österreich: 0043
in die Schweiz: 0041

Nach der Ländervorwahl wird jeweils die lokale Vorwahl ohne Null und dann die Rufnummer gewählt.

Die öffentlichen Telefonzellen sind in der Normandie weitgehend auf Kartenbenutzung umgestellt worden. Telefonkarten *(télécartes)* gibt es zu Werten von 5 €, 10 € und 20 € in Tabakläden und an Tankstellen, Kiosken, Zeitungsläden etc. Münztelefone stehen noch an den Theken der Bars zur Verfügung.

Generell ist das Telefonieren in Frankreich in etwa genauso teuer wie in Deutschland. Die **Preisunterschiede** zwischen Zeiten und Anbietern können jedoch ganz erheblich sein und der Telefonmarkt ist momentan derart in Bewegung, dass konkrete Preisangaben schnell überholt sind. Telefonieren aus Bars, Hotels etc. ist aber in jedem Fall erheblich teurer als von Telefonzellen.

Mit **Mobiltelefonen** kann in der Normandie problemlos das D1- und das D2-Netz benutzt werden.

Tiere

In der Normandie trifft man zumeist auf sehr tierfreundliche Menschen. In vielen Lokalen wird gegen das Mitführen von Hunden kein Einwand erhoben – im Gegenteil, es stehen in der Regel Trinkschalen bereit.

Tiere unter drei Monaten dürfen allerdings nicht nach Frankreich mitgenommen werden und für alle Haustiere ist ein gültiges Impfzeugnis gegen Tollwut mitzuführen.

Tourist-Informationen

- **Comité Régional de Tourisme de Normandie,** Le Doyenné, 14, Rue Charles Corbeau, 27000 Evreux, Tel. 0232 33 79 00, Fax 0232 31 19 04, normandy@imaginet.fr, www.normandy-tourism.org (mit Links zu vielen örtlichen Fremdenverkehrsämtern, die Informationen zu lokalen Einrichtungen und Sehenswürdigkeiten bieten)
- **Comité Départemental de Tourisme du Calvados,** Place du Canada, 14000 Caen, Tel. 0231 27 90 30, Fax 0231 27 90 35, cdt@cg14.fr
- **Comité Départemental de Tourisme de l'Eure,** Hôtel du Département, Boulevard Georges Chauvin, 27003 Évreux Cedex, Tel. 0232 31 51 51, Fax 0232 31 05 98, cdt-eure@wandoo.fr
- **Comité Départemental de Tourisme de la Manche,** Maison du Département Route de Villedieu, 50008 Sant-Lô Cedex, Tel. 0233 05 98 70, Fax 0233 56 07 03, manchetourisme@cg50.fr
- **Comité Départemental de Tourisme de l'Orne,** 86, Rue Saint-Blaise, B.P. 50 61002 Alençon Cedex, Tel. 0233 28 88 71, Fax 29 81 60, orne.tourisme@wanadoo.fr
- **Comité Départemental de Tourisme de Seine-Maritime,** 6, Rue Couronné, B.P. 60, 76420 Bihorel, Tel. 0235 12 10 10, Fax 59 86 04, seinemaritime.tourisme@wanadoo.fr

Unterkunft

Weltspitzenniveau verkörpert nicht nur die Restauration, sondern auch die Hotellerie Frankreichs. Durch alle Kategorien hindurch gibt es entsprechende Angebote, angefangen beim Luxushotel der absoluten Nobelklasse über ein breites Angebot an hervorragenden Mittelklassehotels, Pensionen, Gasthöfen, Ferienwohnungen und sonstigen Unterkünften bis hin zu Jugendherbergen.

Hotels und Pensionen

Für die Normandie als ausgesprochen touristisch geprägte Region gilt dies in ganz speziellem Maße. Absolute **Spitzenhotels** stellen „Le Normandy" in Deauville oder etwa das „Grand Hôtel" in Cabourg dar. In den Küstenorten gibt es neben den so genannten **Geschäftshotels** eine breite Palette an **Ferienhotels** und **Ferienpensionen.** Auskünfte erteilen die jeweiligen Fremdenverkehrsämter, deren Anschriften bei den Ortsbeschreibungen unter „Praktische Tipps" angegeben sind.

Die in diesem Reisehandbuch empfohlenen Unterkünfte sind nach den folgenden **Preiskategorien** klassifiziert (es handelt sich nicht um offizielle Sternekategorien):

Hotelkategorien

€€€€€	Hotels der Luxusklasse
€€€€	Spitzenhotels, über 102 €
€€€	gute Hotels, von 75 bis 100 €
€€	Hotels mit Pensionscharakter, zwischen 50 und 75 €
€	einfachere Hotels/Pensionen, unter 5 €
ohne €	einfache Unterkunft

Die Angaben beziehen sich auf den Preis für das Doppelzimmer pro Nacht (ohne Frühstück) in der Hochsaison.

UNTERKUNFT 51

Angesichts der Vielfalt des Hotelangebots und der daraus resultierenden Konkurrenzsituation sehen sich auch die Hoteliers in der Normandie gezwungen, Gäste mit besonderen Attraktionen anzulocken. **Sonder- und Pauschalangebote** sind daher keine Seltenheit – man muss allerdings danach fragen, denn diese Angebote dienen ja dem Zweck, insbesondere in umsatzschwachen Zeiten das Geschäft zu beleben. So werden in den Wintermonaten z.B. Stadtwochenenden *(Bon-Week-End en Villes)* inklusive zwei Übernachtungen, Kulturveranstaltung und einem kleinem Geschenk zu günstigen Preisen offeriert. Auskunft erteilen die örtlichen Fremdenverkehrsbüros, die diese Arrangements auch vermitteln.

Dabei darf man sich aber nicht der Hoffnung hingeben, dass solche Sonderangebote auch für die **Hochsaison** gelten können. Im Juli und August, wenn die Franzosen in die Feriengebiete „einfallen", bleibt kein Zimmer frei! Da hilft nur eine rechtzeitige Reservierung.

Im Übrigen gibt es in Frankreich mit dem Hotelkonzern Accor ein breites Angebot im Bereich der Systemhotellerie. Hierzu zählen die **Hotelketten** Mercure, Novotel, Ibis und Formule 1, die längst international vertreten und

Landhaus im Pays d'Auge

UNTERKUNFT

natürlich auch in der Normandie ansässig sind. Diese Hotels zeichnen sich durch einen einheitlichen Bautypus und einheitliche Zimmer aus. Der Gast weiß also stets, was ihn erwartet.

Mercure sind in der Regel Hotels der gehobenen Kategorie, **Novotel** bietet 24 Quadratmeter große Zimmer mit Gran Lit, Schlafcouch, Sitzgruppe, Schreibtisch und meist separatem Toilettenraum an. **Ibis** ist das Geschäftshotel der mittleren Preisklasse. Und mit **Formule 1** besteht ein Angebot an modernen, preisgünstigen Zimmern mit Grand Lit, zusätzlichem Etagenbett, Waschbecken mit Spiegel, TV, und Ecktisch mit Wecker. Duschen und Toiletten sind als separate Etageneinrichtungen vorhanden. Der Preis liegt meist bei etwa 25 € pro Zimmer.

Noch ein Wort zu den französischen **Hotelbetten:** Das *grand lit,* das französische Doppelbett, ist 1,40 Meter, höchstens 1,60 Meter breit, hat eine durchgehende Matratze und nur eine Decke. Auch wenn man noch so verliebt ist – solche Bettenkonstellationen können zu großen Problemen führen, wenn man sie nicht gewohnt ist. Deshalb sollte man in den Hotels nach *lits séparés* („getrennten Betten") fragen – die gibt es in Frankreich nämlich ebenfalls, wenn auch seltener.

● **Hotel-Verzeichnis Normandie:** „Hôtels Normandie", anzufordern bei: Comité Régional de Tourisme de Normandie, Le Doyonné, 14, Rue Charles-Corbeau, 27000 Evreux, normandy@imagenet.fr, www. normandytourism.org, Tel. 0232 33 79 00, Fax 0232 31 19 04

● **Accor-Buchungsservice:**
in Frankreich: Tel. 0160 87 91 66, Fax 87 92 50
in Deutschland: Tel. 089/630 025-05, Fax -30
in Österreich: Tel. 01/577 27-77, Fax -77 17
Internet-Adressen der Hotelketten:
www.accorhotel.com
www.mercure.com
www.novotel.com
www.ibishotel.com
www.hotelformule1.com

Chambres d'Hôtes

Schier unübersehbar groß ist die Zahl der **Privatunterkünfte,** die auf Französisch als *Chambres d'Hôtes* bezeichnet werden und auch in der Normandie anzutreffen sind. Sie entsprechen dem englischen *Bed & Breakfast*. In der Regel handelt es sich um einfachere Quartiere, die noch nicht alle über eigene, zum Zimmer gehörige Sanitärinstallationen verfügen. Aber es sind auch komfortable Unterkünfte darunter. Manchmal werden neben dem Frühstück auch andere Mahlzeiten angeboten. Daher ist es wichtig, sich rechtzeitig zu erkundigen.

Entsprechende Hinweise geben die örtlichen Fremdenverkehrsämter. Eine **Übersicht über das Gesamtangebot** an Chambres d'Hôtes sendet das zentrale Tourismusbüro der Normandie auf Anfrage zu (Adresse siehe „Tourist-Informationen").

Gîtes

Unter dem Sammelbegriff der *Gîtes* („Unterkünfte") werden in Frankreich die verschiedenartigsten Beherbergungsmöglichkeiten zusammengefasst.

Gîtes Ruraux sind im weitesten Sinne Ferienwohnungen, die auch in der Normandie allerorten anzutreffen sind. Um weniger begüterten Städtern einen Urlaub auf dem Land zu ermöglichen, hatte der französische Staat die Schaffung solcher ländlicher Ferienwohnungen mit vergünstigten Krediten unterstützt. Und so hat sich diese Art Unterkunft in Frankreich eingebürgert. Überall in den Ferienorten findet man inzwischen Agenturen, die solche recht preisgünstigen Ferienwohnungen vermitteln. Auskünfte erteilen selbstverständlich auch die örtlichen Fremdenverkehrsämter.

Gîtes d'Enfants sind Unterkünfte, in denen unbegleitete Kinder bei einer Familie auf dem Land ihre Ferien verbringen können.

Bei den **Gîtes d'Étapes** handelt es sich um einfache und mehr oder weniger auch um Sammelunterkünfte für Wanderer oder Radurlauber, die hier in einer Gruppe unterkommen wollen. In der Regel muss man sich in diesen Unterkünften selbst verpflegen.

Alle sind organisatorisch unter **Gîtes de France** zusammengefasst. Bei dieser Organisation, die in allen Départements der Normandie vertreten ist, gibt es Informationsunterlagen.

Angebote in den entsprechenden Unterkunftskategorien können aber nicht nur in Frankreich, sondern beispielsweise auch von Deutschland aus gebucht werden. Insbesondere sei hier auf die **Zentrale für Landurlaub** hingewiesen, die Unterkünfte nach dem Motto „Ferien auf dem Bauernhof" anbietet.

- **Gîtes de France Calvados,** 6, Promenade Madame de Sévigné, 14050 Caen Cedex, Tel. 0231 82 71 65, Fax 0231 83 57 64, git14@mail.cpod.fr
- **Gîtes de France Eure,** 9, Rue de la Petite Cité, 27008 Évreux Cedex, Tel. 0232 39 53 38, Fax 0232 33 78 13, gites@eure.Chambagri.fr
- **Gîtes de France Manche,** Maison du Département, 50008 St Lô Cedex, Tel. 0233 39 53 38, Fax 0233 33 78 13
- **Gîtes de France Orne,** 88, Rue Saint-Blaise, B.P. 50, 61002 Alançon Cedex, Tel. 0233 56 28 80, Fax 0233 29 01 01
- **Gîtes de France Seine Maritime,** Chemin de la Bretèque, B.P. 59, 76232, Bois Guillaume Cedex, Tel. 0235 60 73 34, Fax 0235 61 69 20
- **„Landurlaub in Frankreich",** Zentrale für den Landurlaub, Heerstraße 73, 53111 Bonn, Tel. 0228/96 30 2-0, Fax 0228/96 30 2-33, info@bauernhofurlaub.com

Ferienhäuser und Appartements

Vor allem in den touristisch ausgeprägten Küstengebieten und in den speziellen Erholungsregionen im Inneren der Normandie werden Ferienhäuser und Appartements für Urlauber angeboten. Die Preise sind im Verhältnis zu Hotelunterkünften moderat, der Komfort variiert.

Empfehlenswert sind die großen **Appartementhäuser,** die es eigentlich in allen großen Seebädern gibt. Die Wohnungen in solchen Häusern werden zumeist über **Agenturen** vermietet, die an den Zufahrtsstraßen zu den Orten durch Hinweisschilder auf sich aufmerksam machen. In der Regel entsprechen die angebotenen Ferienwohnungen gehobenen Ansprüchen. Die Ausstattung von Küche, Schlafräumen

Unterkunft

und Sitzgelegenheiten ist ausreichend, die meisten Appartements verfügen auch über einen Balkon. In der Hauptsaison liegt die Wochenmiete für ein 2-Zimmer-Appartement allerdings bei über 500 €.

Die beste Empfehlung ist, sich an die örtlichen Agenturen zu wenden und das jeweilige Appartement vor Anmietung auf Sauberkeit, Ausstattung etc. hin anzusehen. Wer jedoch schon zu Hause buchen möchte (in der Hauptsaison ratsam), kann sich an die folgenden Anbieter wenden, die vornehmlich Wohnungen und Häuser gehobenen Urlaubkomforts vermitteln:

- **Auto Allemande SARL;** Beauregard B.P.16, 14380 St.Cever-Calvados, Tel. 0231 67 93 93, Fax 0231 67 26 95
- **Cherdo-Armoric Ferienhausvermittlung GmbH,** Ackerstraße 144, 40233 Düsseldorf, Tel. 0211/670 070, Fax 0211/670 077
- **Ursula Lotze's Ferienhäuser,** Niederkasseler Kirchweg 8, 40547 Düsseldorf, Tel. 0211/555 734, Fax 0211/588 469, ursula@lotze.de
- **Ursula Neukirchen GmbH,** Altenbergstr. 21, 48161 Münster, Tel. 02533/931 30, Fax 4538, Neukirchen.Ferienhäuser@t-online.de
- **Inter Chalet Ferienhaus-Gesellschaft mbH,** Kaiser-Joseph-Straße 263, 76098 Freiburg, Tel. 0761/210-077, Fax -0154, info@interchalet.com, www. interchalet.com
- **Voyages Sud-Soleil S.A.,** Hauptstraße 11, CH-4102 Binningen BL, Tel. 061/421 965 7, Fax 061/421 965 4
- **Wolters Reisen, TUI Reisen, France Reisen,** Informationen über Reisebüros

Jugendherbergen

In der Normandie gibt es auch einige Jugendherbergen. Unter den „Praktischen Tipps" zu den Ortsbeschreibungen wird darauf hingewiesen. Eine Übernachtung kostet pro Person ca. 6,50 €. Ein gültiger Jugendherbergsausweis ist jedoch erforderlich.

Die französischen Jugendherbergen sind in zwei **Organisationen** zusammengefasst, deren Anschriften unten aufgeführt sind. Um einen Überblick über alle Häuser zu erhalten und zur Klärung von Fragen bezüglich Buchung, Verpflegung, Freizeitangeboten etc. schreibt man am besten beide an. Man kann sich aber auch an das deutsche Jugendherbergswerk wenden, das jährlich ein europäisches Jugendherbergsverzeichnis mit allen erforderlichen Angaben herausgibt.

- **Fédération Unie des Auberges de Jeunesse (FUAJ),** 27, Rue de Pajol, 75018 Paris, Tel. 0146 07 00 01, Fax 0146 07 93 10
- **Ligue Française pour des Auberges de la Jeunesse,** 38, Boulevard Rapsil, 75007 Paris, Tel. 0145 48 69 84, Fax 0145 44 57 47
- **Deutsches Jugendherbergswerk,** Mauerkirchner Straße 6, 81679 München, Tel. 089/92 20 98 0

Camping

In Frankreich ist Camping **überaus beliebt** – hier gibt es die meisten Campingplätze Europas und auch die Normandie bietet reichlich Einrichtungen, insbesondere an der Alabasterküste, an der Küste des Départements Calvados sowie an der Küste der Halbinsel Cotentin.

Im Landesinneren stehen, ergänzend zu den großen Plätzen, eine Vielzahl von Campings zur Verfügung, die **Bauernhöfen** angeschlossen sind und oft durch ihre persönliche Atmosphäre

UNTERKUNFT

einen ganz besonderen Reiz haben. Vor Ort weisen die Schilder *Camping à la Ferme* auf diese Pätze hin.

Aber auch die Gemeinden setzen sich für Camping ein. **Camping Municipal** ist eine weit verbreitete Einrichtung bei relativ niedrigen Gebühren.

„**Wildes Campen**" sollte somit eigentlich nicht mehr nötig sein und entsprechende Verbote werden auch immer konkreter ausgesprochen. Einmaliges Übernachten ist für Camper auf Straßen, Park- oder Rastplätzen nur außerorts und nicht auf freiem Gelände erlaubt.

Bei den großen Campingplätzen setzt sich der Trend zum Freizeitpark fort. Zunehmend werden Zelte, Mobilheime und feststehende Wohnwagen auch über **Reiseveranstalter** vermietet.

Insbesondere zur französischen Ferienzeit im Juli/August ist eine **Vorbuchung** erforderlich. Eine Buchungsbestätigung erhält man in der Regel durch Vorausentrichtung der Reservierungsgebühr, die bei vorzeitiger Abreise nicht erstattet wird. Auch ist es üblich, bei Ankunft die Platzgebühr für den gesamten Mietzeitraum im Voraus zu entrichten.

Der schier endlose Strand von Hatainville nördlich von Carteret

UNTERKUNFT

Meist sind die Campingplätze in Frankreich hervorragend ausgestattet. **Stromanschlüsse** sind allerdings häufig überdurchschnittlich teuer. Dem Normandie-Camper wird daher empfohlen, sich vor der Buchung genau über die Kosten zu erkundigen und sich gegebenenfalls mit einem Gaskocher auszustatten.

Empfohlen wird auch, einen **Adapter** im Reisegepäck mitzuführen. Nicht überall sind schon die europäischen Einheitsstecker installiert.

- **Verzeichnisse der Campingplätze** geben die regionalen wie auch die örtlichen Tourismusbüros heraus (Adressen: siehe „Tourist-Informationen"). In der Regel sind die Verzeichnisse sehr ansprechend aufgemacht.
- Auch die Campingführer des **ADAC** und des Deutschen Camping-Clubs **DCC** sind bei der Wahl des „richtigen" Platzes sehr hilfreich. Sie sind in jedem Buchhandel erhältlich.

Eine Englandfähre verlässt den Hafen von Le Havre

Verkehrsmittel

Mit ihren fünf Départements ist die Normandie etwa so groß wie Belgien. Man kann aber sagen, daß alle Regionen verkehrsmäßig recht **gut erschlossen** sind. Als öffentliche Verkehrsmittel kommen sowohl die Bahn als auch der Busverkehr in Betracht.

Die Haupteisenbahnlinien innerhalb der Normandie, vor allem die nach Paris, werden regelmäßig befahren, Seitenstrecken jedoch oft sehr viel seltener. Wie in anderen Ländern Europas auch sind Nebenstrecken der Bahn inzwischen teilweise stillgelegt und durch Buslinien ersetzt worden, so dass es ratsam ist, sich nach den **Fahrplänen** zu erkundigen. Diese gibt es nicht nur an den Bahnhöfen, sondern auch bei allen Fremdenverkehrsämtern. Das Gleiche gilt für Busverbindungen.

Die **Preise** für die Nutzung öffentlicher Verkehrsmittel sind im Übrigen mit den in Deutschland üblichen vergleichbar.

Der **Bahnhof** *(gare)* liegt nicht immer im Ortszentrum. In jedem Fall ist die Anfahrt aber gut ausgeschildert. Die **Busbahnhöfe** *(gare routière)* befinden sich meist nahe der Bahnhöfe.

LAND UND LEUTE

Land und Leute

Fischer bei Étretat

Wiesenlandschaft im Pays d'Auge

„Gros Horloge", die große Uhr, das Wahrzeichen von Rouen

Geologie und Geografie

Die Normandie erstreckt sich über eine **Fläche** von annähernd 30.000 Quadratkilometer und ist damit etwa so groß wie Belgien. Im Osten grenzt sie an die Picardie, im Südosten an die Île der France, im Süden an das Loire-Gebiet und im Westen an die Bretagne. Im Norden bildet die Kanalküste die natürliche Grenze.

Die Normandie bildet keine geografische Einheit. Sie ist eine **historisch gewachsene Region,** die über Jahrhunderte sogar einen eigenständigen Staat darstellte (siehe Kap. „Geschichte"). Heute umfasst die französische Region Normandie die Départements Seine-Maritime, Calvados, Manche, Orne und Eure.

Unter geografischen Gesichtspunkten unterscheidet man die **Basse Normandie,** die geologisch dem Amorikanischen Massiv zugerechnet wird, von der **Haute Normandie,** die Teil des Pariser Beckens ist.

Entstehung der Normandie

Zum Verständnis des heutigen landschaftlichen Erscheinungsbildes der Normandie muss man wissen, dass Frankreich vor ca. 500 Millionen Jahren von einem großen Meer bedeckt war. Im Laufe der Zeit faltete sich die Erde auf und im Bereich der Bretagne einschließlich des Westens der Normandie bildete sich ein umfassendes Bergmassiv, das (wenn auch in erodierter Form) bis heute erhalten geblieben ist und die Bezeichnung **Amorikanisches Massiv** trägt. Dieses Bergmassiv setzt sich im Kern aus hartem kristallinem Gestein zusammen, wie Granit, Gneis und Schiefer, durchsetzt mit vulkanischen Einschlüssen aus Porphyr.

Vor ca. 250 Millionen Jahren bildete sich dann das **Pariser Becken** heraus und es entstand ein Meer, das unter anderem den heutigen Ostteil der Normandie bedeckte. Dieses Meer lagerte mächtige Schichten Sediment ab, die heute den Kalkuntergrund dieses Teils der Normandie bilden und deren sichtbare Erscheinungsform die strahlenden Klippen der Côte d'Albâtre bilden. Im Laufe der Zeit wurden weite Teile der Haute Normandie mit Löss bedeckt, dessen Herkunft aber bis heute nicht eindeutig geklärt ist.

Vom erdgeschichtlichen Zeitalter der alpinen Faltungen war die Normandie weniger betroffen. Die tektonische Unruhe führte aber zu Einbrüchen im Kalkaufbau der Haute Normandie. Aus diesen Bruchstellen bildeten sich die späteren **Flusstäler** der Region: Das bedeutendste ist das Tal der Seine, gefolgt von dem der Risle oder der Eure.

In der vor zwei Millionen Jahren einsetzenden **Eiszeit** hob und senkte sich, je nach Vereisungsgrad, der Wasserspiegel um bis zu 100 Meter. Die Eismassen erreichten während keiner der vier Eisperioden normannisches Gebiet, aber natürlich lagerten die Schmelzwasser vielerorts Sedimente und Gletscherschutt ab und trugen damit zu den vielfältigen Erscheinungsformen normannischer Landschaften bei.

Die Landschaftsbilder

Der **Westen** der Normandie wird vom Amorikanischen Bergmassv geprägt, das sich mit Erhebungen bis knapp über 400 Meter von der Halbinsel Cotentin bis in das Département Maine (Region Loire) erstreckt und einige größere Waldgebiete aufweist.

Der dem Pariser Becken zuzurechnende **Osten** der Normandie zeichnet sich hingegen durch eher offene Landschaften aus und ist weniger bewaldet.

Während in den offenen Landschaften, der *campagne,* **großflächiger Getreideanbau** vorherrscht, wird in den bergigeren Teilen, der *bocage,* **Viehzucht** und **Obstanbau** betrieben. Die Übergänge sind jedoch fließend und die vielen **Hecken** und Obstgärten, die so charakteristisch für die Normandie sind und die Felder und Wiesen vor dem starken, austrocknenden Meereswind schützen, lassen nur allzu oft den Eindruck von Bewaldung entstehen, wo eigentlich eine gemischte Feldflur vorzufinden ist.

Die unterschiedlichen Landschaftsformen bildeten sich als Folge der jeweiligen Boden- und Geländeverhältnisse sowie der kleinklimatischen Einflüsse heraus. So zeichnet sich etwa das **Pays de Bray**, die normannische Grenzregion zur Picardie, durch von Hecken durchzogene Weiden aus. Das sich östlich anschließende **Pays de Caux** ist hingegen durch seine Lössböden sehr fruchtbar, weshalb hier der Ackerbau dominiert. Die großflächigen Parzellen verleihen der Landschaft einen eher weitläufigen Charakter.

Die normannische **Kanalküste** erstreckt sich zwischen den Flüssen Bresle im Osten und Couesnon im Westen. Sie ist sehr unterschiedlich strukturiert und mindestens genauso vielfältig im Erscheinungsbild wie das normannische Hinterland. Letztendlich ist sie das Ergebnis der Erdanhebungen im erdgeschichtlichen Zeitraum des Quartärs und der nachfolgenden Erosion, die zu Abbruchkanten führte und Materialien wie Sand und Gestein an die seichteren Küstenabschnitte transportierte. Dabei wirkte sowohl die Kraft der Wellen als auch die Kraft des aus den Flüssen abfließenden Wassers auf die Anschwemmungen ein. Und so bauten sich einerseits Sandbänke auf, die heute als wunderschöne Strände Anziehungspunkte für Touristen sind. Andererseits verlandeten aber auch Flussmündungen, was zur Verschlickung einstiger Häfen führte, wie die Beispiele von Lillebonne aus der Römerzeit und von Dives-sur-Mer aus dem Mittelalter zeigen.

Das **Pays de Caux** zeigt sich als östlicher Küstenabschnitt der Normandie eher felsig und ähnelt mit seinen hellen Kreidefelsen der englischen Küste bei Dover. Nicht umsonst wird dieser Küstenabschnitt auch als **Alabasterküste** bezeichnet. Stellenweise wird die Felskante von Flussmündungen un-

GEOLOGIE UND GEOGRAFIE

terbrochen, die tiefe Einschnitte bilden. In den jeweiligen Mündungsbereichen entstanden durch die Wechselwirkungen von Fluss- und Meerwasser Kieselstrände. Hier entwickelten sich wegen des leichteren Zugangs zum Meer Siedlungen, die von Fischern gegründet und oft als große Häfen ausgebaut wurden. Dieppe als größter dieser Häfen im Bereich der Alabasterküste diente vielen normannischen Seefahrern als Ausgangspunkt für ihre weltweiten Fahrten. Aber die See nagt weiter an den Felskanten der Alabasterküste: Am Boden der Felswände greift das Wasser an, unterspült den Überbau, Felsbrocken fallen herab und der Erosion anheim. So zieht sich die Küste zusehends landeinwärts zurück.

Westlich schließt sich an die Alabasterküste die Seine-Mündung an, heute beherrscht von den Industrieanlagen der Stadt und dem Hafen von **Le Havre.** Am anderen Mündungsufer liegt die mittelalterliche Stadt **Honfleur,** eine der reizendsten Ansiedlungen der ganzen Normandie, die die Erhaltung ihres alten Stadtbildes ihrem wirtschaftlichen Niedergang verdankte. Denn im Laufe der Jahrhunderte versandete auch der kleine Hafen von Honfleur zusehends, so dass die Schifffahrt nach Le Havre abwanderte.

Gleich westlich von Le Havre beginnt die mondäne touristische Küste der **Côte Fleurie** mit ihren herrlichen Sandstränden, die sich mit nur einigen felsigen Unterbrechungen bis zur Orne-Mündung erstrecken. Hier fällt der Strand so flach in das Wasser ab, dass sich bei Ebbe riesige Sandbänke vor der Küste bilden.

Jenseits der Orne setzt sich die Calvados-Küste mit der „Perlmuttküste", der **Côte du Nâcre,** fort. Hier wechseln Sand- und Sand-Kieselstrände einander ab. Rückwärtig erheben sich Dünen, während Salzmarschen vor allem im Vorfeld von Caen anzutreffen sind.

Die sich weit nach Norden in den Ärmelkanal hinein erstreckende **Halbinsel Cotentin** ähnelt in ihrem Landschaftsbild schon eher dem der Bretagne oder dem von Cornwall auf der gegenüberliegenden englischen Seite. Sowohl im westlichen als auch im östlichen Küstenbereich bieten sich überall dort, wo der kontinentale Felsuntergrund nicht bis an das Meer heranreicht, eine Reihe reizvoller Sandstände, die weniger überlaufen sind als die der Calvados-Küste. Im nördlichsten Abschnitt der Halbinsel, beim Cap de La Hague, wie auch im Küstenhinterland sind vielfach weite Heidelandschaften anzutreffen.

Den Übergang von der Halbinsel Cotentin zur Bretagne bildet die **Bucht von St.-Michel,** wo der Gezeitenunterschied die höchsten Werte Europas erreicht. Dort, wo sich die Abtei von Mont St. Michel auf einem Felsklotz in der Bucht majestätisch erhebt, droht auch diese Schwemmlandbucht zu versanden.

Die Steilküste bei Le Tréport

Klima

Klimatisch ist die Normandie dem Großwetterbereich Nordwestfrankreichs zuzurechnen. Es herrscht ein **gemäßigtes Meeresklima** mit schnell wechselnden Wetterlagen, gekennzeichnet durch hohe Luftfeuchtigkeit und milde Temperaturen, die nur geringen saisonalen Schwankungen unterliegen.

Dies alles verdankt die Normandie dem **Golfstrom,** der temperiertes Wasser aus der Karibik bis in den Ärmelkanal und weiter nach Nordeuropa transportiert. Er tritt durch die Florida-Straße aus der Karibischen See aus und transportiert bis zu 150 Millionen Kubikmeter Wasser pro Sekunde in Richtung Europa. Diese Zahl weist schon auf das ungeheure Klimabeeinflussungspotenzial der Meeresströmung hin! Sie erwärmt das Wasser der nordwesteuropäischen Meere und trägt damit in außerordentlichem Maße dazu bei, dass die mittleren Jahrestemperaturen in ihrem Einzugsbereich um 5° bis 8°C höher liegen als es ihrer geografischen Breite entspricht. Deshalb weist auch das Klima in der Normandie einen „thermisch wie hygrisch ausgeglichenen Verlauf" auf, wie es in der Meteorologensprache so schön heißt.

Die für westeuropäische Breitengrade überdurchschnittlich hohen Temperaturen sind jedoch ständig den **nordatlantischen Sturmwetterlagen** ausgesetzt. Diese Wettereinbrüche dringen auch im Sommer immer wieder auf mitteleuropäisches Gebiet vor und sind die Ursache für die Häufigkeit und die Schnelligkeit, mit der Wetteränderungen in der Normandie auftreten. Selten sind dagegen stabile Großwetterlagen – diese können beispielsweise im Sommer auftreten, wenn sich das Russland-Hoch mit dem Azoren-Hoch zu einer europäischen Hochdruckzone verbindet.

In der Urlaubssaison zeigen sich folgende Tagesdurchschnittstemperaturen in der Normandie:

Tagesdurchschnittstemperaturen	
März	8° C
April	11° C
Mai	15° C
Juni	18° C
Juli	20° C
August	20° C
September	17° C
Oktober	13° C

Pflanzen- und Tierwelt

Gemäßigte maritime Wetterlagen, große Gezeitenunterschiede an der Küste und ein Hinterland, das nur noch wenig bewaldet und durch Kulturlandschaft mit unterschiedlichsten Bodenverhältnissen geprägt ist – das sind die Standortbedingungen für Pflanzen und Tiere in der Normandie.

Im **Meer** findet man die typische Fauna des Nordatlantiks. Im **Küstenbereich** leben die Bewohner der Gezeiten, angefangen bei Würmern über Muscheln und Krustentiere bis hin zu Fischen, die zwischen Ebbe und Flut ihre Existenz finden.

Unter den **Seefischen** sind vor allem Heringe, Makrelen und die verschiedenen Arten von Plattfischen zu erwähnen, dann aber auch der Seeteufel oder etwa der Rochen.

Besonders interessant – und noch beliebter auf der Speisekarte – sind die **Krustentiere**. An erster Stelle der Beliebtheitsskala steht hier der Hummer, auch wenn er inzwischen weitgehend importiert werden muss. Zu erwähnen sind des Weiteren die kleine Garnele, auch Nordseegarnele genannt, sowie der Taschenkrebs.

Unter den **Muscheln** steht die Auster an erster Stelle, gefolgt von der Miesmuschel und der Jakobsmuschel. Essbar sind auch die Herzmuschel und die Kamm-Muschel. Von allem etwas findet man im berühmten Fischeintopf der normannischen Küsten wieder, wie er beispielsweise als *Marmite dieppoise* angeboten wird.

Die Küste selbst wird durch Klippen, Dünen, Kies- und Sandstrände bestimmt. Hier sind jene **Wasservögel** zu Hause, die an der ganzen Küste des Ärmelkanals bis zur Nordsee beheimatet sind. Am häufigsten zu sehen sind Möwen. Die Silbermöwe wird bis zu 60 Zentimeter lang und brütet gerne in Kolonien auf Felsen oder in Büschen. Die Sturmmöwe ist etwas kleiner. Die Dreizehenmöwe ist ebenfalls

PFLANZEN- UND TIERWELT

Der Atlantikhummer – ein rauer Geselle

Im Gegensatz zu den grünblauen und dunkelbraunen amerikanischen Hummern haben die europäischen Meeresbewohner, wie sie zum Beispiel auch vor der Küste der Normandie anzutreffen sind, eine blauschwarze Farbe. Leider sind sie heutzutage selten geworden.

Die größten Exemplare dieses Atlantikhummers, dessen Verbreitungsgebiet bis in die Nordsee und das Mittelmeer reicht, werden bis zu 50 Zentimeter lang. Es handelt sich um raue Gesellen, die im Gegensatz zu Langusten ungesellig ihr Revier verteidigen. Der Hummer hat zwei verschieden starke Scheren. Mit der kleineren „Pack"-Schere greift er seine Beute aus Muscheln, Schnecken, Stachelhäutern und Fischen; mit der großen „Knack"-Schere zermalmt er ihre harten Teile. Tagsüber verbirgt sich der Hummer zwischen Felsriffen und in Bodenspalten. Nachts geht er auf Jagd.

Jedes zweite Jahr legt das Weibchen im Juli/August an die 30.000 Eier, die sie an der Unterseite ihres Hinterleibs mit sich herumträgt. Nach elf Monaten schlüpfen daraus die Larven, die frei im Meer schwimmen. Erst nach der vierten Häutung, wenn sie bereits den erwachsenen Hummern ähneln, lassen sie sich auf steinigem Meeresgrund nieder. In freier Wildbahn erreichen sie nach sieben bis zehn Jahren eine Länge von 25 Zentimetern und ein Gewicht von einem halben bis zu einem Pfund – sie sind dann „marktreif". Ihr Leben kann aber dreißig Jahre währen, und wenn sie die Höchstlänge erreicht haben, wiegen sie mehrere Kilo.

Hummer sollten beim Kauf unbedingt noch lebendig sein – ihre Reflexe an Augen, Fühlern und Füßen müssen noch funktionieren. Nur Hummer, die sich schwer anfühlen, sind vollfleischig. Das Fleisch der weiblichen Tiere ist fester und zarter. Zum Garen muss der Hummer fünfzehn Minuten in kochendes Wasser gelegt werden.

---

häufig zu beobachten. Und auch Brandgänse und Seeschwalben sind Bewohner der normannischen Küsten. Zugvögel finden hier und in den küstennahen Feuchtgebieten Rastplätze und Überwinterungsgebiete.

Moorlandschaften und Feuchtgebiete, die vor allem der Parc Brotonne und die Marais des Bessin und Cotentin bieten, sind die Heimat vieler Amphibien und Kleinreptilien wie Kröten, Frösche, Molche, Wasserschlangen, Süßwasserinsekten und -fische.

In den **Binnengewässern** der Normandie sind die Forelle, der Hecht, der Karpfen, der Aal und die verschiedenen Weißfischarten häufig anzutreffen. Auch sie stehen gerne und oft auf den Speisekarten der Restaurants der Region.

Im normannischen Hinterland erstrecken sich die weiten **Ackerfluren** des Pays de Caux, die **Obstgärten** des Pays d'Auge und die weiten Landwirtschaftsgebiete des Bessin.

Eine Besonderheit bietet die **Heckenlandschaft** des Cotentin: die Heimat des Kleingetiers, angefangen bei Insekten über Reptilien bis hin zu kleinen Säugern und **Vögeln.**

Letztere finden in weiten Teilen des Inlandes ihren Lebensraum. Neben

PFLANZEN- UND TIERWELT

den allgemein verbreiteten Arten wie Amsel, Spatz und Meisen sind hier gleichermaßen Finken und Stelzen anzutreffen. Unter den Raubvögeln sind der Bussard, der Falke, die Rohrweihe und der Waldkauz zu erwähnen. Im Bereich der Gewässer findet man Enten, Graureiher und beispielsweise auch Rohrdommeln.

Wälder findet man in den Landschaften der nördlichen Normandie nur als Parzellen in die Landschaft eingebettet. Diese Wälder fielen meist nur deshalb nicht der Landwirtschaft zum Opfer, weil sie als Jagdforste der Herren des Landes gepflegt wurden. Sie verfügen daher auch meist über alte, mustergültige und imponierende Baumbestände aus Eichen und Buchen, Eschen, Ahorn und Kastanien. Größere Waldbestände gibt es in der südlichen Normandie. Sie wurden im Parc Naturel Normandie-Maine zusammengefasst.

Blumen und Gärten

Wo das Licht mit der Natur eine besondere Einheit bildet, gedeihen die Pflanzen unter der Einwirkung des Golfstroms großartig und danken dem Klima mit **üppigen Blüten.** Nirgendwo blühen die Rhododendren prächtiger, die Hortensien üppiger, die Geranien schöner als in der Normandie.

Hier ist viel Platz für **Parks** und Gärten, wie sie andernorts kaum schöner anzutreffen sind. Es gibt Gartenanlagen durch **alle Stilepochen:** strenge Renaissancegärten, die symmetrischen Gärten des französischen Barock, englische Landschaftsgärten und moderne Parkanlagen, die vor allem die Städter erfreuen.

Eigentlich jeder Ort der Normandie ist darum bemüht, Blumenbeete und Blumenkübel zu pflegen. Besonders prächtig „blühende Städte" werden als **villes fleuries** ausgezeichnet.

Das Tourismuskomitee der Normandie wie auch die Regionalkomitees (Adressen siehe unter „A–Z/Tourist-Information") geben **Informationsbroschüren** über die Parks und Gärten heraus, die besichtigt werden können, z.B. die Broschüre „Parcs et Jardins". Spezielle Hinweise sind aber auch unter den „Praktischen Tipps" bei den einzelnen Ortskapiteln zu finden.

Umweltschutz

Viel ist in letzter Zeit für den Umweltschutz in der Normandie getan worden. Neben den zahlreichen **Privatinitiativen** sind es vor allem vier große **Landschaftsparks,** die in der Normandie eingerichtet worden sind und von denen der Gedanke des Natur- und Umweltschutzes immer weiter verbreitet wird:

- Parc Naturel Régional des Marais du Cotentin et du Bessin
- Parc Naturel Régional des Boucles de la Seine Normande
- Parc Naturel Régional Normandie-Maine
- Parc Naturel Régional du Perche

Damit ein Gebiet überhaupt als *Parc Naturel Régional* eingestuft werden kann, müssen Nachweise über die ökologische Bilanz sowie über die vorgesehenen Maßnahmen zum Erhalt der Natur- und der Kulturlandschaft erbracht werden – insgesamt ein sehr aufwändiges Verfahren.

Jeder der vier Landschaftsparks verfügt über ein **Maison du Parc** als Informationszentrum für Besucher.

Die **Groupe Ornithologique Normand,** in vielem identisch mit der Zielsetzung des Bundes für Vogelschutz, gibt als Zeitung den „Petit" oder „Grand Cormoran" heraus, dem man sämtliche Veranstaltungshinweise entnehmen kann. So genannte *Animations,* vogelkundliche Führungen, werden in der ganzen Normandie, im Calvados etwa einmal die Woche, angeboten.

- **Info:** Université, 14032 Caen Cedex, Tel. 31 43 52 56, Ansprechadresse: Tour Le Roy, in der Nähe der Kirche St. Pierre in Caen.

Der Seerosenteich in Monets Garten in Giverny

Die Gezeiten

Ebbe und Flut sind ausgeprägte Phänomene an den normannischen Küsten. Die Gezeiten werden im Wesentlichen durch die Bewegungen des **Mondes**, aber auch der **Sonne** ausgelöst. Das Wasser hebt sich auf der dem Mond zugewandten Seite durch die Anziehungskraft des Erdtrabanten und auf der entgegengesetzten Seite durch die Zentrifugalkraft der Erde.

Die Gezeiten verlaufen dabei parallel zum Mondaufgang, sie setzen also jeden Tag etwa 50 Minuten später ein. Jeweils 6 Stunden und 13 Minuten kommt und geht das Meer. Pro Tag herrscht also je zweimal **Flut** und **Ebbe**. Den höchsten bzw. niedrigsten Wasserstand, der dabei erreicht wird, nennt man **Hochwasser** bzw. **Niedrigwasser.**

Zu besonders ausgeprägten Gezeiten, den so genannten **Springtiden,** kommt es zweimal pro Monat: kurz nach Neu- und Vollmond, denn dann liegen Erde, Mond und Sonne auf einer Linie, so dass sich die Kräfte kumulieren. Befindet sich der Mond im ersten oder letzten Viertel seiner Umlaufbahn, sind die Gezeiten schwächer. Die Flut wird dann als **Nipptide** bezeichnet.

Die **Gezeitenwelle** verschiebt gewaltige Wassermassen, die sich jedoch auf Grund der uneinheitlichen Topografie des Meeresbodens und der ungleichmäßigen Verteilung der Landmassen auf der Erde unterschiedlich verteilen. Deshalb gibt es Gegenden mit besonders hohen Gezeitenwellen, wie etwa an der englischen oder französischen Atlantikküste, und solche, wo sie kaum zu spüren sind, wie etwa an der Ostsee oder im Mittelmeer.

Die Brandung

Die **Meereswellen** laufen aus verschiedenen Richtungen schräg auf die Küste zu, bis sie ihr Verhalten infolge der Reibung auf dem Meeresgrund ändern: Der ufernahe Teil einer Welle bewegt sich wegen der geringeren Wassertiefe langsamer als der uferferne. So schwenkt die Wellenfront allmählich ein, bis sie schließlich parallel zum Ufer verläuft.

Sobald die Wassertiefe weniger als die Hälfte der Wellenlänge beträgt, leistet der Meeresboden den Wassermolekülen Widerstand und bremst sie ab. Der obere Wellenteil bewegt sich schneller als der untere und die Welle wird höher. Wenn die Wellenhöhe die Wassertiefe übersteigt, kann sich die Welle nicht mehr tragen und ihr Kamm kippt langsam nach vorn. Dabei entsteht für eine kurze Zeit an der Wellenfront ein **glasiger Wassertunnel.** Das dabei entstehende Geräusch, das Donnern der Brandung, zeigt an, dass der Wellenkamm nach vorn abgebrochen ist. Die Wassermassen haben dann die Luft im Tunnel so stark komprimiert, dass sich der Druck explosionsartig entlädt.

Das überkippende Wasser, das den Strand hinaufläuft, fließt zwangsläufig durch Schwerkraft wieder ins Meer

Die Gezeiten

zurück. Dabei entsteht ein **starker Sog,** den wohl jeder kennt, der schon einmal im Meer gebadet hat. In der Normandie ist dieser Sog durch die enorme Gezeitenkraft besonders stark und nur allzu leicht können einem im knietiefen Wasser die Beine weggerissen werden. Deshalb sollte auf die an allen normannischen Stränden vorhandenen Anzeigetafeln geachtet und das Baden zur einsetzenden Ebbe möglichst vermieden werden.

Springtide am Mont St. Michel

Besonders ausgeprägt tritt die Springtide, **la grande marée,** in der Bucht Mont St. Michel auf – kein Wunder, wenn man die Topografie dieser Bucht betrachtet. Durch die Verengung massieren sich die Wassermassen und können im Extremfall einen Gezeitenunterschied von **fünfzehn Metern** erreichen: die höchsten Werte, die überhaupt in Europa gemessen werden. In den französischen Gezeitentabellen, die mit Koeffizienten arbeiten, kann abgelesen werden, wann solche hohen Fluten eintreten.

Die hier abgebildete Tabelle der grande marée am Mont St. Michel soll aber nur **als Muster dienen,** um einmal das Aussehen solcher Gezeitentafeln zu veranschaulichen. Aktuelle Gezeitentabellen erhält man z.B. bei den örtlichen Fremdenverkehrsämtern.

Es ist ein **unvergessliches Naturschauspiel,** wenn eine Springtide in der Bucht von Mont Saint-Michel eintritt. Dann taucht die Flut den bis zu fünfzehn Kilometer breiten Wattstreifen um den Mont Saint-Michel unter Wasser. Mit zunehmender Ebbe geht das Meer mit wachsender Geschwindigkeit wieder zurück.

Höchste **Vorsicht** ist bei Ausflügen auf dem Watt geboten, denn die zurückkehrende Flut ist schneller als jeder Wanderer! Bei einem Besuch des Mont Saint-Michel empfiehlt es sich, die Meeresenge etwa zwei Stunden vor einer angekündigten Flut zu überqueren. Der zur Landseite aufgeschüttete Wall wird jedoch auch bei einer Springtide nicht überschwemmt.

DATE	COEFFICIENT	PLEINE MER MATIN	PLEINE MER SOIR	BASSE MER MATIN	BASSE MER SOIR
Dimanche 3 janvier	100	7.56	20.27	2.25	14.54
Jeudi 18 février	103	8.45	21.07	3.13	15.37
Vendredi 19 mars	111	8.28	20.49	2.57	15.20
Samedi 17 avril	114	9.06	21.27	3.36	15.59
Dimanche 16 mai	111	8.45	21.06	3.14	15.37
Lundi 14 juin	104	8.27	20.48	2.52	15.16
Mercredi 14 juillet	100	9.07	21.24	3.31	15.51
Jeudi 12 août	99	8.54	21.09	3.18	15.36
Lundi 27 septembre	106	9.25	21.44	3.55	16.14
Mardi 26 octobre	110	9.01	21.24	3.32	15.55
Mercredi 24 novembre	108	7.39	20.06	2.10	14.35
Jeudi 23 décembre	105	7.23	19.53	1.50	14.19

Geschichte

Vor- und Frühgeschichte

Im Gegensatz zu anderen Regionen Frankreichs – insbesondere der benachbarten Bretagne – haben sich in der Normandie aus vorgeschichtlicher Zeit nur wenige Zeugnisse menschlicher Besiedlung erhalten. Diese Region an der Kanalküste war offensichtlich in der **Altsteinzeit** nur dünn bevölkert. Bevorzugte Aufenthaltsorte der wenigen Menschen waren die unteren Talabschnitte der Flüsse Seine und Eure. Hier konnten sie Höhlen in den weichen Kalkstein graben, hier fanden sie Material, um Feuerstein herzustellen, und hier bot reichlich Wild eine ausreichende Ernährungsgrundlage.

Aus der **mittleren Steinzeit** stammen die Hügelgräber bei Vierville und von La Hogue bei Caen. Charakteristisch für diese Gräber ist, dass sie mehrere Grabkammern umfassen. Jedoch konnte zwischen ihnen noch kein direkter kultischer Zusammenhang hergestellt werden.

Megalithische Dolmenreste beim Weiler (Hameau) de la Forge

GESCHICHTE

In der beginnenden **Bronzezeit** müssen sich dann schon gesellschaftliche Strukturen verfestigt haben, wie aus den zahlreichen zwischen den Flusstälern errichteten Dolmen und Menhiren geschlossen werden kann. Auch wurden zu dieser Zeit die ersten Verkehrswege angelegt. Sie dienten dem Transport von Zinn aus Cornwall, das Seine-aufwärts mit lokalem Kupfer zu Bronze verschmolzen wurde.

So lebten die hier ansässigen **Kelten** unter wirtschaftlich günstigen Verhältnissen. Aber sie wollten untereinander keinen Frieden finden. Individuell und händelsüchtig wie sie waren, konnten sie ihre zersplitterte Stammesstruktur nicht ordnen und stellten so eine leichte Beute für die zwischen 58 und 51 v. Chr. hierher vordringenden Römer dar.

Die Normandie in der Antike

In der Entscheidungsschlacht im Jahr 56 v. Chr. besiegte Caesars Feldherr *Quintus Titurius Sabinius* den gallischen Stamm der Unelli samt ihren Verbündeten am Mont Castre bei Portbail auf der Halbinsel Cotentin. Gallien, wie die **Römer** das keltische Frankreich nannten, wurde als Provinz Lugdunensis secunda dem Römischen Reich einverleibt.

Zur Hauptstadt des Gebietes, dessen Kern die spätere Normandie umfasste, bestimmten die Römer die keltische Festung **Rotomagus,** das heutige Rouen. Aus dem Hauptort der Unelli, Cosedia, entwickelte sich das römische **Constantia,** das heutige Coutances. Als Seehafen bauten die neuen Landesherren **Juliabona** aus, heute Lillebonne.

Die Zeit der römischen Herrschaft über das normannische Gebiet stellte eine Ära **wirtschaftlicher und kultureller Blüte** dar. Römische Theater entstanden in Évreux, bei Andelys und in Lillebonne. Hier in Lillebonne wurde die Bronzeskulptur des Kopfes eines Apollon gefunden, die heute im Louvre in Paris zu bestaunen ist. Einen breiten Überblick über das künstlerische Schaffen dieser Epoche bietet das Musée des Antiquités in Rouen.

Verwaltung war eine der ganz großen Stärken der Römer. In einer Verwaltungsreform des 4. Jahrhunderts wurden die Grenzen der Provinz Lugdunensis secunda fast identisch mit denen der heutigen Normandie gezogen und in die Verwaltungsbezirke von Rouen, Évreux, Lisieux, Sées, Coutances und Avranches gegliedert, aus denen später Bischofssitze hervorgingen.

Das **Christentum** hatte schon frühzeitig Einzug in die Normandie gehalten. Schon lange vor dem von Kaiser *Konstantin* 313 in Mailand erlassenen Toleranzedikt, das den Christenverfolgungen im Römischen Reich ein Ende setzte und das Christentum faktisch zur Staatsreligion erhob, galt der heilige *Mellon* um 260 als Bischof von Rouen – sicherlich eine legendäre Figur. Bereits 386 wird der heilige *Victricius* als erster Bischof urkundlich erwähnt. Die von ihm erbaute Kirche

Saint-Gevais in Rouen zählt zu den ältesten Gotteshäusern Frankreichs.

Doch trotz aller Friedfertigkeit in der Blütezeit der römischen Herrschaft gab es auch immer wieder Bedrohungen dieser Stabilität. So drangen seit dem Ende des 2. Jahrhunderts **Germanen** in die gallischen Küstenstreifen am Ärmelkanal ein. Es waren vor allem Sachsen und Jüten, die ersten „Nordmänner", die sich hier temporär festsetzen konnten.

Das frühe Mittelalter

Mit der zunehmenden Schwäche des Römischen Reiches begann sich auch die politische Karte Nordfrankreichs zu verändern. So drangen die **Franken** seit dem 4. Jahrhundert über Belgien an die Kanalküste vor. Vielfach dienten sie als Söldner im römischen Heer und wurden dann auch planmäßig angesiedelt. In Nordgallien übernahmen sie, wie in anderen Teilen des Reiches auch, römische Anwesen und Güter – die *villae* und die *curtes* –, weshalb viele normannische Ansiedlungen auf -ville oder -court enden.

Der fränkische König *Childerich* stützte mit seinen Truppen noch die römische Herrschaft in Nordgallien. Doch sein um 466 geborener Sohn **Chlodwig,** der ihm 482 nach seinem Tod folgte, wandte sich von den Römern ab. Im Jahre 486 konnte er den gallisch-römischen Feldherren *Syagrius* bei Soissons schlagen und sich somit auch der vormaligen römischen Provinz Lugdunensis secunda – unter ihrer neuen Bezeichnung Neustrien – ermächtigen.

Chlodwig war es im Laufe seiner Regierungszeit gelungen, die fränkischen Einzelstämme unter seiner Herrschaft zu einigen. Damit kommt ihm das große Verdienst zu, Gründer des **Großfränkischen Reiches** zu sein, das die weitere kulturelle und politische Entwicklung des Abendlandes bestimmte. Es war ein zentral geführtes Einheitsreich, dessen Schwerpunkt Chlodwig in Nordfrankreich ansiedelte.

Von allergrößter Bedeutung war die Entscheidung Chlodwigs, im Frankenreich das Christentum zu übernehmen: Er heiratete **Clothilde,** die Tochter des christlichen Königs von Burgund. Sie war die treibende Kraft für die Einrichtung von Abteien und wurde dabei von Chlodwig stark unterstützt.

Der **Christianisierungsprozess** im Frankenreich war langwierig – kein Wunder, wenn man die damaligen Kommunikations- und Verkehrsmöglichkeiten in Betracht zieht. Chlodwig forcierte diesen Prozess, stärkte doch das Christentum seine Position im Frankenreich als ausgleichende Kraft gegen divergierende Partikularinteressen.

Die Nachfolger Chlodwigs setzten seine Politik fort. **Kirchen** und **Klöster, Abteien** und **Kapellen** entstanden überall im Reich und wurden großzügig mit Kunstwerken ausgestattet. So stiftete im 7. Jahrhundert ein Hofbeamter des Königs *Dagobert,* dem letzten aus der Dynastie der Merowinger,

Geschichte

eine Abtei in Rouen, die später den Namen ihres Stifters *Auduin* – St. Quen – erhielt. Im gleichen Jahrhundert gründete der heilige *Wandregisel*, ein Schüler des heiligen irischen Apostels *Columban*, ein Kloster am Ufer der Seine – Saint Wandrille. Auch die Gründung des Klosters Jumiège in einer Seine-Schleife fiel in das gleiche Jahrhundert. Danach erfolgte die Gründung von Fécamp und zu Beginn des 8. Jahrhunderts wurde dem Erzengel Michael auf einem einsam vor der Küste ganz im Westen der Normandie emporragenden Felsen eine Abtei gewidmet.

In dem Maße, wie das Frankenreich sich innerlich festigte, wurden auch im Bereich der heutigen Normandie die Zeiten ruhiger. Der **Adel** stellte die staatstragende Schicht dar, die **Bischöfe** leiteten das geistliche Leben. Großzügige **Schenkungen** bildeten die wirtschaftliche Grundlage vieler kirchlicher Einrichtungen. Der Staat war so in sich gefestigt, dass auch der Übergang im fränkischen Herrschergeschlecht von den Merowingern zu den Karolingern weitgehend reibungslos vonstatten ging.

Doch dieser Zustand der inneren Ruhe endete jäh, als die Normannen aus Skandinavien Europas Küsten heimzusuchen begannen.

Die Wikingerzeit

In Westeuropa erschienen die Normannen, auch Wikinger genannt, erstmals im Jahre 787. Nur sieben Jahre später überfielen sie das Kloster Lindisfarne an der Nordostküste Englands und brandschatzten seither in fast jährlichen Abständen die Orte an den Küsten der Nordsee. Es waren **dänische Normannen,** die immer wieder die Küste der heutigen Normandie heimsuchten.

Schon der Frankenstaat unter *Karl dem Großen* zeigte sich diesen plötzlichen Angriffen der Normannen gegenüber nicht gewachsen, noch weniger aber sein schwacher Sohn *Ludwig der Fromme*. Während seiner Regentschaft erreichten die normannischen Einfälle zur Mitte des **9. Jahrhunderts,** als sie den Rhein aufwärts vordrangen und Köln, Bonn und Trier zerstörten, ihren Höhepunkt. An der langen Küste der Normandie konnten sie leicht eindringen. Flussläufe – insbesondere die Seine – eröffneten den Zugang zu den aufwärts gelegenen Ortschaften. Am 14. Mai 841 plünderten sie Rouen, danach erlitt das Kloster Jumièges das gleiche Schicksal, St. Wandrille kaufte sich frei.

Wie die Heuschreckenschwärme überfielen die Normannen immer wieder die reich ausgestatteten Kirchen und Abteien in der Normandie, raubten und mordeten und hinterließen nur Schutt und Asche. Allerorten betete man um Erlösung von diesen **Heimsuchungen.** Und da man mit den zur Verfügung stehenden Mitteln nichts gegen die Normannen unternehmen konnte, kam König *Karl II.*, genannt *der Kahle*, auf die Idee, die Normannen zu bestechen: Sie sollten ihre Raubzüge auf England konzentrieren. Diese List hatte jedoch nur kurzzeitig Erfolg.

Land und Leute

Zwar lernten die Normannen schnell, dass es viel einfacher war, sich bestechen zu lassen, als mit aufwändiger Gewalt Beute zu machen. Aber dennoch fielen sie erneut über das Hinterland der Kanalküste her und richteten einen Stützpunkt auf der Flussinsel Jeufosse in der Seine ein.

Unter den Normannen auf dieser Insel befand sich auch **Rollo,** ein norwegischer Adeliger, der sein Heimatland wegen Viehdiebstahls hatte verlassen müssen. *Rollo* war ein Hüne von Gestalt und allerhand Legenden reihen sich um seinen frühen Aufenthalt an der Kanalküste. Erstmals urkundlich wird Rollo um 890 erwähnt, also etwa 25 Jahre nach seiner Verbannung aus Norwegen. Er soll sein Unwesen auf der Halbinsel Cotentin getrieben haben und an der Eroberung von Saint-Lô und von Bayeux beteiligt gewesen sein.

Rollos tatkräftige Beutezüge durch die Normandie nahmen wohl solche Ausmaße an, dass der neue König, *Karl III.,* genannt *der Einfältige,* ihn als Herrscher der Gebiete um Bayeux und Évreux anerkannte. Dies war im Jahr 911, einen schriftlichen Vertrag gibt es aber nicht. Im Gegensatz zu anderen Gebieten, in denen man die Normannen auf die gleiche Weise befrieden wollte, hielt sich Rollo jedoch weitgehend an die getroffenen Vereinbarungen.

Das Herzogtum Normandie

In der Tat ließ die normannische Geißel nach, seit Rollo **anerkannter Herrscher** über die Normandie war. Er konnte sich zwar nicht überwinden, den Herzogtitel anzunehmen, aber er schützte sein Herrschaftsgebiet gegen andere Wikingerüberfälle.

Zur Besiegelung der getroffenen Vereinbarungen ehelichte Rollo *Gisela,* die Tochter *Karls des Einfältigen.* Aber obwohl er inzwischen die weiße Tracht der Franzosen trug und sich vom Bischof von Rouen christlich taufen ließ, zog er das Beisammensein mit seiner Geliebten *Popa* vor. Sie lebten in „dänischer Ehe", wie es unter normannischen Edelleuten keine Seltenheit war. (Neben der aus politischen Gründen geschlossenen „offiziellen" Ehe unterschied man damals nämlich die praktizierte, die „dänische" Ehe.) *Popa* gebar Rollo mehrere Kinder. Aller Protest seines Schwiegervaters nützte da nichts und ein über den Papst vermittelter Unterhändler überlebte seine Mission nicht.

Als normannischer Haudegen ließ sich Rollo auch nicht in seine Amtsgeschäfte hineinreden und führte das Herzogtum der Normandie als Alleinherrscher. Brutal erzwang er von den Adligen im Land absolute Untertänigkeit. Der sich im übrigen Frankreich festigende Feudalismus als zeitgemäße, moderne Herrschaftsform ging an dem Normannen Rollo und an seinen Nachfahren vorbei. Er muss ein einsamer Herrscher gewesen sein, denn letztlich war er als Norweger auch unter der kleinen dänischen Oberschicht im Lande auf sich allein gestellt.

Als Rollo um 930 starb, hatte er ein in sich gefestigtes Territorium geschaffen, das sein Sohn **Wilhelm**, der später **Langschwert** genannt wurde, sofort zu erweitern begann. Seine Eroberungsfeldzüge führte er zunächst in Richtung der Halbinsel Cotentin, die er samt den Kanalinseln eroberte.

Auf seinem Zug durch das anschließende Avranchin lernte er *Sprota* kennen, seine spätere Geliebte, mit der er dann in alter Tradition in „dänischer Ehe" lebte, obwohl er als gläubiger und frommer Christ galt. Mit Sprota ließ er sich in Fécamp nieder und machte sich aktiv an den Wiederaufbau des von den Wikingern zerstörten Klosters.

Wilhelm war jedoch kein langes Leben beschieden. Er wurde in die Auseinandersetzungen um die französische Krone zwischen König *Ludwig*, dem Karolinger, und *Hugo Capet*, dem Kapetinger, hineingezogen und fand dabei den Tod.

Frankreich hatte sich indes immer noch nicht gänzlich mit der Herrschaft der Normannen über ihren nördlichen Küstenstreifen abgefunden und so sah Ludwig nun seine große Chance gekommen: Er entführte Wilhelms und Sprotas Sohn *Richard*. Anschließend gab er anlässlich dieser glücklichen Umstände ein großes Bankett. Doch einigen normannischen Getreuen gelang es, Richard aus dem Festgelage heraus zu „entwenden".

Fünfzig Jahre lang herrschte **Richard**, dem die Nachwelt den Beinamen **ohne Furcht** gab. Auch ist er als erster offizieller Herzog der Normandie in die Geschichte eingegangen. Ihm verdankte die Normandie eine große wirtschaftliche Blüte. Er hatte politischen Weitblick und erkannte, dass sein kleiner, aber zunehmend wohlhabend werdender Herrschaftsbereich nicht mehr nach klassischer Wikingerart geführt werden konnte. So übernahm er das Feudalsystem, dessen Vorteile ihm das benachbarte Frankreich immer stärker verdeutlichte. Auch erkannte er die staatstragende Bedeutung des Christentums. Er setzte die von seinem Vater begonnene Erneuerung des Klosters von Fécamp fort und gründete weitere Klöster.

Richard I. hatte wie seine Vorfahren noch die „dänische Ehe" präferiert und sein unehelicher Sohn **Richard II.** erbte die Normandie – einen Staat, in den inzwischen die französische Kultur Einzug gehalten hatte. Er heiratete *Judith*, die Mutter seiner Kinder, nicht zuletzt auch, um sich in der feudalistisch gewordenen Normandie keine Probleme mit der Erbfolge einzuhandeln. Es waren gleich zwei ihrer Kinder, die die Herzogswürde erlangten: *Richard III.* und *Robert I.*

Kaum hatte **Richard III.** die Nachfolge seines Vaters angetreten, legte er sich schon mit seinem Bruder an. Es ging um den Besitz des Herzogschlosses von Falaise. Streit konnte jedoch vermieden werden, sie söhnten sich aus – Grund genug für ein großes Trinkgelage. Aber Richard III. überlebte das Fest nicht. Die Nachwelt sprach von Vergiftung und Robert trat die Nachfolge seines Bruders an.

Robert, den seine Nachwelt **den Prächtigen,** wahlweise aber auch *den*

Teufel nannte, hatte seinen Wohnsitz auf der Burg Falaise, die auf einer Anhebung der Ante, einem Nebenfluss der Dives, lag. Hier wusch *Arlette*, Tochter eines Gerbers aus der Umgebung, Wäsche. Er verliebte sich in sie und lebte wiederum in „dänischer Ehe" mit ihr. Zwei Kinder gebar sie ihm: eine Tochter und einen Sohn, der als *Wilhelm der Eroberer* später Weltgeschichte machen sollte.

Roberts Lebensweise blieb lange unproblematisch, da keine gravierenden externen Einwirkungen das Normannenreich bedrohten. Die auf ihn zukommenden Schwierigkeiten hatte Robert sich selbst zuzuschreiben. Er mischte sich nämlich in die Erbangelegenheiten des englischen Königshauses ein:

Ausgangspunkt aller Probleme war die Flucht der *Atheling-Prinzen* von England, die in Rouen Zuflucht suchten. Es waren die Söhne von *Ethelred II.* und Roberts Tante *Emma*. Nach Ethelreds Tod hatte sie *Knut dem Großen*, König von England, geheiratet, der selbst seinen Sohn *Harold* in diese Ehe mit einbrachte. Emma wollte Knut dazu bringen, ihre Kinder in der Erbfolge vor Harold zu bevorzugen. Sie konnte Robert überzeugen, Knut mit Krieg zu drohen, falls er diesem Wunsch nicht folgte. Robert zog schon eine Flotte vor Fécamp zusammen, doch schlechte Witterung verhinderte die Überfahrt.

Da er nun seinen Tatendrang auf diese Weise nicht stillen konnte, beschloss Robert, auf Kreuzzug zu gehen. Tatsächlich brach er nach Jerusalem auf – eine Reise, von der er nicht zurückkehren sollte. Aber er hatte angesichts seiner privaten Lebensverhältnisse wenigstens Vorkehrungen für diese Eventualität getroffen und Wil-

GESCHICHTE

helm zu seinem Nachfolge- sowie den Herzog der Bretagne zum Regenten bestimmt. Wilhelm war erst acht Jahre alt, als Robert starb.

Die große Zeit der Normandie

Die Normandie erlebte unter ihrem Herrscher **Wilhelm,** der ob seiner unehelichen Geburt zunächst *der Bastard,* dann aber nach der Einnahme Englands **der Eroberer** genannt wurde, eine ihrer blühendsten Epochen.

Wenn auch zunächst seine erbrechtlich nicht eindeutige Position in der Nachfolge der Herzogswürde von den normannischen Adligen ausgenutzt wurde, um eigene Positionen zu stärken, war es ihm doch schon als Achtzehnjährigem gelungen, den letzten großen **Aufstand der Adligen** gegen ihn niederzuschlagen. Seither herrschte er unangefochten über die Normandie.

Darüber hinaus gelang es Wilhelm mit großem Geschick, die vormalige adlige Opposition wieder in seinen Herrschaftszirkel einzubinden. Es war nur eine kleine **Gruppe von Baronen** – ihm und seinen Halbbrüdern verwandtschaftlich eng verbunden – mit der er die Macht im Staate ausübte. Die Mitglieder dieses Zirkels erhielten von ihm Hofämter und übten für ihn in den Grafschaften des Landes die Herrschaft aus; genauso wie die **Bischöfe** aus diesem Zirkel die kirchlichen Angelegenheiten in Ordnung hielten. Er setzte die von seinen Vorgängern praktizierte Politik der **Unterstützung der Kirche** und ihrer Einrichtungen fort, so dass er seine Herrschaft auch von dieser Seite abgesichert sah.

Die Geschichte der Eroberung Englands; Teppichstickerei von Bayeux

Derart gerüstet konnte er nun seinerseits Erbstreitigkeiten um die englische Krone nutzen, um England zu erobern. Seine **Erbansprüche** leitete er von seiner Mutter ab, die mit dem englischen Königshaus verwandt war.

England zeigte sich am Vorabend der Eroberung zerstritten und innerlich schwach. Nach dem Tod König *Eduards* hatte die englische Adelsversammlung *Harold* zu seinem Nachfolger bestimmt und schon am nächsten Tag wurde er gekrönt. Offensichtlich waren die anderweitigen Erbansprüche bekannt. Außerdem wollte Harold dem Normannen Wilhelm eigentlich den Vortritt in der Thronfolge lassen und hatte dies sogar mit einem Eid bekräftigt. Auch hatte er längst den Papst in die Angelegenheit eingeschaltet, der Eidbruch natürlich nicht dulden konnte und durch Wilhelms Kirchenpolitik in dessen Schuld stand.

Ausgerüstet mit einem päpstlichen Erlass, der ihn zum König von England bestimmte, zog Wilhelm eine große Flotte zusammen und setzte im September **1066** mit einem großen Heer über den Kanal. Harold wurde in der entscheidenden Schlacht bei **Hastings** schwer verwundet und erlag seinen Verletzungen. So war für Wilhelm der Weg zur englischen Königskrone frei. Er besetzte Dover und stieß bis Canterbury vor. Beunruhigt durch die überraschende Wende im Geschehen ließen die Londoner Kaufleute und Händler bei Wilhelm nachfragen, ob er ihre Privilegien bestätigen würde. Im Gegenzug sicherten sie ihm ihre Unterstützung zu. Gleichzeitig unterwarfen sich ihm der Klerus und die Armee. Mit normannischer Billigung ließ sich Wilhelm Weihnachten 1066 die **englische Krone** auf den Kopf setzen und schwor, die Gesetze und Gebräuche des Landes zu achten.

Die Geschichte der Eroberung Englands durch Wilhelm den Normannen ist in einem einzigartigen Kunstwerk festgehalten worden: Die 70 Meter lange und 50 Zentimeter breite **Teppichstickerei von Bayeux** schildert die Vorgeschichte und den Ablauf der Schlacht von Hastings so minuziös, als ob ein Augenzeuge die einzelnen Szenen der auf dem Teppich dargestellten Bildergeschichte entworfen hätte (siehe Kap. „Im Herzen der Normandie/Bessin und Bocage/Bayeux").

Der Niedergang der Normandie

Die Zusammenführung der normannischen Herzogswürde mit der englischen Königskrone verschaffte Wilhelm noch mehr Macht und Ansehen. Spätestens jetzt hatte sich das **normannische Staatswesen** in die Reihe der großen europäischen Mächte eingereiht und aus den einstigen normannischen Raufbolden war eine staatstragende Schicht entstanden, die mit Umsicht das Land regierte.

Dem benachbarten Frankreich, das zu diesem Zeitpunkt noch auf die Herrschaft in der Ile de France konzentriert war, konnte der normannische Machtzuwachs nicht gleichgültig sein. Immer wieder gab es **Auseinandersetzungen** um einzelne Herrschaftsbereiche. Jeder versuchte, sie dem anderen streitig zu machen.

GESCHICHTE

Bei einer dieser Auseinandersetzungen wurde Wilhelm im September 1087 schwer verletzt. Man brachte ihn in die Abtei von Saint-Germain, wo er gerade noch genügend Zeit hatte, seine **Nachfolge** zu regeln. Danach erbte *Robert,* sein ältester Sohn, das Herzogtum Burgund mit den französischen Besitzungen und *Wilhelm Rufus,* sein zweiter Sohn, das Königreich England. *Heinrich,* sein dritter Sohn ging leer aus und wurde mit Silber abgefunden.

Mit **Robert** setzte dann der Niedergang der Normandie ein. Der Staat war ganz auf den Herrscher ausgerichtet und Robert besaß nicht die Führungsqualitäten seines Vaters. Er war verschwenderisch, lebte über seine Verhältnisse und geriet schon bald in Finanzschwierigkeiten, obwohl sein Vater ihm geordnete Staatsfinanzen hinterlassen hatte. Deshalb bat er seinen reichen Bruder um ein Darlehen. Heinrich gab ihm mehr als die Hälfte seines Erbes, unter der Bedingung, dass ihm Robert die Halbinsel Cotentin, einen nicht unerheblichen Teil der Normandie, überließ. Damit hatte der bislang landlose Heinrich den Grundstock für sein späteres Reich gelegt.

Robert beschloss nun aber, sich am nächsten Kreuzzug zu beteiligen. Dies erforderte einen neuerlichen finanziellen Kraftakt und er verpfändete den „Rest" der Normandie an seinen anderen Bruder, **Wilhelm Rufus.** Im Falle seines Ablebens sollte dieser Herzog der Normandie und König von England werden.

In Roberts Abwesenheit hielt sich Wilhelm Rufus dann häufig in England auf. Auch Heinrich war oft in England anzutreffen – „zufällig?", fragt man sich im Nachhinein! Bei einer Jagd wurde Wilhelm Rufus durch einen Pfeil tödlich getroffen. **Heinrich** war (welch Zufall!) ebenfalls im Lande. Er wurde schon drei Tage später zum König von England gekrönt.

Einen Monat später kehrte Robert aus Palästina zurück und rüstete zur zweiten großen Invasion Englands, um seine Besitztümer zurückzuerobern. Aber die **normannischen Adligen** hatten Roberts Verschwendungssucht nicht vergessen. Der Heimkehrer war für sie ein zu unsicherer Kandidat und sie befürchteten, bei diesem erneuten englischen Abenteuer ihr Hab und Gut zu verlieren. Sie überredeten Robert und Heinrich zu einer gütlichen Einigung, nach der Robert auf den englischen Thron und Heinrich auf seine normannischen Besitztümer bis auf Domfront verzichten sollte. Die bessere Menschenkenntnis besaß wohl Heinrich, denn er wartete ab. Und in der Tat nahm die Unzufriedenheit der Adligen mit ihrem König Robert so weit zu, dass sie Heinrich um Unterstützung baten. Der hatte schon längst aufgerüstet. Im Jahr 1106 sah er seine Chance gekommen und griff Robert an, ließ ihm aber gleichzeitig mitteilen, dass er mit der Hälfte der Normandie zufrieden sei. Robert lehnte ab. Es kam zur Entscheidungsschlacht von Tinchebrai, die Heinrich gewann. Als ihr neunter Herzog hatte er als Heinrich I. die Normandie wieder mit dem englischen Thron zusammengeführt.

GESCHICHTE

Robert verbrachte den Rest seines Lebens als Gefangener in der Festung von Cardiff. Heinrich I. setzte seinen Sohn **Wilhelm** als Herzog von Burgund ein, seinem jüngeren Sohn **Richard** dachte er die englische Krone zu. Doch bei einer Überfahrt über den Kanal erlitten seine Söhne Schiffbruch und ertranken. Es schien, als sei es zuende mit der einst von Rollo gegründeten normannischen Dynastie. Heinrich I. hatte nun keine männlichen Erben mehr. Er heiratete erneut, doch die neue Verwandtschaft brachte ihm nur Ärger ein.

Nach seinem Tod gelang es **Stephan von Blois,** einem Enkel Wilhelm des Eroberers, in dieser verworrenen Lage sowohl die englische als auch die normannische Krone für sich zu gewinnen. Dies war zwar mit heftigen Auseinandersetzungen mit den Verbündeten der zweiten Frau Heinrichs I. verbunden, doch Stephan konnte sich letztendlich zumindest in England durchsetzen.

Aus dem Verbündetenclan erhielt der Sohn von *Gottfried,* dem zweiten Ehemann der zweiten Frau Heinrichs I., das Herzogtum Burgund zugesprochen. Er war noch ein junger Mann, an dem *Eleonore von Aquitanien* Gefallen fand. Sie gingen die Ehe ein und dieser junge Mann wurde dank der Mitgift seiner Frau als **Heinrich II.** zum Herrscher über ganz Nord-, West- und Südwestfrankreich. Er war so mächtig, dass er Stephan von Blois sogar veranlassen konnte, ihn auch als Erben des englischen Throns einzusetzen.

Spätestens an dieser Stelle wird deutlich, wie vielfältig das **Beziehungsgeflecht** der in Frankreich ansässigen Herrschaftshäuser in jener Zeit war. Und da aus den verwandtschaftlichen Verhältnissen regelmäßig Besitzansprüche abgeleitet wurden, kam es im Erbfall stets zu offen ausgetragenen Auseinandersetzungen.

Heinrich II. führte während seiner langen Regierungszeit (1154–1189) die Kirchenpolitik seiner Vorfahren nicht fort, sondern versuchte, den Einfluss des Klerus wieder zurückzudrängen. Er regierte mit straffer Hand, bevor er schließlich, verbraucht und den Ausschweifungen erlegen, seine Söhne wenig glücklich mit seinen einzelnen Ländereien bedachte: Der depressive *Johann* sollte überhaupt nichts erhalten, weswegen er später als **Johann ohne Land** in die Geschichte einging, während der ungestüme *Richard* mehr wollte, man nannte ihn später **Richard Löwenherz.**

Die beiden Brüder, die sich jeder auf seine Weise so ungerecht behandelt fühlten, lehnten sich gegen ihren Vater auf, wobei sie sich der stillen Unterstützung des französischen Königs **Philippe II. Auguste** sicher sein konnten. Bei Azey-le-Rideau an der Loire unterlag Heinrich II. der Übermacht seiner Söhne. Ihn traf der Schlag, er starb und am 20. Juli 1189 wurde Richard zum Herzog der Normandie und am 3. September auch zum König von England gekrönt.

Richard und Philippe II. Auguste beteiligten sich beide am Dritten Kreuzzug, wobei Richard sich zur unumstrit-

GESCHICHTE

tenen Führungspersönlichkeit entwickelte. Aber er war nicht gegen die Arroganz der Macht gefeit und überwarf sich mit seinem einstigen Freund, so dass aus dem verbündeten Philippe II. Auguste ein Rivale wurde. Mit dem österreichischen Herzog, Vasall des deutschen Kaisers Heinrich VI., zerstritt er sich über die Aufteilung der Kriegszugsbeute und wurde auf der Durchreise in Österreich gefangen genommen.

Als er aber nach langer Einkerkerung und Zahlung einer hohen Lösegeldsumme endlich nach England zurückkehren konnte, hatte sein von ihm als Regent in der Normandie zurückgelassener Bruder Johann ohne Land seine lange Abwesenheit genutzt, um mit dem französischen König zu paktieren. Der ganz im Gegensatz zu seinem Bruder wenig willensstarke Johann gewährte den französischen Truppen Zutritt zur Festung von Évreux. In dieser Situation setzte Richard Löwenherz mit einer Flotte von Portsmouth nach Barfleur in die Normandie über.

Angesichts der Übermacht, der sich Johann gegenüber sah, wechselte er wieder die Fronten und als sichtbares Zeichen seiner neuen Zuverlässigkeit ließ er die französische Besatzung von Évreux niedermachen.

Doch zu sehr war das französische Interesse an der Niederwerfung der Normandie wieder erwacht. Philippe II. Auguste rüstete auf, aber am 3. Juli 1194 unterlag er Richard Löwenherz in der Schlacht von Fréteval bei Vendôme.

Richard war sich darüber bewusst, dass er zwar eine Schlacht, aber noch nicht den Krieg um die Normandie gewonnen hatte. In ständigen Scharmützeln versuchten beide Seiten, ihre Positionen zu verbessern, abwartend, wann und wo ein jeder von ihnen zum entscheidenden Schlag ausholen könnte. Um seinem Gegner den Zugang von der Île de France zum Meer zu versperren, sicherte Richard Löwenherz das Seinetal mit der Festung Gaillard, eine grandiose technische Meisterleistung des Mittelalters, ganz abgesehen davon, dass der imponierende Bau in einer Zeit von nur achtzehn Monaten fertig gestellt wurde.

Die militärische Pattsituation zwischen Richard und Philippe II. Auguste änderte sich jedoch schlagartig: Bei der Belagerung der Burg Chalus im Limousin (andere Quellen sprechen auch von einer Belagerung im Vexin) wurde Richard am 24. März 1199 von einem Pfeil getroffen. Die Wunde war nicht tief. Vielleicht ließ er sie deshalb nicht richtig versorgen. Jedenfalls wurde sie brandig und er starb am 6. April des Jahres.

Wenn es nach dem Willen des Kinderlosen Richard Löwenherz gegangen wäre, hätte nicht sein Bruder, sondern sein Neffe **Arthur, Herzog der Bretagne,** das Königreich England wie auch das Herzogtum Normandie geerbt. Doch es sollte anders kommen: So depressiv Johann auch war, geriet jetzt doch sein ererbtes Wikingerblut in Wallung. Er war nicht gewillt, Richards Testament zu akzeptieren. Natürlich hatte Philippe II. Auguste

GESCHICHTE

zunächst Arthurs Ansprüche auf die Normandie unterstützt. Doch er einigte sich mit Johann und erhielt dafür, dass er Arthur fallen ließ, die Grafschaft Évreux. Der junge Arthur wurde in Rouen festgesetzt, denn der Bischof der Stadt hatte sich schon auf die Seite Johanns geschlagen. Angeblich soll Johann ihn dort aus dem Kerker geholt und höchstpersönlich erstochen haben.

Im Laufe der Zeit holte die Depression Johann aber wieder ein. In England mußte er die Magna Charta akzeptieren, in der Normandie baten die Adligen Philippe II. Auguste um Unterstützung. Der französische König, formal immer noch der Lehnsherr der Normandie, entzog Johann in einer Adligenversammlung die Herzogswürde und begann im Jahre 1203 mit der Belagerung der Festung Gaillard. Zu Beginn des nächsten Jahres gelang es seinen Truppen, ihren inneren Befestigungsring zu erstürmen. Parallel dazu konnte auch der Mont St. Michel eingenommen werden. Die Abtei ging in Flammen auf. Und am 6. Juni 1204 wurde durch eine List auch der Donjon der Festung Gaillard eingenommen. Am 24. Juni 1204 fiel Rouen nach zweimonatiger Belagerung. Das war das **Ende der Selbstständigkeit** des Herzogtums der Normandie.

Die **Legende** weiß in diesem Zusammenhang zu berichten, dass Johann die Abgesandten der Stadt Rouen, die während der Belagerung bei ihm um Hilfe nachsuchten, warten ließ, bis er sein Schachspiel beendet hatte, um ihnen dann ausrichten zu lassen, er könne nichts für sie tun ...

Die Normandie als französische Provinz

Das 13. und das beginnende 14. Jahrhundert waren ein langer Zeitraum des **Friedens** für die Normandie, in der man bis dahin eigentlich nur Wikingerüberfälle und die Auswirkungen ständiger Erbauseinandersetzungen mit Unruhe, Mord und Totschlag, Krieg und Plünderungen kannte.

Dennoch ist nicht zu verhehlen, dass die normannische Bevölkerung die neuen französischen Herren zunächst mit **Distanz** betrachtete. Die normannischen Adligen verhielten sich noch zögerlicher, waren sie doch in Sorge um ihre Rechte, die sie von den letzten normannischen Herzögen erkämpft hatten.

Aber Philippe II. Auguste beeilte sich, vor allem ihre ständischen und städtischen **Privilegien** zu bestätigen, das gewohnte **Steuersystem** wurde beibehalten und es konnte weiter nach gewohntem Brauch **Recht** gesprochen werden.

Entsprechend blieben auch Versuche des englischen Königs *Heinrich III.*, die Normandie zurückzuerobern, erfolglos. Im Jahre 1259 schloss er Frieden mit *Ludwig IX.*, der nunmehr Frankreich regierte, und verzichtete auf seine Ansprüche auf die Normandie, behielt aber seine französischen Besitztümer Anjou, Maine, Touraine und das Poitou.

So kehrte Ruhe ein. Die Normandie war zur französischen Provinz geworden und es lebte sich hier jetzt auch provinzieller, mit allen Vor- und Nachteilen. Einer der großen Vorteile bestand darin, dass mit dem Frieden auch der **Wohlstand** zurückgekehrt war. Das Geschäftsleben konnte sich vorteilhaft entwickeln, die Güterwirtschaft expandierte. Und es war ein Jahrhundert, in dem die Bautätigkeit in der Normandie wieder aufgenommen wurde – der neue Stil der Gotik erlebte seine ersten Höhepunkte.

Der Nachteil bestand darin, dass sich nun **Paris** zur Hauptstadt von ganz Frankreich entwickelte und Rouen wirtschaftlich überflügelte. Es ging den Kaufleuten von Rouen deswegen keineswegs schlecht, aber die großen Geschäfte wurden zunehmend von Paris aus getätigt. Dort saß die französische Staatsgewalt, von dort gingen nunmehr die wichtigen sozialen und wirtschaftlichen Entwicklungen aus. In dem Maße, wie die Pariser Kaufleute direkten Zugang zum Meer erhielten, verlor Rouen seine Standortvorteile, die die normannische Herrschaft einst gesichert hatte.

Reichtum macht bekanntermaßen begehrlich. Und so kam es unter dem Regime des französischen Königs *Philipp dem Schönen*, der zur Finanzierung seines aufwändigen Lebensstils immer neue Steuern einführte, zum **Widerstand** gegen die französische Allgewalt. Es schien, als sei das alte Wikingerblut in den Normannen wieder erwacht.

Philipps Nachfolger *Ludwig X.* musste die den Normannen zugestandenen Privilegien am 22. Juli 1315 in der **Normannischen Charta** (*Charte aux Normands*) bestätigen. Damit waren finanzielle Eingriffe in die Normandie und ihre Bewohner über das bestätigte Maß hinaus nicht mehr möglich. Auch wurde die Finanzverwaltung der Normandie weiter von Rouen aus betrieben. Eingriffe der französischen Staatsgewalt blieben damit begrenzt.

Der Hundertjährige Krieg

Das Kräftegleichgewicht um die Vorherrschaft in der Normandie blieb auch nach der Unterzeichnung der *Charta des Normands* labil. Zwar war die staatsrechtliche Integration der Normandie in das französische Königreich gelungen, die Menschen der Normandie blieben sich aber ihrer normannischen Wurzeln bewusst.

In Frankreich stand ein Dynastiewechsel in der Nachfolge um den Thron an. Stellten bislang die Kapetinger den König, so sollte nunmehr *Philippe VI.* aus dem Hause Valois die Nachfolge antreten.

In dieser unruhigen Phase rebellierten die flämischen Provinzen Frankreichs gegen den König, was *Heinrich III. von England* veranlasste, ebenfalls Anspruch auf den französischen Thron zu erheben. Im Jahre 1346 landete er mit einer Armee auf der Halbinsel Cotentin in der Normandie und entfesselte damit einen über hundert Jahre währenden **Krieg zwischen England und Frankreich,** der überwiegend in der Normandie tobte. Normannische Adlige waren bei diesen Kämpfen sowohl auf der französischen

GESCHICHTE

als auch auf der englischen Seite anzutreffen.

Heinrichs Truppen belagerten erfolgreich Valognes, Saint-Lô und schließlich auch Caen, wo er die Festung Wilhelm des Eroberers einfach umging und in die Stadt eindrang. Die Plünderung war verheerend und Heinrich zog mit großer Beute ab, die er auf Schiffen von Ouistreham, dem Seehafen von Caen, nach England transportieren ließ. Weitere **Belagerungen** folgten und erstmals wurde auch Rouen geplündert. Auf dem Rückweg konnte Heinrich von einer Übermacht französischer Truppen gestellt werden, aber dank der Ausrüstung seiner Armee mit weit tragenden **Langbogen** blieb er über die Streitmacht *Philipes VI.* siegreich. *Karl der Schlimme,* König von Navarra und Graf von Évreux, zog nunmehr auf englischer Seite die Normandie immer tiefer in die Auseinandersetzungen hinein. Aber 1356 wurde er von König *Jean,* Nachfolger von Philippe VI., gefasst.

Dann gelang es dem französischen Feldherren *du Guesclin,* die Engländer wieder zurückzudrängen. Bis 1378 hatte er für *Karl VI.,* jetzt König von Frankreich, fast die gesamte **Normandie zurückerobert.** 1380 blieb den Engländern nur noch Cherbourg. Aber die ausufernde Finanzierung des Hofstaates Karls VI. führte zu neuen Schwierigkeiten. Die Bürger von Rouen erhoben sich 1382 in der *révolte de la Harelle* gegen ihn. Insgesamt herrschten aber noch einmal ein paar Jahrzehnte Ruhe.

Doch damit war es wieder einmal vorbei, als der englische König *Heinrich V.* im Jahre 1415 die Auseinandersetzungen um den französischen Thron erneut anfachte. Er setzte mit seinen Truppen über den Kanal und besetzte nach einmonatiger Belagerung Harfleur. Am 15. November des gleichen Jahres erlitten die französischen Truppen bei Azincourt in der Picardie eine empfindliche Niederlage. Auf Grund dieser positiven Nachricht war das englische Parlament bereit, Heinrich die benötigten Mittel zur endgültigen Eroberung Frankreichs bereit zu stellen. 1417 schiffte er englische Truppen in Touques aus und belagerte nacheinander Caen, Bayeux, Argantan, Alençon und Falaise. Im Februar 1418 änderte er seine Taktik und ging mit seinen Truppenteilen getrennt vor. Glocester operierte auf der Halbinsel Cotentin, Huntington im Avranchin, Warwick im Passais, Exeter im Evrecin sowie Clarence im Pays d'Auge und in Lieuvin. Im Juni desselben Jahres belagerte Heinrich V. Louviers sowie Pont de l'Arche und eroberte Rouen. Die Stadt musste nach sechsmonatigem heldenhaftem Widerstand ihre Tore öffnen. Alle anderen Teile der Normandie wurden nun schnell **von den Engländern unterworfen.** Am 9. Dezember 1419 fiel sogar die Festung Gaillard wieder in englische Hand. Einzig der Mont St. Michel widerstand allen Belagerungsversuchen der Engländer und blieb französisch.

Dennoch schien Heinrichs Ziel zum Greifen nahe, als ihm 1420 im **Vertrag von Troyes** im Falle des Ablebens des

Geschichte

nun eindeutig verrückt gewordenen Königs Karl VI. die französische Krone zugesagt wurde. Doch Karls Nachfolger *Karl VII.* akzeptierte diesen Vertrag nicht. Damit trat der Hundertjährige Krieg in seine letzte Phase ein, in der die Bauerntochter *Jeanne d'Arc,* die die Engländer im Jahre 1431 in Rouen hinrichten ließen, eine entscheidende Rolle spielen sollte (siehe Exkurs).

Die Ausgangsposition der Engländer für die letztendliche Entscheidung über den französischen Thron schien günstig. Zwar fand die englische „Besatzungsmacht" nicht ungeteilte Zustimmung unter den Normannen und von denen, die sich unterdrückt fühlten, wurde auch aktiver Widerstand geleistet, aber dennoch nahm man positiv zur Kenntnis, wie der englische König als Nachfolger der normannischen Herzöge auftrat. Seine Politik setzten der Herzog von Bedford, der nach dem Tod Heinrichs V. als englischer Regent eingesetzt worden war, und dessen Mündel, der spätere *Heinrich VI.* fort. Unter ihrer Führung wurde die normannische **Ständeversammlung** erstmals seit 1332 wieder einberufen. Der **Wohlstand** im Lande wuchs. Und die Gründung der **Universität von Caen** im Jahre 1382 ging ebenfalls auf englische Initiative zurück, was von den Normannen hoch anerkannt wurde. So konnten sich die Engländer durch ihre entgegenkommende Verhaltensweise das Wohlwollen des Klerus und großer Teile des Adels in der Normandie sichern.

Doch ab 1440 wurden die Franzosen wieder aktiv und begannen mit der **Rückeroberung** der von den Engländern besetzten Landesteile. Nacheinander konnten sie sich wieder so wichtiger Städte wie Pont-de-l'Arche, Conches, Verneuil, Pont-Audemer, Lisieux, Harfleur, Coutances und schließlich 1449 auch Saint-Lô bemächtigen. Es folgten Honfleur und Alançon. Die Engländer hatten den modernen Kanonen Karl VII. einfach nichts entgegenzusetzen. In dieser prekären Situation schickte der englische König seinen Heerführer *Thomas Kyriel* mit einem Entsatzheer an die Front. Er landete in Cherbourg und durchquerte die Halbinsel Cotentin, um wieder in den Besitz von Bayeux zu gelangen. Doch auf dem Weg dorthin wurde er von den französischen Truppen unter den Befehl des Grafen *Clermont* gestellt und vernichtend geschlagen. Nur kurze Zeit danach vertrieben Bewohner von Rouen die englische Garnison. Am 12. August 1450 wurde Cherbourg als letzte Bastion der Engländer eingenommen. Die Normandie war endgültig französisch.

Was die politische Dimension dieses Sieges anbetrifft, so wurde mit der Rückeroberung der Normandie der Weg für die **Etablierung des französischen Zentralstaates** geebnet, der im absolutistischen Regime des Sonnenkönigs *Ludwig XVI.* gipfelte.

Seefahrt und Piraterie

Wenn auch die Normandie mit dem Ende des Hundertjährigen Krieges endgültig ihre Selbstständigkeit verloren hatte, brachen doch **zunächst**

Normannische Seefahrer auf allen Weltmeeren

Dass den Normannen die Seefahrt im Blut liegt, haben schon ihre skandinavischen Vorfahren Jahrhunderte zuvor bewiesen. Die **Wikinger** versetzten nicht nur Europas Küsten zwischen Russland und dem Frankenreich bis zum Mittelmeer in Schrecken, sie waren sogar über den Atlantik bis nach Nordamerika vorgedrungen! Auch als sie sesshaft geworden waren und Staaten gegründet hatten, verloren sie nie ihre Leidenschaft für die Seefahrt.

Schon während der Wirren des Hundertjährigen Krieges stachen normannische Seefahrer weit über die europäischen Küstengewässer hinaus in See. Eine Gruppe von Händlern aus Dieppe segelte im Jahr 1362 die afrikanische Küste entlang bis **Sierra Leone** und gründete dort den Stützpunkt Petit Dieppe.

Noch bevor Kolumbus aufbrach, um die Westpassage nach Indien zu suchen, waren bretonische und normannische Fischer bis zu den reichen Fischgründen der **Neufundland-Bank** unterwegs. Es ist davon auszugehen, dass sie nordamerikanisches Land gesichtet haben, es ist aber nicht bekannt, ob sie auch an Land gegangen sind. Warum sollten sie auch? Für die Fischer machte das keinen Sinn.

Ebenfalls vor Kolumbus soll der Seefahrer *Jean de Cousin* im Bereich der **Amazonas-Mündung** gekreuzt haben. 1494 war *Binot Paulmier de Gonneville* aus Honfleur mit ei-

Normannische Seefahrer auf allen Weltmeeren

nem relativ großen Schiff zwei Jahre nach **Brasilien** unterwegs. 1508 erreichte Thomas Aubert **Neufundland** und brachte sieben Indianer als Beute zurück. 1529 kamen Händler aus Dieppe nach **Madagaskar,** 1532 die Brüder Jean und Paoul Parmentier nach **Sumatra** ... Die Liste lässt sich beliebig fortsetzen.

Die schillerndste aller normannischen Seefahrerfiguren war zweifelsohne **Jean de Béthencourt,** der „König der Kanarischen Inseln". Seine wirtschaftlichen Verhältnisse waren so schlecht, dass er etwas unternehmen musste, um wieder zu Geld zu kommen. Die Portugiesen hatten bereits vorgeführt, wie man jenseits der europäischen Gestade ungeheure Reichtümer erlangen konnte. So wollte Béthencourt sein Glück mit Sklaven und mit der Färberflechte versuchen.

Die Märkte für beide „Güter" wurden zu Lebzeiten Béthencourts Anfang des 15. Jahrhunderts von den Araern dominiert, die mit überhöhten Preisen große Gewinne mit den Schätzen des Orients erwirtschafteten. Hierzu zählten neben Gewürzen und **Sklaven** auch die begehrten **Farbstoffe,** die aus Indien nur über den arabischen Handel nach Europa gelangten. Einzig die Färberflechte ließ sich in größerem Umfang von den **Kanarischen Inseln** herbeischaffen.

Doch wie konnte der Normanne Béthencourt ausgerechnet auf die Kanarischen Inseln gelangen? Die Erklärung ist etwas kompliziert. Papst Clemens VI. hatte den aus Kastilien stammenden Grafen von Clermont, Luis de Cerda, zum König der Kanarischen Inseln ernannt, mit dem Ziel, die heidnischen Ureinwohner des Archipels zu **missionieren.** Doch der Graf unternahm nichts, um diesen Auftrag tatsächlich zu erfüllen. Ende des 14. Jahrhunderts verlieh dann Heinrich III. dem Grafen Roberto de Bracamonte mit der gleichen Bedingung die Königswürde, doch auch dieser unternahm keinen Eroberungsversuch. Nur Bracamontes Vetter, eben jener Normanne Béthencourt, zeigte sich interessiert. Heinrich III. gab sein Einverständnis zu Béthencourts Expedition auf die Kanarischen Inseln, mit dem Versprechen, ihm nach der Eroberung die Königswürde zu erteilen.

Im Jahre **1402** stach Jean de Béthencourt gemeinsam mit dem spanischen Adligen Gadifer de la Salle in See. Sein Kurs führte ihn direkt auf **Lanzarote** zu, die nördlichste der Kanarischen Inseln. Er landete östlich des heutigen kleinen Fischer- und Touristenörtchens Playa Blanca am Südende der Insel, wo er im Rubicón eine Festung und eine christliche Kirche erbauen ließ.

Die Christianisierung der Inselbewohner, von denen es damals knapp tausend gegeben haben soll, sah dann so aus: Entweder ließen sie sich „freiwillig" **taufen** und halfen bei der Eroberung weiterer Kanarischer Inseln mit oder sie wurden **versklavt** und auf dem spanischen Festland verkauft.

Rubicón wurde durch einen päpstlichen Erlass zum ersten **Bischofssitz** der Kanarischen Inseln ernannt. Erst 1485 wurde dieser Bischofssitz nach Las Palmas auf Gran Canaria verlegt.

Später konnte Béthencourt mit kastilischer Unterstützung auch **Fuerteventura** und danach **Hierro** und **Gomera** einnehmen. Doch seine Versuche, Gran Canaria und La Palma zu erobern, scheiterten am Widerstand der Einheimischen – dies gelang den Spaniern erst sehr viel später.

Béthencourt gab die Verwaltung „seiner" Kanaren an seinen Neffen **Maciot de Béthencourt** ab, der sie 1418 als Schenkung dem **andalusischen Grafen von Niebla** übergab. Längst war Jean de Béthencourt in die Normandie zurückgekehrt. Hier starb er im Jahre 1425 ohne je wieder auf den Kanaren gewesen zu sein.

friedlichere Zeiten an, in denen die Bevölkerung ihren wirtschaftlichen Tätigkeiten ungestört nachgehen konnte – Wohlstand breitete sich aus. Viele der mittelalterlichen Stadtbilder in der Normandie, die wir noch heute bewundern können, gehen auf diese Epoche zurück.

Es ist aber auch die Zeit, in der normannische Seefahrer zu fernen Gestaden aufbrachen, um von den neuen Perspektiven des **Kolonialismus** zu profitieren. Der Unterschied zwischen Handel und Piraterie war zu jener Zeit nicht groß und so stiegen die normannischen Seefahrer auch in das unrühmliche Geschäft der **Kaperei** ein; im Übrigen mit Unterstützung der französischen Krone, die durch Ausstellung von Kaperbriefen von den Beutefahrten der normannischen Reeder profitierte.

Der bedeutendste unter diesen seeräuberischen Reedern war der 1481 geborene Jean Ango, der sich damit rühmte, dass seine Seeleute über 300 Schiffe gekapert hatten. Ango war durch seine wirtschaftlichen wie räuberischen Aktivitäten so reich geworden, dass er zum Finanzier des ständig in Geldnöten befindlichen französischen Königs *François I.* aufstieg, der ihm zum Dank für seine Dienste die Grafenwürde von Dieppe verlieh. Ango baute sich einen aufwändigen Palast in Dieppe, der später allerdings einem englischen Angriff auf die Stadt zum Opfer fiel. Erhalten geblieben ist sein Landsitz, das Renaissance-Manoir d'Ango mit dem immensen Taubenschlag in Varengeville bei Dieppe (siehe Kap. „Im Osten der Normandie/Côte d'Albâtre/Caux Maritime/Entlang der Küste").

Die Religionskriege

Inzwischen war der „Bazillus" der **Glaubensspaltung,** der durch die Thesen *Martin Luthers* schon ganz Deutschland in Aufruhr gebracht hatte, nach Frankreich vorgedrungen. Auch hier drohte der Zwiespalt die staatliche Ordnung durcheinander zu bringen.

Die **Hugenotten,** wie die französischen Anhänger der Lehre des Kirchenreformers *Johannes Calvin* genannt wurden, schlossen sich unter ihrem Führer, dem Admiral *Gaspard de Coligny,* zusammen. Hochburgen der französischen Protestanten in der Normandie waren vor allem Rouen und die Universität von Caen. Die **französischen Katholiken** vereinigten sich unter der Führung des Adelsgeschlechts der Guise.

Wechselseitige Herausforderungen lösten im Jahre 1562 den bewaffneten Glaubenskonflikt in Frankreich aus. Daraus entwickelte sich ein durch mehrere Friedensschlüsse unterbrochener **Bürgerkrieg,** der sich über sechsunddreißig Jahre erstreckte und rabiate Formen mit erbarmungslosen Metzeleien und Morden annahm.

Die **französische Krone** hatte längst aufgehört, hier noch steuernde Kraft zu sein. Dem 1559 verstorbenen *Henri II.* folgten in kurzen Abständen seine Söhne, die diesem Treiben noch weniger Herr werden konnten. Sie

GESCHICHTE

schwankten zwischen den Parteien hin und her, wohingegen die einflussreiche Königinmutter *Katharina von Medici* eindeutig Partei für die Katholiken ergriff.

Im Rahmen der sich ausweitenden Religionsauseinandersetzungen war es den Hugenotten zunächst gelungen, **beschränkte Religionsfreiheit** zu erlangen. *Coligny* wurde sogar in den Rat des Königs berufen.

Daraufhin versuchte Katharina von Medici, Coligny durch Mord beseitigen zu lassen. Doch dieser Anschlag, dem heftige Gefechte um die Festung von Caen vorangegangen waren, misslang. Als dann eine der herausragendsten Persönlichkeiten der Hugenotten, *Heinrich von Navarra* aus dem Geschlecht der Bourbonen gar noch *Margarete*, Katharina von Medicis Tochter, heiraten wollte, gab sie Befehl, in der **Bartholomäusnacht** vom 24. August 1572 die versammelten Hugenotten umzubringen – unter ihnen auch Coligny.

Dadurch spitzte sich die Lage in Frankreich noch weiter zu. Heinrich von Navarra sammelte die Hugenotten von neuem, während *Heinrich von Guise* die Katholiken in der straffen Organisation der *Ligue* zusammenfasste. Beide Parteien suchten **Verbündete im Ausland** – die Hugenotten vornehmlich in den Niederlanden, die Liguisten in Spanien – so dass der innerfranzösische Glaubenskonflikt ab 1580 internationale Dimensionen annahm.

Eine erneute Wende brachte die Ermordung von *Henri III.*, dem letzten Sohn der Katharina von Medici. Nun war Heinrich von Navarra der Nächste in der Thronfolge. Doch bevor er sein Amt antreten konnte, musste er dem Protestantismus abschwören und Paris acht Monate lang belagern. Als König *Henri IV.* erlangte er allmählich breite Anerkennung, u.a. weil er sich gegen weitere spanische Einmischungen zur Wehr setzte. Den Religionsfrieden stellte er 1598 durch das **Edikt von Nantes** her, mit dem den Hugenotten innerhalb bestimmter Grenzen die freie Religionsausübung zugestanden wurde.

Doch die katholische Partei gab in Frankreich keine Ruhe. Als „Sonnenkönig" *Louis XIV.* auf den Thron gelangte, gab er dem katholischen Drängen nach und widerrief 1685 das Edikt von Nantes. In der Folge dieser Entscheidung **verließen viele Hugenotten das Land,** was ein schwerer wirtschaftlicher Aderlass für Frankreich und insbesondere auch für die Normandie war, weil die französischen Protestanten hier besonders viele Anhänger hatten.

Von katholischen Interessen getrieben, traf Louis XIV. noch eine weitere nachhaltig zu Ungunsten Frankreichs wirkende Entscheidung: Er wollte dem im Exil lebenden **Jakob II. von England** zur Rückkehr auf den englischen Thron verhelfen, auf dem die protestantische *Elisabeth* saß. Im Jahre 1692 ließ Louis XIV. auf der Halbinsel Cotentin eine Armee aufstellen, mit der Jakob nach England gebracht werden sollte. Die französische Flotte sammelte sich unter ihrem Admiral, dem Gra-

Land und Leute

fen von Tourville, vor Barfleur. Sie wurde allerdings von einer doppelt so starken englisch-holländischen Armada aufgerieben. Der Kampf war entschieden, als das Flaggschiff „Tourvilles Soleil Royal" außer Gefecht gesetzt worden war. Jakob beobachtete die Schlacht von Quinéville aus und wusste, dass sein Traum ausgeträumt war. Louis XIV. hatte sich England mit diesem Vorstoß zum dauerhaften Feind gemacht.

Die Französische Revolution

Wie nach dem Hundertjährigen Krieg brach auch nach den Religionskriegen eine lange friedliche Epoche für die Normandie an. Erneut konnte sich das Wirtschaftsleben entfalten. Doch der absolutistische Staat mit der **exorbitanten Hofführung** durch Louis XIV. entzog dem Gemeinwesen so viele Ressourcen, dass die gesamte Bevölkerung darunter zu leiden hatte. Hinzu kam die **aufwändige Kriegsführung,** die sich ebenfalls belastend auf das Volk auswirkte. So hinterließ der Sonnenkönig seinen Nachfolgern einen bankrotten Staat.

Louis XV. versuchte, durch eine **nachhaltige Besteuerung** die Staatsfinanzen aufzubessern, die absolutistische französische Staatsführung sah keinen Anlass, notwendige Reformen durchzuführen. Klerus und Adel blieben beispielsweise weiterhin von Steuern befreit. Das französische Bürgertum hatte – als so genannter „Dritter Stand" – letztlich die ganze Last der Staatsunfähigkeit zu tragen.

Dieser Dritte Stand berief 1789 die Nationalversammlung ein und als sich Adel und Klerus gegen die neue Bewegung wandten, stürmte das französische Volk die **Bastille** in Paris. Schnell war das *Ançien Régime,* das alte System, abgeschafft und mit dieser **Neuorientierung** auch alles, was an das Ançien Régime erinnerte, wie z.B. die bisherige Verwaltungsaufteilung. Frankreich wurde in zentral verwaltete Provinzen aufgeteilt, die Normandie in die fünf noch heute bestehenden Departements Seine-Maritime, Eure, Orne, Calvados und Manche.

Die revolutionären Entwicklungen ließen in Frankreich schon bald die alte Ordnung zusammenbrechen. Im Zuge der sich neu formierenden politischen Kräfte traten vor allem die eher gemäßigten **Girondisten** (aus dem Département Gironde) sowie die radikaleren **Jakobiner** in Erscheinung (die ihren Namen von ihrem Versammlungslokal, dem ehemaligen Kloster des Heiligen Jakobus ableiteten). Sie propagierten *liberté, égalité, fraternité* („Freiheit, Gleichheit, Brüderlichkeit"), was die konservativen Kräfte Europas nicht dulden konnten, und so kam es zum Krieg mit Preußen und Österreich.

Um die Macht nach innen nicht zu verlieren, schalteten die Jakobiner die Girondisten aus und begründeten eine Schreckensherrschaft bislang nicht gekannten Ausmaßes. **Robespierre,** der radikalste der Jakobiner, übernahm ab April 1794 die Alleinherrschaft in Frankreich. Unter seiner Herrschaft fand die Guillotine immer stärkeren

Einsatz, bis sich sogar seine Freunde nicht mehr sicher waren. Letztlich klagten ihn die Abgeordneten des Konvents an und ließen ihn selbst hinrichten.

In die Zeit der Französischen Revolution fällt auch die **Säkularisation** der Kirchengüter. Auf Antrag des Bischofs *Talleyrand* (1754-1838) beschloss die Nationalversammlung im April des Jahres 1790, allen Kirchenbesitz zu verstaatlichen, um einem Staatsbankrott vorzubeugen. Im Juli des gleichen Jahres wurden dann Klöster und Orden aufgehoben. Auf diese Weise fielen gerade in der an Kirchenschätzen so reichen Normandie viele sakrale Bauten und religiöse Kunstwerke der Vernichtung anheim. Klöster und Kirchen wurden verkauft oder auf Abriss abgegeben, manch ohnehin schon baufälliges kirchliches Anwesen fiel nun endgültig zusammen.

In dieser wirren Zeit war **Jean-Paul Marat,** einer der großen Demagogen der Französischen Revolution, im Nationalkonvent als Gegner der Girondisten aufgetreten.

In der **Normandie,** wo a lenthalben schon immer Distanz zum französischen Zentralismus bestanden hatte, öffnete man aber den fliehenden Girondisten die Tore und gewährte ihnen Schutz. Inzwischen hatte nämlich eine weitere geplante Steuererhöhung den Zorn betroffener Bevölkerungskreise hervorgerufen. Vor der Bretagne und der Normandie ausgehend, arteten die Unruhen in eine **Rebellion** aus, an deren Spitze sich Royalisten setzten. Sie rekrutierten Streitkräfte und nannten sich fortan **chouans** nach der bretonischen Bezeichnung für „Schreieule". Auf beiden Seiten kam es in der Folge zu schrecklichen Gräueltaten.

Marat trachtete danach, seiner Gegner habhaft zu werden. Doch einer jungen Adligen aus Caen, der 25-jährigen **Charlotte de Corday d'Armont,** gelang es, in die Pariser Privatwohnung Marats, der gerade zur Linderung einer üblen Hauterkrankung in der Badewanne lag, einzudringen und ihn zu erstechen. Vier Tage später wurde sie ein weiteres Opfer der Guillotine.

Die *chouans* hielten ihren Widerstand gegen den französischen revolutionären Zentralismus weiter aufrecht, auch als Robespierre schon hingerichtet war und an seiner Stelle ein fünfköpfiges Direktorium die Regierung übernommen hatte. Als ihr Führer tat sich **Graf Louis de Frotte** von Schloss Couterne bei Bagnoles hervor. Doch der Graf wurde verraten, gefangen genommen und hingerichtet. Einer der fünf Direktoren hatte das Todesurteil unterschrieben: *Napoléon Bonaparte.*

Bürgertum und Belle Époque

Dem Aufstieg Napoleons zum Herrscher über beinahe ganz Europa folgte die Niederlage Frankreichs in der Schlacht von Waterloo. Nach dem Wiener Kongress kam *Louis XVIII.* auf den französischen Thron und verfolgte einen geschickten politischen Kurs zwischen Bürgern und Adligen. Ihn beerbte sein Bruder *Charles X.* mit ei-

Claude Monet: Durchbrochener Felsen bei Étretat, 1883

ner weniger glücklicher Hand. In der so genannten Julirevolution von 1830 wurde er abgesetzt und, als Verwandter des Königshauses, der „Bürgerkönig" *Louis Philippe von Orléans* als Nachfolger eingesetzt. In seiner Regierungszeit begannen für die französische Bourgeoisie goldene Tage.

Die Normandie profitierte in außerordentlichem Maße von der neuen Bürgergesellschaft. Mitte des 19. Jahrhunderts wurden die **Eisenbahnlinien** an die Küste fertig gestellt. Die aufkommende **Seebädermode** ließ die Reichen der Pariser Gesellschaft in die Küstenorte der Côte d'Albâtre und der Côte Fleurie ausschwärmen. Wenige Stunden dauerte die Bahnfahrt nunmehr für eine Strecke, für die die Postkutsche noch Tage gebraucht hatte! Kasinos und Hotels entstanden an der Küste, die normannische Seebäderarchitektur entfaltete sich zwischen Dieppe und Deauville.

Inzwischen war der Bürgerkönig Louis Philippe in den Wirren des Jahres 1848, die ganz Europa erschütterten, entmachtet worden und musste über das Château d'Eu (siehe Kap. „Im Osten der Normandie/Die Côte d'Albâtre/Eu und das Tal der Bresle") ins Ausland flüchten. In Honfleur wartete dann ein britisches Kriegsschiff auf ihn und brachte ihn nach England. Seine

Geschichte

Nachfolge trat Napoleon III., Neffe des „großen" kleinen Korsen, an. Die Belle Époque konnte sich an der normannischen Küste weiter austoben.

Trouville und vor allem **Deauville** entwickelten sich zu mondänsten Seebädern. Mit dem Einzug der Pariser Gesellschaft wurde die Küste auch für **Künstler** interessant. Schriftsteller wie etwa Vater und Sohn Dumas, Strindberg oder Marcel Proust waren hier nicht nur Gäste. Musiker wie Débussy und Grieg zog es ebenfalls ans Meer und vor allem die Maler, insbesondere die Impressionisten, die sich von dem Licht der Normandie inspirieren ließen und die neue Malweise entwickelten. Sie wurden erst später von der Bädergesellschaft vereinnahmt, malten hier aber ihre schönsten Bilder.

Auch Napoléon III. konnte sich nicht halten. In der französisch-preußischen Auseinandersetzung von 1870/71 wurde er bei Sedan gefangen genommen, dankte ab und lebte dann noch bis 1873 mit seiner Gattin, der ehrgeizigen Kaiserin Eugénie, im englischen Exil. Der Krieg hatte aber nur Teile der Normandie erreicht und die preußische Besetzung blieb ohne nachhaltige Auswirkungen. Das rege Treiben konnte an der Küste weitergehen.

Paris war nach der Kapitulation der französischen Armee noch in der Hand einiger Widerstandskämpfer geblieben, die sich aus Freiwilligenverbänden zusammensetzten. Einer ihrer Führer konnte aus der von den Preußen eingekesselten Stadt **mit einem Ballon nach Rouen** fliehen. Diese Heldentat ist ein Thema des Ballonmuseums im Château Balleroy (siehe Kap. „Im Herzen der Normandie/Bessin und Bocage/Im Bessin/Château Balleroy").

Weltkriege und Aufbruch in das neue Jahrtausend

Der **Erste Weltkrieg** hatte zwar heftige Spuren in Frankreich hinterlassen, aber die Normandie war davon nur am Rande betroffen. Zunächst sah es so aus, als würden die deutschen Truppen bis an die Küste vordringen können, um dort Zugang zu den Häfen zu bekommen. Doch nach der Marne-Schlacht kam der deutsche Vormarsch zum Stillstand und an der Westfront brach ein Stellungskrieg mit unzähligen Opfern auf beiden Seiten aus, der bis zum Kriegsende anhalten sollte.

Zwischen den beiden Weltkriegen war der Name der Normandie in aller Munde, weil der gleichnamige französische **Passagierdampfer** auf seiner Jungfernfahrt im Mai 1932 alle bis dahin aufgestellten Geschwindigkeitsrekorde im Transatlantikverkehr gebrochen hatte. Das damals längste Schiff der Welt erhielt das **Blaue Band.** Bei Ausbruch des Zweiten Weltkriegs war das „Paquebot Normandie", wie die Franzosen das Schiff nannten, zufällig in New York 1942 brannte es im Hafen aus, kenterte und wurde von den Amerikanern requiriert. Sie bargen es und setzten es später als Truppentransporter ein.

Im **Zweiten Weltkrieg** war die Situation der Normandie eine völlig andere

Land und Leute

als im vorangegangenen Weltkrieg. Schon beim Einmarsch der deutschen Truppen gab es die ersten Zerstörungen. Doch blieb der exponiert am Ärmelkanal gelegene Teil Frankreichs während der deutschen Besatzungszeit zunächst von weiteren kriegerischen Handlungen verschont.

Nachhaltigen Eindruck hinterließ das englisch-kanadische Kommandounternehmen, bei dem **1942** an die 7000 Soldaten in **Dieppe** landeten, um dort einen Brückenkopf im deutschen Hinterland zu eröffnen. Das Unternehmen schlug zwar fehl, ließ die Deutschen aber in dem Glauben, dass die eigentliche zu erwartende alliierte Landung an der Nordostküste Frankreichs genau gegenüber von England erfolgen würde (siehe Exkurs: „Der englische Landungsversuch in Dieppe").

Den Normannen ist gelegentlich unterstellt worden, dass sie sich eher als alle anderen Franzosen mit den deutschen Besatzern arrangiert hätten. Andererseits wird aber auch gesagt, dass sie es nur geschickter verstanden hätten, mit den Deutschen umzugehen. Jedenfalls ist die **Résistance** auch in der Normandie aktiv gewesen.

Die Landung der Alliierten

Die Situation änderte sich in der Nacht vom 5. auf den 6. **Juni 1944** schlagartig, als die alliierten Truppen an der Normandie-Küste landeten und eine zweite große Font gegen die Deutsche Wehrmacht eröffneten.

Vorausgegangen war die 1943 auf der Alliierten-Konferenz in Quebec getroffene Entscheidung, die mit dem Tarnnamen **Overlord** bedachte Landeoperation nicht im Bereich des Pas de Calais, sondern an der Küste von Calvados zwischen der Seine-Mündung und der Halbinsel Cotentin vorzunehmen. So konnten die Alliierten den Überraschungseffekt für sich nutzen. Außerdem war die Calvados-Küste von den deutschen weniger befestigt worden als der Pas de Calais.

Da im vorgesehenen Landungsabschnitt kein größerer Hafen zur Verfügung stand, um das schwere Kriegsmaterial an Land zu bringen, planten die Alliierten, künstliche Häfen anzulegen – einen vor Arromanches, den anderen vor Omaha Beach. **Im Vorlauf der Landung** bombardierten die alliierte Luftwaffe und die Marine massiv den deutschen Atlantikwall. Außerdem wurden Luftlandetruppen eingesetzt, um strategisch wichtige Positionen der Deutschen im Landeabschnitt zu besetzen. Dabei ging es um die Flakbatterien in Merville, die Brücke über den Kanal von Caen und weitere Straßen und Schleusen, die für den Nachschub der Deutschen wichtig waren. Wenig später konnte die deutsche Batterie am Pointe du Hoc eingenommen werden.

Zwischen 6.30 und 7.30 Uhr des 6. Juni landeten dann **135.000** vorwiegend amerikanische, englische und kanadische **Soldaten** mit etwa 2000 Fahrzeugen. Zum Schutz der mit Landungsbooten an die Strände gelangten Truppen wurden Schwimmpanzer, Raupenschieber, Flammenwerfer und weiteres Kriegsgerät von den Alliierten eingesetzt. Wenn auch nicht alle alli-

GESCHICHTE 95

Omaha Beach heute

ierten Ziele dabei vollständig erreicht wurden, wie etwa die Besetzung von Caen, Isigny und Carenten, war die Landung doch ein großer Erfolg. Auch waren die alliierten Verluste – bis auf den Einsatz am Brückenkopf vom Omaha-Beach – weitaus geringer, als zunächst zu befürchten war.

Das Ziel der **Verbindung der fünf Brückenköpfe** an der Ärmelkanalküste wurde relativ schnell erreicht, womit die Alliierten bereits nach kurzer Zeit über einen 80 Kilometer breiten Frontabschnitt verfügten, von dem aus sie nun die eigentlichen Feldoperationen durchführten. So konnten die britischen Truppen schon kurz nach der Landung Druck auf Caen ausüben und damit die im Pariser Raum stationierten deutschen Panzerverbände anziehen.

Die Amerikaner rückten von ihrem zweiten Landungsabschnitt am Utah Beach im Südosten der Halbinsel Cotentin auf Barneville vor, um die deutschen Truppen um Cherbourg zu isolieren – diesen Überseehafen wollten die Alliierten für ihren Nachschub nutzen. Der Vorstoß durch die Heckenlandschaft des Cotentin gestaltete sich

GESCHICHTE

zwar äußerst schwierig, doch konnte **Cherbourg** Ende Juni erobert werden.

Die nächste alliierte Operation galt den weiter südlich aufgebauten deutschen Verteidigungslinien. **Caen** und **St.-Lô** wurden erobert und der Vorstoß in Richtung auf die Linie Granville-Avranches eingeleitet.

Die Deutschen sahen dem Geschehen nicht tatenlos zu. Sie versuchten, mit einem Gegenangriff bei Mortain General *Pattons* Panzertruppen zu isolieren. Doch die Alliierten führten eine große **Zangenbewegung** gegen die deutschen Verbände durch: Engländer, Kanadier und Polen rückten von Norden, Amerikaner und Franzosen (unter dem französischen General *Leclerc*) aus dem Süden von Alençon aus vor und nahmen bei Falaise-Chambois einen Teil der deutschen Armeen gefangen. Dieser alliierte Vorstoß ging als

Amerikanischer Soldatenfriedhof am Omaha Beach

DIE NORMANDIE HEUTE

„Korridor des Todes" in die Militärgeschichte des Zweiten Weltkrieges ein.

Die Schlacht um die Normandie hatten die Deutschen am 21. August 1944 verloren. Drei Tage später rückten die Alliierten in Paris ein.

Neuorientierung

Dem Ende des Zweiten Weltkrieges folgte die Zeit des Kalten Krieges, aus der in Westeuropa die Einsicht resultierte, nur im Miteinander noch in der Welt bestehen zu können. So gründeten sechs europäische Staaten unter der politischen Führung Frankreichs die Europäische Wirtschaftsgemeinschaft. Mittlerweile hat die **Europäische Union** sechzehn Mitgliedsländer und eine Reihe europäischer Staaten verfolgt konkrete Beitrittsabsichten. So sieht sich Frankreich zu Beginn des dritten Jahrtausends als eines der Kernländer des europäischen Zusammenschlusses, dem schon in naher Zukunft 22 Länder angehören werden.

Die Normandie hat an der wirtschaftlichen und gesellschaftlichen **Neuorientierung Europas** aktiv mitgewirkt. Hilfreich war dabei ihr günstiger Standort mit der Nähe zu Paris und mit den Hafenanlagen als Tor zur Welt.

Vordringlich galt es jedoch, zunächst einmal die **Kriegsschäden** zu **beseitigen**. Denn als Aufmarschgebiet der alliierten Landung hatte die Normandie weit größere Zerstörungen zu erleiden als andere Landesteile Frankreichs. Vor allem die großen Städte und Hafenstädte waren arg in Mitleidenschaft gezogen worden. Rouen, Caen, Le Havre, Cherbourg und Lisieux mussten vor allem die Innenstädte und – soweit vorhanden – ihre Hafenanlagen weitgehend erneuern. Der Eilbedürftigkeit der Erneuerung ist es zuzuschreiben, dass dies nicht in jedem Fall gerade glücklich gelungen ist. Doch hat man andererseits versucht, historisch und kulturell wertvolle Bausubstanz zu erhalten oder wieder herzustellen.

Der nachkriegsbedingte Erneuerungsprozess war in den 60er-Jahren des 20. Jahrhunderts weitgehend abgeschlossen. Als Teil des europäischen Wirtschaftsgefüges musste sich die Normandie dann den Herausforderungen des modernen **wirtschaftlichen Umstrukturierungsprozesses** stellen – und dieser Prozess ist noch nicht vollständig abgeschlossen.

Die Normandie heute

Die Normandie profitiert heute vor allem von der **Nähe zur Hauptstadt**. Ihre Wirtschafts- und Sozialstrukturen sind weitgehend ausgeglichen, die Modernisierung der Industrie weit vorangeschritten. Nicht nur hinsichtlich der allgemeinen Wirtschaftsförderung, sondern insbesondere auch im Hinblick auf die Förderung der Tourismusbranche kann sich die Normandie auch zukünftig der Unterstützung der Pariser Zentralregierung sicher sein – wollen doch die Pariser Beamten jedes Jahr erneut einen gepflegten Urlaub an ihrer normannischen Ferienküste verbringen!

Infrastrukturell ist die Normandie mit einem Netz von Autobahnen und Schnellstraßen an das übrige Frankreich – und damit an Europa – angeschlossen. Drei imposante Hängebrücken überqueren den Unterlauf der Seine, so dass der Flusslauf kein Hindernis mehr für den Verkehr darstellt.

Moderne **Industrien** entstanden an den Hafenstandorten, entlang der Seine wie auch im Umkreis der Städte und Orte der Region. Drei große Atomanlagen, die Atomkraftwerke bei Veulettes-sur-Mer und bei Flamanville sowie die Wiederaufbereitungsanlage La Hague, sind nicht nur von Bedeutung für die französische Stromwirtschaft, sondern vor allem auch bedeutend für die Beschäftigungssituation in der Normandie. Probleme bereitet noch die Abkehr von „alten", nicht mehr rentablen Industriezweigen wie etwa der Schwerindustrie.

In vielen Bereichen bietet auch die **Landwirtschaft** den nachwachsenden Generationen nicht mehr ausreichende Zukunftsperspektiven. Wie überall ist aber Platz für die Innovativen und Erfindungsreichen: Wenn man sieht, welchen Umfang der Ab-Hof-Verkauf von Landwirtschaftsprodukten in der Normandie angenommen hat, stellt sich auch die Landwirtschaft wieder positiv dar.

Besonders aussichtsreich sind die verschiedenen Zweige des **Dienstleistungssektors.** Hier bietet die Normandie mit ihrer Küste und ihren vielen kulturhistorisch wertvollen Sehenswürdigkeiten ideale Voraussetzungen für eine expandierende **Tourismusindustrie.** Die facettenreiche Gastronomie, das Hotelwesen und alle Wirtschaftsbereiche, die vom Fremdenverkehr profitieren, können getrost in die Zukunft blicken!

Das politische Gefüge der Normandie ist ebenfalls relativ ausgeglichen. Bei den letzten **Regionalwahlen** konnten die Kandidaten der Sozialistischen Partei in den städtischen Wahlkreisen knappe Mehrheiten erzielen, im ländlichen Raum wurde überwiegend konservativ gewählt.

Trotz ihrer großen Vergangenheit und geschichtlichen Bedeutung für Frankreich stellt sich die Normandie heute als eine Region dar, die gänzlich in das **zentralistische Regierungs- und Verwaltungssystem** des Landes integriert ist. Hier herrscht politischer Alltag, hier wird nicht auf größere Eigenständigkeit gegenüber dem zentralen Paris gepocht. Dazu fehlt auch die Eigenständigkeit einer regionalen Sprache oder eines regionalen Dialektes, der wie das Keltische in der Bretagne, das Alemannische im Elsass oder das Provençalische in der Provence als kulturelle Klammer den Ausgangspunkt solcher Bestrebungen bilden könnte. Im mittelalterlichen Herzogtum der Normandie bildeten die von den Wikingern abstammenden Normannen zwar die herrschende Schicht, aber zahlenmäßig waren sie so unterlegen, dass es nicht zu einer kulturellen Durchdringung der Region kommen konnte. Mit der Egliede-

DIE NORMANDIE HEUTE

rung in das französische Königreich wurde die Normandie dann so französisch wie kaum eine andere Region.

Bei aller Normalität der eher als unpolitisch zu bezeichnender Normandie ist die Region von den brennenden Themen der Gegenwart nicht verschont geblieben. Nachgiebige **Umweltpolitik** wird gerade hier immer stärker hinterfragt. Dies betrifft zum Beispiel strengere Regeln für die Nationalparks auf normannischem Gebiet oder auch den Umgang mit den drei großen atomaren Anlagen an der Alabasterküste und der Cotentin-Küste. So wird von Umweltschützern der Transport zu den Anlagen kritisiert, auf die Gefahren von Verunreinigungen hingewiesen und die Entsorgung atomaren Mülls als ungelöstes Zukunftsproblem angeprangert.

Auch bleibt eine so stark von der Viehwirtschaft geprägte Landwirtschaft wie die der Normandie nicht von der Umweltkritik verschont. So wird auch hier die Landwirtschaft nicht umhin können, Methoden der „gläsernen Produktion" mit Kontrollen der Fütterung, Tierhaltung, -schlachtung und -verarbeitung anzuwenden, um das Vertrauen der Verbraucher in ihre Produkte zu erhalten.

Alte Mühle bei St.-Hymer im Pays d'Auge

BEVÖLKERUNG UND WIRTSCHAFT

Trotz aller Probleme wird die Normandie aber ihren Weg nachhaltig weiterverfolgen. Die **Weltoffenheit** ihrer Bevölkerung wie auch die **Standortnähe** zu den großen Weltmärkten sind wichtige Voraussetzungen, um angesichts der Globalisierung Schritt zu halten.

Gleichermaßen als „Kapital" hoch einzuschätzen ist die **landschaftliche Vorzüglichkeit** der Normandie mit ihren Küsten und Stränden, mit ihren grünen Hügellandschaften und bewaldeten Bergzügen – dies ist die Kulisse der großen kulturellen Leistungen in Architektur, Literatur und Malerei, die die Menschen immer wieder anziehen wird!

Und die **Geschichte** rückt die Normandie immer wieder in das Interesse der Weltöffentlichkeit. In der Normandie hat sich nun einmal mit der Landung der Alliierten am 6. Juni 1944 und dem damit vollzogenen Aufbau der zweiten Front gegen das Naziregime das Ende des Zweiten Weltkriegs angebahnt. „Über die Zukunft Frankreichs, Europas und der Freien Welt ist hier entschieden worden", sagte Frankreichs Staatspräsident *Chirac* anlässlich des Besuches von US-Präsident *Bush* in der Normandie am 27. Mai 2002. Dieser wies nochmals auf die lange Verbundenheit zwischen Frankreich und Amerika hin, die einerseits auf der Erhebung der Amerikaner gegen die Engländer und der Schaffung eines demokratischen Staates und andererseits auf der Französischen Revolution – beides im 18. Jahrhundert – basiert.

Bevölkerung und Wirtschaft

Verwaltung

Die Normandie umfasst 5,5% der **Fläche** Frankreichs und hat 3,2 Millionen **Einwohner,** was ebenfalls einem Anteil von 5,5% an der Bevölkerung entspricht. Die Bevölkerungsdichte beträgt damit 104 Einwohner pro Quadratkilometer.

Es gibt zwei **Verwaltungsregionen:** die Haute Normandie mit den beiden Départements Seine-Maritime und Eure sowie die Basse-Normandie mit den drei Départements Calvados, Manche und Orne.

Die **Regionen** und ihre **Départements** stellen sich wie in nebenstehender Tabelle dar.

Landwirtschaft

In der Basse-Normandie sind etwas mehr als 100.000 Menschen in der Landwirtschaft beschäftigt, in der Haute-Normandie nur knapp 50.000. Insgesamt gibt es 54.000 landwirtschaftliche **Betriebe,** nur etwa die Hälfte davon wird im Vollerwerb bewirtschaftet. 44% der Hofbesitzer sind älter als 55 Jahre. Die Durchschnittsgröße der Betriebe beträgt 38 Hektar; das ist etwas weniger als im französischen Landesdurchschnitt.

Der **Hauptwirtschaftszweig** ist die landwirtschaftliche Veredelungsproduktion: Milch und Fleisch. Darüber

BEVÖLKERUNG UND WIRTSCHAFT

Regionen/ Départements	Fläche in km²	Bevölkerung 1999	Präfektur	Unter-Präfektur
Eure	6 037	541 054	Évreux	Les Andelys Bernay
Seine-Maritime	6 341	1 239 138	Rouen	Le Havre Dieppe
Haute-Normandie	**12 378**	**1 780 192**	**Rouen**	
Calvados	5 693	663 408	Caen	Lisieux Bayeux Vire
Manche	6 412	498 997	St.Lô	Cherbourg Avranches Coutances
Orne	6 144	302 537	Alençon	Mortagne-au-Perche Argentan
Basse-Normandie	**18 249**	**1 391 961**	**Caen**	
Normandie	**30 627**	**3 245 134**		

hinaus spielt der Getreide- und Ölsaaten- sowie der Flachsanbau eine große Rolle. Im Bereich der Sonderkulturen dominiert der Obstanbau mit Schwerpunkt bei Äpfeln. Daraus ergibt sich, dass annähernd die Hälfte der landwirtschaftlichen Nutzfläche der Normandie als Weiden genutzt wird. Wald spielt flächenmäßig gesehen keine große Rolle.

Das **Département Manche** nimmt in doppelter Weise eine Sonderstellung ein: Es steht sowohl in der Tierzucht, bei Rindern und Pferden, an der Spitze als auch bei der Gemüseproduktion, da durch den klimatischen Einfluss des Golfstroms hier besonders günstige Anbauvoraussetzungen herrschen. Spezialitäten aus Manche sind Frühgemüse und vor allem Karotten.

In **Calvados** und in **Orne** sind die Produktionsstrukturen ausgeglichener. Hier gibt es sowohl Ackerbau und Sonderkulturen als auch Viehzucht.

Der größte Teil der landwirtschaftlichen Flächen ist in der Normandie inzwischen **flurbereinigt.** Dem Besucher fällt dies aber nicht auf, da die historisch entstandenen und für die Normandie so typischen Heckenlandschaften davon kaum tangiert worden sind. In den Getreideanbaugebieten

BEVÖLKERUNG UND WIRTSCHAFT

Normannische Käsesorten

- **Camembert:** Berühmtester Vertreter der Weißschimmelkäse, *der fromage a croûte fleurie*. Vor etwas über 200 Jahren in der Normandie „erfunden" (siehe Exkurs). Die echten Kenner essen ihn übrigens noch gerne mit einem weißen Kern. Vorzugsweise aus *lait crû* („Rohmilch") hergestellt, reift er mindestens 21 Tage. Der Teig sollte auf schwachen Fingerdruck leicht nachgeben.
- **Neufchâtel:** Wie der Camembert ein Weißschimmelkäse aus dem Pays de Bray mit weißem Flaum und hellerem Teig. Der Geschmack ist milder. Er wird als *carré* („Quadrat"), als *bonde* („Zylinder"), als *briquette* („Quader") oder in der Herzform produziert. Der Sage nach haben die jungen Mädchen aus der Region während des Hundertjährigen Krieges den englischen Soldaten diesen Käse in der Herzform als Zeichen ihrer Zuneigung zukommen lassen. Besonders würzig ist er als *fermier*, wenn er in handwerklicher Qualität direkt vom Erzeuger von August bis November erworben wird.
- **Gournay:** Wie der Neufchâtel wird der Gournay im feuchten Pays de Bray hergestellt. Er hat mindestens 40% Fett in der Trockenmasse. Die Packungsgrößen liegen zwischen 350 und 500 Gramm. Er reift einen Monat in einem feuchten Keller und wird in dieser Zeit gewendet und gewaschen. So entwickelt sich unter der Rinde ein gelber, elastischer Teig, der kräftig würzig schmeckt.
- **Pont L'Évêque:** Ein Käse, der seit dem Mittelalter hergestellt und heute „nur" mit dem Ort Pont L'Évêque in Verbindung gebracht, aber in der ganzen Normandie hergestellt wird. Mild gereift nach zwei Wochen, bildet er eine Rotflora aus, hat einen hellen und cremigen Teig und ist recht mild im Geschmack.

---

ist durch Bereinigung und Zusammenlegung der Eindruck der Großflächigkeit noch weiter verstärkt worden.

Die Milchwirtschaft

Die Milchwirtschaft stellt in der Landwirtschaft der Normandie den wichtigsten Betriebszweig dar. Die wichtigste **Milchrinderrasse** ist das Normannische Rind, ein wuchtiges Tier mit einer auffälligen braun gefleckten Färbung. Darüber hinaus fallen neben anderen Rinderrassen die Holstein-Kühe mit ihrer schwarz-weißen Fleckung auf, ebenso wie die großen und bulligen, fast weißen Charolais-Rinder, die allerdings noch stärker der Fleischproduktion dienen.

In Lebensmittel-Tests hat man herausgefunden, dass die **Käse,** die aus der Milch normannischer Rinder hergestellt wurden, sich eher durch ihren Duft als durch Ihren Geschmack auszeichnen, wie es bei den Käsen, die aus der Milch von Holstein-Rindern hergestellt wurden, der Fall ist. Auch haben sie einen eher rauchigen und aromatischen Charakter, wie Fachleute es beschreiben.

Die genannten Rinder bilden die Grundlage der berühmten normannischen **Molkereiwirtschaft,** die neben der Milch-, Butter- und Sahneproduktion vor allem auf Käse spezialisiert ist. Wer kennt nicht die berühmten normannischen Käsesorten wie den Camembert, den Livarot, den Pont l'Évêque oder den Neufchâtel. Daneben werden hier aber auch viele Schafs- und Ziegenkäsesorten hergestellt.

BEVÖLKERUNG UND WIRTSCHAFT

Fleischwirtschaft

Milch- und Fleischwirtschaft bestreiten insgesamt 60% der landwirtschaftlichen **Einkommen** in der Normandie, 22% alleine der Fleischsektor.

Die **Rinderhaltung** ist, außer in den Schwerpunkt-Ackerregionen, in der ganzen Normandie verbreitet. Ein großer Teil des hier produzierten Rindfleisches geht in den Export.

Große Rinderschlachthöfe gibt es auf der Halbinsel Cotentin in Coutances, im Département Calvados in Villers-Bocage und in St.-Pierre-sur-Dives, im Département Orne in Gacé und in Alerçon sowie im Département Eure in Neubourg.

Eine große Rolle spielt auch die **Schweinehaltung,** obwohl dieser Wirtschaftszweig in der benachbarten Bretagne noch viel intensiver betrieben wird. Innerhalb der Normandie ist das Département Manche führend.

Vor allem in der Basse-Normandie ist auch die **Geflügelzucht** weit verbreitet. Es ist davon auszugehen, dass im allgemeinen Trend der Verbrauchssteigerung von Geflügelfleisch die

Normanner Rinder vor einem typischen Gehöft des Pays d'Auge mit dem hier früher herrschaftlichen Taubenturm

Das Normanner Rind

Alle europäischen Hausrinderrassen stammen ursprünglich vom **Auerochsen** (auch „Ur" genannt) ab. Das Verbreitungsgebiet dieses Urahnen reichte bis nach China, er lebte in parkartigen Landschaften und Wäldern und konnte in Europa eine Höhe von bis zu zwei Metern erreichen. Nachweislich starb im Jahr 1627 das letzte bekannte Exemplar aus. Was man heute in Tierparks oder Zoos zu sehen bekommt, sind Rückzüchtungen, die aber recht eindeutig das Erscheinungsbild des Auerochsen wiedergeben.

Die Ansprüche der Menschen an ihre Hausrinder haben sich im Laufe der Zeit immer wieder gewandelt. Mit der zunehmenden Verbreitung maschinengetriebener Transportmittel und Zugmaschinen hat die **Rinderzucht** eine einschneidende Veränderung erfahren. Die Arbeitsleistung der Rinder war von nun an immer weniger gefragt. Während Ochsen und Kühe früher vor den Pflug gespannt wurden, konnte man sich nun zunehmend auf ihre Milch- und Fleischleistung konzentrieren.

Damit war die Grundlage zur Entwicklung des so genannten Zweinutzungsrindes gelegt, das teilweise bis heute noch vorherrschendes Zuchtziel ist. Aus den reinen Arbeitstieren, die zwangsläufig stärker bemuskelt waren, hat man die reinen **Fleischrinderrassen** gezüchtet bzw. diese Entwicklungslinien benutzt, um **Milchrinder** in ihrer Fleischqualität zu verbessern.

Doch die weitergehende Spezialisierung in der Landwirtschaft hat auch vor den Rindern nicht halt gemacht. Längst gibt es Entwicklungslinien, bei denen einer der beiden heute vorherrschenden Nutzungszwecke im Vordergrund steht. In diesem Fall spricht man vom milch- bzw. fleischbetonten Zweinutzungsrind. Auch das Normanner Rind zählt als **milchbetontes Zweinutzungsrind** zu dieser Kategorie.

Alle „modernen" Rinderrassen können auf eine solch lange **Züchtungsgeschichte** zurückblicken und spiegeln damit bis heute die wirtschaftlichen und sozialen Rahmenbedingungen ihrer Ursprungsgebiete wieder. Das Normanner Rind geht vermutlich in seinen Ursprüngen auch auf Tiere zurück, die bereits von den Wikingern im 9. und 10. Jahrhundert an die Kanalküste gebracht worden sind. Die günstigen klimatischen Bedingungen in der Normandie haben zweifelsohne die Rinderhaltung in dieser Region begünstigt. Ausrei-

BEVÖLKERUNG UND WIRTSCHAFT

chenden Graswuchs als Futtergrundlage garantieren die über das ganze Jahr verteilten Niederschläge. Mit der Intensivierung der Landwirtschaft und damit auch der Rinderhaltung war zur Leistungssteigerung aber auch die Zufuhr von Kraftfutter erforderlich. Dies kann in der Normandie auf Grund der Küstenlage preisgünstig über die Häfen am Weltmarkt eingekauft werden. Unter solch günstigen Voraussetzungen konnte sich das Normanner Rind bis in die Bretagne und südlich bis zur Loire verbreiten; es stellt heute in etwa ein Viertel des gesamten französischen Rinderbestandes dar.

Die Normanner sind **große, gut bemuskelte Rinder.** Die Stiere werden ca. 1,60 Meter hoch und erreichen ein Gewicht von bis zu 1300 Kilogramm. Weibliche Tiere werden bei einem Gewicht von 600-800 Kilogramm bis zu 1,45 Meter groß. Kennzeichnend ist eine lebhafte **dreifarbige Scheckung.** Grundton ist ein mittleres Braun, das oft dunkelbraun bis nahezu schwarz gestromt oder gefleckt ist. Der relativ kurze und behornte Kopf ist meist weiß und hat eine rassetypische Eindellung zwischen Stirn- und Nasenteil.

Die **Jahresmilchmenge** beträgt im Durchschnitt 4100 Kilogramm bei einem Fettgehalt von 4,2% und einem Eiweißgehalt von 3,6% Die **Mastbullen** nehmen im Mittel 1300 Gramm pro Tag zu. Die weiblichen Normanner eignen sich auch zur Ammenkuhhaltung, wobei die Milchmenge einer Kuh ausreicht, um drei Kälber aufzuziehen.

Zur **Qualitätssicherung** des hohen Leistungsniveaus der Normanner Rinder wurde bereits im Jahre 1883 ein Herdbuch eröffnet, mit dem die Normanner Züchtervereinigung ein Register schuf, das Angaben zur Identifizierung der Normanner Zuchttiere, zu ihren Nachkommen und ihren Leistungsdaten enthält.

Produktion auf diesem Sektor weiter steigen wird.

Des Weiteren spielt noch die **Schaf- und Ziegenhaltung** eine gewisse Rolle – die Normandie ist für exzellente Schafs- und Ziegenkäse berühmt.

Vielfältig ist die **Fleischverarbeitung.** Es ist ein Augenschmaus, sich die Auslagen der Metzgereien anzusehen. Wurstwaren, Terrinen und Pasteten werden in großer Zahl und in vielen Varianten angeboten.

Eine ganz besondere Spezialität ist die **Andouille de Vire,** eine Kuttel- oder Gekrösewurst, die vor allem im südlichen Calvados hergestellt wird. Für die echte Andouille de Vire wird ausschließlich Schweinedarm verwendet, und zwar sowohl Dünn- und Dickdarm wie auch der Magen. Am besten eignen sich die Innereien von Zuchtsauen, die – im Gegensatz zu den kurzlebigen Schlachtschweinen – ein faltigeres Erscheinungsbild haben und intensiver schmecken. Nach der gründlichen Reinigung werden die Fleischstücke in Streifen geschnitten, mithilfe von Fäden aufgerollt und eine Woche in Salz und Pfeffer eingelegt. Danach erfolgt eine dreiwöchige Räucherung, die entscheidend für Geschmack, Farbe und Konsistenz des Endproduktes ist. Die echte, von Hand hergestellte Andouille de Vire erkennt man insbesondere an ihrer ungleichmäßigen Form und Farbe. Sie wird entweder in dünnen Scheiben kalt genossen oder warm beispielsweise zu Kartoffelmus oder zu gebratenen Apfelscheiben gereicht.

Land und Leute

Pferdezucht

Die Normandie ist das bedeutendste Pferdezuchtgebiet Frankreichs. Hier wird über ein Viertel des Pferdebestandes gehalten. Den Schwerpunkt bildet die Vollblutzucht. Arbeitspferde kommen in erster Linie aus dem Département Orne, wo das Percheron als bekannteste Pferderasse der Normandie im Gebiet von Perche beheimatet ist (siehe auch Exkurs: „Le Percheron – das Arbeitspferd aus der Normandie"). Darüber hinaus ist aber auch die Ponyzucht von Bedeutung.

Pferde aus der Normandie werden in die ganze Welt **exportiert.** Dies gilt für Sport- und Turnierpferde ebenso wie für Arbeitspferde. Die Franzosen sind aber auch Liebhaber von Pferdefleisch. Ein Großteil der Pferdebestände dient letztendlich diesem Zweck, wobei große Partien normannischen Pferdefleisches ebenfalls in den Export gehen.

Öko-Landwirtschaft

Wie überall in Europa nehmen der biologische Anbau von Feldfrüchten und die biologische Tierhaltung auch in Frankreich zu. Ein zwar noch kleiner, aber **wachsender Anteil** der Landwirtschaftsfläche wird auch in der Normandie bereits unter ökologischen Gesichtspunkten bewirtschaftet. Die wichtigsten Produktbereiche sind neben Milch und Fleisch vor allem Eier, Obst und andere Sonderkulturen.

Besonders verbreitet sind **Bioprodukte in der Selbstvermarktung.** Inzwischen findet man eigentlich in allen Landesteilen der Normandie Betriebe, die entsprechende Erzeugnisse anbieten. Die selbstvermarktenden Bauernhöfe weisen in der Regel mit Hinweisschildern auf ihre Angebote hin. Die örtlichen Fremdenverkehrsämter geben auch Auskünfte über ökologisch wirtschaftende Betriebe in ihrem Zuständigkeitsbereich.

Fischerei

An der ganzen Küste der Normandie entstanden aus den alten Fischereihäfen seit dem 19. Jahrhundert Badeorte, die heute in wesentlich stärkerem Maße zur Wirtschaftskraft und zur Beschäftigung beitragen, als der Fischfang dies noch leisten kann. Aber trotz aller internationaler Konkurrenz ist das Fischereiwesen weiterhin **von großer Bedeutung** für die Region. Schließlich spielen Fische, Krusten- und Schalentiere sowohl in der Ernährung der Bevölkerung als auch für die Gastronomie an der Küste eine große Rolle.

Längst wird der traditionelle Hochseefischfang durch **Fisch- und Muschelfarmen** ergänzt. Der Urlauber profitiert davon, indem er beispielsweise frische Austern direkt vom Erzeuger erwerben kann. Es gibt inzwischen eine Vielzahl von Austernfarmen zwischen Le Tréport und dem Mont St.-Michel.

Hering und Kabeljau haben einst nach dem Hundertjährigen Krieg die Küstenstädte der Normandie reich gemacht. Der **Hochseefischfang** dehnte sich am Ende des Mittelalters bis zur Neufundlandbank aus und man kann heute mit einiger Sicherheit davon

BEVÖLKERUNG UND WIRTSCHAFT

ausgehen, dass bretonische wie auch normannische Fischer noch vor *Kolumbus* amerikanischen Boden betreten haben – und sei es nur, um Frischwasser für die Besatzung zu holen.

Der Kabeljau selbst ist durch Überfischung längst knapp geworden und unterliegt strengen internationalen Fangbeschränkungen. Doch andere Fischsorten bereichern das Angebot und ermöglichen eine vielfältige Fischküche, die Einheimischen wie Besuchern der Normandie höchsten Genuss bereitet. Aus dem reichhaltigen Angebot seien im Folgenden nur die für die Fischerei der Normandie **wichtigsten Fische, Krusten- und Schalentiere** beschrieben:

- Die **Makrele** (*maquereau*) ist mit ihrem grünblau schimmernden Rücken ein wunderschöner Fisch, der sich auf vielfältige Weise zubereiten lässt. Auf Grund ihres für Fische relativ hohen Fettgehaltes ist sie sehr schmackhaft und lässt sich daher gut grillen. Ansonsten gart man sie mit Zitronensaft, Essig oder Weißwein.
- Das Angebot an Plattfischen ist groß. Zu den feinsten Fischen der Gattung zählt die **Seezunge** (*sole*), für die es vielfältige gastronomische Zubereitungsarten gibt. Ihr Fleisch ist fest und mit entsprechenden Soßen ist dieser Fisch eine wahre Delikatesse – am schmackhaftesten zu Anfang des Jahres. Zu den Plattfischen zählen außerdem der aromatische **Steinbutt** (*turbot*), der **Glattbutt** (*barbue*) und die **Scholle** (*carrelet*).
- Sehr beliebt ist der **Seeteufel** (*lotte*), der seinen Namen wegen des hässlichen Kopfes erhielt. Sein Fleisch ist weiß, grätenlos und fest.
- Der **Rochen** (*raie*) kommt im Ärmelkanal in vielen Sorten vor, verzehrt werden die Flügel.
- Der **Schwarze Meeraal** (*congre*) wird bis zu drei Meter lang. Für die Küche werden hauptsächlich die oberen Stücke verwendet.
- Der **Wittling** (*meran*) ist als Fisch mit zartem, weißem und delikatem Fleisch in Frankreich sehr beliebt und wird hauptsächlich in den Wintermonaten angeboten.
- Der **Tunfisch** (*thon*) hat festes, weißes Fleisch, das relativ fettarm ist. Er wird in Scheiben gebraten.
- Traditionell wird der **Kabeljau** (*cabillaud*) in der Normandie angeboten, auch wenn er inzwischen selten geworden ist. Er hat festes, blättriges Fleisch, das sich gut zubereiten lässt.
- Nicht zuletzt spielt der **Hering** (*hareng*) in der normannischen Küche immer noch eine große Rolle. Er wird weniger frisch gebraten angeboten als eingelegt, geräuchert oder gesalzen.
- Unter den Meeresfrüchten spielt die **Auster** (*huître*) in der Normandie eine immer größere Rolle. Vor allem die flachen Belon-Austern sind – frisch verzehrt – mit Zitrone, Wein oder Champagner eine Delikatesse.
- Die **Jakobsmuschel** (*coquille St.-Jaques*) wird bis zu 15 Zentimeter groß. Ihr Muskelfleisch ist weiß, fest und mild. Der dekorative orangefarbene Rogensack kann mitgegessen werden.
- Etwas kleiner ist die **Venusmuschel** (*prairie*). Sie wird roh oder gedünstet gegessen.
- **Miesmuscheln** (*moules*) werden meist als *moules frites* überbacken angeboten. Auch in einer Weinsoße gedünstet sind sie sehr schmackhaft.
- Die große Delikatesse ist der **Hummer** (*homard*). An der Küste ist er frei lebend fast ausgestorben, doch findige Züchter halten ihn längst in Meeresbecken. Die Tiere werden beim Garen rot. Ihr Fleisch ist fest, das beste Stück kommt aus den Scheren.
- Die **Langusten** (*langouste*) müssen beim Kauf noch leben und beim Anheben den Schwanz bewegen.
- Unter den Krabben ist die auch an der normannischen Küste vorkommende **Nordseegarnele** (*crevette grise*) von der **Garnele** (*crevette rose*) zu unterscheiden. Beide Arten finden als Vorspeisen gerne Verwendung.

Bevölkerung und Wirtschaft

Gewerbliche Wirtschaft

Nahezu 400.000 Menschen arbeiten in der Industrie und im Bauhandwerk der fünf Départements der Normandie. In der Basse-Normandie entspricht der Beitrag der gewerblichen Wirtschaft mit 24% am Gesamteinkommen dem nationalen Durchschnitt. In der industriell starken Region Haute-Normandie beträgt ihr Anteil sogar 30%.

Insgesamt gibt es in der Normandie 55 **Unternehmen** mit mehr als 500 Angestellten und etwa 30 weitere Unternehmen, die mehr als 1000 Mitarbeiter beschäftigen.

Der industriell bedeutendste **Wirtschaftsraum** erstreckt sich vor allem entlang der Verkehrsachse und der Hauptbahnstrecke von Paris und durch das ganze Seine-Tal.

Drei Wirtschaftssektoren dominieren die Industrie der Normandie. Die **Automobilbranche** ist mit 40.000 Beschäftigten der wichtigste Wirtschaftszweig der Region.

Die **Chemie** und die **Erdölverarbeitung** beschäftigen jeweils 26.000 Angestellte. Davon sind alleine 500 Betriebe der pharmazeutischen Industrie zu registrieren. Die Normandie repräsentiert 37% der Ertragskraft der französischen Raffinerien. Mit 4000 Beschäftigten ist die Erdöl-Industrie ausschließlich im Département Seine-Maritime angesiedelt.

Weiterhin bedeutend ist die **Ernährungsindustrie,** die über eine ausgezeichnete Rohstoffbasis in der ertragsstarken und modernen Landwirtschaft der Normandie verfügt. Schwerpunkte bilden die Milch-, Fleisch- sowie die Obst- und Gemüseverarbeitung. Insbesondere die Herstellung von Tiefkühlkost hat sich ständig weiterentwickelt.

Zahlreiche **andere gewerbliche Bereiche** tragen noch zur Wirtschaftskraft der Normandie bei: vor allem die Elektro- und Elektronikbranche, die Luft- und Schifffahrttechnik, die Metallindustrie, die Textilindustrie sowie nicht zuletzt die Holz- und Papierindustrie.

Außerdem gibt es an der normannischen Küste mehr als dreißig **Häfen.** Le Havre ist der erste Außenhandelshafen der Normandie. Rouen ist Europas bedeutendster Getreideexport-Hafen. Port-en-Bessin der wichtigste nationale Hafen für Jakobsmuscheln.

Tourismus

Die Voraussetzungen für eine wachsende Fremdenverkehrswirtschaft liegen auf der Hand – die Normandie verfügt beispielsweise über:

- 600 Kilometer Küste
- 7500 Kilometer Wanderwege
- 80 Parks und Gärten
- 362.000 Hektar Wald
- 14.000 Kilometer Flüsse
- 50 Abteien und Klöster
- 20 Museen
- 39 Golfplätze
- 37 Jachthäfen

Um die Besucher aufnehmen zu können, stehen 980 Hotels, 390 Camping-

ARCHITEKTUR

plätze, 4500 Unterkünfte auf dem Land sowie 157.000 private Ferienwohnungen bereit.

Insgesamt besuchen jährlich über 5 Millionen Gäste die Normandie. 7,5 Millionen zahlende Besucher wurden in den Museen registriert, 370.000 Fluggäste abgefertigt. Insgesamt erfolgten mehr als 12 Millionen Übernachtungen in den Unterkünften der Region.

Architektur

Antike

Als die Römer den Landstrich besiedelten, der heute von der Normandie eingenommen wird, setzte eine rege Bautätigkeit ein, von der aber nur wenige Reste erhalten geblieben sind. Das bedeutendste architektonische römische Relikt stellen die Ruinen des **Theaters von Lillebonne** dar. Erhaltene kunsthandwerkliche Gegenstände oder auch die Mosaiken, die man im Museum von Rouen bewundern kann, sind ebenfalls Beispiele dieser „importierten" Architektur und Kunst.

Mit der Christianisierung unter römischer Herrschaft und der Übernahme des Christentums durch die nachfolgenden Franken wurden dann die ersten frühchristlichen Kirchen erbaut. Doch fast alles, was dieser Epoche entstammt, fiel den **Wikingereinfällen** des 9. Jahrhunderts zum Opfer. Auch der erste eigenständige, frühmittelalterliche Baustil, der von der karolingischen Kunst geprägt wurde, konnte sich in der Normandie nicht durchsetzen.

Normannische Romanik

Erst als die Wikinger die normannische Herzogswürde erlangt und sich zum Christentum bekannt hatten, setzte eine Bautätigkeit ein, deren künstlerische Tragweite überregionalen Einfluss gewinnen sollte:

Die romanische Kunst bediente sich der **römischen Formenelemente** wie Rundbögen, Pfeiler, Säulen und Gewölbe. Die Architektur ist durch eine einheitliche Durchgestaltung ihrer Baukörper geprägt, die sich aus der Gruppierung rechteckiger und runder, längs- und quergerichteter, lagernder und aufstrebender Elemente zu einem **vielgliedrigen Ganzen** fügt. Dabei wurden oberirdische Baukörper mit tiefer gelegten Baukörpern, den teilweise zu wirklichen Räumen ausgestalteten **Krypten**, verbunden. Ab dem 11. Jahrhundert begann sich auch in der Normandie die **Einwölbung** durchzusetzen. Die dazu konstruierten Kreuzgratgewölbe wurden zu Kreuzrippengewölben weiterentwickelt – eine der Voraussetzungen für die spätere Bautechnik der Gotik.

In der **Hochromanik** realisierte sich der gewachsene plastische Wille auch in der Architektur in der stärkeren Stufung und Gliederung der Wände durch Sockel und Vorlagen wie Lisenen und Halbsäulen. Weitere Elemente sind die Fortbildung des Stützenwechsels der Arkaden und Emporen

ARCHITEKTUR

und der Einbau von Triforien und Zwerggalerien sowie die Abstufungen des Portals und der Fensterlaibungen. Die Ausschmückungen durch Ornamentfriese an Wänden, Portalen, Fenstern und Kapitellen sind in dieser Epoche von höchstem künstlerischen Rang.

Lucien Musset nennt in seinem zweiteiligen Werk über die **normannische Romanik** (siehe Literaturverzeichnis im Anhang) das politische und militärische Geschick *Wilhelm des Eroberers,* die Umgestaltung der Verwaltung durch den ersten Abt von Caen und den gestiegenen Reichtum durch normannische Eroberungen als begünstigende Faktoren für das Entstehen der großartigen normannischen Baudenkmäler. Er sieht den schnellen politischen Aufstieg auch als Ursache dafür, dass die Normandie in der Architektur zu Beginn des 11. Jahrhunderts den anderen Regionen Frankreichs einen Schritt voraus war.

In dieser Zeit war sie eines der Zentren der großen steinernen **Wehrtürme** *(donjons).* Herausragende Exemplare sind La Vielle Tour (der alte Turm des Palastes von Rouen) sowie die *donjons* von Ivry und Évreux.

Beispiele der frühen romanischen Baukunst in der Normandie stellen die **Kirchen vom Mont St.-Michel** sowie von **Fécamp** dar. Sie übten, genauso wie die ersten Kirchen von Saint-Wandrille und Le Tréport oder die Zwillingskirchen Saint-Pierre und Saint-Léger in Préaux, großen Einfluss auf die späteren Bauten in der Normandie aus. Durch den zunehmenden Reichtum der Region wurden diese frühen Kirchen später grundlegend umgebaut, sogar bis zur gänzlichen Vernichtung der frühromanischen Bausubstanz.

Mit der zweiten Hälfte des 11. Jahrhunderts setzte sich die **einschiffige Bauweise** durch, wobei der Chor mit einfacher Apsis abschloss. Mit Ausnahme der ganz großen Kirchen gab es für den **Turm** drei Standorte: entweder über der Vierung, ansonsten über dem ersten Chorjoch oder neben dem Hauptbau. Im 12. Jahrhundert setzte sich dann die anglonormannische Lösung mit drei Türmen, zwei Fassadentürmen und einem Vierungsturm, durch.

Das Besondere an der normannischen Romanik, wie wir sie heute noch so großartig in den Abteien, aber auch in ihrer speziellen Ausprägung in den kleinen Ortskirchen bewundern können, sind die klare **Gliederung** und die **harmonischen Proportionen** mit denen der Architektur schon Eleganz vermittelt werden konnte. Den Eindruck einer hellen, eleganten Räumlichkeit vermittelte vor allem auch der Lichteinfall aus dem mehrgeschossigen Vierungsturm mit seiner üblichen Fenstergalerie.

Die romanische Abtei Abbaye des Dame in Caen

ARCHITEKTUR 111

Hauptsächlich waren es **Benediktinermönche,** die von den Herzögen ins Land geholt wurden und mit deren Schenkungen die Abteien mit großem Aufwand errichtet werden konnten. Die Herzöge „exportierten" den Baustil ihrer Benediktiner gleichermaßen nach England, wo er schon immer als „normannisch" bezeichnet wurde, wie auch nach Sizilien, das die Normannen erobert hatten. Der Begriff „romanisch" wurde erst im 19. Jahrhundert geprägt.

Gotik in der Normandie

Der **Begriff** der Gotik als prägendem Baustil des Hoch- und Spätmittelalters wird auf den Stammesnamen der Goten zurückgeführt, wobei in Italien mit der dort ab 1420 einsetzenden Kunstepoche der Renaissance die Vorgängerepoche abwertend als „gotisch" bezeichnet wurde; im übertragenen Sinne war damit zunächst „altertümlich" und „geschmacklos", nach dem italienischen *gotico,* „barbarisch", gemeint.

Die Wegbereitung für den großartigen Baustil der Gotik fand im Wesentlichen auch in der Normandie statt. Als prägende Erscheinungsform vermittelte er ein völlig **neues Raumgefühl** – die Kirchenbauten strebten zu bis dahin ungeahnten Höhen. Auch wurde die Raumordnung der gotischen Baukörper nicht mehr wie in der Romanik als Summe von Einzelelementen empfunden, sondern als **gestalterisches Ganzes.**

Möglich wurde dies durch die Anwendung des **Spitzbogens,** der die konstruktiven Beschränkungen, wie sie sich noch in der gebundenen romanischen Ordnung manifestierten, aufhob. Dem neuen Streben in die Höhe diente das spitze **Kreuzrippengewölbe,** das den Gebäudedruck zu den Pfeilern ableitet. Diese werden durch das für die gotische Bauweise typische, nach außen verlegte Strebewerk mit Strebebögen und Strebepfeilern gestützt.

Von der Île de France ausgehend fand das neue Bauprinzip früh Einzug in die Normandie, nachdem es *Philippe II. Auguste* im Jahre 1204 gelungen war, die Region wieder Frankreich einzuverleiben. Die Gotik verschmolz hier mit dem traditionellen Baustil. Bestes Beispiel jener Verschmelzung ist die **Kathedrale von Coutances,** deren romanischer Baukörper nach einem verheerenden Brand zu Beginn des 13. Jahrhunderts gotisch vervollständigt wurde.

Das neue gotische Bauprinzip führte in der Folge zur optischen Auflösung des Mauerwerks, das zwischen den Strebepfeilern durch **hohe Fenster** ersetzt wurde, deren obere Teile durch **Maßwerk** ausgefüllt sind. Dieses Maßwerk charakterisiert auch die Wimperge und die Fensterrosen, deren ausgeschmückte Pracht charakteristisch für die gotischen Sakralbauten ist.

Vor allem die Westfassaden erhielten ein filigranes, auch reich an Skulpturen ausgestaltetes Schmuckwerk. Sie wurden mit **emporstrebenden Tür-**

ARCHITEKTUR

men versehen, an denen über Jahrhunderte gebaut wurde. Überhaupt stellt die schmückende **Ornamentik** ein wesentliches Stilelement der gotischen Kathedralen dar. Alle Zünfte waren daran beteiligt: Steinmetze, Bildhauer, Schnitzer und Maler für Bilder und Fenster stellten in großen Anstrengungen ihre Werke gemeinsam fertig.

Mitte des 14. Jahrhunderts waren die wesentlichen Kirchenbauten in der Normandie abgeschlossen und der beginnende **Hundertjährige Krieg** unterbrach fast jede neue Bautätigkeit. So konzentrierte man sich in dieser Zeit auf den Erhalt und die Erneuerung der vorhandenen Bauwerke, so weit dies möglich war.

Das Ende des Krieges wirkte dann wie eine Erlösung für das ganze Land und insbesondere für die Normandie, auf deren Territorium ja die Auseinandersetzung ausgetragen worden war. Nun ließ man Kirchen und weltliche Gebäude in neuem Glanz erstehen – es „entflammte" im wahrsten Sinne des Wortes ein neuer Zeitgeist. Die **geflammten Verzierungen** des neuen Baustils der Gotik, die zugleich den Höhepunkt dieser Stilepoche darstellten, gipfelten im **Flamboyant-Stil.** Die gotischen Bögen, das Maßwerk wie überhaupt alle Verzierungen züngeln wie Flammen an diesen Bauwerken empor.

Das beste Beispiel für diesen Abschluss der mittelalterlichen Baukunst stellt der **Butterturm** an der Kathedrale von Rouen dar, wie überhaupt **Rouen** als „Hauptstadt" des Flamboyant bezeichnet werden kann. Die Kirche **Saint-Maclou** gilt als stilreinster Ausdruck jener Baukunst.

Parallel dazu fand die profane Flamboyant-Architektur ihren Ausdruck im **Justizpalast,** mit dessen Bau im 15. Jahrhundert begonnen wurde und der bei der Fertigstellung im 16. Jahrhundert schon deutlich den Übergang zur Renaissance-Architektur zeigt.

Der Wohlstand der Zeit nach dem Hundertjährigen Krieg gab aber auch neue Impulse für den bürgerlichen Hausbau. Es entwickelte sich die für die Normandie so typische **Fachwerkbauweise,** wobei in der Regel auf ein steinernes Erdgeschoss ein oder mehrere, meist vorragende Stockwerke mit den charakteristischen Vertikalgefachen aufgesetzt wurden (siehe auch Kap. „Im Osten/Das Seine-Tal der Haute Normandie/Rouen").

Renaissance in der Normandie

Während in der romanischen Epoche der Sakralbau noch eindeutig im Vordergrund der Architektur stand, spielte in der Gotik die Profanarchitektur schon eine zunehmende Rolle, obgleich in dieser Zeit mit den französischen Kathedralen auch der Höhepunkt der Kirchenbaukunst gefeiert wurde. Die Renaissance ist dann fast gänzlich von der **Feudal- und Bürgerarchitektur** geprägt. Den „Herren" wurde es auf ihren Festungen zu unkomfortabel und sie begannen, sie zu repräsentiven Prachtbauten umzubauen. Dieser herrschaftlichen Bau- und

ARCHITEKTUR

Wohnweise strebten dann die Bürger in den Städten nach.

Ausgangspunkt der Renaissance war Italien. Die neue Epoche leitete auf der Grundlage einer Rückbesinnung auf die geistigen und künstlerischen Werte der Antike die Neuzeit ein. Mit dieser **„Wiedergeburt"** der griechischen und römischen Kulturinhalte und -formen begann seit dem 15. Jahrhundert die Loslösung der Menschen aus ihrer mittelalterlichen Eingebundenheit.

Der Förderer der neuen Architektur und Kunst der Renaissance war in der Normandie Kardinal *Georges d'Amboise,* Bischof von Rouen, der nach einer Reise mit *Louis XII.* durch Italien die neue Kunstauffassung in die Normandie brachte und zuerst an seinem eigenen **Schloss Gaillon** ab 1501 verwirklichte.

Doch wurden zunächst die Stilelemente der Flamboyant-Gotik den Vorstellungen der neuen Kunstrichtung

Rustikales Renaissance-Herrenhaus im Pays d'Auge: das Manoir Fribois

ARCHITEKTUR

angepasst. Der gotische Schmuck wich neuen Architraven, mit Grotesken und Arabesken geschmückten Pilastern, Halb-Balustern und Medaillonfiguren. Die besten Beispiele dieser Vorgehensweise bieten das **Château d'O** bei Sées (siehe Kap. „Im Süden/Das Département Orne/ Sées") und das **Château Fontaine-Henry** (siehe Kap. „Im Herzen der Normandie/Calvados/Umgebung von Caen/Thaon"). Hier wurde der ehemalige Verteidigungscharakter der Anlagen zu Gunsten der neuen Wohn- und Repräsentationsbedürfnisse in den Hintergrund gestellt. Unter Nutzung neuer konstruktiver Möglichkeiten setzte man großflächige, rechteckige Fenster ein, arbeitete mit freien Erkern und wandelte die ehemaligen Wallanlagen in Parks und Gartenanlagen um.

Vor allem aber blühte die **Stadtarchitektur** in der Normandie. Der Fachwerkstil der Bürgerhäuser entwickelte sich weiter. Der Ornamentschmuck an den kombinierten Stein- und-Balken-Fassaden wurde immer üppiger, wobei auch der Skulpturenschmuck eine zunehmend wichtigere Rolle spielte.

Die **ländliche Architektur** entwickelte in dieser Zeit ebenfalls ihren ersten künstlerischen Höhepunkt. Die bislang eher vergängliche Bauart wich nun immer mehr einer konstruktiv-statischen Stein-/Fachwerkbauweise, deren Beispiele bis heute noch in den Dörfern und kleinen Orten der Normandie anzutreffen sind. Auch hier wurde allmählich das mittelalterliche Erbe mit seinem ausgewogenem Verhältnis zwischen Struktur und Dekor durch das neue Dekorationsideal der Renaissance ersetzt. An den Fachwerkfassaden der Herrensitze, die in dieser Zeit gerade im Pays d'Auge in großer Zahl errichtete wurden, ist dies noch gut zu sehen. Das geschlossene Ortsbild vor **Beuvron-en-Auge** (siehe Kap. „Im Herzen der Normandie/Das Pay d'Auge/Zentrum/Umgebung von Lisieux") ist typisch für die ländliche Architektur dieser Zeit und weist auch viele Stilelemente der neuen „Herren"-Architektur auf.

Barock und Klassizismus

Der Renaissance folgte im 17. und beginnenden 18. Jahrhundert die Epoche des Barock. Die Charakteristika dieser Baukunst mit starker Bewegtheit in geschwungenen Formen und üppigem Schmuckwerk bei ganzheitlicher Ausmalung der Innenräume sind in dieser Weise in Frankreich zwar nicht anzutreffen, wohl aber der architektonische Grundsatz der Unterordnung der einzelnen Bestandteile eines Bauwerkes unter das architektonische Ganze, das unter streng klassizistischer Ausprägung die Entfaltung einer hochbarocken Architektur nicht zuließ. Bestes Beispiel dieser **klassizistisch ausgeprägten barocken Baukultur** ist in Frankreich das Schloss von Versailles mit seinen streng gestalteten Parkanlagen. Die französischen Baumeister dieser Epoche, die ihre Spuren auch in der Normandie hinterlassen haben, sind Mansart, Levau und Hardouin-Mansart.

Land und Leute

DIE HERRENHÄUSER DES PAYS D'AUGE

Die Herrenhäuser des Pays d'Auge

Die Herrenhäuser des Pays d'Auge stellen einen „Geheimtipp" unter den Sehenswürdigkeiten der Normandie dar. Damit ist zunächst einmal die Tatsache angesprochen, dass sich viele dieser architektonisch interessanten Gebäude in **Privatbesitz** befinden und deshalb nicht zugänglich sind. Leider können sie auf Grund der Größe der Grundstücke, innerhalb derer sie liegen, auch nicht eingesehen werden.

Hier soll auf die **kulturhistorische Bedeutung** dieser Bauwerke hingewiesen werden, die von den Besuchern der Normandie noch viel zu wenig beachtet werden. Die meisten dieser *manoirs* sind inzwischen stilgerecht restauriert, so dass der Charme, der von ihnen ausgeht, in der schönen Landschaft des Pays d'Auge voll zur Geltung kommt.

Vom Charakter her handelt es sich bei den Herrenhäusern des Pays d'Auge um **schlossartig ausgebaute Gutshöfe.** Natürlich wollten ihre Besitzer den wahren Landedelleuten nacheifern. Äpfel waren die wirtschaftliche Grundlage für das repräsentativere Leben. Ihr Verkauf und die Verarbeitung zu Saft und Schnaps trug den Bauern so viel Bargeld ein, dass sie sich die aufwändigen Häuser leisten konnten, die man in dieser typischen Schönheit nur im Pays d'Auge findet.

Die *manoirs* im Pays d'Auge sind stark durch Holzbauweise geprägt. Vielfach haben sie auf einem steinernen Sockel oder gemauerten Parterre obere Stockwerke in jenem charakteristischen **Fachwerk in Längsstruktur,** das den so genannten normannischen Baustil schlechthin prägt.

Doch der **Baustoffreichtum** im Pays d'Auge ist groß. Hier gibt es hellen Kalkstein, den goldblonden Mergelstein, vielfarbigen Feuerstein und tonhaltigen Lehm, der mit Stroh vermischt die Gefache füllt. Alle Materialien werden fantasievoll an den Gebäuden eingesetzt. Gebrannte Tonziegel haben offensichtlich schon früh Stroh als Material für die Dacheindeckung abgelöst, genauso wie ab dem 16. Jahrhun-

Das Renaissance-Manoir Saint-Maclou im Pays d'Auge

DIE HERRENHÄUSER DES PAYS D'AUGE

Taubentürme waren in Calvados ein herrschaftliches Privileg: der prachtvolle Turm des Manoir de Crèvecœur-en-Auge

dert rote Ziegelscherben, in Mustern mit braunen oder schwarzen Feuersteinen, abwechselnd mit poliertem Kalkstein anstelle des bis dahin üblichen Lehms zur Ausfachung Verwendung fanden.

Im Laufe der Zeit erhielten die Herrenhäuser dann auch zunehmend **Ausschmückungen** durch Schnitzwerk an den tragenden Balken und den Gefachen, durch Musterung mit lasierten Ziegeln, durch Ornamentik mit Sockeln, Vasen Skulpturen und vieles andere mehr.

Wohnhaus und Wirtschaftsgebäude bilden ein lockeres Gemenge, wobei die Gruppierung eine hofartige Fläche umschließt. Der frühe Verteidigungscharakter der Anlagen ging im Laufe ihrer Neu- und Umbauten verloren. Zu den Nebengebäuden zählen Scheunen und Ställe (ebenfalls im normannischen Fachwerkstil errichtet), die unerlässliche Apfelpresse, ein Brunnen in der Mitte des Hofes sowie nicht zuletzt der Taubenturm, eine Besonderheit normannischer Herrenhäuser und Schlösser.

Das Besitztum der Anwesen im Pays d'Auge geht auf das mittelalterliche Lehnsrecht in seiner regionalen Ausprägung der Normandie zurück. Die hier üblichen Regelungen schlossen das Recht, Tauben zu halten, mit ein. Zwar stellten die Tauben in vielfacher Hinsicht auch einen wirtschaftlichen Faktor für die Landwirtschaft der Betriebe dar, doch das Privileg des Haltungsrechtes veranlasste die Grundherren, demonstrativ **Taubentürme** von außerordentlicher Pracht zu errichten. Sie stellen Miniaturformen der manoirs selbst dar, versinnbildlichen sozusagen die Vorrechte des Grundherren. Meist sind sie rund oder sechseckig, manche auch viereckig. Eine schmale Tür bildet den einzigen Zugang. Für die Tauben gibt es Fluglöcher an der Basis oder in der Laterne auf dem Dach. Typisch sind pyramidenförmige Dächer, selten gibt es Satteldächer. Die runden, aus Ziegeln, Naturstein oder Strohlehm und Fachwerk gebauten Exemplare haben ein konisches Dach. Virtuose architektonische Lösungen im Übergang vom polygonalen Grundriss zum runden Abschluss bilden den besonderen Reiz mancher dieser Taubenhäuser.

Architektur

Speziell in der Normandie musste man aber auf Grund der Auswirkungen der Religionskriege sparsam vorgehen. Es entstanden viele **Schlösser** mit einfachen, weiß-rosa Fassaden aus Ziegeln und Naturstein, die den Stil der Zeit *Louis' XIII.* prägten.

Dennoch war es auch eine Zeit, die die Großzügigkeit nicht vermissen ließ. Und so wurden in dieser **klassizistischen Epoche** gleichzeitig Schlösser mit symmetrisch angelegten Fassaden und steilen, graublauen Dächern gebaut, die von weitflächig angelegten Parkanlagen umgeben wurden, um ihre volle optische Wirkung zu erzielen. Beispiele dieser Architektur bieten die Schlösser von Cany, Beaumesnil und auch Balleroy.

In den Städten wurden in dieser Phase herrliche **Bischofspaläste, Rathäuser** und vornehme **Bürgerhäuser** errichtet, die mit der wirtschaftlichen Wiederbelebung im 18. Jahrhundert immer prächtiger ausfielen.

Château Vendeuvre, eines der schönsten klassizistischen Schlösser im Département Calvados

Normannische Bäderarchitektur und Moderne

Die Französische Revolution von 1789 unterbrach die weitere architektonische Entwicklung in ganz Frankreich. Erst nach der napoleonischen Ära brachte die neue, eher bürgerlich geprägte Epoche wirtschaftlichen Aufschwung, der auch die Bautätigkeit wieder belebte. Die Zeit war von **nachklassizistischen Bauten** geprägt. Am Rande der normannischen Städte entstanden auch die ersten Industrieanlagen.

Entscheidend für die Architektur in der Normandie war aber das aufkommende **Interesse an den Stränden** ihrer Küste, die mit dem Bau der Eisenbahnen an die Côte d'Albâtre und die Côte Fleurie für die Pariser Gesellschaft erreichbar wurden.

Die in Frankreich immer lebendige Erinnerung an die künstlerischen Werte der Vergangenheit, die sich in der klassizistischen Epoche auf die Antike bezogen hatte, suchte nun ihre Vorbilder im Mittelalter. Hier in den neu entstehenden Badeorten bauten sich die Reichen aus Paris **historistische Gebäude** im neoromanischen und neogotischen Stil, wie sie auch andernorts in Frankreich errichtet wurden. Doch in der Normandie war es vor allem die überall sichtbare **Fachwerkbauweise** mit der Längsausrichtung der Gefache, die als wesentliches Merkmal von den Bauherren übernommen wurde. Damit war der eigenständige Baustil der neonormannischen Bäderarchitek-

Architektur

tur geschaffen. Bauten dieser Art prägen vor allem die mondären Badeorte an der Côte Fleurie und bilden das charakteristische Ortsbild beispielsweise in Deauville oder in Trouville.

Auch in den **normannischen Städten** fand diese historistische Fachwerkarchitektur zunehmende Beachtung. Doch hier schritt die Industrialisierung voran und ließ die Einwohnerzahlen steigen. Der stark erweiterte Außenhandel machte immer größere Hafenanlagen erforderlich und veränderte entsprechend das Erscheinungsbild der Küstenstädte.

Der Zweite Weltkrieg machte dann einen Neuanfang erforderlich. Kein anderer Teil Frankreichs hatte so unter den Folgen dieses Krieges zu leiden wie die Normandie, nirgendwo waren die **Zerstörungen** so groß. Die Bausubstanz der großen, aber auch vieler kleiner Städte war empfindlich getroffen, ganze Innenstädte dem Erdboden gleichgemacht worden.

Der **Wiederaufbau** wurde beschleunigt vorangetrieben, wobei angesichts der Not der Erneuerung nicht immer architektonische Glanzleistungen entstanden. Andererseits haben viele normannische Städte und Orte Hervorragendes geleistet, um die Reste der Bausubstanz zu erhalten und die historischen Stadtbilder wieder erstehen zulassen.

Auch die Moderne hat so ihren Einzug in die Städte gehalten. Das herausragendste Beispiel stellt das nach dem Krieg im Jahre 1982 neu geschaffene **Kulturzentrum Le Volcan** des brasilianischen Architekten *Oscar Niemeyer* am Bassin du Commerce in Le Havre dar – ein außergewöhnliches Bauwerk, das auf besondere Weise mit dem sonstigen, neu angelegten Stadtbild von Le Havre kontrastiert.

Malerei, Literatur, Kunsthandwerk

Die Normandie bildet eines der kulturellen Zentren Europas. Nicht nur, dass wesentliche Entwicklungselemente der Gotik ihre Wurzeln in diesem Teil Frankreichs haben, auch in der Malerei und in der Literatur wurde hier Weltkunstgeschichte geschrieben. Darüber hinaus gilt diese Bedeutung der Normandie auch für das Kunstgewerbe, vor allem für die Stickerei und die Töpferei, für Fayencen und für Möbel.

Malerei

In der Normandie wurde Großartiges in der Malerei der verschiedenen Kulturepochen vom frühen Mittelalter bis in die Moderne hervorgebracht. Die großen Meister des Mittelalters hinterließen ihre Spuren in den Kathedralen der **Romanik,** malten die Altarbilder der **Gotik** und waren in der **Renaissance** auf hohem künstlerischen Ni-

Normannische Bäderarchitektur in Fécamp am Boulevard Président René Coty

MALEREI, LITERATUR, KUNSTHANDWERK

veau tätig. Doch in den Mittelpunkt der Weltmalerei trat die Normandie, als das Licht der Küste die Künstler inspirierte, ganz neue „Impressionen" auf die Leinwand zu bannen. Dies war zu Beginn der zweiten Hälfte des 19. Jahrhunderts.

In der Tat stellt der **Impressionismus** zunächst eine von Frankreich ausgehende künstlerische Entwicklung dar – ein kulturelles Erbe für die ganze Welt. Der Begriff wurde erst später durch ein Gemälde Monets aus dem Jahr 1872 geprägt: Er nannte es „Impression, soleil levant".

Der eigentliche Ursprung dieser neuen Sicht- und Arbeitsweise in der Malerei ist in der Rue de la Communauté in Le Havre zu suchen, wo **Eugéne Boudin** ein kleines Papier- und Bilderrahmengeschäft führte. Boudin beschäftigte sich auch persönlich mit der Malerei. Er ließ sich von dem von der Halbinsel Cotentin stammenden Millet, dem Maler der Armut auf dem Lande, sowie anlässlich eines Besuches in den Niederlanden auch von der holländischen Landschaftsmalerei beeinflussen, bis er seinen eigenen Stil entwickelte, den Vorläufer des Impressionismus. Zu seinen Kunden zählte auch der junge Claude Monet, der sich als Karikaturist in Le Havre einen Namen gemacht hatte. Boudin erkannte sein Talent, brachte ihn von der Zeichnerei ab und überzeugte ihn von seinem Malstil.

Der Zeitgeist der zweiten Hälfte des 19. Jahrhunderts war von der Ateliermalerei geprägt. Hier bestimmte das sujet (der „Gegenstand") das Bild, die Licht- und Farbeffekte waren künstlich. Diese konventionelle Malkunst machte auf Boudin überhaupt keinen Eindruck. Er war es, der die Stimmung einer Landschaft, alltägliche Szenen im wahrsten Sinne des Wortes in neuem Licht erscheinen ließ. Es war **das natürliche Licht,** das ihn faszinierte und das er in auflösender Darstellungsweise auf die Leinwand bannte.

Immer mehr Künstler beschäftigten sich nun mit dem Licht. Sie zogen in die Natur, stellten dort ihre Staffeleien auf und ließen die Reflektion der Sonne in der Landschaft auf sich wirken. Und wo waren die Kontraste intensiver als hier an der Küste? In Honfleur entstand so eine **Künstlerkolonie.** Man traf sich in der Ferme Saint-Siméon, die damals noch zu einem Bauernhof gehörte und heute ein teures Edelrestaurant ist. Zum Freundeskreis der Impressionisten zählten Camille Pissaro, Auguste Renoir, Paul Cézanne und auch Frédéric Bazille. Sie trafen sich hier, bis der preußisch-französische Krieg 1870/71 ausbrach.

Einzig **Claude Monet** ließ sich auf Dauer in der Normandie nieder. Er kaufte sich in Giverny nahe der Seine ein Anwesen, wo er sich einen zauberhaften Seerosen-Garten und ein großes Atelier einrichtete (siehe Kap. „Im Osten/Das Seine-Tal der Haute Normandie/Vernon/Umgebung"). Hier entstanden seine klassischen spätimpressionistischen Bilder, die zu den schönsten Kunstwerken zählen, die die Malerei je hervorgebracht hat.

In der Fortentwicklung des Impressionismus entstand über den Neoimpressionismus der **Pointilismus,** eine Technik, mit der die Auflösung des gemalten Motivs über einzelne Farbpunkte erfolgte, die dann ein Gesamtbild aus gemischten Farben ergaben. Die wichtigsten Vertreter dieser Malrichtung waren *Seurat* und *Signac.* Auch sie gingen in der Normandie auf Motivsuche.

Die Vertreter einer anderen Weiterentwicklung des Impressionismus nannten sich **„Die Wilden"** (fauve = „wild"). Zu diesen Fauves zählte neben *Dufy* und *Matisse* vor allem auch der aus Le Havre stammende *Fernand Léger,* der sich später den Kubisten anschloss.

Literatur

Die Literatur hat eine lange Tradition in der Normandie. Die ersten großen Werke entstanden in den Klöstern wie etwa die **Manuskripte des Mont Saint-Michel.** Im Mittelalter löste sich die Dichtkunst (die sich bis dahin der lateinischen Sprache bedient hatte) aus dem unmittelbaren Umfeld der Kirche.

Ab dem 16. Jahrhundert entwickelte sich dann eine eigenständige Literatur, deren Vertreter in der Normandie beispielsweise **François de Malherbe** (1555-1628) aus Caen war oder auch der Dramatiker **François le Metel de Boisrobert** (1589-1622), der Lieblingsschriftsteller des Kardinals *Richelieu.*

Einen ersten literarischen Höhepunkt erlebte die Normandie mit dem Dramatiker **Pierre Corneille** (1606-1684) aus Rouen. Seine berühmteste Tragödie ist „Le Cid". Ganz dem Zeitgeist des klassischen französischen Dramas verschrieben, galt für seine handelnden Figuren trotz aller menschlicher Leidenschaften die Oberherrschaft der Vernunft – zweifelsohne der größte klassische Dichter Frankreichs

Bernard de Bovier de Fontenelle (1657-1757) stammte ebenfalls aus Rouen. Er ist eher der Philosophie zuzurechen. Seine Werke kündigen schon die Zeit der Aufklärung an.

Berühmt wurde **Bernardin de St.-Pierre** (1737-1814) aus Le Havre durch seinen Roman „Paul et Virginie". Er reiste in der Weltgeschichte umher und lebte lange auf Mauritius. Nachdem er zurückgekehrt war, wurde er Schüler von *Rousseau.*

Charles Alexis Clérel de Tocqueville (1805-1859) stammte von einer alten normannischen Adelsfamilie ab, die ihren Sitz auf dem Château de Tocqueville nahe Cherbourg hatte. Er war gleichermaßen Literat wie Politiker und politischer Wissenschaftler. Mit seinem Hauptwerk „Über die Demokratie in Amerika" propagierte er die Demokratie als zukünftige allgemeine Gesellschaftsform.

Als Schöpfer der bodenständigen normannischen Literatur gilt **Barbey d'Aureville** (1808-1899), ein Landedelmann von der Halbinsel Cotentin, der in St.-Saveur-le-Vicomte geboren wurde. Er beschrieb mit kräftiger Sprache die Einzigartigkeit seiner Heimat.

Octave Mirbeau (1848-1917) stammte aus Trévières bei Bayeux. Seine Sympathien galten den Anarchisten

MALEREI, LITERATUR, KUNSTHANDWERK

und so nahm er an den politischen Auseinandersetzungen seiner Zeit aktiv teil. Als Schriftsteller widmete er sich vor allem sozialen Themen. Sein Hauptwerk, „Le journal d'une femme de chambre", setzt sich kritisch mit den Lebensbedingungen der gesellschaftlichen Unterschicht – hier am Beispiel eines Dienstmädchens – auseinander.

Der bedeutendste aller normannischen Schriftsteller ist **Gustave Flaubert** (1821-1880), der als Sohn eines Chirurgen in Rouen geboren wurde. Sein Hauptwerk „Madame Bovary" spielt in Ry nahe Rouen, das im Roman Yonville-l'Abbaye genannt wird (siehe Kap. „Im Osten/Seine-Tal/Im Tal der Andelle"). Erzählt wird die Geschichte der *Delfine Delamare* (im Roman *Emma Bovary*), der Tochter eines reichen Landwirts, die aus der Monotonie eines bedrückenden ländlichen Alltags heraus Liebesbeziehungen unterhält. Das Buch löste einen Skandal aus, vordergründig wegen der für die damalige Zeit freizügigen Schilderungen, hintergründig wegen der offenen Kritik an der bürgerlichen Scheinheiligkeit des gesellschaftlichen Lebens des 19. Jahrhunderts. Mit diesem Werk wurde *Flaubert* zum Begründer des literarischen Realismus in Frankreich.

Guy de Maupassant (1850-1893) wurde in der Nähe von Dieppe auf Schloss Miromesnil geboren. Nach seinem Jurastudium ging er ohne große Lust als Beamter in Paris seiner Beschäftigung nach. Seine Mutter war mit *Gustave Flaubert* befreundet, unter dessen Anleitung er zu schreiben begann. „Boule de Suif" („Fettklößchen") hieß seine erste Novelle, die Schilderung des Lebens einer Prostituierten, die z.T. in Rouen spielt. Überhaupt taucht die Normandie immer wieder als gesellschaftlicher und landschaftlicher Hintergrund seiner vielen Werke auf, die er in nur einem Jahrzehnt literarischen Schaffens verfasste. 1891 verfiel er in geistige Umnachtung.

Alain wird der Schriftsteller **Émile Chartier** (1868-1951) genannt, der in Mortagne-au-Perche geboren wurde. Er machte sich einen Namen als Kommentator für eine Zeitung aus Rouen. Als Philosophieprofessor und Essayist wandte er sich gegen jede Form der Unterdrückung. Sein Buch „Propos sur le Bonheur" gehört immer noch zur Pflichtlektüre eines jeden französischen Schülers, der das Fach Philosophie belegt.

Auf dem Friedhof von Cuverville bei Le Havre liegt **André Gide** (1869-1951) begraben. Er stammte mütterlicherseits aus einer reichen Familie aus Rouen, von der er ein Herrenhaus bei Cuverville erbte. Dieses Anwesen machte er zum Schauplatz seines Romans „La Porte Étroite".

Marcel Proust (1871-1922) machte die Strandpromenade „La Digue" von Cabourg durch seinen Romanzyklus „Auf der Suche nach der verlorenen Zeit" weltberühmt. Aus reichem Elternhaus stammend, konnte sich der asthmakranke *Proust* im luxuriösen Grand Hotel von Cabourg einquartieren und sich ganz der Schriftstellerei widmen (siehe Kap. „Im Herzen der Normandie/Die Côte Fleurie/Cabourg"). Das Hotel bildet das Vorbild für das Hotel Balbec in seinem Roman „Im Schatten junger Mädchenblüte".

Auch die moderne Literatur hinterließ in der Normandie ihre Spuren. So unterrichtete beispielsweise **Jean-Paul Sartre** (1905-1980) von 1931 bis 1936 als Philosophielehrer an dem Lycée François-Premier in Le Havre. Als Hauptvertreter des französischen Existenzialismus sah er in der Freiheit das Grundmotiv des Handels der Menschen. Dieser absolute Freiheitsgedanke musste zwangsläufig im Gegensatz zu den gesellschaftlichen Zwängen des Alltags stehen und so spielte sich denn auch sein privates Leben außerhalb der so genannten bürgerlichen Welt ab. In Sartres erstem Roman „Der Ekel" (1983), der in Le Havre spielt, (im Roman Bouville genannt) kommt diese Grundeinstellung in der Schilderung des menschlichen Elends in der unterdrückenden industriellen Welt voll zum Ausdruck.

Ein spezieller normannischer „Klassiker" der Moderne ist **Jean de la Varende** (1887-1967), gebürtig aus dem Pays d'Ouche, der in seinen Romanen gerne auf historische Vorbilder der Region zurückgreift. Sein Hauptwerk „Par Monts et Merveilles de Normandie" ist eine Beschreibung seiner Sichtweise der Besonderheiten und Schönheiten der Normandie

Kunsthandwerk

Vielfältig sind die handwerklichen Fähigkeiten, die sich im Laufe der Jahrhunderte in der Normandie zu höchster Vollendung entwickelten. Lange Tradition haben alle an der Landwirtschaft orientierten handwerklichen Tätigkeiten wie das Schlachtgewerbe, die Fleischverarbeitung und natürlich auch die Milch- und Obstverarbeitung. Genauso traditionell sind die handwerklichen Tätigkeiten der Eisen- und Kupferverarbeitung wie vor allem das Schmiedehandwerk. Doch was die Normandie über ihre Grenzen hinaus bekannt gemacht hat, sind die Stickerei sowie die Töpfer- und Porzellankunst.

Die Stickerei

Alençon, Argentan und Bayeux sind die **Zentren der Stickkunst** in der Normandie. Schon seit normannischer Zeit ging man diesem Handwerk hier nach. Die Muster waren zunächst einfach und meist geometrisch ausgerichtet. Später wurden auch kompliziertere Muster übertragen.

Erst als die europäischen Königshäuser begannen, **höfisches Leben** zu praktizieren, wuchs mit der Textilindustrie auch der Bedarf an feineren Spitzen und Stickereien. Vorreiter waren die oberitalienischen Städte, allen voran Venedig, dessen Handwerksbetriebe ganz Europa versorgten.

Die Prachtentfaltung war am französischen Königshof am ausgeprägtesten und die Hofhaltung *Louis XIV.* uferte so weit aus, dass der Staatshaushalt jedes Jahr erneut in Bedrängnis geriet. *Colbert* als Staatsminister *Louis XIV.* suchte deshalb nach Wegen, um zumindest den Importbedarf an Spitzen und Stickereien einzuschränken. Des-

MALEREI, LITERATUR, KUNSTHANDWERK

halb gründete er in **Alençon** eine **Stickschule,** wo die besonders teuren Klöppelspitzen hergestellt werden konnten – natürlich nach venezianischem Vorbild. Der Import venezianischer Stickereien wurde daraufhin zeitweilig sogar verboten.

Unter diesem staatlichen Schutz entwickelte sich die Stickmanufaktur in Alençon sehr positiv. Ein eigenständiger Stickstil wurde entwickelt, der unter der Bezeichnung **point d'Alençon** nicht nur am französischen Hof begehrt war, sondern auch an die anderen europäischen Königshäuser und deren Höflinge verkauft wurde.

Motive der Näherinnen und Stickerinnen wurden **immer raffinierter,** immer feiner – und die Ware immer teurer. Bis zu 2400 Stiche pro Quadratzentimeter waren für die allerfeinsten Qualitäten erforderlich, um den schier grenzenlosen Ansprüchen der höfischen Gesellschaft in Versailles gerecht zu werden.

In der Tat entwickelte sich das Stickereigewerbe in Alençon zu einem **Wirtschaftsfaktor** von erheblicher Bedeutung, der sich auch auf die ländliche Umgebung auswirkte, denn die Ware wurde in Heimarbeit hergestellt. In den besten Jahren des Stickereigewerbes waren mehrere tausend fleißige Stickerinnen und Näherinnen damit beschäftigt, den Bedarf an Spitzen, Litzen (Bändern) und Tressen (Borten) zu decken. Und in dem Maße, wie das Bürgertum in Frankreich wohlhabender wurde, traten auch die Städter als Kunden des Stickereigewerbes auf.

Spitzen aus **Argentan** standen immer etwas im Schatten der Ware aus Alençon. Sie waren bis ins 18. Jahrhundert durchaus konkurrenzfähig, doch dann eroberten die immer feineren Spitzen aus Alençon den Markt.

Die Stickereitradition von Bayeux reicht bis in das 11. Jahrhundert zurück, als der berühmte **Teppich von Bayeux** mit der Bildgeschichte der Eroberung Englands durch den Normannenherzog *Wilhelm* (siehe Kap. „Im Herzen der Normandie/Bessin und Bocage/Bayeux") entstand. Dieser siebzig Meter lange und einen halben Meter breite Leinwandstreifen wurde mit farbigen Wollfäden in Stielstich- und Plattstichtechnik bestickt. Neben Alençon und Argentan entwickelte sich Bayeux später zum dritten Zentrum des Stickereigewerbes in der Normandie.

Heute, im Zeitalter der Textilmaschinen, sind in Handarbeit hergestellte Spitzen kaum noch zu bezahlen. Für feinste Spitzen sind nämlich bis zu fünfundvierzig **Arbeitsstunden** für zehn Quadratzentimeter Stickerei erforderlich.

Einst waren nicht nur in den normannischen **Haushalten** gestickte Decken und Möbeldekorationen sowie verzierte Textilien für die Aussteuer üblich, Stickereien waren auch wesentlicher Bestandteil der **Trachten,** von denen jede ihre eigene Spitzenhaube hatte.

Der Bedarf an diesen Materialien ging in dem Maße zurück, wie der Preisabstand zur industriell hergestellten Ware zunahm. Und somit schieden die traditionellen Stickereiherstellungen zunehmend aus dem Markt aus. Heute gibt es noch einzelne Fertigungen, die entweder **staatlich unterstützt** werden, wie die in Alençon, oder sie leben vor einem **touristischen Hintergrund,** für den vor allem Klöpplerinnen weiter arbeiten.

Töpferwaren und Fayencen

Auch die Herstellung von **Töpferwaren** hat eine lange Tradition in der Normandie. So datieren die ersten normannischen Tonwaren mit Salzglasur noch aus dem 11. Jahrhundert. Es handelt sich um Cidre-Gefäße, Milchkannen oder etwa um Suppenschüsseln. Das Zentrum für die Herstellung solcher Waren ist nach wie vor Noron-la-Poterie bei Bayeux.

Doch besondere Bedeutung erlangte die Herstellung von **Fayencen,** tonkeramischen Waren, deren poröser roter oder ockerfarbener Körper mit eingebrannten, farbigen Glasuren überzogen wird. Rouen entwickelte sich zum eindeutigen Zentrum der Fayencen-Herstellung in der Normandie.

Die Roherde für diese Tonwaren wurde im Verhältnis 1:2 gemischt – fetter Ton kam aus St.-Aubin und leichter, sandiger Ton aus Quatre-Mares zwischen Sotteville und St.-Étienne-du-Rouvray. Nach der Bearbeitung wurden die Rohlinge mit einer Zinnschicht überzogen, anschließend bemalt und dann gebrannt. Diese **Bemalungen** von höchster künstlerischer Qualität waren es, die Rouen als Herstellungsort für diese Tonwaren so berühmt gemacht haben.

Der Begriff „Fayence" stammt übrigens von der italienischen Stadt Faenza ab. Echte Fayencen finden sich schon in den Fliesenwänden persischer Paläste um 500° v. Chr. Später entwickelte sich die Fayencen-Herstellung der Araber zu höchster Blüte und mit den Arabern gelangte die Fayencenkunst auch nach Spanien, wo Malaga und Valencia Zentren spanisch-maurischer Fayencen-Industrie wurden. Über Mallorca erfolgte schon seit dem 14. Jahrhundert die Ausfuhr der Fayencen nach Italien, woraus der Begriff der „Majolika" resultiert. Und von Italien gelangte die Fayence-Kunst nach Frankreich, wo sie vor allem in Rouen neue künstlerische Höhepunkte erfuhr. An diese Tradition erinnert das **Musée de la Céramique** im Hôtel d'Hoqueville, das die Geschichte der Fayencen-Herstellung in Rouen dokumentiert (siehe Kap. „Im Osten/Seine-Tal der Haute Normandie/Rouen").

IM OSTEN DER NORMANDIE

Farbkarten Seiten IV-VII, XIII-XVII, XXI

IM OSTEN

Im Osten der Normandie

Im Innenhof des Aître Saint-Maclou, dem einstigen Pestfriedhof von Rouen

Der Seerosenteich im Park des Monet-Museums

Fachwerkhäuser in Rouen, Rue du Grand Horloge

Das Seine-Tal der Haute Normandie

Überblick

Die **Seine** ist Frankreichs bedeutendster Fluss und stellt für die Normandie die Verbindung zum Zentrum Frankreichs dar. In ihrem Verlauf von der Quelle auf dem burgundischen Plateau von Langres bis zur Mündung in den Ärmelkanal bei Le Havre beschreibt sie eine Strecke von 776 Kilometern. Den Namen *Seine* verdankt der Fluss dem gewundenen Unterlauf, nach dem ihn die Römer *sequana* und die Kelten *squan* nannten – beide Bezeichnungen stehen für „Kurve" oder „Bogen".

Dort wo die Seine bei Vernon normannischen Boden berührt, beginnt sie, **weite Schleifen** zu ziehen. Hier befindet sich ihr Pegel noch ganze sechzehn Meter über dem Meeresspiegel. So kam es, dass ihr einst gerader Verlauf durch zu geringe Fließgeschwindigkeit sich immer weiter in das Kalksteinplateau am Rande des Pays de Caux eingrub und dabei die für ihren Unterlauf charakteristischen Mäander (Fluss-Schleifen) bildete. Unterhalb von Rouen hat sie sich bis zu hundert Meter tief in das Kalksteinplateau eingegraben. Bei Tancarville beginnt dann die fünfzehn Kilometer lange, seichte und von Sandbänken durchsetzte Trichtermündung.

Die Seine weist unter den großen Flüssen Frankreichs die **regelmäßigste Wasserführung** auf und wäre daher ein ganzjährig befahrbarer Schifffahrtsweg, wenn sich nicht gerade im wichtigen Unterlauf der im Wasser mitgeführte Schlick durch seine zu geringe Fließgeschwindigkeit immer wieder absetzen würde.

Als der Fluss noch vor der Zeitenwende als **Transportweg** interessant wurde – unter anderem wurde hier das Zinn aus Cornwall nach Paris verschifft –, spielte dieses Problem für die damaligen kleinen Boote noch keine allzu große Rolle. Aber je größer die Schiffe wurden, desto problematischer bot sich die Seine den Fluss-Schiffern dar.

Auch die Wikinger benutzten die zum Ärmelkanal führenden Flüsse als **Einfallstor** für ihre Raubzüge durch die Normandie. Viele der Normannenhorden setzten sich insbesondere im Einzugsbereich der Seine fest, um von ihren Standorten schnell zuschlagen und sich ebenso schnell wieder zurückziehen zu können.

Erst als die Normannen befriedet worden waren, herrschte vorübergehend Ruhe im Einzugsbereich des Flusses. Doch die Rivalitäten mit dem Lehensgeber Frankreich blieben nicht aus. Und die Normannenherzöge mussten zu Recht befürchten, dass die Franzosen von der Île der France aus versuchen würden, über die Seine in die Normandie vorzustoßen. Deshalb ließ *Richard Löwenherz* **Château Gaillard** an der strategisch wichtigen ersten Fluss-Schleife bei Les Andelys errichten. Als die Franzosen sich dann aber doch das Herzogtum Normandie einverleibt hatten, stand ihnen endlich der Schifffahrtsweg von Paris über die Seine zum Meer offen.

Nun galt es, den Unterlauf der Seine dauerhaft schiffbar zu gestalten. Der Flusslauf wurde **begradigt,** um größeren Überseedampfern den Zugang bis Rouen und modernen Binnenschiffen bis Paris zu ermöglichen. Außerdem wurde der **Kanal von Tancarville** parallel zum Flussverlauf als direkter Zugang zum Überseehafen von Le Havre angelegt. Binnenschiffen bleibt so die Fahrt durch das Mündungsgebiet der Seine, wo die atlantischen Stürme schon direkten Zugriff haben, erspart.

Zwei Riesenbrücken, Meisterwerke der Brückenbautechnik, überspannen den Mündungsbereich. Unmittelbar über den Trichter führt in Schwindel erregender Höhe der 1995 fertig gestellte **Pont de Normandie** als größte Hängebrücke über den Fluss. Der etwas ältere **Pont der Tancarville,** zehn Kilometer flussaufwärts, war schon längst nicht mehr dem Verkehrsaufkommen an der Küste gewachsen.

Vernon ⤴ XVII/D1

Wer von Paris aus anreist und den Weg zur Küste entlang der Seine wählt, für den ist Vernon der erste Ort auf normannischem Boden.

Geschichte

Die Stadt geht auf eine Gründung *Rollos* im 9. Jahrhundert zurück. Obwohl Rollo bereits die Herzogswürde vom französischen König zugesprochen bekommen hatte, war ihm klar, dass allergrößte Vorsicht angeraten war und so sicherte er seine Grenze entsprechend ab.

Im Osten der Normandie
VERNON

Unter der Herrschaft von *Philippe Auguste* kam Vernon dann an Frankreich und wurde noch weiter befestigt.

Sehenswertes

Die Burganlage von Vernon stammt aus dem 12. Jahrhundert und wurde von *Heinrich I.* weiter ausgebaut. Von der ganzen Anlage sind noch einige Mauerreste sowie der Donjon **Tour des Archives** erhalten. Das Parterre, der eingewölbte erste Stock mit seinen schön gestalteten Kapitellen und der dritte Stock dieses Bergfrieds sowie der Wehrgang können besichtigt werden.

Die Ortskirche **Église Notre-Dame** stammt in ihren Grundmauern ebenfalls aus dem 12. Jahrhundert. Der gotische Chor ruht noch auf romanischen Fundamenten dieser Bauphase. Die Westfront erhielt im 15. Jahrhundert eine wunderschöne Rosette im Flamboyant-Stil. Das Schiff, in seiner heutigen Form im 15. Jahrhundert entstanden, ist höher als das Querschiff und der Chor, der noch mit romanischen Bögen eingewölbt ist. Die Orgel stammt aus dem 17. Jahrhundert.

Das Ortsbild von Vernon verschönern einige alte **Fachwerkhäuser** in der Rue Carnot und in der Rue Potard.

Die Alte Mühle von Vernon am Ufer der Seine

Ein besonders erwähnenswertes Gebäude aus dem 15. Jahrhundert steht unmittelbar links neben der Kirche. In einem weiteren Haus, das im Kern ebenfalls dem 15. Jahrhundert entstammt, ist das städtische Poulain-Museum untergebracht.

Keine Beschreibung von Vernon kommt ohne die Erwähnung der letzten beiden erhaltenen, aus dem 12. Jahrhundert stammenden Bögen der **alten Seine-Brücke** aus. Mit der aufgesetzten, ehemaligen **Fachwerkmühle** bieten sie wahrlich einen bezaubernden Anblick.

Halb versteckt hinter Bäumen beim alten Brückenfragment der Pont de Vermont stehen noch die **Türme des Château de Tourelles,** der alten Befestigungsanlage, die zum Schutz der Brücke errichtet worden war.

Die Umgebung von Vernon

Zweifelsohne hat die Tatsache, dass der Impressionist *Claude Monet* sich ganz in der Nähe von Vernon in Giverny niedergelassen hatte, außerordentlich zur Bekanntheit des Ortes an der Seine beigetragen. Noch näher ist allerdings das klassizistische Château de Bizy, das ebenfalls eine Besichtigung lohnt.

Château de Bizy   ⌐ XVII/D1

Das Château de Bizy erreicht man vier Kilometer westlich von Vernon auf der D 181. Das Schloss entstand 1740 durch den Maréchal *de Belle-Isles,* Enkel des Maréchal *Fouquet.* Es gehörte dann *Ludwig XV.,* anschließend dem Herzog *von Penthièvre,* dann König *Louis-Philippe* und letztlich dem Baron *de Schicker.*

Die **klassizistische Front** wird von großzügigen Säulen getragen. Die Gartenfront wird von Wirtschafts- und Stallgebäuden, in denen sich eine Kollektion von Oldtimern befindet, eingefasst. Das Innere ist im **Empire-Stil** eingerichtet. Sehenswert sind des Weiteren die geschnitzte Eichentreppe sowie die Tapisserien.

Giverny   ⌐ XVII/D1

Claude Monet, der bedeutendste Vertreter der impressionistischen Malschule, verlegte seinen Wohnsitz im Jahre 1883 von Paris nach Giverny und arbeitete hier bis zu seinem Tode im Jahre 1226. Er erwarb ein altes Landhaus, das **Maison de Claude Monet,** das er für seine Zwecke um ein großes Atelier erweiterte und dessen Garten er mit Teichen und mit der berühmten Japanischen Brücke neu gestaltete.

Der kleine, dreihundert Einwohner zählende Ort war sicherlich nicht begeistert, als sich die **vielköpfige Malerfamilie Monet** hier niederließ. Neben dem rauschebärtigen Monet zählte seine neue Lebensgefährtin *Alice* dazu, mit der er, wie die Dorfbewohner von Giverny unterstellten, bereits ein Verhältnis hatte, als seine erste Frau noch im Sterben lag. Alice hatte zwei Kinder, Monet aus erster Ehe weitere sechs. Und diese ganze Sippe benahm sich, wie sich Künstler nun einmal geben. Die Frauen trugen Hüte, die im Ort nicht üblich waren. Unmo-

CLAUDE MONET IN GIVERNY

Claude Monet in Giverny

Wie kein anderer Maler hat *Claude Monet* den Impressionismus weltweit berühmt gemacht. Schon in jungen Jahren kam der am 14. November 1840 in Paris geborene Monet nach Le Havre, wo er als Karikaturist arbeitete und **Eugène Boudin** traf, den Wegbereiter des Impressionismus. *Boudin* überredete ihn, den Stift beiseite zu legen und gegen einen Pinsel auszutauschen.

Zunächst beschäftigte sich Monet mit der Landschaftsmalerei. Aber als er nach Paris übersiedelte, eröffnete sich ihm die ganze Kunstwelt der französischen Hauptstadt. Wie *Renoir, Sisley, Manet* und die anderen impressionistischen Maler schuf er seine Werke nur noch im Freien und ließ sich durch das Licht und die Farben der Natur beeinflussen. Monet entwickelte dabei eine Technik des kurzen Pinselstriches, mit der er den unmittelbaren Kontrast aller Farbschattierungen zur Geltung bringen konnte. Dabei verlor die Wiedergabe der Form gegenüber der Darstellung des **impressiven Lichtspiels** am Objekt immer mehr an Bedeutung. Gerne malte er daher dieselben Motive mehrfach, um ihre Farbwandlungen zu unterschiedlichen Tages- und Jahreszeiten einzufangen. Diesem Umstand verdankt die Nachwelt unter anderem die vielen Bilder der Kathedrale von Rouen sowie später auch die vielen, zauberhaften Seerosenbilder.

Erst in seinen letzten Lebensjahren, als Monet schon nach Giverny übergesiedelt war und immer schlechter sehen konnte, entwickelte er die Technik der **großflächigen Darstellung,** mit der er das Gegenständliche letztendlich zu Gunsten der alles erfassenden farblichen Darstellung gänzlich in den Hintergrund stellte.

CLAUDE MONET IN GIVERNY

Aber noch unternimmt er **Reisen**, wie beispielsweise 1902 nach London. Die Wasserspiegelung der Themse zieht ihn ganz in seinen Bann. Menschen und Fahrzeuge, die dicht gedrängt die Themse-Brücke passieren, werden im Londoner Nebel zur schemenhaften Erscheinung. 1908 reist er nach Venedig, wo er aus dem Hotelfenster heraus die wunderschönsten Bilder dieser Stadt malt.

Das beherrschende Motiv seiner Malerei in Giverny ist aber die **Seerose**. Seine Staffeleien nehmen gigantische Ausmaße an. Er muss immer größer malen, seine Augen lassen kleinere Formate nicht mehr zu. Bis zu sechs Meter breit werden die Bilder, oft malt er mehrere gleichzeitig. Zu schnell wechseln die Farben, ändert sich das Licht im Laufe des Tages. So arbeitet er an mehreren Bildern nebeneinander: früh morgens im bläulichen Licht, mittags bei gleißender Sonne, abends im dunstigen Dämmerlicht.

Dabei wurden seine Augen immer schlechter. Als dann im Jahre 1911 auch noch seine Lebensgefährtin starb, **verzweifelte er.** Er stellte das Malen ein. Doch seinem Freund, dem französischen Staatspräsidenten Georges Clémenceau, verdanken wir es, dass Monet die Arbeit an der Staffelei wieder aufnahm. 1915 ließ er sich sogar in seinem Garten ein noch größeres Atelier mit einer Fläche von 280 Quadratmetern errichten. Hier konnte er endlich seine riesigen Bilder nebeneinander platzieren.

Obwohl sein **grauer Star** ihn inzwischen die Dinge nur noch schemenhaft erkennen ließ, arbeitete er wie ein Besessener weiter. Erst 1923 entschied er sich zur längst überfälligen Staroperation. Schienen vorher seine Bilder nur noch aus unergründlichen Farbkombinationen zu bestehen, so dominiert nach der Operation die Farbe Gelb – er sah einfach gelbstichig. Erst als er 85 Jahre alt war, konnte er wieder einigermaßen scharf sehen. Er stürzte sich erneut in die Arbeit. Doch am 5. Dezember 1926 starb er.

In seinen letzten Schaffensjahren hat Monet die Abstraktion so weit betrieben, dass er schon weit über den Impressionismus hinauswuchs. Letztlich malte er wie seine um Generationen jüngeren Kollegen, die dem Fauvismus oder Expressionismus zuzurechnen sind. Auf seine Weise war er ein ganz **moderner Künstler**, als er sechsundachtzigjährig starb.

Die berühmte japanische Brücke über den Seerosenteich

Claude Monet in seinem „Seerosen-Atelier", um 1923

ral und Unordnung schienen sie zu verbreiten, doch sie haben den Ort Giverny weltbekannt gemacht.

Der Besitz Claude Monets, den sein Sohn 1966 der Acádemy des Beaux Arts vermachte, ging nach intensiven Restaurierungsarbeiten in die Claude-Monet-Stiftung ein und kann heute im Monet-Museum besichtigt werden.

Das **Haus** mit seiner rosa verputzten Fassade wurde zu diesem Zweck mit farbenfrohem Innendekor wieder hergerichtet. In mehreren Zimmern ist die Sammlung japanischer Holzschnitte so zu sehen, wie sie einst von Monet aufgehangen wurde. Das einige Schritte vom Haus entfernte **Seerosenatelier** wurde ebenfalls renoviert und auch die Gärten haben ihr ursprüngliches Aussehen wieder erhalten. Diese **Gartenanlagen** mit ihren geradlinigen Perspektiven, ihren üppigen Blumenbeeten, rankenden Pflanzengewölben und dem von der Japanischen Brücke überspannten Seerosenteich inspirierten den großen Meister in seiner letzten Schaffensperiode, in der die riesigen Blumenbilder entstanden sind.

In Giverney hat sich mit dem **Museum für Amerikanische Kunst** ein zweites sehenswertes Ausstellungshaus etabliert. Diese Institution widmet sich ganz den französisch-amerikanischen Kunstbeziehungen und insbesondere den Werken amerikanischer Künstler, die sich im Umfeld Monets niedergelassen hatten.

Praktische Tipps

- **Postleitzahl Vernon:** 27200
- **Tel.-Vorwahl:** 0232

Information

- **Office de Tourisme,** Vernon, 36, Rue Carnot, Tel. 51 39 60, Fax 51 86 55, tourisme.vernon@wanadoo.fr

Unterkunft

- **Hotel d'Évreux**€€, Vernon, 11, Place d'Évreux, in einem großzügigen Fachwerkbau (ehemalige Bezirksregierung), behindertengerecht, mit Spezialitätenrestaurant€€, sonntags geschlossen (außer feiertags), Tel. 21 16 12, Fax 21 32 73, hotel.devreux@libertysurf.fr
- **Hotel Le Normandy**€€€, Vernon, 1, Avenue Pierre Mendès France, traditionsreiches Haus, seit 1850 im Zentrum der Stadt, behindertengerecht, mit angeschlossenem Spezialitätenrestaurant €€€, sonntagabends und montags geschlossen, Tel. 51 97 96, Fax 21 01 66, hotel.normandy@wanadoo.fr

Essen und Trinken

- **Les Fleurs**€€, Vernon, 71, Rue Carnot, Spezialitätenrestaurant der gehobenen Klasse, sonntags abends u. montags geschlossen, behindertengerecht, Tel. 51 16 80, Fax 21 30 51
- **Restaurant La Poste**€, Vernon, 26, Avenue Gambetta, normannische Küche, behindertengerecht, Tel. 51 10 63
- **Les Jardins de Giverny**€€, Giverny, Rue de Roi, normannisches Jugendstil-Fachwerkhaus 400 Meter vom Maison Monet, Geflügel-, Kalbs- und Fischspezialitäten, behindertengerecht, montags geschlossen, Tel. 21 60 80, Fax 51 93 77

Museen

- **Musée Municipal Alphonse Georges Poulain,** Vernon, 12, Rue du Pont, Exponate zur Vorgeschichte, Bildersammlung mit Werken von *Monet, Bonnard* etc., freier Eintritt, täglich April–Oktober, dienstags bis freitags 11-13 und 14-18 Uhr, samstags und sonntags nur nachmittags sowie im Winter dienstags bis samstags 14-17.30 Uhr, behindertenge-

recht, Eintritt 1,50 €, Schüler frei, Tel. 21 28 09, Fax 51 11 17
- **Tour des Archives,** Bergfried der alten Burg von Vernon, freier Eintritt, werktags 9-12 und 13.30-17 Uhr auf Anfrage durch den „Service Culturel" des Gemeindeamtes, Tel. 21 01 81, App. 362
- **Château de Bizy,** vier Kilometer östlich von Vernon, klassizistisches Schloss mit interessanter Inneneinrichtung und schönem Park, Park ist April–Okt. 10-12 u. 14-18 Uhr frei zugänglich, im Winter (außer Dez./Jan.) 14-17 Uhr, Führungen durch das Schloss zu angegebenen Zeiten, Eintritt 5,20 €, Tel. 51 00 82
- **Fondation Claude Monet,** Giverny, Haus, Atelier und Garten des Malers mit den Bildern der Stiftung, geöffnet: April–Okt. täglich außer montags (an Feiertagen offen) 10-18 Uhr, Eintritt 4 €, Tel. 51 28 51, Fax 51 54 18
- **Musée d'Art Américain,** Giverny, 99, Rue Claude Monet, Bilder vom Impressionismus beeinflusster amerikanischer Künstler, geöffnet: April bis Oktober täglich außer montags 10-18 Uhr, Eintritt 4 €, Schüler 2,30 €, Tel. 51 94 65, Fax 51 94 67, d.guillaume@maag.org

Verkehrsverbindungen

- **SNCF-Bahnhof:** in Vernon an der Strecke Paris (St.-Lazare) – Rouen

Das normannische Vexin

Das normannische Vexin stellt heute den jenseits der Seine gelegenen Teil des Départements Eure dar. Die Grenze zur Île de France bildet der kleine Fluss Epte, der etwas südlich von Giverny in die Seine mündet.

Geschichte

Als Grenzregion zwischen der Normandie und dem französischen Kernland der Île de France war das Vexin in historischer Zeit immer von größter strategischer Bedeutung gewesen. Denn wer dieses Gebiet besaß, hatte besseren Zugang zum Gegner und damit einen Standortvorteil in den jahrhundertelangen Kämpfen um die Besitzansprüche an der Normandie.

In St.-Clair-sur-Epte fand im Jahre 911 das denkwürdige Treffen zwischen dem Wikinger-Führer *Rollo* und dem französischen König *Karl III. (dem Einfältigen)* statt, mit dem Rollo als Herrscher der Gebiete um Bayeux und Évreux anerkannt und damit die Grundlage für das Herzogtum Normandie gelegt wurde (siehe Kap. „Land und Leute/Geschichte").

Gisors ⚐ XV/D2

Hier am westlichsten Standort der Normandie, dem Teil des Vexin, der wie eine Nadelspitze in die Île de France hineinreicht, steht eine der trutzigsten normannischen Burgen. Der reizvolle Ort konnte sich trotz aller Zerstörungen im Zweiten Weltkrieg mit einer Reihe von **schönen alten Fachwerkhäusern,** insbesondere in der Rue des Argillères, seinen mittelalterlichen Charakter bewahren.

Das **Château Fort** von Gisors ist Teil der normannischen Verteidigungslinie zu Frankreich, die von Forges-les-Eaux über die Burgen Neaufles-St.-Martin und Château-sur-Epte bis Vernon reicht. Die Burg von Gisors ließ *Wilhelm II. Rufus,* Sohn *Wilhelm des Eroberers,* durch den Festungsbaumeister und normannischen Baron *Robert de Bellème* 1097 errichten. Die Anlage

DAS NORMANNISCHE VEXIN

repräsentiert noch heute den Stand der Militärarchitektur des 11. bis 13. Jahrhunderts. Sie wurde im Jahre 1193 vom französischen König *Philippe Auguste* erobert und wechselte im Hundertjährigen Krieg mehrfach den Besitzer. In ihrer Entstehungszeit war die Burg von Gisors die mächtigste Festung ihrer Zeit. Davon zeugt heute noch der beeindruckende Bergfried, der auf einem künstlich angelegten Hügel hochgezogen wurde. Erst später wurden die zusätzlichen Ringmauern und Wassergräben angelegt. Neben dem Bergfried erhob sich der Tour de Prisonnier (Gefangenenturm), in dessen Verliesen die Gefangenen Graffiti hinterlassen haben, die heute noch zu besichtigen sind.

Die Anfänge der **Ortskirche St.-Gervais et St.-Protais** gehen ebenfalls auf *Wilhelm Rufus* zurück. Heute stellt sich die Kirche aber als ein Konglomerat der Baustile bis in das 16. Jahrhundert hinein dar. Geweiht wurde die Kirche 1119. Im 13. Jahrhundert fügte man einen geraden Chorabschluss hinzu. Der Chor erhielt seine Kapellen zu Anfang des 16. Jahrhunderts. Auch Querschiffe und Vierung wurden zu dieser Zeit erneuert. Besonders sehenswert ist das Renaissance-Portal.

Le Château Fort, die normannische Festung in Gisors

Im Osten der Normandie
DAS NORMANNISCHE VEXIN

Heudicourt ⌐ XV/D2

Nur wenige Kilometer nordwestlich von Gisors liegt Heudicourt mit seiner sehenswerten **Kirche St.-Sulpice** und seiner Burg.

Das **Château de Heudicourt** ist ein eleganter Bau aus rosaroten Ziegelsteinen und Felssteinen aus dem 16. Jahrhundert. *Napoléon* vermachte es einst dem Grafen von Estève, dessen Erben die heutigen Besitzer sind. Die Anlage ist von einem schönen Park umgeben. Im Inneren werden Wandteppiche ausgestellt.

Forêt de Lyons ⌐ XV/C2

Westlich des Mittellaufes der Andelle erstreckt sich das **Laubwaldgebiet** des Forêt de Lyons weit in das Vexin hinein. In der ansonsten waldarmen Region nördlich des Seine-Unterlaufs ist man überrascht, so ausgedehnte Buchen- und Eichenforste vorzufinden. Aber die Jagdlust der normannischen Herzöge und der nachfolgenden französischen Herren, die hier ihrer Leidenschaft frönen wollten, verhinderte eine landwirtschaftliche Nutzung des Gebietes.

Lyons-la-Forêt

Lyons-la-Forêt, der Hauptort des Waldes von Lyons, liegt an der Lieure, einem Nebenfluss der Andelle. Hier lebte **Maurice Ravel** und hier komponierte er sein berühmtes Stück „Le Tombeau de Couperin".

Im Ortskern umgibt ein hübsches Ensemble von **Fachwerkhäusern** die alte hölzerne Markthalle, **Les Halles,** aus dem 17. Jahrhundert.

Die **Ortskirche St.-Denis** stammt aus dem 12. Jahrhundert. Im Inneren birgt sie eine Reihe sehenswerter Statuen.

Das **Rathaus,** früher Sitz der Landvögte, ist ein Ziegelsteinbau aus dem 18. Jahrhundert, errichtet auf den Kellergewölben eines Vorgängerbaus, in denen sich Kerker befanden.

Abbaye de Mortemer

Nur wenige Kilometer südlich von Lyons-la-Forêt ließ *Heinrich I.* in der ersten Hälfte des 12. Jahrhunderts eine Zisterzienserabtei gründen, die **Abbaye de Mortemer.** Mit beinahe 100 Metern Länge und einer Breite von über 40 Metern hat die Abteikirche außergewöhnlich große Ausmaße. Doch blieben die Kirchenbauten nach der Französischen Revolution nur als Ruinen übrig. Lediglich der Kapitelsaal und der Kreuzgang sind noch zu erkennen. Die Konventgebäude aus dem 17. Jahrhundert sind noch weitgehend erhalten und können besichtigt werden.

Fleury-la-Forêt

In etwa gleicher Entfernung nordöstlich von Lyons-la-Forêt steht das **Château de Fleury-la-Forêt** inmitten eines schönen Parks. Das elegante Ziegel- und Natursteinschloss wurde im 17. Jahrhundert errichtet. Zwei Seitenflügel aus dem 18. Jahrhundert unterstreichen die Symmetrie der Anlage.

Seine-Tal

Die hochgezogenen und mit Schiefer eingedeckten Mansardendächer mit Spitzhauben verleihen ihr ein besonderes Gepräge. Die Innenräume mit der authentischen Einrichtung können besichtigt werden.

Écouis

Eines der Zentren des normannischen Vexin ist Écouis, ein südlich der Abbaye de Mortemer gelegenes Städtchen, dessen Silhouette von den Zwillingstürmen der **Collégiale Notre-Dame** bestimmt wird. Diese Stiftskirche wurde zwischen 1310 und 1313 von dem Finanzberater *Philipp des Schönen,* dem Chevalier *Enguerrand de Marigny,* im hochgotischen Stil errichtet. Eigenwillig ist die Grundrissgestaltung. Der Chor ist lang gestreckt und weist nicht den sonst üblichen Umgang auf, sondern wird von zwei Kapellen flankiert, die reich mit Figurenschmuck aus dem 14. und 15. Jahrhundert ausgestattet sind. Wie überhaupt diese Kirche durch ihre Statuen auffällt. Die berühmteste Skulptur der Kirche ist die Statue Notre-Dame d'Écouis aus dem 14. Jahrhundert, eine sanft lächelnde Mutter Gottes mit dem Kind, an der Vierung.

Praktische Tipps

Information

●**Office de Tourisme et de la Culture,** 27140 Gisors, 4, Rue du Général de Gaulle/Place des Carmélites, Tel. 0232 27 60 63, Fax 0232 27 60 75
●**Association Touristique du Pays de Lyons-Andelle,** 27480 Lyons-la-Forêt, 20, Rue de l'Hôtel de Ville, Tel. 0232 49 31 65, Fax 0232 49 29 79

Unterkunft

●**Château de la Râpée**€€€, 27140 Bazincourt, vier Kilometer nördlich von Gisors an der D 14, kleines, aber exquisites Schlosshotel mit angeschlossenem Restaurant €€€, im Februar und in der 2. Augusthälfte geschlossen, Tel. 0232 36 40 51, Fax 0232 55 95 65
●**Hostellerie du Domaine Saint-Paul**€€, 27480 Lyons-la-Forêt, ehemaliges Jagdhaus, inmitten eines fünf Hektar großen Parks gelegen, später als Brikettfabrik genutzt, deren Trockenräume in Pavillons als Hotelzimmer umgestaltet wurden, angeschlossenes Restaurant €€, im Winter geschlossen, Tel. 0232 49 60 57, Fax 0232 49 56 05, domaine-saint-paul@libertysurf.fr, www.domaine-saint-paul.fr
●**Hôtel Le Grand Cerf,** 27480 Lyons-la-Forêt, Place du Marché, Tel. 0232 49 60 44, Fax 0232 49 72 96

Essen und Trinken

●**Le Chasse-Marée**€€, 27140 Gisors, 1, Avenue de la Gare, empfohlene Küche, besondere Soiree-Menü-Vorschläge durch das Haus, Tel. 0232 55 25 54, Fax 0232 27 08 86
●**Le Cappeville**€€, 27140 Gisors, 17, Rue de Cappeville, im Zentrum, gekonnte regionale Küche, behindertengerecht, dienstagabends, mittwochs, 5.-20.1. sowie 20.8.-10.9. geschlossen, Tel. 0232 55 11 08, Fax 0232 55 93 92, pierre.potel@worldonline.fr
●**Auberge de l'Atelier**€€, 27140 St. Denis-le-Ferment, 55, Rue Guérard, nordwestlich von Gisors, einfallsreiche Küche, sonntagabends und montags geschlossen, Tel. 0232 55 24 00, Fax 0232 55 10 20
●**Auberge du Prieuré Normand**€, 27620 Gasny an der Epte, 1, Place de la République, klassische Küche zu angemessenen Preisen, montagabends, dienstags, in den Februar-Schulferien sowie vom 5. bis 20.8. geschlossen, Tel. 0232 52 10 01
●**Le Moulin de Fourges,** 27630 Fourges an der Epte, 38, Rue du Moulin, in einer alten Mühle aus dem 18. Jahrhundert, gut gespickte normannische Küche, sonntagabends, montags außerhalb der Saison sowie Januar bis Mitte Februar geschlossen, Tel. 0232 52 12 12, Fax 0232 52 92 56

Museen

- **Abbaye de Mortemer,** Museum in den Konventgebäuden der Abtei mit Exponaten zur Geschichte des Klosters und des Klosterlebens, Führungen Ostern–September tägl. 14-18 Uhr, sonst nur an Wochenenden und in den Schulferien geöffnet, Eintritt 5,40 €, Tel. 0232 49 54 34, Fax 0232 49 46 39
- **Musée de la ferme et des Vieux Métiers,** 27480 Bosquetin, zwischen Bézu-la-Forêt und Fleury-la-Forêt, Ausstellung traditioneller landwirtschaftlicher Geräte in einem für das Pays de Lyons typischen Bauernhaus, geöffnet: Ostern bis Allerheiligen an Wochenenden und Feiertagen 14.15-18.30 Uhr, Tel. 0232 49 35 25

Besichtigungen

- **Château Fort, Gisors,** mittelalterliche Festungsanlage, der Park ist behindertengerecht zu begehen, tägl. geöffnet (außer dienstags sowie Jan./Dez.), vom 1.4. bis 30.9. 10-12 und 14-18 Uhr, Führungen an Wochenenden um 10, 11, 14.30, 15.15, 16 und 17 Uhr, im Winter 10.30, 14.30 und 16 Uhr, Eintritt 3 €, Tel. 0232 27 60 63, Fax 0232 27 60 75
- **Château de Heudicourt,** Besichtigungen im Juni sonntags 14.30-18 Uhr, Führungen auf Anfrage zwischen Ostern und 1.11., Eintritt 3,80 €, Schüler 2.30 €, Tel. 0232 55 86 06, Fax 0232 27 38 46
- **Château de Fleury-la-Forêt,** zeitgenössisch eingerichtetes Renaissance-Schloss mit schönem Park, Führungen von April bis September täglich 12-18 Uhr, ansonsten an den Wochenenden, Eintritt 4,60 €, Schüler 3 €, Tel. 0232 49 63 91, Fax 0232 49 54 34

Aktivitäten

- **Rundflüge:** Sportflughafen Etrépagny zwischen Gisors und Écouis, Tel. 0232 55 73 29

Einkaufen

- **La Ferme de Rome,** 27480 Bézu-la-Forêt an der Nordgrenze des Vexin, Produktion und Verkauf von Milchprodukten, ländlicher Imbiss, Mai bis November an Wochenenden und Feiertagen geöffnet, Tel. 0232 49 66 22

- **Atelier des Établissements Jorelle,** 27660 Bézu-Saint-Élci westlich von Gisors, 1864 gegründete Herstellung von Holzspielzeug, es werden heute noch Spielzeuge aus dem Katalog von 1909 angeboten, ganzjährig geöffnet 8-12 und 13.30-17.30 Uhr (außer sonntags und im August), Tel. 0232 55 07 67

Verkehrsverbindungen

- **SNCF-Bahnhof:** in Gisors

Gaillon ♪ XV/C3

Unterhalb von Vernon durchfließt die Seine eine **zauberhafte, breite Tallandschaft,** die halbkreisförmig von den Hängen der angrenzenden Hügel umgeben ist. Immer wieder teilen lang gezogene Inseln das Flussbett. Auf dem Plateau erstreckt sich oberhalb des rechten Flussufers der Forêt de Vernon, der flussabwärts in den Forêt des Andelys übergeht. Bewegt man sich am rechten Flussufer auf der D 313 flussabwärts, so gelangt man hinter Port-Mort an einen **Dolmen,** den Gravier de Gargantua, der auch schlicht als **La Falaise** bezeichnet wird. In Courcelles-sur-Seine überquert man die Seine auf der D 10 und gelangt unmittelbar nach Gaillon.

Geschichte

Während das weltbekannte Château Gaillard bei Les Andelys etwas flussabwärts am rechten Seine-Ufer das Territorium der Normandie gegen die Franzosen verteidigte, hielt das Château von Gaillon die Stellung auf dem linken Seine-Ufer. 1204 kam Gaillon in

LES ANDELYS

die Hände der Franzosen, ab 1262 in den unmittelbaren Besitz der Erzbischöfe von Rouen.

Sehenswertes

Der malerisch nahe der Seine gelegene Ort verfügt noch über eine Reihe schöner **Fachwerkhäuser;** so steht z.b. nahe der Kirche ein Holzfachwerkhaus aus dem 16. Jahrhundert.

Das **Château Gaillon** liegt in exponierter Lage auf einer Felsennase, von der man das Tal der Seine überblicken kann. Der Wehrbau aus der Zeit der normannischen Herzöge wurde im Hundertjährigen Krieg teilweise zerstört, der Westflügel ab 1454 erneuert.

Das heutige Aussehen verdankt die Anlage Kardinal *George d'Amboise*, dem berühmten Erzbischof von Rouen, der nach einer Italien-Reise, tief beeindruckt vom Renaissance-Stil, die alte Burg ganz nach dieser neuen Baukunst umgestalten ließ.

Im 17. Jahrhundert wurde die Anlage weiter ausgebaut und mit einer schönen Gartenanlage versehen. In den Wirren der Französischen Revolution gingen leider viele Kunstschätze des Schlosses verloren. Seit 1812 diente die Anlage dann als Gefängnis. So **verfiel** dieser ehemalige Sommersitz der Bischöfe von Rouen immer weiter.

Geblieben ist das kunstvolle Eingangstorhaus mit hochgezogenem Schieferdach, flankiert von zwei Türmen. Heute ist in der Anlage eine Kunstschule untergebracht. Teile der Gebäude können besichtigt werden.

Praktische Tipps

- **Postleitzahl Gaillon:** 27600
- **Tel.-Vorwahl:** 0232

Information

- **Syndicat d'Initiative,** 1, Place de l'Église, BP 73 Cedex, Tel./Fax 53 08 25

Unterkunft/Essen und Trinken

- **Hotel-Restaurant Les 4 Écluses**€, 5, Chemin de la Halage in Notre-Dame-de-la-Garenne, unterhalb von Gaillon direkt an der Seine gelegenes kleines Hotel mit behindertengerechten Zimmern, Spezialitätenküche mit z.B. Kalbsnieren auf Backpflaumen und hausgemachter Entenleberpastete, freitagabends und samstagmittags geschlossen, Tel. 53 01 25, Fax 53 78 65, www.restaurant 4ecluses.com

Besichtigung

- **Château Gaillon,** geöffnet: Juli/Aug. täglich außer dienstags 9-12 und 14-18 Uhr, Tel. 53 13 18

Sport

- **Golf Club de Gaillon,** 9-Loch-Platz unterhalb des Ortes im Seine-Tal gelegen, Klubhaus mit Restaurant, Tel. 53 89 40

Les Andelys ⌕ XV/C3

Unterhalb von Gaillon vollzieht die Seine ihre erste große Schleife auf normannischem Boden. Wenn man am linken Flussufer auf der D 65 und ab Villers-sur-le-Roule auf der D 176 entlangfährt, kommt man unterhalb des Forêt de la Grande Garenne, der sich im Inneren der Fluss-Schleife erstreckt, an zwei Aussichtspunkten vorbei, die einen schönen Überblick über diesen

Abschnitt der Seine und Château Gaillard oberhalb von Les Andelys bieten. Etwas unterhalb von Tosny führt eine Hängebrücke über die Seine und man erreicht Les Andelys unmittelbar unterhalb des Château Gaillard.

Petit und Grand Andely

Les Andelys besteht aus den beiden Ortsteilen Petit Andely und Grand Andely, die sich im Mündungstal sowie etwas oberhalb des Gambon, eines kleinen Nebenflusses der Seine, erstrecken und längst zusammengewachsen sind. Grand Andely geht auf eine Klostergründung vor *Clothilde,* der Frau *Clodwigs,* im 6. Jahrhundert zurück.

Château Gaillard

Geschichte

Die Geschichte von Château Gaillard spiegelt die entscheidenden Abschnitte der Geschichte der Normandie wider: **Richard Löwenherz** ließ die imposante Festung oberhalb von Petit Andely ab 1296 in kürzester Bauzeit gegen seinen Widersacher *Philippe II. Auguste* errichten, um ihm den Zugang von Paris zu seinem Herzogtum Normandie zu verwehren.

Aber Richards Nachfolger sein Bruder *Johann Ohneland,* konnte die gewaltige Festung nicht mehr verteidigen. Den Truppen von **Philippe II. Auguste** war es schon bald gelungen, die Festung zu isolieren. Doch die Besatzung war mit Vorräten gut ausgestattet. So beschloss Philippe II. Auguste einen Sturmangriff. Hierzu ließ er den Burggraben an einer Stelle zuschütten. Seine Soldaten konnten am 6. Juni 1204 heimlich durch den Latrinenauslass in die Festung eindringen und das Burgtor von innen öffnen. Die Festung diente ihnen von da ab als Garnison. Drei Monate später fiel dann auch Rouen in die Hände der Franzosen.

Während des **Hundertjährigen Krieges** konnte der englische König *Heinrich V.* Château Gaillard einnehmen, Mitte des 15. Jahrhunderts fiel es aber wieder an Frankreich.

Unter der Regentschaft von *Heinrich V. von Navarra* wurde die Anlage im 16. Jahrhundert als **Steinbruch** freigegeben.

Besichtigung

Man erreicht die ehemalige Festung von Petit Andely über die Rue Pasteur. Die majestätischen Ruinen von Château Gaillard beeindrucken noch heute ihren Betrachter. Selbst die verbliebenen Reste der Burganlage zeugen von ihrer einstigen Mächtigkeit. Sie bestehen aus einem einst fünftürmigen Vorwerk und der eigentlichen Festungsanlage.

Das **Vorwerk** war von einem tiefen Wassergraben umgeben. Von den Türmen des Vorwerks ist noch der mächtigste, **le barbican,** verblieben.

Erst dahinter befand sich die **Burg,** deren Zwinger, von einer Mauer mit sechs Rundtürmen befestigt, sich zum Vorwerk hin erstreckte. In der Mitte des Zwingers erhebt sich der gewaltige dreistöckige **Bergfried** auf felsigem Untergrund.

VON LES ANDELYS BIS ROUEN

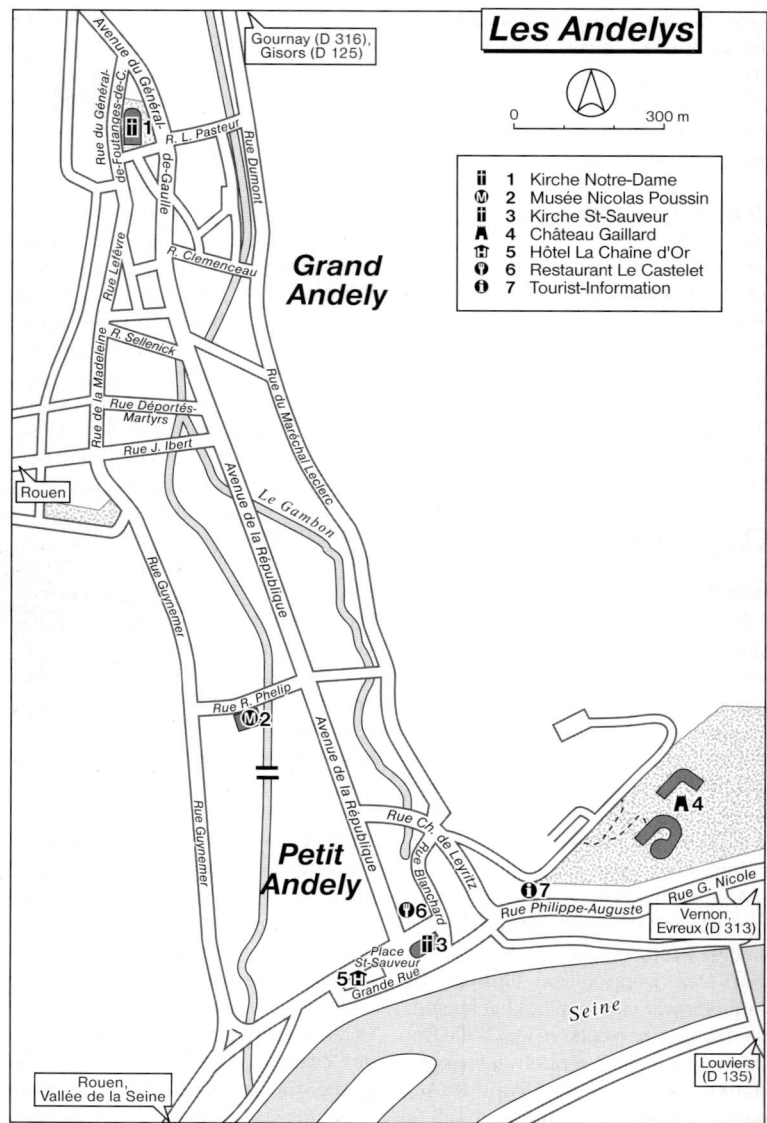

Am Ende der äußeren Umfassungsmauer hat man von zwei Stellen einen weiten **Ausblick** über Les Andelys und das Tal der Seine.

Praktische Tipps

- **Postleitzahl Les Andelys:** 27700
- **Tel.-Vorwahl:** 0232

Information

- **Office de Tourisme,** Rue Philippe Auguste, BP 242 Cedex, Tel. 54 41 93

Unterkunft/Essen und Trinken

- **La Chaîne d'Or**€€, 27, Rue Grande, traditionelles Restaurant der Spitzenklasse, Hotel €€€ mit zehn Zimmern und zwei Appartements, geschlossen: sonntagabends, montags und vom 21.12. bis 27.1., Tel. 54 00 31, Fax 54 00 68
- **Restaurant Le Castelet**€€, 10 Avenue de la Republique, Spezialitätenrestaurant in altem Bürgerhaus von 1870 unterhalb der Burg, mit Terrasse, mittwochs geschl., angeschlossen ist ein kleines Hotel mit behindertengerechten Zimmern, Tel. 54 00 33, Fax 54 65 92

Besichtigung

- **Château Gaillard,** Besichtigungen 15.3. bis 15.11. täglich außer dienstags und mittwochvormittags 9-12 und 14-18 Uhr frei, Führung durch den Bergfried 1,50 €, Tel 54 04 16, Fax 54 58 11

Von Les Andelys bis Rouen ↗ XIV/B2

Zwischen Les Andelys und Rouen vollzieht die Seine noch mehrere Mäander. In diesem Flussabschnitt münden die **Andelle** von rechts und die **Eure** von links in die Seine ein.

Von Les Andelys führt die D 313 flussabwärts am Fuße der steil aufragenden Uferkalkfelsen entlang. Einer dieser Felsen, der **Rocher de la Roque,** trägt fast ein menschliches Antlitz.

In Muids kürzt die Uferstraße die Seine-Schleife ab und führt in Andé wieder an den Fluss zurück. Kurz vor der Mündung der Andelle liegt oben auf dem Felsplateau der kleine Ort **Senelles** mit dem Manoir de Senelles.

Genau an der Einmündung der Andelle bei Amfreville-sous-les-Monts ragt der 138 Meter hohe Steilfelsen **Côte des Deux Amants** empor. Um diesen Felsen rankt sich die Liebeslegende von *Calliste* und *Edmond,* die die mittelalterliche Schriftstellerin *Marie de France* im 12. Jahrhundert erzählte: Der Vater des Mädchens, der seine Tochter nicht hergeben wollte, zwang Edmond zu einer Mutprobe. Nur wenn er seine Geliebte auf eigenen Händen und ohne Rast auf die Felsklippe herauftragen könne, würde er sie ihm zur Frau geben. Edmond schaffte es, brach aber auf dem Gipfel tot zusammen. Calliste starb dann vor Kummer.

Oben auf dem Felsen bietet übrigens ein **Aussichtspunkt** einen weiten Überblick über das Seine-Tal und die flussabwärts liegende Schleuse von Amfreville-sous-les-Monts sowie die Talsperre von Poses.

Écluses d'Amfreville

Unterhalb der Côte des Deux Amants wurde 1885 ein **Seine-Stauwerk** mit

Richard Löwenherz

Der Kampf um die **Vorherrschaft in Frankreich** zog sich über das gesamte Mittelalter hin. Er begann mit dem Normannen *Rollo*, dem man Herrschaftsrechte zubilligte, um endlich vor den andauernden Wikingerüberfällen sicher zu sein, und gipfelte im Hundertjährigen Krieg, mit dem England alle Ansprüche auf Frankreich verlor. Die strategisch sensibelste Region in dieser Auseinandersetzung war immer die Normandie und Château Gaillard sozusagen der sichtbare Ausdruck des Willens, diesen Kampf mit allen zur Verfügung stehenden Mitteln zu Ende zu führen.

Am Ende des 12. Jahrhunderts standen sich in dieser Auseinandersetzung zwei besonders ausgeprägte Kämpfernaturen gegenüber. Auf der einen Seite war dies der französische König **Philippe II. Auguste** aus der Dynastie der Kapetinger, formal Lehensgeber des gesamten Landes mit seinem Machtzentrum in der Île de France, und auf der anderen Seite die Dynastie der Plantagenet, die über einen ganzen Kranz von Besitzungen im Norden, Westen und Südwesten Frankreichs verfügten. Um seinem Widersacher, dem König von Frankreich, von der Île de France den Zugang zum Meer zu versperren, hatte sich **Richard Löwenherz** für das Château Gaillard nicht nur den strategisch günstigsten, sondern auch den landschaftlich schönsten Standort oberhalb der Seine ausgewählt. Dass es ihm gelungen war, das Schloss in einer Bauzeit von nur achtzehn Monaten zu errichten, entspricht ganz seinem ungestümen Charakter. Doch in der Bewertung seiner Persönlichkeit sind sich die Wissenschaftler bis heute nicht einig. Abenteurer auf dem Königsthron sagen die einen, Stratege und Staatsmann die anderen.

Die Beurteilung seiner Persönlichkeit kann nur vor dem Hintergrund der damaligen **gesellschaftlichen** und **wirtschaftlichen Verhältnisse** vorgenommen werden. Richard Löwenherz verfügte über das durch dynastische Wechselfälle und mehrere Heiraten entstandene Angevinische Reich, ein Konglomerat von Herrschaftsrechten und Territorien, das weder homogen noch stabil war. Der Übergang von der Wikinger-Cliquenwirtschaft eines Rollo zum modernen Feudalstaat war zwar in England abgeschlossen und in der Normandie vollzogen, jedoch längst nicht in all seinen Herrschaftsbereichen. Hier mussten Rechte und Pflichten zwischen Lehensgeber und Lehensnehmer immer wieder realisiert werden, d.h., Richard musste „vor Ort" seine Rechte einfordern. Obwohl Richard Löwenherz uns primär als englischer König bekannt ist und auch am 8.9.1157 in Oxford geboren wurde, hat er sich doch fast ausschließlich in Frankreich aufgehalten – von Herzen war er offensichtlich mehr Franzose als Engländer.

Der **familiäre Hintergrund** von Richard Löwenherz bestand aus einem internationalen Flechtwerk verwandtschaftlicher Allianzen über England und Frankreich hinaus bis nach Deutschland, Spanien, Sizilien und in das von Kreuzzüglern gegründete Königreich Jerusalem hinein. Sein Vater *Heinrich II.* aus dem Hause Plantagenet war der Sohn von Graf *Gottfried von Anjou*, Heinrichs Mutter war *Mathilde*, Enkelin von *Wilhelm dem Eroberer*, in erster Ehe mit dem deutschen Kaiser *Heinrich V.* verheiratet. Die Vorfahren Richards mütterlicherseits waren die Grafen von Poitou und Herzöge von Aquitanien. Im Jahre 1172 wurde er erst fünfzehnjährig zum Herzog von Aquitanien und Grafen von Poitou als designierter Erbe seiner Mutter ernannt. Richard war also das komplexe Wechselspiel um Macht und Einfluss schon von Jugend auf bekannt und es hat ihn entscheidend geprägt. In Aquitanien lernte er, seine Herrschaft über

RICHARD LÖWENHERZ

ein ausgedehntes Territorium mit einem traditionell nach Unabhängigkeit strebenden Adel und überkommenen Rechtsgewohnheiten zu konsolidieren. Die erste wirkliche Feuerprobe bestand er, als er gemeinsam mit seiner Mutter und seinem älteren Bruder gegen seinen Vater Heinrich II. opponierte. Als sein älterer Bruder starb, wurde Richard 1183 zum offiziellen englischen Thronerben ernannt. Wenige Jahre später arbeitete er aber erneut gegen seinen Vater, denn er glaubte, dass dessen schwächer werdende politische Position letztlich das gesamte Angevinische Reich tangieren würde.

Nach dem Tode Heinrichs II. und der Übernahme der normannischen Herzogswürde sowie der englischen Krone setzte Richard die von seinem Vater begonnenen Vorbereitungen zum **Dritten Kreuzzug** (1189-1192) fort. Im Jahre 1190 brach er gemeinsam mit dem französischen König Philippe II. Auguste, der ihm bei seinen Rebellionen gegen seinen Vater beigestanden hatte und der später sein Erzrivale werden sollte, nach Palästina auf. Geleitet wurde der Kreuzzug vom deutschen Kaiser *Friedrich I.*, dem unangefochtenen Herrscher des Abendlandes. Aus dieser Konstellation wird deutlich, dass es zwischen den europäischen Herrschaftshäusern trotz aller Zwistigkeiten untereinander auch Gemeinsamkeiten gegeben hat.

Doch die **Zwistigkeiten** brachen schnell wieder auf. Und Richard trug das Seine dazu bei, was manche zu der Annahme veranlasste, er sei letztlich eben doch nur ein Abenteurer gewesen. Zum einen ehelichte er auf dem Kreuzzug *Berengaria*, die Tochter des Königs von Navarra – insgesamt eine kalkulierte Ehe, denn sie trug nicht unerheblich zur Absicherung der Südwestflanke des Angevinischen Reiches bei. Doch damit war der Zwist mit dem französischen König vorprogrammiert. Denn Richard musste nun die 1158 vereinbarte Verlobung mit *Alice*, der Halbschwester Philippes II. Auguste wieder lösen. Und da Alices Mitgift in der Provinz Vexin, dem strategisch so wichtigen Glied zwischen der Normandie und der Île de France bestand, muss man wirklich Richards Motive für dieser Entscheidung hinterfragen. Richard Löwenherz und Philippe II. Auguste absolvierten noch die Eroberung von Akkon, doch der brüskierte französische König reiste schon im Sommer 1191 in seine Heimat zurück, um hier seine Position zu nutzen und Verbündete gegen Richard aufzubauen.

Es gab aber noch ein weiteres Vorkommnis während des Kreuzzuges, das Richard später sehr zu schaffen machte. Er zerstritt sich nämlich auch mit Herzog **Leopold VI.** von Österreich, einem Vasallen des deutschen Kaisers *Heinrich V.*, der inzwischen die Nachfolge von Kaiser *Friedrich I.* angetreten hatte. Es ging um die Verteilung der Kreuzzugsbeute.

In klarer Erkenntnis seiner Situation auf dem europäischen Festland trat Richard den Rückweg von Vorderasien als einfacher Pilger verkleidet an. Doch er wurde erkannt und Leopold VI. ließ ihn auf dem Weg entlang der Donau ergreifen. Richard war eine wertvolle **Geisel**, die Leopold gegen eine Ablösesumme an den deutschen Kaiser abtrat. Dieser hielt ihn über ein Jahr fest und schraubte dabei das Lösegeld immer höher. Schließlich musste Richard 100.000 Goldstücke entrichten, um endlich im Februar 1194 nach England zurückkehren zu können.

Doch jetzt trug sein **taktisches Vermögen** Früchte. Vor seiner Abreise hatte er nämlich in all seinen Territorien Beauftragte eingesetzt, die dort in seiner Abwesenheit die Verwaltung sicher stellen sollten. Und er hatte die Staatsfinanzen seiner Herrschaftsgebiete so gut im Griff, dass er trotz der immensen Lösegeldsumme finanziell noch in der Lage war, sofort Ordnung zu schaffen. Denn sein Bruder *Johann ohne Land* hatte inzwischen mit dem französi-

Seine-Tal

VON LES ANDELYS BIS ROUEN

schen König paktiert, gab aber klein bei, als er erkannte, mit welcher Stärke Richard operieren konnte.

Nachdem dieser sich also in kurzer Zeit wieder etabliert hatte, konzentrierte er nun alle Kräfte darauf, den französischen König Philippe II. Auguste niederzuringen. Und natürlich setzte er ganz an der für seinen Widersacher empfindlichsten Stelle an – im Vexin. Hier errichtete er die mächtigste Trutzburg ihrer Zeit: **Château Gaillard!** Doch seine eigentliche Taktik war die des **Zermürbungskrieges,** die letztendlich aber zu seinem persönlichen Verhängnis wurde. Dank der gesunden wirtschaftlichen Lage seiner Herrschaftsbereiche war Richard in der Lage, nicht nur einzelne Militärmanöver zu finanzieren, sondern auch über größere Zeitabläufe hinweg immer wieder angreifen zu können.

Philippe II. Auguste parierte geschickt. Im entscheidenden Schlag gelang es dem französischen König, **aquitanische Barone** gegen Richard aufzuwiegeln. Richard wusste genau um die Verletzlichkeit dieser Region, bildeten doch die über Angoulême und Limoges führenden Straßen für ihn lebenswichtige Verbindungslinien zwischen Poitiers im Norden und Bordeaux sowie der Gascogne im Süden. So eilte er im März 1199 in das Limousin und belagerte die Festung Chalus-Chabrol, um seinen Widersacher Philippe II. Auguste an der Ausführung seines eigentlichen Planes zu hindern. Er wurde durch den Pfeil eines französischen Armbrustschützen verletzt. Durch seine Unachtsamkeit entzündete sich die Wunde, wurde brandig und er starb am Abend des 28. März 1199.

Sein unfähiger Bruder **Johann ohne Land** verspielte durch seine tiefen Depressionen all das, was Richard Löwenherz so zielgerichtet erobert hatte. Im Jahre 1204 wurde die Normandie in das französische Königreich eingegliedert.

der Barrage d'Amfreville-sous-les-Monts und der **Schleuse** von Poses angelegt. Mit dieser Flussregulierung gelang die Trennung des von der Tide beeinflussten Seine-Unterlaufes von ihrem Oberlauf, der so aufgestaut wurde, dass Fluss-Schiffe bis Paris fahren können.

Wenn man die Fußgängerbrücke über den Damm entlanggeht, kann man das Seinewasser herunterrauschen sehen und auch beobachten, wie Fische über die angelegte **Fischtreppe** den Staudamm überwinden. Hierfür ist eigens auch ein Beobachtungsraum, Chambre d'Observation des Poissons, im Damm eingerichtet worden.

Jenseits des Flusses auf der Seite von Poses wurde das **Vogelschutzgebiet** Réserve Ornithologique de la Grande Noë eingerichtet. Ein Stück flussaufwärts liegen der alte Schlepper La Fauvette und der Frachtkahn Midway, die heute als **Museum** für die Seine-Schifffahrt genutzt werden.

Pont-de-l'Arche

Zwischen dem Forêt de Bord, einem großen Forst in der ansonsten waldarmen Umgebung, und der Seine liegt Pont-de-l'Arche nahe der Einmündung der Eure. Der Standort war im 9. Jahrhundert zur Zeit der Wikingerüberfälle von größter strategischer Bedeutung. Im Mittelalter stand hier eine von 22 Bögen (arche) getragene steinerne Brücke, die allerdings 1856 einstürzte. Nach dem zweiten Weltkrieg wurde die heutige moderne Brücke errichtet.

Die **Ortskirche Notre-Dame des Arts** ist ein gotisches Flamboyant-Bauwerk ohne Querschiff aus dem 16. Jahrhundert. Die reiche Innenausstattung stammt teilweise aus der nahe gelegenen Abbaye de Bonport.

Knapp zwei Kilometer westlich von Pont-de-l'Arche stehen die Ruinen der **Abbaye de Bonport.** Sie wurde auf Grund eines Gelübdes 1189 von *Richard Löwenherz* errichtet. Kirche und Kreuzgang haben die Zerstörung während der Französischen Revolution nicht überlebt. Vom Klostergebäude steht noch das eingewölbte Refektorium aus dem 13. Jahrhundert mit den Kellern, der Küche und dem Arbeitsraum.

Elbeuf-sur-Seine

Die Industriestadt Elbeuf-sur-Seine, die am letzten engen Seine-Bogen vor Rouen liegt und mit ihren Nachbarorten längst ein geschlossenes Stadtbild abgibt, kann auf eine lange **Geschichte** zurückblicken. Ihren Ursprung hat sie in einer normannischen Siedlung mit Namen *Welleboe* (boe = „Bau", „Siedlung"). Ab dem 15. Jahrhundert siedelte sich die Tuchweberei an, die vom Minister *Colbert* im 17. Jahrhundert zu einer bedeutenden Textilmanufaktur weiterentwickelt wurde. In der zweiten Hälfte des 19. Jahrhunderts ging es mit diesem Industriezweig bergab, doch längst haben sich hier im Einzugsbereich von Rouen moderne Industrien angesiedelt, so zum Beispiel ein großes Automobilwerk auf dem gegenüber liegenden Seine-Ufer.

Die **Ortskirche Saint-Jean** ist vor allem wegen ihrer Glasfenster interessant. Der gotische Bau wurde im 17. Jahrhundert umgestaltet. Viele der alten Glasfenster sind aber noch im ursprünglichen Zustand erhalten, insbesondere die Fenster im Nordflügel.

Am westlichen Innenstadtrand steht die **Église Saint-Étienne,** um 1517 im Flamboyant-Stil errichtet. Auch sie weist eine Reihe schöner Fenster aus der Entstehungszeit auf.

Im **Rathaus** im Zentrum der Stadt ist das Musée d'Histoire Naturelle mit Exponaten zur Ortsgeschichte seit gallorömischer Zeit untergebracht.

Belbeuf

Von Elbeuf sind es keine zwanzig Kilometer mehr nach Rouen. Die rechte Uferstraße D 7 führt über Les Authieux, dessen Ortskirche schöne Renaissance-Fenster aufweist, vorbei an der Chapelle St.-Adrien aus dem 13. Jahrhundert. Die Kapelle ist etwas unterhalb der Straße halb in den Felsen eingebaut. Dann geht es an den Roches St.-Adrien entlang, steilen Kalkfelsen, von denen man eine großartige Aussicht über die Seine und Rouen hat.

Hinter diesen Felsen biegt man rechts nach Belbeuf ab, das etwas oberhalb des Flusstales liegt. Von der kleinen Ortskirche, die von einer alten Eibe bewacht wird, genießt man eine schöne Aussicht. Das **Château Belbeuf** aus dem 18. Jahrhundert besticht durch seine schlichte Architektur. Der Bau steht inmitten eines 200 Hektar großen Parks mit einem Taubenhaus aus dem 16. Jahrhundert. Im Schloss finden wechselnde Ausstellungen statt.

Praktische Tipps

Information
- **Office de Tourisme**, 76504 Elbeuf, Chambre de Commerce, 28, Rue Henry, Tel. 0235 77 03 78, Fax 0235 789893, office.tourisme@elbeuf.fr

Unterkunft
- **Hostellerie Saint-Pierre**€€, 27430 Saint-Pierre-du-Vauvray, 2, Chemin des Amoureux, bodenständiger normannischer Gasthof mit Garten zur Seine, behindertengerechte Zimmer, angeschlossenes Restaurant €€, im Winter geschlossen, Tel. 0232 59 93 29, Fax 0232 59 41 43, stpierre@free.fr
- **Le Moulin de Conelles**€€€, 27430 Conelles, 40, Route d'Amfreville, hochelegantes anglo-normannisches Herrenhaus aus dem 19. Jahrhundert in einem drei Hektar großen, naturbelassenen Garten, angeschlossenes Restaurant €€€ mit Spitzenküche, im Winter sonntagabends und montags geschlossen, Tel. 0232 59 53 33, Fax 0232 59 21 83, moulindecouelles@moulindecouelles.com
- **Hôtel de la Tour**€, 27430 Pont de l'Arche, 41, Quai Foche, ein zu einem Hotel umfunktioniertes Haus am Ufer der Eure, charmante Zimmer im Stil der „guten alten Zeit", ganzjährig geöffnet, Tel. 0235 23 00 99, Fax 0235 23 46 22, hotel-de-la-tour@wanadoo.fr

Essen und Trinken
- **Les Saisons**€€, 27400 Vironvay, Route des Saisons, talentierte, frische Küche, kleines Hotel €€ mit behindertengerechten Zimmern angeschlossen, sonntagabends, montags, zweite Augusthälfte und in den Februar-Schulferien geschlossen, Tel. 0232 40 02 56, Fax 0232 25 05 26
- **Auberge de la Pomme**, Les Damps, 44, Route de l'Eure, empfehlenswerte Küche, Tel. 0235 23 00 46
- **Auberge du Pressoir**€, in 27460 Igoville an der RN 15 an einem „Le Fort" genanten Platz, einfache schmackhafte Küche, ganzjährig geöffnet, Tel. 0235 23 27 77, Fax 0235 23 28 73
- **Le Tourville**€€€, 76410 Tourville-la-Rivière, 12, Rue Danielle-Casanova, Restaurant in einem Bürgerhaus, wo jeder Einrichtungsgegenstand „seinen Platz" hat, klassische Küche, teuer, abends nur am Freitag und am Samstag geöffnet, montags und im August geschlossen, Tel. 0235 77 58 79, Fax 0235 81 32 66

Museen
- **Musée La Fauvette und Midway**, 27740 Poses, 64, Chemin du Halage, ein alter Schlepper und ein alter Frachtkahn dienen als Museum für die Seine-Schifffahrt, Führungen von Mai bis Oktober an Sonn- und Feiertagen 14.30-18 Uhr, Eintritt: 3,80 €, Tel. 0232 59 08 44, Fax 0232 59 18 78
- **Musée Municipal d'Histoire Naturelle**, 76500 Elbeuf-sur-Seine, Rathaus, Regionalmuseum mit Exponaten zur Vorgeschichte und zur gallorömischen Zeit, Gemälde von regionalen Künstlern, geöffnet: Allerheiligen bis Ostern montags, mittwochs 14-18 Uhr, samstags und sonntags 14.30-17.30 Uhr; von Ostern bis Allerheiligen montags, mittwochs und samstags 14-18 Uhr und während der Schulferien nachmittags 14-18 Uhr außer dienstags, Eintritt frei, Tel. 0235 96 90 15

Besichtigungen
- **Château du Val Freneuse**, 76410 Sotteville-sous-le-Val, am rechten Seine-Ufer in etwa gegenüber der Abteiruine von Bonport, zur Besichtigung offen sind die Räume im Erdgeschoss, die Kapelle und der Park, Kunstausstellungen, geöffnet: erste Julihälfte und September 12-18 Uhr außer mittwochs, Tel. 0235 78 68 84
- **Manoir de Senelles**, Herrenhaus aus dem frühen 16. Jahrhundert in Ziegel- und Steinbauweise mit außergewöhnlichen Kaminen aus dem 17. Jahrhundert, im Hof schöner Taubenschlag und eine Remise (ein Schuppen) aus dem 16./17. Jahrhundert, Außenbesichtigung ganzjährig 10-12 und 14-18 Uhr,

Innenbesichtigung auf Anfrage, Tel. 0232 49 76 24

●**Chambre d'Observation des Poissons** im Staudamm von Poses, geöffnet von Mai bis September an Sonn- und Feiertagen 13.30-18.30 Uhr, Tel. 0232 59 13 13

●**Réserve Ornithologique de la Grande Noë,** am linken Seine-Ufer am Staudamm von Poses mit seltenen Wasservögeln wie Blesshühnern und Reihern in großen Schilfarealen, Anfrager Tel. 0232 59 42 95, gonm@wanadoo.fr

●**Abbaye de Bonport,** bei Port-de-l'Arche, Besichtigung der erhaltenen Klostergebäude von April bis September an Sonn- und Feiertagen, täglich im Juli 14-18.30 Uhr (außer samstags), Tel. 0235 02 15 42

Aktivitäten

●**Moulin d'Andé,** Ufermühle in 27430 Andé, zwischen Les Andelys und Amfreville am rechten Seine-Ufer, aus dem 12. Jahrhundert, Theater- und Kleinkunstprogramm, Konzerte und Kabarett, Tel. 0232 59 90 89

●**Freizeit- und Golfparks Léry-Poses,** zwei Baggerseen bei Poses im Seine-Tal: Le Lac des Deux Amants sowie Le Lac du Mesnil, Tel. 0232 59 13 13

Im Tal der Andelle

Der kleine Fluss Andelle, der unmittelbar unterhalb der Côte des Deux Amants in die Seine mündet, entspringt im Pays de Bray (siehe Kap. „Im Osten der Normandie/Côte d'Albâtre/Pay de Bray") in der Nähe von Forges-les-Eaux. Im Oberlauf durchfließt er die zauberhafte Landschaft dieses südlichen Teils des Départements Seine Maritime bis **Sigy-en-Bray.** In dem mittelalterlichen Ort stand einst eine große Abtei, von der nur noch die Abteikirche übrig geblieben ist.

Le Héron   ⇗ XV/C1

Der nächste Ort an der Andelle unterhalb von Signy-en-Bray ist Le Héron, das malerisch inmitten der **Parklandschaft** des örtlichen Schlosses liegt.

Vascœil   ⇗ XV/C2

Nur wenige Kilometer flussabwärts auf der D 46 liegt Vascœil an der Mündung des Crevon. Hier war der französische Historiker *Michelet* einst zu Hause. Im Ort steht das sehenswerte **Château Vascœil,** ein Ziegelsteinschloss aus dem 14. Jahrhundert, das im 15. und 16. Jahrhundert erweitert und ausgebaut wurde. Der achteckige Seitenturm mit dem runden Dachgeschoss neben dem einfach gegliederten Haupthaus zeigt noch den Wehrcharakter der Anlage. Im Garten steht ein großer Ziegelstein-Taubenturm aus dem Jahr 1636, und auf dem Schlossgelände sind einige interessante Nachbauten typischer normannischer Fachwerkhäuser zu sehen.

Ende der 80er-Jahre wurde hier im Schloss das **Maison Michelet** eingerichtet, in dem man persönliche Gegenstände des Historikers vorfindet, der den Ort bekannt gemacht hat. In den restaurierten Räumen finden ums Jahr Kunstausstellungen statt, die jährlich wechselnd jeweils im Sommer einem großen Künstler gewidmet sind (Dali, Verlinde etc.).

Gustave Flaubert und seine Madame Bovary

Gustave Flaubert ist unter allen normannischen Schriftstellern zweifelsohne der berühmteste. Er wurde 1821 in Rouen als Sohn eines Chirurgen geboren und starb 1880 in Croisset bei Rouen. Nachdem er in Rouen zur Schule gegangen war, studierte er lustlos die Rechtswissenschaften in Paris. Durch eine Nervenerkrankung war er aber seit 1843 praktisch vom Berufsleben ausgeschlossen, unternahm weite Reisen in den Mittelmeerraum und in den Vorderen Orient. Nach dem Tod von Vater und Schwester zog er sich dann 1846 nach Croisset zurück.

Hier in der Abgeschiedenheit, wo er auch seinen Daseinsekel bewältigte, entwickelte er einen Schreibstil, der von ungeheurer Disziplin und fast wissenschaftlicher Arbeitsmethodik gekennzeichnet ist. Genaueste Beobachtung mit Sinn für das Detail ließ ihn schnell die Oberflächlichkeit des bourgeoisen Lebensstils seiner Zeit erkennen. War er in seiner Jugend noch begeisterter Anhänger des romantischen Engländers *Byron,* so bewunderte er später den großen Klassiker *Goethe* und den französischen Romantiker *Hugo.* Er überwand die jugendliche Lebensphase schnell, empfand zunehmend Ablehnung gegen die materialistische Gesellschaft, die ihn umgab und die ihn in ihrer Mittelmäßigkeit und Banalität abstieß.

So war Flaubert spätestens mit dem Erscheinen seiner „Madame Bovary" im Jahre 1857 zum großen Meister des französischen realistischen Romans geworden. Dreiundfünfzig Monate hatte er an dem Manuskript zu diesem Buch gearbeitet, das ihm Weltruhm einbringen sollte. Es war von Anfang an ein großer Erfolg – ein Skandalerfolg, denn ihm wurde der Prozess gemacht, doch man konnte ihn nicht der Unsittlichkeit überführen.

Der Roman „Madame Bovary" basiert auf einer wahren Begebenheit, die sich in Ry unweit von Flauberts Domizil abgespielt hatte. Er schildert in brutalster Offenheit, die viele Zeitgenossen entsetzte, die Geschichte einer jungen Frau in der französischen Provinz, die ihrem Leben mit Selbstmord ein Ende setzt. Sie heiratet einen viel älteren, bornierten Landarzt, der in Ry seine Praxis betreibt. Aus romantischen Sehnsüchten heraus wird sie zum Ehebruch getrieben, zerbricht aber letztlich am Missverhältnis zwischen ihrer völlig irrationalen Gefühlswelt inmitten ihrer materialistisch-nüchternen Umwelt. Flaubert inszeniert das Ende der Literaturepoche der Romantik mit der Thematik seiner Emma Bovary, deren Ehebruch nicht die Lösung ihrer Probleme beinhaltet, sondern ihr Ende vorbereitet. „Sie waren beide einander überdrüssig, und Emma fand im Ehebruch alle Schalheiten der Ehe wieder", beschreibt Flaubert das Ende.

Château-Musée Martainville

⇗ XV/C1

Wenig mehr als sechs Kilometer auf der N 31 westlich in Richtung Rouen liegt Martainville mit seinem sehenswerten Schloss. Die wehrhafte Anlage mit vier Rundtürmen am Haupthaus wurde von einem reichen Kaufmann aus Rouen ab 1485 errichtet. Das Hauptportal lässt noch eindeutig den **spätgotischen Flamboyant-Stil** erkennen. Im 16. Jahrhundert wurden dann die der Verteidigung dienenden Teile der Anlage entfernt. Heute ist im Schloss das **Staatliche Völkerkundemuseum** untergebracht.

Buchy ⇗ XV/C1

Am Oberlauf der Crevon, einem kleinen Nebenfluss der Andelle, liegt Buchy, ein kleinerer Marktort mit einer sehenswerten, gut erhaltenen **Markthalle** aus dem 16. Jahrhundert, die bis heute in Benutzung ist. Die **Ortskirche Notre-Dame** stammt ebenfalls aus dem 16. Jahrhundert, wurde aber Mitte des 19. Jahrhunderts im Stil der Neo-Renaissance umgestaltet. Der Chor mit den Renaissance-Fenstern blieb jedoch in seiner Ursprünglichkeit erhalten.

Blainville ⇗ XV/C1

Ein Stück flussaufwärts liegt Blainville, der Geburtsort des 1968 verstorbenen Künstlers *Marcel Duchamp,* dem Begründer der New Yorker Malschule.

Blainville wird von den Überresten einer mittelalterlichen **Burg** aus dem 12./13. Jahrhundert mit Anbauten aus dem 15. Jahrhundert überragt. Hier hat man durch Ausgrabungen Teile einer mittelalterlichen Motte freigelegt, deren Ursprünge auf das 11. Jahrhundert zurückzuführen sind. Diese Motte war von einem über 100 Meter langen Wall mit Türmen umgeben, von denen noch Fundamente zu sehen sind.

Die Ortskirche **Saint-Michel** wurde Ende des 15. Jahrhunderts durch das Grafengeschlecht d'Estouteville begründet. Ihr Inneres ist im gotischen Flamboyant-Stil gehalten. Im linken Querschiff steht eine bemalte hölzerne Statue des Heiligen Michael in der Darstellung als Drachentöter.

Ry ⇗ XV/C1

Mit seinem Roman **Madame Bovary** begründete *Gustave Flaubert* den französischen Realismus – ausgerechnet mit einer detailgetreuen Darstellung des kleinbürgerlichen Lebens in der französischen Provinz, wie sie Mitte des 19. Jahrhunderts im Umfeld von Rouen nicht abschreckender sein konnte. Das Dorf Ry an der Crevon, von Flaubert in *Yonville-l'Abbaye* umgetauft, bildet die Kulisse zu diesem Epoche machenden Werk.

Die Hauptdarsteller sind die liebeskranke *Emma Bovary,* die Frau des Dorfarztes, der unglückliche Dorfarzt selbst und der neunmalkluge Dorfapotheker. Sie alle haben reale Vorbilder. Das Haus, in dem *Delfine Delamare,* die „echte" Madame Bovary, starb, ist heute die Ortsdrogerie. Im Geschäft des Apothekers *Monsieur Homais* befand sich zwischenzeitlich eine Chemische Reinigung.

Von dem Schicksal der tatsächlichen Delfine Delamare hatte Flaubert eher zufällig erfahren. Sie war der Ehe mit dem älteren Landarzt Delamare überdrüssig, verliebte sich zunächst in einen benachbarten Gutsbesitzer, dann in einen kleinen Schreiber, brach die Ehe, machte Schulden, verzweifelte am Leben und vergiftete sich. Monsieur Delamare merkte nichts von der Untreue seiner Frau und nichts von ihrem Leiden, obwohl dies auch eindeutig medizinische Züge trug. Als sie sich umgebracht hatte, siechte er dahin und starb ebenfalls. So endet auch Flauberts Roman von der Emma Bovary.

Am Ufer der Crevon wurde in den 70er-Jahren in einer Kelterei aus dem 18. Jahrhundert das Automatenmuseum **Galerie Bovary** eingerichtet, in dem mit über 300 Puppen Szenen aus dem Roman „Emma Bovary" nachgestellt sind.

Abbaye de Fontaine-Guérard ⚐ XV/C2

Im unteren Abschnitt der Andelle nehmen die Industrieanlagen zu. Eins dieser Gebäude, eine turmartige Textilfabrik aus dem 19. Jahrhundert, ist vom Conseil Départemantal restauriert worden. Doch unmittelbar südlich von Vascœil, wo die Talstraße D 1 am rechten Ufer entlangläuft und sich am anderen Flussufer die Ausläufer des Forêt de Lyon erstrecken, überwiegt noch der ländliche Charakter. Unmittelbar unterhalb von Fleury-sur-Andelle stehen in idyllischer Umgebung am Nordufer die **Ruinen** der Abbaye de Fontaine-Guérard, eines Ende des 12. Jahrhunderts gegründeten Klosters, das sich Anfang des 13. Jahrhunderts dem Zisterzienser-Orden anschloss.

Zu sehen sind noch die Reste der **Abteikirche,** die 1218 entstand, sowie der Ostflügel der **Klostergebäude** mit dreischiffigem gotischem Kapitelsaal und Dormitorium.

Neben der Klosteranlage steht die **Kapelle Saint-Michel,** die im 15. Jahrhundert auf einem eingewölbten Untergeschoss errichtet wurde. Von hier führt ein unterirdischer Gang zum Keller der Klostergebäude.

Pont-St.-Pierre ⚐ XV/C2

Nur wenig oberhalb der Mündung der Andelle in die Seine liegt Pont-St.-Pierre mit seinem **Schloss** inmitten eines großen **Parks,** den man von der Hauptstraße aus einsehen kann. Interessant ist auch die Ortskirche aus dem 11. und 12. Jahrhundert mit reicher Innenausstattung.

Praktische Tipps

Information

● **Syndicat d'Initiative,** 76116 Ry, Les Trois Vallées Maison de l'Abreuvoir, Tel. 0235 37 23 16

Unterkunft/Essen und Trinken

● **Bonne Marmite**€€, Pont-St.-Pierre, 10, Rue René-Raban, repräsentatives altnormannisches Gasthaus mit komfortablen Zimmern,

Restaurant €€ mit empfehlenswerter, regionaler normannischer Küche, sonntagabends und montags sowie vom 20.7. bis 13.8. und vom 20.2. bis 10.3. geschlossen, Tel. 0232 49 70 24, Fax 0232 48 12 41, www.la-bonne-marmite.com
- **Auberge de l'Andelle**€€, Port-St.-Pierre, 27, Grande-Rue, traditionelles normannisches Gasthaus, ganzjährig geöffnet. Tel. 0232 49 70 18, Fax 0232 49 59 43

Museen

- **Galerie Bovary/Musée d'Automates,** Ry, Place Gustave Flaubert, Automatendarstellungen von Szenen aus *Flauberts "Madame Bovary"*, Nachbildung der Apotheke des M. Homais, geöffnet: Ostern bis Ende Okt. samstags, sonntags, montags und feiertags 11-12 und 14-19 Uhr, Eintritt 4 €, Studenten 3 €, Kinder 2,50 €, Tel. 0235 23 61 44
- **Château-Musée Départemental des Traditions et Arts Normands,** Martainville, Exponate aus dem Volksleben des 16. bis 19. Jahrhunderts, permanente normannische Trachtenausstellung, ganzjährig (außer dienstags) geöffnet April bis September 10-12 und 14-18 Uhr, Oktober bis März 10-12.30 und 14-17 Uhr, Eintritt 1,50 €, Kinder bis 18 Jahre frei, Tel. 0235 23 44 70, Fax 0235 23 16 84

Besichtigungen

- **Château Vascœuil,** Schlossmuseum und Erinnerungsstätte an den einst bekannten Schriftsteller und Historiker *Michelet*, Sonderausstellungen, geöffnet: Mitte April bis Mitte Dezember täglich 14.30-18.30 Uhr, sonn- und feiertags 11-19 Uhr, Führungen 6,50 €, Studenten 4 €, Kinder 2 €, Tel. 0232 23 62 35, Fax 0235 23 03 90
- **Parc et Jardin du Château de Vandrimare,** 27380 Vandrimare, Gartenanlage inmitten eines Parks im Stil der Ersten Kaiserreiches, auf sechs Hektar Fläche reihen sich Hecken-, Blumen- und Klostergarten sowie ein Labyrinth, eine Orangerie und ein Wassergarten aneinander, geöffnet: von April bis Oktober wochentags und an Feiertagen 10-19 Uhr, Führungen auf Anfrage, Eintritt 4,60 €, Kinder unter 12 Jahren frei, Tel. 0232 49 03 57

Einkaufen

- **Traditioneller Montagsmarkt** in der historischen Markthalle von Buchy, vormittags

Im Tal der Eure

Der Fluss **Eure** durchfließt in seinem unteren Abschnitt das fünfte Département der Normandie, dem er auch seinen Namen verlieh. Über weite Strecken verläuft die Eure in einer Entfernung von kaum mehr als zehn Kilometern annähernd parallel zur Seine. Die beiden Flüsse sind nur durch sanfte Hügelketten voneinander getrennt, auf denen die Trasse der Autobahn A 13 von Rouen nach Paris verlegt wurde. Im Süden des Départements bildet die Eure bis zum Ort Dreux die Grenze zu dem schon zur Île-de-France zählenden Département Eure-et-Loire.

Am **Iton,** einem Nebenfluss der von Westen in die Eure mündet, liegt Évreux, die Hauptstadt des Départements Eure. Ein anderer Nebenfluss, die **Avre,** mündet weiter südlich ebenfalls von Westen in die Eure. Sie bildete die historische Grenze zwischen der Normandie und der Île-de-France, die vor allem im Hundertjährigen Krieg heftig umkämpft wurde.

Im Gegensatz zu den typischen, vielgegliederten Landschaftsbildern der Normandie, die eher an Parks und Gärten als an Landwirtschaft erinnern, sind weite Teile des Départements Eure durch **ausgedehnte Ackerkulturen** geprägt – der Übergang zur Île-de-France macht sich hier schon deutlich bemerkbar. Doch jenseits der großen Durchgangsstraßen, die natürlich bevorzugt durch diese ebenen Flächen gezogen wurden, zeigt sich erst der ganze Zauber dieser Region.

Entlang der Eure

Nicht ganz hundert Kilometer misst der Unterlauf der Eure zwischen Louviers und Dreux. Das Einzugsgebiet des Flusses ist kulturhistorisch ausgesprochen interessant und der Flusslauf bietet viele abwechslungsreiche Landschaftsabschnitte. Sehenswert sind die vielen Renaissance-Schlösser, die entlang der Eure errichtet und harmonisch in die Landschaft des Flusstals eingepasst wurden.

Louviers ⌨ XIV/B3

Dort wo die Eure in die Seine mündet, liegt nur wenige Kilometer weiter südlich Louviers, eine Stadt, die einst von Tuchmanufakturen geprägt war und als besondere Attraktion von großen Ginsterfeldern umgeben ist. Von hier erstreckt sich der Forêt de Louvier bis zur Seine. Das Gebiet der Stadt gab *Richard Löwenherz* 1197 im Tausch gegen das Gelände des Château Gaillard an den Bischof von Rouen. Trotz starker Zerstörungen im Zweiten Weltkrieg sind noch eine Reihe alter **Fachwerkhäuser** erhalten, so das Maison du Fou du Roy in der Hauptstraße, in der heute das Tourismusbüro untergebracht ist. Weitere sehenswerte Gebäude finden sich in der Alstadt in der Rue du Quai, in der Rue Tatin und in der Rue Pierre Mendès-France.

Erhalten geblieben ist auch die **Église Notre-Dame,** die Hauptkirche mit ihrem mächtigen Turm im Zentrum von Louviers. Mit den Bauarbeiten wurde schon im 13. Jahrhundert begonnen, ihre endgültige Form im Flamboyant-Stil erhielt die Kirche aber erst im 15. Jahrhundert. Vor allem das Porche-Royal, das prächtige Portal an der Südseite, ist ein wahres Flammenmeer dieses spätgotischen Baustils. Die Innenausstattung umfasst Statuen, Grabmäler aus dem 15. Jahrhundert, eine Pietà aus dem 16. Jahrhundert sowie wertvolle Bilder aus dem 17. Jahrhundert.

Im Osten der Kirche auf der anderen Seite der beiden Flussarme steht das **Couvent des Pénitents,** ein Büßerkloster aus der Zeit um die Mitte des 17. Jahrhunderts, dessen Kreuzgang am Wasser besonders sehenswert ist.

Das Bühnenbildmuseum **Fondation Wakhévitch** im Norden der Stadt erinnert an den berühmten (Film-)Bühnenbildner *Gerges Wakhévitch* (1907-1984). Im gleichen Haus ist das **Stadtmuseum** untergebracht.

Acquigny ⌨ XIV/B3

Vier Kilometer südlich von Louviers liegt Acquigny an der Eure. Hier hat *Anne de Laval,* eine Hofdame von *Katharina von Medici,* ein **Renaissance-Schloss** errichten lassen, das man von der Eure-Brücke gut überblicken kann.

La Croix-St.-Leufroy ⌨ XV/C3

Nochmals zehn Kilometer weiter südlich liegt La Croix-St.-Leufroy mit seiner **Kirche,** deren Turm aus dem

Im Osten der Normandie
IM TAL DER EURE

16. Jahrhundert im Renaissance-Stil errichtet wurde. Die reiche Innenausstattung umfasst alte Bilder, Statuen und einen schönen Taufbrunnen.

Chambray ⌦ XVII/C1

Eines der schönsten **Renaissance-Schlösser** des Eure-Tals liegt bei Chambray. Es wurde zu Beginn des 17. Jahrhunderts in kombinierter Ziegel- und Natursteinbauweise errichtet. Erst später erhielt das Schloss seine Flügelanbauten.

Pacy-sur-Eure ⌦ XVII/C1

Auf dem Weg nach Pacy-sur-Eure passiert man **Cocherel**. Der Ort ist durch den französischen Politiker *Aristide Briand* bekannt geworden, der sich nach dem Ersten Weltkrieg für den Frieden in Europa einsetzte. Er liebte die Landschaft an der Eure und wurde hier in Cocherel nach seinem Tod 1932 begraben.

Zwei Kilometer vor Pacy liegt der Ort **Menilles** mit einem schönen Ensemble aus Kirche und Renaissance-Schloss. Die Kirche entstand in der Zeit vom 14. bis 16. Jahrhundert, das Ziegel- und Natursteinschloss liegt etwas oberhalb auf einer Terrasse.

Auch am Ortseingang von **Pacy-sur-Seine** steht ein Erinnerungsdenkmal für *Aristide Briand*. Das Schloss des Ortes wurde bereits 1378 zerstört. Sehenswert ist die Ortskirche St.-Aubin aus dem 13. Jahrhundert. Der gotische Bau wurde im 16. Jahrhundert umgestaltet. Ungewöhnlich symmetrisch ist der Aufbau des Langhauses mit seinen Arkaden, Pfeilern und dem Triforium.

Neuilly ⌦ XVII/C2

Nördlich von Neuilly, zwischen Pacy-sur-Eure und Ivry-la-Bataille, steht das **Château de la Folletière**. Es weist alle Elemente der Hochrenaissance wie Ziegel- und Natursteinbauweise, hochgezogene Dächer, Kamine und Seitentürme auf.

Ivry-la-Bataille ⌦ XVII/D2

Der Ort liegt malerisch an der Eure. Einige schöne Fachwerkhäuser bestimmen das Bild, z.B. **Maison Henry IV.**, Haus Nr. 5 in der Rue de Garennes mit schöner Renaissance-Fassade. Ein **Tordurchgang** aus dem 11. Jahrhundert am Ende der Rue de l'Abbaye könnte zur einstigen Abteikirche des Ortes gehört haben, die allerdings in der Französischen Revolution zerstört wurde.

Die **Ortskirche Saint-Martin** wurde Ende des 15. Jahrhunderts von *Diane de Poitiers* begründet. Für den Bau verpflichtete sie den seinerzeit berühmtesten Architekten *Philibert Delorme*. Die Spitzen des gotischen Kirchturms sind mit Fabelfiguren versehen. Im Inneren befinden sich eine schöne Marienstatue und ein Taufbrunnen.

Ivry-la-Bataille wurde einst nur *Ivry* genannt, den Beinamen *la Bataille* trägt der Ort, seit König *Henry IV.* im Jahr 1590 bei dem nahe gelegenen Ort **Couture-Boussey** die feindlichen Katholiken schlug. Das Maison Henry IV. soll sein Schlachtquartier gewesen sein. Von Couture erreicht man auf der D 163 in Richtung Norden einen Obelisken, den Napoleon 1803 in Erinnerung an diese Schlacht errichten

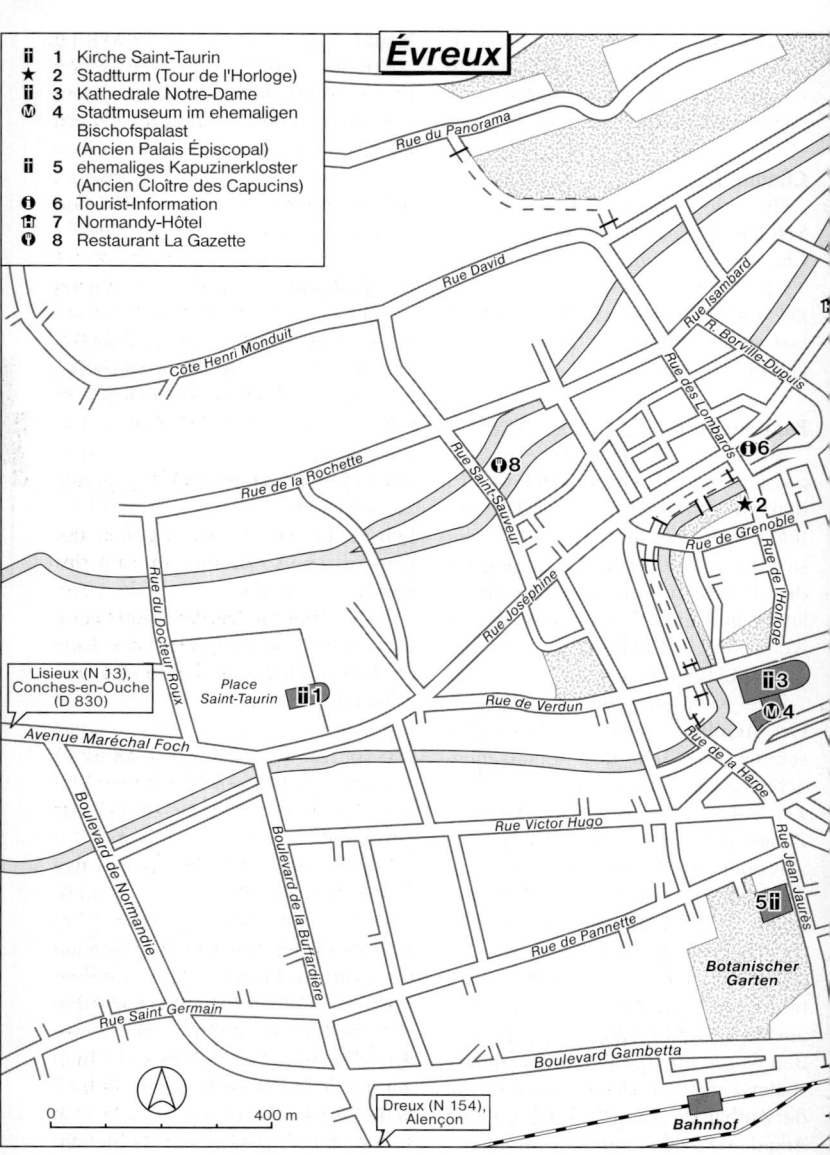

ließ. Darüber hinaus ist Couture-Boussey seit dem 17. Jahrhundert für seine Musikinstrumenten-Herstellung bekannt. Ein Museum erinnert an diese Tradition.

Marcilly-sur-Eure ⌲ XVII/C2

Südlich von Ivry liegen bei Marcilly an der Eure die Ruinen der **Abbaye du Breuil-Benoit.** Die großzügige Anlage aus dem 12. Jahrhundert umfasst neben den Kirchenresten noch Teile der Abteigebäude. Nördlich des Ortes steht das **Château de Brazais,** ein repräsentativer Renaissance-Bau.

Den Iton flussaufwärts

Der Iton ist der längste Nebenfluss der Eure. Er entspringt im Zentrum des Départements Orne, durchfließt den südlichen Teil des Départements Eure, wo er auch die Südgrenze des Pays d'Ouche bildet, und mündet bei Acquigny in die Eure.

Évreux ⌲ XVII/C1

Am Unterlauf des Iton, dort wo sich der Fluss in mehrere Seitenarme verzweigt, liegt Évreux, Hauptstadt und landwirtschaftlicher Mittelpunkt des Départements Eure.

Die keltische Ursprungssiedlung der Eburovices lag etwas weiter ostwärts. Die Römer nannten den Ort *Mediolanum,* aber der keltisch abgeleitete Name setzte sich durch. Bereits im 4. Jahrhundert wurde Évreux zu einem der ersten Bischofssitze der heutigen Normandie ernannt. Das weitere Schicksal der Stadt kann nicht typi-

Im Osten der Normandie
IM TAL DER EURE

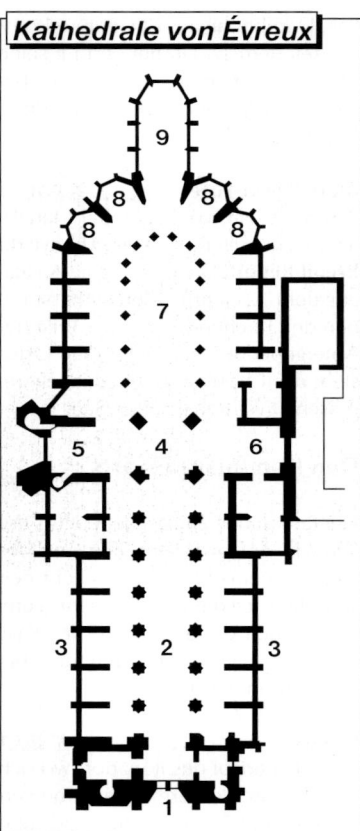

Kathedrale von Évreux

1 West-Fassade
2 Mittelschiff
3 Seitenkapellen
4 Vierung
5 Querschiff mit N-Portal und Fensterrose "Jüngstes Gericht"
6 Querschiff
7 Chor
8 Kranzkapellen
9 Achskapelle

scher für die Normandie sein: Im 5. Jahrhundert wurde sie von Wandalen überfallen, im 9. Jahrhundert war sie mehrfach Ziel von Wikingerraubzügen. Im Jahr 1119 legte der englische König *Heinrich I.* Feuer in der Stadt, weil sich der Herzog von Évreux seinem Gegner, dem Franzosenkönig *Louis VII.* angeschlossen hatte. Dann zerstörte *Philippe II. Auguste* 1194 die Stadt. Und auch im Hundertjährigen Krieg erlitt Évreux schwere Zerstörungen, weil es mehrfach die Fronten wechseln musste. Im Zweiten Weltkrieg war die elektronische Industrie von Évreux beim deutschen Einmarsch Ziel von Fliegerangriffen, die die Stadt in Schutt und Asche legten. Die Alliierten flogen dann 1944 erneut Bombenangriffe. Doch längst ist Évreux aus den Trümmern neu erstanden und große Anstrengungen wurden unternommen, um die historisch wertvollen, erhalten gebliebenen Bauten zu renovieren.

Was historisch für die Stadt im Allgemeinen gilt, trifft auf die **Kathedrale Notre-Dame** in besonderem Maße zu. Der Wikinger *Rollo,* der die Stadt in seiner stürmischen Zeit mehrfach geplündert hatte, ließ später als ihr Schutzherr eine Kathedrale errichten, die 912 erstmals erwähnt wird. Der heutige Bau entstand nach mehrfachen Zerstörungen der Vorgängerbauten im 13. Jahrhundert, es wurde aber bis zum 17. Jahrhundert daran weitergearbeitet: Im Chorboden finden sich noch Reste des Baus aus dem 10. Jahrhundert. Das Langhaus ist romanisch. Der Chor wurde im späten 13. Jahrhundert angefügt. Im 14. und 15. Jahrhundert kamen dann die Seitenschiffkapellen und der Chorumgang mit seinen 23 Kapellen hinzu. Die Vierung und der 45 Meter hohe Laternenturm datieren aus dem frühen 15. Jahrhundert. Die Westfassade wurde in der Renaissance angefügt. Die Innenausstattung der Kathedrale ist äußerst wertvoll. Zunächst fallen die vielen Glasfenster auf, die teilweise noch aus dem 11. Jahrhundert stammen. Schöne Holzschranken trennen einzelne Kapellen ab. Beachtenswert sind die Holztür aus dem 16. Jahrhundert am Chorumgang sowie das geschnitzte Chorgestühl aus dem 18. Jahrhundert.

Dem heiligen *Taurin*, dem Begründer des Bistums von Évreux im 4. oder 5. Jahrhundert, ist die **Kirche Saint-Taurin** im Westen der Stadt zwischen den Flussarmen des Iton gewidmet. Anstelle eines möglicherweise schon von Taurin errichteten Vorgängerbaus gründete Herzog *Richard I.* eine Abtei. Die Abteikirche entstand im 11. Jahrhundert und wurde im 12. und 14. Jahrhundert ausgebaut. Ihr Querschiff ist stilrein romanisch, die Fassade entstammt der Zeit *Ludwigs XV.* Sehenswert sind die Glasfenster der Kirche. Ihr größter Schatz ist der goldene Reliquienschrein des heiligen Taurin, eine wertvolle Gold- und Silberschmiedearbeit in Form einer Miniaturkapelle aus dem 13. Jahrhundert.

Sehenswert ist auch der alte Kreuzgang des **Ancien Cloître de Capucine,** des ehemaligen Kapuzinerklosters im Südosten der Altstadt beim Botanischen Garten. Heute ist eine Schu-

Die Kathedrale Notre-Dame in Évreux

le in den 1963 restaurierten Gebäuden untergebracht.

Von der Stadtbefestigung sind noch Reste der **gallorömischen Mauer** neben dem Bischofspalast zu sehen. Der ehemalige Wachturm der mittelalterlichen Befestigung, der **Tour de l'Horloge,** wurde Ende des 15. Jahrhunderts als schlanker Turm mit seinem Treppentürmchen westlich des Rathauses errichtet. Reste der Stadtmauer reichen von hier bis zur Kathedrale.

Das Stadtmuseum ist im ehemaligen Bischofspalast, dem **Ancien Palais Épiscopal,** untergebracht. Er wurde im Mittelalter in schöner Lage über dem Fluss errichtet und nach mehreren Bränden ab 1500 im Flamboyant-Stil erneuert und burgähnlich mit kleinen Türmen und Erkern ausgebaut.

Am Mittellauf des Iton ⚐ XVI/B2-3

Eine Reihe von Sehenswürdigkeiten lohnen einen Abstecher den Iton weiter flussaufwärts. In der Nähe von Gouville, etwa 25 Kilometer von Évreux entfernt, steht das **Château de Chambray,** der Stammsitz derer von Chambray, einer Adelsfamilie, die bis auf das 12. Jahrhundert zurückgeht. Die heutige Gestalt des Schlosses geht im Wesentlichen auf das 15. Jahrhundert zurück, Umbauten erfolgten aber bis in das 19. Jahrhundert. Sehenswert ist die Schlosskapelle aus dem 15. Jahrhundert mit schönen Glasfenstern und einem Portal, das mit Ornamenten geschmückt ist.

Der nächste interessante Ort ist **Breteuil-sur-Iton,** unmittelbar am großen Forêt de Breteuil gelegen. *Wilhelm der Eroberer* ließ hier im Jahre 1055 am Iton eine Festung errichten, von der noch Fundamente erhalten sind. Die romanische Ortskirche Saint-Sulpice wurde im 12. Jahrhundert aus grauen Feldsteinen errichtet. Im Inneren sind die Orgelempore und die Balustrade aus dem 16. Jahrhundert sowie die Renaissance-Statuen beachtenswert.

Fährt man noch einige Kilometer flussaufwärts, gelangt man nach **Francheville.** Hier ist die im Ursprung

Der ehemalige Bischofspalast von Évreux

IM TAL DER EURE

Seine-Tal

romanische Ortskirche Saint-Martin von Interesse, insbesondere das Südportal mit dem Verkündigungsrelief. Umbauten erfolgten im 16. Jahrhundert. Im Inneren verfügt die Kirche über einige volkstümliche Statuen. Am Hauptplatz befindet sich ein kleines Schmiedemuseum, das auf die Eisenverarbeitungstradition des Ortes verweist. Immerhin wurden in der Umgebung von Francheville im 19. Jahrhundert noch an die 400 Schmieden betrieben.

Im Tal der Avre

Die Avre mündet nördlich von Dreux bei Saint-Georges-Motel in die Eure. Westlich der Seine stellte sie den **Grenzfluss** zwischen der Normandie und der Île de France dar. Insofern hatten die normannischen Herzöge ein besonderes Interesse an dieser strategisch so wichtigen Region und ließen sie entsprechend befestigen.

Der Flusslauf folgt einer **reizenden Tallandschaft,** insbesondere im Abschnitt zwischen Tillières und Verneuil lohnt es, die Schnellstraße N 12 zu verlassen und auf der D 102/D 316 am südlichen Ufer entlangzufahren.

Dem Avre-Tal wird heute übrigens ein großer Teil des **Trinkwassers** entnommen, das im gut 100 Kilometer entfernten Paris verbraucht wird.

Nonancourt ⚐ XVII/C3

Einer der Festungsorte an der Avre ist Nonancourt, nur wenige Kilometer oberhalb der Mündung in die Eure. *Heinrich I.* errichtete hier im Jahre 1112 ein wahres Bollwerk gegen die Franzosen in der Île de France – eine **Burg,** um die sich später der Ort gruppierte.

Nonancourt hat sein **mittelalterliches Flair** bewahrt. Einige typische Fachwerkhäuser sind an der Place Aritide Briand, in der Hauptstraße und um die Église Saint-Martin erhalten geblieben. Im schönsten dieser Häuser, dem Maison Mouret, ist heute das Fremdenverkehrsamt untergebracht.

Die **Église Saint-Martin,** deren Glockenturm noch aus dem Jahre 1204 stammt, wurde in ihrem heutigen Erscheinungsbild 1511 im Flamboyant-Stil errichtet. Sehenswert sind die Glasfenster aus dem 16. Jahrhundert mit Motiven aus der Christus-Geschichte, die Renaissance-Orgel, die St.-Anna-Statue im Nordflügel aus dem 15. Jahrhundert sowie insbesondere die Statue in der Marienkapelle aus dem 14. Jahrhundert, Maria mit dem Kind darstellend.

Im südlichen Nachbarort **St. Lubin des Joncherets** steht die Kirche Saint-Lubin, die im 16. Jahrhundert im Flamboyant-Stil neu gebaut wurde.

Tillières-sur-Avre ⚐ XVI/B3

Etwa in der Mitte zwischen Nonancourt und Verneuil liegt Tillièrses-sur-Avre. Hier legte bereits *Richard I.* eine **Festung** an und begründete damit die „Avre-Linie". Reste dieser Festung sind noch zu sehen.

Die Ortskirche **Saint-Hilaire** ist im Ursprung romanisch, wurde aber im 16. Jahrhundert grundlegend umgestaltet. Aus dieser Zeit stammen die Ausschmückungen im Chor und in der

Kapelle. Besonders sehenswert sind die reich verzierten, hängenden Schluss-Steine aus der Renaissance.

Verneuil-sur-Avre ⮕ XVI/B3

Verneuil wurde von *Heinrich I.* im Jahre 1120 gegründet, nachdem dieser als dritter Sohn *Wilhelm des Eroberers* 1100 König von England und 1106 Herzog der Normandie geworden war. Der Ort stellte die wichtigste Befestigung an der „Avre-Linie" dar. Verstärkt wurden die Befestigungsanlagen durch Wälle und Gräben, die man teilweise durch Umleitung des nahe gelegenen Iton speiste, der in die Avre floss hier durch französisches Territorium. Der strategisch wichtige Ort wurde 1204 von *Philippe II. Auguste* erobert und weiter ausgebaut. Im Hundertjährigen Krieg lag die Stadt inmitten der heftigsten Auseinandersetzungen zwischen Normannen und Franzosen. Danach wurde es ruhig um Verneuil, der Standort war nicht mehr bedeutend und so konnte sich die kleine Stadt ihr historisches Stadtbild erhalten.

An den leicht zum Fluss hin abfallenden und von Kanälen durchzogenen Straßen und Gassen von Verneuil stehen noch schöne alte **Stein- und Fachwerkhäuser.** Das berühmteste unter ihnen ist das Maison de la Renaissance an der Ecke Rue du Canon und Rue de la Madeleine, ein Erkerhaus aus dem 16. Jahrhundert. Das älteste Fachwerkhaus der Stadt – mit geschnitzten Holzfiguren – steht in der Rue des Tanneries Nr. 136. Es weist eine geschnitzte Holztür auf, die von hölzernen Statuen gesäumt wird. Beachtenswert sind in der Rue de la Madeleine das Hôtel Bournonville sowie die Nummern 532 (in einem Hof), 466 und 401. An der Ecke Rue Notre Dame und Rue du Pont-aux-Chèvres steht außerdem ein Renaissance-Haus aus dem 16. Jahrhundert mit einem reich verzierten Erker. Weitere sehenswerte Häuser stellen das Rathaus, *Hôtel de Ville,* nahe der Place de la Madeleine sowie das ehemalige Hôtel des Baretts dar.

Die schönste Kirche von Verneuil ist die **Église de la Madeleine** am gleichnamigen Marktplatz. Ihr mächtiger viergeschossiger Turm, der aus dem 15. Jahrhundert stammt, ist ein Meisterwerk der Flamboyant-Gotik. An- und Umbauten mit verschiedenen Materialien erfolgten in allen gotischen Stilepochen. Das Kirchenschiff ist im Ursprung romanisch dreischiffig angelegt. Der Chor und die Querschiffe entstammen dem 16. Jahrhundert. Das Renaissance-Portal mit den Statuen der Heiligen Jungfrau und der heiligen *Anna* erhielt später eine Vorhalle. Beachtenswert sind die vielen Statuen im Inneren, das geschnitzte Chorgestühl, die Glasfenster aus dem 15. und 16. Jahrhundert, die Orgel aus dem 18. Jahrhundert und nicht zuletzt die schmiedeeiserne Kanzel aus der gleichen Zeit.

Die **Église Notre-Dame** am gleichnamigen Platz im Süden des Ortskerns ist ein romanischer Bau aus dem 12. Jahrhundert. Die Kirche ist reich mit Statuen – überwiegend aus dem 16. Jahrhundert – ausgestattet. Teilweise wurden sie von Künstlern aus der Region gefertigt.

Die **Abbaye Saint-Nicolas** gegenüber Notre-Dame ist die alte Klosterkirche des hier 1627 gegründeten Benediktinerkonvents. Sie zählt zu den wenigen dauerhaft erhaltenen Klosterkirchen in der Normandie – ihr Klosterleben ist nie unterbrochen worden.

Von der **Église Saint-Jean** aus dem 15. Jahrhundert im Norden des Ortskerns stehen nur noch Ruinen, so der Turm und gotische Portalreste.

Die alte Stadtbefestigung lässt sich noch gut nachvollziehen. Aus der Entstehungszeit sind noch die Ruinen der **Tour Gélée** erhalten. Die **Tour Grise** („Grauer Turm") wurde von *Philippe II. Auguste* errichtet, nachdem er 1204 Verneuil erobert hatte.

In Bâlines, vier Kilometer östlich von Verneuil an der Avre gelegen und über die D 54 zu erreichen, kann ein kleiner **Raubvogelzoo** besucht werden.

In Les Barils fünf Kilometer westlich von Verneuil ist ein kleines **Bleisoldatenmuseum** zu besichtigen.

Praktische Tipps

Information

- **Office de Tourisme,** 27400 Louviers, 10, Rue Maréchal Foch, Tel. 0232 40 01 41
- **Office de Tourisme,** 27120 Pacy-sur-Eure, Place Dufay, Tel. 0232 26 18 21, Fax 0232 36 96 67
- **Syndicat d'Initiative,** 27530 Ézy-sur-Eure, Tel. 0237 64 77 36, Fax 0237 64 64 46
- **Office de Tourisme,** 27000 Évreux, 3, Place du Général de Gaulle, Tel. 0232 24 04 43, Fax 0232 31 28 45, information@evreux-tourisme.org
- **Office de Tourisme,** 27160 Breteuil-sur-Iton, Rue Ribot, Tel. 0232 29 82 54, Fax 0232 29 91 25 (in der Saison)
- **Office de Tourisme,** 27320 Nonancourt, Maison Mouret, Grand Rue, Tel. 0232 58 28 74 (in der Saison)
- **Office de Tourisme,** 27130 Verneuil-sur-Avre, 129, Place de la Madeleine, Tel./Fax 0232 32 17 17

Unterkunft

- **Le Pré Saint-Germain**€€, 27400 Louviers, 10, Rue Henry IV., funktionelles Haus mit klimatisierten Zimmern, zwei behindertengerechte Zimmer, ganzjährig geöffnet, angeschlossenes Restaurant €€ samstagmittags und sonntagabends geschlossen, Tel. 0232 40 48 48, Fax 0232 50 75 60, www.le-pre-saint-germain.com
- **La Haye le Comte**€€€, 27400 Louvier, 4, Route de la Haye le Comte, altes Manoir aus dem 16. Jahrhundert in einem fünf Hektar großen Park, angeschlossenes Restaurant €€ mittags geschlossen, im Winter insgesamt geschlossen, Tel. 0232 40 00 40, Fax 0232 25 03 85, www.manoir-louviers.com
- **Hotel Restaurant Altina**€, 27120 Pacy-sur-Eure, Route de Paris, modernes Haus zwischen RN 13 und Ortszentrum gelegen, sonntagabends und in den ersten drei Augustwochen geschlossen, Tel. 0232 36 13 18, Fax 0232 26 05 11, altinasa@aol.com
- **Normandy Hôtel**€€€, 27000 Évreux, 37, Rue Édouard Feray, ehemalige Poststation, großzügiges normannisches Fachwerkhaus inmitten der Altstadt, angeschlossenes Restaurant €€ sonntags und eine Woche im August geschlossen, Tel. 0232 33 14 40, Fax 0232 31 24 74
- **Hôtel de France**€€, 27000 Évreux, 29, Rue St.-Thomas, traditionelles Haus in der Innenstadt, behindertengerecht, Restaurant €€€ sonntagabends und montags geschlossen, Tel. 0232 39 09 25, Fax 0232 38 38 56
- **Hôtel du Saumon**€€, 27130 Verneuil, 89, Place de la Madeleine, gutbürgerliches Hotel in einer ehemaligen Poststation, über Weihnachten/Neujahr geschlossen, angeschlossenes Restaurant €€, Tel. 0232 32 02 36, Fax 0232 37 55 80, hotel.saumon@wanadoo.fr

Essen und Trinken

- **L'Étape**€, 27120 Pacy-sur-Seine, 1, Rue Isambard, in einem Herrenhaus von 1860 am Ufer der Eure, regionale Küche, sonntagabends und in der dritten Februarwoche geschlossen, angeschlossenes Hotel €€ mit behindertengerechten Zimmern, Tel. 0232 36 12 77, Fax 0232 36 22 74
- **La Ferme de Cocherel**€€€, 27120 Cocherel, Spitzenküche, dienstags, mittwochs, die letzten drei Januar- und die letzte Septemberwoche geschlossen, Tel. 0232 36 68 27, Fax 0232 26 28 18
- **Château de Brécourt**€€€€, 27120 Douains, sieben Kilometer nordöstlich von Pacy über die D 181 und D 533 zu erreichen, elegantes Spitzenrestaurant mit raffinierter Küche in einem Schloss aus der Zeit *Louis XIII.* inmitten eines 22 Hektar großen Parks, ganzjährig geöffnet, Tel. 0232 52 40 50, Fax 0232 52 69 65, chateau.brecourt@wanadoo.fr
- **Auberge des Roy**€, Saint-Acquelin-de-Pacy, 15, Rue Charles Lecoux, ehemalige Poststation von 1900 auf der Strecke Paris – Deauville, bodenständige Küche, montags und Ende Juli bis Ende August geschlossen, Tel. 0232 36 14 54, Fax 0232 26 93 05
- **Le Moulin d'Ivry**€€€, 27540 Ivry-la-Bataille, 10, Rue Henry IV., Spezialitätenrestaurant in einer alten Mühle zwischen zwei Flussarmen der Eure, montagabends und dienstags geschlossen, Tel. 0232 36 40 51, Fax 0232 26 05 15
- **Au Grand-St.-Martin**€€, 27540 Ivry-la-Bataille, 9, Rue d'Ézy, im historischen Zentrum in einem Haus aus dem 18. Jahrhundert, regionale Küche, sonntagabends, montags und im Winter geschlossen, kleiner Hotelbetrieb mit behindertengerechten Zimmern angeschlossen, Tel. 0232 22 35 95, Fax 0232 2 35 90
- **La Gazette**€€, 27000 Évreux, 7, Rue Saint-Saveur, zwischen der Place de la Vierge und dem Iton gelegenes Spezialitätenrestaurant, sonntags und die ersten drei Augustwochen geschlossen, Tel./Fax 0232 33 43 40
- **Restaurant Michel Thomas**€, 27000 Évreux, 87, Rue Joséphine, charmantes Haus in einer kleinen Seitenstraße der Altstadt, sonntags, zweite Augusthälfte sowie über Weihnachten geschlossen, Tel. 0232 33 05 70
- **Le Français**€, 27000 Évreux, Place de la Marché, elegante Brasserie im Zentrum, Tel. 0232 33 53 60, Fax 0232 38 60 17
- **Restaurant de la vielle Gabelle**€, 27000 Évreux, 3, Rue de la Vielle Gabelle, gemütliche Atmosphäre hinter einer Fachwerkfassade, sonntagabends, donnerstags und erste Augusthälfte geschlossen, Tel. 0232 39 77 13
- **Chantecler**€, 27580 Bourth an der Iton, 6, Place de l'Église, normannische Küche zu angemessenen Preisen, sonntagabends, montags, zwei Wochen im Februar und vom 3.8. bis 1.9. geschlossen, Tel. 0232 32 61 45, Fax 0232 32 61 45
- **Hostellerie Le Clos**€€€, 27130 Verneuil, 98, Rue de la Ferté-Vidame, Luxusrestaurant im Herrenhaus, montags und Mitte Dezember bis Mitte Januar geschlossen, Tel. 0232 23 21 81, Fax 0232 32 21 36
- **Moulin de Bâlines**€€€, 27130 Bâlines bei Verneuil an der N 12, Spitzenrestaurant in einer alten Mühle aus dem 18. Jahrhundert inmitten eines Parks, Tel. 0232 32 03 48, Fax 0232 60 11 22

Museen

- **Musée Fondation Wakhévitch,** 27400 Louviers, Place Ernest Thorel, Exponate zum bühnenbildnerischen Schaffen *Wakhévitchs*, der z.B. die Ausstattung zum Film „Kinder des Olymp" entwarf, 10-12 und 14-18 Uhr (außer dienstags und feiertags) geöffnet, Eintritt frei, Tel. 0232 09 58 55
- **Musée Municipal, Louviers,** im gleichen Haus wie Musée Wakhévitch, gleiche Öffnungszeiten, Exponate zur Orts- und zur lokalen Handwerksgeschichte, Fayencen aus Rouen, Eintritt frei, behindertengerecht, Tel. 0232 09 58 55, Fax 0232 09 58 13
- **Musée des Instruments de Musique à Vent,** 27750 La Couture-Boussey, Instrumentensammlung aus der Zeit vom 17. Jahrhundert bis heute, ganzjährig geöffnet 14-17 Uhr (außer dienstags und im August), Eintritt: 3 €, Schüler 1,50 €, Tel./ Fax 0232 36 28 80, musee.couture.bussey@wanadoo.fr
- **Musée du Peigne,** 27530 Ézy-sur-Eure, Ézy war einst das Zentrum der Elfenbein- und Hornkammherstellung und versorgte die Pariser Couturiers, außergewöhnliche Sammlung früher Kämme, Einblick in Werkstätten,

geöffnet: Februar bis 20.12. mittwochs 14-18 Uhr, samstags, sonntags und feiertags 10-12 und 14-18 Uhr, Eintritt 2,30 €, Tel./Fax 0237 64 64 69
- **Musée Municipal,** 27000 Évreux, Rue Charles Corbeau, Stadtmuseum mit archäologischer Abteilung, Exponaten aus der gallorömischen und Merowingerzeit, Handwerksausstellung, Gemäldesammlung, geöffnet: April bis September 10-12 und 14-18 Uhr (im Winter bis 17 Uhr), sonntagvormittags und montags geschlossen, Eintritt frei, Tel. 0232 31 81 90, Fax 0232 31 81 99
- **Musée de la Ferronnerie,** 27160 Francheville, Exponate zum regionalen Schmiedehandwerk, geöffnet: Mitte März bis Mitte Sept. sonn- und feiertags 15-18 Uhr, Mitte Juni bis Mitte Sept. bis 19 Uhr und auch samstags, Eintritt frei, Tel. 0232 32 66 77
- **Musée Conservatoire du Lait** (Milchmuseum), Nonancourt, 11, Rue d'Hôtel-Dieu, 1000 Exponate zum „weißen Gold" der Normandie, geöffnet: Mai bis November samstagnachmittags und sonntags, Eintritt frei, Tel. 0232 58 22 73
- **Musée Impérial de la Miniature,** 27130 Les Barils, Bleisoldaten in historischer Aufstellung, geöffnet: Februar bis Oktober 14.30-18 Uhr (außer montags und freitags), Eintritt frei, Tel. 0237 37 64 70

Besichtigungen

- **Parc du Château d'Acquigny,** am Zusammenfluss von Eure und Iton sich erstreckender Park des Schlosses von Acquigny mit exotischen Bäumen und Orangerie, überarbeitet im 18. und 19. Jahrhundert, von Mai bis September samstags, sonntags und feiertags 14-18 Uhr geöffnet, Juli bis Mitte August täglich, Tel. 0232 50 23 31
- **Geführte Stadtbesichtigung in Évreux,** von September bis Mai an einem Samstag im Monat themenbezogene Führung „Les Samedis à Thèmes", nähere Informationen beim Office de Tourisme
- **Naturama „Le Bois des Aigles",** 27130 Bâlines, Le Bois de l'Arche, an der N 12 gelegen, Raubvogelzoo mit Exponaten und Video-Raum, ganzjährig geöffnet, behindertengerecht, Raubvogel-Flugpräsentation 16 Uhr (April–Okt.), Eintritt frei, Tel. 0232 32 14 75

Aktivitäten

- **Touristen-Zug** (Chemin de fer de la Vallée d'Eure), Fahrt mit einem historischen Zug auf einer neun Kilometer langen Strecke entlang der Eure, Abfahrt nachmittags an Sonn- und Feiertagen von Mai bis Oktober, Auskunft: Gare de Pacy, Tel. 0232 36 04 63, Fax 0232 26 40 43

Sport

- **Center Parc „Domaine Résidentiel de Loisirs"** €€€, Verneuil-sur-Avre, zentrale Information und Reservierung: 17-19, Place de Catalogne, 75014 Paris, ein tropisches Paradies mit Schwimmhalle und Rutsche, Kaskaden, Sportmöglichkeiten (Tennis, Squash, Bowling, Angeln, Mini-Golf, Pony-Reiten etc.), Bungalows für vier, sechs oder acht Personen, Tel. 0825 80 28 04
- **Golf:** Verneuil-sur-Avre, Les Bois Francs, 9-Loch-Platz auf 35 Hektar Fläche im Center Parc, aber für die Öffentlichkeit zugänglich, Tel. 0232 23 50 02, Fax 0232 60 14 28;
Golf d'Évreux: „La Convivalité", Chemin de Valême, 18-Loch-Platz, mit Restaurant und Bar, dienstags geschlossen, Tel. 0232 39 66 22, Fax 0232 62 53 99, evreuxgolf@aol.com
- **Angeln in der Iton:** La Chaise-Dieu-du-Theil, Bachforellen, Regenbogenforellen, Hecht, Information: M. Pucci, 80, Rue de Provence, 75009 Paris, Tel. 0145 26 71 45
- **Kanu-Kajak-Sport:** Association Jeunesse Sports, La Croix-St.-Leufroy, Rue F. Roosevelt, Auskunft: Tel. 0232 62 69 45, für Nicht-Mitglieder nur Mai bis September, für Mitglieder ganzjährig

Einkaufen

- **Faïencerie d'Art Xavier Rousseau** (Keramik), 9, Rue Victor Hugo, Louviers, Atelierbesichtigung, Herstellung von Fayencen nach der Tradition des 17. Jh. von Rouen, Verkaufsausstellung, geöffnet: dienstags bis freitags 10-12 und 14-19 Uhr, an Wochenenden nach Vereinbarung, Tel. 0232 40 61 73
- **Wochenmarkt:** Mittwoch und samstagvormittags in Évreux
- **Sankt-Nikolaus-Markt:** 6. Dezember in Évreux

Rouen

♪ XIV/B1-2

Rouen ist mit knapp einer halben Million Einwohner einschließlich seiner Vororte die Hauptstadt der Normandie.

Geschichte

Die **Kelten** hatten hier vermutlich bereits eine Siedlung unter dem Namen *Ratomacos* angelegt. Auf jeden Fall ließen sich um etwa 50 v. Chr. die **Römer** an dieser Stelle der Seine nieder, wo sich der Tidenhub des Ärmelkanals kaum noch bemerkbar macht und wo deshalb mit den damaligen Mitteln die erste Brücke oberhalb der Mündung gebaut werden konnte. Ihre Siedlung hieß *Rotomagus,* zweifelsohne in Anlehnung an die vermutete keltische Vorgängersiedlung.

Der **Standort** des antiken Rouen war vorzüglich ausgewählt. Innerhalb einer der großen Seine-Schleifen war das Gelände übersichtlich und die schützenden Hänge, die das Flusstal begrenzen, boten zusätzliche Sicherheit. Gleichzeitig ließ sich von hier aus durch die schmalen Seine-Zuflüsse das Hinterland gut erreichen.

Noch zur Römerzeit wurde die gallorömische Bevölkerung auch im Raum von Rouen **christianisiert.** Unter *Karl dem Großen* war Rouen Sitz des Erzbischofs.

Wie die ganze Normandie litt auch Rouen heftig unter den **Wikingereinfällen.** Um die Mitte des 9. Jahrhunderts nutzten die Normannen die Stadt sogar als Stützpunkt, um von hier aus ihre Raubzüge in Nordfrankreich zu unternehmen.

Mit dem Vertrag von St.-Clair-sur-Epte schlossen sie jedoch im Jahre 911 Frieden mit den Franzosen. Ihr Anführer **Rollo** trat zum christlichen Glauben über und ließ sich in Rouen taufen, nachdem er die Stadt zuvor noch überfallen hatte. In seiner neuen Funktion als Herzog der Normandie ließ er vieles wieder aufbauen, was seine Mitkämpfer zuvor zerstört hatten.

Rollo, der sich nach seiner Taufe *Robert* nannte, entwickelte sich zu einem umsichtigen Herrscher. Er förderte **Kunst und Kultur** und setzte sich für den wirtschaftlichen Aufschwung der Region ein, wozu er als eine der wichtigsten Voraussetzungen die Seine zu einem dauerhaft sicheren **Schifffahrtsweg** ausbaute. Damit verschaffte er dem zentralen französischen Hinterland mit der Hauptstadt Paris Zugang zum Meer. Sich selbst sicherte er auf diese Weise die Zolleinnahmen aus dem sich entwickelnden Güterverkehr auf der Seine.

So konnte sich Rouen in den folgenden Jahrhunderten stetig weiterentwickeln und wurde zu einem wichtigen Faustpfand der Engländer auf französischem Boden, seit *Wilhelm der Eroberer* England erobert hatte. Im **Hundertjährigen Krieg,** der ja auch wegen der Ansprüche Englands auf die Normandie ausbrach, wurde die Stadt arg mitgenommen. Der englische König *Heinrich IV.* belagerte 1418 mit seinen Truppen Rouen, das sich inzwischen die Franzosen angeeignet hatten. Nachdem er die Stadt sechs Monate ausgehungert hatte, ergab sie sich. Der Anführer der Verteidiger, *Alain Blanchard*, wurde gefangen genommen und gehängt. Die Engländer führten sich als harsche Besatzungsmacht auf.

Neue Hoffnung keimte bei den Bewohnern der Stadt auf, als es dem einfachen Bauernmädchen **Jeanne d'Arc** gelang, die französischen Truppen unter dem Oberbefehl des Dauphins (Thronfolgers) *Karl VII.* neu zu motivieren. Doch dann wurde Jeanne von Burgundern gefangen genommen, durch einen Handel an die Engländer verkauft und nach Rouen gebracht. Hier sollte ihr ein fairer Prozess gemacht werden, wie der Bischof von Rouen versprochen hatte. Doch das Gegenteil war der Fall. In zwei Schauprozessen wurde sie für schuldig befunden und am 30. Mai 1431 auf dem Marktplatz von Rouen öffentlich verbrannt. Im Jahre 1449 konnte Karl VII. dann endlich als längst gekrönter französischer König in Rouen einziehen. 1456 wurde Jeanne d'Arc rehabilitiert.

Das dem Hundertjährigen Krieg folgende Jahrhundert war für die Normandie im Allgemeinen und für Rouen ganz speziell ein Jahrhundert der inneren Weiterentwicklung und des wirtschaftlichen **Aufschwungs.** Der gotische Stil, nunmehr flamboyant gekrönt, erlebte seinen letzten Höhepunkt. Das Meisterwerk dieses Stils verkörpert die in jener Zeit fertig gestellte Kathedrale von Rouen.

Kardinal d'Amboise, seit 1494 Kirchenherr und Patron von Rouen, war der große Förderer der **Renaissance** in der Stadt. Seinem Vorbild eiferten viele Einwohner nach und ließen sich Herrenhäuser in Steinbauweise im neuen Stil errichten.

Doch auch dieses gute Jahrhundert fand sein Ende. Frankreich war in zwei religiöse Lager gespalten. Rouen erlitt viele Schäden und Plünderungen durch die Kämpfe zwischen **Calvinisten und Katholiken,** die erst ein Ende fanden, als der französische König *Heinrich IV.* 1594 zum katholischen Glauben übertrat.

Im frühen 18. Jahrhundert setzte der industrielle Aufschwung Rouens ein. Es siedelten sich **Textilfabriken** und **Färbereien** an – indigo-blau gefärbte Baumwollstoffe wurden als *Rouennerie* weit über die Grenzen der Stadt bekannt. Mit der fortschreitenden Industrialisierung wurden auch die Hafen- sowie Dockanlagen der Stadt erweitert und Rouen erhielt einen Eisenbahnanschluss.

Gerade Straßen wurden in der **Ära Napoleons III.** durch die Stadt gezogen. Moderne Industrien entstanden am gegenüber liegenden Seine-Ufer.

Im **preußisch-französischen Krieg** von 1870/71 wurde Rouen von deutschen Truppen besetzt. Großen Schaden verursachte der **Zweite Weltkrieg.** Die Innenstadt und die Industrieviertel wurden stark zerstört.

Dennoch konnte sich die Altstadt ihr historisches Flair erhalten. So gehört Rouen weiterhin zu den schönsten Städten Frankreichs – wegen ihrer vielen Kunstschätze wird sie auch gerne **Museumsstadt** genannt.

Sehenswertes

Das alte Zentrum von Rouen bildet der **Place du Vieux-Marché**. Einstmals ein offener Handelsplatz, der außerhalb der Stadtmauern lag, ist der Marktplatz heute von sehr schönen, alten und hohen Fachwerkhäusern umgeben. Es ist der Platz, auf dem *Jeanne d'Arc* verbrannt wurde. Ein Denkmal und die Kirche Jeanne d'Arc (siehe unten) erinnern an ihr Schicksal.

Am Marktplatz beginnt die **Rue du Gros-Horloge,** die unter den Pavillon du Gros-Horloge und durch die Altstadt bis zur Kathedrale führt. Diese Straße war schon im Mittelalter Geschäfts- und Handelsstraße und die Regionalverwaltung hatte hier vom 13. bis zum 18. Jahrhundert ihren Sitz. Mit großen Steinen gepflastert und von alten, hervorragend restaurierten Fachwerkhäusern gesäumt, ist sie heute den Fußgängern vorbehalten und hat die Bedeutung einer zentralen Einkaufsstraße der Stadt – zweifelsohne eine der großen Attraktionen Rouens.

Die inzwischen renovierte und gereinigte große **Uhr am Torbogenpavillon** ist das beliebteste Fotomotiv. Sie stammt aus dem Jahre 1389, hat nur einen Stundenzeiger und man erkennt die Woche und die Mondphase durch ein Bullauge über dem Zifferblatt. Erst mit dem Bau des Pavillons 1527 wurde die Uhr an dieser Stelle angebracht und erhielt ihren reich vergoldeten Rahmen. Zuvor hing sie am benachbarten **Glockenturm,** der im 18. Jahrhundert anstelle seiner von *Karl VI.* entfernten Haube eine domartige Kuppel erhielt. Im Inneren führt eine Wendeltreppe in die oberen Geschosse des Turms, wo Glocken aus dem 13. bis 17. Jahrhundert hängen. Von der Turmspitze hat man einen fantastischen Überblick über die Stadt und ihre Umgebung. Neben dem Pförtnerhaus am Fuße des Glockenturms steht ein bezaubernder Springbrunnen aus dem 18. Jahrhundert.

Die historische Altstadt von Rouen ist reich an hübschen alten Gebäuden, die teilweise noch ganz in **Fachwerkbauweise** errichtet wurden. So lohnt

Die Gros Horloge (Große Uhr) am Torbogenpavillon

ein Spaziergang durch die Straßen und Gassen: Zu den schönsten zählt die Rue Saint-Romain mit Häusern aus dem Mittelalter bis zum 18. Jahrhundert. Besonders erwähnt sei das Haus mit der Nr. 74, ein gotisches Haus aus dem 15. Jahrhundert mit gefachten Fenstern. Auch in der Rue Martainville sind Fachwerkhäuser aus dem Spätmittelalter bis zum 18. Jahrhundert erhalten. Der Brunnen an der Nordwestecke zur Église St.-Maclou stammt aus der Renaissance. Ebenfalls sehenswert ist die Rue Damiette, die einen herrlichen Blick auf die Église St.-Quen freigibt. In der Rue d'Amiens steht das Hôtel d'Étencourt mit seiner schönen, mit Statuen geschmückten Fassade. In der Rue des Bons-Enfants finden sich mehrere Häuser aus dem 15. Jahrhundert. Besonders hingewiesen sei auf Haus Nr. 22 mit geschnitzten Figuren an der Fassade. Die Rue Eau-de-Robec war früher die Straße der Färber und Textilhändler. Ein kleiner, von Brücken überspannter Bach fließt hindurch. Die Fachwerkhäuser sind hier alle hervorragend restauriert. Viele haben

Fachwerkhaus an einer Seitenstraße der Rue Martainville

Werkstätten auf dem Dachboden, wo die Tuchhändler die Woll- und Leinenstoffe nach dem Spinnen und Färben zum Trocknen aufhingen.

Der letzte Rest der einstigen Befestigungsanlage von Rouen ist der **Tour Jeanne d'Arc,** ein ehemaliger Donjon aus dem 13. Jahrhundert. In dem unteren, spitz eingewölbten Saal wurde *Jeanne d'Arc* verhört.

An der Place de la Haute-Vieille-Tour steht unmittelbar neben den wieder aufgebauten Markthallen die **Fierte Saint-Romain,** ein altes römisches Bauwerk, das vom Krieg verschont geblieben ist. Es diente als Aufbewahrungsort für den Reliquienschrein des heiligen *Romain,* Schutzpatron von Rouen.

Gleichermaßen imposant wie repräsentativ ist der **Palais de Justice,** der Justizpalast, inmitten der Stadt. Dieses prachtvolle Flamboyant-Gebäude, das schon den Übergang zur Renaissance klar erkennen lässt, wurde zwischen 1508 und 1526 erbaut, später mehrfach umgebaut und nach den schweren Beschädigungen im letzten Krieg sorgfältig restauriert. Die Fassade im Ehrenhof, die bis 1526 vollendet wurde, stellt mit ihrer künstlerischen Bildhauerarbeit ein Hauptwerk der frühen französischen Renaissance dar. Bei den Restaurationsarbeiten entdeckte man im Jahre 1876 die Reste eines romanischen Monuments mit hebräischen Inschriften, die von einer Synagoge aus dem 11. oder 12. Jahrhundert stammen sollen.

Ein bemerkenswertes Gebäude ist auch das **Hôtel de Bourgtheroulde** am Place de la Pucelle. Mit dem Bau dieses großen privaten Herrenhauses begannen die Herren von Bourgtheroulde zu Beginn des 16. Jahrhunderts. Die rückwärtige Front zeigt noch ganz den Flamboyant-Baustil, während die anderen Teile schon der Renaissance zuzuordnen sind. Der Zugang zu dem mit vielen Flachreliefs versehenen Gebäude eröffnet sich durch einen restaurierten Torbogen. Die Galerie und die Friese an der linken Gebäudeseite stammen aus dem Jahre 1520. Weitere Fachwerkhäuser am Place de la Pucelle verleihen dem Hôtel de Bourgtheroulde einen angemessenen Rahmen.

Die Kathedrale

Wichtigstes Gebäude im Herzen von Rouen und eine der schönsten Kirchen Frankreichs ist die Kathedrale **Notre-Dame.** Ihr mittelalterlicher Turm überragt die ganze Stadt, im Rahmen ihrer Baugeschichte kann man alle gotischen Baustile nachvollziehen, ihre Schönheit hat Schriftsteller und Maler immer wieder inspiriert. Die beeindruckendsten Darstellungen verdanken wir *Claude Monet,* dessen impressionistische Bilder von der Kathedrale unter den verschiedensten Lichteinflüssen zu den Meisterwerken der Malerei gehören.

Im Jahr 2003 wurde an der Nordseite der Kathedrale, in der Cour des Libraires, ein **Dom-Museum** eröffnet. Dieses Musée de l'oeuvre zeigt Skulpturen, liturgische Gewänder etc. und ist als „Monument National" klassifiziert, wie z.B. auch der Mont St.-Michel.

Die Kathedrale steht an einer Stelle, die schon seit dem 4. Jahrhundert als Kultstätte diente. Bevor mit der **Errichtung** des gotischen Gotteshauses etwa im Jahre 1170 begonnen wurde, stand hier eine alte romanische Kirche. In ihren wichtigsten Teilen war Notre-Dame um die Mitte des 13. Jahrhunderts fertig gestellt. Sie wurde jedoch in den weiteren Jahrhunderten von den Erzbischöfen und Domherren Rouens weiter ausgebaut und verschönert: So entstanden die Seitenkapellen Ende des 13. Jahrhunderts, die Marienkapelle wurde zu Beginn des 14. Jahrhunderts errichtet und der Glockenturm Tour de Beurre um die Wende zum 16. Jahrhundert. Die weit über die Stadt hinaus sichtbare Kirchturmspitze wurde erst 1825 aufgesetzt und ist vollkommen aus Gusseisen.

Glücklicherweise lagerte man zu Beginn des **Zweiten Weltkrieges** die schönsten Glasfenster der Kathedrale aus. Denn als die deutschen Truppen 1940 in Rouen einmarschierten, gingen Teile des Sakralbaus in Flammen auf und 1944 wurde er nochmals stark beschädigt. Die Wiederherstellung war erst Ende 1980 weitgehend abgeschlossen. Heute ist es die **Luftverschmutzung,** die der so einmalig schön gestalteten Fassade der Kathedrale arg zusetzt.

Das 137 Meter lange **Kirchenschiff** ist in klassischer Kirchenbauweise nach Osten hin ausgerichtet und wird durch die kontrastierenden großen Gebäude des sich östlich anschließenden Erzbischöflichen Palastes noch verlängert.

Der **Vorplatz** der Kathedrale ist heute als Fußgängerzone ausgebaut. An der Ecke zur Rue de Petit-Salut steht das Bureau des Finances, ein elegantes Renaissance-Gebäude aus dem Jahr 1510, das heute das Fremdenverkehrsamt beherbergt. An der gegenüberliegenden Seite hat man ein modernes Konferenzgebäude errichtet, in dem die Reste eines im Krieg teilweise zerstörten Renaissance-Hauses recht geschickt eingearbeitet wurden.

Die **Westfassade** der Kathedrale ist äußerst beeindruckend. Das Hauptportal entstand zu Beginn des 16. Jahrhunderts und wird von einem mit großen und kleinen Statuen besetzten Giebel gekrönt. Dieser Tympanon wurde von dem aus Rouen stammenden Künstler *Pierre des Aubeaux* gestaltet. Zwei spitz zulaufende, kleine Türme rahmen das Portal ein, in dem von der einst kompletten Ausstattung mit Statuen nur noch wenige vorhanden sind. Die beiden Seitenportale – rechts das des heiligen *Stephan* und links das des heiligen *Johannes* – stammen aus der frühesten Bauperiode. Ende des 14. Jahrhunderts wurden zu Beginn der französischen Flamboyant-Periode die Teile der Westfassade erneuert, die über den seitlichen Portalen liegen.

Zwei Seitentürme flankieren die **Hauptfassade** und geben der gesamten Front ihr Gepräge. Auf der linken Seite ist dies der solide Tour Saint-Romain, dessen untere Partie etwa um 1160 entstanden ist, während die oberen Teile erst im 15. Jahrhundert aufgesetzt wurden. Rechter Hand steht der

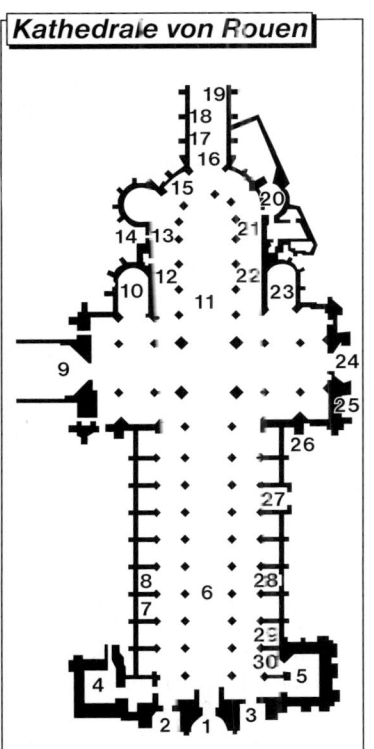

Kathedrale von Rouen

1. Hauptportal
2. Portal Johannes des Täufers
3. Stephanusportal
4. Turm St-Romain
5. Butterturm
6. Langhaus
7. Kapelle Johannes' des Täufers
8. St-Sever-Kapelle
9. Buchhändlerportal
10. Sakramentskapelle
11. Chor
12. Denkmal für Wilhelm Langschwert
13. Denkmal für Heinrich den Jungen
14. Fenster St-Julien L'Hospitalier
15. Grabmal für Bischof Hugus d'Amiens
16. Marienkapelle
17. Grabmal für Pierre de Brézé
18. Grabmal für Louis de Brézé
19. Grabmäler für die Bischöfe Georges I. und Georges II.
20. Glasfenster mit Petrus und Paulus, Barmherzigen Samariter und Passion Christi
21. Liegefigur von Richard Löwenherz
22. Hochgrab für Herzog Rollo
23. Jeanne-d'Arc-Kapelle
24. Kalenderportal
25. Fenster mit der Jungfrau Maria und Johannes dem Täufer
26. Pfingstfenster
27. Maurerportal
28. Kapelle der Auferstehung des hl. Petrus
29. Statue von Karl Borromäus
30. St-Étienne-Kapelle

im Flamboyant-Stil des späten 15. Jahrhunderts errichtete, feingliedrige Tour de Beurre. Seinen Namen erhielt der „Butterturm" aus der historischen Handhabung der Fastenzeit durch das Domkapitel: Normalerweise war der Genuss von Butter zur Fastenzeit nicht zulässig, doch konnte mit einer vorübergehenden Aufhebung dieses Verbotes mit den aus dem Butterverkauf erzielten Einnahmen der Bau dieses Glockenturmes finanziert werden.

An der Nordwestecke der Kathedrale befindet sich der Cour d'Albane, ein Hof, der nach dem aus Italien stammenden Kardinal und Erzbischof von Rouen benannt wurde. *Albano* hatte hier ein mittelalterliches Kolleg gegründet. An der **Nordseite** der Kirche führt die von Fachwerkhäusern gesäumte Rue Saint-Romain zum nördlichen Vorportal aus dem 15. Jahrhundert. Es folgt der Cour des Libraires, der zwischen dem 13. und 15. Jahrhundert entstand, und schließlich das mit Aposteln und Heiligen geschmückte Portail des Libraires, ein Portal von außergewöhnlicher Schönheit aus dem ausgehenden 13. Jahrhundert. Die unteren Mauerpartien sind mit 150 steinernen Medaillons geschmückt, die mit lebendiger Fantasie die verschiedensten Szenen aus der biblischen Geschichte und aus mittelalterlichen Fabelerzählungen darstellen.

Die **Südseite** der Kathedrale an der Rue du Change und an der Place de la Calende hat im Krieg besonders stark gelitten. Das Portail de la Calende blieb jedoch verschont. Dieses Portal entstand zur gleichen Zeit wie das Portail des Libraires und ist eines der größten Kunstwerke der Kathedrale. Es ist reich mit Skulpturen und steinernen Medaillons ausgeschmückt und wird von zwei kleinen Türmen flankiert. Die Darstellungen im Tympanon beziehen sich auf die Passion und die Auferstehung Christi. Die Gewölbebögen sind mit Statuen von Engeln, Propheten und Märtyrern versehen.

Das **Hauptschiff** lässt noch die klaren Konturen der Frühgotik erkennen. Über dem Orgelgehäuse gibt die große Fensterrosette der Westfassade dem Kircheninneren ein helles Licht. Die ursprünglichen Glasfenster konnten nicht mehr rechtzeitig ausgelagert werden und wurden zerstört. Die Seitenkapellen wirken ohne die in Kirchen der gleichen Bauperiode üblichen Tribünen und Emporen ausgesprochen schmal und hoch.

Im Basisgeschoss des **Tour Saint-Romain** wurde eine Taufkapelle eingerichtet. An diese schließen sich mehrere Kapellen mit schönen Glasfenstern an, so die Kapelle Saint-Jean aus dem 13. Jahrhundert und die Kapelle Saint-Sever aus der zweiten Hälfte des 15. Jahrhunderts.

Im Basisgeschoss des **Tour de Beurre** befindet sich eine große Kapelle im Flamboyant-Stil. Die Seitenschiffe der Südseite, die sich hier anschließen, wurden vom Krieg stark in Mitleidenschaft gezogen, so dass sie größtenteils modern eingerichtet und mit zeitgenössischen Glasfenstern versehen worden sind.

Über der **Vierung** erhebt sich die Laterne, die von vier mächtigen Pfeilern getragen wird. Sie dient als Sockel für die Spitze des Vierungsturmes, durch den direktes Licht effektvoll in das Kirchenschiff einfällt.

Die **Querschiffe** sind an den Rückfronten der Portale reich mit Statuen, Baldachinen, Balustraden und Rosetten geschmückt. In einer der Kapellen des nördlichen Querschiffes steht eine

Im Hauptschiff der Kathedrale

Die Buchhändlertreppe in der Kathedrale

ausdrucksvolle Pietà von *Eustache Desplanches*, die um 1590 entstanden ist. An der Außenwand des nördlichen Querschiffs ist die berühmte Buchhändlertreppe Escalier de la Librairie, ein Werk des Steinmetzen *Guillaume* aus dem 15. Jahrhundert, angebracht. Beide Rosetten der Querschiffe besitzen noch spätgotischen Originalglasfenster, deren Stil aber schon die Übergänge zur Renaissance erkennen läßt. Im südlichen Querschiff ist eine beachtenswerte Christus-Statue zu sehen, eine typische Ecce-Homo Darstellung. Beachtenswert ist auch die Kapelle Sainte-Jeanne d'Arc mit den zeitgenössischen Glasfenstern von *Max Ingrand*.

Der eher schlichte **Chor** aus dem 13. Jahrhundert wurde nach dem Krieg wieder perfekt hergestellt. Der Chorumgang verbindet viele schöne Chorkapellen mit farbigen Glasfenstern aus dem 13. Jahrhundert. Hier befinden sich zahlreiche Grabstätten und Grabplatten. Besonders erwähnenswert ist die mit vielen Skulpturen ausgestattete und genau hinter dem Hochaltar gelegene Marienkapelle, die über wunderbare Glasfenster aus dem 14. Jahrhundert verfügt. Unter dem Chor befindet sich die Krypta, die von der romanischen Vorgängerkirche aus dem 11. Jahrhundert erhalten geblieben ist.

Kirchen und Pestfriedhof

Die Kirche **Saint-Maclou** steht an dem mit schönen Fachwerkhäusern gesäumten Place Barthélemy. Ihre Nordseite grenzt an die gleichermaßen reizvolle Rue Martainville. Sie wurde zwischen 1437 und 1517 ganz im Flamboyant-Stil errichtet und nach dem Krieg hervorragend restauriert. Nur der 82 Meter hohe Vierungsturm stammt aus dem 19. Jahrhundert. Die trapezförmige Vorhalle ist in fünf Arkaden mit herrlichen Portalen gegliedert, die zum Teil dem seinerzeit berühmtesten Bildhauer *Jean Goujon* zugeschrieben werden.

Jenseits der Rue Martainville erreicht man durch eine Passage den **Aître-St.-**

Maclou, einen von zweistöckigen Fachwerkhäusern umgebenen rechteckigen Innenhof. An den Häusern sind merkwürdige Skulpturen angebracht, die makabre Totentanzmotive, Gebeine und Totengräberwerkzeuge darstellen. Damit ist der Hinweis auf die Bestimmung des Innerhofes gegeben: Es handelt sich um den ehemaligen Pestfriedhof der Stadt, der als solcher bis zum Ende des 18. Jahrhunderts genutzt wurde. Die Galerien aus dem 16. Jahrhundert dienten als Beinhäuser.

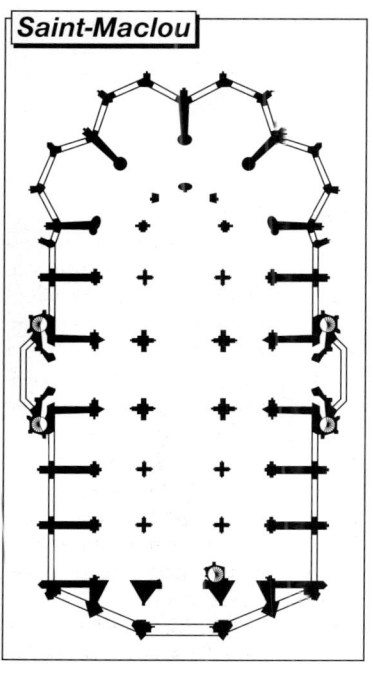

Zwischen den Fachwerkhäusern an der Rue Damiette wird der Blick frei auf den Vierungsturm der **Église St.-Quen.** Die ehemalige Abteikirche des Klosters Saint-Ouen ist ein Meisterwerk gotischer Baukunst, dessen Fassade allerdings erst im 19. Jahrhundert entstand. Besonders interessant ist die äußere Südseite der Kirche mit dem Portail des Marmousets und dem wunderschönen Tympanon hinter der Vorhalle. In den Chorkapellen sind gut erhaltene Glasfenster mit Szenen aus dem Leben von Heiligen aus dem 14. Jahrhundert sowie ein zeitgenössisches Fenster von Max Ingrand zu sehen. In der Kirche befindet sich eine der berühmtesten Orgeln Frankreichs mit einem Orgelgehäuse aus dem Jahre 1630. Sehenswert sind des Weiteren die Chorschranken aus dem 18. Jahrhundert und das 76-sitzige Chorgestühl.

Die Kirche **Saint-Godard** wurde Ende des 15. Jahrhunderts als dreischiffiger Baukörper mit Holzgewölbe angelegt. Der Besuch lohnt alleine schon wegen der Glasfenster in der Marienkapelle, die vom niederländischen Meister Arnolf von Nimwegen 1506 gefertigt wurden. Der unvollendete Turm der Kirche stammt aus dem 17. Jahrhundert, die Holzgewölbe wurden im 19. Jahrhundert restauriert.

Saint-Patrice wurde im Flamboyant-Stil im 16. Jahrhundert erbaut. Die farbenfrohen Glasfenster stammen aus der Zeit zwischen 1538 und 1625. Ein zeitgenössisches Fenster mit der Eucharistiedarstellung hat Max Ingrand gefertigt.

Im Osten der Normandie
Rouen

Saint-Romain ist eine ehemalige Karmeliterkapelle aus dem 17./18. Jahrhundert. Sie verfügt über schöne Glasfenster aus dem 16. Jahrhundert, die hier eingepasst wurden. Ihre Kuppel ist bemalt. Im Inneren steht eine kleine, aber wertvolle Orgel.

Weitere sehenswerte Kirchen sind **Saint-Éloi,** etwas renovierungsbedürftig, aber mit schöner Orgel aus dem 18. Jahrhundert **Saint-Gervais,** auf einer Krypta des 4. Jahrhunderts im 19. Jahrhundert erbaut, **Saint-Nicaise,** deren Chor und Glasfenster noch aus dem 16. Jahrhundert und deren Altaraufsatz aus dem 17. Jahrhundert stammen, und nicht zuletzt **Saint-Vivien** mit einem sehenswerten Portal und einem Orgelgehäuse aus dem späten 16. Jahrhundert, einer Kanzel aus dem 18. Jahrhundert sowie einem schönen Altaraufsatz vom Beginn des 18. Jahrhunderts.

Schließlich sei noch die **Église Jeanne d'Arc** am berühmten Place du Vieux-Marché erwähnt. Die moderne Kirche wurde nach den Plänen von Louis Arretche errichtet und 1979 eingeweiht. Der Bau hat die Form eines umgekehrten Schiffes. Sein Inneres ist mit dreizehn Renaissance-Glasfenstern der ehemaligen Kirche Saint-Vincent ausgestattet.

Rouens Museen

Neben dem reichen Schatz an Sakral- und Profanbauten verfügt Rouen über eine Reihe beachtenswerter Museen, die teilweise weit überregionale Bedeutung haben.

Das **Musée des Antiquités** in der Rue Beauvoisine zeigt eine interessante Sammlung antiker Exponate von der gallorömischen Zeit bis zum Mittelalter in einem alten Kloster des 17. Jahrhunderts. Einen weiteren Ausstellungsschwerpunkt bilden kunsthandwerkliche Elfenbein-, Alabaster- und Goldarbeiten.

Die berühmte Gemäldegalerie **Musée des Beaux-Arts** findet sich am Square Verdrel. Es handelt sich um eine der umfangreichsten Gemäldesammlungen Frankreichs. Einen Schwerpunkt bilden die Impressionisten wie *Monet, Sisley* und *Renoir*. Die ganze Bandbreite der Sammlung reicht aber vom Mittelalter bis zur Moderne.

Das **Musée Corneille** in der Rue de la Pie ist das Geburtshaus des großen französischen Theaterdichters, dessen Tragödien die Lebensweise und Denkart des Absolutismus widerspiegeln. Neben *Jeanne d'Arc* ist *Corneille* die Persönlichkeit, die Rouen weit über Frankreichs Grenzen hinaus bekannt gemacht hat.

Totenkopfschnitzereien am Fachwerk des Aître Saint-Maclou

Jeanne d'Arc – ein Bauernmädchen macht Weltgeschichte

Die **politische und militärische Situation** war für die Franzosen auf dem Höhepunkt des Hundertjährigen Krieges, als die Truppen des englischen Königs *Heinrich V.* die Normandie besetzt hielten und hier offensichtlich mit einigem Geschick die Herrschaft ausübten, mehr als prekär. *Isabel von Bayern,* die Ehefrau des längst in Umnachtung gesunkenen französischen Königs *Karl VI.,* hatte als dessen Erben nicht ihren gemeinsamen Sohn, den späteren *Karl VII.,* bestimmt, sondern ihren Schwiegersohn, den englischen König *Heinrich V.* Dies wurde im Vertrag von Troyes 1420 so besiegelt. Doch als eigentlicher Dauphin (Thronfolger) wollte Karl sich diesem Vertrag nicht beugen, zumal Heinrich den Tod seines Vaters nur um wenige Tage überlebte.

Noch aussichtsloser wurde die Lage für den Dauphin, nachdem Heinrich den Herzog von Bedford als Regenten der englischen Krone eingesetzt hatte und es diesem 1424 gelang, einen französisch-schottischen Angriff abzuwehren. Zu diesem Zeitpunkt taucht das Bauernmädchen *Jeanne d'Arc* auf, das den Franzosen neues Selbstvertrauen einzuflößen vermag.

Die **Herkunft** der Jeanne d'Arc ist nicht eindeutig geklärt. Ein Familienname dieser Art, wie *Darc* oder *Tarc,* taucht erstmals in der zweiten Hälfte des 16. Jahrhunderts im Gebiet der Maas im Osten Frankreichs auf. Ihr vermuteter Geburtstag ist der 6.1.1412, ihr Geburtsort wahrscheinlich Domrémy an der Maas.

Jeanne wurde in unruhige Zeiten hineingeboren, in denen die Menschen noch mehr Hoffnung als sonst in den Glauben legten. Allerlei Legenden waren im Umlauf, so unter anderem eine Vision, nach der Gott eines Tages eine Jungfrau schicken würde, die das Land vom Joch der Engländer befreien sollte. Ob durch den Zeitgeist angesteckt oder tatsächlich geschehen, wer weiß es schon – Jeanne hatte jedenfalls bereits im Alter von dreizehn Jahren ihre ersten **religiösen Erscheinungen.** Danach soll ihr die Stimme des Erzengels *Gabriel* befohlen haben, die Engländer aus dem Lande zu vertreiben und Karl VII. in Reims zur Krönung zu geleiten.

Einen ersten Versuch, Karl zu treffen, unternahm Jeanne im Jahre 1428 in Vacouleur. Sie wurde jedoch schon von seinem Adjutanten abgewiesen. Ein Jahr später erreichte sie dann ihr Ziel. Am Hof zu Chinon gewährte ihr Karl eine Audienz, als deren Ergebnis sie 4000 Soldaten erhielt, um **Orléans** von der englischen Belagerung zu befreien. In einer weißen Rüstung saß Jeanne auf dem Pferd des Königs und ritt dem Feind entgegen. Bedford sagte später, sie sei ihm wie eine weiße Amazone vorgekommen.

Am 8. Mai 1429 konnten die französischen Truppen die Engländer aus Orléans vertreiben. Einen weiterer Sieg errangen sie am 8. Juni desselben Jahres. Nun war der Weg frei für den Dauphin. Am 20. Juli 1429 ließ er sich in der Kathedrale von Reims zum französischen König krönen. Jeanne d'Arc nahm mit erhobenem Banner den **Ehrenplatz neben Karl VII.** ein.

Danach setzte sie ihre Bemühungen, die Engländer aus Frankreich zu vertreiben, konsequent fort. Bei dem Versuch, Paris zurückzuerobern, wurde sie leicht verwundet. Wieder genesen wirkte sie bei der Befreiung von Compiègne durch den mit den Engländern verbündeten burgundischen Herzog mit und wurde dabei am 23. Mai 1430 **gefangen genommen.** Die Burgun-

JEANNE D'ARC

der setzten ein Lösegeld in Höhe von 10.000 Goldstücken fest. Karl VII. zeigte sich desinteressiert – Jeanne hatte offensichtlich ihre Schuldigkeit getan. Aber die Engländer zahlten. Sie brachten sie nach Rouen und machten ihr wegen Ketzerei und Hexerei den Prozess.

Der **Prozess** gegen Jeanne d'Arc, der zu den berühmtesten Schauprozessen der Weltgeschichte gehört, fand unter der Aufsicht von *Warwick*, dem englischen Oberbefehlshaber von Rouen statt. Den Vorsitz des Inquisitionsgerichtes führte *Pierre Cauchon*, Erzbischof von Beauvais. Natürlich wurde Jeanne d'Arc verurteilt und sollte auf dem Scheiterhaufen verbrannt werden. Doch angesichts ihres nahenden Todes, der auf dem Friedhof der Abtei Saint-Quen vollzogen werden sollte, brach sie zusammen und widerrief ihre Aussagen. Dadurch wurde das Urteil, den Gebräuchen entsprechend, in lebenslange Haft umgewandelt.

Doch die Engländer ließen nicht locker und auch dem willfährigen Bischof konnte diese neue Situation nicht gefallen. Eine **List** half weiter: An einem Sonntag nach Ostern des Jahres 1431 nahmen die Wachen Jeanne d'Arc die Kleidung fort und legten ihr stattdessen Männerkleidung hin. Irgendwann musste sie sich anziehen, womit ihr Schicksal besiegelt war. Die Wachen nahmen sie sofort in besonderen Gewahrsam, denn Jeanne hatte im Prozess dem Tragen von Männerkleidung – so auch Rüstungen – abgeschworen.

In der zweiten Verhandlung wurde ihr Rückfall in die Ketzerei vorgeworfen. Das unwiderrufliche Todesurteil war die Folge. Der **Scheiterhaufen** wurde dieses Mal auf dem Vieux Marché aufgerichtet. Unter Anteilnahme einer riesigen Zuschauermenge wurde das Urteil am 30. Mai 1431 vollstreckt und die Asche der neunzehnjährigen Jeanne d'Arc in die Seine gestreut.

Karl VII. ließ die Engländer gewähren. Erst nach der Hinrichtung setzte er sich für eine Überprüfung der Rechtmäßigkeit des Urteils beim Papst ein. Fünfundzwanzig Jahre später **rehabilitierte** Papst *Calixtus III.* Jeanne d'Arc und widerrief das Todesurteil. Im Jahre 1904 wurde sie von der Kirche selig gesprochen, die Heiligsprechung folgte 1920.

Eine Tafel am Bischofspalast von Rouen weist auf das Schicksal der Jeanne d'Arc hin

Nicht minder berühmt ist *Gustave Flaubert,* in Rouen geborener Schriftsteller, dessen Roman „Madame Bovary" seiner Zeit nicht nur einen Skandal bescherte, sondern auch Literaturgeschichte schrieb. In seinem Geburtshaus in der Rue de Lecat ist das **Musée Flaubert et d'Histoire de la Médicine** untergebracht. Das Geburtszimmer Flauberts war die chirurgische Praxis seines Vaters.

Das **Musée Jeanne d'Arc** am Place du Vieux Marché widmet sich der berühmtesten Persönlichkeit Rouens. Es ist ein Wachsfigurenkabinett, das auch interessante geschichtliche Dokumente zeigt.

Das **Musée de la Céramique** in der Rue Faucon befasst sich mit dem in Rouen traditionell betriebenen Handwerk der Herstellung und Bemalung von Porzellan und Steingut. In der Rue Beauvoisine befindet sich das **Musée d'Histoire Naturelle, d'Ethnographie et de Prehistoire.** Informationen und Sammlungen aus der Vorgeschichte, Geologie und Völkerkunde birgt das **Musée Le Secq-de-Tournelles** in der Rue Thiers. Und im **Musée de la Ferronnerie Le Secq des Tournelles** in der Rue de Jaques Villon kann man Schlüssel und Schlösser aller Jahrhunderte sowie eine riesige Auswahl an schmiedeeisernen Kunstgegenständen bewundern.

Die Umgebung von Rouen

Rouen ist zweifelsohne die kulturhistorisch interessanteste Stadt der Normandie. Aber auch ihr unmittelbares Umfeld weist eine Reihe von bemerkenswerten Sehenswürdigkeiten auf.

Barentin   ⇗ XIV/A1

Nordwestlich führt die N 15/N 142 nach Barentin und Pavilly. Hier überquert das imposante, 505 Meter lange und von englischen Ingenieuren 1845-1846 gebaute **Ziegelstein-Viadukt** der Eisenbahnlinie Paris – Le Havre das Tal der Austreberthe.

Der Ort selbst ist durch seinen vielfältigen **Skulpturenschmuck** bekannt. Hier stehen Plastiken von *Rodin, Janniot, Bourdelle* und anderen. Der Brunnen auf dem Rathausplatz, Place de la Mairie, stammt aus dem 17. Jahrhundert. Die Ortskirche aus dem 19. Jahrhundert hat eine Reihe moderner Glasfenster mit Motiven aus dem Leben des St. Martin, St. Helier und St. Austreberthe. Im Stadtmuseum, das im Rathaus untergebracht ist, findet man historische Stücke aus der Römerzeit und dem Mittelalter.

Pavily   ⇗ XIV/A1

In Pavily hat die heilige *Austreberthe* als Äbtissin gewirkt. Ihr Name, der sich vom normannischen *Oster-Bertha* ableitet, stand Pate für das kleine Flüsschen, das den Ort durchquert und bei Duclair in die Seine mündet. Hier soll Abt *Philibert von Jumièges* bereits Ende des 7. Jahrhunderts ein Kloster gegründet haben. Die im Ort erhaltene Kapelle aus dem 12. Jahrhundert könnte darauf hindeuten. An der Quelle des kleinen Flüsschens wenige Kilometer oberhalb von Pavily steht außerdem eine **Wallfahrtskapelle** namens Sainte-Austreberthe; sie beinhaltet ein künstlerisch wertvolles Kreuz aus dem 16. Jahrhundert.

Nur wenig nördlich vor Pavily steht das **Château d'Esnéval** aus dem 15. Jahrhundert. Der Mittelflügel des Schlosses erhielt im 18. Jahrhundert ein neues Gesicht. Die Schlosskapelle stammt aus dem Jahr 1770.

Notre-Dame-de-Bondeville   ⌕ XIV/B1

Die nördliche Ausfallstraße D 27 führt von Rouen nach Dieppe. Schon nach knapp zehn Kilometern erreicht man Notre-Dame-de-Bondeville, eine alte Industrievorstadt von Rouen. Hier ist mit dem **Musée Industrielle de la Corderie Vallois** ein Musterbeispiel der Industriearchitektur des 19. Jahrhunderts erhalten geblieben. Das Museum ist in einem ehemaligen Textilwerk untergebracht, das 1822 an der Stelle einer alten Papiermühle hier errichtet wurde.

Montville   ⌕ XIV/B1

Wenn man nördlich von Notre-Dame-de-Bondeville bei Malauny die D 27 verlässt und auf der D 155 nordöstlich weiter fährt, liegt etwas abseits der kleine Ort Montville, dessen Kirche schöne Glasfenster im Chor aufweist und der ein weithin bekanntes **Feuerwehrmuseum,** Musée des Sapeurs-Pompiers de France, besitzt.

Clères   ⌕ XIV/B1

Fährt man die D 155 über Montville hinaus, gelangt man nach Clères, einem Marktflecken zwanzig Kilometer nördlich von Rouen. Das alte **Château** des Ortes aus dem 14. bis 16. Jahrhundert wurde im 19. Jahrhundert im neugotischen Stil wieder errichtet. In der Nähe sind noch die Überreste der alten Burganlage aus dem 11. Jahrhundert zu sehen.

Die große Attraktion des Ortes ist der **Tierpark,** Parc Zoologique Jean Delacour, der nach dem Ersten Weltkrieg in dem aus 1860 datierenden Schlosspark vom damaligen Besitzer *Delacour* eingerichtet wurde.

Des Weiteren gibt es ein Militärmuseum, **Musée Militaire,** das sich mit den Ereignissen des Zweiten Weltkrieges befasst.

Mont-Cauvaire   ⌕ XIV/B1

Etwas abseits zwischen Clères und Montville liegt der Ort Mont-Cauvaire mit dem **Château du Rombosc,** das man besser von Fontaine-le-Bourg über die D 3 erreicht. Dieses interessante Herrenhaus wurde im 17. Jahrhundert errichtet. Die Fassade ist in fünf Elemente unterteilt, der Ionische Säulen im Parterre und Dorische Säulen im ersten Stock vorgesetzt sind.

Bonsecours   ⌕ XIV/B2

Die **neogotische Basilika** von Bonsecours wurde 1840 auf dem Mont Thuringe erbaut. Dieser Platz ist gleichermaßen Pilgerziel wie Aussichtspunkt, von dem man einen schönen Blick über die Seine hat.

Petit Couronne   ⌕ XIV/B2

Acht Kilometer südwestlich vom Zentrum von Rouen steht in Petit-Cou-

Rouen

ronne, schon fast wieder in Sichtweite der Seine, das **Musée Pierre Corneille**. Das Haus, in dem das Museum zu Ehren des Dichters untergebracht ist, war im Besitz der Familie *Corneille*. Es ist zeitgenössisch möbliert und gibt so einen Einblick in das bürgerliche Leben des 17. Jahrhunderts. Interessant ist auch der Garten des Museums, in dem Gemüse wie zu Zeiten Corneilles angebaut wird.

Croisset ⚄ XIV/B2

Folgt man im Zentrum Rouens am linken Seine-Ufer der D 51 flussabwärts, gelangt man schon kurz hinter den Hafenbecken nach Croisset. Hier steht noch der Pavillon, der dem Schriftsteller *Flaubert* als Arbeitszimmer diente. Heute ist hier das **Musée Flaubert** untergebracht. Es ist mit dem originalen Mobiliar eingerichtet. Die Bibliothek Flauberts befindet sich jedoch im Rathaus von Canteleu.

Praktische Tipps

- **Postleitzahl Rouen:** 76000
- **Tel. Vorwahl:** 0235

Information

- **Office de Tourisme,** Rouen, 25, Place de la Cathédrale, Tel. 08 32 40, Fax 08 32 44, E-Mail: otrouen@mcom.mcom.fr
- **Office de Tourisme,** 76690 Clères, 59, Avenue du Parc, Tel. 33 38 64

Unterkunft

- **Le Bordeaux**€€, Rouen, 9, Place de la République, traditionelles Haus an der Pont Corneille, 24.-31.12. geschlossen, Tel. 71 93 58, Fax 71 92 15
- **Hôtel Dieppe**€€, Rouen, Place Bernard-Tissot, praktisches Hotel gegenüber vom Bahnhof, ganzjährig geöffnet, angeschlossenes Restaurant Quatre Saisons €€, Tel. 71 96 00, Fax 89 65 21, hotel.dieppe@wanadoo.fr
- **Le Relais de Montigny**€€, 76380 Montigny, Rue du Lieutenant-Aubert, zehn Kilometer westlich, oberhalb des Stadtzentrums von Rouen in einem Park gelegenes, ruhiges Haus mit einem behindertengerechten Zimmer, angeschlossenes Restaurant €€, vom 24.-30. Dez. geschlossen, Tel. 36 05 97, Fax 36 19 60, le.relais.de.montigny.76@wanadoo.fr
- **Novotel Rouen Sud**€€€, Le Madrillet, 76800 Saint-Étienne-du-Rouvray, besonders schöne, im Karree um eine Gartenanlage mit Pool gebaute Hotelanlage, ruhig am Rand der Forêt Doméniale de la Londe Rouvray gelegen, ganzjährig geöffnet, Tel. 0232 91 76 76, Fax 0232 91 76 86

Essen und Trinken

- **Le Reverbrère**€€€, Rouen, 5, Place de la République, im täglichen Hauptgericht Wein im Preis inbegriffen, täglich *menu du jour* („Tagesgericht"), ganzjährig geöffnet, Tel. 07 03 14, Fax 89 77 93
- **La Couronne**€€€, Rouen, 31, Place du Vieux-Marché, gekonnte normannische Küche in einem der ältesten und schönsten Restaurants Frankreichs, ganzjährig geöffnet, Tel. 71 40 90, Fax 71 05 78
- **L'Écaille**, Rouen, 26, Rampe Cauchois, Restaurant in der Altstadt mit vielen Fischgerichten, sonntagnachmittags, montags, in den Februar-Schulferien und zweite Augusthälfte geschlossen, Tel. 70 95 52, Fax 70 83 49
- **Le Catelier**€, Rouen, 134bis, Avenue des Martyrs de la Résistance, kleines Restaurant mit einfacher, geschmackvoller Küche, sonntags, montagabends und 1.-18.8. geschlossen, Tel. 72 59 90, Fax 73 96 64
- **La Marmite**, Rouen, 3, Rue de Florence, kleines Restaurant mit angemessenen Preisen in der Nähe des Vieux Marché, sonntagabends und montags geschlossen, Tel. 71 75 55, Fax 71 10 63
- **Maison Dufour**€, Rouen, 67, Rue Saint-Nicolas, in einem alten Fachwerkhaus in der Innenstadt, normannische Küche, ganzjährig geöffnet, Tel. 71 90 62, Fax 89 70 34
- **Pascaline**€, Rouen, 5, Rue de la Poterme, Marché aux Fleurs, Brasserie im Stil von

1900, frische Salate, einfache Küche, preiswert, ganzjährig geöffnet, Tel. 89 67 44, Fax 89 65 21
- **Taverne Walsheim**€€, Rouen, 260, Rue Martainville, gegenüber vom Langhaus der Église St.-Maclou in einem alten Fachwerkhaus mit vielen Terrassenplätzen, ganzjährig geöffnet, Tel. 98 27 50
- **Chez Nous**€, Rouen, 234, Rue Martainville, typisch franz. Restaurant gegenüber dem Langhaus der Église St.-Maclou, Tel. 89 50 02
- **La Voûte Saint-Yves**€€, 76250 Deville-les-Rouen, 9, Avenue Général-Leclerc, freundliches Restaurant mit einfallsreicher Küche in einem 100-jährigen normannischen Haus, sonntagnachmittags, montags und 9.-26.8. geschlossen, Tel./Fax 75 03 17
- **Au Souper Fin**€€, 76690 Frchemesnil, Place de l'Église, gemütliches Dorfrestaurant nördlich von Clères mit bemerkenswerter Fischkarte, ganzjährig geöffnet, Tel. 33 33 88, Fax 33 50 42

Museen

In Rouen:
- **Musée Départemental des Antiquités**, Square André Maurois, 198, Rue Beauvoisine, archäologische Exponate aus keltischer und gallorömischer Zeit (z.B. römisches Mosaik von Lillebonne), aus der Merowingerzeit, aus dem Mittelalter und der Renaissance, geöffnet: montags bis samstags 10-12.30 und 13.30-17.30, sonntags 14-18 Uhr, an Feiertagen geschlossen, Eintritt 1,50 €, Kinder unter 18 Jahren frei, Tel. 71 78 78, Fax 70 25 16
- **Musée Corneille**, 4, Rue de la Pie, Rekonstruktion des Arbeitszimmers von Corneille in seinem Geburtshaus, zeitgenössische Exponate, Modell des Vieux Marché zur Zeit Corneilles, Büchereinutzung auf Anfrage, geöffnet: 10-12 und 14-18 Uhr außer dienstags, mittwochvormittags und feiertags, Eintritt 1,50 €, unter 18 Jahren frei, Tel. 71 63 92
- **Musée des Beaux-Arts**, Square Vadrel, umfangreiche Gemäldesammlung mit Bildern aus dem 15. bis 20. Jahrhundert, viele beachtenswerte Sonderausstellungen, geöffnet: 10-18 Uhr außer dienstags und feiertags, Eintritt 3 €, Kinder unter 18 Jahren frei, Tel. 71 28 40
- **Musée de la Ferronnerie Le Secq des Tournelles**, 2, Rue Jaques Villon, in der ehemaligen Saint-Laurent-Kirche (16. Jh.), Schlösser, Schlüssel, schmiedeeiserne Antiquitäten von der Antike bis zum 20. Jh.: 10-13 Uhr und 14-18 Uhr außer dienstags u. feiertags, Eintritt 2,30 €, unter 18 J. frei, Tel. 52 00 62
- **Musée de la Céramique**, 1, Rue Faucon, untergebracht in den prächtigen Räumen des Hôtel d'Hocqueville, einem Herrenhaus aus dem 17. Jahrhundert, Exponate zum traditionellen Keramikhandwerk in Rouen, geöffnet: 10-13 und 14-18 Uhr außer dienstags und feiertags, Eintritt 2,30 €, Kinder unter 18 Jahren frei, Tel. Tel. 52 00 62, Fax 15 43 23
- **Musée Flaubert et d'Histoire de la Médicine**, 51, Rue de Lecat, Geburtshaus *Flauberts*, in dem auch sein Geburtszimmer mit allerlei anatomischen und medizinischen Kuriositäten besichtigt werden kann – es diente dem Vater, einem Chirurgen, als Praxis; geöffnet: 10-12 und 14-18 Uhr außer sonntags, montags und feiertags, Eintritt 2,20 €, Kinder frei, Tel. 15 59 95
- **Musée Jeanne d'Arc**, 33, Place du Vieux Marché, Wachsfigurenkabinett mit lebensgroßen zeitgenössischen Figuren, im Untergeschoss (Krypta) Dokumentensammlung, geöffnet: Mai bis September 9.30-19 Uhr, ansonsten 10-12 und 14-18.30 Uhr, Eintritt 4 €, Kinder und Studenten 2 €, Tel. 88 02 70
- **Musée Maritime Fluvial et Portuaire**, Boulevard Émile Duchemin, Hangar Portaire 13, untergebracht in einem ehemaligen, 1926 gebauten Lagerhaus, Exponate zur maritimen Geschichte von Rouen, wochentags (außer dienstags) geöffnet 10-12.30 und 14-18 Uhr, samstags und sonntags nur 14-18 Uhr, geschl. 1.1., 1.5. und 25.12., Eintritt 2,50 €, Kinder bis 12 Jahre 1,50 €, Tel. 10 15 51

In der Umgebung:
- **Musée Municipal**, 76330 Barentin, Stadtmuseum im Rathaus mit lokalen Exponaten, geöffnet auf Anmeldung im Rathaus 8-12 und 14-17 Uhr, Eintritt frei
- **Musée des Sapeurs-Pompiers de France**, Feuerwehrmuseum, 76710 Montville, Rue Baron Bigot, Exponate zur Geschichte der französischen Feuerwehren, von April bis Oktober täglich 13-18 Uhr geöffnet, ansons-

ten nur an Wochentagen, Eintritt 3,80 €, Kinder 1,50 €, Tel. 33 13 51
- **Musée Industriel de la Corderie Vallois,** 76960 Notre-Dame-de-Bondeville, 185, Route de Dieppe, historischer Textilbetrieb in alter Fachwerkhalle mit hydraulisch betriebenen Maschinen, die zwischen 1880 und 1978 produzierten, die Maschinen werden jede volle Stunde angeworfen; April bis Oktober täglich 13-18 Uhr geöffnet, ansonsten nur an Wochenenden, Eintritt 3 €, bis 18 Jahre frei, Tel. 74 35 35, Fax 74 58 45
- **Musée Départemental Corneille,** 76650 Petit-Couronne, 502, Rue Pierre Corneille, Einblick in die Lebensumstände und das Wirken des klassischen Dichters (1604-84), historischer Gemüsegarten, geöffnet: von April bis September täglich 10-12 und 14-18 Uhr, sonst bis 17 Uhr (dienstags geschlossen), Eintritt 1,50 €, Tel. 68 13 89, Fax 70 25 16
- **Pavillon et Musée Flaubert,** 76830 Croisset, Arbeitszimmer des Schriftstellers mit persönlichen Exponaten, geöffn.: tägl. 10-12 und 14-18 Uhr (außer dienstags, mittwochvormittags u. feiertags), Eintritt 1 €, Schüler u. Stud. an Sonn- und Feiertagen frei, Tel. 36 43 91

Besichtigungen

- **Tour Jeanne d'Arc,** Rouen, Rue du Donjon/Rue Bouvreuil, Bergfried als einziger Rest der von König *Philippe Auguste* 1204 erbauten Stadtburg mit Schautafeln zur Geschichte der Burg, geöffnet: werktags 10-12 Uhr und 14-18 Uhr (im Winter 17 Uhr), sonntags 14-18.30 Uhr (im Winter 17.30 Uhr), dienstags geschlossen, Eintritt 1,50 €, Tel. 88 02 70, Fax 98 53 25
- **Hôtel Bourtheroulde,** Rouen, Place de la Pucelle, Herrenhaus aus dem 15./16. Jahrhundert, geöffnet: montags bis freitags 9-12.30 und 13.30-17.15 Uhr, samstags, sonntags und feiertags 14.30-17.30 Uhr
- **Jardin des Plantes,** Rouen, 114ter, Avenue des Martyrs de la Résistance, im Neubaugebiet auf dem der Innenstadt gegenüberliegenden Flussufer, zehn Hektar große Parkfläche, gehört seit 1832 zu Rouen, Sammlung medizinischer Pflanzen, Rosen, tropische Gewächshäuser, geöffnet: 8 Uhr bis Eintritt der Dunkelheit, Eintritt frei, Tel. 18 21 30
- **Château du Rombosc,** 76690 Mont-Cauvaire, interessantes Herrenhaus aus dem 17. Jahrhundert, geöffnet: 1. Julihälfte, 2. Augusthälfte und 1. Septemberhälfte 10-12 und 14-17 Uhr, Tel. 33 70 71, Fax 32 78 79

Aktivitäten

- **Stadtbesichtigung:** im Touristen-Straßenzug durch die Altstadt Rouens, Anmeldung: Tel. 10 24 70
- **Seine-Rundfahrten ab Rouen:** „Le Cavalier de la Salle", Hafenrundfahrt, Reservierung: Office de Tourisme (siehe oben), „Le Châteaubriand", 280 Personen-Schiff, das bis Honfleur verkehrt, 3-4 Stunden Touren mit Frühstück oder Abendessen, Reservierung: Société Harbour, Quai Bois-Guilbert, Hangar Nr. 5, Tel. 08 04 15, „Le Château Gaillard", 250 Passagiere, 160 Restaurant-Plätze, verkehrt bis Paris, Reservierung: SARL, Alforville, Tel. 0143 78 28 28
- **Vergnügungspark von Montville,** 76710 Montville, 7-Hektar-Gelände mit See, Wasservögeln, Wassersport, Gesundheits-Parcours, Mini-Golf etc. Auskunft: Rathaus, 76710 Montville, Tel. 93 91 00
- **Park Zoologique Jean Delacour** (Tierpark), 76690 Clères, attraktives Freigehege-Gelände und botanischer Garten mit einer interessanten Sammlung von Vögeln und Säugetieren, geöffnet: von Mitte April bis September 9-18 bzw. 19 Uhr, im März und im Oktober 9-12 und 13.30-17 bzw. 18 Uhr, Eintritt 3 €, Kinder bis 14 Jahre 1,50 €, Tel. 33 23 08

Sport

- **Bootsverleih:** Jachthafen von Rouen, Tel. 07 33 94
- **Golf:** Golf Forêt Verte, 18-Loch-Platz in 76710 Bosc-Gérard bei Montville, Tel. 33 62 94; 18-Loch-Platz in 76130 Mont-Saint-Aignan, Rue Francis Poulens, Tel. 76 38 65
- **Flugsport:** am Flughafen Rouen-Boos, Aéro-Club de Rouen Normandie, Tel. 79 18 26

Einkaufen

- **Antiquitäten/Trödel:** zahlreiche Geschäfte in der Rue Damiette in Rouen

- **Salon National des Antiquaires:** in Rouen Antiquitätenmesse im Oktober

Verkehrsverbindungen

- **SNCF-Hauptbahnhof:** regelmäßige Schnellverbindungen nach Paris und Le Havre, Vorortverbindungen
- **Flughafen Rouen – Vallée de Seine:** 76520 Boos, Direkt- oder Anschlussflüge mit Flandre-Air, Regional Airlines nach Brüssel, London, Stuttgart, Mailand, Turin und zu innerfranzösischen Flughäfen, Info Flandre-Air, Tel. 0235 86 40 80, Fax 0235 80 48 67

Die Straße der Abteien

Geschichte

Der Unterlauf der Seine bildete das Kerngebiet des in der Nachfolge des Römischen Reiches in Nordfrankreich entstandenen, frühen fränkischen Merowingerreiches. Mit der Übernahme des Christentums durch die Franken entstanden hier **die ersten Bistümer** und **frühe Klöster und Abteien,** denn die Seine bildete – nachdem die Verkehrswege der Römer nicht mehr unterhalten wurden – die wichtigste Verkehrsachse in diesem Bereich. Erst nachdem die Karolinger die Führungsrolle im Frankenreich übernommen hatten, verlegten sie den Reichsschwerpunkt nach Aachen und an den Mittelrhein. Dennoch blieb der Unterlauf der Seine wichtiger Bestandteil des Frankenreiches. Allerdings wüteten die Wikinger hier weitaus schwerwiegender als am Rhein. Nachdem sie aber von den Franzosen befriedet worden waren und die Normannen die Herrschaft über das Gebiet übernommen hatten, entstanden Klöster und Abteien in noch größerem Glanz als je zuvor. St.-Georges-de-Boscherville, St.-Ouen, St.-Wandrille, Jumièges und die anderen romanischen Sakralbauten an der Seine sind Zeugen jener Zeit.

Sahurs   ⤴ V/D3

In der Biegung der ersten unterhalb von Rouen gelegenen Seine-Schleife, die weitgehend vom Forêt de Roumare ausgefüllt wird, liegt Sahurs.

Hier, in der Schlosskapelle des **Manoir de Marbeuf,** gab Königin *Anna* aus dem Hause Habsburg, Gemahlin *Ludwigs XIII.,* ihr Versprechen, bei der Geburt eines Sohnes diesen in Silber aufzuwiegen. Nach zwanzigjähriger kinderloser Ehe kam *Ludwig XIV.,* der spätere Sonnenkönig, auf die Welt. Anna stiftete eine 12-pfündige Silberstatue, die allerdings in den Wirren der Französischen Revolution verschwand.

In Sahurs ist außerdem das **Château de Soquence** mit seinem 1840 umgestalteten Park sehenswert. Das Schloss steht an einem exponierten Standort oberhalb der Seine. Die terrassierte Gartenanlage wurde erst kürzlich überarbeitet.

Südlich der D 51 von Sahur nach Hautot steht die **Ortskirche,** von der aus man einen schönen Blick auf die Ruinen des Château de Robert-le-Diable gegenüber auf dem anderen Seine-Ufer hat.

DIE STRASSE DER ABTEIEN

Château de Robert-le-Diable

⤴ XIV/B2

Am linken Ufer in der Innenschleife der Seine wachen die **Ruinen** des Château de Robert-le-Diable, das *Robert der Prächtige* (auch *Robert der Teufel* genannt) einer Sage zu Folge zu Beginn des 11. Jahrhunderts erbauen ließ. 1204 eroberte *Philippe II. Auguste* die durch die Kämpfe zwischen Normannen und Franzosen in Mitleidenschaft gezogene Festung und ließ sie wieder herrichten. Sie wurde dann 1418 auf Befehl des Magistrats von

Die Ruinen des Château de Robert-le-Diable

Rouen gesprengt, damit sie den Engländern im Hundertjährigen Krieg nicht in die Hände fallen konnte. Zur endgültigen Ruine wurde die Festung dann in den Religionskriegen des 16. Jahrhunderts. Im preußisch-französischen Krieg wurden 1870 aber auch diese Ruinen umkämpft. Ab 1903 begann dann der Wiederaufbau einiger Teile der ehemaligen Festungsanlage.

In ihrem Inneren befindet sich heute das **Wikingermuseum,** das über eine Zugbrücke erreicht werden kann. Hier wird unter anderem die Rekonstruktion eines Wikingerschiffes gezeigt.

Saint-Pierre-de-Manneville

⤴ V/D3

Folgt man der D 51 flussabwärts, gelangt man nach vier Kilometern nach Saint-Pierre-de-Manneville. Hier steht das **Manoir de Villers,** ein zauberhaftes Herrenhaus, das noch genauso möbliert ist, wie es 1581 eingerichtet wurde. Der Park des Herrenhauses wurde im 18. Jahrhundert angelegt und im 19. Jahrhundert erweitert.

Quevillon ⤴ V/D3

Folgt man der D 51 über Saint-Pierre hinaus weiter flussabwärts, so stößt man kurz vor Quevillon auf das **Château de la Rivière-Bourdet,** einen prächtigen Steinbau aus dem 17. Jahrhundert. Sehenswert sind der Taubenturm, ebenfalls aus dem 17. Jahrhundert, sowie die klassizistischen Stallungen, die im 18. Jahrhundert angefügt wurden.

Saint-Martin de Boscherville

⇗ V/D3

Im zweiten Seine-Bogen unterhalb von Rouen (nur wenig mehr als zehn Kilometer vom Zentrum entfernt) liegt Saint Martin-de-Boscherville, wo 1150 der Kämmerer *Wilhelm des Eroberers*, **Raoul de Tancarville,** an der Stelle ein Stift gründete, wo einst ein heidnischer Tempel und dann im 7. Jahrhundert eine dem heiligen Georges geweihte Kapelle stand. Raoul siedelte Stiftsherren an, die ab 1114 von Benediktinermönchen ersetzt wurden.

Die **Abteikirche Saint-Georges,** die bereits 1225 geweiht werden konnte, wurde ganz im Sinne benediktinischer Bauweise errichtet. Das Hauptschiff ist dreischiffig und der Chor ohne Umgang angelegt. Über der Vierung, wo die Querschiffe ansetzen, steht der Laternenturm mit Tribünen im Inneren, von denen man die Querschiffe überblicken kann.

In der zweiten Hälfte des 12. Jahrhunderts wurden der **Kapitelsaal** und die **Klostergebäude** fertig gestellt, die aber im 17. Jahrhundert noch grundlegende Änderungen erfuhren. Mit der Französischen Revolution wurde das Kloster aufgelöst und seither fehlt das Verbindungsstück zwischen den heute noch bestehenden Klostergebäuden. Die Kirche behielt jedoch ihre Funktion und blieb unbeschädigt erhalten, da sie gleichzeitig als Pfarrkirche für den Ort diente.

Die **Klosterkirche** ist durch ihre Stilreinheit normannischer Romanik besonders beeindruckend. Das Portal ist schlicht, aber kunstvoll. Das Kirchenschiff wird von sechs Jochen getragen. Im Chorbereich sind die Figurenkapitelle, darunter der berühmte Geldpräger *(monayeur),* außen am Chor beachtenswert. Die Orgel stammt aus dem Jahr 1677, das Chorgestühl ist von 1736. Der Kapitelsaal ist ebenfalls durch seine Figuren an den Kapitellen berühmt.

Die **Parkanlage** wurde im Sinne französischer Gartenarchitektur des 17. Jahrhunderts erneuert.

Das Manoir de Villers

Duclair ⤴ V/D3

Von Saint-Martin de Boscherville führt die Hauptstraße D 982 flussabwärts am rechten Seine-Ufer entlang. Nach knapp zehn Kilometern erreicht man Duclair an der Mündung der Austreberthe.

Die romanische **Ortskirche Saint-Denis** wurde im 11. und 12. Jahrhundert auf den Resten eines merowingischen Klosters errichtet und im 19. Jahrhundert renoviert. Ihr Glockenturm trägt eine im 16. Jahrhundert aufgesetzte Spitze. Im Inneren birgt die Kirche mehrere sehenswerte Stein- und Holzplastiken aus dem 14. und 15. Jahrhundert. Die Glasfenster stammen teilweise aus dem 16. Jahrhundert. Ein modernes Glasfenster von *Max Ingrand* mit einem Pfingstmotiv wurde 1968 eingesetzt.

Im Vorort St. Paul steht nahe der D 982 ein **Château** aus dem 16. Jahrhundert mit Zubauten aus dem 17. und 18. Jahrhundert.

Le-Mesnil-sous-Jumièges

⤴ V/D3

Folgt man der D 65 unmittelbar am rechten Ufer flussabwärts, kommt man nach acht Kilometern nach Le-Mesnil-sous-Jumièges. Hier steht das **Manoir du Mesnil**, auch Manoir Agnès Sorel genannt. Das Herrenhaus stammt aus dem 13. bzw. 14. Jahrhundert und ist teilweise eine Ruine. Hier im Herrenhaus starb im Jahre 1450 *Agnès Sorel*, die Geliebte *Charles VII.*, die ihm vier Töchter geboren hatte.

Jumièges ⤴ V/D3

Hinter Le-Mesnil-sous-Jumièges kürzt die D 65 die Seine-Schleife nach Jumièges ab. Hier steht eine der **eindrucksvollsten Kirchenruinen** Frankreichs. Ihre erstaunlichen Ausmaße zeugen von der historischen und wirtschaftlichen Rolle, die diese Abtei im Seine-Tal eingenommen hat.

Sie wurde 654 von *Saint-Philibert* gegründet, 841 und 856 von Wikingern zerstört und in der Regierungszeit von *Wilhelm Langschwert* wieder errichtet. Die **Benediktinerabtei** hatte solchen Zulauf, dass zwischen 1040 und 1066 der Neubau in den heutigen Ausmaßen entstand und von *Wilhelm dem Eroberer* persönlich eingeweiht wurde. 1793 mussten dann die letzten Mönche die Abtei verlassen, die daraufhin auf Abbruch an einen Holzhändler verkauft wurde. Dieser sprengte den Vierungsturm, um leichter an das Steinmaterial zu gelangen. Ein neuer Besitzer begann 1852, die Ruine zu retten. Heute gehört die Abtei dem französischen Staat.

Der Baukomplex besteht aus den Ruinen der **Abteikirche** Notre-Dame und der **Klosterkirche** Saint-Pierre sowie aus zahlreichen **Neben-** und **Wirtschaftsgebäuden.** Der Eingang der Abteikirche wird von zwei Türmen flankiert. Die Wände des fast 30 Meter hohen Langhauses stehen noch. Das Querschiff war zweischiffig angelegt. Chor und Apsis kann man im Grundriss erkennen. Des Weiteren stehen noch eine Wand des Vierungsturms mit drei Triforienfenstern sowie

DIE STRASSE DER ABTEIEN

von der Kirche Saint-Pierre die Fassade und zwei Joche, die aus der karolingischen Entstehungszeit (aus dem 10. Jahrhundert) stammen. Von den Abteigebäuden sind ganz oder teilweise das Kapitelhaus, die Sakristei, die Fundamente des Kreuzganges, das Vorratshaus mit Kellern aus dem 12. Jahrhundert, das Haus des Abtes aus dem 17. Jahrhundert sowie die Gärten, die im 17. Jahrhundert angelegt wurden, erhalten.

Das Langhaus der **Pfarrkirche** von Jumièges stammt aus dem 11. und 12. Jahrhundert, der Chor aus dem 16. Jahrhundert. Altäre und Glasfenster der Kapellen am Chorumgang gehen auf das 15. bzw. 16. Jahrhundert zurück.

Saint-Wandrille   ⤴ V/D2

Die Ruine der romanischen Abteikirche Notre-Dame von Jumièges

Fährt man von Jumièges über Yanville mit seiner schlichten romanischen Kirche weiter auf der D 982, so gelangt man nach Saint-Wandrille de Fontenelle, dem nächsten Kloster auf der Straße der Abteien.

Der **heilige Wandrille** soll an dieser Stelle bereits im 7. Jahrhundert ein Kloster gegründet haben, das dann von den Wikingern zerstört wurde. Im 10. Jahrhundert begannen Benediktiner, das Kloster wieder einzurichten. Die Abtei Saint-Wandrille entwickelte sich schnell zu einem **Zentrum klösterlichen Lebens,** das in der Normandie im 11. Jahrhundert stark von den Benediktinern geprägt war. Während der Religionskriege wurde es nur zeitweilig unterbrochen. Aber mit der Französischen Revolution kam auch das Ende für Saint-Wandrille. Die Gebäude dienten später einer Spinnerei als Werkhallen. Im Jahre 1894 kehrten die Benediktiner in das Kloster zurück und pflegen heute hier insbesondere den gregorianischen Gesang. Sie halten ihre Gottesdienste in der 1969 aus dem Gebälk einer alten Scheune errichteten Kirche ab.

Das **Abteigelände** erreicht man durch einen monumentalen neoklassizistischen Torbogen. Am Zugang zu den noch vorhandenen Ruinen der Abtei kommt man am imposanten Tor

DIE STRASSE DER ABTEIEN
Im Osten der Normandie

Saint-Wandrille

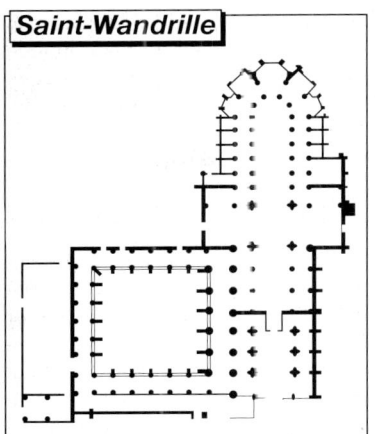

zu den Klostergebäuden vorbei. Die Reste der Abtei stammen überwiegend aus dem 13. und 16. Jahrhundert. Eindrucksvoll sind die in den Himmel ragenden Säulenreste des verbliebenen Querschiffes. Nur der Kapitelsaal datiert aus der Entstehungszeit der Abtei. Die klassizistischen Klostergebäude dienen den Mönchen heute als Unterkunft.

Sehenswert in Saint-Wandrille de Fontenelle ist außerdem die romanische **Pfarrkirche Saint-Michel,** die zahlreiche wertvolle Skulpturen aufzuweisen hat.

Keinen Kilometer von der Abtei entfernt steht die **Kapelle Saint-Saturnin** auf einem bewaldeten Hügel, eine kleine Betkapelle aus dem 10. Jahrhundert. Ihre Mauern sind mit Fischgrätenmuster, die Kapitelle mit Skulpturen versehen.

Caudebec-en-Caux ⌕V/D2

Der Ort am Kopf der letzten Seine-Schleife vor der Mündung war bereits von Kelten besiedelt, wie Ausgrabungsfunde ergeben haben. Im Mittelalter profitierte Caudebec-en-Caux von seiner Lage – sowohl als Hafen wie auch als Industriestandort. Hier wurden die berühmten Filzhüte *Caudebec* hergestellt, die man am französischen Königshof trug. Die schöne Fachwerkstadt ging allerdings im Juni 1940 in Flammen auf, als die Seine-Fähre bombardiert wurde. Nach dem Krieg baute man etwas oberhalb des Ortes die große **Pont de Brotonne,** die mit einer Maut (wie auch die Pont de Tancarville und die Pont de Normandie weiter in Richtung Seine-Mündung) befahren werden kann.

Caudebec-en-Caux ist auch wegen der hier zu beobachtenden, *Le mascaret* genannten **Springflut** interessant: Diese tritt immer bei Sturm auf, wenn

Prächtiger Torbogen der Abteigebäude von Saint-Wandrille

die Flut aus dem Ärmelkanal in den sich verengenden Trichter der Seine-Mündung auf die abfließende Seine drückt und in Caudebec über die Uferkais springt.

An der Place de la Planquette steht die im Flamboyant-Stil zwischen 1426 und 1515 errichtete **Kirche Notre-Dame** mit einem schönen Portal, das mit 333 Figuren geschmückt ist. Ihre Turmspitze ist von einer dreifachen Tiara gekrönt. Eigenwillig sind die architektonischen Proportionen von Notre-Dame – das dreischiffige Langhaus hat kein Querschiff und der Chor besteht aus zwei Kapellen, die in eine mehrfach unterbrochene Apsis übergehen. Berühmt ist die Orgel der Kirche mit ihren 3300 Pfeifen; 1541 wurde mit ihrem Bau begonnen. Nicht minder berühmt sind der Deckel des Taufbeckens, das mit Ziselierungen geschmückte Adlerpult aus Messing aus der Zeit vor 1556 sowie der vier Meter hohe und sieben Tonnen schwere, hängende Schluss-Stein in der Chapelle de la Vierge („Marienkapelle").

Beim Verlassen der Kirche durch das Portal stößt man auf ein schönes **Fachwerkhaus** mit Innenhof, das die Feuersbrunst des Jahres 1940 überstanden hat.

In der Rue Thomas Basin steht das **Maison des Templiers,** ein gotisches Steinhaus aus dem 13. Jahrhundert, in dem das Heimatmuseum untergebracht ist.

Hinter dem Rathaus aus dem 18. Jahrhundert mit einer schönen Terrasse befindet sich das **Musée de la Marine de Seine.** Von hier hat man einen sehr schönen Ausblick auf den Fluss und die vorbeifahrenden großen Schiffe, die den Hafen von Rouen ansteuern.

Villequier ⇗ V/C3

Der malerisch zwischen den Uferklippen und der Seine gelegene Ort Villequier beherbergt das **Musée Victor Hugo.** Das Museum ist im Haus seines Schwiegersohnes, des Bootsbauers *Vaccquerie,* untergebracht. Wenige Monate nach der Hochzeit im Jahre 1843 ertranken der Bootsbauer und *Leopoldine,* die Tochter *Victor Hugos,* in der Seine.

Saint-Maurice-d'Ételan ⇗ V/C3

Unterhalb von Villequier öffnet sich das Seine-Tal zu einer Trichtermündung. Die Uferhänge und -felsen treten zurück. Der letzte, weite Seine-Bogen wird von Marschen eingenommen. Hier, fünf Kilometer südlich von Villequier und kurz vor Saint-Maurice d'Ételan, steht das **Château d'Ételan** an einem prägnanten Standort, von dem man den Seine-Bogen weit überblicken kann. Das Schloss wurde 1494 auf einer alten Burganlage im Flamboyant-Stil erbaut. Seine beiden Flügel sind im Schachbrettmuster aus Ziegel und Stein miteinander verbunden. Berühmt sind seine Glasfenster und seine Statuen sowie die Malereien in der zum Schloss gehörigen Kapelle aus dem 16. Jahrhundert.

Vatteville-la-Rue ↗ V/C3

Auf der anderen Seine-Seite liegt der alte, versandete Flusshafen von Vatteville-la-Rue an der D 65. Der Flamboyant-Chor der **Ortskirche Saint-Martin** wird von schönen Glasfenstern erleuchtet. Das Langhaus stammt aus der Renaissance. Im Ort findet sich das Haus **Fro du Roi**, das ein Jagdhaus König *Franz I.* gewesen sein soll.

Aizier ↗ V/C3

Folgt man der D 65 weiter am linken Seine-Ufer entlang, gelangt man nach Aizier, dessen romanische **Kirche Saint-Pierre** einen schön gegliederten Glockenturm aus dem 12. Jahrhundert hat. Vom Nachbarort **Vieux-Port**, einem alten Fischereiplatz aus römischer Zeit, hat man einen weiten Blick über die Seine.

Quillebeuf-sur-Seine ↗ V/C3

Die Fahrt am linken Seine-Ufer entlang endet in Quillebeuf-sur-Seine, einer Ortsgründung der Wikinger, die von hier aus ihre Raubzüge die Seine aufwärts organisierten. Quillebeuf war bis in das 19. Jahrhundert ein Hafen, der aber nie große Bedeutung erlangte. So konnte sich der Ort auch seinen **kleinstädtischen Charakter** erhalten.

Die **Ortskirche Notre-Dame-de-Bon-Port** wurde im 12. Jahrhundert errichtet. Aus dieser Zeit stammt noch das Portal und das Kirchenschiff mit seinen schönen Kapitellen. Der eindrucksvolle schlanke Turm ist unvollendet geblieben. Der gotische Chor stammt aus dem 16. Jahrhundert.

Bei Quillebeuf-sur-Seine führt die A 13 zu der im Jahre 1959 eingeweihten und den Fluss 1400 Meter überspannenden **Pont de Tancarville**, der mittleren der drei großen Brücken an der unteren Seine.

Les Marais Vernier ↗ V/C3

Im Hinterland von Quillebeuf-sur-Seine erstreckt sich das **Marschland** Marais Vernier. Im gleichnamigen Ort am Westrand des Marschlandes sind noch schöne Fachwerkhäuser erhalten. Auf einer über 120 Meter hohen Anhöhe oberhalb des Vogelschutzgebietes Grande Mare liegt Sainte-Opportune-la-Mare. Hier befindet sich das **Ökomuseum der Unteren Seine** (Écomusée de la Basse-Seine), das das landschaftliche und kulturelle Erbe der Region darstellt und in verschiedene Abteilungen gegliedert ist: Hier befinden sich das Maison de la Pomme, das Apfelmuseum, das sich ganz der „königlichen" Frucht der Normandie widmet, eine alte Schmiede, La Forge, und das Centre de Découverte de la Nature du Parc Régional de Brotonne, das Naturhaus, das Auskunft über das nahe gelegene Naturschutzgebiet gibt.

Lillebonne ↗ V/C3

Auf der Quillebeuf-sur-Seine gegenüberliegenden Seite der Seine, eingebettet in das Tal der Bolbec, liegt Lille-

Parc Naturel Régional de Brotonne

Im Jahre 1974 schlossen sich 37 Gemeinden (inzwischen sind es 63) des Département Seine Maritime zusammen, um den Parc Naturel Régional de Brotonne zu gründen, mit dem Ziel, die **zauberhafte Landschaft** am Unterlauf der Seine zwischen Rouen und ihrer Trichtermündung bei Le Havre so natürlich wie möglich zu erhalten. Hier zieht die Seine große Schleifen, vorbei an Kreidefelsen und Hügeln, die sie bald zur Rechten, bald zur Linken begleiten.

Alle diese Mäander des untersten Seine-Tals von Rouen bis zum Marais Vernier sind mehr oder weniger bewaldet. Und so bilden die **Staatsforste** Brotonne sowie Trait-Maulévier die Herzstücke des Parks. Geeigneter Ausgangspunkt für die Erkundung des Waldes von Brotonne ist die alte **Eiche Chêne à la Cuve,** hundert Meter von der D 913 oberhalb der Seine gegenüber von Jumièges. Ihre vier mächtigen Äste bilden eine Mulde in der sich Wasser von heilender Wirkung sammelt ...

Von ganz außergewöhnlicher Gestalt sind die Marschen südlich des Mündungstrichters, **Les Marais Vernier.** Von Brackwasser durchzogen, ist dieses Gebiet durch natürliche Seen und Torfheide gekennzeichnet und musste in der Vergangenheit für allerlei schaurige Geschichten herhalten. *Henry IV.* ließ es ab 1599 trocken legen. Dennoch hat es sich viel von seinem Charakter als Feuchtgebiet bewahren können. Durch Deichbau entstanden ab 1620 Polder und die Grande Mare, ein besonders ausgewiesenes Schutzgebiet in der Réserve Naturelle de Manneville innerhalb dieser Marschlandschaft.

Drei markierte **Routen** sind typisch für die Kulturlandschaft des Parc Naturel Régional de Brotonne: die *Route de Chaumières* („Landhaus-Route") und die *Route des Fruit* („Obstroute") – denn hier im Seine-Tal wachsen neben Äpfeln, Birnen und Kirschen auch Strauchobstarten wie Johannisbeeren, Brombeeren und Himbeeren –, außerdem die *Route des Abbayes* („Straße der Abteien"), die die sehenswerten Klöster innerhalb des Parks und in seinem unmittelbaren Umfeld miteinander verbindet.

● **Info:** Maison du Parc, permanente Ausstellung in einem ehemaligen Bauernhaus aus dem 18. Jahrhundert, 76940 Notre Dame de Bliquetuit, Tel. 0235 37 23 16, Fax 35 37 70, E-Mail: Parc.Naturel.régional.de. Brotonne@wanadoo.fr

● **Wandern:** Der **Wanderweg GR 22** folgt dem Seine-Tal am rechten Ufer teils auf den Höhen, teils direkt am Fluss. Er führt nicht nur an den berühmten Klöstern der Straße der Abteien vorbei, sondern vermittelt dem aufmerksamen Wanderer auch einen tiefen Einblick in die Landschaft und die Pflanzenwelt.

Der **Wanderweg GR 23A** führt an der Abtei Jumièges vorbei; mit der Fähre setzt man über und gelangt in den Wald von Brotonne und auf den Wanderweg GR 23, der am linken Ufer verläuft.

Caudebec-en-Caux, Duclair und zahlreiche andere Gemeinden sind Ziel von weiteren **ausgeschilderten Kurzwanderwegen.**

bonne, die einstige Römerstadt an der unteren Seine. Hier hatten bereits die Kelten gesiedelt, denn die Bucht der Bolbec bot damals Schutz für Schiffe. Nachdem *Caesar* Gallien erobert hatte, baute er die Keltensiedlung zu einem Hafen und zu einer Garnison aus, die ihm zu Ehren *Juliobona* genannt wurde. Längst ist der Hafen versandet, doch im 19. Jahrhundert brachte die Textilindustrie neuen Wohlstand nach Lillebonne.

Im 1. Jahrhundert begannen die Römer mit dem Bau eines **Amphitheaters** in Juliobona, dem größten und am besten erhaltenen nördlich der Loire. Bis zu 10.000 Zuschauer konnten den Aufführungen von steinernen Rängen aus folgen. Noch heute kann man die sich öffnende Halbrundung der ansteigenden Zuschauertribünen an den Grashängen erkennen.

In der Rue Césarine stehen noch die **Überreste des alten Châteaus** aus dem 10. Jahrhundert, das im 12. und 13. Jahrhundert erneuert wurde. Hier soll *Wilhelm der Eroberer* die Eroberung Englands mit seinen Rittern besprochen haben.

Die **Ortskirche Notre-Dame** entstand im 15. Jahrhundert. Sie weist aber ein zweitüriges Portal aus dem 16. Jahrhundert auf. Ihre geschwungene Spitze auf dem viereckigen Turm ist 55 Meter hoch. Glasfenster stellen Motive aus dem Leben *Johannes des Täufers* dar. Das Chorgestühl stammt aus der Abbaye du Valasse.

Gallorömische Funde und Exponate aus der Lokalgeschichte sowie kunsthandwerkliche Stücke werden im **Musée des Arts et Traditions Populaires,** dem Heimatmuseum am Jardin Jean-Rostand, ausgestellt.

Zwei Kilometer südlich vom Zentrum Lillebonnes, wo die Bolbec in die Marschen der Seine eintritt, steht in Le Mesnil-sous-Lillebonne die vom 12. bis 16. Jahrhundert errichtete **Église Sainte-Anne,** die heute nach ihrer Renovierung ein Kirchenmuseum mit mineralischer und fossilen Exponaten ist.

Bolbec ⊿ V/C2

Wenige Kilometer auf der D 173 das Flusstal der Bolbec aufwärts liegt der Ort Bolbec mit der Pfarrkirche Saint-Michel aus dem Jahr 1773. Nahe gelegen ist der schöne Skulpturenpark im Jardin Public.

Im südlichen Vorort Gruchet-le-Valasse steht die **Abtei Notre-Dame du Voeu,** eine Zisterzienserabtei, die zwei Stifter hat: zum einen *Waleran de Meulan,* als Dank für die Errettung aus einem Schiffswrack, und zum anderen *Mathilda,* die Enkelin *Wilhelm des Eroberers,* als Dank für die Überwindung ihrer Feinde um die Thronnachfolge. In der Abtei wurde auch *Thomas Becket,* dem Erzbischof von Canterbury, gedacht. Schaden nahm das Klosterchor in den Religionskriegen. Im 18. Jahrhundert erfolgte dann die Umwandlung. Die Klosterkirche wurde im Zuge der Französischen Revolution zerstört, das Anwesen später in ein Schloss umgewandelt. Erhalten geblieben sind sehr schöne frühgotische Säle, die mit typisch normannischen Kapitellen bestückt sind. Prachtvoll ist die Fassade des Schlosses im klassizistischen Stil.

Gommerville ⌖ IV/B2

Westlich von Bolbec an der D 80 bei Gommerville steht das **Château de Filières** inmitten eines schönen, von Wassergräben durchzogenen Parks. Eine Buchenallee führt auf das Schloss zu, das nach Plänen des Architekten *Victor Louis* im 18. Jahrhundert errichtet wurde. Der linke Flügel stammt noch aus der Zeit von *Henri IV.* Von der Inneneinrichtung im Stil *Louis XV.* und *Louis XVI.* ist der Grand Salon besonders erwähnenswert. Darüber hinaus gibt es Kunstschätze aus aller Herren Länder zu sehen, unter anderem auch Skulpturen von *Ingrand,* dem Vater von *Max Ingrand.*

In Gommerville selbst steht außerdem das sehenswerte **Manoir de Rabomare,** ein Herrenhaus aus dem 16. und 17. Jahrhundert. Das Erdgeschoss wurde in Steinbauweise, das Obergeschoss in Fachwerkbauweise errichtet. Der Eingang ist von zwei Säulen flankiert, die ein dreieckiges Kapitell tragen.

Tancarville ⌖ V/C3

Zurück über die D 910 zum Ufer der Seine erreicht man Tancarville, im 10. Jahrhundert vom normannischen Edlen *Tancred,* dem Vorfahr von *Raoul de Tancarville* und Kämmerer *Wilhelm des Eroberers,* gegründet. Tancred ließ hier am rechten Ufer auf einem weit vorragenden Kreidefelsen ein Château errichten, von dem noch der Adlerturm, **Tour d'Aigle,** verblieben ist. Der heutige Bau stammt im Wesentlichen aus dem 15. Jahrhundert.

Nur unweit westlich von Tancarville steht in **St.-Jean-d'Abbetot** eine frühromanische Kirche mit Fresken aus dem 12., 13. und 16. Jahrhundert. Die schönsten dieser Fresken sind im Chor zu sehen.

Gonfreville l'Orcher ⌖ IV/B3

Letzte Station auf der Straße der Abteien vor Le Havre ist der kleinen Ort Gonfreville l'Orcher. Hier steht das berühmte **Château d'Orcher,** das im 18. Jahrhundert auf einem die Seine weit überblickenden Felsen auf den Grundmauern einer früheren Festung gebaut wurde. Diese Festung wurde im 14. Jahrhundert geschleift, damit sie den Engländern nicht in die Hände fallen konnte. Ein Kaufmann aus Rouen kaufte sie und baute einen der Flügel im Stil *Louis XV.* wieder auf. Besichtigt werden können die Bibliothek, der Speisesalon mit Silber der East India Company und verschiedene andere Salons. Zauberhaft ist der terrassierte Park mit altem Baumbestand aus dem 18. Jahrhundert.

Praktische Tipps

Information

● **Office de Tourisme,** 76480 Duclair, Hôtel de Ville, Avenue du Président Coty, Tel. 0235 37 38 29
● **Office de Tourisme,** 76490 Caudebec-en-Caux, Hôtel de ville, Square Gallier, Tel. 0232 70 46 32

- **Office de Tourisme,** 76170 Lillebonne, 1, Rue du Hauzey, Tel. 0235 38 08 45

Unterkunft

- **Hôtel de la Poste**€, 76480 Duclair, 286, Quai de la Libération, ansprechendes Haus an der Seine, Restaurant €, sonntagabends, in den Februarschulferien und der 1. Augusthälfte geschl., Tel. 0235 05 92 50, Fax 0235 37 39 19, hoteldelaposte@worldonline.fr
- **Normotel La Marine**€€, 76490 Caudebec-en-Caux, 18, Quai Guilbaud, angeschl. Restaurant €, traditionsreiches Haus am Seine-Ufer, ganzjährig geöffnet, Tel. 0235 96 20 11, Fax 0235 56 54 40, contact@normotel-lamarinc.fr
- **Le Normandie**€€, 76490 Caudebec-en-Caux, 19, Quai Guibaud, familiäres Hotel an der Seine, angeschlossenes Restaurant €, Februar (Restaurant sonntagabends) geschlossen, Tel. 0235 96 25 11, Fax 0235 96 68 15

Essen und Trinken

- **Maison Pascal Saunier**€€, 76330 Notre-Dame-de-Gravanchon, 1, Avenue Amiral Grasset, frische regionale Küche des Meisterkochs *Saunier* in einem typisch normannischen Haus auf halber Strecke zwischen Rouen und Le Havre, Ende Juli bis Mitte September sowie samstagmittags und sonntagabends geschlossen, Tel. 0235 36 50 67, Fax 0235 38 30 64, saunierpascal@yahoo.fr
- **La Marine**€€€, 76430 Tancarville, elegantes Restaurant an der D 982 zu Füßen der Pont de Tancarville, Ende Juli bis Ende August sowie sonntags und montagabends geschlossen, Tel. 0235 39 71 15, Fax 0235 38 03 30

Museen

- **Musée des Vikings** (Wikingermuseum) im Château de Robert-le-Diable, 76530 Moulineaux, Exponate vom Übergang der räuberischen Wikingergesellschaften zu den christlichen Normannen, Nachbildung eines zwanzig Meter langen Wikingerschiffes etc., geöffnet: von März bis Mitte November täglich 9-19 Uhr, ansonsten nur sonntags, im Januar geschlossen, Eintritt 4 €, Kinder 2,50 €, Tel. 0235 18 02 36
- **Musée Biochet-Brechot** im Maison des Templiers in 76490 Caudebec-en-Caux, Rue Thomas Basin, Exponate zur Lokalgeschichte und zu den Kreuzrittern und Templern, geöffnet: Ostern bis Juni an Wochenenden 15-18 Uhr, Juli bis September täglich (außer montags), Eintritt 1,80 €, Tel. 0235 96 95 91
- **Musée de la Marine de Seine,** 76490 Caudebec-en-Caux, Exponate zur Seineschifffahrt, die letzte existierende *gribane* aus 1886 (typischer Seine-Frachtkahn), ganzjährig geöffnet 14-18.30 Uhr (außer dienstags von September bis Juni), Eintritt 3 €, Kinder bis 16 Jahre 1,80 €, Kinder bis 8 Jahre frei, Tel. 0235 95 90 13, Fax 0235 95 90 26
- **Musée Victor Hugo,** 76490 Villequier, Erinnerungsstücke an *Victor Hugo* in dem bürgerlichen Wohnhaus seines Schwiegersohnes, geöffn.: 10-12 und 14-18.30 Uhr von März bis Oktober), im Winter dienstags und montags geschl., Eintritt 3 €, Kinder unter 18 Jahren frei, Tel. 0235 56 78 31
- **La Maison de la Pomme,** 27680 Sainte Opportune-la-Mare, Apfelmuseum in einem alten Presbyterium, der früheren Dorfschule, aus dem Jahre 1710, geöffnet: Juli/Aug. tägl. 10.30-12.30 u. 13.30-18.30 Uhr, April-Juni u. Sept. samstags, sonn- u. feiertags 14-18.30 Uhr, März u. Okt. sonn- und feiertags 14-18.30 Uhr, Nov./Dez. erste Sonntage im Monat 10-18 Uhr, Eintritt mit Degustation 2,30 €, Jugendliche 1,50 €, Tel. 0235 37 23 16
- **La Forge,** 27680 Sainte Opportune-la-Mare, eine bis 1970 betriebene Schmiede, wo hauptsächlich Hufeisen gefertigt wurden, aber auch Pflüge, Haushaltswaren etc., geöffnet: April bis Oktober am 1. Sonntag 14-18 Uhr, Juli/Aug. an allen Sonn- und Feiertagen, Eintritt 1,25 €, Tel. 02335 37 23 16
- **Musée des Arts et Traditions Populaires** (Heimatmuseum), 76170 Lillebonne, Rue Victor-Hugo, im Eingangsbereich des Jardin Jean-Rostand gelegenes Bürgerhaus aus dem 19. Jh., täglich geöffn. Mai-Okt. 10-12 und 14.30-18.30 Uhr (außer dienstags), sonst nur nachmittags, Eintritt 1 €, Tel. 0235 38 53 73
- **Musée-Église Le Mesnil-sous-Lillebonne,** Mineralien- und Fossilienmuseum in renovierter alter Pfarrkirche, geöffnet: Mai bis Oktober 14.30-18.30 Uhr, Eintritt 1 €, 0235 38 30 52

DIE STRASSE DER ABTEIEN
Im Osten der Normandie

Besichtigungen

- **Parc du Château de Soquence,** Sahurs, geöffnet: 11.-16.7 und 19.7.-11.8., 14-18 Uhr, Eintritt frei, Tel. 0235 32 41 55
- **Parc et Manoir de Villers,** 76113 Saint-Pierre-de-Manneville, 30, Route de Sahurs, Führungen durch das Herrenhaus von April bis Oktober samstags 14.30-17.30 Uhr, sonn- und feiertags 15-18.30 Uhr, Park geöffnet von Mai bis September 14.30-17.30 Uhr (außer dienstags und freitags), Eintritt 5 €, Kinder und Schwerbehinderte 2,50 €, Tel. 0235 32 07 02
- **Abteikirche Saint-Georges,** 76840 Saint Martin-de-Boscherville, ganzjährig geöffnet (außer 25.12. und 1.1.) von Oktober bis März 14-17 Uhr, April/Mai 9.30-12 und 14-19 Uhr, Juni bis September 9-19 Uhr, Eintritt 4,50 €, Jugendliche von 12 bis 18 Jahren 3,10 €, Kinder frei, Tel. 0235 32 10 82
- **Château Duclair,** in St. Paul, Besichtigung auf Anfrage, Tel. 0235 37 95 46
- **Manoir Agnès Sorel,** 76480 Le Mesnil-sous-Jumièges, geöffnet: ganzjährig (außer dienstags) 14-18 Uhr, auf Anfrage bei *Melle Martin* am Platz, Eintritt frei
- **Abbatiale Notre-Dame** (Abteikirche), 76480 Jumièges, ganzjährig geöffnet (außer 1.1., 1.5., 1.-11.11., 25.12.) Mitte September bis Mitte April 9.30-13 und 14.30-17.30 Uhr, Mitte April bis Mitte September 9.30-19 Uhr, Eintritt (Abtei und Park) 4 €, Schüler und Studenten 2,50 €, Kinder bis 12 Jahre frei, Tel. 0235 37 24 02
- **Abbaye de Saint-Wandrille,** Messe mit gregorianischen Gesängen an Sonn- und Feiertagen um 10 Uhr, wochentags 9.30 Uhr; gregorianische Vesper an Sonn- und Feiertagen 17 Uhr, wochentags 17.30 Uhr; Führungen an Sonn- und Feiertagen um 11.30, 15 und 16 Uhr, wochentags 15 und 16 Uhr, Eintritt 3,50 €, Tel. 0235 96 23 11
- **Château d'Ételan,** 76330 Saint-Maurice-d'Ételan, Flamboyant-Schloss mit Renaissance-Treppe, geöffnet: Mitte Juli bis August täglich 10.30-12.30 und 14.30-18.30 Uhr (außer dienstags), Eintritt 4 €, Kinder bis 10 Jahre frei, Tel./Fax 0235 39 91 27
- **Römisches Amphitheater,** 76170 Lillebonne, Eintritt frei, Schlüssel im Musée Municipal oder im Café de l'Hôtel de Ville, Tel. 0235 98 55 10
- **Abtei Notre-Dame du Voeu,** 76210 Gruchet-le-Valasse, Führungen jeden 2. und 4. Sonntag von April bis November 14.30-17.30 Uhr, Anfragen bei der Association des Amis de l'Abbaye de Valasse, Tel. 0235 39 03 75, Hinweis: In der Abtei findet von Mitte Juli bis Mitte August an Freitagen und Samstagen das große **Spectacle Historique Son et Lumière: Normandie – Terre de Libertés** statt, 350 Darsteller zeigen in Szenenabläufen die wichtigsten Ereignisse der in Normandie von *Wilhelm dem Eroberer* bis *Claude Monet*, Info: Tel. 0235 31 55 97, Fax 0235 31 40 49, Eintrittskarten zwischen 11,50 € und 15 €
- **Château de Filières,** 76430 Gommerville, Schloss aus dem 16. und 18. Jahrhundert mit interessanter Inneneinrichtung, geöffnet: Mai bis Mitte Oktober mittwochs, samstags, sonn- und feiertags 14-18 Uhr, Juli/Aug. täglich, Eintritt 5 €, Kinder unter 10 Jahren 3 €, Tel. 0235 20 53 30
- **Manoir de Rebomare,** 76430 Gommerville, Herrenhaus aus dem 16. und 17. Jahrhundert, geöffnet: August und September von Montag bis Freitag 13-17 Uhr, freier Eintritt, Tel. 0235 30 81 43
- **Château d'Orcher,** Gonfreville l'Orcher, auf einem Felsen über der Seine gelegenes Schloss mit schönen Salons und sehenswertem Park, geöffnet: Juli bis Mitte August täglich 14-18 Uhr (außer donnerstags), Eintritt Schloss: 5 €, Kinder 2,50 €, Park: tägl. 9-17 Uhr geöffnet (Eintritt frei), Tel. 0235 45 45 91

Aktivitäten

- **Geführte Besichtigung der Réserve Naturelles des Mannevilles:** 3-Std.-Tour, Juli bis Mitte August sonntags ab 14 Uhr vom Centre de Découverte de la Nature in Ste.-Opportune-la-Mare, Place de l'Église, Teilnahmegebühr 6,10 €, Tel. 0232 56 94 87

Sport

- **Golf:** 18-Loch-Platz Jumièges le Mesnil, Tel. 0235 05 32 97

Einkaufen

- **Milchfarm M. Bernard,** 76113 Saint-Pierre-de-Maneville, 78, Rue du Bas, Tel. 0235 96 36 98
- **Bauern- und Wochenmärkte:**
Duclair: dienstagvormittags
La Boille: mittwochvormittags
Lillebonne: mittwochvormittags
- **Apfelmarkt:** 1. Sonntag vor Oktober bis April im Maison de la Pomme in Ste. Opportune-la-Mare

Verkehrsverbindungen

- **Fähren** über die Seine zwischen Rouen und der Flussmündung in: Dieppedalle, Petit-Couronne, La Bouille, Duclair, Le-Mesnil-sous-Jumièges, Jumièges, Yainville und Quillebeuf

Risle aufwärts in das Pays d'Ouche

Folgt man der Risle flussaufwärts, gelangt man in das Pays d'Ouche, eine Übergangslandschaft zwischen dem Pays d'Auge im Westen und dem Seine-Tal im Osten, an dessen Seiten sich die weiten Agrarflächen der oberen Normandie erstrecken.

Das Pays d'Ouche stellt eine **vielfach gestaltete Landschaft** dar, die immer wieder von Wäldern unterbrochen wird. Das Land ist nicht einfach zu bearbeiten, die Industrie hat nicht so gut Fuß fassen können wie im benachbarten Seine-Tal und so blieb viel von der alten Kulturlandschaft erhalten, was andernorts an **Ursprünglichkeit** verloren gegangen ist. Obwohl im äußersten Osten gelegen, ist Conches-en-Ouches der zentrale Ort dieser Landschaft.

Zentraler Fluss ist die Risle, die etwas oberhalb von Brionne durch die Charentonne verstärkt wird. Im Unterlauf trennt die Risle die Ebenen und das Plateau von Neubourg und Rumois im Osten von der Ebene von Lieuvin im Westen.

Pont-Audemer ⟶ XIII/C1

Die alte Gerberstadt mit ihrer gut erhaltenen alten Bausubstanz liegt am Unterlauf der Risle, kaum mehr als zehn Kilometer von ihrer Mündung in die Seine entfernt. Der Fluss verzweigt sich im Ort, was ihm auch den Beinamen *Venise normand* („Normannisches Venedig") eingebracht hat. Die Stadt Pont-Audemer ist eine fränkische Gründung, die auf den Karolinger *Otmar* oder *Audemar* zurückgeht. *Philippe II. Auguste* verlieh der Ansiedlung um 1200 die Stadtrechte.

Dominierendes Bauwerk ist die **Église Saint-Quen,** ein Kirchenbau, der auf das 11. Jahrhundert zurückgeht, seine Vollendung aber erst im 16. Jahrhundert fand. Chor und Vierung stammen noch aus der Zeit des Baubeginns. Im 15. Jahrhundert wurden Fassade und Türme erneuert, wobei der Südturm unvollendet blieb. 1520 wurde dann mit dem Bau des sechsjochigen Langhauses im Flamboyant-Stil begonnen. Das Triforium ist außergewöhnlich reich verziert. Ebenso außergewöhnlich sind die hängenden Schluss-Steine in den Seitenschiffen. Sehenswert sind auch die

Risle aufwärts in das Pays d'Ouche

Glasfenster in den Seitenkapellen aus dem 16. Jahrhundert, unter anderem mit Motiven aus dem Leben des heiligen *Quen*.

Die **Église St.-Germain,** die man von der Rue Jules Ferry aus erreicht, ist ein romanischer Bau aus dem 11. Jahrhundert, der im 14. Jahrhundert und dann nochmals im 19. Jahrhundert erneuert wurde.

Die malerische Stadt Pont-Audemer weist nicht nur in ihren kleinen Gassen noch gut erhaltene **Bürgerhäuser** in Stein- und Fachwerkbauweise aus dem 17. und 18. Jahrhundert auf. Besonders schöne Exemplare sind im Umfeld von St.-Ouen zu finden: im Impasse St.-Ouen, im Impasse de l'Épée, ebenso in der Rue de la République sowie nicht zuletzt das Eckturmhaus an der Kreuzung Rue des Cordeliers und Rue Notre-Dame-du-Pré, das über dem steinernen Parterre Fachwerkobergeschosse trägt.

Die romanische Kirche im Vorort **Saint-Germain-Village** wurde im 12. Jahrhundert erbaut. Ihr Glockenturm erhielt im 14. Jahrhundert ein gotisches Aussehen.

Église St.-Quen in Pont-Audemer

Beuzeville

Lohnend ist auch ein Abstecher auf der N 175 in das zehn Kilometer westlich gelegene Städtchen Beuzeville mit schönen alten Häusern am Marktplatz. Die **Ortskirche Saint-Martin** ist ein Bau in gelungener Kombination aus Romanik und Gotik, der nach dem Zweiten Weltkrieg mit neunzehn Glasfenstern des Meisters *François Decorchemont* (1880-1971) ausgestattet wurde.

Brionne   XIII/D2

Knapp dreißig Kilometer flussaufwärts geht die Fahrt durch das Tal der verzweigten Risle bis nach Brionne. Der Ort geht auf die gallorömische Siedlung *Breviodurum,* einem damals wichtigen Verkehrsknotenpunkt, zurück. In normannischer Zeit befestigt, wurde der Ort zum Streitpunkt während der Auseinandersetzungen um die Normandie im 11. Jahrhundert. Ein Relikt aus dieser Zeit ist der die Stadt dominierende, mächtige quadratische Donjon, ein Überrest der im 11./12. Jahrhundert etwas oberhalb errichteten Festung. Vom Turm hat man eine weite Aussicht über das Tal der Risle.

Der Chor der **Ortskirche St.-Martin** stammt aus dem 14. Jahrhundert, das Langhaus aus dem 15. Jahrhundert. Die wertvollsten Stücke der Innenausstattung sind der Marmoraltar und das Altarbild, beides stammt aus der nahe gelegenen Abtei Bec-Hellouin.

Auch kann in Brionne die restaurierte romanische **Kirche St.-Denis** aus dem 11. Jahrhundert besichtigt werden. Ihre Fenstern stammen aus dem 14. Jahrhundert, zwei Kapellen aus dem 16. Jahrhundert. Im **Ancien Pressoir,** dem alten Kelterhaus aus dem 18. Jahrhundert, ist heute das Fremdenverkehrsbüro untergebracht.

Bec-Hellouin

Etwas nördlich im Seitental der Bec erhebt sich die **Tour St.-Nicolas,** ein Überrest der einst so berühmten **Abtei von Bec-Hellouin.** Hier, kurz vor der Mündung der Bec in die Risle, ließ sich der kriegsmüde Ritter *Herluin* nieder, um von Stund an ein Gott geweihtes Leben in Einsamkeit zu führen. Einige Getreue schlossen sich ihm an und so bestand die kleine Klostergemeinde im Jahr 1041 schon aus etwa dreißig Mönchen. Der Normannenherzog *Wilhelm* (später: *der Eroberer*) unterstützte die aufstrebende Klostergemeinschaft und zog den italienischen Mönch *Lombardus Lanfrancus (Lanfrancs)* hinzu, der dort bald Prior wurde und von Wilhelm nach seiner Eroberung Englands zum Erzbischof von Canterbury ernannt wurde. Als Nachfolger Lanfrancs trat *Anselm* auf, später ebenfalls Erzbischof von Canterbury *(Anselm von Canterbury).* Lanfrancs und Anselm begründeten den schon legendären Ruf von Bec als geistiges Zentrum der normannischen Kirche.

In den folgenden Jahrhunderten erlitt das Kloster jedoch schwere Schicksalsschläge. Es litt unter Kriegswirren, brannte ab und stürzte ein. Im Zuge der **Erneuerungsarbeiten** wurde dann ab 1467 separat vom Kirchengebäude der Tour Saint-Nicolas errichtet.

Im 17. Jahrhundert übernahm Bec-Hellouin die Reformen der Mauristen-Bewegung. Diese letzte Blütezeit endete mit der Französischen Revolution. Aus jener Zeit stammt der noch heute erhaltene Komplex der **Abteigebäude** mit dem architektonisch schlichten Refektorium, das den seit 1948 hier lebenden Benediktinern als Kirche dient.

Das **Dorf Bec-Hellouin** weist übrigens eine Reihe hübscher Fachwerkhäuser auf. Für speziell Interessierte sei noch auf das in der Nähe befindliche **Musikautomatenmuseum** hingewiesen.

Tour St.-Nicolas der Abtei

Die Ebene von Neubourg

♪ XIII/D2

Östlich des Tals der Risle schließt sich auf der Höhe von Brionne die weitläufige Ebene von Neubourg an, die intensiv ackerwirtschaftlich und viehwirtschaftlich genutzt wird. Der Flachsanbau hat hier erheblich an Bedeutung gewonnen und hinterlässt im Juni einen zarten blauen Schimmer auf den Feldern. Le Neubourg selbst und seine unmittelbare Umgebung weisen eine Reihe von Sehenswürdigkeiten auf.

Le Neubourg

Le Neubourg ist der zentrale Ort der gleichnamigen Ebene zwischen Risle und Seine. Hier siedelten bereits Gallier und Römer, die den Ort *Novus Burgus* nannten. In der Normannenzeit gab es eine wehrhafte Burg, das **Château de Neubourg,** von dem noch Reste erhalten sind: die Bastion, ein halbrunder Turm und Mauern mit Pechnasen.

Die **Ortskirche Saint-Pierre-et-Paul** stammt aus dem 15. Jahrhundert. Die Türme an der Westfront sind unvollendet, ein großer Rundbogen trägt das Portal dazwischen. Die Kirche wurde als Hallenkirche ohne Querschiff angelegt. Die reiche Innenausstattung entstammt überwiegend dem 17. Jahrhundert, so vor allem der mit Statuen geschmückte Altar. Die bunten Fenster sind neueren Ursprungs, teilweise vom Meister *Barillet.*

Neben einigen schönen **Fachwerkhäusern** verfügt Le Neubourg über zwei kleine **Museen,** die sich den Themen der Stellmacherei und der Anatomie widmen.

Château du Champ-de-Bataille

Wenige Kilometer nordwestlich von Le Neubourg erhebt sich bei Ste.-Opportune-du-Bosc inmitten eines großen Parks das Château du Champ-de-Bataille, ein **prunkvolles Schloss** aus dem ausgehenden 17. Jahrhundert. Es dokumentiert auf nachdrückliche Weise das Leben normannischer Herren vor der Französischen Revolution. Die Inneneinrichtung ist noch original, sehenswert sind vor allem der Salon de Quatre Saisons (Salon der vier Jahreszeiten), das Damenzimmer, die Ehrentreppe sowie nicht zuletzt der im französischen Stil angelegte Park mit Statuen, Labyrinth und Treibhaus.

Harcourt

Auf gut halbem Weg zwischen Le Neubourg und Brionne liegt an der D 157 der Ort Harcourt, in dessen Nähe sich, von einem Wald umgeben, die Stammburg der normannischen Ritter gleichen Namens befindet. **La Forteresse d'Harcourt** wurde im späten Mittelalter errichtet. Ein großer Teil der alten Befestigungsanlagen ist noch vorhanden, so insbesondere acht von zwölf Türmen aus dem 12. und 13. Jahrhundert. In der frühen Renaissance wurde die Festung in ein Wohnschloss umgewandelt – eine bis heute beeindruckende Anlage.

Mit der Französischen Revolution ging der Besitz dann an die Académie d'Agriculture de France (Französische

Landwirtschaftsakademie), die 1840 auf dem Gelände ein **Arboretum** (Baumschule) mit mehr als 400 Forstpflanzen anlegte. Es schließt sich ein über 80 Hektar großes Waldareal mit seltenen Baumarten an. Heute kann die imposante Anlage einschließlich des Parkareals besichtigt werden.

Am Oberlauf der Risle

Flussaufwärts erstreckt sich das Tal der Risle weit in das Département Orne hinein, wo der Fluss in der Nähe der Quelle der Touques entspringt.

Beaumont-le-Roger   ⇗ XVI/A1

Von Wäldern umgeben, liegt der alte Marktflecken Beaumont-le-Roger an der Risle nur wenige Kilometer oberhalb der Einmündung der Charentonne. Er geht in seinem Ursprung auf die normannische Zeit zurück. In den Auseinandersetzungen zwischen der Normandie und Frankreich mehrfach zerstört, finden sich noch heute die Überreste früherer Bauten, so auch Teile der von dem Normannen *Roger de Beaumont* um 1070 angelegten Burg. Die imposanten **Ruinen** der **Prieuré de la Trinité** überragen den

Der Torbau der Forteresse d'Harcourt

Ort. Mit dem Bau wurde ebenfalls 1070 begonnen. Heute stehen noch einige Spitzbögen einer Seitenwand und die Giebelwand. Die **Ortskirche Saint-Nicolas** ist ein Renaissance-Bau aus dem 15./16. Jahrhundert, mit dessen Errichtung noch in der Spätgotik begonnen wurde. Sie ist mit modernen Glasfenstern von Max Ingrand ausgestattet und verfügt über Holz- und Steinstatuen aus dem 15. Jahrhundert.

Beaumesnil   ⌕ XVI/A1

Fährt man auf der D 25 südwestlich von Beaumont-le-Roger durch den Forêt de Beaumont, gelangt man nach Beaumesnil mit dem außergewöhnlichen gleichnamigen Schloss.

Das **Château de Beaumesnil** wurde als Festung in der ersten Hälfte des 12. Jahrhunderts errichtet. Um 1640 entstand dann an selber Stelle das zweigeschossige, von einem großzügigen Wassergraben umgebene Schloss mit Mansardengeschoss in kombinierter Ziegel- und Steinbauweise. Der Mittelteil mit Portal wird durch eine Kuppel architektonisch hervorgehoben. Die beiden Seitenflügel mit je einem eingeschossigen Pavillon tragen hohe Dächer und spiegeln sich im Schlossgraben wider. So ist Schloss Beaumesnil eines der prächtigsten Beispiele der Architektur unter *Louis XIII*.

Umgeben wird das Schloss von einem 80 Hektar großen **Park** im strengen französischen Gartenstil. Die Ruinen des alten Donjon erheben sich noch von der einst ausgehobenen Motte, die in ein Buchsbaumlabyrinth mit Wasserspielen eingebettet ist.

Von Beaumont bis Aigle   ⌕ XVI/A2

Wenig oberhalb von Beaumont-le-Roger ist bei **Grosley-sur-Risle** ein Stausee angelegt worden, der heute als Freizeitgelände dient. In der Nähe findet man noch die Ruinen eines 1420 erbauten Châteaus. Im Ort steht eine im 17. Jahrhundert erneuerte romanische Pfarrkirche mit Taufbrunnen aus dem 15. Jahrhundert.

Das Tal der Risle wird oberhalb von Grosley enger, die Talstraße kurviger. Zwölf Kilometer südlich von Beaumont erreicht man den kleinen Ort **La**

Die Ruinen der Prieuré de la Trinité

Risle aufwärts in das Pays d'Ouche

Die alte Markthalle in Ferrière-sur-Risle

Ferrière-sur-Risle, dessen Name an die einst hier betriebene Erzförderung und Eisenverarbeitung erinnert. Der Ort verfügt über schöne Fachwerkhäuser und eine alte Markthalle. Die Pfarrkirche aus dem 13. und 14. Jahrhundert wurde aus ortsnahem, eisenhaltigem Gestein erbaut. Bemerkenswert sind das aus Eichenholz geschnitzte Altarretabel aus dem 17. Jahrhundert sowie verschiedene Statuen aus dem 14. bis 17. Jahrhundert.

Folgt man dem Flusslauf der Risle weiter aufwärts, gelangt man kurz vor L'Aigle nach **Rugles,** wo früher, wie in L'Aigle, Metallverarbeitung betrieben wurde. Das Langhaus der Ortskirche Saint-Germain entstand im 13. Jahrhundert, der Turm wurde mit dem für die Flamboyant-Zeit typischen Treppenturm errichtet, die Chorkapelle ist ein Renaissance-Anbau. Im Ort steht die Kapelle Notre-Dame-d'Outre-l'Eau, deren Nordwand aus dem Jahr 1000 stammt und zu den ältesten normannischen Bauteilen der Normandie zählt.

L'Aigle ☞ XVI/A3

Als Ortsgründer von L'Aigle gilt *Fulbert de Beina,* ein normannischer Ritter und Kampfgefährte *Wilhelms* bei der Schlacht von Hastings, der sich hier seine Adlerburg *(aigle)* errichtete. Heute ist das Rathaus der Stadt im **Château Aigle** untergebracht, einem von *Hardouin-Mansart* 1690 anstelle der Adlerburg errichteten Gebäude. Im Inneren dieses symmetrisch angelegten Baus ist die dreiläufige Ehrentreppe mit ihrem schmiedeeisernen Gitter sehenswert. In den Nebengebäuden des Schlosses sind heute Museen untergebracht.

Die **Ortskirche Saint-Martin** ist ein attraktiver Bau aus dem 15./16. Jahrhundert, der auf einem romanischen Vorgängerbau errichtet wurde – Apsis, Außenmauer und der Südturm stammen noch aus jener Zeit. Sehenswert sind die Glasfenster aus dem 16. Jahrhundert sowie der Altaraufsatz des 1656 gefertigten Hochaltars.

Hingewiesen werden soll noch auf die **verzierten Bürgerhäuser** im Stadtkern, so etwa das Hôtel du Perchet oder das Hôtel des Colombelles.

Bei L'Aigle ⊿ XVI/A3

Drei Kilometer flussaufwärts von L'Aigle steht die alte **Benediktinerkirche St.-Sulpice-sur-Risle,** ein Bau aus dem 13. Jahrhundert, der noch Freskenreste aus dieser Zeit aufweist. Im Zuge der Umbauten des 16. Jahrhunderts wurde die Kirche mit wertvollen Teppichen ausgestattet.

Sieben Kilometer flussabwärts steht in Aube das **Château des Nouettes** der Comtesse de Ségur. Die 1799 geborene Comtesse war russischer Abstammung und Verfasserin zahlreicher Kinderbücher, die durch ihre Mischung aus unbeschwerter Fröhlichkeit und unaufdringlicher pädagogischer Belehrung außerordentlich erfolgreich waren. Auch eine seit 1509 bezeugte **Eisenschmiede** ist im Ort zu sehen.

Conches-en-Ouche ⊿ XVI/B2

Abseits der wichtigen Verkehrsadern des Pays d'Ouche ist Conches-en-Ouche das **historische Zentrum** dieser dem Pays d'Auge ähnlichen Landschaft. Die Ortsgründung geht auf Ritter *Roger de Tosny* zurück, der von einer Wallfahrt in den Süden Frankreichs die Reliquien der *Sainte-Foy* mitbrachte, der er auch die Ortskirche weihte.

Umschlossen von großen Wäldern, liegt der Ort auf einer Ebene oberhalb der Rouloir. Im öffentlichen Park erhebt sich der **Donjon,** ein Rest der alten Ortsfestung aus dem 12. Jahrhundert. Schöne **Fachwerkhäuser** stehen in der Rue Sainte-Foy. Die **Église Sainte-Foy** wurde im 16. Jahrhundert im Flamboyant-Stil errichtet und ist für ihren reich skulptierten Glockenturm berühmt. Kunstvoll sind die zweiundzwanzig Renaissance-Glasfenster, die im Chor bis zu zehn Meter hoch sind.

Auf dem Weg nach Conches-en-Oche, auf der D 140 von Bernay aus kommend, liegt vor dem Vorort Sainte-Marthe der Baukomplex eines alten Manoirs unmittelbar an der linken Straßenseite. Die Scheune dieses wunderschön renovierten, in einem parkartigen Gartengelände gelegenen **Manoir de Sainte-Marthe** wird heute als Veranstaltungsraum genutzt.

Entlang der Charentonne

Die Charentonne ist der wichtigste Nebenfluss der Risle. Der bedeutendste Ort an der Charentonne ist Bernay.

Risle aufwärts in das Pays d'Ouche

Fontaine l'Abbé ⟷ XII/D2

Unmittelbar oberhalb der Mündung der Charentonne in die Risle liegt Fontaine l'Abbé, ein hübsches normannisches Dorf mit einem **Schloss** aus der Zeit *Louis XIII.,* zu dem auch noch ein alter Taubenturm gehört. In der Ortskirche werden die Banner der örtlichen Vereinigung der Barmherzigen Brüder aufbewahrt.

Weiter flussaufwärts kurz vor Bernay steht noch ein weiteres sehenswertes Schlossgebäude. Es handelt sich um das **Château Menneval,** das sich wie das Château Fontaine l'Abbé in Privatbesitz befindet und deshalb nur von außen besichtigt werden kann.

Das Château Manneval

Bernay ⟷ XII/C2

Bernay, knapp zehn Kilometer oberhalb der Mündung der Charentonne, entwickelte sich um das im 11. Jahrhundert von *Judith,* der Gemahlin des Normannenherzogs *Richard II.,* gegründete Kloster. Hier schrieb der normannische Minnesänger *Alexander von Bernay* sein achtzehntausend zwölfsilbige Verse umfassendes Epos „Roman d'Alexandre" – für diese Versform ist seither die Bezeichnung *Alexandriner* üblich.

In der **Altstadt** stehen in der Rue Gaston Foloppe mit ihren Antiquitätengeschäften, in der Rue de Geôle sowie in der Rue Auguste Leprévost noch eine Reihe historischer Fachwerkhäuser, die den Zweiten Weltkrieg überdauert haben. Eine schöne Sicht auf die Altstadt und das Tal der Charentonne hat man vom **Boulevard des Monts,** der auf den Hügeln oberhalb von Bernay entlangführt.

Die **Abtei Notre-Dame** ist eines der frühesten Zeugnisse normannischer Kirchenbaukunst. Mit dem Tuffsteinbau der Église Abbatiale wurde 1013 durch *Guglielmo da Volpiano* begonnen, den *Judith* als Abt nach Bernay holte. Aus dieser Bauphase stammen das Langhaus mit seinen hohen Arkaden, reich geschmückten Kapitellen und niedrigen Seitenschiffen sowie die Vierung mit dem Turm. Die Kreuzrippengewölbe im nördlichen Seitenschiff gehen allerdings schon auf Umbauten des 15. Jahrhunderts zurück. Auch die Abteigebäude wurden mehrfach umgestaltet. Der heutige Stein- und Ziegelbau stammt aus dem 17. Jahrhundert und beherbergt das Stadtmuseum (Musée Municipal). Hinter dem Baukomplex schließt sich ein kleiner, aber sehenswerter Park an, dessen Besuch unbedingt lohnt! Hier zeigt sich, mit welchem Ideenreichtum französische Gartenarchitekten auch auf kleinstem Raum großartige Kunstwerke geschaffen haben.

Mit dem Bau der **Église Sainte-Croix** nördlich der Abteikirche wurde im 14. Jahrhundert begonnen. Wertvolle Stücke der Inneneinrichtung stammen aus dem Kloster von Bec-Hellouin, so der Hochaltar aus rosa Marmor und die 16 Statuen der Apostel und Heiligen.

Südlich der Altstadt ist über die Rue Kléber-Mercier die spätgotische **Wallfahrtskirche Basilique Notre-Dame-de-la-Couture** zu erreichen, die auf einem Hügel oberhalb von Bernay steht. Ziel der Wallfahrten ist die Statue Notre-Dame-de-la-Couture aus dem 16. Jahrhundert. Sehenswert sind die Kirchenfenster, ebenfalls aus dem 16. Jahrhundert, sowie das geschnitzte 64-sitzige Eichenholz-Chorgestühl.

Broglie ⊿ XII/C3

Der einst *Chambrais* genannte Ort, zehn Kilometer flussaufwärts von Bernay, übernahm im 18. Jahrhundert den

Fachwerkhäuser in der Altstadt von Bernay

Im Osten der Normandie
RISLE AUFWÄRTS IN DAS PAYS D'OUCHE

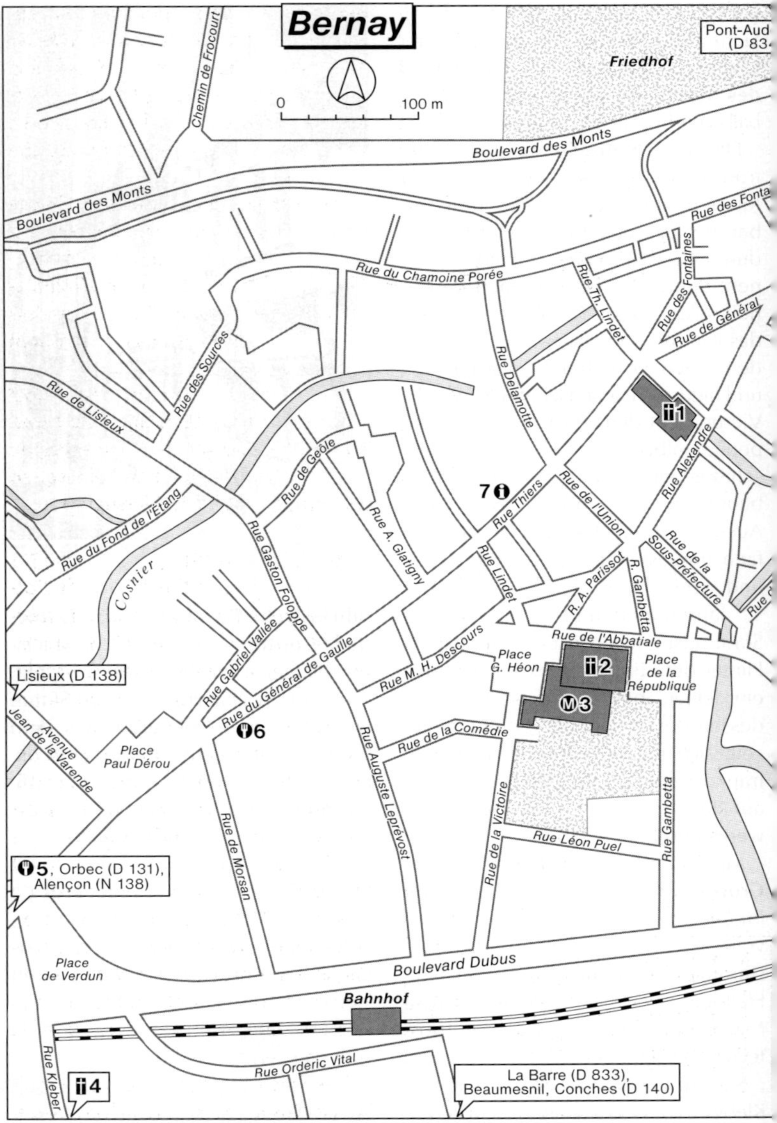

berühmten Namen der Piemonteser Familie de Broglie, die hier im **Schloss** ihren Sitz hatte. Dieses 1716 um eine mittelalterliche Festung herum errichtete Schloss beherrscht die Szene, kann aber nur von der Straße aus betrachtet werden.

Die **Ortskirche Saint-Martin-de-Chambrais** ist ein harmonischer romanisch-gotischer Bau mit reicher Innenausstattung, insbesondere mit Statuen aus dem 15. und 16. Jahrhundert sowie schönen Glasfenstern aus dem 16. Jahrhundert.

Sehenswert ist auch der kleine Wassergarten **Jardin Aquatique du Moulin de Fresnay** an der Charentonne mit 12.000 verschiedenen heimischen wie fremdländischen Pflanzenarten.

Abtei Saint-Évroult ⌕ XXI/D1

Die **Abteikirche Saint Évroult-Notre-Dame-du-Bois** wurde im 11. Jahrhundert an der Stelle errichtet, an der der heilige Einsiedler *Évroult* (fränkischer Name: *Ebr-Hulf*) am Quellberg der Charentonne bereits im 6. Jahrhundert eine Kirche gegründet hatte. Diese Kirche wurde Opfer der Wikingerüberfälle des 9. und 10. Jahrhunderts, im 11. Jahrhundert wurde sie aber reaktiviert. Im 13. Jahrhundert wurde dann mit dem Bau eines gotischen Gotteshauses begonnen, von dem heute nur noch Ruinen stehen. Zwischen Portal und Schiff ist ein kleines Museum untergebracht, das künstlerische Arbeiten der früheren Mönche zeigt.

Ebenfalls nach dem heiligen Évroult ist die **Kirche Saint-Évroult-de-Mon-**

fort, kurz vor Gacé an der N 138 von Broglie kommend, benannt. In der Kirche steht ein romanisches Taufbecken aus dem 12. Jahrhundert, das mit symbolhaften Verzierungen versehen ist.

In der Umgebung von Saint Évroult-Notre-Dame-du-Bois gibt es eine Reihe weiterer Sehenswürdigkeiten, die die ganze Spannbreite der Siedlungsgeschichte der Region widerspiegeln: Da sind zunächst einmal die **Steinzeitgräber** bei La Ferté-Frênet und bei Verneuses (Menhir Verneuses) nördlich von Saint Évroult-Notre-Dame-du-Bois zu erwähnen.

Praktische Tipps

Information

- **Office de Tourisme Risle-Seine,** 27504 Pont-Audemer, Place Maubert, Tel. 0232 41 08 21, Fax 0232 57 11 12, tourisme@ville-pont-audemer.fr
- **Office de Tourisme du Canton de Beuzeville,** 27210 Beuzeville, 52, Rue C. Fouché, Tel. 0232 57 72 10, Fax 0232 57 72 10, office-de-tourisme-beuzeville@wanadoo.fr
- **Maison du Tourisme de la Région de Brionne,** 27800 Brionne, 1, Rue du Général-de-Gaulle, Tel./Fax 0232 45 70 51, tourisme-brionne@wanadoo.fr
- **Office de Tourisme,** 27110 Le Neubourg, 1A, Route de Beaumont, Tel. 0232 35 40 57 (in der Saison)
- **Syndicat d'Initiative,** 27170 Beaumont-le-Roger, Place de l'Église, Tel. 0232 43 32 08, Fax 0232 45 82 68
- **Syndicat d'Initiative,** 27250 Rugles, Tel. 0232 24 73 08 (in der Saison)
- **Office de Tourisme,** 61300 Aigle, Place Fulbert de Beina, Tel. 0233 24 12 40, Fax 0233 34 23 77, otaigle@wanadoo.fr
- **Syndicat d'Initiative,** 27190 Conches-en-Ouche, Maison du Tourisme, Place A. Briand, Tel. 0232 30 76 42, Fax 0232 60 22 35
- **Office de Tourisme,** 27300 Bernay, 29, Rue Thiers, Tel. 0232 43 32 08, Fax 0232 45 82 68, office.tourisme.bernay@wanadoo.fr
- **Association Touristique du Pays de la Charentonne,** 27270 Broglie, Place des Trois Maréchaux, Tel. 0232 46 27 52

Unterkunft

- **Le Petit Coq Aux Champs**€€€€, 27500 Campigny, fünf Kilometer südöstlich von Pont-Audemer, 6, Route de Bernay, Zimmer mit ländlichem Charme, angeschlossenes Restaurant €€€ mit empfohlener klassisch-normannischer Küche, im Januar geschlossen, Tel. 0232 41 04 19, Fax 0232 56 06 25, le.petit.coy.aux.champs@wanadoo.fr
- **Hôtel de la Poste**€€, 27210 Beuzeville, 60, Rue Constant Fouché, einfache, aber komfortable Zimmer in der umgebauten ehemaligen Poststation aus dem Jahr 1844, angeschlossenes Restaurant €, Mitte November bis Mitte März geschlossen, Tel. 0232 57 71 04, Fax 0232 42 11 01
- **Le Couchon d'Or et Petit Castel**€, 27210 Beuzeville, Place du Général-de-Gaulle, preiswerte Zimmer und gute, frische sowie preiswerte Küche €, geschlossen: Mitte Dezember bis Mitte Januar, Tel. 0232 57 70 46, Fax 0232 42 25 70, auberge-du-cochon-dor@wanadoo.fr
- **Le Dauphin**€€, 61300 L'Aigle, Place de la Halle, außergewöhnliches Hotel in einem Haus aus dem 17. Jahrhundert, angeschlossene Brasserie „Renaissance", Hotel ganzjährig geöffnet, Restaurant sonntagabends, montags sowie Mitte Februar bis Mitte März und in den ersten beiden Augustwochen geschlossen, Tel. 0233 84 18 00, Fax 0233 34 09 28
- **Le Temps des Hélices**€, 27300 Bernay, Route de Tiberville, praktisches Motel in der Nähe des Sportflughafens, angeschlossenes Restaurant €, Bar sonntagabends und montags geschlossen, Tel. 0232 43 58 00
- **L'Acropole**€, fünf Kilometer außerhalb Bernays an der Nationalstraße N 138 in Richtung Broglie gelegen, praktisches modernes Hotel, Grillrestaurant in der Nachbarschaft, ganzjährig geöffnet, Tel. 0232 46 06 06, Fax 0232 44 01 04

Farbkarten XIII, XVI, XXI   **RISLE AUFWÄRTS IN DAS PAYS D'OUCHE**

Essen und Trinken

- **Auberge du Vieux Puits**€€€, 27500 Pont-Audemer, 6, Rue Notre-Dame du Pré, mit Antiquitäten eingerichtetes Spezialitätenrestaurant und Hotel €€, um einen mit Bäumen bewachsenen Innenhof gruppiertes Gebäude-Ensemble in Stein- und Fachwerkbauweise aus dem 17. Jahrhundert, außerhalb der Saison montags und dienstags sowie Mitte Dezember bis Ende Januar geschlossen, Tel. 0232 41 01 48, Fax 0232 42 37 28
- **Le Belle-Isle-sur-Risle**, 27500 Pont-Audemer, 112, Route de Rouen, klassische, hervorragende Küche, Februar bis Mitte März geschlossen, Tel. 0232 55 96 22, Fax 0232 42 88 96
- **L'Abbaye**€€€€, 27800 Le Bec-Hellouin, Place Guillaume-le-Conquérant, nahe der Kirche gelegenes Haus mit hervorragender Küche – fast schon eine Institution, ganzjährig geöffnet, Tel. 0232 44 86 02, Fax 0232 46 33 23
- **Auberge du Vieux Donjon**€, 27800 Brionne, 19, Rue de la Soie, Restaurant in einem schönen normannischen Haus aus dem 18. Jahrhundert mit gutem Preis-Leistungsverhältnis, montags und im Februar geschlossen, Tel. 0232 44 80 62, Fax 0232 45 83 23
- **Létape de Louis XIII.**€€, 27410 Beaumesnil, 2, Route de la Barre-en-Ouche, normannische Küche in einem Renaissance-Haus, dienstagabends und mittwochs im Januar nach den Sylvestertagen sowie in den ersten beiden Septemberwochen geschlossen, Tel. 0232 44 44 72, Fax 0232 45 53 84
- **La Grand'Mare**€, 27190 Conches-en-Ouche, 13, Avenue de la Croix-de-Fer, Restaurant mit Bistro-Charakter, ganzjährig geöffnet, Tel. 0232 30 23 30
- **Auberge Saint-Michel**€, 61300 Saint-Michel-Thubeuf, drei Kilometer östlich von L'Aigle an der N 26, bodenständige Küche, mittwochabends, donnerstags sowie Mitte Januar und zehn Tage im September geschlossen, Tel. 0233 24 20 12, Fax 0233 34 96 62
- **Auberge Saint-James**€, 61270 Aube, 62, Route de Paris, einfache, qualitätvolle Küche, sonntagabends, montags sowie während der Februar-Schulferien und Anfang September geschlossen, Tel. 0233 24 01 40
- **Hostellerie du Moulin Fouret**€€ 27300 St.-Aubin-le-Vertueux, Route de St.-Quentindes-Isles, Restaurant in einer alten Mühle aus dem 16. Jahrhundert an der Charentonne, sonntagabends und montags geschlossen, Tel. 0232 43 19 95, Fax 0232 44 55 50
- **Restaurant le Lion d'Or**€, 27300 Bernay, 48, Rue Géréral de Gaulle, im Ortszentrum in der alten Post, in der Saison montagmittags, außerhalb der Saison sonntagabends und montags geschlossen, hervorragende Küche zu moderaten Preisen mit ausgesprochen freundlichem Service, Tel. 0232 44 23 85, Fax 0232 44 98 83, angeschlossenes Hotel €€
- **La Pommeraie**€, Saint-Quentin-des-Isles, etwas flussaufwärts von Bernay gelegenes hübsches Landhaus, sonntagabends und montags geschlossen, Tel. 0232 45 28 88, Fax 0232 44 69 00
- **Auberge du Parc**€, 27270 Broglie, 2, Rue du Bosc Alix, traditionelles Restaurant an der Straße nach Orbec oberhalb von Broglie, von wo man den Ort und das Schloss überblicken kann, sonntagabends geschlossen, Tel. 0232 44 60 30

Museen

- **Musée de la Musique Mécanique,** 27800 Le Bec-Hellouin, Ausstellung mechanischer Klaviere und Orgeln vom Ende des 19. Jahrhunderts, geöffnet: von April bis September 15-18.30 Uhr (ab Juli bis 19.30 Uhr), Eintritt 3,80 €, Schüler 3 €, , Tel. 0232 46 19 16
- **Musée du Charron-Forgeron,** 27110 Le Neubourg, 82-84, Rue Octave Bonnet, Schmiede- und Stellmachermuseum, geöffnet: April bis Oktober nach Voranmeldung, Tel. 0232 35 06 10
- **Musée de l'Écorché d'Anatomie,** 27110 Le Neubourg, Anatomiemuseum mit vielen Modellen und Videos, geöffnet: 14-18 Uhr, außer montags und dienstags, Juli/Aug. auch mittwochvormittags 10-12 Uhr, im Januar geschlossen, Eintritt 2,80 €, Schüler 1,10 €, Tel. 0232 35 93 95, Fax 0232 35 22 22
- **Schlossmuseen in L'Aigle,** Place Fulbert de Baina, 0233 84 16 16, E-Mail: otaigle@wanadoo.fr

Musée des Instruments de Musique, Musikinstrumentensammlung aus aller Welt,

RISLE AUFWÄRTS IN DAS PAYS D'OUCHE

ganzjährig (außer an Wochenenden) 14.30-17 Uhr geöffnet, Eintritt frei

Musée de l'Archéologie, regionale prähistorische Funde, geöffnet: wochentags 9.30-12.30 und 14.30-18.30 Uhr, Eintritt frei

Musée „Juin 44", Dokumentation und Demonstration der letzten Kriegsereignisse in der Region, täglich (außer montags) geöffnet von April bis Oktober 14-18 Uhr, Eintritt 2,30 €, Kinder 6-15 Jahren 1,60 €

●**Musée de la Comtesse de Ségur,** 61270 Aube, 3, Rue d l'Église, Exponate aus dem Leben der berühmten Kinderbuchautorin, täglich geöffnet von Mitte Juni bis Ende August 14-18 Uhr (außer dienstags), Eintritt 3 €, Kinder 6-12 Jahren 1,20 €, Tel. 0233 24 60 09

●**Musée de la Grosse Forge d'Aube,** an der Risle in Richtung L'Aigle, Exponate aus fünf Jahrhunderten Eisenverarbeitung, geöffnet: Mitte Juni bis Ende August täglich 14-18 Uhr (außer dienstags), Eintritt 3 €, Kinder 6-12 Jahren 1,20 €, Tel. 0233 24 60 09

●**Musée de Verre et de la Pierre,** 27190 Conches-en-Ouche, Werkstücke des Glasbläsers *François Décorchemont*, zusätzlich Fossilienausstellung, geöffnet: Juli bis Mitte September mittwochs bis samstags 10-12 und 14-18 Uhr, dienstags 14-18 Uhr, sonntags 10-12 Uhr, Tel. 0232 30 90 41

●**Musée du Terroir Normand,** 27190 Conches-en-Ouche, Ausstellung alter Werkzeuge, Maschinen, Objekte und historischer Kleidungsstücke, geöffnet: von Mai bis Oktober sonntags 15-19 Uhr, Tel. 0232 37 13 00

●**Musée Municipal** (Stadtmuseum), in den Gebäuden der ehemaligen Abtei von Bernay, Fayancen aus Rouen, Gemälde französischer, italienischer, flämischer und holländischer Schulen, Möbel aus dem 17. und 18. Jahrhundert, geöffnet: vom ersten Wochenende im

Le Château La-Petite-Haye bei Gauville

Juli bis zum ersten Wochenende im September sowie während der Osterferien 10-12 und 14-19 Uhr, ansonsten wochentags 10-12 und 14-17.30 Uhr, sonn- und feiertags 15-17.30 Uhr, dienstags sowie am 1.1., 1.5. und 25.12. geschlossen, Eintritt 3 €, Tel. 0232 43 32 08, Fax 0232 45 82 68, office.tourisme.bernay@wanadoo.fr
- **Musée Normand**, 27300 Bernay, Rue Gaston Foloppe, Regionalmuseum mit Fayancen, landwirtschaftlichen Geräten sowie Informationen über die „Confrérie Religieuse de Bernay", die die Wallfahrten zur Basilique Notre-Dame-de-la-Couture veranstaltet

Besichtigungen

- **Abbaye Notre-Dame de Bec-Hellouin**, Führungen Juni bis September montags bis freitags um 10, 11, 15, 16 und 17 Uhr, samstags 10, 11, 15 und 16 Uhr, sonn- und feiertags 12, 15, 15.30, 16 und 18 Uhr, im Winter montags bis freitags 15.15 und 16.30 Uhr, sonn- und feiertags 12, 15 und 16 Uhr, Eintritt 3,20 €, Tel. 0232 43 72 60, Fax 0232 44 96 69, abbayedubec@wanadoo.fr
- **Château du Champ-de-Bataille**, bei Le Neubourg, Herrensitz im Stil der Lebensart des 18. Jahrhunderts, Führungen von Ostern bis September 14-18 Uhr, im Oktober, März und April an Wochenenden, Eintritt für Schloss und Park: 8 €, Tel. 0232 34 84 84, Fax 0232 35 18 38
- **Domaine d'Harcourt** mit Schloss, Park und Forstbaumschule, geöffnet: Juli/Aug. 14.30-18.30 Uhr, Mai/Juni und Sept./Okt. samstags, sonn- und feiertags 14-18 Uhr, Eintritt 5,30 €, Tel. 0232 46 29 70 bzw. 34 84 34
- **Château de Beaumesnil**, im Louis XIII.-Stil eingerichtetes Renaissance-Schloss mit umfangreicher Bibliothek und französischem Park, geöffnet: Juli/Aug. 10-12 und 14-18 Uhr (dienstags geschlossen), Ostern bis Juni sowie September an Samstagen, Sonn- und Feiertagen 14-18 Uhr, Eintritt 3,80 €, Tel./Fax 0232 44 40 09
- **Église St.-Martin**, Aigle, geführte Turmbesichtigung, mittwochs, donnerstags und freitags im Juli und August um 15.00 Uhr, Eintritt frei, Tel. 0233 24 12 40, Fax 0233 34 23 77, otaigle@wanadoo.fr

- **Ancienne Église Abbatiale** (ehemalige Abteikirche), Bernay, Führungen vom letzten Juniwochenende bis zur ersten Septemberwoche und während der Osterferien außer dienstags 10-12 und 14-19 Uhr, im Mai bis 17.30 Uhr, sonntags 15-17.30 Uhr, Tel. 0232 46 63 23
- **Jardin Aquatique du Moulin de Fresnay**, **Broglie**, 1,5 Hektar großer Park mit Wassergräben, die von der Charentonne gespeist werden, und 12.000 Pflanzenarten, geöffnet: 9-19.30 Uhr, Tel. 0232 46 27 52 (Gemeindeamt)

Aktivitäten

- **Nostalgie-Zug:** von Pont-Audemer nach Honfleur mit 40 km/h in einem Zug aus dem Jahr 1952, Fahrten: sonn- und feiertags von Juli bis September, Info: Tel. 0232 41 08 21
- **Wallfahrt:** Prozession der Charitons (Barmherzige Brüder) von Bernay, Pfingstmontag zur Église Notre-Dame-de-la-Couture
- **Rundflüge und Flugschule:** Aéro-Club A.P.A.M., St.-Sulpice/Risle, Info: École de Pilotage, M. Lemaire, Tel. 0233 24 21 52; Rundflüge: Bernay, Vauquelin Grouard, 10, Rue Albert Gratigny, Tel. 0232 43 46 14
- **Base de Loisir** (Freizeitpark): an dem 15 Hektar großen Lac de Grosley, Rudern, Kanu, Mini-Golf, kleiner Tierpark, Snack-Restauration, geöffnet: März bis September, Tel. 0232 43 21 22

Sport

- **Reiten:** 61550 Villers-en-Ouche, auf halber Strecke zwischen Broglie und St.-Évroult westlich der D 230 gelegenes Manoir de Villers-en-Ouche, Pferdepension, Parcours, Restaurant € (geöffnet freitags bis montags), einfache und komfortable Pensionszimmer, Tel. 0233 34 00 98
- **Angeln:** in der Charentonne, Hecht, Forelle etc., Info: M. Bouligny, Bernay, 58, Rue du Maréchal Leclerc, Tel. 0232 43 55 38; „Au Rendez-Vous des Pêcheurs", in der Risle bei 27550 Nassandres, Fontaine-la-Soret, Hecht und Forelle, Tel. 0232 45 00 28
- **Golf:** Le Neubourg, 18-Loch-Platz im Park des Château du Champ-de-Bataille gelegen, ganzjährig geöffnet, Tel. 0232 35 03 72

Nachtleben

- **Diskothek:** Le Moulin d'Antan, 61300 L'Aigle, 35, Rue des Jetées, Tel. 0233 24 55 24

Einkaufen

- **Wochenmärkte:**
Pont-Audemer: montags, mittwochvormittags
Beuzeville: mittwochs
Brionne: sonntags
Le Neubourg: mittwochvormittags
Bernay: samstagvormittags
- **Pastetenmarkt:** Bauernmarkt mit allerlei Gänseleberpasteten im Oktober, November und Dezember in Le Neubourg, Info: Office de Tourisme (siehe oben)
- **Viehmarkt:** Jeden Dienstag findet in L'Aigle der drittgrößte Viehmarkt Frankreichs statt, bei dem am frühen Morgen über 1000 Tiere im Angebot sind; angeschlossen ist ein Wochenmarkt
- **Marché des „Becs Fin":** Bauernmarkt mit Leberpastete (Feinschmecker-Markt), Mitte Juni in Bernay
- **Landwirtschaftsmesse mit Bauerntag:** Christi Himmelfahrt in Conches-en-Ouche
- **Antiquitäten- und Trödelmarkt:** Anfang April in L'Aigle, Tel. 0233 24 12 40
- **Kunstschmiede:** 27190 Conches-en-Ouche, 12, Rue Sainte-Foy, in einem Fachwerk-Herrenhaus aus dem 15. Jahrhundert, ganzjährige Ausstellung geöffnet 9-12 und 14.30-18.30 Uhr (außer montags und dienstags), Tel. 0232 30 20 50

Verkehrsverbindungen

- **SNCF-Bahnhof:** in Conches-en-Ouches und in Bernay an der Strecke Paris – Lisieux etc.

Fähre im Hafen von Le Havre

Le Havre ☞ IV/A-B3

Geschichte

Im Gegensatz zu den meisten Landstrichen der Normandie, die alle auf eine lange Geschichte zurückblicken können, ist Le Havre eine **„künstliche" Gründung** des französischen Königs *François I.*, der Ersatz für den auf der anderen Seite der Seine-Mündung allmählich versandenden Hafen des Städtchens Honfleur brauchte.

François I. befand sich in ständiger Auseinandersetzung mit dem Kaiser des Heiligen Römischen Reiches *Karl V.*, der in Personalunion auch spanischer König war und über ein Weltreich verfügte, „in dem die Sonne nie unterging". Amerika war gerade entdeckt worden, viele europäischen Länder erschlossen **Kolonien in Übersee.** An diesem „Kuchen" wollte Frankreich teilhaben und brauchte dafür geeignete Häfen in ausreichender Anzahl. Außerdem mussten geeignete Standorte für die **Seefischerei** gefunden werden, denn die Fischer der Kanalküste zwischen Le Tréport und der Bretagne hatten schon Ende des 15. Jahrhunderts begonnen, die Fischgründe der Neufundlandbank aufzusuchen.

Wichtig für die **Standortwahl** des neuen Hafens am äußersten Ende der Seine-Mündung war die Tatsache, dass hier angesichts des enormen Tidenunterschieds am Ärmelkanal die Flut über zwei Stunden anhält.

Die **Gründung** von Le Havre erfolgte im Jahr 1517. Der neue Hafen hieß

Im Osten der Normandie
LE HAVRE

zunächst Havre-de-Grâce und hatte einige Anlaufschwierigkeiten, entwickelte sich im Laufe der Zeit aber – auch als Fischereihafen – sehr gut. Bereits im Jahre 1518 konnten die ersten Schiffe in das Bassin du Roi („Königsdock").

Im **amerikanischen Unabhängigkeitskrieg** spielte der Hafen von Le Havre eine wichtige Rolle für die Versorgung der nach Unabhängigkeit von der englischen Kolonialherrschaft strebenden Vereinigten Staaten.

Die eigentliche Karriere des Welthafens begann mit dem regelmäßigen **Transatlantik-Verkehr.** Benötigten die Segelschiffe noch gut 14 Tage für eine Überfahrt von Le Havre nach Amerika, so verkürzte sich die Fahrtzeit nach New York mit der Einführung der reinen Dampfschiffe auf eine Woche. Die Glanzzeit des Hafens brachten die Ozeanriesen, die – wie die „Normandie" – als schnellste Passagierschiffe ihrer Zeit auf der Nordatlantikroute das Blaue Band errangen.

Ganz schlimme Zeiten erlebte Le Havre während des **Zweiten Weltkrieges.** Die Stadt wurde zu 80% zerstört, die Hafenanlagen fast gänzlich. Nachdem die Normandie von den Alliierten längst zurückerobert und Paris freigegeben worden war, hielten die Deutschen noch immer ihre Stellungen in Le Havre. Dies veranlasste die Alliierten zu fortwährenden Bombardierungen der Stadt und als die Deutschen dann abziehen mussten, zerstörten sie alles, was den Alliierten für

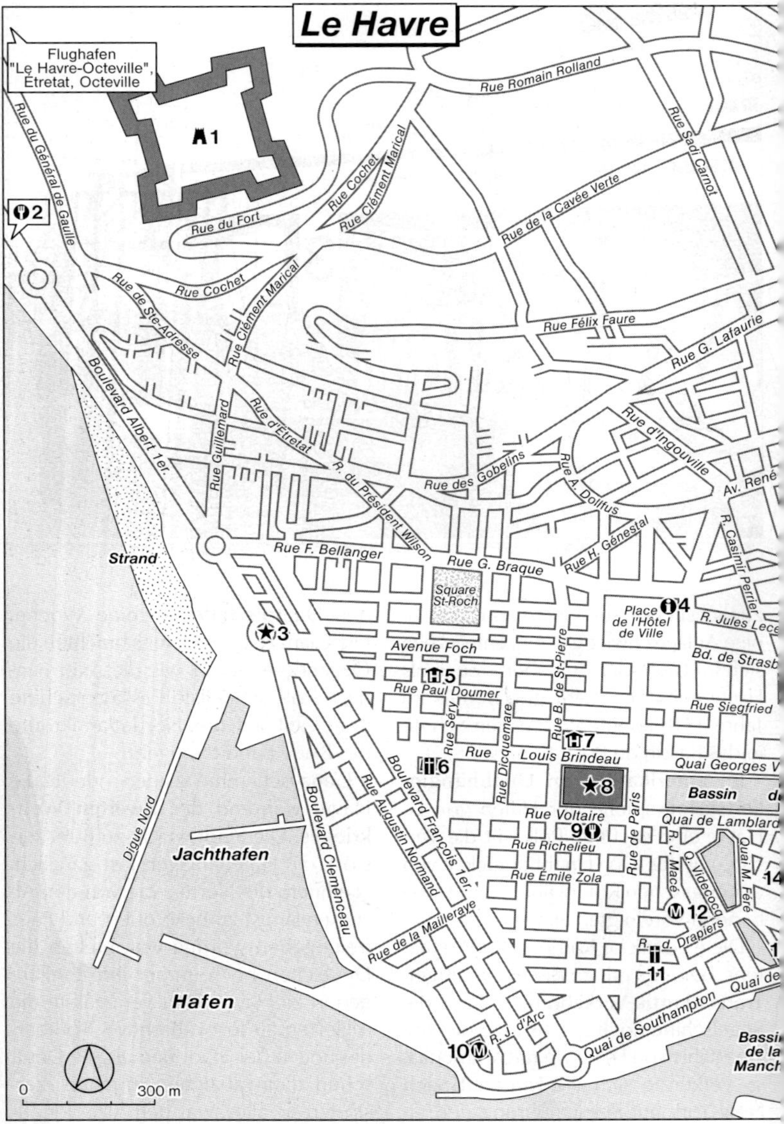
Le Havre
Flughafen "Le Havre-Octeville", Étretat, Octeville
1
2
Rue Romain Rolland
Rue Sadi Carnot
Rue du Général de Gaulle
Rue Cochet
Rue Clément Marical
Rue du Fort
Rue de la Cavée Verte
Rue Cochet
Rue Clément Marical
Rue de Ste-Adresse
Rue Félix Faure
Rue G. Lafaurie
Boulevard Albert 1er.
Rue Guillemard
Rue d'Étretat
R. du Président Wilson
Rue des Gobelins
Rue d'Ingouville
Rue A. Dolfus
Av. René
Rue F. Bellanger
Rue G. Braque
Rue H. Génestal
R. Casimir Perrier
Strand
Square St-Roch
Place de l'Hôtel de Ville
4
3
R. Jules Lece
Avenue Foch
Bd. de Strasb
5
Rue Paul Doumer
Rue B. de St-Pierre
Rue Siegfried
Rue Séry
Rue Dicquemare
7
Rue Louis Brindeau
6
Quai Georges V
8
Bassin d
Boulevard François 1er.
Rue Augustin Normand
Boulevard Clemenceau
Rue Voltaire
9
Quai de Lamblard
Digue Nord
Jachthafen
Rue Richelieu
Rue de Paris
R. J. Macé
Q. Videcoq
Quai M. Féré
Rue Émile Zola
14
12
Rue de la Mailleraye
R. d. Drapiers
11
Quai de
Hafen
R. J. d'Arc
Quai de Southampton
10
Bassin de la Manch
0
300 m

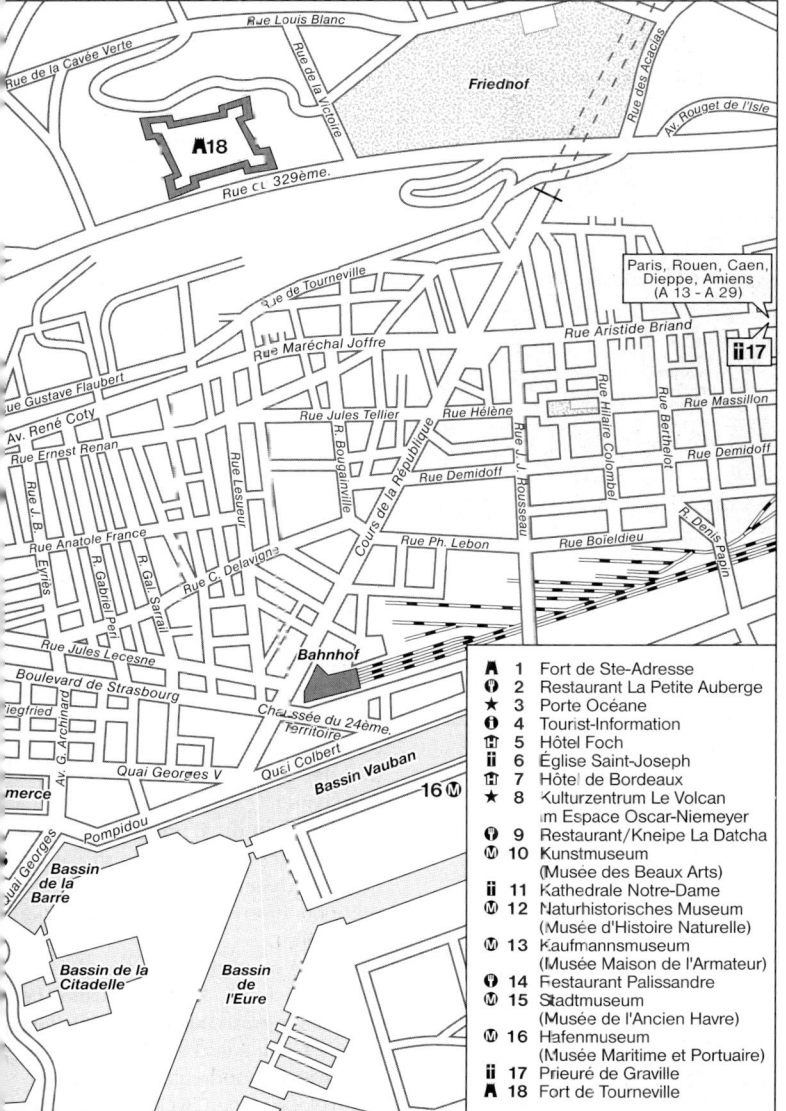

Renaissance-Portal der Kathedrale Notre-Dame von Le Havre

ihren Vormarsch noch von Nutzen sein konnte.

Die Aufräumarbeiten der in Schutt und Asche gelegten Stadt dauerten mehrere Jahre. Der **Wiederaufbau** erfolge im „Beton-Stil" der 50er- und 60er-Jahre des 20. Jahrhunderts. Das heutige Bild von Le Havre wird nicht jedermann gefallen – aber es ist eben ein Zeichen seiner Zeit.

Sehenswürdigkeiten

Das architektonische Neukonzept Le Havres wurde von dem Architekten *Perret* (1875-1954) weiträumig angelegt. Der **Place de l'Hôtel de Ville** hat als neues Zentrum der Stadt großflächige Ausmaße. Hier steht das **Rathaus** mit seinem 72 Meter hohen Turm. Im Erdgeschoss ist ein Informationsbüro untergebracht (ein weiteres befindet sich am Boulevard Clemenceau). Vom Platz aus verläuft in südlicher Richtung die neu gebaute **Rue de Paris,** die im 18. Jahrhundert die Prachtstraße Le Havres war und heute in ihren Arkaden zahlreiche Geschäfte beherbergt. Westlich des Place de l'Hôtel de Ville führt die **Avenue Foch** als Promenade der Stadt bis zum Meer zu der von zwei Türmen flankierten **Porte Océane.** Der **Digue Nord,** eine in die Flussmündung reichende Mole, schützt die beiden Becken des Jachthafens. Nördlich der Porte Océane beginnt der **Kieselstrand** von Le Havre, der allerdings bei Ebbe einen Sandstreifen freigibt und der gerne auch von Surfern genutzt wird.

Das **Bassin du Commerce** schiebt sich als altes Hafenbecken in die Innenstadt hinein. Es wird von einer schönen eisernen Fußgängerbrücke überspannt.

An der westlichen Seite steht das 1982 errichtete **Kulturzentrum Le Volcan** des brasilianischen Architekten *Espace Oskar Niemeyer*. Durch seinen eigenwilligen modernistischen Baukörper bietet es einen Blickfang und kontrastiert auf seine spezielle Weise mit den rechteckigen Neubauten *Perrets*.

Fast unwirklich erscheint die **Kathedrale Notre-Dame** an der Rue des Drapiers als markantestes Gebäude des alten Le Havre im modernen Zentrum der Stadt. Der nach den Kriegsschäden längst renovierte Bau entstand in den Jahren 1575 bis 1630 und vereint in seiner Architektur gotische Bauelemente, wie beispielsweise am Turm, mit Renaissance-Elementen an den Portalen. Beachtenswert sind die Wasserspeier in Form von Salamandern. Die Orgel der Kathedrale stiftete Kardinal *Richelieu* 1637, weshalb sie auch sein Wappen trägt.

Die durch ihre schlichte, moderne Architektur charakterisierte **Kirche Saint-Joseph** mit viereckigem Grundriss und ihrem über hundert Meter hohen, achteckigen Turm ist ein Meisterwerk des Architekten *Perret*, gebaut in den Jahren 1951-57. Vielfarbige Fenster erhellen das Innere je nach Tageszeit und Wetterverhältnissen.

Die zu Ehren der Märtyrerin *Honorine* im 11. bis 13. Jahrhundert gebaute romanische **Prieuré de Graville** steht in der Rue Élisée Reclus an der Stelle, wo man ihr schon im 6. Jahrhundert ein Heiligtum errichtet hatte. Von der Innenstadt aus erreicht man die Abtei über die Rue Aristide-Briand, dann über die Rue de Verdun in Richtung Paris-Rouen und letztlich links in die ausgeschilderte Rue de l'Abbaye, wo der Zugang zur Abtei über den Kirchfriedhof führt. Berühmt sind die mehrstöckigen Säulenkapitelle der Abteikirche. Die im normannisch-gotischen Stil errichteten Konventgebäude beherbergen Materialien zur Kirchengeschichte und religiöse Kollektionen wie beispielsweise mittelalterliche Bildhauerarbeiten.

An markantem Standort unmittelbar am Seine-Kai, wo der Fluss in das Meer mündet, steht das 1961 gebaute und inzwischen renovierte **Musée Malraux,** ein architektonisches Meisterwerk aus Stahl, Beton und Glas, das für hervorragende Lichtverhältnisse im Inneren sorgt. Hier findet man Gemäl-

Die Kathedrale Notre Dame von Le Havre

de europäischer Meister vom 17. bis zum 20. Jahrhundert, wobei es zwei eindeutige Schwerpunkte gibt, und zwar bei Werken von *Boudin,* dem großen Bürger der Stadt, und bei *Raoul Dufy,* der in Le Havre geboren wurde – insgesamt eine der interessantesten Sammlungen impressionistischer Kunst außerhalb von Paris.

Das **Musée de l'Ancien Havre** (Stadtmuseum) ist in einem renovierten Haus des 18. Jahrhunderts untergebracht. Es stellt die Entwicklung des Hafens dar und gibt Auskunft über die Stadtgeschichte seit ihren Anfängen in der Renaissance über die beginnende Industrialisierung bis in die Gegenwart.

Das **Musée Maritime et Portuaire** in den Hafendocks (Espace Maritime des Docks Vauban) widmet sich der Handelsmarine, den Hafentechniken und dem internationalen Handel. Weitere Exponate sind Modelle, Mobiliar und Gemälde von Überseeschiffen.

Ein weiteres Museum ist in einer aus dem 18. Jahrhundert stammenden ehemaligen Residenz eines Kaufmanns aus Le Havre untergebracht. Den einstigen Wohlstand der Hafenstadt demonstrierend, bietet dieses **Musée Maison de l'Armateur** einen Einblick in die Architektur und Lebensweise jener Zeit.

Das **Musée d'Histoire Naturelle** (Naturhistorisches Museum) ist im ehemaligen Justizpalast aus dem 18. Jahrhundert untergebracht. Speziell an der Vogelkunde interessierte Besucher finden hier ein typisches Felsabbruchbiotop nachgebildet.

Stadtrand und Umgebung

Fort de Tourneville

Einen wunderschönen **Panoramablick** über Le Havre, seine Hafenanlagen und über die Seine-Mündung bis zur Pont de Normandie hat man vom Fort de Tourneville. Eine Drahtseilbahn *(finiculaire)* führt von der Rue Gustave hinauf bis zur Rue Felix Faure, wo man am Ausgang rechts zur Aussichtsterrasse gelangt.

Forêt de Montgeon

Mit dem Forêt de Montgeon verfügt Le Havre oben im Norden der Stadt über ein ausgedehntes Waldgelände von 280 Hektar – mit schönem Baumbestand, Seen, Tiergehegen und vielen Sporteinrichtungen ein beliebter **Freizeittreff** für die Einwohner der Stadt.

Ste.-Adresse   ⚄ IV/A3

Im Nordwesten Le Havres liegt Ste.-Adresse, dessen Hafen im 14. Jahrhundert durch eine Flutwelle zerstört wurde. Der Ortsausgang wird vom **Cap de la Hève** gebildet, das den Beginn der Côte d'Albâtre darstellt und auf dessen Terrassen große Villen wohlhabender Bürger aus Le Havre stehen, die von ihren Grundstücken einen herrlichen Blick über das Meer und die Stadt haben. Am Ortseingang findet man in der **Kapelle Notre-Dames-des-Flots** Votivgaben von Seeleuten.

Hier in Ste.-Adresse war im Ersten Weltkrieg der Sitz der belgischen Regierung, nachdem deutsche Truppen

Belgien erobert hatten. Im Jahre 1841 ließ sich *Alphonse Kerr*, der Herausgeber des „Figaro", in Ste.-Adresse nieder und zog Kollegen wie Literaten in den Ort. Zu Beginn des 20. Jahrhunderts war es der Geschäftsmann *Dufayel*, der Ste.-Adresse mit seinem Projekt „Nice-Havrais" das Flair eines Seebades gab.

Harfleur   ⊅ IV/B3

Sieben Kilometer östlich von Le Havre liegt der alte Ort Harfleur, der auf eine **lange Geschichte** zurückblicken kann. Die Römer hatten hier an der Mündung der Lézarde unter dem Namen *Caracotinum* einen Hafen angelegt, den die Angelsachsen *Harofloth* nannten. In dem Maße wie der neue Hafen Havre-de-Grâce an Bedeutung gewann, konnte sich Harfleur immer weniger behaupten. Heute gehen beide Städte ineinander über.

Weit überragt der Glockenturm der **Prioratskirche St.-Martin** aus dem 15. Jahrhundert die Stadt. Beachtenswert sind die schönen Schluss-Steine der Gewölbe im Inneren, die sich auf einer Seite direkt auf die Säulen stützen, auf der anderen Seite auf deren Kapitele.

Das **Musée de la Prieuré** ist in einem ehemaligen Fachwerk-Gasthof aus dem 15. Jahrhundert untergebracht. Dieser Gasthof wurde von Seeleuten aufgesucht, deren Schiffe im königlichen Hafen von Honfleur anlegten. Hier kann man die Geschichte der Stadt von der Jungsteinzeit bis zur Jetztzeit nachvollziehen. Letztlich sei noch auf das **Hôtel de Ville** (Rathaus) hingewiesen. Es befindet sich in einem alten Schloss aus dem 17. Jahrhundert, das von einem schönen Park umgeben ist.

Montvilliers   ⊅ IV/B2

Nur wenige Kilometer nördlich von Harfleur liegt Montvilliers im Tal der Lézarde. Der Name leitet sich von dem lateinischen *Monastereum Villare* ab. Hier gründete der heilige *Philibert* im 7. Jahrhundert eine Frauenabtei, die während der Französischen Revolution verfiel. Geblieben ist die **Kirche Saint-Saveur** mit ihrem romanischen Schiff aus dem 11. Jahrhundert mit Laternenturm. Als die Kirche im 16. Jahrhundert die Funktion der Pfarrkirche des Ortes übernahm, erweiterte man das Langhaus um ein gotisches Schiff. Der Chorabschluss aus dem 16. Jahrhundert birgt einen großen Barockaltar. Das geschnitzte Chorgestühl stammt aus dem Jahr 1671, die Orgel entstand 1784. In den teilweise wieder errichteten Abteigebäuden wird inzwischen ein eindrucksvolles Spektakel – „Coeur d' Abbaye" – gezeigt.

Maneglise   ⊅ IV/B2

Etwas abseits über die D 489 zu erreichen, liegt rechts der Straße der kleine Ort Maneglise mit einer der schönsten romanischen Kirchen der Normandie. Der Bau stammt aus dem 10. Jahrhundert, die äußere Fassade des Hauptschiffes wurde im 17. Jahrhundert neu gestaltet. Im Inneren befinden sich beachtenswerte Holz- und Steinskulpturen aus dem 16. bis 18. Jahrhundert.

Altes Feuerschiff in den Docks von Le Havre

Praktische Tipps

- **Postleitzahl Le Havre:** 76000
- **Tel.-Vorwahl:** 0235

Information

- **Office de Tourisme,** Le Havre, 186 Boulevard Clemenceau, Tel. 0235 74 04 04, Fax 0235 42 38 39, officedutourisme.havre@wanadoo.fr

Unterkunft

- **Vent d'Ouest**€€, Le Havre, 4, Rue de Caligny, praktisches Hotel, Tel. 42 50 69, Fax 42 58 00, contact@ventdouest.fr
- **Hôtel de Bordeaux**€€, Le Havre, 147, Rue Louis-Brindeau, älteres Gebäude, innen modern, einige Zimmer mit Blick auf das Bassin du Commerce, ganzjährig geöffnet, Tel. 22 68 44, Fax 42 09 27

- **Camping:** Platz inmitten des Forêt de Montgeon mit 200 Stellplätzen, Tel. 46 52 39

Essen und Trinken

- **La Petite Auberge**€€, Le Havre, 32, Rue Sainte-Adresse, kleines Restaurant am Strand von Le Havre, sonntagabends, montags, während der Februar-Ferien und Mitte August geschlossen, Tel. 46 27 32, Fax 48 26 15
- **L'Amirauté**€€, Le Havre, 365, Rue Félix Faure, Restaurant und Brasserie mit Blick auf den Hafen
- **La Datcha**€, Le Havre, Kneipe und Restaurant gegenüber des Volcan, Sonntag und montagmorgens geschlossen
- **Palisandre**€, Le Havre, 33, Rue de Bretagne, einfache, frische Küche, samstagmittags, mittwochabends, 1. Februar- und 2. Augustwoche geschlossen, Tel. 21 69 00

Museen

- **Prieuré de Graville,** Le Havre, 1, Rue Élisée Reclus, Abteimuseum, mittwochs bis sonntags (außer feiertags), 10-12 und 14-18 Uhr geöffn., Eintritt 1,50 €, Kinder über 12 J. 1 €, Tel. 24 51 00, musees-histoire@ville-lehavre.fr

- **Musée des Beaux-Arts André Malraux,** Le Havre, 2, Boulevard Clemenceau, Kunstmuseum der Stadt Le Havre mit umfangreichen Gemäldesammlungen in eigenwilligem, lichtvollem Museumsbau, wo man die Exponate über Galerien wie in einem Hafen erreicht, geöffnet: Montag bis Freitag 11-18 Uhr, Samstag und Sonntag 11-19 Uhr, (dienstags und feiertags geschlossen), Eintritt 3,80 €, ermäßigter Tarif 2,30 €, Tel. 19 52 62, Fax 19 93 01
- **Musée de l'Ancien Havre,** Le Havre, 1, Rue Jérôme Bellarmato, Stadtmuseum, geöffnet: mittwochs bis sonntags (außer feiertags) 10-12 und 14-18 Uhr, Eintritt 1,50 €, Kinder über 12 Jahre 1 €, Tel. 24 51 00, Fax 26 76 69
- **Musée Maritime et Portuaire,** Le Havre, Quai Frissard, Hafen- und Schiffahrtsmuseum, geöffnet: sonntags, montags und mittwochs 10-12 und 14-18 Uhr, Eintritt 2,30 €, Kinder frei, Tel. 24 51 00, Fax 26 76 69
- **Musée Maison de l'Armateur,** Le Havre, 3, Quai de l'Île, für Le Havre typisches Kaufmannshaus aus dem 18. Jahrhundert, Tel. 42 33 97
- **Musée d'Histoire Naturelle,** Le Havre, Place du Vieux Marché, Naturkundemuseum, geöffnet: montags, donnerstags und freitags 14.30-17.30 sowie mittwochs, samstags und sonntags zusätzlich 10-11.30 Uhr, Eintritt frei, Tel. 41 37 28
- **Musée du Prieuré,** 76700 Harfleur, 50, Rue de la République, Stadtmuseum zur Regionalgeschichte, geöffnet: Mitte Mai bis Mitte Oktober mittwochs bis freitags 15-18 Uhr (im Winter nur mittwochs, samstags und sonntags), Eintritt 1,20 €, Kinder unter 16 Jahren frei, Tel. 45 40 62 (Museum) und 13 30 50 (Information), Fax 13 30 19

Besichtigungen

- **Coeur d'Abbaye,** 76290 Montivilliers, Abbaye des femme de Montivilliers, Szenografie der Geschichte der Stadt und ihres Klosters, Eintritt 4,90 €, Tel./Fax 0235 30 96 66

Aktivitäten

- **Seine-Rundfahrt:** La Salamandre, 150 Passagiere, 73 Restaurant-Plätze, auch Hafenrundfahrt, Reservierung: M. Fortain, Quai de la Marine, Tel. 42 01 31; Fun Locker, Rue des Saveurs, Tel. 41 31 83
- **Rundflüge:** Aéro Club du Havre, Tel. 48 35 91, Flughafen siehe „Verkehrsverbindungen"

Sport

- **Segeln:** Jachthafen mit 1300 Liegeplätzen, davon 60 für Besucher, *Capitainerie* („Hafenmeisterei") Tel. 42 27 90, Le Havre Plaisance (Jacht-/Sporthafen) Tel. 21 23 95
- **Segelbootverleih:** Ad Hoc, 136 Quai Frissard, Le Havre, Tel. 22 82 98; Normandie Yachting, 10, Rue Maréchal Delattre, Le Havre, Tel. 74 90 90; Trans Manche Loirirs T.M.L., 59, Rue Dicquemare, Le Havre, Tel. 41 14 49
- **Kajak:** Kayak le Havre Océan, M. Colombel, 19, Rue de Monréal, Appt. G04, Tel. 44 93 80
- **Golf:** 18-Loch-Platz in Saint Supplix, 76930 Octeville-sur-Mer

Einkaufen

- **Wochenmarkt:** donnerstagvormittags in Montvilliers
- **Bauern- und Trödelmarkt:** sonntagvormittags in Harfleur

Verkehrsverbindungen

- **Fähren:** mit Irish Ferries nach Rosslaire und Cork, Information: Irish ferries, Chaussée John Kennedy, 76600 Le Havre, Tel. 0235 19 24 00, Fax 0235 19 24 01; mit P&O European Ferries nach Portsmouth, Information: P&O, Terminal de la Citadelle, 76600 Le Havre, Tel. 19 78 78, Fax 21 02 31
- **Flughafen Le Havre** (Aéroport du Havre): Direkt- oder Anschlussverbindungen nach Amsterdam, Madrid, Barcelona, London, Mailand und zu innerfranzösischen Flughäfen mit Flandre Air, Regional Airlines, Brit-Air, Tel. 54 65 00, Fax 54 65 29
- **SNCF-Bahnhof:** Endstation der Linie Paris – Rouen – Le Havre, Vorortverkehr

Die Côte d'Albâtre und das Pays de Caux

Überblick

Côte d'Albâtre („Alabasterküste") nennen die Franzosen die Felsabbruchkante der Küste des Pays de Caux, das Herzstück des Départements Seine Maritime in der Haute Normandie. Die Kreidefelsen entstammen erdgeschichtlich einem Meer der Kreidezeit, auf dessen Boden sich kalkhaltige Sedimente sammelten, die sich zu mächtigen Bodenschichten verdichteten und vor etwa 70 Millionen Jahren über den Meeresspiegel angehoben wurden.

In hellem Weiß erstrahlen die steilen **Kreidefelsen** der Côte d'Albâtre, die sich, zwischen 30 und 110 Meter hoch, dem Meer entgegenstellen. Ständige Erosion hat die heutige Erscheinungsform der Klippen der Alabasterküste geformt. Im Meer zeigt sich eine weitere, den Kreidefelsen vorgelagerte Abruchkante. Weniger ausgeprägt und leicht abgerundet deutet sie den einstigen Küstensaum an. An einigen Stellen, so insbesondere an den vorgeschobenen Felsnadeln von Étretat, kann man noch heute den vormaligen Küstenverlauf erahnen.

Die **Erosion** versetzt die Küstenlinie laufend landeinwärts, an manchen Stellen bis zu zwei Meter jährlich. Im Abschnitt zwischen Le Havre und dem Cap d'Antifer, wo das Kalkgestein am weichsten ist, liegen vor der Felsabbruchkante große Geröllmassen, die einen unwirtlichen Streifen kaum begehbaren Vorlandes bilden. Wo die Felsen aus härterem Gestein bestehen, ist das Vorland hingegen schmaler und stärker von Kieseln durchsetzt. Bei Ebbe liegt es trocken und lässt sich an begehbaren Stellen erwandern. Dabei sollte man wegen ständiger Steinschlaggefahr aber genügenden Abstand von den Klippen halten. Bei Flut wird das Vorland vom Meer überschwemmt und die Brecher nagen an der Felsabbruchkante. Dennoch ist nicht die Brandung, sondern die winterliche Kälte Hauptverursacher der Erosion. Bei Frost platzt das Gestein auf und macht die Oberfläche porös. Erst durch diesen Vorgang sind die Wellen in der Lage, die Abbruchkante auszuhöhlen. Man schätzt, dass durch Erosion jährlich drei Millionen Tonnen Gesteinsmaterial von der Alabasterküste abbröckeln.

Die Felsabbruchkante macht die Alabasterküste schwer zugänglich. Lediglich an den Stellen, wo Flüsse ins Meer einmünden oder die für das Pays de Caux so typischen, durch Landanhebung entstandenen Trockentäler an der Küste enden, gelangt man relativ ungehindert zum Wasser. An den Flussmündungen haben sich Strände gebildet, weniger Sandstrände als vielmehr **Kieselstrände,** die bei Ebbe zum Baden einladen.

Die Küste ist rau, das Klima stürmisch. Dies hat den Menschen, die hier siedelten, schon immer viel abverlangt. **Fischfang** und **Handel** waren früher die Hauptbeschäftigungen an der Alabasterküste. Es waren harte Burschen, die von Dieppe, Le Tréport oder auch von Fécamp alle Weltmeere besegelten und mancher Pirat ist von hier in die weite Welt gezogen. Doch mit dem Fischfang geht es schon seit langem wirtschaftlich bergab und die vorhandenen Hafenplätze sind von den natürlichen Voraussetzungen her viel zu klein, um die heutigen Großschiffe abfertigen zu können. Wirtschaftlicher Aufschwung erfolgte in dieser kaum industrialisierten Region erst mit dem Tourismus.

Folgt man den Flusstälern landeinwärts, gelangt man auf die Hochfläche des **Pays de Caux** – eine weite Ebene, die großflächig landwirtschaftlich bearbeitet wird. In erster Linie wird hier Getreideanbau betrieben. Zusätzlich stellen Kartoffeln eine wichtige Feldfrucht dar. Doch das Pays de Caux ist vor allem das Land des Leins. Im Frühsommer, wenn hier der Lein blüht, legt sich ein hauchzarter blauer Schimmer über die Felder, gelegentlich von Rapsfeldern unterbrochen, die mit ihrer knallgelben Blütenfärbung einen einmaligen Kontrast hervorzaubern!

Unterbrochen wird der weite Blick über die Ebene des Pays de Caux durch die für diese Gegend typischen Bauernhäuser. Die *cours-masures,* wie die meist **von Wällen und Gräben umgebenen Höfe** ortsüblich genannt werden, erwecken zunächst den Anschein kleiner Waldparzellen. Doch in Wirklichkeit handelt es sich um künstliche Anpflanzungen von Eichen oder anderen Bäumen innerhalb des Areals der Farmgebäude, die so vor den ständig wehenden Winden und vor allem vor Erosion durch atlantische Stürme geschützt werden sollen.

Innerhalb der Schutzwallbegrenzung breitet sich in der Regel ein Areal

Im Osten der Normandie

von zwei Hektar aus, das mit Obstbäumen bepflanzt ist und in dem im Winter die Tiere des Hofes gehalten werden. In der Mitte stehen das Farmhaus, zumeist in Fachwerkbauweise, und die Wirtschaftsgebäude. Der Zugang führt normalerweise durch ein monumentales Torhaus. Früher befand sich auch der Brunnen des Farmhauses innerhalb des Schutzwaldareals, doch die zentrale Wasserversorgung hat sich auf Dauer als praktischer erwiesen. Dafür stehen jetzt überall im Pays de Caux die Wassertürme, die den Wasserdruck großflächig aufrecht erhalten sollen und der Landschaft ein neues Gepräge geben – ob zu ihrem Vorteil, mag dahingestellt sein.

Auf eine Besonderheit der Region sei noch hingewiesen: Durch die traditionellen Schiffsverbindungen nach Übersee hat sich an der Côte d'Albâtre und im Hinterland des Pays de Caux das Kunsthandwerk der **Elfenbeinschnitzerei** zu höchster Blüte entwickeln können. In vielen Museen, so vor allem in Dieppe und Yvetot, sind noch prächtige historische Stücke der Elfenbeinkunst zu bewundern. Als „Rohstoff" wurden nicht nur die Stoßzähne von Elefanten genutzt, sondern auch die von Walrössern, denn die Fischer der Côte d'Albâtre waren ja darauf spezialisiert, in den Nordmeeren auf Fang zu gehen.

Étretat

IV/B2

Seine Lage an einem Felseinschnitt der Alabasterküste zwischen **ausgehöhlten Felsnadeln** hat den Ort Étretat weltberühmt gemacht. Hier treten die Klippen besonders prägnant in das Meer hinaus. Die Seepromenade am Kieselstrand wird im Osten durch den Falaise d'Amont mit dem ausgewaschenen Öffnungsbogen der Porte d'Amont und im Westen durch den Falaise d'Aval mit der Porte d'Aval begrenzt.

Schon im 19. Jahrhundert hat diese landschaftlich reizvolle Lage die **Künstler** angezogen. Hier ließen sich die Vorläufer der impressionistischen Maler, wie zum Beispiel *Delacroix, Courbet* und *Boudin,* vom unverfälschten Landschaftseindruck inspirieren. Der Schriftsteller *Guy de Maupassant* baute sich in der Stadt sein Haus „La Guilette", das sich heute in Privatbesitz befindet. Aber auch *Jacques Offenbach,* der in Paris lebende Komponist aus Köln, *Gustave Flaubert* und *André Gide* gaben sich hier ein Stelldichein.

Und auch *Maurice Leblanc,* der Autor der wunderbaren Erlebnisse des Arsène Lupin, lebte hier – ihm ist neuerdings mit dem „Clos Lupin" ein eigenes Museum gewidmet.

Sehenswürdigkeiten

Den **Falaise d'Aval** erreicht man über eine Treppe am Westende des Strandes. Nach etwa einer halben Stunde Fußmarsch erreicht man die Oberkante der Klippen und hat einen wundervollen Überblick über die Küste und die im Meer vorgelagerte, 70 Meter hohe Felsnadel **Aiguille.** Man kann von hier bis zum Cap d'Antifer sehen. Je nach Tageszeit und Wetterlage erscheinen die Klippen in wechselndem Licht und bieten einen einzigartigen Anblick.

Den **Falaise d'Amont** erreicht man ebenfalls vom Strand aus: Eine in den Fels geschlagene Treppe mit 180 Stufen führt zur Klippenoberkante (ein Handseil hilft beim Aufstieg). Hier steht die kleine Seefahrerkapelle Notre-Dame de la Garde. Der Blick reicht über Étretat und seinen Kieselstrand bis zur Falaise d'Aval und zur Felsnadel Auiguille. Hinter der Kapelle streckt sich neben einer stilisierten Flugzeugsilhouette ein Monument in den Himmel, das in Erinnerung an die Flieger *Charles Nungesser* und *François Coli* errichtet wurde, die hier bei ihrem Versuch, den Atlantik westwärts von Paris nach New York zu überqueren, am 8.5.1927 letztmalig gesehen wurden – übrigens zwölf Tage vor *Charles Lindberghs* erfolgreicher Direktüberquerung in umgekehrter Richtung.

Sehenswert im Ort ist die wieder aufgebaute **mittelalterliche Markthalle Les Halles** an der Place du Maréchal Foch. Einige prächtige, alte **Fachwerkhäuser** stehen am Boule-

Falaise d'Aumont mit der Seefahrerkapelle Notre-Dame-de-la-Garde auf den Klippen

Étretat

Im Osten der Normandie

vard Président René Coty, so insbesondere das heutige Hotel La Résidence. Von der romanischen Ortskirche **Église Notre-Dame** stammen die ersten Joche aus dem 11. Jahrhundert, das Hauptschiff aus dem 12. Jahrhundert und der Laternenturm aus dem 13. Jahrhundert. Das Tympanon entstand erst im 19. Jahrhundert.

Am Ortsrand an der D 940 in Richtung Fécamp steht das **Château des Aygues,** ein Bau aus dem 19. Jahrhundert, der der spanischen Königin einst als Sommerresidenz diente

Die Umgebung von Étretat

Westlich von Étretat macht die Küstenlinie am **Cap d'Antifer** einen Knick nach Südwesten. Auf dem Kap steht ein Stahlbeton-Leuchtturm, der zeitweise besichtigt werden kann. Den Vorgängerbau hatten die deutschen Truppen bei ihrem Rückzug 1944 gesprengt.

Bruneval

Nur wenig südlich des Leuchtturms befand sich in Bruneval eine deutsche Radarstation. Eine Straße (D 11) führt dort durch einen Felseinschnitt zur Küstenlinie, wo ein **Monument** daran erinnert, dass es den Engländern 1942 mit einem kühnen Luftlandeunternehmen gelungen war, die Radarstation auszuschalten.

Von hier aus sieht man auch schon die über drei Kilometer ins Meer hinausragende Mole, die einen Tanker-Terminal gegen das Meer schützt. Es ist der **Le Havre-Antifer Terminal,** der 1976 errichtet wurde, weil in Le Havre selbst die Supertanker von über 500.000 Tonnen Ladefähigkeit nicht mehr gelöscht werden konnten.

Cuverville

Lohnend ist ein Ausflug südlich von Étretat über die D 39, von der man in Pierrefigues nach Cuverville abbiegt. Hier liegt auf dem Ortsfriedhof der Schriftsteller **André Gide** (1859-1951) begraben.

Nunmehr nimmt man den Weg auf der D 239 nach Criquetot l'Esneval und weiter über Turretot auf der D 79 nach St.-Martin-du-Bec, wo man das reizvolle Tal der Lézarde erreicht. Wenig südlich vom Ort steht das **Château du Bec,** ein Schloss, das in der Zeit zwischen dem 12. und 16. Jahrhundert entstand und vor allem durch seine wunderschöne Lage zwischen Bäumen und Teichen besticht.

Praktische Tipps

- **Postleitzahl Étretat:** 76790
- **Tel.-Vorwahl:** 0235

Information

- **Office de Tourisme,** Étretat, Place Maurice Guillard, Tel. 27 05 21, Fax 28 87 20, ot. etretat@wanadoo.fr

Das Hôtel La Résidence in Ètretat, ein mittelalterliches Fachwerkhaus am Boulevard Président René Coty

Étretat

Unterkunft/Essen und Trinken

- **Hôtel La Résidence**€€€, Étretat, 4, Boulevard René Coty, Spitzenhotel in einem der ältesten prächtigen Fachwerkhäuser von Étretat, angeschlossenes Restaurant, Tel. 27 02 87
- **Dormy House**€€€, Étretat, Route du Havre, auf den Klippen gelegenes Haus mit faszinierender Aussicht über das Meer, mit angeschlossenem Restaurant€€€, vom 3.1. bis zum 15.2. geschlossen, Tel. 27 07 88, Fax 29 86 19, dormy.house@wanadoo.fr
- **Le Donjon**€€€, Étretat, Chemin de Saint-Clair, gediegene Atmosphäre in einem schlossähnlichen Gebäude mit Park, Terrasse und Schwimmbad, angeschlossenes Restaurant€€€, ganzjährig geöffnet, Tel. 27 08 23, Fax 29 92 24
- **Ferienwohnungen,** 76790 Gerville, 14, Rue du Chants des Oiseux, charmante Unterkunft in einem Herrenhaus aus dem 16. Jahrhundert, am Wanderweg GR 21B gelegen, Familie *Debris*, Tel. 29 30 24, Fax 27 37 28
- **Camping le Grand Hameau,** St.-Jouin-Bruneville südlich von Étretat, familiärer, einfacher Platz, geöffnet: März bis Oktober, Tel. 20 70 86
- **Camping Étretat,** Étretat, am Orteingang gelegener Platz, geöffnet: Ende März bis Anfang Oktober, Tel. 27 07 67

Museum

- **Musée Nungesser et Coli,** Étretat, Erinnerungsstätte an die Pioniere der Luftfahrt, die ihren Versuch, den Atlantik erstmals zu überqueren, mit dem Leben bezahlen mussten, geöffnet: Anfang Juni bis Anfang September 10-12 und 14-18 Uhr, von April bis Juni nur an den Wochenenden, Eintritt 0,90 €, Kinder 0,30 €, Tel. 27 01 23
- **Le Clos Lupin,** Étretat, 15, Rue de Guy de Maupassant, ein Museumsparcours zur Darstellung der wunderbaren Erlebnisse des Arsène Lupin, der Romanfigur von *Maurice Leblanc*, Eintritt 4 €, Kinder 2,50 €, Tel. 0235 27 55 45, Fax 0235 29 92 24.

Besichtigungen

- **Château des Aygues,** am Ortsrand von Étretat in Richtung Fécamp an der Route de Fécamp, Interieur einer Residenz des 19. Jh., zeitgenössische Möbel und Chinoiserien, Juli bis Mitte August täglich (außer dienstagvormittags) 14-18 Uhr und auf Vereinbarung geöffnet, Eintritt 5,50 €, Kinder bis 12 Jahre frei, Tel. 28 92 77
- **Leuchtturm Cap d'Antifer,** täglich 10-12 und 14-16 Uhr (April bis September bis 19 Uhr) geöffnet

Aktivitäten

- **Museums-Eisenbahn,** durch ein kleines Tal von Étretat in Richtung Fécamp nach Les Loges, verkehrt an Wochenenden, von Étretat: 15, 16 und 17 Uhr, zurück von Les Loges: 14.30, 15.30 und 16.30 Uhr, Rückfahrkarte 4,60 €, einfache Fahrt 2,30 €, Auskunft: Tel. 27 05 21
- **Aquarium (Aquarium Marin),** Étretat, in einem Tunnelsystem werden farbenfrohe tropische Fische und die Tierwelt des Ärmelkanals gezeigt, geöffnet: von Juni bis September täglich, im Frühling an den Wochenenden 13-19 Uhr, Eintritt 2 €, Kinder von 6 bis 12 Jahren 0,80 €, Kinder unter 6 Jahre frei, Tel. 29 80 59

Sport

- **Golf:** 18-Loch-Golfplatz, Route du Havre, im Westen oberhalb von Étretat, dienstags geschlossen, Tel. 27 04 89, Fax 29 49 02
- **Minigolf:** Étretat, Parc des Roches

Einkaufen

- **Markt:** donnerstagvormittags in Étretat
- **Fromagerie La Valaine,** Ziegenkäse (*Chèvre fermier*), Étretat, Route du Havre, Tel. 27 14 02

Nachtleben

- **Casino:** Étretat, Tel. 27 00 54

Fécamp

♢ IV/B1

Von Étretat nach Fécamp

Der Abschnitt der Côte d'Albâtre zwischen Étretat und Fécamp ist der schönste des Pays de Caux. Durch Taleinschnitte, Wiesen- und Waldlandschaften und kleine Dörfer verläuft die D 11 oberhalb der Abbruchkante, die immer wieder Blicke auf das Meer freigibt. Die Dörfer **Bénouville, Vattetot** oder **Criquebeuf-en-Caux** spiegeln mit ihren kleinen Kirchen und Häusern den ganzen Reiz der Küstenlandschaft wider. Dazwischen liegt **Yport,** ein kleiner Küstenort mit Kieselstrand, wo traditionell Fischerei betrieben wurde. Hier hat es zwar nie einen Hafen gegeben, aber die Fischer benutzen Boote, die sie auf den Strand ziehen können. Kleine Strände haben auch die Orte zwischen Étretat und der **Pointe du Chicard** – unmittelbar östlich von Yport mit schöner Aussicht über das Meer. Diese Strände erreicht man von Vaucottes aus auf einer Stichstraße oder von Vattetot-sur-Mer aus auf einem Feldweg, der vor dem Ort abbiegt. In Bénouville führt eine Treppe bei der Kirche hinunter zum Meer.

Von Yport sind nach **Fécamp** nur noch wenige Kilometer zu fahren. Fécamp liegt in einem tiefen Einschnitt der Steilküste, der vom Tal de Valmont gebildet wird. Obwohl der unterste Talabschnitt reines Überschwemmungsgebiet gewesen ist, hatten schon die Römer die strategische Bedeutung dieses breiten Einschnitts in der ansonsten so unzugänglichen Alabasterküste erkannt. Von hier aus betrieben sie Fischfang und wickelten einen Teil ihres Schiffsverkehrs nach England ab.

Geschichte

Viele Orte der Normandie haben im wahrsten Sinne des Wortes eine „sagenhafte" Vergangenheit – so auch der heutige Fischereihafen Fécamp an der Alabasterküste. Der **Ortsname** leitet sich von dem Namen der römischen Vorgängersiedlung *Fiscanam* oder *Fisci Campus* ab, was auf die jahrtausendelange Fischereitradition an diesem Platz hinweist.

In der Zeit der fränkischen Landnahme soll hier ein Behältnis mit dem Blut Christi in einem Feigenstamm angeschwemmt worden sein, der an der Stelle, wo heute Fécamp steht, wieder ausschlug. In einem hier errichteten Frauenkloster soll diese **Reliquie** später aufbewahrt worden sein, doch das Kloster wurde von den Wikingern zerstört.

Der normannische Herzog *Richard I.* setzte die Klostertradition in Fécamp fort und errichtete an der Stelle des ehemaligen Frauenklosters ein **Benediktinerkloster,** das er der Heiligen Dreifaltigkeit widmete. Im Jahre 990 konnte diese Anlage dann endgültig von seinem Sohn *Richard II.* geweiht werden.

Richard war von der **Kirchen- und Klostererneuerungsbewegung,** die von dem burgundischen Kloster Cluny ausging, sehr beeindruckt, vor allem von dem Gedanken, dem Christentum seine angestammten Plätze in Palästina und Spanien zurückzugewinnen. Hier finden sich also Ansätze für die späteren Kreuzzüge, die von den normannischen Herzögen stark unterstützt wurden. Sogar der frühromanisch-normannische Kirchenbaustil, der die Frühgotik einleitete, findet mit seinen basilikalen Grundrissen seinen Ursprung im Kloster von Cluny.

Richard II. konnte im Jahre 1003 *Guillaume de Volpiano,* einen der nachhaltigsten Verfechter der kluniazensischen Reformbewegung, als Abt für das Kloster Fécamp gewinnen. Dank der Unterstützung durch die normannischen Herzöge entwickelte es sich im 11. Jahrhundert zum wichtigsten **Wallfahrtsort** der Normandie. Hier war ein geistig-kirchliches Zentrum, hier verbrachten die Herzöge traditionell die Osterzeit. Der Pilgerstrom zur Reliquie des Heiligen Blutes schwoll immer weiter an, so dass Ende des 11. Jahrhunderts ein Neubau erforderlich wurde, der 1168 einem Brand zum Opfer fiel. Mit dem heutigen Bau der Klosterkirche Église de Sainte-Trinité wurde 1175 begonnen.

Vom 12. Jahrhundert an wurde die Geschichte von Fécamp weitgehend durch das Kloster bestimmt, das Steuern erheben konnte, Recht sprach und auch über den Hafen herrschte. Doch als das Kloster auf dem Mont Saint-Michel an Bedeutung gewann und sich die Pilgerströme immer mehr dorthin richteten, war es mit der Vorherrschaft des Klosters vorbei. Nun stellte der Fischfang die eigentliche Macht des Ortes dar. Den Höhepunkt als **Fischereistandort** erlebte Fécamp im ausgehenden Mittelalter, als die Fischer von hier bis zur Neufundlandbank zum Kabeljaufang vordrangen. Zu dieser Zeit hatte Fécamp immerhin schon 6000 Einwohner!

In der Folge der Französischen Revolution wurde das Benediktinerkloster aufgelöst. Die von *Napoleon* über England verhängte Kontinentalsperre ließ den Hafenbetrieb sterben. Von diesen Schlägen hat sich Fécamp nie so richtig erholen können.

Im **Krieg** 1870/71 wurde Fécamp von preußischen Truppen besetzt, blieb im Ersten Weltkrieg verschont, erlitt aber große Schäden im Zweiten Weltkrieg, als die Deutschen 1940 die Stadt bombardierten und vor ihrem Abzug 1944 noch alle Hafen- und Industrieanlagen zerstörten.

Seit den 1970er-Jahren ist auch der Fang von Kabeljau stark zurückgegangen, doch die **Likörbrennerei,** die den Ort berühmt gemacht hat, läuft noch auf vollen Touren!

Palais Bénédictine

Côte d'Albâtre, Pays de Caux

Sehenswertes

Die Klosterkirche **Abbatiale Ste.-Trinité**, Heilige Dreifaltigkeitskirche, entstand in den Jahren 1175 bis 1220 anstelle des durch Blitzschlag zerstörten Vorgängerbaus – von diesem blieben nur zwei Kapellen im nördlichen Chorumgang erhalten. Die extreme Länge des Kirchenbaus ist außergewöhnlich. Allein das Hauptschiff zählt zehn Joche. Die Vierung trägt einen wuchtigen, für die normannische Romanik typischen Laternenturm. Der Chor ist dreijochig und trägt einen fünffachen Kapellenkranz. Den Chorabschluss bildet die Chapelle de la Vierge, die Marienkapelle, die im Flamboyant-Stil errichtet wurde. Man betritt die Kirche durch das 1748 neu gestaltete Westportal und geht über Stufen in den Innenraum. Im rechten Seitenschiff steht eine Figurengruppe von 1495, die den Tod Mariens darstellt. Es schließt sich die Sakristei an, die von einer Renaissance-Tür abgeschlossen wird. Die erste Kapelle des Chorumgangs ist gleichzeitig Durchgang zur Sakristei. Die anderen Kapellen bergen weitere Kostbarkeiten der Kirche. Ganz besonders erwähnenswert ist das der Marienkapelle gegenüber stehende marmorne Tabernakel mit der Reliquie des Heiligen Blutes. Großartig sind aber auch die Ausmaße des Chors mit schönem Chorgestühl, einem Renaissance-Altar und einem Altar aus dem 18. Jahrhundert. Die Orgel aus dem 18. Jahrhundert entstammt dem Kloster von Montivilliers.

Von den **ehemaligen Klostergebäuden,** die sich an der Nordseite der Kirche anschließen, haben nur wenige Teile die Französische Revolution überstanden. Hierzu zählt die Alte Mühle der Mönche, ein Gebäude im Stil *Ludwig XVI.,* das heute das Rathaus beherbergt.

Als Attraktion hat der **Palais Bénédictine** Fécamp weit über seine Grenzen hinaus bekannt gemacht. Hier ist heute das „Hauptquartier" der Likörherstellung des Ortes, deren Ursprünge in das 16. Jahrhundert zurückreichen. Dieser Benediktinerlikör soll 1510 von dem Mönch *Bernardo Vincelli* aus heimischen Kräutern und exotischen Essenzen erstmals hergestellt worden sein. Die Tradition der Herstellung des Klosterlikörs ging dann mit der Französischen Revolution verloren, das Rezept wurde aber von dem Unternehmer *Alexandre Le Grand* (1830-98) wieder gefunden und industriell verwertet.

Schnell reich geworden ließ *Le Grand* 1892 in Fécamp einen Palast errichten, der an Extravaganz alles übertrifft. Dieser historistische Palast in einer Mischung aus Neugotik und Neurenaissance ist mit seinen Türmchen, Erkern, Freitreppen und Balkonen wie auch mit seinem Zierrat einmalig!

Das Besondere am Palais Bénédictine sind aber die Kunstschätze, die *Le Grand* gesammelt hat und die heute besichtigt werden können. Hierzu zählt ein Altarbild der Kölner Schule aus der Zeit um 1500, ein Triptychon aus der Frankfurter Schule, das Anfang des 16. Jahrhunderts entstand, eine

Gemäldesammlung mit Werken aus vielen Jahrhunderten, die auch Werke moderner Meister und unbekannter junger Künstler beinhaltet, sowie nicht zuletzt handwerkliche Meisterstücke.

Weiterhin sehenswert in Fécamp ist die **Kirche St.-Étienne,** ein spätgotischer Bau in der Nähe des Hafens, der um 1500 entstand und im 19. Jahrhundert zum großen Teil erneuert wurde.

Fécamp verfügt neben dem Museum im Palais Bénédictine noch über zwei sehenswerte klassische Museen. Das **Musée Centre des Beaux Arts** (Stadtmuseum) ist in einem Stadthaus aus dem 18. Jahrhundert untergebracht und beherbergt eine Galerie mit Portraits aus dem 16. Jahrhundert sowie Skizzen von *Delacroix* und *Monet*, außerdem archäologische Sammlungen sowie Fayancen und Dokumente der Heimatgeschichte.

Das **Musée des Terre-Neuvas** (Fischereimuseum) gibt Auskunft über die Fischereitradition von Fécamp und den Fischfang bis zur nordamerikanischen Küste mit authentischen Fischerbooten, Schiffsmodellen sowie Exponaten zur Fischverarbeitung.

Die Umgebung von Fécamp

Besonders reizvoll ist die Fahrt durch das Tal von Valmont ostwärts von Fécamp.

Valmont V/C1

Nur wenig mehr als zehn Kilometer östlich von Fécamp erreicht man den Ort Valmont, der durch die Herren **von Estouteville,** die sich hier niederließen, geprägt ist. *Robert I. d'Estouteville* hatte an der Seite *Wilhelm des Eroberers* an der Schlacht von Hastings teilgenommen. Im 12. Jahrhundert erlebte der Ort seinen Höhepunkt.

Im 11. Jahrhundert gründeten die Herren die **Burg.** Der viereckige Wachturm stammt noch aus dieser Zeit. Unter *Ludwig XI.* wurde die Anlage verändert und *Franz I.* ließ einen Renaissance-Flügel anbauen. Heute ist die Anlage Zentrum eines Freizeitparks.

Im Jahre 1169 gründete *Nicolas d'Estouteville* die **Abtei** des Ortes, die im 14. Jahrhundert erneuert und im 16. Jahrhundert komplett umgebaut wurde. 1680 renovierten Mönche des Benediktinerordens die Klostergebäude. Nach der Französischen Revolution kam die Abtei in private Hände und gehörte im 19. Jahrhundert Verwandten des Malers *Delacroix*, der sich hier mehrfach aufhielt. Die Abteikirche ist heute eine Ruine. Der Renaissance-Chor ist noch erhalten, sein Dach ist allerdings eingestürzt. Hochgotische Einflüsse zeigt noch das Querschiff. Sehenswert ist die Chapelle de la Vierge, die Marienkapelle, aus dem frühen 16. Jahrhundert mit ihren Renaissance-Fenstern von 1552. Die Skulpturen in der Kapelle werden dem Bildhauer *Germain Pilon* zugeschrieben.

Praktische Tipps

- **Postleitzahl Fécamp:** 76403
- **Tel.-Vorwahl:** 0235

Information

- **Maison du Tourisme**, Fécamp, 113, Rue Alexandre le Grand, Tel. 28 51 01, Fax 27 07 77, fecamp-tourisme@wanadoo.fr
- **Syndicat d'Initiative**, Valmont, Mairie, Tel. 28 06 97
- **Office de Tourisme**, Yport, 14-18, Place P.-J. Laurens, Tel. 29 77 31

Unterkunft

- **Auberge de la Rouge**€€, in Saint-Léonard, zwei Kilometer vom Ortskern entfernt, an der D 925, ein behindertengerechtes Zimmer, angeschlossenes Restaurant€€ (sonntagabends, montags und 15 Tage im Januar geschlossen), Tel. 28 07 59, Fax 28 70 55
- **Camping Les Pommiers**, auf dem Land in Saint-Léonard gelegener, einfacher Platz, geöffnet: April bis Oktober, Tel. 27 69 96
- **Camping Municipal de Renéville**, an der D 940 südlich von Fécamp gelegenes Terrassengelände oberhalb der Felsküste, grandioser Blick auf das Meer, geöffnet: März bis Dezember, Tel. 28 20 97, Fax 29 57 68

Essen und Trinken

- **Le Viking**€€, Fécamp, 63, Boulevard Albert 1er, zum Hafen hin gelegenes Restaurant mit traditioneller normannischer Küche und interessanten Menü-Kombinationen, sonntagabends und montags geschlossen, Tel. 29 22 92, Fax 29 45 24
- **Le Maritime**€, Fécamp, 2, Place Nicolas-Selles, im Erdgeschoss, maritim dekoriertes Fischlokal, in der 1. Etage als englischer Pub eingerichtet, dienstagabends geschlossen, Tel. 28 21 71, Fax 27 22 08
- **Martin**€, Fécamp, 18, Place Saint-Étienne, regionale Küche, sonntagabends und montags (Januar bis Mitte März) geschlossen, Tel. 28 23 82, Fax 28 61 21

Museen

- **Musée du Palais Bénédictine**, 110, Rue Alexandre Le Grand, Kunstsammlung, handwerkliche Gegenstände und alles Wissenswerte über die Likörherstellung mit anschließender Degustation, Besichtigung/Führung: Januar bis Anfang März um 10.30 Uhr und 14-17 Uhr, Anfang März bis Mitte Mai und Anfang Juni bis Anfang November 10-12 und 14-17.30 Uhr sowie Anfang Mai bis Anfang November 9.30-18 Uhr, Eintritt (Erwachsene mit Degustation) 3,50 €, Jugendliche (ohne Degustation) 1,75 €, Kinder frei, Tel. 10 26 10
- **Musée Centre des Beaux Arts**, Rue Alexandre Legros, Gemälde- und Kunsthandwerkssammlung, geöffnet: September bis Juni (außer dienstags, 1.1., 1.5., 25.12.) 10-12 und 14-17.30 Uhr, Juli/Aug. täglich 10-12 und 14-18.30 Uhr, Eintritt 1,50 €, Jugendliche und Kinder frei, Tel. 28 31 99, Fax 29 06 55
- **Musée des Terre-Neuvas** (Museum der Neufundland-Fischer), 27, Boulevard Albert I., Exponate zur Fischerei u. Fischereitechnik Fécamps in den verschiedenen Jahrhunderten, September bis Juni 10-12 und 14-17.30 Uhr (außer dienstags, 1.1., 1.4., 25.12.), Juli/August täglich 10-12 und 14-18.30 Uhr geöffnet, Eintritt 3 €, Jugendliche/Kinder frei., Tel. 28 31 99, Fax 29 06 55

Besichtigungen

- **Burg von Valmont**, die Anlage kann nur im Juli besichtigt werden, Tel. 27 48 21
- **Abtei von Valmont**, geführte Besichtigungen April bis September täglich (außer dienstags) 14-17 Uhr, Eintritt 2,30 €, Tel. 27 34 92

Aktivitäten/Sport

- **Jachthafen** (Port de Plaisance): 590 Liegeplätze, davon 40 für Gäste reserviert, *Capitainerie* („Hafenmeisterei") Tel. 28 13 58
- **Bootstouren/Angelfahrten:** mit der „Ville de Fécamp" (65 Personen), *M. Prenveille*, 15, Rue de la Vicomté (auch Segelbootvermietung), Tel. 28 26 65; mit der „La tante Fine", einem ehemaligen Krabbenfänger, Tel. 28 70 71
- **Segelbootvermietung:** Albâtre Plaisance, *M. Lacherey*, 2, Rue du Commendant Riondel, Tel. 28 94 58; Fécamp marine, Tel. 28 28 15
- **FKK:** Freikörperkultur ist am Strand von Yport an einigen intimen Plätzen möglich, aber es gibt keine hierfür „reservierten" Abschnitte

Einkaufen

- **Wochenmärkte:**
in Fécamp: samstags ganztägig
in Valmont: mittwochvormittags

Nachtleben

- **Casino:** Fécamp, Tel. 28 01 06

Verkehrsverbindungen

- **SNCF-Bahnhof:** in Fécamp, Verbindung nach Paris Saint-Lazare (in Bréauté-Beuzeville umsteigen)

Plateau de Caux ♪ V/C-D2

Von Fécamp führt der direkteste Weg über die D 92 und nach der Autobahnüberquerung ostwärts auf der N 15 nach Yvetot, dem Mittelpunkt des Kalksteinplateaus des Pays de Caux. Die Strecke vermittelt dem Reisenden die **endlose Weite** dieses großflächig bewirtschafteten Ackerbaugebietes, das kaum durch Ortschaften gegliedert ist. Hin und wieder erblickt man eines der typischen Bauernhausareale, eingebettet in den Schutzwall ihrer Baumanpflanzungen.

Yvetot

Der **Ortsname** von Yvetot weist eindeutig auf seinen normannischen Ursprung hin. Er besagt, dass es sich um die Wiese des Yvo handelte, denn -tot geht auf die Wikinger-Bezeichnung für „Wiesenhügel" zurück. Auch andere Ortsnamen, die auf -tot enden, gibt es reichlich in der Gegend.

Berühmt wurde Yvetot durch ein imaginäres Königreich, das hier im 15. Jahrhundert bestanden hat und das der Volkssänger Pierre-Jean Béranger (1770-1857) in seiner **Ballade** „Roi d'Yvetot" besungen hat.

Die im Zweiten Weltkrieg völlig zerstörte Ortskirche **Église Saint-Pierre** wurde 1956 modern als Rotunde mit einem Turm wieder errichtet. Außergewöhnlich ist die Ausstattung der Kirche mit bemalten Glasfenstern des Künstlers Max Ingrand. Die fast 1000 Quadratmeter Fläche bemalter Fenster stellen mit zauberhaften Lichteffekten Themen aus dem Leben Christi, der Muttergottes und der Heiligen der Normandie dar. Die schönsten Fenster befinden sich in der Marienkapelle hinter dem Altar.

Zwei Museen sind sehenswert in Yvetot. Es handelt sich einmal um das Heimatmuseum **Musée Municipal** mit Sammlungen von Keramik- und Terrakottagegenständen. Der eigentliche Wert des Museums liegt jedoch in seinen Exponaten der Elfenbeinschnitzkunst.

Allouville-Bellefosse

Der Ort verdankt seine Berühmtheit einer **uralten Eiche,** der Chêne Millénaire, die vor der Kirche wächst. Angeblich soll sie über 1300 Jahre alt sein. Ihr Stamm und die unteren Äste müssen gestützt werden. Elf Meter Umfang misst der Stamm, der teilweise mit Schindeln gedeckt ist. Im Inneren befindet sich ein Hohlraum, der als Wallfahrtskapelle Notre-Dame-de-la-

Paix genutzt wird. Oberhalb befindet sich eine weitere Kapelle, die über eine Außentreppe erreicht werden kann.

Etwa eineinhalb Kilometer vom Ortskern entfernt ist in der Scheune eines alten Bauernhauses das **Musée de la Nature** untergebracht. Hier wird die Flora des Pays de Caux und seiner Küste gezeigt.

Bolleville

Zwischen dem Parkplatz der Autobahn A 29 und der Fernstraße N 15 steht in Bolleville eines der für das Pays de Caux so typischen **Bauernhausareale,** hier *Clos-Masure* genannt. Das von einem Baumschutzwall umgebene Areal umfasst das Bauernhaus und seine Wirtschaftsgebäude, einen großen Hof und eine Weide. Das Bauernhaus stammt aus dem 18. Jahrhundert. Die Wirtschaftsgebäude umfassen ein Taubenhaus, eine Remise (Schuppen) und eine Scheune.

Weitere schöne Bauernhausareale gibt es beim Ort Touffreville-la-Corbeline unmittelbar südlich von Yvetot zu sehen.

Grémouville

Knapp zehn Kilometer nordöstlich von Yvetot bietet sich in Grémouville ein reizvolles Ensemble aus Kirche, Fachwerkhäusern, Park und Schloss. Die Église St.-Pierre-et-Paul stammt von 1777 und ist in der für das Pays de Caux typisch kontrastierenden Bauweise aus Stein und Ziegeln errichtet worden.

Motteville

In Motteville, acht Kilometer östlich von Yvetot, steht die im 12. Jahrhundert errichtete romanische Ortskirche Saint-Michel. Im 17. Jahrhundert erfuhr diese Kirche wesentliche Umgestaltungen. Das Schloss des Ortes ist – wie so viele andere im Pays de Caux auch – in der kontrastierenden Bauweise aus Stein und Ziegeln errichtet worden.

Praktische Tipps

Information
- **Office de Tourisme,** 76190 Yvetot, 8, Place du Marichal Joffre, Tel. 0235 95 08 40

Unterkunft/Essen und Trinken
- **Auberge du Val au Cesne**€€, 76190 Croix-Mare bei Yvetot, typisches Landgasthaus in der Bauweise des Pays de Caux, rustikale normannische Küche, ganzjährig geöffnet, vier Zimmer, davon eins behindertengerecht, Tel. 0235 56 63 06, Fax 0235 56 92 78
- **Le Havre**€, 76190 Yvetot, Places Belges, typisches Hotel für Geschäftsreisende, unmittelbar am Bahnhof, ganzjährig geöffnet, Tel. 0235 95 16 77, Fax 95 21 18
- **Camping Le Clos Normand,** 76190 Yvetot, geöffnet: April bis Oktober, Tel. 0235 95 37 01

Museen
- **Musée Municipal,** im Rathaus von Yvetot, besonders sehenswert ist die Sammlung von 250 Elfenbeinfiguren aus aller Herren Länder, geöffnet: montags bis samstagvormittags 14.00 bis 17.30 Uhr, Eintritt 2,20 , Jugendliche 1,20 , Kinder frei, Tel. 0235 70 44 70, Fax 0235 70 44 71

- **Musée de la Nature,** bei Allouville-Bellefosse, Exponate zur Flora und Fauna des Pays de Caux, Extraraum für Meeressäugetiere und Tierschutz, geöffnet: Mitte März bis Mitte Oktober täglich 9-12 und 14-19 Uhr, ansonsten mittwochs, an Wochenenden und an Feiertagen 10-12 und 14-18 Uhr, Eintritt 3,50 €, Kinder 2,50 €, Tel. 0235 96 06 54

Einkaufen

- **Wochenmarkt:** mittwochvormittags in Yvetot

Caux Maritime

Das Caux Maritime stellt das Herzstück der Alabasterküste dar. Hier sind die Felsen der Küste am schroffsten, hier treten die im Fels eingeschlossenen **Flintsteine** am deutlichsten hervor. Am Fuße der Klippen bilden diese von den Wellen glatt geschliffenen, harten Felspartikel einen natürlichen Schutzwall gegen weitere Erosion durch Frost, Wind und Wellen. Bei Ebbe gibt das Meer das Vorland der Klippen frei: Ein weiter Landstrich lädt dann zu Spaziergängen und zum Fischfang ein. Das Licht verzaubert das Meer und die Klippen je nach Jahreszeit, Wetter und Wasserverhältnissen in immer wieder neuen Farben.

Landeinwärts breitet sich die Ebene des Pays de Caux aus, die hier im Caux Maritime auf besondere Weise durch die unterschiedlichsten Täler strukturiert wird. Erstaunlich ist die **Vielfalt der historischen Architektur,** die sich im Caux Maritime so verschiedenartiger Baumaterialien wie Holz für Fachwerk, Ziegelsteine, Sandstein und Feuerstein in den verschiedensten Kombinationen bedient hat. Reizvoll sind die Marktflecken, die Dörfer, die Farmen und die Herrenhäuser, deren Wirtschaftsgebäude hier – wie auch im Pays d'Auge (siehe Exkurs: Die Herrenhäuser des Pays d'Auge) – als Zeichen adeliger Vorrechte mit den aufwändigsten Taubenhäusern versehen sind.

Entlang der Küste

Kurvig, aber immer wieder neue Ausblicke freigebend, windet sich die **Landstraße D 79** oberhalb der Küstenlinie von Fécamp über den kleinen Badeort Les Petites Dalles bis Veulettes-sur-Mer. Die schönste Aussicht auf das Land und das Meer hat man zwischen Fécamp und Senneville nahe der Chapelle Notre-Dame-du-Salut, einer alten Seefahrerpilgerstätte.

Saint-Martin-aux-Buneaux   ⤴ V/C1

Zwischen Les Petites Dalles und Veulettes-sur-Mer bildet ein kleines Trockental, La Valleuse de Saint Martin aux Buneaux, einen Einschnitt in die Felsabbruchkante der Alabasterküste. Eine Treppe führt zum Strand herunter. Hier ist der Küstenabschnitt besonders wild – ein Abstieg lohnt sich!

Veulettes-sur-Mer   ⤴ V/C1

Dort wo die Durdent in einem Felseinschnitt der Alabasterklippen in das Meer mündet, liegt Veulettes-sur-Mer. Die im 11. bzw. 13. Jahrhundert errichtete Ortskirche steht auf halber Höhe zum Felsplateau.

CAUX MARITIME

Der Bootshafen von St.-Valery-en-Caux

St.-Valery-en-Caux V/C1-2

Jenseits des Taleinschnittes der Durdent verläuft die Küstenstraße D 79 etwas weiter landeinwärts, um das große, unmittelbar am Meer gelegene Gelände des **Atomkraftwerks** von Paluel zu umgehen. Nur wenige Kilometer weiter erreicht man St.-Valery-en-Caux, den Hauptort des Caux Maritime.

Ein etwas breiterer Felseinschnitt ermöglichte die Anlage eines lang gestreckten Hafenbeckens, das heute überwiegend als **Jachthafen** genutzt wird. Beidseitig begrenzt die Felsabbruchkante die tiefer gelegene Siedlungsfläche – die begrenzenden Felsen werden auch hier Falaise d'Aval im Westen und Falaise d'Amont im Osten genannt. Eine lang gestreckte **Uferpromenade** weist St.-Valery-en-Caux als vielbesuchtes Seebad aus.

Leider hat die Stadt im Zweiten Weltkrieg sehr gelitten. Von den historischen Gebäuden stehen noch die **Église St.-Martin** aus dem 16. Jahrhundert sowie einige alte Wohnhäuser, unter denen das **Maison Henry IV.** allerdings zu den berühmtesten Bauwerken des ganzen Départements zählt. Der 1560 unmittelbar am Hafenbecken errichtete Renaissance-Fachwerkbau ist in der Tat von einmaliger Schönheit. Seine dunkelbraun gehaltene, mit reichem Figurenschmuck versehene tragende Holzkonstruktion kontrastiert in idealer Weise mit dem weißen Fassadenputz. In diesem Haus ist das Stadtmuseum untergebracht.

Sehenswert sind auch das **Quartier des Pénitents** mit seinem Kreuzgang und das Viertel um die Kirche.

Auf der **Falaise d'Aval**, die man zu Fuß über den Sentier des Douaniers erreichen kann, steht ein Monument, das auf die Kriegsereignisse des Jahres 1940 hinweist.

Auch auf der **Falaise d'Amont** steht ein Denkmal, aber nicht in Erinnerung an den Krieg, sondern an den ersten Flug von Paris nach New York durch die Piloten Coste und Bellonte. Von hier hat man einen schönen Blick über den Hafen und die Küste.

Veules-les-Roses   ⌕ VI/A1

Der nächste Badeort an der Küste ist Veules-les-Roses, zu erreichen über die große Küstenstraße D 925. Dieses kleine Seebad zählt zu den hübschesten an der Alabasterküste. Schon seit dem 19. Jahrhundert hat es die Künstler angezogen, so auch **Victor Hugo**, der hier bei seinem Verleger Paul Merice weilte. Ein Denkmal im Ort erinnert noch an seinen berühmten Gast.

Die Attraktion ist aber **die Veules.** Der mit 1194 Meter Länge kürzeste Fluss des Landes (wie die Tourismuswerbung behauptet) mündet hier in das Meer. Sein kurzes Tal ist ein intensives Gemüseanbaugebiet, spezialisiert auf die Kressezucht. Ein ausgeschilderter Spazierweg von dreieinhalb Kilometer Länge führt durch das Flusstal mit seinem reizvollen Ambiente.

Am Kieselstrand reicht ein Steg weit in das Meer hinein. Sehenswert ist außerdem die kleine **Ortskirche St.-Martin,** deren Laternenturm noch aus dem 13. Jahrhundert stammt, wohingegen ihr Schiff aus dem 16. bzw. 17. Jahrhundert datiert. Der mit einer Holzdecke versehene Raum wird durch gewundene Kalksteinsäulen getragen. Malereien und Statuen schmücken den Raum.

Sotteville-sur-Mer   ⌕ VI/A2

Der nächste „Badeort" nach Veules-les-Roses ist Sotteville-sur-Mer. Hier gibt es im eigentlichen Sinne keinen Strand – eine steile Treppe aus 231 Stufen führt jedoch unmittelbar zur Küstenlinie herab.

St.-Aubin-sur-Mer   ⌕ VI/A2

Nach Sotteville-sur-Mer folgt an der D 68 St.-Aubin-sur-Mer an der Mündung der Dun. Hier erstreckt sich bei Ebbe der **größte Sandstrand** der Côte d'Albâtre.

Ste.-Marguerite-sur-Mer   ⌕ VI/B2

Weiter geht es auf der D 75 entlang der Küste bis Ste.-Marguerite-sur-Mer mit einer **Kirche** aus dem 12. Jahrhundert ohne Querschiff. Bei Umbauten im 16. Jahrhundert sind an der Nordseite noch vier originale Bögen des ursprünglichen Baus erhalten geblieben, die an der Südseite stammen von 1528. Der Hochaltar der Kirche datiert von 1160. Sehenswert sind außerdem die schönen romanischen Kapitelle.

In Richtung Dieppe steht auf den Klippen der moderne Leuchtturm **Phare d'Ailly,** der anstelle der beiden Vorgängerbauten aus dem 18. bzw. 19. Jahrhundert, die 1944 beim Rückzug der Deutschen zerstört wurden, errichtet wurde. Sein Radius misst achtzig Kilometer. Er kann besichtigt werden.

Varengeville-sur-Mer ↗ VI/B2

Varengeville-sur-Mer ist ein Küstenort kurz vor Dieppe, der sich aus mehreren Weilern inmitten einer zauberhaften, für die Normandie so typischen Heckenlandschaft zusammensetzt.

Die **Ortskirche Saint-Valéry** steht in ganz exponierter Lage und verfügt über sehenswerte Glasfenster. Inmitten des Ortes legten im Jahre 1898 *Edwin Lutyens* und *Gertrude de Jekyll* in einem dem Meer zugewandten Tal einen zauberhaften Park an, den **Parc du Bois des Moutiers.** Das neun Hektar große Gelände wurde ganz im englischen Gartenstil konzipiert. Hier haben die berühmten Maler *Monet, Braque, Miró, Calder* und insbesondere auch *Cocteau* (der eigentlich eher als Schriftsteller bekannt ist) ihre Staffeleien aufgestellt. Von *Braque* stammen übrigens einige Glasfenster in der **Chapelle St.-Dominique,** die an der Nordseite der Straße nach Dieppe steht.

Auf dem **Seemannsfriedhof** von Varengeville steht übrigens das Grab von *Braque.* Sehenswerte **Gärten** bei Varengeville sind der Garten (*Le Jardin*) der Prinzessin *Szurda,* der nach Vereinbarung zugänglich ist, und der Shamrock-Garten.

Südlich des Ortskerns von Varengeville-sur-Mer hat sich der berühmteste Reeder aus Dieppe, *Jehan Ango,* seinen Landsitz, das **Manoir d'Ango,** errichtet. Reicher als die meisten Adligen des Umlandes, hat er es ihnen gleich tun wollen. So entstand mit seinem Herrenhaus, mit dessen Bau er im Jahre 1530 begann, eines der typischsten Beispiele der Renaissance-Manoirs des Pays de Caux. *Ango* beschäftigte für den Bau italienische Baumeister und ließ das Baumaterial teilweise aus der Toskana heranschaffen. Aber er hielt an der Tradition der Region fest, die Außenmauern der Gebäude seines um einen großzügigen Innenhof arrangierten Anwesens mit Mustern aus verschiedenfarbigen Baumaterialien zu versehen. Auch die für die Manoirs der Region so typischen Arkaden fehlen am Herrenhaus des Reeders nicht. Am prächtigsten aber gestaltete er seinen Taubenturm, der noch erhalten und darüber hinaus der größte Taubenturm in ganz Frankreich ist! Nach dem Tode Angos im Jahre 1551 wurde das Anwesen in ein Bauernhaus umgewandelt.

Pourville-sur-Mer ↗ VI/32

Der Küstenabschnitt des Caux Maritime findet seine westliche Begrenzung im Tal der Béthune, an deren Mündung sich Dieppe ausbreitet. Pourville hat sich nicht nur zu einer Art **Vorort von Dieppe** entwickelt, es wurde auch während der englischen Landung bei Dieppe am 19. August des

Jahres 1942 (siehe Exkurs: Der Englische Landungsversuch) arg in Mitleidenschaft gezogen. Hier landete ein kanadisches Regiment, um Verbindungslinien der Deutschen abzuschneiden, was auch gelang. Am Nachmittag des gleichen Tages konnten die kanadischen Truppen über See wieder abtransportiert werden.

Im Tal der Durdent

Das Tal der Durdent zählt zu den reizvollsten Tälern des Pays de Caux. Der kleine Fluss entspringt bei Héricourten-Caux und windet sich in einer 23 Kilometer langen Strecke bis zu seiner Mündung in Veulettes-sur-Mer. Zahlreiche **Mühlen** wurden an seinem Verlauf gebaut, vor allem um Getreide zu mahlen und Öl auszupressen, später auch um Strom zu erzeugen. Ein ausgeschilderter **Rundweg** durch das Tal und seine angrenzenden Gebiete führt zu den kulturellen Sehenswürdigkeiten und den landschaftlichen Besonderheiten dieser reizvollen Gegend.

Das Tal der Durdent ist gleichfalls ein intensives Gemüseanbaugebiet. Auch wird hier Milchviehhaltung betrieben. Viehmärkte werden Anfang jeden Jahres in Ourville, in Cany und in Grainville abgehalten.

Janville ♦ VI/A2

Zu den Höhepunkten der Rundstrecke zählt die kleine **Pilgerkapelle** in dem drei Kilometer südlich von Veulettes-sur-Mer gelegenen Janville mit ihrem schmucken schmiedeeisernen Gitter am Chor. Reizvoll ist auch ihr Standort am Rand des Plateaus zum Tal der Durdent hin.

Cany-Barville ♦ VI/A2

Knapp zehn Kilometer südlich von Veulettes-sur-Mer kreuzt die große Küstenstraße D 925 in Cany-Barville das Tal der Durdent. Am Westufer erhebt sich die **Ortskirche,** die im 16. Jahrhundert in alter Form wieder errichtet wurde. Ihr Glockenturm stammt noch aus dem 13. Jahrhundert. Im Inneren sind wertvolle Holzschnitzereien aus dem 16. Jahrhundert erhalten. Auch in dem etwas weiter südlich gelegenen Ortsteil **Barville** steht eine kleine Kirche an einem reizvollen Standort zwischen zwei Armen des Flusses.

Château de Cany ♦ VI/A2

Den Höhepunkt der Sehenswürdigkeiten im Tal der Durdent bildet das Schloss von Cany unmittelbar südlich von Barville. Die Pläne zum Schloss werden dem Architekten *François Mansart* zugeschrieben, dem Großneffen des Erfinders des Dachzimmers.

Der **Renaissance-Komplex,** der aus Haupthaus und zwei seitlichen, frei stehenden Flügeln mit angeschlossenen Pavillons besteht, wurde zwischen 1640 und 1646 errichtet. Das siebenachsige Haupthaus in farblich kontrastierender Stein- und Ziegelbauweise wird durch seitlich angebaute, vorspringende Flügel symmetrisch abgeschlossen. Aus den spitzen Dächern treten die Fenstergauben der Mansarden hervor. Die Anlage wird von einem Landschaftspark im englischen Stil mit Wiesen und Baumflächen sowie Teichen und Gräben, die von der Durdent gespeist werden, umgeben. Die Innenausstattung ist weitgehend aus der Bauzeit erhalten geblieben.

Héricourt-en-Caux ⇗ VI/A3

Der weitere Durdent-Rundweg führt über Oherville, wo er den Taubenhaus-Rundweg mit dem berühmten Taubenhaus-Museum in Auffay kreuzt (siehe „Route des Colombiers Cauchois"), zum Quellort Héricourt-en-Caux. Hier am Oberlauf der Durdent erstreckt sich das Naturschutzgebiet **Réserve de la Belle-Hélène,** wo man die Pflanzenwelt dieses Feuchtbiotops entdecken kann.

Normanville ⇗ V/C2

Etwas abseits des Durdent-Rundweges, von Héricourt-en-Caux über die D 233 westlich zu erreichen, liegt Normanville. Von hier ist es nicht weit nach La Caquerel, wo man den **Jardin d'Art et d'Essais** besuchen kann, einen Gräserpark, der nicht nur für speziell Interessierte angelegt ist.

Route des Colombiers Cauchois
⇗ V/C2

Die Taubenhaus-Route des Pays de Caux führt in einem großen Bogen von Héricourt-en-Caux ausgehend zu den interessantesten **Taubenhäusern** der Region. Die meist in dekorativer zylindrischer Bauweise errichteten Taubenhäuser sind zwar vor allem im Pays d'Auge anzutreffen, doch auch im Pays de Caux machten die Adligen von ihrem angestammten Vorrecht zum Bau von Taubenhäusern vielfältigen Gebrauch.

Solche Taubenhäuser sind bei Saint-Pierre-Lavis an der D 149, in Bennetot und beim Château de Bailleul zu sehen – dessen Schlosspark übrigens besichtigt werden kann.

Der Routenverlauf führt dann über die D 10 vorbei am Taubenhaus von Vertot und die D 17 nach Valmont (siehe „Fécamp/Umgebung"). Danach geht es wieder über die D 10 vorbei an den Taubenhäusern von La Hêtrée und Hocqueville. Hinter Hocqueville biegt man rechts ab auf die D 71 und fährt weiter auf der D 131 nach Grainville-la-Teintrière. Das Taubenhaus dieses Ortes wurde kurioserweise auf der Motte der einstigen Burg von Jehann de Béthencourt errichtet, der die Insel Lanzarote Ende des 14. Jahrhunderts eroberte und zum König der Kanaren ernannt wurde (siehe Exkurs: Die Normannen auf allen Weltmeeren).

Der Höhepunkt der Taubenhaus-Route ist in Oherville erreicht. Das hiesige **Manoir d'Auffay** und sein Taubenhaus sind mit einem besonders attraktiven Dekor des Außenmauerwerks aus Felsstein, Flint und Ziegelstein versehen. Die Anlage wurde 1992 mustergültig renoviert, so dass die geometrischen Muster des Mauerwerks wieder voll zum Vorschein kommen. Das Taubenhaus, das auf das Jahr 1470 zurückdatiert werden kann, beherbergt heute das Taubenhausmuseum der Provinz Pays de Caux.

Im Tal der Dun

Im Bereich des Vallée du Dun („Tal der Dun") befindet sich eines der Hauptanbaugebiete von **Lein** in der Haute Normandie. Diese anspruchsvolle Pflanze, die nicht nur hier auf eine jahrhundertelange Anbautradition zurückblicken kann, darf nur alle sieben Jahre auf dem selben Acker angebaut werden. Von der Saat bis zur Blüte vergehen kaum mehr als zweieinhalb Monate. Dann kann man im Juni den zarten **blauen Blütenschimmer** über den Feldern der Haute Normandie bewundern. Es gibt auch weiß blühende Sorten, die allerdings weniger häufig angebaut werden. Dreißig Tage nach der Blüte ist der Lein erntereif. Mitte Juli wird er geschnitten und auf die Felder gelegt, damit durch einen natürlichen enzymatischen Prozess die Fasern im Pflanzenstängel gelockert werden. Auf diese Weise kann man sie anschließend maschinell daraus entfernen. Die Fasern werden dann zu Fäden versponnen und unter anderem in der Textilindustrie verarbeitet.

Das Einzugsgebiet des Vallée du Dun wartet aber noch mit einer weiteren kulturellen Überraschung auf: Die Tourismus-Verantwortlichen haben hier einen Sandstein-Rundkurs, **Le Circuit du Grès,** ausgeschildert, der historisch wertvolle Gebäude miteinander verbindet, wie sie hier vor allem in einer kombinierten Felssteinbauweise mit anderen, farblich kontrastierenden, lokalen Baumaterialien anzutreffen sind.

Le Bourg Dun

Knapp fünf Kilometer von der Mündung der Dun flussaufwärts liegt Le Bourg Dun. Hier steht (nach St.-Aubin-sur-Mer) die zweite Informationstafel zum Sandstein-Rundkurs. Die **Kirche Notre-Dame-du-Salut** geht im Kern auf das 11. Jahrhundert zurück. Imposant ist der mächtige Vierungsturm aus dem 13. Jahrhundert. Er wird von einer hölzernen Spitze aus dem 17. Jahrhundert gekrönt. Das Kirchenschiff wurde im 12. Jahrhundert gotisiert. Ein beachtenswertes Flamboyant-Gewölbe schließt das südliche Querschiff ab, eine Renaissance-Tür gibt den Eingang hierzu frei. Bemerkenswert ist auch die Renaissance-Ausstattung dieser Kirche, so vor allem das Taufbecken.

St.-Pierre-le-Vieux

Der nächste Ort auf dem Sandstein-Rundkurs ist St.-Pierre-le-Vieux an der D 237. Schöne Parks umgeben die beiden Schlösser des Ortes, das **Château de Bosc Le Comte** sowie das **Château d'Herbouville.**

Château de Crasville

Weitere Informationstafeln stehen in St.-Pierre-le-Vieux, La Gaillarde, St.-Pierre-le-Viger, Fontaine-le-Dun, Crasville-la-Rocquefort und in Autigny. Château de Crasville aus dem 17. Jahrhundert ist eines der schönsten kleinen Schlösser des Pays de Caux.

Doudeville

Größter Ort am südlichen Ende des Sandstein-Rundkurses ist Doudeville an der D 20. Auch hier steht wieder eine Informationstafel. Die **Kirche Notre-Dame,** die aus dem 13. Jahrhundert stammt, erfuhr im 16. Jahrhundert eine Reihe von Veränderungen. Modern sind die Glasfenster.

Unmittelbar nördlich befindet sich der kleine Vorort Galleville mit dem sehenswerten gleichnamigen Schloss. Das **Château de Galleville** war ehemals im Besitz des Maréchal Duc de Villers. Der Ende des 17. Jahrhunderts errichtete Bau ist besonders stilrein, so vor allem die Halle, die Kapelle, die Bibliothek und die alte Küche. Bemerkenswert ist auch der Park, der überraschende Perspektiven durch Baumalleen freigibt. Seine Blumen- und Gemüsegärten sind durch Hecken und Büsche begrenzt.

Ermenouville   VI/A2

Weitere Informationstafeln markieren den Verlauf des Sandstein-Rundkurses in Harcanville, Routes, Hatout l'Auvray und in Ermenouville. Ganz in der Nähe steht das **Château du Mesnil Geoffroy.** Der Bau wurde zwischen 1640 und 1740 errichtet und strömt ganz die Atmosphäre des 18. Jahrhunderts aus. Seit seiner Fertigstellung hat er keine grundlegenden Veränderungen mehr erfahren. Führungen werden durch den Besitzer selbst vorgenommen. Zum Schloss gehört ein außergewöhnlicher Rosengarten.

Le Mesnil-Durdent   VI/A2

Der weitere Verlauf des Rundkurses führt über Houdetot und Angiens nach Le Mesnil-Durdent. Hier ist mit dem **Jardin Botanique** ein außergewöhnlicher Park zu besichtigen, der sich ganz der Flora des Pays de Caux widmet. Auf einem beschilderten Rundweg werden speziell auch die Wildkräuter der Region gezeigt.

Blosseville-sur-Mer   VI/A2

Der letzte Abschnitt des Sandstein-Rundkurses führt über Néville, Gueutteville-les-Grès, Manneville-ès-Plains, Blosseville-sur-Mer und Sotteville-sur-Mer wieder an den Ausgangspunkt in St.-Aubin-sur-Mer zurück.

In Blosseville-sur-Mer steht eine Kirche, deren Glockenturm aus dem 12. Jahrhundert stammt. Sehenswert sind auch die schönen Renaissance-Fenster.

Praktische Tipps

Information

- **Syndicat d'Initiative,** 76540 St.-Pierre-en-Port, Rue de la Mairie, Tel. 0235 10 55 36
- **Syndicat d'Initiative,** 76540 Les Petites Dalles, Tel. 0235 27 41 77
- **Office de Tourisme,** 76540 Veulettes-sur-Mer, Maison de la Mer, Tel. 0235 97 51 33
- **Office de Tourisme,** 76460 St.-Valery-en-Caux, Maison Henry IV., Quai de la Baterelle, Tel. 0235 97 00 63, Fax 0235 97 32 65
- **Office de Tourisme,** 76980 Veules-les-Roses, 1, Rue Dr. Girard, Tel. 0235 97 63 05
- **Office de Tourisme,** 76860 Quiberville-sur-Mer, Mairie, Rue de l'Église, Tel. 0235 04 08 32
- **Syndicat d'Initiative,** 76119 Ste.-Marguerite-sur-Mer, Mairie, Tel. 0235 85 66 42
- **Office de Tourisme,** 76550 Pourville-Varengeville, Maison du Tourisme, Rue des verts Bois, Tel. 0235 84 71 06 (in der Saison)

Farbkarten Seiten V-VI — Im Osten der Normandie — CAUX MARITIME

- **Office de Tourisme de la Vallée de la Durdent,** 76450 Cany-Barville, Place Robert Gabel, Tel. 0235 57 17 70

Unterkunft

- **Camping Les Falaises,** St.-Pierre-en-Port, familiärer Platz in der Nähe des Meeres, Wandermöglichkeiten, geöffnet: April bis September, Tel. 0235 29 51 58
- **Les Frégates**€, Veulettes-sur-Mer, Digue Jean-Corrubie, altes Hotel mit modernem Anbau, einige Zimmer mit Meerblick, Restaurant (sonntagabends geschl.), Bar, Terrasse, Garten, ein behindertengerechtes Zimmer, Tel. 0235 97 51 22, Fax 0235 57 05 60
- **Henry IV.**€, St.-Valery-en-Caux, 16, Route du Havre, einladende Atmosphäre, Tel. 0235 97 19 62, Fax 0235 57 10 01
- **Les Remparts**€€, St.-Valery-en-Caux, inmitten der Stadt hinter der Kapelle, 50 Meter zum Strand, komfortable Zimmer, davon drei mit Baldachinbett, Tel. 0235 97 16 13
- **L'Eden**€, St.-Valery-en-Caux, 21, Place du Marché, gutbürgerliches Hotel mit Restaurant und Brasserie, Tel. 0235 97 11 44
- **L'Escale**€, St.-Valery-en-Caux, in der Altstadt hinter dem Maison Henry IV., Tel. 0235 97 04 98
- **Mercure**€€€, St.-Valery-en-Caux, 14, Avenue Clémenceau, Komforthotel am Hafen, mit Restaurant, Tel. 0235 57 88 00, Fax 0235 57 88 88
- **Le Taillage**€€, St.-Valery-en-Caux, Tel. 0235 57 88 00, Fax 0235 57 88 88
- **Camping Falaises d'Amont,** St.-Valery-en-Caux, einfacher terrassierter Platz oberhalb der Küste, geöffnet: Mitte März bis Mitte November, Tel. 0235 97 05 07,
- **Camping Étennemare,** St.-Valery-en-Caux, ortsnaher gepflegter Platz, ganzjährig geöffnet, Tel. 0235 97 15 79
- **Abstellplatz für Wohnmobile** (kostenlos) in St.-Valery-en-Caux an der Westmole unmittelbar am Meer, Benutzung der Sanitäranlagen: 1,50 €
- **Der besondere Tipp:** Übernachtung auf dem Ausflugsboot Albarquerel, wenn dieses im Hafen liegt, drei Doppelkabine €, eine Familienkabine€, Kombüsenbenutzung, Tel. 0235 57 21 58
- **Douce France**€€€€, Veules-les-Roses, vornehmstes Hotel im Caux Maritime, mit Feinschmeckerlokal „L'Assiette" (siehe dort), Tel. 0235 57 85 30, Fax 0235 57 85 31
- **Camping Les Mouettes,** Veules-les-Roses, schöner Platz am Ortsrand, geöffnet: Mitte Februar bis Mitte Dezember, Tel. 0235 97 61 98,
- **Ferienpark Côte d'Albâtre,** Veules-les-Roses, Ferienhäuser für zwei bis sechs Personen auf einem drei Hektar großen Areal, 600 Meter zum Strand, 900 Meter in den Ort, auch Wochenend-Arrangements, Tel. 0235 97 68 04, Fax 0235 97 02 84
- **Les Rochers**€, Sotteville-sur-Mer, altes Herrenhaus inmitten des Ortes, Tel. 0235 97 07 06
- **Camping Le Mesnil,** St.-Aubin-sur-Mer, strandnah, aber mitten im Grünen im Tal der Dun um ein ehemaliges strohgedecktes Bauernhaus geschmackvoll angelegt, geöffnet: April bis Oktober, Tel. 0235 83 01 83
- **Camping la Plage,** Quiberville-sur-Mer, strandnah, geöffnet: April bis Oktober, Tel. 0235 83 01 04
- **La Terrasse**€, Varengeville-sur-Mer, Route de Vasterival, charmantes altes Hotel unter Pinien am Meer, angeschlossenes Restaurant€, geschlossen: Anfang Oktober bis Mitte März, Tel. 0235 85 12 54, Fax 0235 85 11 70

Essen und Trinken

- **La Plage**€€, Les Petites Dalles, 300 Meter vom Strand entferntes, mehrfach ausgezeichnetes Restaurant, Tel. 0235 27 40 77
- **Les Galets**€€€, Veulettes-sur-Mer, 3, Rue Victor Hugo, das Feinschmeckerlokal des Ortes, mittwochs geschlossen (außer Juli/Aug.), Tel. 0235 97 61 33, Fax 0235 57 06 23
- **La Taverne**€, Veulettes-sur-Mer, Tel. 0235 57 93 00
- **Les Terrasses**€€, St.-Valery-en-Caux, 22, Rue Le Perry, hübsch eingerichtetes Restaurant am Meer, gekonnt einfache Fischküche, angeschlossenes kleines Hotel€€, sonntagabends, montags und dienstags im Dezember/Januar geschlossen, Tel. 0235 97 11 22, Fax 0235 97 05 83
- **Le Port**€€, St.-Valery-en-Caux, 18, Quai d'Amont, Hafenbistro, sonntagabends und

montags geschlossen, Tel. 0235 97 08 93, Fax 0235 97 28 32
- **La Marine**€, St.-Valery-en-Caux, Rue St.-Léger, ausgezeichnete regionale Küche, Tel. 0235 97 05 09
- **L'Orang'a Mer**€, St.-Valery-en-Caux, Fischrestaurant direkt am Hafen, Tel. 0235 97 33 82
- **Les Hêtres**€€€, Ingouville-sur-Mer, drei Kilometer von St.-Valery entfernt, an der D 925, meisterlich leichte Küche auf hohem Niveau, montagabends und dienstags außerhalb der Saison sowie Ende Januar/Anfang Februar geschlossen, Tel. 0235 57 09 30, Fax 57 09 31
- **L'Assiette**€€€, Veules-les-Roses, das Feinschmeckerlokal im Caux Maritime, Tel. 0235 57 85 30
- **La Marine**€, Veules-les-Roses, 13, Rue Victor Hugo, Fischspezialitätenrestaurant, Tel. 0235 97 64 75
- **Les Galets**€€€, Veules-les-Roses, 3, Rue Victor Hugo, Fischspezialitäten vom „Maître Cuisinier de France", Tel. 0235 97 61 33, Fax 0235 57 06 23, lesgalets@leraporteur.fr
- **Auberge de la Durdent**€, Héricourt-en-Caux, am Ufer der Durdent, regionale Spezialitäten, angeschlossenes Hotel, Tel. 0235 96 30 75
- **Lac de Caniel**€, Cany-Barville, Panoramarestaurant am See, Tel. 0235 97 40 55, Fax 0235 97 40 73
- **Le Clos Fleurie**€, Vittefleur an der Durdent, regionale Küche, Tel. 0235 97 53 32
- **Le Relais du Puits Saint Jean**€, Doudeville, abwechslungsreiche Fischküche, Monatsgerichte, Tel. 0235 96 50 99

Museen

- **Maison Henry IV.** (Heimatmuseum), St.-Valery-en-Caux, Quai de la Batellerie, Einblick in ein altes Stadthaus mit entsprechenden Einrichtungsexponaten, geöffnet: Juni bis September 11-13 und 15-19 Uhr (außer montags und dienstags), ansonsten an Wochenenden, Eintritt 2 €, Tel. 0235 57 14 13, Fax 0235 97 90 73
- **Manoir d'Auffay,** Oherville, attraktiv durch sein vielfarbiges Dekor des Außenmauerwerks, Juli/August täglich (außer mittwochs) geöffnet 14.30-18.30, Eintritt 2,30 €, Kinder frei, Tel. 0235 97 69 69, dazu **Musée des Colombiers Cauchois,** im Taubenhaus des Manoir d'Auffay, Erläuterungstafeln, Videoschau zur Geschichte und Funktion der Taubenhäuser, Öffnungszeiten und Eintritt wie beim Manoir, Kombiticket 3 €
- **Collection de Voitures Hippomobiles** (Pferdekutschenmuseum), Blosseville-sur-Mer, geöffnet: Juli bis September an Wochenenden 15-19 Uhr, in den Augustferien zusätzlich freitags 15-19 Uhr, Eintritt 1,50 €, Kinder bis 12 Jahre frei, Tel. 0235 97 64 62

Besichtigungen

- **Parc du Bois de Moutiers,** Varengeville-sur-Mer, Route de l'Église, Rosen und Azaleen, Magnolien und Japanische Kirschen sowie Rhododendren in Hülle und Fülle in einem Parkgelände, das bis zum Meer herabreicht, geöffn.: Mitte März bis Mitte November täglich 10-12 und 14-18 Uhr, Eintritt 6 €. in der Saison 7 €, Kinder von 6 bis 12 Jahren 2,50 €, Tel. 85 10 02, Fax 0235 85 46 98
- **Manoir d'Ango,** Varengeville-sur-Mer, Renaissance-Manoir mit prächtigem Tauberturm, Alleen und Gärten, geöffnet: April bis September täglich 10-12.30 und 14-18.30 Uhr, ansonsten samstagnachmittags, sonntags, feiertags sowie in den Schulferien, Eintritt 4 €, Studenten 3 €, Kinder frei, Tel. 0235 85 14 80, Fax 0235 20 45 18
- **Centrales Nucléaires de Paluel** (Atomkraftwerk), kostenfreie Besichtigung der Installationen nach Anmeldung, geöffnet: täglich 10-12 und 14-18 Uhr (sonntags und feiertags nur nachmittags), Tel. 0235 57 60 96
- **Château de Cany,** südlich Barville, majestätisches Renaissance-Schloss mit stilreiner Inneneinrichtung, geöffnet: Juli/August täglich (außer freitags und 4. Sonntag im Juli) 10-12 und 15-18 Uhr, Eintritt 4,50 €, Kinder über 7 Jahre 2,50 €, Tel. 0235 97 87 36, Fax 0235 57 31 80
- **Réserve Naturelle de la Belle-Hélène,** Naturschutzgebiet am Oberlauf der Durdent mit aufgestellten Tierskulpturen, geöffnet: 9-12 und 14-18 Uhr, Tierbeobachtungen um 8 und 19 Uhr nach Voranmeldung unter Tel. 0235 56 96 66

Farbkarten Seiten V-VI

Im Osten der Normandie
CAUX MARITIME

- **Jardin d'Art et d'Essais**, in La Caquerel an der D 50 bei Normanville auf zwei Hektar Fläche mit 3000 Grassorten, davon 125 Bambusarten, Multimediaschau, geöffnet: von Mitte April bis Mitte November montags, freitags und feiertags von 14.30 Uhr bis zur Dämmerung, Eintritt 4,50 €, Jugendliche 2,30 €, Parcours der „Fünf Sinne" 8 €, Tel. 0235 29 62 39
- **Schlosspark** des 1543 errichteten **Château de Bailleul**, einem etwas abseits gelegenen Bau an der D 11 die zehn Kilometer nordwestlich von Goderville von der D 10 abzweigt, geöffnet: Juli bis September täglich außer montags 10-12 und 14-18 Uhr, Eintritt 3 €, Tel. 0235 27 77 87
- **Château de Galleville**, bei Doudeville, Führungen durch sieben Räume, den Park und die Gärten vom 22. Juli bis Ende August um 14 und um 18.30 Uhr, Eintritt 6 €, Kinder unter 16 Jahren frei, Tel. 0235 96 52 40, Fax 0235 95 84 31
- **Château et Parc du Mesnil Geoffroy**, bei Ermanouville, sehenswerte Einrichtungen, Holztäfelungen, Bilder, geöffnet: Mai-Sept. freitags bis sonntags u. feiertags 14.30-18 Uhr, Eintritt Schloss und Park 4,50 €, Kinder 2,30 €, Tel. 0235 57 12 77, Fax 0235 57 10 24, chateaumesnil.geoffroy@wanadoo.fr
- **Parcours et Jardin Botanique du Pays de Caux**, Wildpflanzenpark des Pays de Caux in Mesnil-Durdent, geöffnet: samstags, sonntags und feiertags Anfang Mai bis Anfang September, Gruppenführungen auf Anfrage 4 €, Kinder bis 12 Jahre 2,30 € pro Person, Rundweg frei, Informationen durch das Bürgermeisteramt, Tel. Mairie de Mesnil-Durdent 0235 57 14 20

Aktivitäten

- **Rundflüge:** Aérodrome de Saint-Valery in Saint-Sylvain, Tel. 0235 97 10 33
- **Pferdekutschfahrt** durch Cressville-la-Roquefort mit anschließender Besichtigung eines Traditionsbauernhofes mit Hühnerhof, Pferden, Schafen und Schweinen sowie der Ziegenfarm Saint Côsme. Informationen zur Kutschfahrt: Tel. 0235 97 41 76, Fax 0235 57 82 97, Infos zur Ziegenfarm: Tel 0235 57 82 96

Sport

- **Segeln:** St.-Valery-en-Caux, Segelschule Bateau-École Boyer, Tel. 0235 29 81 95
- **Jachthafen:** St.-Valery-en-Caux, 600 Liegeplätze, davon 60 für Besucher, Capitainerie („Hafenmeisterei") Tel. 0235 97 01 30
- **Reiten:** Reitstall Écuries de Saint Lezin in Blosseville-sur-Mer, Promenaden, Rundritte zu den Bauernhof-Anlagen (clos-masure) der Umgebung, Preise auf Anfrage, Tel. 0235 97 41 76; Reitstall La Cavale Merens, in Calvaille bei Cany-Barville, Tel. 0235 97 76 26
- **Mini-Golf:** Veulettes-sur-Mer, einziger Platz im gesamten Caux Maritime, unmittelbar am Meer
- **Freizeitpark Lac de Caniel**, unmittelbar nördlich von Cany-Barville, Baden, Teleski, Kajak, Segeln, Restaurant, geöffnet: April bis Ende Oktober an Wochenenden und mittwochs, Juli/August täglich 10-19 Uhr, Tel. 0235 97 40 55

Einkaufen

- **Wochenmärkte:**
  - in St.-Valery-en-Caux: Freitag und sonntagsvormittags (in der Saison)
  - in Veules-les-Roses: mittwochvormittags
  - in Cany-Barville: montags
  - in Fontaine-le-Dun: donnerstagvormittags
  - in Doudeville: samstagvormittags
- **Frischfisch:** Verkauf direkt ab Fischerboot in Veulettes-sur-Mer, St.-Valery-en-Caux, Veules-les-Roses, St. Aubin-sur-Mer, in der Regel an jedem Wochentag, sofern die Witterung es zulässt
- **Ab-Hof-Verkauf** auf der Ferme au Fil des Saisons („Jahreszeiten-Hof") im Weiler Yémanville bei Amfreville-Les-Champs etwa fünf Kilometer südöstlich von Doudeville, zu besichtigen sind Obstgärten, Kühe, Geflügel, Sonderkulturen, Te . 0235 56 41 46
- **Chèvrerie du Vieux Manoir**, Sasseville, drei Kilometer östlich von Cany-Barville, Verkauf von Bio-Ziegenkäse, täglich vormittags und nach 17 Uhr geöffnet, Tel. 0235 57 29 62
- **Porzellanmal-Atelier Gréco Morin**, in Thiouville am südlichen Ende des Durdent-Rundweges, Arbeitsdemonstration, außer-

Dieppe

Im Osten der Normandie

halb der Saison dienstags geschlossen, Tel. 0235 27 65 26
- **Holzbildhauer,** in Canville-les-Deux-Églises am Sandstein-Rundkurs, das Atelier und eine kleine Skulpturenausstellung können besichtigt werden, Anfragen unter Tel. 0232 70 09 20

Nachtleben

- **Casinos:** Veulettes-sur-Mer, Münzspielgeräte, Roulette, Black-Jack, Restaurant, Tel. 0235 57 93 00; St.-Valery-en-Caux, Münzspielgeräte, Roulette, Diskothek, Restaurant, ganztägig geöffnet, Tel. 0235 57 84 10; Veules-les-Roses: Tel. 0235 97 64 33

Verkehrsverbindung

- **SNCF-Bahnhof:** in St.-Valery-en-Caux, Verbindung nach Paris Saint-Lazare (umsteigen in Rouen)

Der Hafen von Dieppe

Dieppe ♪ VI/B1

Geschichte und Gegenwart

Die einst mächtigste Hafenstadt an der französischen Kanalküste kann auf eine bewegte Geschichte zurückblicken. Wo schon die Römer siedelten, entwickelte sich seit dem 12. Jahrhundert ein strategisch **wichtiger Hafenplatz,** von dem aus bereits im Mittelalter internationaler Handel betrieben wurde, Fischer bis an die Labrador-Küste vordrangen und Seeräuber mit königlichen Kaperbriefen ihr Unwesen trieben.

Seine **Blütezeit** erlebte Dieppe im 16. Jahrhundert, als sich die reich gewordenen Kaufleute und Kapitäne großzügige Stadtpaläste und aufwändige Landsitze errichteten. Kunst und Kunsthandwerk nahmen Aufschwung und vor allem die Elfenbeinschnitzerei erreichte höchste Vollendung. Wunderschöne Handwerksarbeiten aus diesem Material, das sowohl von Elefanten als auch von Walrössern stammte, sind noch heute im Museum der Burg der Stadt zu bewundern.

Der berühmteste unter den Kapitänen aus Dieppe war **Jehan Ango.** Als die Portugiesen als stärkste Seemacht entschieden, alle fremden Schiffe in afrikanischen Gewässern als feindliche Piraten zu betrachten, stellte der französische König *François I.,* seinen Landsleuten im Gegenzug Kaperbriefe aus. Unter den Kapitänen von Dieppe, die sich schon lange als Entdecker großen Ruhm erworben hatten, stach *Jehan Ango* als Schiffsbauer und seemännischer Berater des Königs besonders hervor. Mit herrschaftlicher Unterstützung baute er eine Piratenflotte, die „einen König erzittern ließe", wie Zeitgenossen berichteten. Unter seinen Kapitänen waren die *Permentier*-Brüder, die das Kielholen am Äquator „erfanden", und *Verrazano*, der Entdecker von New York. Angos Schiffe kaperten in kurzer Zeit 300 portugiesische Schiffe. Dies konnten sich die Portugiesen auf Dauer nicht bieten lassen. Sie traten in Verhandlung mit dem französischen König, um die Kaperbriefe aufzukaufen. Ango widersetzte sich, doch auf Dauer gewann die Staatsräson Oberhand. Im Jahre 1531 musste Ango aufgeben. Der König machte ihn aber noch zum Gouverneur von Dieppe. Er starb 1551.

Ganz besondere Bedeutung erlangten die Seefahrer aus Dieppe durch ihre Fahrten in das heutige **Kanada.** Vom 16. bis zum 18. Jahrhundert trugen sie viel zur Erschließung und Besiedlung dieses Teiles von Nordamerika bei, in dem bis heute das französische Kulturelement eine große Rolle spielt.

Das 17. Jahrhundert brachte dann dunkle Zeiten für Dieppe. Die **Pest** wütete und entvölkerte die Stadt. Schwach geworden, konnte sie sich **englisch-holländischen Angriffen** nicht mehr widersetzen und wurde im Jahre 1694 von ihren Widersachern in Schutt und Asche gelegt. Doch letztlich blieb der Stadt ihre strategisch günstige Lage insbesondere auch als Versorgungshafen der französischen Hauptstadt Paris erhalten. Und im 18. Jahrhundert ging es dann wieder aufwärts.

Die touristische Entwicklung von Dieppe begann schon sehr früh – ohne Zweifel kann man Dieppe als das **älteste Seebad** an der französischen Nordküste bezeichnen. So sollen bereits König *Henri II.*, der unter Skabies (Krätze) litt, Seebäder empfohlen worden sein. Damals war man der Auffassung, dass insbesondere das Meerwasser von Dieppe solche und andere Krankheiten, wie zum Beispiel die Tollwut, heilen könne. Und so berichtete Madame *de Sévigny* später, dass Hofdamen, die von Hunden gebissen worden waren, nach Dieppe gingen, um sich dort auszukurieren.

Das Baden im Meer bei Dieppe wurde dann zu Beginn des 19. Jahrhunderts richtig populär. So kam *Hortensie von Holland,* die Schwägerin von *Napoleon,* 1813 nach Dieppe. Die Herzogin *von Berry* verbrachte seit 1824 immer wieder den Sommer hier und zog **Aristokraten** wie andere Urlauber im Schatten dieser noblen Welt nach. Zu ihnen zählte *Louis Philippe* genauso wie *Napoleon III.* und die Welt der **Literaten und Künstler.** Bis zum Ende des 19. Jahrhunderts war Dieppe zweifelsohne der extravaganteste Badeort an der Kanalküste geworden.

Traurige Berühmtheit erlangte die Stadt dann im **Zweiten Weltkrieg,** als ein englisches Landungskommando, überwiegend aus kanadischen Soldaten zusammengesetzt, 1942 versuch-

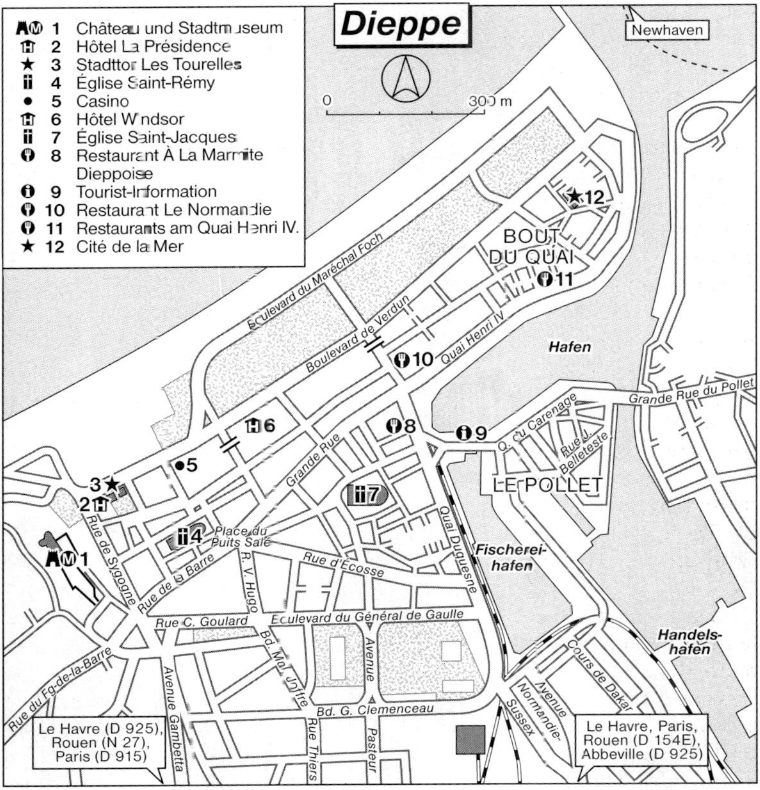

Dieppe

- ▲Ⓜ 1 Château und Stadtmuseum
- 🏨 2 Hôtel La Présidence
- ★ 3 Stadttor Les Tourelles
- ⛪ 4 Église Saint-Rémy
- ● 5 Casino
- 🏨 6 Hôtel Windsor
- ⛪ 7 Église Saint-Jacques
- 🍴 8 Restaurant À La Marmite Dieppoise
- ℹ 9 Tourist-Information
- 🍴 10 Restaurant Le Normandie
- 🍴 11 Restaurants am Quai Henri IV.
- ★ 12 Cité de la Mer

te, hier einen Brückenkopf zu bilden. Der Versuch schlug fehl, die Verluste waren hoch. Eine Erinnerungstafel an der Strandpromenade weist auf dieses Ereignis hin.

Heute ist Dieppe ein moderner Umschlagplatz für Waren aller Art und die Fähren nach England legen hier ab. Der Kanaltunnel scheint dieser Betriebsamkeit keine Einschränkungen zu bereiten – im Gegenteil: Mit dem Bau neuer superschneller Fährschiffe will man den Standort für englische Besucher attraktiv erhalten. So ist Dieppe bis heute immer dem Meer verbunden geblieben.

Dabei hat sich der Hafen dem **Wandel der Herausforderungen** angepasst. Heute zeigen die vier Hafenanlagen seine modernen Funktionen. Die Marina bietet Platz für Segelschiffe, ein wichtiger Faktor der Fremden-

Im Osten der Normandie

verkehrswirtschaft. Das Bassin Duquesne nimmt die Fischerboote auf, denn Dieppe ist nach wie vor von großer Bedeutung für die Fischversorgung Frankreichs und wieder größter Anlandeplatz für Jakobsmuscheln. Das Bassin de Paris ist als Tor zur Welt der heutige Handelshafen von Dieppe. Und letztlich ist noch der Fährhafen am seeseitigen Ausgang der Hafenbecken zu erwähnen, der ganz auf den Verkehr mit Großbritannien spezialisiert ist.

Sehenswertes

Unübersehbar in der Nähe des alten Hafens erhebt sich die **Église Saint-Jaques** als größte Kirche von Dieppe. Ihren Namen trägt sie als Station auf dem Pilgerweg nach Santiago de Compostella. Die anstelle einer romanischen Kapelle und einem zerstörten Vorgängerbau entstandene Kirche zeigt deutlich den Übergang von der Spätgotik zur Renaissance. Die beiden Portale der Querschiffe entstammen noch der romanischen Zeit, wobei das Südportal später mit einem Rosettenfenster versehen wurde. Der mächtige Turm wurde nach dem Hundertjährigen Krieg angefügt. Der östliche Kirchenteil und die meist von reichen Reedern aus Dieppe gestifteten Kapellen entstammen dem 16. Jahrhundert. Architektonisch wie gleichermaßen künstlerisch interessant sind die auffallenden Schluss-Steine der Kirchengewölbe. Ein Fries *(frise des sauvages)* in der Kirche zeigt eine Reihe von Indianern, die von den Schiffen des Eigners *Jehan Ango* nach Dieppe gebracht worden sind. Auch die Kirche steht also ganz in der seemännischen Tradition der Stadt.

In Richtung auf die Stadtburg steht die **Église Saint-Rémy** aus dem 16. Jahrhundert, an der zu Beginn des 17. Jahrhunderts weitergearbeitet wurde. Die Säulenfassade stammt von 1700. Bemerkenswert ist die Orgel von *Parisot* aus dem 18. Jahrhundert.

Das **Château** thront hoch oben am Rande der Altstadt über dem Strandpanorama. Von der Esplanade hinter dem Schloss zur Meerseite hat man einen weiten Überblick über die Stadt, den Strand und die Umgebung. Das Schloss selbst entstand nach dem Hundertjährigen Krieg, wobei Anbauten aus dem 16. und 17. Jahrhundert stammen, so dass ein unregelmäßiger Gebäudekomplex mit mehreren Türmen entstand.

Heute beherbergt das Schloss das **Stadtmuseum** mit sehenswerten Sammlungen verschiedener Themenbereiche. Neben dem großen Bilderbestand sind vor allem die hier ausgestellten Elfenbeinschnitzereien einmalig, allen voran das weltberühmte Elfenbeinschiff.

Église Saint-Jaques in Dieppe

Im Osten der Normandie
DIEPPE

Das Château von Dieppe

Unterhalb der Burg ist mit **Les Tourelles** noch ein letztes der fünf Stadttore von Dieppe erhalten geblieben, die im Laufe des vorigen Jahrhunderts der Ausdehnung der Stadt weichen mussten.

Die **Altstadt** von Dieppe weist trotz aller Zerstörungen über die Jahrhunderte viele reizvolle Einblicke auf. So datieren die Gebäude in den engen Gassen um die Église Saint-Jaques vom Ende des 17. Jahrhunderts. Sie wurden nach dem Bombardement von 1694 nach Plänen von *de Ventabren,* Architekt *Ludwigs XVI.,* errichtet.

Das **Café des Tribuneaux** an der Place du Puits Salé („Salzbrunnen-Platz") war im 19. Jahrhundert Treffpunkt der englischen Künstler, die sich Dieppe als ihren bevorzugten Aufenthaltsort ausgewählt hatten. Deshalb ist es kein Wunder, dass dieses Café heute insbesondere englische Touristen anzieht.

Das älteste Stadtviertel **Bout du Quai** befindet sich rund um die Place du Moulin à Vent mit den angrenzenden Straßen Rue des Cordiers und Rue des Veulets.

Reizvoll ist auch das alte Fischerviertel **Le Pollet,** zu erreichen über die Brücke vom Quai Henry IV.

Am **Boulevard de Verdun,** der Strandfront von Dieppe, wurden die für die Nachkriegsjahre so typischen

Bausünden begangen. Dennoch beeindruckt die Großzügigkeit der Gesamtanlage.

Am westlichen Ende liegt das **Casino,** das eine fast genauso bewegte Geschichte hinter sich hat wie die Stadt selbst. 1822 entstand das erste Casino und leuchtete im Glanze des Hofstaates *Napoléons II*. Der Abriss erfolgte 1857, um einem palastartigen Casino-Bau Platz zu machen, dem 1886 in nur hundert Tagen Bauzeit ein noch größerer folgte. Der dann 1903 erstellte Neubau wurde 1939 in ein Lazarett umfunktioniert. Den Kanonen der deutschen Besatzer stand dies aber im Weg. Nach dem englischen Landungsversuch bei Dieppe im Jahre 1942 wurde es weggesprengt. Der heutige Bau entstand 1961 neben Les Tourelles. Angeschlossen sind die Sportanlagen des Strandes wie Schwimmbad, Tennisplätze und eine Einrichtung der Thalassotherapie.

Die Umgebung von Dieppe

Im Einzugsbereich von Dieppe gibt es eine Reihe von Sehenswürdigkeiten, deren Besuch sich lohnt.

Château de Miromesnil ⌘ VI/B2

Südlich von Dieppe steht unweit der N 27 nach Rouen Schloss Miromesnil. Um dorthin zu gelangen, biegt man hinter dem Ortsausgang von Saint-Aubin-sur-Scie zum Schloss ab, das inmitten eines schönen Parks mit einem 200 Jahre alten Baumbestand liegt und zur Gemeinde Offranville gehört. Den Blickfang der Gartenanlage bildet eine ebenfalls 200 Jahre alte Zeder. Hier wurde *Guy de Maupassant* am 5. August 1850 geboren. Einige Räume des Schlosses können besichtigt werden.

Offranville ⌘ VI/B2

Im Ortskern von Offranville, etwas westlich von St.-Aubin-sur-Scie gelegen, steht neben der Kirche eine **1000-jährige Eibe** mit einem Umfang von sieben Metern. Die Attraktion des Ortes ist der **Freizeitpark** Parc de Loisirs Municipal du Colombier mit botanischem Garten und Sportmöglichkeiten.

Arques-la-Bataille ⌘ VI/B2

Knapp zehn Kilometer südöstlich von Dieppe liegt der kleine Ort Arques-la-Bataille an der D 154. Hier errang *Henri IV.* am 21. September 1589 den entscheidenden Sieg über seine Widersacher und sicherte sich damit die Herrschaft über Frankreich. Diesem Ereignis verdankt der Ort Arques seinen Namenszusatz *Bataille* („Schlacht") .

Etwas oberhalb liegt das **alte Château** auf einem Felsvorsprung oberhalb der Einmündung der Varenne in die Béthune. Der Kern der Burganlage stammt aus dem 12. Jahrhundert, begonnen wurde mit dem Bau allerdings schon zwischen 1038 und 1043. Im 14. Jahrhundert wurde die Burganlage stärker befestigt und mit zwei weiteren Türmen versehen, bevor im 16. Jahrhundert dann auch Kanonen eingebaut wurden. Hundert Jahre später hatte die Anlage ihre Bedeutung verlo-

Der Englische Landungsversuch in Dieppe

Seit dem Herbst 1941 hatte die englische Regierung über einen Landungsversuch in Frankreich nachgedacht. Die eigentliche Motivation für diesen viel zu frühen militärischen Vorstoß ist bis heute nicht eindeutig geklärt. Jedenfalls hatten die Alliierten aus dem Fehlschlag so viele Lehren gezogen, dass ihr Landungsunternehmen am 6. Juni 1944 trotz anfänglicher Probleme zu einem nachhaltigen, kriegsentscheidenden Erfolg wurde.

Am 19. August 1942 startete das Landungsunternehmen unter dem Decknamen „Operation Jubilee". 7000 Mann starke englisch-kanadische Truppen wurden an diesem Tag an acht Stellen zwischen Berneval und Ste.-Marguerite an Land gesetzt. Zunächst sollten Kommandos die deutschen Geschützstellungen, die nahe des Hafens die Hafeneinfahrt sicherten, ausschalten. Doch dies gelang nur teilweise. Als dann das Hauptkontingent kanadischer Truppen gelandet wurde, empfing sie ein gnadenloses Geschützfeuer, bei dem die Landungsboote Opfer des Kanonenhagels wurden. Die überlebenden Kanadier suchten Deckung am Strand. Als sie weiter vordringen wollten, empfing sie deutsches Maschinengewehrfeuer. Zwei weiteren Landungswellen erging es nicht besser.

Die Landungsboote, die den Hafen direkt angriffen, führten sogar Panzer mit. Diese schlingerten fürchterlich auf den Kieseln des Strandes. Als sie die Promenade erreichten, konnten sie wegen der dort angebrachten Panzersperren nicht in die Stadt vordringen. Die Panzer wurden so zu einer Zielscheibe für die deutschen Kanoniere. Letztlich versuchte das Landungskommando dann nur noch, mit den Panzern Feuerschutz für den Rückzug seiner Soldaten zu geben. Tote und Verletzte gab es nicht nur durch den direkten Beschuss, sondern auch durch die unter dem Beschuss herumfliegenden Steine des Kieselstrandes.

An die 5000 Tote und Gefangene kostete dieses Landeunternehmen. Die Engländer machten die Erfahrung, dass die deutsche Abwehr an der Kanalküste auf die Häfen konzentriert war. Gleichzeitig registrierten sie aber auch, dass sich ihre Schiffsverluste bei diesem Unternehmen – außer was die Landungsboote im Zentrum des deutschen Kanonenhagels betraf – in Grenzen hielten. Zudem wurde ihnen bewusst, dass eine Landung zu dicht am deutschen Kernland größere Risiken in sich barg als ein weiter entfernter Landungsversuch, bei dem es eine der wichtigsten Aufgaben sein musste, die deutschen Nachschub- und Kommunikationslinien von vornherein so weit wie möglich auszuschalten.

Die deutsche Heeresleitung ging nach der gescheiterten englischen Operation davon aus, dass ein erneuter Landungsversuch eher am Pas de Calais als etwa an der weiter entfernten Calvados-Küste unternommen würde.

Erinnerungstafel an der Strandpromenade von Dieppe

ren und verfiel zunehmend – unter anderem auch deshalb, weil die Ortsbewohner die Reste als Steinbruch benutzten. Dennoch lässt sich auch heute noch vor allem an den Resten des Bergfrieds und der Burgtore erkennen, wie mächtig diese Anlage einst gewesen muss.

Die **Kirche Église Notre-Dame de l'Assomption** ist ein sehenswertes Beispiel des französischen Flamboyant-Stils. Sie wurde ab 1515 anstelle eines Vorgängerbaus errichtet.

St.-Nicolas d'Aliermont   ⌨ VII/C2

Auf der Arques-la-Bataille gegenüber liegenden Fluss-Seite erstreckt sich der **Forêt Domainiale d'Arques**, den man auf einer reizvollen, aber kurvigen Strecke auf der D 56 durchquert, um nach St.-Nicolas d'Aliermont zu gelangen.

Der Ort entstand im 13. Jahrhundert als geplante **Kolonistensiedlung** und hat bis heute seinen Charakter als Straßendorf erhalten. In der Normandie ist so etwas sehr selten.

Envermeu   ⌨ VII/C2

Am Ortsende von St.-Nicolas d'Aliermont biegt man rechts in die D 149 nach Envermeu ein. Die **gotische Kirche** ist niemals richtig fertig gestellt worden. Bemerkenswert ist der Chor mit den schönen, hängenden Gewölbe-Schluss-Steinen.

Penly   ⌨ VII/C1

Auf kleinen, kurvigen Dorfstraßen gelangt man östlich von Dieppe zurück zur Küste. Von Envermeu nimmt man dazu am besten die D 22, dann die D 222 und schließlich die D 26, um – nachdem man die Küstenstraße D 925 überquert hat – nach St.-Martin-en-Campagne und nach Penly zu gelangen. Hier breitet sich unmittelbar an der Küste das Gelände des **Centrale Nucléaire de Penly** aus. Auch dieses Atomkraftwerk steht interessierten Besuchern zur Besichtigung offen.

Praktische Tipps

- **Postleitzahl Dieppe:** 76200
- **Tel. Vorwahl:** 0235

Information

- **Office de Tourisme,** Dieppe, Pont Jehan Ango (Quai de Carénage), Tel. 14 40 60, Fax 14 40 61, officetour.dieppe@wanadoo.fr

Unterkunft

- **La Présidence**€€€, Dieppe, 1. Boulevard de Verdun, unterhalb des Château an der Seepromenade, das Star-Hotel von Dieppe, mit Panorama-Restaurant im 4. Stock (nur das Grand Hôtel im Casino ist noch teurer), www.hotel-la-presidence.com, Tel. 84 31 31, Fax 84 86 70
- **Hotel Windsor**€€, Dieppe, 18, Boulevard Verdun, familiäres, stadtnahes Hotel mit Seefrontrestaurant, Tel. 84 15 23, Fax 84 74 52
- **Entracte,** Dieppe, 39, Rue du Commandant Fayolle, preiswerter geht's nicht: Zimmer zwischen 20 und 30 €, spricht mit einer Fotomontage zum Landungsversuch bei Dieppe insbesondere auch kanadische Veteranen an, Tel. 84 26 45
- **Jugendherberge** (Auberge de Jeunesse), Dieppe, Rue Louis-Fromager, Tel. 84 85 73
- **Camping Vitamin,** Dieppe, am Ortseingang an der Straße nach Rouen, ganzjährig geöffnet, Tel. 82 11 11
- **Camping Le Marqueval,** etwa ein Kilometer südlich von Pourville-sur-Mer beidseitig

der D 153, durch Bäume und Büsche aufgelockertes Gelände mit Angelteichen, behindertengerechte Sanitäranlagen, Tel. 0235 82 66 46, Fax 0235 40 10 36
- **Camping Les Goëlands,** St.-Martin-en-Campagne, etwas landeinwärts gelegen, Tel. 0235 83 82 90
- **Camping Le Mont Joli-Bois,** Criel-sur-Mer, gepflegter strandnaher Platz, ganzjährig geöffnet, Tel. 0235 50 81 19
- **Camping Les Mouettes,** Criel-sur-Mer, strandnaher einfacher Platz, geöffnet: April bis Oktober, Tel. 0235 86 70 73

Essen und Trinken

Große Auswahl an Restaurants in Dieppe am Quai Henry IV. an der Marina:
- **Les Écamias**€, Fischrestaurant mit hervorragenden, preiswerten Weinen, montags geschlossen, Nr. 129, Tel. 84 67 67
- **Orange Bleu**€, preiswertes Fischmenü, Nr. 101, Tel. 84 49 02
- **La Promenade**€, ganz auf Engländer eingerichtet, bietet auf Wunsch auch vegetarische Kost, Nr. 95, Tel. 84 58 50
- **Le Sully**€, Fischrestaurant, Nr. 97, Tel. 84 23 13
- **Le Villandry**€, Fischrestaurant, Nr. 85, Tel. 82 55 49
- **Le Normandy**€, Dieppe, 16, Rue Duquesne, opulentes Fischmenü für unter 15 €, Tel. 84 27 18
- **À la Marmite Dieppoise**€€, Dieppe, 8, Rue Saint-Jean, mit der Spezialität *La Marmite Dieppoise,* einem Eintopf aus Fisch und Krustentieren, sonntagabends und montags geschlossen, Tel. 84 24 26, Fax 84 31 12
- **Bistrôt du Pollet**€, Dieppe, 23, Rue Tête de Bœuf, der besondere Tipp in Dieppe, unbedingt Tisch reservieren, am Wochenende nur à la carte, Tel. 84 68 57

Museen

- **Château-Musée Dieppe,** Stadt- und Kunstgeschichte von Dieppe, mit Bildersammlung aus dem 16. bis zum 20. Jahrhundert, wertvollen Elfenbeinexponaten und Schifffahrtsabteilung, geöffnet: Juni bis September 10-12 und 14-18 Uhr, Oktober bis Mai 10-12 und 14-17 (sonntags 18), Uhr (außer dienstags),

Eintritt 1,60 €, Kinder 1,20 €, Tel. 84 19 76, Fax 90 121 79
- **Cité de la Mer,** Dieppe, modern aufgemachtes Meeres- und Fischereimuseum mit angeschlossenem Aquarium, geöffnet: Juni bis August 10-13 und 14-19 Uhr, September bis Mai 10-12 und 14-18 Uhr, behindertengerecht, Eintritt 3,40 €, Jugendliche 2,20 €, Kinder frei, Tel. 06 93 20, Fax 84 68 50
- **Musée de l'Horlogerie** (Uhrenmuseum), St.-Nicolas-d'Aliermont, Geschichte des Uhrmacherhandwerks in der Region, geöffnet: donnerstags 9-12 Uhr, freitags 14-18 Uhr und auf Anmeldung, Eintritt 1,50 €, Kinder frei, Tel. 0235 85 80 11, Fax 0235 85 60 08

Besichtigungen

- **Château Arques-La-Bataille,** interessantes Beispiel mittelalterlicher Festungsbaukunst, freier Zugang, außerhalb der Saison montags bis freitags, während der Saison dienstags bis samstags 9-12 u. 13.30-17.30 Uhr geöffn.
- **Château de Miromesnil,** Offranville, einige Räume des überwiegend im Empire-Stil eingerichteten Schlosses, in dem *Guy de Maupassant* geboren wurde, können besichtigt werden, Führungen Mai bis Mitte Oktober täglich (außer dienstags) 14-18 Uhr, Eintritt 4,60 €, Tel. 0235 80 02 80
- **Centre Nucléaire de Production d'Électricité de Penly,** Atomkraftwerk an der Küste zwischen Dieppe und Le Tréport, Informationszentrum mit Videos, Schautafeln etc., Besichtigung der Einrichtungen (z.B. Maschinenraum) nur nach Voranmeldung von zwei Tagen und Vorlage des Personalausweises, geöffn.: täglich außer sonntagvormittags, Weihnachten und 1. Mai 10-12.30 und 13.30-18 Uhr (Sommer 19 Uhr), Tel. 0235 40 60 30

Aktivitäten

- **Geführte Stadtbesichtigung in Dieppe:** von Juli bis August, dienstags 14.30 Uhr (Stadt und Église St.-Jaques), donnerstags 17 Uhr (Hafen und Kais), Treffpunkt: Office de Tourisme, Teilnahme nur nach Voranmeldung unter Tel. 86 44 00
- **Touristenzug** (Stadtbesichtigung Dieppe): Abfahrt Quai Henry IV., Dauer 1 Std., Preis 5,40 €, Kinder 3,80 €, Tel. 04 56 08

- **Bootsausflüge:** Juli/August täglich, Abfahrt stündlich von der Pont Jehan Ango in Dieppe, Auskünfte O.T. Dieppe, Tel. 84 11 77
- **Le Parc de Loisirs Municipal du Colombier** (Freizeitpark), 76550 Offranville, mit botanischem Garten, jahreszeitlich üppig blühenden Tulpen Magnolien, Rosen, Azaleen, Kamelien ... (Eintritt 3 €), außerdem mit dem Musée Jaques Emile Blanche, dem 1942 verstorbenen Maler und Schriftsteller (Eintritt 1,80 €), einem alten Taubenherrenhaus mit wechselnden Ausstellungen, Reitstall, Tennis, Mini-Golf, einer noch funktionierenden Holzmühle aus dem 18. Jahrhundert Campingplatz (geöffnet: April bis Oktober) Park geöffnet: Ostern bis Mai und Sommerferienende bis Oktober an Wochenenden und Feiertagen, in den Sommerferien täglich, Info: Tel. 0235 85 19 58, Fax 0235 85 53 80

Sport

- **Jachthafen:** Dieppe, 590 Anlegeplätze, davon 50 Besucherplätze, Capitainerie Tel. 40 19 79
- **Segelunterricht:** Le Club de Voile, am Office du Tourisme in Dieppe, Tel. 84 32 99
- **Hochseeangeln:** Dieppe, M. Legro, 54, Rue du Dauphin Louis XI., Tel. 84 82 85, mit der Dauphin Dieppois, Tel. 65 97 42, mit der Gaule Cheminotte, Tel. 82 69 61
- **Golf:** Dieppe, traditioneller 18-Loch-Platz, der 1997 sein 100-jähriges Bestehen feierte, Route de Pourville, Tel 0235 84 25 05
- **Mini-Golf:** Dieppe, an der Meerespromenade beim Kinderspielplatz, geöffnet: Mai bis September täglich von 10 Uhr bis Mitternacht, Tel. 84 22 51; Offranville, Parc des Loisirs
- **Fallschirmspringen:** am Flughafen von Dieppe in St.-Aubin-sur-Scie, Tel 0235 84 81 97
- **Gokart-Bahn:** mit zwei Pisten, Dieppe, an der Carrefour Sésame, Bricomarché, Tel. 06 13 33, Fax 86 58 87

Veranstaltungen

- **Festival de Musique Ancienne,** Mitte Juni bis August in Dieppe, mit Orgelmusik Tanz, öffentlichen Konzerten, Schlosskonzerten, Auskunft beim Veranstalter, 63, Rue de la Barre, Tel. 90 13 34

Einkaufen

- **Wochenmärkte:**
  - in Dieppe: samstagvormittags im Zentrum, Place Nationale und in der Grande Rue, vor allem Produkte der Region im Angebot
  - in Offranville: freitagvormittags
  - in St.-Nicolas-d'Aliermont: sonntagvormittags
- **Frischfisch:** Direktverkauf von den Fischerfrauen, täglich außer sonntagvormittags neben dem Office du Tourisme

Nachtleben

- **Casino:** Dieppe, Boulevard Verdun, Roulette, Geldautomaten, Black-Jack u.a., Tel. 14 48 00, Fax 14 48 05

Verkehrsverbindungen

- **Eisenbahn:** Direktverbindung von Dieppe zum Bahnhof Paris-Nord
- **Fähre:** Verbindung von Dieppe nach Newhaven/Großbritannien mit Transmanche Ferries, zusätzlich Schnellverbindung mit der Superseacat in nur zwei Stunden (nur im Sommer); Auskunft: Dieppe Gare Maritime, Quai Lalitte Guichet, Tel. 0232 14 42 80, kostenlose Tel.-Information 0800 91 71 201, Fax 0232 14 52 00, www.hoverspeed.fr

Das Pays de Bray

Das Pays de Bray ist das „grüne Hinterland" des Plateau de Caux, wo die großen Getreidefelder dominieren. Hier im Pays de Bray ist die **Landschaft strukturierter,** es herrscht Weidewirtschaft mit Milch- und Fleischrindern, aber auch mit Schafen und in geringerem Umfang mit Ziegen vor.

Es ist aber nicht nur die Landschaftsstruktur, die den großflächigen Ackerbau, wie er auf dem Plateau möglich ist, behindert, sondern vor allem die Nähe zu Paris, dem Hauptnachfragezentrum ganz Frankreichs, das hier die wirtschaftliche Grundlage für eine **intensive Milchwirtschaft** bildet. Die Hauptzentren der Milchwirtschaft und -verarbeitung im Pays de Bray finden sich in und um Ferrières, Gournay, Neufchâtel, Serqueux und Aumale, das schon im Tal der Bresle liegt. Die Käse von Neufchâtel sind nicht nur in der Region, sondern auch weit über die Grenzen Frankreichs hinaus berühmt.

In einem landschaftlich so strukturierten Gebiet, das vom milden Atlantikklima verwöhnt ist, können aber auch die Dauerkulturen mit **Äpfeln und Birnen** nicht fehlen. Wenn auch das Hauptapfelanbaugebiet der Normandie im Département Calvados liegt, wo der Apfelwein, der Apfelbranntwein und der Apfellikör zu Hause sind, so zählt doch das Pays de Bray zu den weiteren wichtigen Cidre-Gebieten Frankreichs.

Sein heutiges landschaftliches Erscheinungsbild verdankt das Pays de Bray einer tektonischen Katastrophe – die allerdings schon sehr lange zurückliegt. Ausgelöst wurde sie durch die Alpenfaltung im erdgeschichtlichen Zeitalter des Tertiär, die sich bis in die Île de France als Zentrum des Pariser Beckens, an deren nördlichem Rand das Pays de Bray liegt, bemerkbar machte: Der durch die Alpenanhebung ausgelöste Druck führte zu Rissen in den Sedimentschichten der Randgebiete des Pariser Beckens, verformte diese und ließ sie im Zentrum des Pays de Bray einbrechen. Dieser Einbruch, der inzwischen durch jahrmillionenlange Erosion wieder weitgehend aufgefüllt ist, formte das **Vallée de Bray,** in dem die Béthune nach Nordwesten, die Andelle nach Süden und die Epte nach Südosten abfließen. In den Randbereichen des Bray-Tales breiten sich Wälder aus, die dem landschaftlichen Erscheinungsbild des Pays de Bray im Wechsel aus Forsten, Weiden und Obstplantagen seine reizvolle Vielfalt verleihen.

Bures-en-Bray ⤳ VII/C2

Die Erkundungstour durch das Pays de Bray beginnt man am besten in Dieppe, von wo aus man auf der D 1 das Tal der Béthune aufwärts fährt. Der erste Ort im Pays de Bray ist Bures-en-Bray, am linken Flussufer gelegen. Der Glockenturm der Ortskirche aus dem 12. Jahrhundert mit einer modernen Ziegelsteinfassade ist schon von weitem zu sehen. Im Inneren sind ein altes Grabmal, ein Altaraufsatz aus dem 16. Jahrhundert und eine Marienstatue aus dem 14. Jahrhundert zu bewundern.

Mesnières-en-Bray ⤳ VII/C2

Der nächste Ort an der D 1 ist Mesnières-en-Bray. Trutzig zeigt sich das **Renaissance-Schloss** des Ortes, mit dessen Bau schon im 15. Jahrhundert begonnen wurde. Die Anlage wird von zwei mächtigen Rundtürmen flankiert, die aber nur noch Schmuckcharakter haben. Vom Hof führt eine erst im 18. Jahrhundert angelegte Treppe in Form eines Pfauenniederschwanzes zum Parterre. Dort betritt der Besucher die Galerie des Cerfs (Hirschsaal). Von weiterem Interesse sind die beiden Kapellen, der Salle des Cartes (Hauptsaal) und der Salle des Quatre Tambours.

Neufchâtel-en-Bray ⚹ VII/C2

Neufchâtel-en-Bray ist der wirtschaftliche Mittelpunkt des Pays de Bray. Hier ist das **Zentrum der Käseherstellung** der gesamten Region, hier hat der berühmte Neufchâtel-Käse, der in den verschiedensten Formen angeboten wird, seinen Ursprung.

Heinrich I. ließ im 12. Jahrhundert in Neufchâtel-en-Bray eine Festung errichten, die aber nicht mehr existiert. Die Zerstörungen durch den Zweiten Weltkrieg waren so groß, dass die Stadt heute komplett das architektonische Bild der **50er und 60er** Jahre widerspiegelt.

Mit dem Bau der **Église Notre-Dame** wurde im 12. Jahrhundert begonnen. Aus dieser Zeit stammt noch die Vierung. Alle anderen Teile des Baukörpers sind später hinzugekommen, so der Chor im 13. Jahrhundert sowie Quer- und Hauptschiff, die schon Renaissance-Kapitele tragen, im 16. Jahrhundert.

In einem der wenigen erhaltenen schönen Fachwerkhäuser der Stadt ist das **Musée Mathon** untergebracht. Dieses Museum zeigt religiöse Exponate aus dem Mittelalter und handwerkliche Arbeiten der Region.

Forges-les-Eaux ⚹ VII/D3

Im Herzen des grünen Pays de Bray zwischen den Oberläufen der Andelle und der Epte gelegen, ist Forges-les-Eaux heute ein **beliebter Kurort,** dessen eisenhaltige Mineralquellen im 16. Jahrhundert entdeckt wurden. Berühmt wurde das Bad, weil hier die Ehefrau *Ludwigs XIII.,* angeblich durch den Genuss des Heilwassers, nach über zwanzigjähriger kinderloser Ehe schwanger wurde – der dann 1638 geborene *Ludwig XIV.* sollte später als „Sonnenkönig" in die Geschichte eingehen.

Der **Name des Ortes** *(forge =* „Schmiede") weist bereits auf seine Eisentradition hin, denn schon die Römer gewannen und verarbeiteten hier Eisen. Geschmiedet wurde in Forges bis in das 15. Jahrhundert hinein. Den Zusatz *les Eaux* erhielt die Stadt erst, nachdem sie sich als Kurort etabliert hatte.

Im zehn Hektar großen **Kurpark** im modernen Ambiente ist eine Grotte mit den Skulpturen von *Ludwig XIII.,* seiner Gemahlin und Kardinal *Richelieu* gebaut worden, die hier das Heilwasser zu sich nahmen.

Im Stadtbild sind einige schöne Fachwerkhäuser aus dem 17. und 18. Jahrhundert zu sehen. In der Avenue des Sources erinnert noch die aus dem 17. Jahrhundert verbliebene Fassade an das Karmeliterkloster, das sich einst hier befand.

Drei Museen beherbergt Forges-les-Eaux: Im Fayancen-Museum, dem **Musée des Faïences,** wird die alte

Töpferei- und Steinguttradition der Stadt lebendig gehalten, im **Musée des Maquettes**, dem Modellkutschen-Museum, werden Modelle bäuerlicher Kutschen gezeigt, während das **Musée de la Résistance** an die deutsche Besetzung während des Zweiten Weltkrieges und ihre schrecklichen Auswirkungen für die Bevölkerung erinnert.

Die Umgebung von Forges-les-Eaux ⇗ VII/C3 – XV/C1

In der Umgebung von Forges-les-Eaux lohnt ein Besuch der **Ferme de Bray** bei Sommery, die knapp zehn Kilometer nordwestlich von der D 915 abzweigend liegt. Die zu besichtigende Domänenanlage am Ufer der Sorson wird von einem Manoir aus dem 16. Jahrhundert mit einer Front aus dem 17. Jahrhundert dominiert. In den Wirtschaftsgebäuden, die aus dem 17. Jahrhundert stammen, stehen eine alte Apfelpresse, eine Mühle und ein Backofen. Auch ein Taubenhaus gehört zu der Anlage.

Etwa vier Kilometer nördlich von Forges-les-Eaux liegt Baubec, in dessen Nähe sich die **Abbaye de Baubec** befindet. Die Anlage entstand 1127 als Zisterzienserkloster. Leider wurde sie während der Französischen Revolution weitgehend zerstört. Die Chapelle Sainte-Ursule wurde im 18. Jahrhundert renoviert.

Knapp zehn Kilometer südwestlich liegt **Sigy-en-Bray,** überragt von seiner im 12. und 13. Jahrhundert erbauten Abteikirche. Reste der Abteigebäude sind noch vorhanden.

Lohnenswert ist auch der Besuch der zwei Parkanlagen westlich von Forges-les-Eaux in **Bosc-Roger** und in **Bois-Guilbert.**

Gournay-en-Bray ⇗ XV/D1

Gournay-en-Bray liegt in der äußersten Südostecke des Départements Seine-Maritime und damit unmittelbar an der Grenze der Normandie zur Picardie. Hier hatte Mitte des 19. Jahrhunderts eine Bäuerin den Einfall, frische Sahne mit Quark zu vermengen. Dieses Produkt entwickelte sich in der Nähe zu dem Markt von Paris zu einem „Renner" und wird bis heute noch als **Frischkäse** in großen Mengen in dem Vorort Ferrières-en-Bray hergestellt.

Gournay-en-Bray kann auf eine lange Vergangenheit zurückblicken. Reste der ehemaligen **Stadtbefestigung** stehen noch, so auch die Tour de Rampart. Die Porte de Paris ersetzte im 18. Jahrhundert ein bis dahin bestehendes Stadttor.

Dominant ist allerdings die **Colégiale Saint-Hildevert,** die Kirche des Ortes, die großenteils auf das 12. und 13. Jahrhundert zurückgeht. Die Chorfenster stammen aus dem 14. Jahrhundert. Beachtenswert sind die romanischen Kapitele im Hauptschiff, die ungewöhnliche Menschen- und Tiermotive aufweisen. Unter den Statuen der Kirche sind die gefassten Holzskulpturen der Heiligen Maria und des Heiligen Hildeverts besonders erwähnenswert.

Die Umgebung von Gournay-en-Bray ⊅ XV/D2

Lohnenswert ist auch ein Ausflug in das sieben Kilometer südöstlich an der D 129 gelegene **Saint-Germer-de Fly**. Der Ort geht auf eine im 7. Jahrhundert vom Heiligen Germer gegründete Abtei zurück. Die jetzige monumentale Abteikirche entstand zwischen 1150 und 1175 und ist eines der besten Beispiele für die normannische Frühgotik.

Praktische Tipps

Information

- **Association Culturelle et Touristique du Pays de Bray,** 76440 Forges-les-Eaux, 1, Place Charles-de-Gaulle, Tel. 0235 90 40 45, Fax 0235 09 93 12
- **Office de Tourisme,** 76270 Neufchâtel-en-Bray, 6, Place Notre-Dame, Tel. 0235 93 22 96
- **Office de Tourisme,** 76640 Forges-les-Eaux, Rue du Maréchal Leclerc, Tel. 0235 90 52 10, Fax 0235 90 34 80
- **Office de Tourisme,** 76220 Gournay-en-Bray, Square Pierre Petit, Tel. 0235 90 28 34

Unterkunft

- **Kurhotel Club Med,** *Remise en Forme* („Kuraufenthalt"), Forges-les-Eaux, Avenue des Sources, Tel. 0232 39 50 40, Fax 0235 90 26 14
- **Hotel Le Cygne**€€, Gournay-en-Bray, 20, Rue Notre-Dame, ein Hotel der Inter-Hôtel Gruppe, Tel. 0235 90 27 80, Fax 0235 90 59 00
- **Camping Sainte Claire,** Neufchâtel-en-Bray, geöffnet: April bis Oktober, Tel. 0235 93 03 93

Essen und Trinken

- **La Paix**€€, Forges-les-Eaux, 15-17, Rue de Neufchâtel, im Ortszentrum gelegenes Gasthaus mit rustikalem Speisesaal, angeschlossenes Hotel€ mit einem behindertengerechten Zimmer, montags, außerhalb der Saison sonntagabends und Mitte Dezember bis Anfang Januar geschlossen, Tel. 0235 90 51 22, Fax 0235 09 83 62
- **Auberge du Beau Lieu**€€, ein Kilometer südlich von Forges-les-Eaux an der D 915, Route de Paris, regionale Küche, drei Hotelzimmer, Tel. 0235 90 50 36, Fax 0235 90 35 98, aubeaulieu@aol.com
- **Auberge du Puits de Corval**€€, Neuf-Marché, 2, Place de Corval, frische regionale Küche, Dienstag u. mittwochabends geschl., Tel. 0235 09 12 25, Fax 0235 09 24 17
- **André de Lyon**€€€, Neuf-Marché, 2, Avenue Georges Heuillard, Lyoner Küche, 17.2.-4.3. und 17.8.-3.9. geschlossen, Tel. 0235 90 10 01

Museen

- **Musée Mathon-Durand,** Neufchâtel-en-Bray, Pont-Route, Grande-Rue-Saint-Pierre, in einem Bürgerhaus aus dem 16. Jahrhundert, regionale Kunst- und Handwerksexponate, ganzjährig samstags und sonntags 15-18 Uhr (Juli/Aug. täglich außer montags) geöffnet, Eintritt 2,30 €, Kinder bis 16 Jahre 0,80 €, Tel. 0235 93 06 55
- **Musée des Faïences,** Rue Maréchal Leclerc im Rathaus von Forges-les-Eaux, Töpferwaren-Exponate aus dem 19. Jahrhundert, geöffnet auf Anfrage im Tourismus-Büro (siehe oben), Eintritt 2 €, Kinder unter 12 Jahre frei, Tel. 0235 90 52 10, Fax 0235 90 34 80
- **Musée des Maquettes J. Guillot,** Forges-les-Eaux, Parc de l'Hôtel de Ville, Kutschenmodelle in vier Ausstellungsräumen, geöffnet: April bis Oktober täglich außer montags 14-17 Uhr, sonntags 14.30-18 Uhr, Eintritt 2 €, Jugendliche 0,80 €, Kinder frei, Tel. 0235 90 52 10, Fax 0235 90 34 80
- **Musée de la Résistance et de la Déportation,** am Rathauspark von Forges-les-Eaux in einer alten Poststation aus dem 19. Jahrhundert, Exponate zum französischen Widerstand und zu den Deportationen während des Zweiten Weltkrieges, geöffnet: März bis Mitte Oktober täglich 14-18 Uhr, Eintritt 3 €, Kinder bis 12 Jahre frei, Tel. 0235 90 53 90

DAS PAYS DE BRAY

Im Osten der Normandie

Besichtigungen

- **Château Mesnières-en-Bray,** geöffnet: von Ostern bis Allerheiligen samstags, sonntags und an Feiertagen, im Juli und August täglich 14.30-18.30 Uhr, Eintritt 4 €, (Führung und Park), 2 €, (nur Park), Kinderermäßigung, Tel. 0235 93 10 04
- **Jardin de Valérianes** („Baldrianpark"), 76750 Bosc-Roger-sur-Buchy, englischer Garten mit Rosen, Bäumen und Büschen, geöffnet: Mai bis Oktober mittwochs bis sonntags und feiertags 10-12 und 14-18 Uhr, Eintritt 3,80 €, Kinder unter 12 Jahren 1,50 €, Tel. 0235 34 35 90
- **Les Jardins de Bois-Guilbert,** am Château du Bois-Guilbert, sieben Kilometer südlich von Buchy an der D 261, weitläufiger Landschaftsgarten, geöffn.: Mai bis Mitte November samstags, sonntags, feiertags 14.30-18 Uhr, Eintritt 3 €, im Sommer während der alljährlichen Skulpturenausstellung 4,50 €, Tel. 0235 34 86 56, Fax 0235 34 69 49
- **Ferme de Bray,** in 76440 Sommery, Domaine mit Wirtschaftsgebäuden aus dem 15. bis 17. Jahrhundert, geöffnet: April bis Oktober an den Wochenenden (Juli/August auch an Feiertagen), Eintritt 3,85 €, Kinder unter 12 Jahren frei, Tel. 0235 90 57 27

Sport

- **Angeln:** in den Teichen der Andelle (Les Étangs de l'Andelle), Forges-les-Eaux

Nachtleben

- **Casino Forges-les-Eaux,** Tel. 0232 89 50 50

Einkaufen

- **Atelier Alexandre Audel „Aux Deux Gouttes d'Eau",** Forges-les-Eaux, Herstellung von Töpferwaren nach der alten Fayance-Tradition „Vieux-Forges", die 1789 durch den Engländer *George Wood* geprägt wurde, Tel. 0235 09 61 53
- **Wochenmärkte:**
  - in Forges-les-Eaux: Donnerstag und sonntagvormittags
  - in Gournay-en-Bray: Dienstag und freitagvormittags
  - in Neufchâtel-en-Bray: samstagvormittags

La Route du Fromage de Neufchâtel

Der berühmte Neufchâtel-Käse wird in verschiedenen Formen und in unterschiedlichen Reifegraden von zwei, drei und zehn Wochen angeboten. Am besten schaut man sich die Produktion auf den **verschiedenen Bauernhöfen** an, die auf der ausgeschilderten Neufchâtel-Käseroute liegen.

Diese Route führt von **Neufchâtel-en-Bray** auf der D 1 zunächst nach **Mesnières-en-Bray** und dann über die D 97 nach **Fresles,** dessen Dorfkirche mittelalterliche Fresken aufweist. Über die D 114 geht es weiter über **Esclavelles** nach **Massy** mit dem schönen Waschhaus im Ortskern und schließlich nach **Fontaine-en-Bray.** Nunmehr folgt man wieder der D 1 nach **Sommery** und der nahe gelegenen **Ferme de Bray.** Der nächste Ort an der Neufchâtel-Käseroute ist dann **Forges-les-Eaux,** zu erreichen auf der D 915. Den Rückweg tritt man von hier auf der D 1314 über **Mesnil-Mauger** an, um dann auf der D 102 nach **Hodeng** mit seinem malerischen Ortsbild aus Kirche und Mühle zu gelangen. Auf der D 135 geht es weiter über **Bouelles** mit seinem schön dekorierten Taubenturm direkt neben der Kirche zum Ausgangspunkt nach **Neufchâtel-en-Bray** zurück.

Direktverkauf auf Bauernhöfen

- **Esclavelle:** *H. Bloquel,* Tel. 0235 93 20 01
- **Massy:** *L. Boillet,* Tel. 0235 93 16 18
- **Nesle-Hodeng:** *M. Alleaume,* Tel. 0235 93 25 31, *A. Brianchon,* Tel. 0235 07 06 46, *P. Chevallier,* Tel. 0235 97 07 87
- **Neufchâtel-en-Bray:** *Ph. Monnier,* Tel. 0235 94 40 42, Fromagerie *Hernault,* Tel. 0235 93 00 18
- **Sainte-Geneviève-en-Bray:** *F. Quin,* Tel. 0235 90 45 72
- **Saint-Saire:** GAEC Beau Soleil, Tel. 0235 93 13 80

Farbkarte Seite VII

Im Osten der Normandie

LE TRÉPORT

Le Tréport ⤢ VII/C1

Der alte Fischereihafen Le Tréport verdankt seine Beliebtheit nicht nur dem **malerischen Stadtbild,** sondern vor allem auch seiner Nähe zu Paris. Schmale Gassen führen zum alten Hafen unterhalb der Klippen, wo sich heute Bars und Restaurants aneinander reihen. Dass sie nachmittags im Schatten liegen, stört angesichts des **Ambientes** offensichtlich niemanden. Denn die schon von den Römern geschätze Lage im Schutze der höchsten Klippen der Alabasterküste hat auch ihre Vorteile. Gegenüber am anderen Flussufer der Bresle liegt unterhalb der in der Nachmittagssonne glänzenden Klippen der Picardie Mers-le-Bains – und kann es einfach nicht mit Le Tréport aufnehmen.

Geschichte

Le Tréport blickt auf eine lange Geschichte zurück. Der schon in gallo-römischer Zeit **(Ulterior) Portus** genannte Hafen war der nahe gelegenen Stadt Civitas Augusta – dem heutigen Eu – zugeordnet. Nachdem sich hier das normannische Grafengeschlecht von Eu Ende des 10. Jahrhunderts eta-

Calvaire des Terrasses mit Blick auf Mers-les-Bains

Côte d'Albâtre, Pays de Caux

LE TRÉPORT

Der Hafen von Le Tréport bei Ebbe

bliert hatte, gründete Graf *Robert I.* im Jahr 1036 in Le Tréport eine **Benediktinerabtei,** von der es aber keine Hinterlassenschaft mehr gibt. Einer seiner Nachfolger, Graf *Henri I.,* veranlasste dann eine Änderung des Flusslaufes der Bresle, in deren Folge der Hafen aber später zu **versanden** begann. Ohnehin hatte Le Tréport seine einst so bedeutende Stellung als Hafen längst an das viel mächtigere Dieppe abtreten müssen.

Leider hat die Stadt sehr unter den Kämpfen des **Zweiten Weltkrieges** gelitten. Rund 30 Prozent der Bausubstanz fiel den Bombardements des Jahres 1944 zum Opfer, darunter vor allem die Hafenfront. Längst ist aber wieder alles erneuert und das bunte touristische Treiben lässt auch vergessen, was hier an Bausünden in der Nachkriegszeit begangen worden ist.

Sehenswertes

Überragendes Bauwerk der Stadt ist die **Èglise Saint-Jaques.** Sie entstand in der zweiten Hälfte des 16. Jahrhunderts auf halber Höhe zu den Klippen an der Stelle, wo ein Vorgängerbau schon 1360 eingestürzt war. Imposant ist der 30 Meter hohe, gegliederte Turm, der von einem Treppenturm flankiert wird. Das Portal wird von einem Renaissance-Tympanon überdacht. Der Kirchenkörper ist dreischiffig ohne Querschiffe angelegt. Beachtenswert sind die Schluss-Steine der Gewölbe. Der Chor liegt niedriger als das Hauptschiff und endet in einer rechteckigen Apsis. Besondere Ausstattungsstücke weist die Kapelle Notre-Dame-de-la-Pitié am Nordflügel der Kirche auf: so ein bemaltes Flachrelief der heiligen Maria und andere Figuren aus dem 16. Jahrhundert.

Das historische Ortsmuseum **Enfants du Vieux Tréport** befindet sich sinnigerweise im ehemaligen Gefängnis. Bei den „Kindern" handelt es sich um verschiedenste Exponate, die mit der Geschichte und Kultur der Stadt in Beziehung stehen.

Ein Kreuzweg führt über 365 Stufen von der Altstadt auf die Klippen oberhalb von Le Tréport. Der Ausblick, der sich hier vom **Panorama des Terrasses** bietet, reicht bei klarer Sicht westlich bis zur Landzunge von Ailly bei Dieppe und östlich bis zur Landzunge von Saint-Quentin im Mündungsgebiet der Somme.

Die Umgebung von Le Tréport

Die zur Normandie gehörigen, westlichen Küstenabschnitte von Le Tréport bieten sowohl eine reizvolle Naturkulisse als auch eine Reihe von beachtenswerten Sehenswürdigkeiten.

Route des Falaises

Schöne Ausblicke bietet die Route des Falaises, die vom Panorama des Terrasses über Mesnil-Val bis hinunter nach Criel-Plage führt.

Mesnil-Val

In Mesnil-Val befindet sich in einem Bauernhaus in der Rue de la Mer die von einem Pariser Bürger 1690 gestif-

Église Saint-Jaques in Le Tréport

tete **Chapelle Notre-Dame.** Zu ihrer Innenausstattung zählen einige schöne alte Skulpturen. Darüber hinaus finden sich im Ort eine Reihe von Residenzen aus dem Beginn dieses Jahrhunderts.

Criel-sur-Mer

Die **Kirche Saint-Aubin** in Criel-sur-Mer ist ein schönes Beispiel der Kirchenarchitektur des 16. Jahrhunderts. In diesen „Neubau" ist das Querschiff des Vorgängerbaus aus dem 14. Jahrhundert integriert. Die Kirche beherbergt einige schöne Stücke, wie etwa das Taufbecken, Stein- und Holzskulpturen.

Das Rathaus des Ortes ist im **Manoir de Briançon** untergebracht, einem geschichtsträchtigen Herrenhaus. Hier hatte *Louise d'Orléans,* Herzogin von Montpensier und Eu, bekannt unter dem Namen *La Grande Mademoiselle,* 1685 ein Hospital gegründet.

Im **Château de Chanterienne**, einem in einem vier Hektar großen Park gelegenen Anwesen aus dem 17. Jahrhundert, ist heute relativ nahe am Strand eine große Jugendherberge untergebracht.

Praktische Tipps

- **Postleitzahl Le Tréport:** 76470
- **Tel.-Vorwahl:** 0235

Information

- **Office du Tourisme,** Le Tréport, Quai Sadi Carnot, Telefon 86 05 69, Fax 86 73 96, officetourismeletreport@wanadoo.fr
- **Office du Tourisme,** 76910 Criel-sur-Mer, 85, Rue de 11 Novembre, Tel. 0235 86 56 91

Unterkunft

- **Le Progrès,** Le Tréport, 10, Rue Suzanne (bis zur Rue St. Michel), kleines Hotel etwas abseits vom Trubel des Quai François, mit Restaurant, Bar, Brasserie und Innenterrasse, ganzjährig geöffnet, Tel. 50 80 84
- **Hostellerie de la Vielle Ferme**€€, Mesnil Plage, Rue de La Mer, im Januar und von Mitte November bis Mitte April (außer zur Ferienzeit) sonntags geschlossen, Tel. 0235 86 72 18,

Essen und Trinken

- **Bars und Restaurants am Hafen** von Le Tréport am Quai François I.: Le Villandry€, La Promenade€, Le Sully€, Le Marco Polo€ und das prominenteste Hafenrestaurant Le Homard Bleu€€, alle bieten exzellente Fischküche mit Akzenten bei Muschel-, Krebs- und Hummergerichten, dabei werden immer relativ preiswerte Menüs angeboten
- **Les Saintes Frères**€, Mesnil Val, 100 Meter vom Strand, traditionelle Küche, täglich geöffnet, Tel. 0235 50 39 17, Fax 0235 86 02 77

Museum

- **Musée des Enfants du Vieux Tréport,** Le Tréport, 1, Rue de l'Anguainerie, Exponate zur Geschichte der Stadt, des Seehafens und des Seebades, geöffnet: von Ostern bis November an Wochenenden und an Feiertagen 10-12 und 15-18 Uhr, Eintritt 1,50 €, Kinder 0,80 €, Tel. 0235 86 13 36,

Aktivitäten/Sport

- **Jachthafen Le Tréport:** 100 Liegeplätze im Vorhafen und 105 Plätze im Fischereihafen, fünf bis zehn Plätze für Besucher reserviert
- **Hochseeangeln:** von Le Tréport aus mit der L'Eden 1, ausgerüstet mit Radar und Sonar, jeweils 6-Stunden-Tour im Juli/Aug. täglich (außer sonntags), Einzelpreis 80 €, Buchungen: Billeterie, Place de la Poissonnerie, Tel. 86 82 62
- **Wandern:** Der Fernwanderweg GR „**Falaises et Valleuses du Pays de Caux**" führt

Eu und das Tal der Bresle

von Le Tréport nach Le Havre, Wanderführer sind im Buchhandel erhältlich. Auskunft: Fédération Française de la Randonnée Pédestre, 14, Rue Riquet, 75919 Paris

Der Wanderweg GR **„Pays en Vallée de l'Yères"**, der von Criel-sur-Mer bis Foucarmont und weiter bis Aumale führt, bietet die Möglichkeit, dieses liebliche Flusstal mit seinen Dörfern, Mühlen und Aussichtspunkten intensiv kennen zu lernen. Ein Wanderführer „Forêts de Haute Normandie" ist im Fachhandel und in den Verkehrsämtern erhältlich.

Einkaufen

- **Wochenmärkte:**
  - in Le Tréport: Samstag und Dienstagvormittags
  - in Criel-sur-Mer: mittwochvormittags,
  - in der Saison auch sonntagvormittags

Eu und das Tal der Bresle

Das Tal der Bresle stellt den geografischen Einschnitt zwischen dem Plateau de Caux im Westen und der Picardie im Osten dar. Sanft wellig fallen seine Hänge zur Flussebene ab, beidseitig von **Wäldern** gesäumt, die ihm mit seinen parkartig angelegten Feldern und Wiesen ein wohltuend abweichendes Erscheinungsbild verleihen, im Gegensatz zu den vom großflächigen Ackerbau geprägten benachbarten Landschaften.

Historisch interessant ist dieses Tal durch das traditionell ausgeübte **Glasbläserhandwerk.** Hier waren sowohl die industriellen Rohstoffe in erreichbarer Nähe als auch Energie zur Schmelze verfügbar: Im Gegensatz zur ansonsten eher waldarmen Normandie stand im Bereich des Bresle-Tals mit seinen ausgedehnten Wäldern genügend Brennmaterial zur Verfügung.

Eine Reihe von Glasbetrieben bietet die Möglichkeit zur Besichtigung, wobei keine touristisch nachempfundenen, historischen Techniken präsentiert, sondern die modernen Produktionsmethoden gezeigt werden. Immerhin stammen sogar die eleganten Flacons der französischen Parfümindustrie nach wie vor aus den Glasbetrieben im Tal der Bresle.

Eu VII/C1

Nur wenige Kilometer von Le Tréport entfernt liegt an der D 49 die Bresle flussaufwärts der **einstige normannische Herzogssitz** Eu, der an einer Flussterrasse errichtet wurde, an der schon die Römer ein Castrum hatten. Auch *Rollo* hatte hier Besitztümer und *Wilhelm der Bastard* (als er noch nicht *Wilhelm der Eroberer* genannt wurde) nahm von hier aus erste Kontakte nach England auf. Im Jahre 1050 heiratete er *Mathilde von Flandern* in dem ehemaligen Schloss von Eu.

Dieses alte Schloss wurde aber 1475 auf Geheiß des französischen Königs *Ludwig XI.* zerstört. Das heutige, repräsentative **Renaissance-Château d'Eu** entstand nach der Grundsteinlegung im Jahre 1578, wurde allerdings seither häufig umgestaltet. Im 17. Jahrhundert veranlasste *Louise d'Orléans,* die Herzogin von Montpensier und Eu (genannt *La Grande Mademoiselle*) die Anlage des Parks ganz im Sinne französischer Gartenbaukunst durch den Gartenarchitekten *LeNotre*. Zu dieser Zeit wurde auch die Gartenseite des Schlosses verschönert. Weitere Renovierungen erfolgten durch den Herzog von Orléans und späteren französischen König *Louis Philippe,* der sich mit seiner Familie häufig im Schloss von Eu aufhielt, das er vor allem als Sommerresidenz nutzte und wo er auch zweimal Königin *Victoria von England* zu Besuch empfing. Im Jahr 1872 ließ sich sein Enkel, der Graf von Paris, hier nieder und ließ das Schloss durch *Viollet-le-Duc* restaurieren. Seit 1964 gehört es der Stadt Eu und beherbergt als Rathaus nunmehr die Stadtverwaltung. Außerdem ist hier ein Museum zur Erinnerung an *Louis-Philippe* eingerichtet.

Sehenswert ist auch der **Parc du Château d'Eu** mit seinem alten Baumbestand und den gepflegten Blumenrabatten. Einige der Ulmen, Weißbuchen, Kastanien und Linden stammen noch aus der Zeit der Anlage, so die Buche Le Guisard, die 405 Jahre alt ist.

Die **Stiftskirche Notre-Dame-et-Saint-Laurent,** die wie das Schloss außerhalb des alten Ortes Eu liegt, ist ein Musterbeispiel für die frühe goti-

Château d'Eu

sche Bauweise in der Normandie. Ihren Beinamen erhielt die Kirche nach dem Heiligen *Laurentius O'Toole*, Erzbischof von Dublin, der hier 1180 auf dem Weg nach Rouen zum normannischen Herzog *Heinrich II.* in seiner Eigenschaft als englischer König in einer irischen Vermittlungsangelegenheit unterwegs war und plötzlich verstarb. Die Stätte seines Todes wurde schnell zu einem Pilgerziel und die vormalige romanische Kirche war dem Menschenandrang nicht mehr gewachsen. Deshalb wurde schon bald nach dem Tode Laurentius' mit dem Bau der großen Stiftskirche Notre-Dame-et-Saint-Laurent begonnen. Der Heilige ist seit der Fertigstellung der Kirche in der Krypta beerdigt.

Der zwischen 1185 und 1280 errichtete Baukörper ist mit 80 Metern Länge für seine Zeit von beeindruckender Größe und besticht durch die Harmonie seiner Proportionen. Im 16. Jahrhundert wurde der Chorabschluss durch Anbau neuer Kapellen erweitert, was ein Strebewerk zur Stabilität des veränderten Baus erforderlich machte. Im 19. Jahrhundert erfolgten weitere Umbauten, bei denen auch gotische Glasfenster ausgewechselt wurden.

Stiftskirche St.-Laurent

Eu und das Tal der Bresle

Die 1828 wieder hergerichtete Krypta der Kirche aus dem 12. Jahrhundert ist mit ihrer Länge von 31 Metern außergewöhnlich groß. Sie beherbergt künstlerisch wertvolle Statuen und Sarkophage der Familie der Grafen von Artois.

Die **Chapelle de l'Ancien Collège des Jésuits** („Jesuitenkapelle") wurde von *Cathérine de Clèves,* der Witwe von *Henri de Guise,* der im Auftrag *Heinrich III.* ermordet worden war, im Jahr 1624 errichtet. Die Fassade entspricht stilrein dem Zeitgeist *Ludwig III.* Der Chor enthält die Marmormausoleen des Paares links und rechts des Altars. Der Bau ist hervorragend restauriert.

Sehenswert ist in Eu auch der u-förmige Backsteinkomplex des **Hôtel de Dieu,** eines 1654 eingerichteten Krankenhauses der Barmherzigen Schwestern Jesu. Außerdem sind noch eine Reihe schmucker alter Häuser im Ort erhalten.

La Forêt d'Eu ↗ VII/C1-D2

Wald ist selten an der Küste der Normandie. Mit einer Gesamtfläche von fast 10.000 Hektar erstreckt sich der Forêt d'Eu in drei Großparzellen auf dem Plateau, das die Bresle im Osten von der Yères im Westen trennt. Es handelt sich um das **Massif du Triage** im Norden, den **Haute Forêt** im Zentrum und um den **Basse Forêt** südlich der Yères-Quelle.

Etwa vier Kilometer von Eu entfernt befindet sich im Wald nahe der Ferme du Vert Ponthieu die Ausgrabung einer **galloromanischen Kultstätte** aus dem 4. Jahrhundert mit Tempel und Theater.

Blangy-sur-Bresle ↗ VII/D1

Zur Fahrt durch das Bresle-Tal flussaufwärts sei die D 49 auf der linken Uferseite empfohlen – die D 1015 auf der rechten Seite ist fast wie eine Schnellstraße ausgebaut. Insgesamt 20 Kilometer sind es über Incheville und Longroy bis nach Blangy-sur-Bresle, dem **Zentrum der Glasbläserei** im Bresle-Tal.

Von der im Krieg zerstörten **Pfarrkirche Notre-Dame** ist nur noch die Fassade ursprünglich. Mit dem Neubau erhielt die Kirche moderne Glasfenster mit Motiven aus dem Leben der Apostel und Marias.

Im Süden des Ortes steht das Herrenhaus **Manoir de Fontaine** mit seinem runden Wehrturm. Es beherbergt ein **Glasmuseum,** in dem man sich einen Überblick über die Geschichte und heutige Glasproduktion des Bresle-Tales verschaffen kann. Der Besuch des Museums lohnt aber schon alleine wegen der Möglichkeit, einen Einblick in dieses geschichtsträchtige Herrenhaus des 16. Jahrhunderts zu gewinnen, das während der französischen Religionskriege eine nicht unwichtige Rolle spielte.

St. Peter und Paul in Aumale

Eu und das Tal der Bresle

Im Osten der Normandie

Côte d'Albâtre, Pays de Caux

Eu und das Tal der Bresle

Aumale ⚲ VII/D2

Der kleine Ort an der Bresle nennt sich nicht zu Unrecht **La Porte de la Normandie** („Das Tor zur Normandie"). In der Tat erreichen Anreisende aus Westdeutschland Aumale als ersten Ort in der Normandie, wenn sie in Amiens die Autoroute du Nord verlassen und auf der N 29 weiter anreisen.

Aumale wurde im Mittelalter durch die **Herzöge von Orléans** stark befestigt. Von diesen Wehranlagen ist allerdings fast nichts mehr übrig.

Die **Pfarrkirche St.-Pierre-et-St.-Paul** erhebt sich über dem Tal. Sie stammt aus dem 16. Jahrhundert im Übergang des gotischen Flamboyant-Stils zur Renaissance. Der massive Südturm der Kirche trägt Strebepfeiler. Die Schluss-Steine der Gewölbe von Chor und Apsis sind außergewöhnlich verziert. Auch die Innenausstattung mit geschnitztem Orgelgehäuse und geschnitzten Figuren ist sehenswert.

Im Südwesten der Kirche sollte man auch dem **Rathaus** mit seinem achteckigen Türmchen Beachtung schenken. Die weiter oberhalb gelegene **Rue de l'Abbey d'Auchy** ist platzartig erweitert und wird von einigen hübschen Häusern gesäumt.

Praktische Tipps

Information

- **Office de Tourisme,** 76390 Aumale, Rue Centrale, Tel. 0235 93 41 68
- **Office de Tourisme,** 76340 Blangy-sur-Bresle, 1, Rue Chekroun, Tel. 0235 93 52 48
- **Office de Tourisme,** 76260 Eu – Vallée de la Bresle, Rue Paul Bignon, Tel. 0235 93 52 48, Fax 0235 50 16 03

Unterkunft

- **L'Auberge du Mouton Gras**€€, Aumale, 2, Rue de Verdun, in einem zauberhaften normannischen Fachwerkhaus des 17. Jahrhunderts mit herrlichem Innenhof, Restaurant€€, Tel. 0235 93 41 32, Fax 0235 94 52 91
- **Hôtel La Cour Carrée**€€, bei Eu/Le Tréport, Route de Dieppe, 76260 Eu, an der Straße nach Dieppe oberhalb von Le Tréport in einer ehemaligen Bauernhofanlage, ungefähr drei Kilometer vom Ort entfernt, ruhig gelegen, Tel. 0235 50 60 60 , Fax 0235 50 60 61, reservations@hotel-courcarree-en.fr
- **Jugendherberge,** in Eu, Rue des Fontaines, 55 Betten, Tel. 0235 86 05 03, Fax 0235 86 45 12

Essen und Trinken

- **Le Bragance,** Eu, Salon de Thé, Grill und Bar, in den ehemaligen Glacières im Park des Château d'Eu (von *Louis-Philippe* eingerichtet, um das aus Norwegen für den Schlosshaushalt eingeführte Eis zu schützen), beheizte Terrasse, Blick auf den Schlosspark, Tel. 0235 86 90 51
- **Le Relais,** Eu, 1, Place Albert 1er€, preiswertes Restaurant am Ortsausgang, auch **Hotel**€, mit zwei behindertengerechten Zimmern, geschlossen: Januar bis Mitte März und erste Hälfte im September, Tel. 0235 86 14 88, Fax 0235 5011 18
- **La Villa des Houx**€€, Aumale, 6, Avenue du Général-de-Gaulle, Spezialitätenrestaurant in einer ehemaligen Gendarmerie, angeschlossenes **Hotel**€€, ganzjährig geöffnet, Tel. 0235 93 93 30, Fax 0235 93 03 94

Museen

- **Musée Louis-Philippe,** im Schloss von Eu, gezeigt werden in den ehemaligen Appartements des Königs wertvolle Gegenstände aus seinem Besitz (Glaserei, Flacons etc.), interessant ist auch der Einblick in das Innere des Schlosses, geöffnet: Mitte März bis Anfang Oktober 10-12 und 14-18 Uhr (dienstags geschlossen), Eintritt 3 €, Kinder 2,30 €, Tel. 0235 85 04 68, Fax 50 16 03

Eu und das Tal der Bresle

- **Musée des Traditions Verrière**, Eu, 140, Chaussée de Picardie, Exponate zur Entwicklung der Glasbläsertechnik im Bresle-Tal mit ergänzenden Videos und Illustrationen, Ausstellung von Flacons der berühmtesten französischen Parfüm-Hersteller („La Salle des Flacons"), geöffnet: sonntags und an Feiertagen zwischen Mai und Allerheiligen sowie dienstags, samstags und sonntags während der Schulferien 14.30-18 Uhr, Eintritt 2,50 €, Schüler 1,50 €, Tel. 0235 86 04 68
- **Musée de la Verrière**, Blangy-sur-Bresle, das Glasmuseum im Manoir de Fontaine aus dem 16. Jahrhundert in der Zone Industrielle gibt einen Einblick in die historische und aktuelle Glasproduktion der Region, an den Wochenenden finden auch Glasbläserdemonstrationen statt, geöffnet: Mai bis November mittwochs und samstags 10-12 und 14-18 sowie sonntags 14-18 Uhr, Führungen: 10.30, 14.30 und 15.30 Uhr, Eintritt 3,80 €, Kinder 1,50 €, Tel. 0235 94 44 79, Fax 0235 94 06 14

Besichtigungen

- **Krypta der Stiftskirche** von Eu, geöffnet: April bis Oktober 9-12 und 14-17 Uhr
- **Chapelle de l'Ancien Collège des Jésuits,** Eu, geöffnet: Mitte März bis Oktober 10-12 und 14-18 Uhr (außer sonntags), Eintritt frei, Führungen nach Anmeldung, Tel. 0235 86 04 68
- **Parc du Château d'Eu,** Eintritt frei
- **Site Archéologique du Bois Labbé,** im Forêt d'Eu, galloromanische Kultstätte aus dem 4. Jahrhundert, Zugang nur durch geführte Wanderungen, Auskunft: Office de Tourisme d'Eu (siehe dort)
- **Glasbetriebe:** Verschiedene Glasbetriebe im Bresle-Tal können besichtigt werden. Informationen über Öffnungszeiten und Eintritte: Office de Tourisme d'Eu (siehe dort) oder direkt bei den Betrieben wie z.B. Verre d'Art de la Bresle, 23, Route d'Eu, Blangy-sur-Bresle, Tel. 0235 86 27 67

Einkaufen

- **Wochenmärkte:**
in Blangy-sur-Bresle: sonntagvormittags
in Aumale: samstagvormittags

Sport

- **Wandern:** Der Wanderweg GR „Pays en Vallée de Bresle" führt von Le Tréport bis Aumale. Überhaupt ist das Einzugsgebiet der Bresle mit seinen ausgedehnten Wäldern reich mit Wanderwegen versehen, ein Wanderführer „Forêts de Haut Normandie" ist im Fachhandel und in den Verkehrsämtern erhältlich.

Im Herzen der Normandie

Im Herzen der Normandie

Blick über das Vieux Bassin von Honfleur

Am Hauptstrand von Deauville

Die planches, die berühmten Umkleidekabinen am Strand von Deauville

Die Côte Fleurie

Überblick

Die Côte Fleurie, die Küste zwischen Honfleur und Cabourg, ist die schönste und nicht umsonst die touristisch am meisten frequentierte Küstenregion der Normandie. Hier erstrecken sich lange, **feinpulverige Sandstrände,** die stellenweise von steilen Küstenabschnitten unterbrochen werden, so an der Côte de Grâce westlich von Honfleur und bei den Falaises des Vaches Noires zwischen Villers-sur-Mer und Houlgate. Die Küstenstraße D 513 verläuft hier nicht in Strandnähe, sondern weiter landeinwärts.

Zynische Zungen behaupten, dass sich die Côte Fleurie längst schon zum **21. Pariser Arrondissement** entwickelt hat, denn an den Sommerwochenenden strömen die französischen Hauptstädter in Scharen an diesen Küstenabschnitt, der von Paris aus der am leichtesten zu erreichende ist. Es gibt nicht nur einen direkten Autobahnzubringer über die A 13, die man wahlweise in Beuzeville, Pont l'Évéque oder Cabourg verlassen kann. Die Eisenbahn führt sogar bis fast an das Meer. Endstation ist der Kopfbahnhof von Deauville/Trouville, von dem der Strand nur noch wenige Straßenzüge entfernt ist. Wer es ganz eilig hat, kann auch den kleinen Flughafen von Deauville-St.-Gatien benutzen.

Die Côte Fleurie ist aber nicht nur die schönste Küste der Normandie, sondern auch die aufregendste. Im vorigen Jahrhundert begann ihr touristischer Aufstieg, als die Pariser Gesellschaft entdeckte, wie schön ein Aufenthalt an der See sein kann. Den Vornehmen folgten schon bald die Reichen und Schönen. In diesem Gemisch aus **Chic und Charme,** aus Geld und Adel, aus Casinos und mondänen Hotels waren auch **Künstler** anzutreffen. Der kleine Fischerort Trouville wirkte auf die Künstler wie ein Magnet. Später trafen sie sich dann auch im malerischen Honfleur. Hier hat die Moderne in der Malerei ihre eigentlichen Wurzeln, hier entwickelte *Eugène Boudin* die Anfänge des Impressionismus.

Honfleur IV/B3

Honfleur ist eine Stadt mit **Flair,** die Geschichte und Kultur verkörpert. Sie wurde am linken Ufer der sich hier trichterförmig in den Ärmelkanal ergießenden Seine errichtet, genau an der Stelle wo das kleine Flüsschen Clair einmündet. Der historische Ortskern hat die Unbilden der Vergangenheit in wunderbarer Weise überstanden und auch alle Aktualisierungen der Seebäderarchitektur blieben Honfleur, einer Stadt ohne Strände, erspart.

Heute steht die malerische kleine Stadt in unmittelbarem Kontrast zur modernen Hängebrücke, der **Pont de Normandie,** deren Konstruktion bei einer Länge von über 2000 Metern, getragen durch 92 Paar Stahlträger an 215 Meter hohen Pfeilern, als es überragend die Seine überspannt.

Geschichte

Viele Orte der Umgebung tragen die Endung *-fleur,* was so viel wie „flache Stelle" bedeutet (vgl. engl.: *floor* oder dt.: *Flur*) und nicht auf eine Siedlung romanisch-französischen Ursprungs hindeutet, sondern eine **frühe Normannensiedlung** an dieser Stelle belegt. Es liegt auch nahe, dass sich die Wikinger an dieser strategisch so wichtigen Stelle an der Einmündung der Seine in das offene Meer eine Anlegestelle einrichteten, um von hier aus ihre Überfälle stromaufwärts zu organisieren.

Was aus diesem Platz im Laufe des weiteren Mittelalters wurde, ist nicht bekannt. Honfleur taucht erst in Unterlagen des 13. Jahrhunderts wieder als kleiner Hafen mit einer Ansiedlung auf, die in jener Zeit mit einer Umfassungsmauer versehen wurde.

Während der Auseinandersetzungen des **Hundertjährigen Krieges** besetzten die Truppen des englischen Königs *Eduard III.* im Jahre 1346 Honfleur. Als die Franzosen zunächst die Oberhand zurückgewinnen konnten, musste die englische Garnison 1387 auch hier kapitulieren. 1418 kamen die Engländer aber wieder und harrten bis zum Ende des Hundertjährigen Krieges im Jahre 1450 aus.

Der anhaltende Friede brachte Honfleur **wirtschaftlichen Aufschwung.** Der Schiffbau florierte, Fischfang wurde zum großen Geschäft und aus den Salzmarschen der Umgebung gewann man das für die Konservierung der Fische dringend benötigte Salz.

Im Herzen der Normandie
HONFLEUR

Seefahrer aus Honfleur wurden weit über die Landesgrenzen hinaus berühmt und befuhren alle Ozeane. Honfleur entwickelte sich im 16. Jahrhundert in der Tat zu einem Hafen von Weltrang. Von hier stachen die großen Entdecker zu den neuen Ländern in Afrika, Amerika und Asien in See, so 1503 nach Brasilien oder 1506 nach Kanada. Und im Jahre 1608 schiffte sich *Samuel de Champlain* in Honfleur ein, um die französische Kolonie Québec in Kanada zu gründen.

Da die **Hafenanlagen** von Honfleur aber immer wieder zu versanden drohten, veranlasste *Ludwig XIV.* ihre Modernisierung. Die Befestigungsmauern wurden geschleift und bis 1684 der Vieux Port als Hafenbecken angelegt. Doch dieser platzte schon bald aus allen Nähten, so dass das Becken 1720-1725 erweitert wurde und seither Vieux Bassin oder Port de l'Ouest heißt. Zwar hatte der französische König *Franz I.* wegen der latenten Versandungsgefahr des Hafens von Honfleur auf der gegenüberliegenden Seite der Seine 1517 mit dem Bau des neuen Hafens „Le Havre" begonnen. Es dauerte aber noch Jahrhunderte, bis Le Havre Honfleur den Rang ablief, was letztlich erst in diesem Jahrhundert geschah, als die Hafeneinrichtungen von Honfleur der Abfertigung großer Ozeandampfer nicht mehr gewachsen waren.

So hat das aufstrebende Le Havre zum allmählichen wirtschaftlichen Niedergang Honfleurs geführt. Die Entwicklung bewirkte aber, dass die **Idylle** von Altstadt und Vieux Port, die schon immer die Künstler angezogen hat, über die Jahrhunderte erhalten geblieben ist.

Sehenswertes

Das Zentrum der Stadt und den Mittelpunkt des touristischen Interesses bildet das 130 Meter lange und 90 Meter breite **Vieux Bassin** mit seiner malerischen Bebauung. Zweimal täglich können die Boote das Becken verlassen, wenn bei Flut die Hebebrücke zum Vorhafen geöffnet wird.

Die rechteckig angelegten **Quais** werden von pittoresken, meist schiefergedeckten Häusern gesäumt. Bis zu siebenstöckig sind die historischen Gebäude am Quai Ste.-Cathérine und dabei teilweise sehr schmal, in einem Fall nur zwei Fenster breit. Etwas lockerer und niedriger stehen die Häuser am Quai St.-Étienne, der Promenade auf der Südseite des Beckens.

Am Schleusenausgang steht das eindrucksvolle Gebäude der **Lieutenance** aus dem 16. bzw. 17. Jahrhundert, in dem, als einem der letzten erhaltenen Teile der Stadtbefestigung, früher der königliche Statthalter residierte.

Daneben befindet sich die **Porte de Caen.** Sie ist Teil eines alten Stadttores. Ein Halbrelief erinnert hier an *Samuel de Champlain,* den Gründer von Québec.

Die alte Lieutenance am Vieux Bassin von Honfleur

Côte Fleurie

Honfleur

Viele schöne alte Stein- und Holzhäuser stehen in den **Gassen** und an den **Plätzen der Altstadt.** Am Place Hamelin Nr. 6 wurde *Alphonse Allais*, ein Humorist des 19. Jahrhunderts geboren. In der Rue Haute, einst außerhalb der Stadtbefestigungen, lebten viele Schiffbauer. *Erik Satie,* der bekannte Musiker, dem auch ein Museum in der Stadt gewidmet ist, wurde im Haus Nr. 88 geboren. Die Rue de l'Homme-de-Bois wurde nach dem geschnitzten Schmuckkopf am Haus Nr. 23 benannt. In der engen und gewundenen Rue des Lingots ist noch das alte Pflaster erhalten. Im Haus Nr. 23 der Rue de Puits hat einst der Maler *Jongkind* gewohnt. Und auch an der Place Arthur-Baudin sind schöne alte Häuser erhalten, so die Nr. 6 aus der Zeit *Ludwigs XIII.* Der Platz wird sonntags durch den hier stattfindenden Blumenmarkt farbenfroh belebt.

Wenige Schritte von der Lieutenance entfernt gelangt man zur Place Ste.-Cathérine, an der jeden Samstag ein **quirliger Wochenmarkt** abgehalten wird.

Dahinter erhebt sich der einstige Vorort Ste.-Cathérine, der samt seiner Kirche, der **Église Sainte-Cathérine,** durch den Hundertjährigen Krieg schweren Schaden genommen hatte. Aus Geldmangel griff man für den Wiederaufbau auf die traditionelle Holzbauweise zurück. Heute ist diese Kirche das letzte große sakrale Bauwerk der Normandie, das in dieser Weise noch besteht. Zunächst entstand durch örtliche Schiffszimmerleute 1486 eine einschiffige Halle auf einem Steinfundament. 1469 fügte man ein zweites Schiff an und verlängerte die Kirche um zwei Joche. Im folgenden Jahrhundert kamen die Seitenschiffe und die Vorhalle hinzu. Spätere Ergänzungen wurden wieder entfernt, so dass sich die Kirche heute in ihrem endgültigen Ausbauzustand zeigt. Beeindruckend eröffnet sich dem Betrachter im Inneren die Holzkonstruk-

Der Glockenturm der Église St.-Catherine

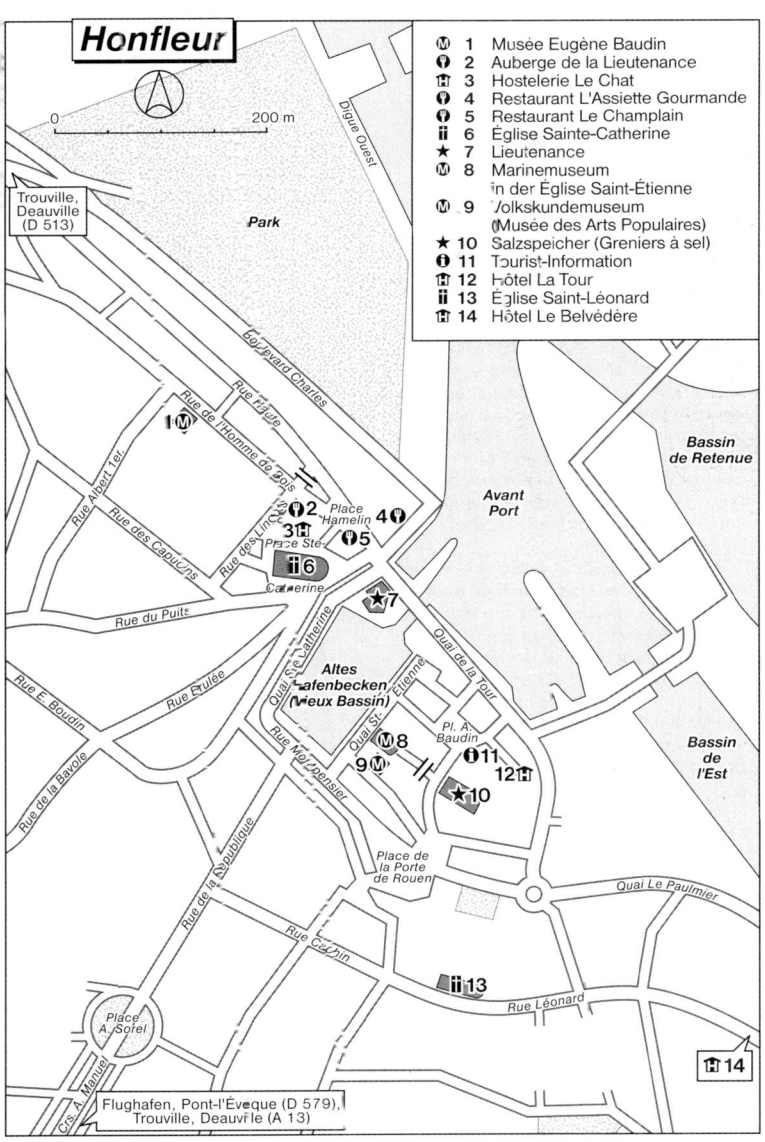

Eugène Boudin und die Wurzeln des Impressionismus

„Boudin stellte seine Staffelei auf und machte sich an die Arbeit. Ich betrachtete ihn mit einer gewissen Ahnung, ich betrachtete ihn aufmerksamer, und dann war es, als ob ein Schleier aufrisse; ich hatte verstanden, ich hatte erfasst, was Malerei sein kann." Dies schrieb *Claude Monet,* der wohl größte Vertreter der impressionistischen Malerei über seinen Lehrer *Eugène Boudin* im Jahre 1858, kurz nachdem er ihn kennen gelernt hatte.

Der Impressionismus stellte eine völlige **Abkehr von der traditionellen Malerei** dar, von dem, was das Publikum vom Klassizismus oder von der aktuellen Mode der Romantik erwartete. Entsprechend schwer hatten es die Maler, die sich dieser neuen Stilrichtung verschrieben hatten. Ständige Geldnöte und der Spott der Kritiker machten ihnen das Leben schwer. Anerkennung fanden die Impressionisten erst 1874 nach der ersten großen Ausstellung ihrer Bilder in Paris. Doch auch hier versuchte einer der Kritiker sie als „impressionistisch" abzutun, indem er den Titel eines der von Claude Monet ausgestellten Landschaftsmotive, *„Impression, soleil levant",* lächerlich zu machen versuchte.

Für die Impressionisten war nicht mehr das dargestellte *sujet* (der „Gegenstand") von primärer Bedeutung, sondern seine **Licht- und Farbeindrücke.** So zogen sie denn auch aus den Ateliers hinaus in die **Landschaft,** um dort ihre Bilder zu malen. Die Lichteffekte an der Küste, die gleißende Sonne über dem Meer faszinierten Künstler wie Eugène Boudin, der als einer der ersten seine Staffelei unter freiem Himmel aufstellte, um nicht mehr die Helden des Klassizismus oder die verklärten Frauengestalten der Romantik, sondern „das Schauspiel vom Himmel und Meer, das er immer vor Augen hatte, im Bild festzuhalten." (So stand es am 10. August 1898 nach seinem Tod in einem Nachruf der Tageszeitung „Le Havre".)

Eugène Boudin wurde 1824 in der Rue Bourdet in Honfleur geboren. Sein Vater war Kapitän einer Fähre, die zwischen Honfleur und Le Havre verkehrte. Dorthin zogen die Eltern, als der junge Boudin gerade zehn Jahre alt war. In **Le Havre** schloss er eine Papiermacherlehre ab und eröffnete später mit einem Kompagnon ein Geschäft für Bilderrahmen und Malutensilien. Doch die Malerei beschäftigte ihn immer mehr und bald überließ er den Laden, gegen den Rat aller guten Freunde, seinem Mitinhaber. In jenem Geschäft kam es zur schicksalhaften **Begegnung mit Monet,** der sich als Schüler in Le Havre bereits einen Namen als Karikaturist gemacht hatte. Boudin konnte den achtzehnjährigen Monet überreden, sich nicht mehr auf das Zeichnen zu konzentrieren, sondern sich ganz der Malerei zu widmen. Beide zogen fortan in die Natur.

Nach verschiedenen Aufenthalten in Holland und Paris kehrte Boudin in die Normandie zurück und zog bei Mutter *Toutain* in das **Gasthaus Saint-Siméon** etwas außerhalb der Stadt ein – heute ist die Ferme Saint-Siméon die Nobelherberge der Stadt Honfleur. Honfleur war unter den Malern der impressionistischen Moderne längst zum Begriff geworden. Hier verkehrten immer wieder *Courbet, Couture, Diaz, Corot, Daubigny* und viele andere wie der Engländer *Sisley* oder der Holländer *Jongkind*. Ihnen schloss sich auch der Dichter *Baudelaire* an, der in seiner Lyrik nicht mehr die gegenständliche Welt wiedergibt, sondern das Gegenständliche als Anreiz für sinnliche und seelische Regungen empfindet.

Die Malergruppe des Gasthauses Saint-Siméon gab sich selbst den Namen **Société Anonyme des Artistes-Peintras.** Bei Cidre und Madame Toutain diskutierten sie und hielten wahre Gelage ab. Und sie arbeiteten weiter. Im Jahre 1868 gab es in Honfleur sogar eine erste Ausstellung. Die dabei präsentierten Gemälde Boudins und Jongkinds bildeten den Grundstock für das Kunstmuseum der Stadt. Denn verkaufen konnten die Impressionisten ihre Bilder nicht. Sie lebten von Gelegenheitsarbeiten, wie Portraits am Strand, oder von Gefälligkeitsbildern auf Wunsch von Passanten und Urlaubern.

Nach 1874 gab es noch sieben weitere Ausstellungen der berühmt-berüchtigten Impressionisten in Paris. Allmählich gewannen sie Anerkennung und ihre wirtschaftliche Lage besserte sich. Boudin konnte letztendlich auch von dieser Entwicklung profitieren. Als er 1898 starb, war er aber schon in Vergessenheit geraten. Seine Leistung als Vorreiter des Impressionisten hat erst die Nachwelt richtig gewürdigt.

tion, die mit schönem Schnitzwerk versehen ist. Schmuckstück der Kirche ist ein bronzenes Lesepult aus dem 16. Jahrhundert, das mit Symbolen des Evangeliums versehen ist. Der frei stehende Glockenturm noch aus dem 15. Jahrhundert ist ebenfalls aus Holz und wie die ganze Kirche mit Kastanienholzschindeln eingedeckt.

Älteste Kirche der Stadt ist die **Église St.-Étienne,** die *Karl V.* 1370 im Altstadtkern am Vieux Bassin erbauen ließ. Sie wurde 1432 erweitert. In diesem gotischen Kirchenbau ist heute das Marinemuseum untergebracht, nachdem er nach der Säkularisation bis 1809 schon als Fischhalle, dann als Speicher, Theaterraum und Börse gediente hatte.

Die **Église Saint-Léonard** im Süden der Altstadt geht auf eine im Hundertjährigen Krieg zerstörte spätgotische Flamboyant-Kapelle aus dem 15. Jahrhundert zurück, deren Portal noch erhalten ist. Der dreischiffige Neubau aus dem 17. Jahrhundert wurde im 19. Jahrhundert ausgemalt. Angefügt wurde im 18. Jahrhundert ein Glockenturm. Von der Innenausstattung sind die bemalten Holzfiguren sowie ein Bronzepult aus dem Jahr 1791 interessant.

Einen tiefen Einblick in die Stadtgeschichte geben die **Salzspeicher** in der Rue de la Ville, die 1672 auf Geheiß *Ludwigs XVI.* aus den Steinen der abgerissenen Stadtbefestigung errichtet wurden, um die Pökelung der Fischfänge jederzeit gewährleisten zu können. Heute dienen die Gebäude als Konzert- und Theatersäle.

Verlässt man den Ortskern von Honfleur auf der Küstenstraße D 513 in Richtung Trouville, so liegt etwas oberhalb in einem Hain großer Bäume die Kapelle **Notre-Dame-de-Grâce**. An dieser Stelle erflehten die Fischer und Seefahrer seit dem Mittelalter den Segen der Muttergottes, bevor sie auf das Meer hinausfuhren. Hier stand wohl schon seit dem 11. Jahrhundert eine Kapelle, die Herzog *Richard II.* nach einem Schiffbruch errichten ließ. Der heutige Bau entstammt den Jahren 1610-15. Kostbar sind die alten Schiffsmodelle, die im Inneren hoch über den Kirchenbänken angebracht sind. Notre-Dame-de-Grâce ist das ganz Jahr über Ziel von Wallfahrten, die große Prozession findet immer Pfingsten statt.

Vom Endpunkt der Zufahrtsstraße zur Kapelle Notre-Dame-de-Grâce führt ein kurzer Fußweg zum **Mont Joli,** von dem man einen weiten Ausblick auf das Meer, Honfleur und seine Häfen sowie die Seinemündung mit der imposanten Pont de Normandie hat.

Die Umgebung von Honfleur

Barneville-la-Bertran

Nimmt man die südwestliche Ausfahrt von Honfleur in Richtung Pont l'Évêque (D 579) und biegt nach knapp vier Kilometern rechts ab, kommt man nach Barneville-la-Bertran. Die Kirche des Dorfes verfügt noch über den Glockenturm aus dem 12. Jahrhundert, ansonsten wurden im 18. Jahrhundert erhebliche Umbauten vorgenommen. Nördlich des Dorfes liegt in einem wunderschönen Park das **Château de Bertran de Rocheville** aus dem 18. Jahrhundert (nur Außenbesichtigung).

Gonneville-sur-Honfleur

Vier Kilometer südlich von Honfleur an der D 144 liegt Gonneville-sur-Honfleur, dessen Dorfkirche in Form eines lateinischen Kreuzes aus dem 13. Jahrhundert stammt. Sehenswert sind zwei Lanzettenfenster und Reste der alten Wandmalereien.

Fiquefleur

Nimmt man die Ostausfahrt aus Honfleur auf der D 180, so erreicht man Fiquefleur. Hier steht **eine der ältesten Kirchen** der Region, sie stammt noch aus dem 11. Jahrhundert. Folgt man im Ort der D 512 ostwärts, kommt man nach Grestain mit den Überresten der **Abbay de Grestain,** die von der Mutter *Wilhelm des Eroberers* gegründet worden sein soll.

Praktische Tipps

Information

- **Office de Tourisme,** 14600 Honfleur, Place Arthur-Baudin, Tel. 0231 97 20 15 (Hochsaison 36 18 00), Fax 0231 89 31 82

Unterkunft

La Tour€€€, 3, Quai de la Tour, im Zentrum Honfleurs, 100 Meter vom Hafen, frisch renovierte Zimmer, Mitte Nov. bis Weihn. geschl., Tel. 0231 89 21 22, Fax 0231 89 53 51
● **Hostellerie Le Chat**€€€, Place Sainte-Cathérine, inmitten der Altstadt Honfleurs, mit Bar, Restaurant, Terrasse, Tel. 0231 14 49 49, Fax 0231 89 28 61, lechat@honfleur.com

Karte Seite 291

Im Herzen der Normandie
HONFLEUR

- **Le Belvédère**€€, 36, Rue Émile-Renouf, im Grünen am Stadtausgang von Honfleur, Zimmer teilweise mit Sicht auf den Pont de Normandie, ganzjährig geöffnet, Tel. 0231 89 08 13, Fax 0231 89 51 40

Essen und Trinken

- **L'Assiette Gourmande**€€€, 2, Quai des Passagers, eine Spitzenadresse von Honfleur, alles in gleich bleibend hoher Qualität von der Vorspeise bis zum Dessert, entsprechende Preise, montags geschlossen Tel. 0231 89 24 88, Fax 0231 89 31 38,
- **Le Champlain**€€, Honfleur, 6, Place Hamelin, hochwertige, einfallsreiche Fischküche wie z.B. dünne Schellfischscheiben auf roter Paprika, Rochen à la Moutarde, weißer Heilbutt geschmort mit Krabbencreme, relativ preiswert, Jan. bis Mitte Feb., dienstags und mittwochabends geschlossen, Tel. 0231 89 14 91, Fax 0231 89 91 84
- **Auberge de la Lieutenance**€, Honfleur, 12, Place Ste.-Cathérine, klassische Fischküche wie z.B. Seeteufelfilet mit viererlei Pfeffer, Seebarsch in eigener Haut, Menüs relativ preiswert, sonntagabends und Mitte Nov. bis Mitte Dez. geschlossen, Tel. 0231 89 07 52, Fax 0231 89 07 52
- **„Quai West"**, Honfleur, 13, Rue de la République, Piano-Bar, Tel. 0231 89 54 10

Museen

- **Das Musée du Vieux Honfleur** besteht aus dem Musée d'Ethnographie und dem Musée de la Marine, Tel. 0231 89 14 12, Fax 0231 89 31 82, www.ville-honfleur.fr:
  Musée de la Marine, untergebracht in der ehemaligen Kirche St.-Catherine am Vieux Bassin, zeigt Schiffsmodelle sowie Exponate zur Geschichte von Honfleur und zu den Entdeckungsfahrten, sehr aufschlussreiche Darbietungen
  Musée d'Ethnographie, im ehemaligen Gefängnis in der Rue de la Prison, mit Exponaten über die traditionelle Wohn- und Lebensweise in der Normandie, spricht eher speziell Interessierte an,
  Öffnungszeiten beider Museen: 8.2. bis 16.11., montags u. 1.5. geschl., Einzeleintritt 2,30 €, Kinder frei, Kombiticket 3,80 €, Tel. 0231 89 14 12, Fax 0231 89 31 82
- **Les Maisons Satie,** Honfleur, 67, Boulevard Charles V., dem Komponisten Satie gewidmetes Museum, geöffnet: April bis Sept. tägl. 10-19 Uhr (außer dienstags), sonst 10.30-18.00 Uhr. Eintritt 4,60 €, Studenten 3 €, Kinder frei, Tel. 0231 89 11 11, Fax 0231 89 09 99, www.ville-honfleur.fr
- **Musée Eugène Boudin,** Honfleur, Rue de l'Homme de Bois, Ausstellungsschwerpunkte sind Bilder, vor allem Aquarelle, normannischer Maler des 19. und 20. Jh., allein über 80 Bilder von *Boudin*, zahlreiche persönliche und familiäre Exponate, die Aufschluss über das Leben des Künstlers und seiner Freunde geben – dieses Museum muss man gesehen haben! Öffnungszeiten: 15.3.-30.9. 10-12 u. 14-18 Uhr, 1.10.-14.3. 14.30-17 Uhr wochentags, 10-12 u. 14.30-17 Uhr am Wochenende; dienstags sowie 1.5., 14.7. u. 25.12.-1.1. geschlossen, Eintritt 4 € (4,70 € im Sommer), Schüler 2,60 € (4,70 € im Sommer), für Rollstuhlfahrer geeign., Tel. 0231 89 54 00, Fax 0231 89 54 06, www.ville-honfleur.de

Aktivitäten

- **Visites guidés** (geführte Besichtigung Honfleurs): Mitte Juli bis Mitte Sept. dienstags und donnerstags 10 Uhr, montags, mittwochs, freitags und samstags 15 Uhr, April bis Sept. zusätzlich sonntags 10 Uhr, Treffpunkt: Office de Tourisme, Gebühr 5 €, reduzierter Tarif 4 €
- **Bootsfahrten:** mit der „Stephanie" in die Seinemündung bis zum Pont de Normandie, Abfahrt: von Ostern bis Anfang Oktober täglich von 11.30 bis 18.30 Uhr jede Stunde vom Quai des Passagers, Fahrpreis 6,50 €, Kinder 5 €, für Rollstuhlfahrer geeignet, Tel. 0231 89 21 10;

  Hafenrundfahrt mit „Le Calypso", Abfahrt: April bis Sept. täglich jede Stunde vom Quai des Planchettes, Fahrpreis 5 €, Kinder von 3 bis 12 Jahren 3 €, für Rollstuhlfahrer geeignet, Tel. 0231 89 20 93

Sport

- **Reiten:** Centre Équestre du Ramier, Reitschule, begleitete Ausritte, Pferderaststätte,

Côte Fleurie

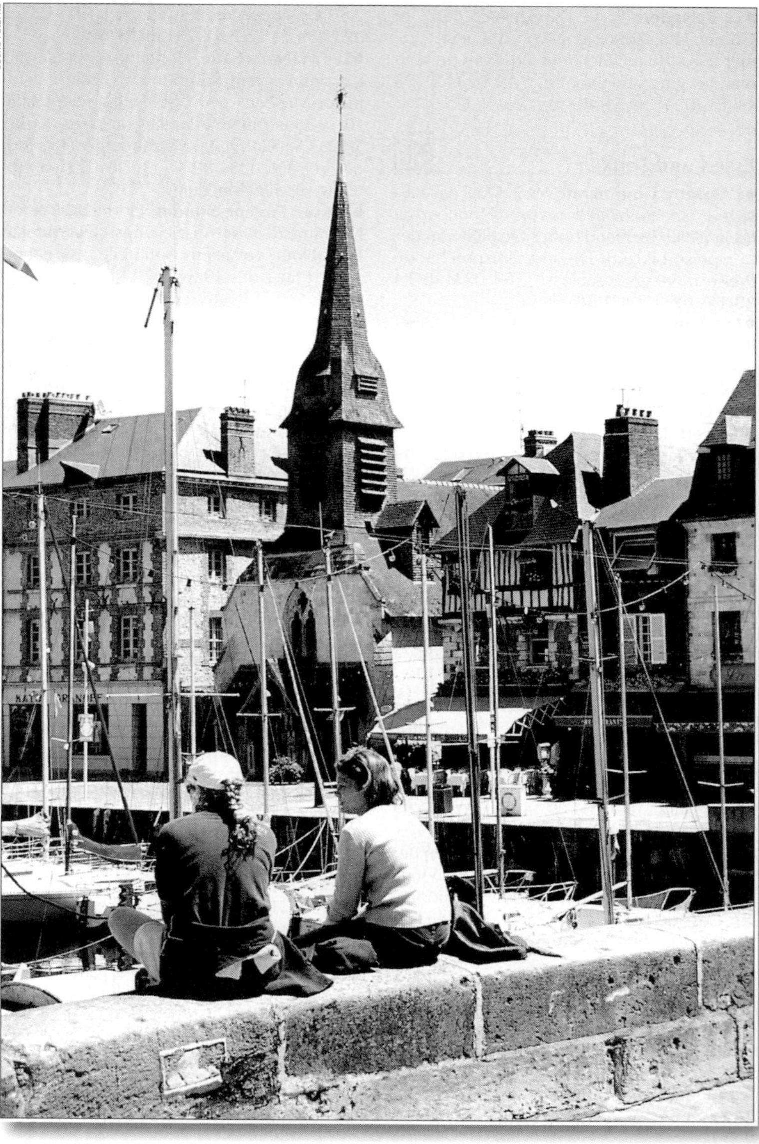

086no Foto: ho

drei Kilometer südwestlich von Honfleur in Equemauville an der D 279, Ansprechpartner *Mlle. Lablaude*, Tel. 0231 89 04 20
- **Mini-Golf:** Honfleur, Boulevard Carles-V. Nähe Tennisplatz, Tel. 0231 89 06 03
- **Gokart:** Honfleur, MonteKart, Avenue du Président Duchesne, montags geschlossen, Tel. 0231 89 51 19
- **Tauchen:** Section Club Subaquatique de Honfleur, 5, Boulevard Charles V. (Schwimmbad), Tel. 0231 89 16 28

Veranstaltungen

- **Wallfahrt:** Pfingstmontag, Bittgang von der Kapelle Notre-Dame-de-Grâce zur Altstadt gemäß der mittelalterlichen Tradition der Fischer und Seefahrer, vor der Abreise den Segen der Muttergottes zu erhalten. Heute werden in der Prozession Votivschiffe getragen und Schiffsmodelle von Hobbybastlern in den Fensternischen des Prozessionsweges ausgestellt.
- **Segnung:** Christi Himmelfahrt werden die auslaufenden Boote aus dem Vieux Port gesegnet.
- **Festival du Cinéma Russe** (,,Russisches Filmfestival"): Ende November

Einkaufen

- **Wochenmarkt:** in Honfleur, jeden Samstag Verkauf landwirtschaftlicher Produkte, auch Bio-Produkte, Place Ste.-Cathérine
- **Trödelmarkt:** in Honfleur, „Brocantelle" jeden zweiten Sonntag im Monat, ganztägig, das ganze Jahr über, Rue Cachin und Vorplatz St.-Léonard-Kirche

Verkehrsverbindung

- **SNCF Bahnhof:** am Osthafen mit Hauptverbindungen nach Lisieux/Paris

Das Musée de la Marine,
in der ehemaligen Kirche St.-Étienne

Côte de Grâce ♪ IV/B3

Die Côte de Grâce, der Küstenstreifen westlich von Honfleur, trägt ihren Namen nach der von Seeleuten oberhalb der Hafenstadt errichteten Wallfahrtskirche Notre-Dame-de-Grâce. Die **Corniche normande,** die Küstenstraße D 513, führt unterhalb der Wallfahrtskirche vorbei. Hier steht in Vasouy die Ferme Saint-Siméon, ein traditionsreicher Gasthof mit bewirtschaftetem Bauernhof – im vorigen Jahrhundert Treff der Künstler aus Honfleur, heute Nobelherberge mit einer wunderschönen Terrasse, die einen zauberhaften Ausblick bietet.

Pennedepie und Criquebœuf

Der erste Ort an der Corniche normande ist **Pennedepie** mit einer Kirche aus dem 12. Jahrhundert.

Im acht Kilometer entfernten Ort **Criquebœuf** steht eine wunderschöne, stilreine, kleine romanische Kirche aus dem 13. Jahrhundert, die sich im Weiher des privaten Herrenhauses des Ortes spiegelt und in ihrer efeubewachsenen Schlichtheit eines der beliebtesten Fotomotive der Côte Fleuri abgibt.

Villerville

Der nächste Ort an der Straße nach Trouville, die nun schmaler und kurviger wird, ist Villerville, ein kleines, **lebhaftes Seebad,** das sich aber dennoch seinen ländlichen Charakter bewahren konnte. Steile Straßen führen zum Strand hinunter, der mit Kieseln und Felsen durchsetzt ist. Die Brandung ist hier durch starke Grundseen gekennzeichnet. Bei Ebbe zieht sich das Meer einen Kilometer zurück, dann wird auch die Banc du Ratier, eine vorgelagerte Felsklippe, freigelegt.

Die Fahrt auf der Corniche normande bietet abwechslungsreiche Ausblicke durch Hecken und Obstgärten, auf die Küste und über das Meer.

Praktische Tipps

Unterkunft/Essen und Trinken

- **La Ferme Saint-Siméon**€€€€€, etwas außerhalb von Honfleur, an der Landstraße nach Trouville in Vasouy, Rue Adolphe-Marais, rustikales Ambiente in einem Gebäude aus dem 17. Jahrhundert mit Restaurant, Bar, Schwimmbad, Balneotherapie, Schönheitssalon, hoher Zimmerkomfort, Spitzenküche mit Angeboten wie Schnecken oder Jakobsmuscheln in Basilikum, kandiertes Kaninchen auf Haselnuss-Soße mit Rosmarin – Spitzenqualität zu Spitzenpreisen, ganzjährig geöffnet, Tel. 0231 89 23 61, Fax 0231 89 48 48, simeon@relaischateaux.fr

Besichtigungen

- **Le Bois du Breil,** Forstbotanischer Garten bei Pennedepie, zu erreichen über die D 62 in Richtung Equemauville, ein Rundweg von drei Kilometer Länge führt durch den vielfältigen Baumbestand aus Hainbuchen, Eschen, Birken, Vogelkirschen, Ahorn, Meeresspinie und Eichen
- **Schneckenzucht Élevage du Pré-d'Auge,** Hennequeville (nächster Ort östlich von Trouville an der D 513), Besuchsmöglichkeit nach Anmeldung, Ansprechpartner: *Marais Caudeville,* Tel. 0231 98 95 67

Trouville-sur-Mer

⌕ XII/B1

Am Ende der Corniche normande erreicht man Trouville, einen der **Höhepunkte der Bädermeile** an der Côte Fleurie. Hier geht die Küstenstraße in das Flusstal der Touques über. Am rechten Flussufer, direkt an der Mündung, wo der breite Sandstrand beginnt, liegt Trouville – ein Ort, der sich früher vorwiegend dem Fischfang widmete, mittlerweile aber längst große Berühmtheit in seiner Vorreiterrolle bei der touristischen Erschließung der Küste für die mondäne Pariser Gesellschaft erlangt hat.

Eine nicht unbedeutende Rolle spielten damals die romantischen Berichterstattung des Pariser Journalisten und Schriftstellers **Ulric Guttinger** über die Schönheiten der Calvados-Küste. Sein neonormannisch-schweizerisches Chalet aus dem Jahre 1820 steht noch heute in St.-Gatien-des-Bois hinter dem nahe gelegenen Flughafen.

Geschichte

Guttinger löste ein wahres Küstenfieber aus. Angesteckt wurden große und kleine Künstler, die alle kamen, um das Meer, seine Brandung und die Idylle des Fischerortes Trouville zu entdecken. Unter ihnen waren zum Beispiel *Alexandre Dumas* (Vater), *Gustave Flaubert, George Sand* und *Alfred de Musset.* Den Schriftstellern folgten die Maler *Eugène Isabey* und *Gustave Courbet.* Später kamen dann auch

TROUVILLE-SUR-MER

Künstler wie *Whistler, Boudin, Jongkind, Monet, Manet* und *Pissaro,* von denen viele erst noch zu Ruhm kommen sollten. Aber längst war schon der Begriff von der **"Sommerhauptstadt der Kunst"** geprägt.

Unter den Künstlern befand sich in jener Zeit manch armer Schlucker, und wenn sie kamen, um sich von Licht und Luft, dem Strand und den Wellen inspirieren zu lassen, wohnten sie in Privatquartieren. Ein Hotelzimmer hätten sie sich nicht leisten können – außerdem gab es bis 1840 überhaupt kein Hotel in Trouville! Das erste, das in dieser Zeit gebaut wurde, war das heutige **Hôtel de la Plage**.

Dann ging es rapide aufwärts mit der Entwicklung. Aus dem schon lebhaften Fischerdorf Trouville wurde das geschäftige Seebad Trouville-sur-Mer, in dem clevere Unternehmer für weiteren Aufschwung sorgten. So entstand das vormalige **Casino,** die **Strandpromenade** wurde ausgebaut und 1850 auf der gegenüberliegenden Fluss-Seite der **Eisenbahnanschluss** über Rouen nach Paris fertig gestellt. Nun konnten die Hauptstädter bequem an die Küste reisen – und es wurden immer mehr. Trouville-sur-Mer hatte sich zum beliebtesten Seebad des Zweiten Kaiserreichs entwickelt.

Ortsansicht von Trouville-sur-Mer

Sehenswertes

Trouville-sur-Mer zeigt auch heute noch seine beiden Gesichter: das des Fischerortes ebenso wie das des Seebades. Der tägliche **Fischmarkt** ist nach wie vor eine große Attraktion. Und so ist denn auch die Gastronomie des Ortes ganz auf Fisch eingestellt. Viele der Lokale befinden sich am **Boulevard Fernand Moureaux,** der Hauptstraße und Flaniermeile von Trouville-sur-Mer, die parallel zur Touques in ihrer Nord-Süd-Ausrichtung ganz der Sonne zugewandt ist. Hier haben die Restaurants und Cafés nicht nur im Sommer ihre Stühle und Tische draußen aufgebaut – im Winter wird beheizt.

Das Seebad Trouville-sur-Mer wird durch die **Strandpromenade** mit ihren Hotelbauten an der Promenade des Planches repräsentiert. Hier wie im touristischen Teil des Ortes gibt es viele herausragende Beispiele der Seebäderarchitektur der **Belle Époque,** wie die Villa Esmeralda, die Villa Persane, das Hôtel des Roches Noires.

An der Straße nach Honfleur steht neben vielen schönen Villen auch die Villa Montebello aus dem Jahr 1865, in der das **städtische Museum** untergebracht ist.

Im Zentrum von Trouville erhebt sich unübersehbar oberhalb des Boulevard Fernand Moureaux die **Kirche Notre-Dame-des-Victoires,** die Mitte des 19. Jahrhunderts im neoklassizistischen Stil erbaut wurde.

Näher zum Strand hin steht die **Kirche Notre-Dame-de-Bon-Secours** aus dem Jahre 1884 mit einer Neorenaissance-Fassade. Wertvollstes Ausstattungsstück ist ein Wandteppich aus dem 15. Jahrhundert in der Kapelle.

Unübersehbar sind das **Hôtel de Ville** aus dem Jahre 1912 und das am Nordende der Promenade errichtete, viel zu große **Casino,** von dem auch heute nur Teile genutzt werden.

Trouville-sur-Mer zeigt sich als moderner Badeort, der in erfrischender Weise den Ansprüchen der Urlauber gerecht wird, ohne dabei in Rummelatmosphäre abzugleiten. Man kann hier alle nur erdenklichen **Sportarten** betreiben. So gibt es neben der Bademöglichkeit im Meer eine Wassersportanlage mit zwei Schwimmbädern, sieben Tennisplätze, eine Segel- und eine Tauchschule, eine Minigolfanlage und vieles andere mehr – sogar Kanu- und Kajakfahren wird angeboten, denn immerhin liegt Trouville-sur-Mer auch an einem Fluss.

Praktische Tipps

Information

- **Office de Tourisme,** 14360 Trouville-sur-Mer, 32, Quai Fernand Moureaux, B.P. 24, Tel. 0231 14 60 70, Fax 0231 14 60 71, E-Mail: ottrouv@club-internet.fr, Internet: www.normandy-tourism.org

Unterkunft

- **Hotel Le Flaubert**€€€, Rue Gustave Flaubert, in unmittelbarer Strandlage an der Promenade des Planches, im Winter geschlossen, Tel. 0231 88 37 23, Fax 0231 88 21 56, o.t.trouville@wanadoo.fr
- **Hôtel Le Cavendish**€€, 28, Rue de la Plage, kleines Hotel in einer Seitenstraße der Promenade des Planches in Nähe des Casinos, ganzjährig geöffnet, Tel. 0231 88 70 70

- **Carmen**€€, 24, Rue Carnot, im Zentrum, kleines Hotel dessen Restaurant Beachtung verdient, Mitte November bis Anfang Dezember geschlossen, Tel. 0231 88 35 43, Fax 0231 88 08 03, lb.carmen@wanadoo.fr
- **Résidence Orion**€€€, 11, Boulevard Aristide Briand, moderne Appartementanlage im neonormannischen Stil im Ostteil von Trouville oberhalb des Strandes in herrlicher Aussichtslage, voll eingerichtete Studios, die wochenweise wie über das Wochenende vergeben werden, ganzjährig geöffnet, Tel. 0231 87 28 63, Fax 0231 81 70 78
- **Camping le Chant des Oiseaux,** an der Straße nach Honfleur gelegen, ansteigendes Terrain mit wunderbarer Aussicht und unmittelbarem Zugang zum Meer, Mini-Golf, Freiluft-Bowling, Geöffnet April bis Oktober, Tel. 0231 88 06 42, Fax 98 16 09

Essen und Trinken

- **La Petite Auberge**€€€, 7, Rue de Carnot, ein traditionsreiches Spitzenrestaurant mit frisch zubereiteten, saisonorientierten Gerichten, Spezialitäten: zum Beispiel scharfe Knoblauch-Fischsuppe oder Ente mit Akazienhonig knusprig gebacken auf Buchweizenpfannkuchen, nicht billig, ganzjährig geöffnet, dienstags und mittwochs geschlossen, Tel. 0231 88 11 07
- **Chez Nicolas**€, 32, Rue des Bains, im Ortszentrum, kleines und preiswerteres Lokal, spezialisiert auf Fisch- und Regionalküche, Tel. 0231 88 56 10
- **Le Jardin de la Mer**€€, direkt am Strand mit wunderschöner Terrasse, Spezialität: plateaux de fruits de mer, relativ preiswerte Menüs, Tel. 0231 88 91 08
- **Cocotte Café**€€, 58, Rue des Bains, im Zentrum von Trouville, kleines Restaurant, Spezialitäten: liebevoll zubereitete Fleisch- und Fischplatten, preiswerte Menüs, Tel 0231 88 89 69
- **Restaurants am Kai des Boulevard Fernand Moureaux** €-€€, meist mit beheizbarer Terrasse:

  Le Vieux Normand, Nr. 124, Spezialitäten: Fondue normande, Fondue bourguignonne und Fondue savoyarde mit drei Käsesorten (Beaufort, Comté, Emmental), relativ preiswerte Menüs, ganzjährig geöffnet, Tel. 0231 88 38 79

  Un Bistro sur le Quai, Nr. 68, typisch für Trouville, ganzjährig geöffnet, mittwochs geschlossen, Tel. 0231 81 28 85

  La Marine, Nr. 146, Fischrestaurant der gehobenen Klasse, Spezialitäten: Hummerragout, Steinbutt-Fondue mit Birnen, Fischterrine, gehobene Preisklasse, ganzjährig geöffnet, Tel. 0231 88 12 51

  Chez Marinette, Nr. 154-156, direkt gegenüber vom Fischmarkt, mittlere Preisklasse, ganzjährig geöffnet, montags außerhalb der Saison geschlossen, Tel. 0231 88 03 21

  Les Vapeurs, Nr. 160, ganz besonders edel, bietet keine Menü-Gerichte, nur à la carte, ganzjährig geöffnet, nebenan: die dazugehörige Bar **Les Voiles**

Museen

- **Musée de Trouville,** in der Villa Montebello, 64, rue du Général Leclerc, Exponate aus dem Badewesen des Zweiten Kaiserreiches, sehenswerte Bilderausstellung mit Schwerpunkt bei Gemälden von Charles Mozin, Marinemalern und „Entdeckern" Trouvilles, sowie bei Malern des 19. Jh., die in Trouville gearbeitet haben, geöffnet: 1.4. bis 30.9. 14-18 Uhr, Eintritt 1,60 €, Kinder 80 €, Tel. 0231 88 16 26, Fax 0231 88 16 26
- **Aquarium-Vivarium de Trouville,** 17, Rue de Paris, zeigt die ökologische Bedeutung des Meeres für die Menschheit, sehenswert wegen der großen Vielfalt der gezeigten Meer- und Süßwasserarten sowie des Kleingetiers in Vivarien, ganzjährig geöffnet, Juli/Aug. 10-19 Uhr, Vor- und Nachsaison 10-12 und 14-18 Uhr, im Winter 14-18 Uhr, 25.12. geschl., Eintritt 6,50 €, Kinder 6-14 Jahre 4,50 €, Kinder 3-5 Jahre 3,50 €, Tel. 0231 88 46 04, Fax 0231 81 20 70

Aktivitäten/Sport

- **Centre Algotherm,** Promenade des Planches, unmittelbar am Casino, Gesundheitsinstitut bei rheumatischen Erkrankungen, Herz- und Kreislaufproblemen, allgemeinen Schwächezuständen etc., sportmedizinische Anwendungen unter ärztlicher Aufsicht,

DEAUVILLE – Im Herzen der Normandie

neuerdings angeschlossen: orthopädische Schusterwerkstatt, Pediküre, Fußmassage, ganzjährig geöffnet, täglich außer sonntags 9-13 und 15-19 Uhr, Tel. 0231 88 10 35, Fax 0231 88 33 30
- **Segeln:** Segelschule Club Nautique de Trouville Hennequeville, Digue des Roches Noires, 14350 Trouville, ganzjährig geöffnet, Tel. 0231 88 13 59, Fax 0231 88 00 37
- **Bootsfahrten/Hochseeangeln:** mit der „Golf Stream" entlang der Küste, Abfahrt zwischen Ostern und Mitte Oktober am Quai Albert I., Abfahrtszeiten entsprechend den Gezeiten, Fahrpreis 6,10 €, Kinder 4,70 €, 2-Std.-Fahrt bis zur Pont de Normandie 12,20 €, Kinder 9,15 €, Tel. 0231 65 23 30, Fax 0231 65 11 33
- **Tauchen:** Club de Plongée de Trouville, Boulevard Cahotte, Tel. 0231 98 00 14
- **Kajak:** Trouville Kajak-Club, Tel. 0231 88 71 37
- **Mini-Golf:** am Strand

Nachtleben

- **Casino Louisiane Follies,** französisches und englisches Roulette, Black-Jack, Craps, Poker, Punto Banco, 200 Geldautomaten bzw. Einarmige Banditen, mit Bar und Restaurant, Diskothek, Kino, Galas und Festivals, ganzjährig geöffnet, Tel. 0231 87 75 00, Fax 0231 87 75 01

Einkaufen

- **Fischmarkt:** täglich in den Fischhallen
- **Wochenmarkt:** mittwochs und sonntags am Kai

Hotel Normandy in Deauville – das berühmteste Hotel an der Côte Fleurie

Deauville   ⇗ XII/B1

Überblick

Nur durch die Touques voneinander getrennt, durch den Pont des Belges aber miteinander verbunden, bilden die Orte Trouville und Deauville eine Einheit, auch wenn viele es nicht wahr haben wollen. Es ist allerdings eine Einheit mit zwei Gesichtern. Überquert man die Brücke Pont des Belges, so gelangt man aus der Welt der Fischerboote an den Kais der Touques in die **vornehme Welt** von Deauville mit ihren eleganten Hotelpalästen und ihren hochherrschaftlichen Schlössern nachempfundenen Villen. Die Eleganz hat allerdings auch ihren Preis. In das quirlige Trouville kommt man eher aus Freude am Urlaub, nach Deauville geht man, um gesehen zu werden, so wird jedenfalls vielfach behauptet. Und zum Essen gehen viele Gäste aus Deauville nach Trouville, weil es dort lebhafter und interessanter ist – und nicht ganz so teuer.

Geschichte

Die große weite Welt hat Deauville erst später als Trouville entdeckt. Es war der Herzog von Monry, Halbbruder von *Napoleon III.*, der 1860 mit Partnern ein erstes Grundstücksgeschäft an diesem Teil der Küste unterhalb von Vieux-Deauville abschloss. Ihm folgten aus der Pariser Geschäfts- und Lebewelt des Zweiten Kaiserreiches so **schillernde Persönlichkeiten**

wie Prinz *Demidoff* oder *Doktor Oliffe,* Leibarzt des Marquis *von Massa* und des Bankiers *Laffitte.* Manche der herrschaftlichen Villen Deauvilles entstammen noch dieser Zeit.

Der eigentliche Aufschwung begann aber erst kurz vor der **Jahrhundertwende.** Der neue Bürgermeister von Trouville wollte wohl dem „Emporkömmling" *Eugène Cornuché,* einem ehemaligen Kaffeehauskellner, der sich zum Großinvestor von Trouville emporgearbeitet hatte, einen Sitz im Stadtrat verweigern. *Cornuché* soll sich auf seine Weise gerächt haben – er investierte nun in Deauville.

Gegenüber der hügeligen Fluss-Seite von Trouville entstand so am linken Flussufer im Mündungsbereich der Touques auf einst sandiger Brache, die in einen wunderschön breiten, drei Kilometer langen Sandstrand übergeht, ein Badeort wie auf dem Reißbrett. Großzügige **Villen aus der Gründerzeit** zieren die Strandfront, deren Gärten eine wahre **Blütenpracht** zeigen – daran hat sich bis heute nichts geändert. Hierin liegt der Ursprung für die Bezeichnung des Küstenabschnitts zwischen Seine und Orne als *Côte Fleurie.*

Der Sport der Reichen und Schönen der Belle Époque war das Zuschauen – Sehen und Gesehen werden. Wo kann man das besser als auf dem Pferderennplatz, dem **Hippodrome de Deauville.** Deauville ist seit jener Zeit eine Hochburg des Pferdesports.

304 DEAUVILLE
Im Herzen der Normandie

In dieser Zeit des Aufbruchs, die bis zum Ersten Weltkrieg andauerte, entstanden 1912 das heutige **Casino** und in kürzester Zeit auch die beiden Super-Nobelhotels der Stadt, das „**Normandy**" und das „**Royal**". Nobel ist Deauville bis heute geblieben. Annähernd die Hälfte der Hotelzimmer der Stadt gehören der Vier-Sterne-Kategorie an!

Der **Erste Weltkrieg** konnte die weitere Entwicklung nur unterbrechen. Die Roulette-Kugeln hörten auf zu rollen. Dafür wurden Krankenbetten für die verletzten Soldaten ins Casino geschoben, das in dieser Zeit als Lazarett diente.

Dann ging es in den „Roaring Twenties" umso heftiger weiter. Cornuché hatte die Gabe, die neuen Berühmtheiten nach Deauville zu locken: Es waren die Stars der **Glitzerwelt der Filmbranche.** Ihnen wurde ein ganz besonderes Denkmal gesetzt. Genau wie in Trouville hatte man in Deauville die Strandpromenade mit Holzdielen gepflastert. Doch in Deauville versah man die hölzernen Gatter der Umkleidekabinen, die die *planches* säumen, mit den Namen der großen Filmstars und kleineren Filmsternchen, die das jährlich veranstaltete Amerikanische Filmfestival besucht hatten. So kann man hier und heute Namen wie *Lee Marvin, Joan Fontaine, Burt Lancaster, Clint Eastwood, Yul Brynner, Glenn Ford* und viele andere finden.

Viel einschneidender als der Erste Weltkrieg waren die Folgen des Zweiten Weltkrieges für Deauville. Da sich der Badeort nicht richtig erholte, setz-te man auf **neue Zielgruppen,** zum Beispiel durch Ausweitung der Saison, durch den Bau eines neuen Jachthafens, durch Schaffung von Einrichtungen für Tagungen etc. Dafür musste investiert werden. Die Hafeneinrichtungen wurden erweitert, ein Kongresszentrum wie auch ein völlig neues Geschäftszentrum und ein beheiztes Meerwasserschwimmbad entstanden.

Deauville heute

Deauville stellt sich heute in den unterschiedlichsten Fassetten dar: traditionell und modern zugleich – ein Rezept, das offensichtlich von Erfolg gekrönt ist. Die **mondänen Hotels** demonstrieren ihre Internationalität mit der Flaggenparade am Eingang. Und die Zahl der dort parkenden Rolls Royces zeigt, wie sehr das zahlungskräftige Publikum weiterhin an Deauville hängt.

Im **Spielcasino** rollt die Kugel, wird Black Jack gespielt und was sonst noch alles an Glücksspielen denkbar ist. Es gibt Spielautomaten in Hülle und Fülle. Doch das Casino bietet mehr. Das Casino-Theater zeigt Shows und Varieté, hier werden Konzerte gegeben und natürlich auch Theaterstücke aufgeführt.

Am Hauptstrand von Deauville

Auf den **planches**, den Holzdielen der Strandpromenade, flaniert weiterhin ein zahlungskräftiges Publikum, denn wovon sollten die vielen **teuren Boutiquen** und Edelmarken-Geschäfte in Deauville sonst leben?

Und wie in Trouville kann man auch in Deauville allen **Sport-** und **Freizeitmöglichkeiten** nachgehen.

Auf einem Sektor ist Deauville an der Küste weiterhin mit Abstand die Nr.1 – beim **Pferdesport!** Die Rennsaison eröffnet jedes Jahr im Juli und endet mit dem Deauville Grand Prix am vierten Sonntag im August. Doch nicht nur dann herrscht großes Treiben im Hippodrom. Hier hat man sich ganz dem Polo verschrieben, so sehr, dass Deauville die unausgesprochene „Polo-Hauptstadt" Frankreichs ist.

Die lange Tradition der Pferdehaltung im Calvados wird hier auf besondere Weise fortgesetzt. Im Umkreis von Deauville gibt es an die 70 **Pferdezuchten,** deren Besitzer unter anderem *Rothschild, Khan* oder auch *Niarchos* heißen. Damit hat sich Deauville auch zu einem der wichtigsten Verkaufsplätze für Zuchtpferde entwickelt. Vor allem die Yearlings (einjährige Pferde) finden hier ein genauso internationales Publikum wie die Rennbahn selbst.

Die Umgebung von Deauville

Die touristischen Ortsteile von Trouville-sur-Mer und Deauville verdanken ihre heutige Existenz der Tatsache, dass die Flußmündung der Touques im Laufe der letzten Jahrhunderte immer weiter verlandete. Dies hatte zur Folge, dass der mittelalterliche Hafen von Touques längst nicht mehr existiert.

Touques war einer der Hauptaufenthaltsorte von *Wilhelm dem Eroberer,* bevor er Caen als bevorzugten Wohnsitz auswählte. Dennoch traf *Wilhelm* die Vorbereitungen zur Eroberung Englands in seiner befestigten Burg in Bonnevilles-sur-Touques. Heute trägt die Ruine dieser imposanten Burg oberhalb des alten Ortes Touques den Namen Château de Guillaume-le-Conquérant.

Touques

Touques selbst ist ein hübscher kleiner Ort mit einigen pittoresken normannischen Häusern. Im Zentrum steht die **Kirche Saint-Thomas,** zu der *Thomas Becket* den Grundstein gelegt haben soll und dem zu Ehren sie ihren Namen trägt. Die Kirche stammt aus dem 12. Jahrhundert, wie unschwer am romanischen Schiff zu erkennen ist. Der Chorraum wurde im Flamboyant-Stil spätgotisch erneuert, das Portal stammt aus der Zeit *Ludwigs III.*

Noch älter ist die **Kirche St.-Pierre,** die aus dem 11. Jahrhundert stammt. Der Bau, der im 17. und 19. Jahrhundert erheblich verändert wurde, dient heute im Wesentlichen als Veranstaltungsraum für Kunstausstellungen.

Am Ortsrand von Touques in Richtung Pont l'Évêque steht das im Stil des 16. Jahrhundert erbaute **Gestüt Le Haras,** das der Familie *Rothschild* gehört. Die Anlage schließt das Herrenhaus **Le Manoir de Meautrix** aus dem 16. und 17. Jahrhundert mit ein. Es ver-

Château de Guillaume-le-Conquérant

Oberhalb von Touques in Bonneville-sur-Touques erhebt sich in strategisch einmaliger Position die **Ruine** des ehemaligen Château de Guillaume-le-Conquérant. Vom Turm der Burg hatte man zu Zeiten *Wilhelms* nicht nur einen unmittelbaren Überblick über den Hafen und die Küste, sondern konnte weit in das Tal der Touques hineinsehen. Dieser Standort war darüber hinaus von Bedeutung, weil er genau zwischen den Fronten der rivalisierenden Städte Rouen und Bayeux lag.

Die Burg stammt aus dem 11. Jahrhundert und wurde im 12. und im 13. Jahrhundert weiter ausgebaut und befestigt. Von der Anlage selbst ist außer Resten der Wallanlagen, der Außenmauer, dem Kerker und den Ruinen der Türme nicht viel übrig geblieben.

Saint-Arnoult

Lohnenswert ist auch ein Besuch der **Ruinen der Klosterkirche** von Saint-Arnoult, drei Kilometer südlich von Deauville gelegen und auf der D 218 zu erreichen. Von der Kirche sind noch der romanische Chor und der Glockenturm erhalten.

Blonville-sur-Mer

Die Seebäderstraße D 513 setzt sich an der flachen Küste von Deauville in direkter Verlängerung über die Badeorte Bénerville-sur-Mer, mit ihren vielen Villen oben auf den Hügeln, und Blonville-sur-Mer weiter fort. Hier erstreckt sich der Strand bis zu den Ausläufern des 112 Meter hohen **Mont Casiny**, den die Franzosen schon vor dem Zweiten Weltkrieg befestigten. Die deutsche Besatzungsmacht baute die Befestigung als Teil des Westwalls zur Verteidigung der Kanalküste mit Kasematten, Bunkern und Galerien aus.

Praktische Tipps

- **Postleitzahl Deauville:** 14800
- **Tel. Vorwahl:** 0231

Information

- **Office de Tourisme,** Deauville, Place de la Mairie, Tel. 14 40 00, Fax 88 78 88, E-Mail: info@deauville.org, www.deauville.org

Unterkunft

- **Hôtel Normandy**€€€€€, Deauville, das Renommierhotel an der Côte Fleurie!, typischer kann die anglonormannische Architektur nicht sein, erlesenster Luxus, wo sich die Adligen, die Schönen und die Reichen auch heute noch treffen, im Restaurant Küche vom Feinsten, ganzjährig geöffnet, Tel. 98 66 22, Fax 98 66 23, normandy@lucienbarriere.com
- **L'Augeval**€€€€, 15 Avenue Hocquart de Turtot, Hotel im Zentrum von Deauville in einer wunderschönen Villa, einem Musterbeispiel der normannischen Seebäderarchitektur, luxuriös und erlesen, ganzjährig geöffnet, Tel. 81 13 18, Fax 81 00 40
- **Hélios Hôtel**€€€, Deauville, 10, Rue Fossorier, im Zentrum gelegenes modernes Hotel hinter neonormannischer Fassade, drei Zimmer für Behinderte, ganzjährig geöffnet, Tel. 14 46 46, Fax 88 53 87
- **Hotel Campanile**€€€, 14800 St.-Arnoult, Av. Michel d'Ornano, ländliches, mittelgroßes Hotel mit angeschlossenem Grillrestaurant, ganzjährig geöffnet, Tel. 87 54 54, Fax 87 09 42

- **Hotel de la Mer** €€, Blonville, 93 Avenue Michel d'Ornano, 20 Meter vom Strand entfernt, Tel. 87 93 23, Fax 87 16 20

Essen und Trinken

- **Le Ciro's**€€€, gehört zu den edelsten Restaurant-Adressen in Deauville, bester Standort an den *planches*, die Küche ist frisch, reichlich und sieht nur einfach aus, erlesene Bordeaux-Karte, edel und teuer, im Winter dienstags und mittwochs geschl., 8.-24.1. ganz geschl., Tel. 14 31 31, Fax 0231 98 66 71
- **Augusto**€€, Deauville, 27, Rue Désiré-le-Hoc, der Koch gilt als Hummer-Spezialist, teuer, ganzjährig geöffnet, Tel. 88 34 49, Fax 88 38 88
- **Le Spinnaker**€€, Deauville, 52, Rue Mirabeau, Fischrestaurant der Spitzenklasse, Preise angemessen teuer, im Winter montags und dienstags geschl., 15.-30.11. u. 2.-31.1. ganz geschl., Tel. 88 24 40, Fax 88 43 58
- **Bar Nautica**€, Deauville, Quai de la Marine am stadtseitigen Ende des Segelhafens, einladendes Ambiente
- **Café de Paris,** Deauville, quirlige Bar mitten an der Place Morny, gepflegte „kleine Karte", Achtung: Service auf der Terrasse nur gegen Aufpreis, Tel. 88 31 60
- **L'Épi d'Or**€€€, Blonville, 23 Av. Michel d'Ornano, charmanter Gasthof am Meer, Restaurant mit bürgerlicher Küche, Spezialitäten: Grilläpfel auf dreierlei Schinken mit Cidre-Creme, Fischpastete mit Cidre-Karamel, Kaffeepralinen, Mitte Dezember bis Mitte Februar geschlossen, außer Weihnachten/Neujahr

Museum

- **Villa Strassburger,** Deauville, typisches Gebäude für die Seebäderarchitektur des 19. Jahrhunderts, von Baron *Rothschild* erbaut, 1924 in den Besitz der Familie *Strassburger* übergegangen, Besichtigungen im Juli und August dienstags, mittwochs, donnerstags 14, 15 und 16 Uhr, Eintritt 2,30 €, Kinder frei, Tel. 88 20 44

Besichtigungen

- **Château de Guillaume-le-Conquérant,** Bonneville-sur-Touques, Zutritt zur Anlage, die sich heute in Privatbesitz befindet, nur mit Führung, Dauer ca. 45 Min, Eintritt 2 €, Schüler 0,80 €, Tel. 88 00 10
- **Mont Casiny,** zwischen Blonville und Villers-sur-Mer, Besichtigung an jeweils einem Samstag in den Sommermonaten möglich, Treffpunkt: Place au Belvédère 15 Uhr, Taschenlampe mitbringen, Auskunft: Office de Tourisme Villers-sur-Mer oder bei „Les Amies du Mont Canisy", zu erreichen über das Bürgermeisteramt in Villers-sur-Mer, Rue du Général-de-Gaulle, Tel. 14 65 00

Aktivitäten

- **Thalassotherapie:** Institut de Thalassothérapie, Deauville, 3, rue Sem, alle Meerwasseranwendungen, mit angeschlossener Schönheitsfarm, Tel. 87 72 00, Fax 87 72 13
- **Rundflüge:** Aéro-club de Deauville-St.-Gatien, 14310 St. Gatien de Bois, Tel. 64 00 93
- **Hubschrauber-Rundflüge:** Héli-time, 14800 Touques-Deauville, Tel. 81 82 83

Sport

- **Wandern:** Was so gar nicht zu Deauville zu passen scheint, ist das Wandern. In der Tat endet hier aber einer der großen Fernwanderwege Frankreichs, der **GR 26,** der vom Département des Yvelines bei Paris bis Deauville führt.
- **Segeln:** 900 Boots-Liegeplätze im Port Deauville (Schleusenhafen), Auskunft: Port-Capitainerie, (Hafenmeisterei), Tel. 98 30 01, Fax 81 98 92; 400 offene Bootsliegeplätze im Port Municipal, Tel. 98 50 40, Fax 87 30 62
- **Pferdesport:** Centre équestre de l'Oxer, Unterricht, Ausritte, Wettbewerbe, Übungsstunden, Pferdepension, fünf Kilometer südlich von Deauville in Tourgeville an der D 27, Tel. 37 82 04;

  École d'Équitation de Deauville, Ausritte am Strand, Unterricht, Wettbewerbe, Pferdepension, Pony-Club, Tel. 78 00 24
- **Golf:** drei Plätze im unmittelbarer Nähe:

  Golf de Deauville-Saint-Gatien, 27-Loch-Platz hinter dem Flughafen an der D 279 in waldiger Umgebung auf dem Gelände einer Fruchtpresse aus dem 18. Jahrhundert – La Ferme du Mont Saint-Jean, ganzjährig geöffnet (15.10.-15.3. wochentags geschlossen), Tel. 65 19 99, Fax 65 11 24;

New Golf Barrière, auf der Rückseite des Mont Canisy gelegener 27-Loch-Platz mit der Luxus-Herberge Hôtel du Golf La Pommeraie€€€€€ am Berghang, Minimum Handikap 28/Damen bzw. 24/Herren, ganzjährig geöffnet, 14800 Saint-Arnoult, Tel. 14 24 24, Fax 14 24 25, www.lucienbarriere.com;

Golf de Deauville l'Amirauté, 18-Loch-Platz fünf Kilometer südlich von Deauville an der D 278 in Richtung Beaumont-en-Auge, auf dem Gelände eines alten Gestüts, Klubhaus überragt das Tal der Touques, ganzjährig geöffn., 14800 Trouville-St.-Cloud, Tel. 81 82 83, 81 82 93, www.amiraute-resort.com
- **Mini-Golf:** Deauville, Boulevard de la Mer, Tel. 98 40 56

Nachtleben

- **Casino:** Deauville, Boule, Baccara, franz. u. engl. Roulette, Black Jack, 291 Spielautomaten, zusätzlich mit Kino, Gala-Programmen, Night-Club, Restaurants, ganzjährig geöffn., Tel. 14 31 14, www.lucienbarriere.com
- **Diskotheken:** „Y Club", Deauville, rue Désiré-Le-Hoc, Tel. 88 30 91; „Melody", Deauville, 13, rue Albert-Fracasse, Tel. 88 34 83; „Le Régine", unter dem Casino (s.o.)
- **Le Stephden**€€, Route de Paris, 14800 Touques/Deauville, „Diner-Spectacle-Danse", Cabaret, Chansons, Travestie, erschwinglicher Komplettpreis für Mahlzeit, Getränke und Vorführungen, Buchungen: Tel. 81 96 78

Veranstaltungen in Deauville

- **Swingin' Deauville:** Festival de Jazz, Juli
- **Festival du cinéma américain:** erste Hälfte im September
- **Pferderennen:** Juli, Aug., Okt. im Hippodrome de Clairfontaine und Hippodrome de la Touques
- **Reitturniere:** Juli, Oktober
- **Polo:** Championnat mondial de Polo, August im Hippodrome de la Touques

Einkaufen

- **Wochenmarkt:** Place de Morny dienstags, Juli/August werktäglich
- **Antiquitäten:** Auktionshaus Centre Élie de Brignac, Avenue Hocquart, Tel. 81 81 00; Auktionshaus in der Rue Général Leclerc Nr. 16, Tel. 88 21 92; Auktionstermine erfährt man bei der Tourist-Information

Verkehrsverbindungen

- **Eisenbahn:** Kopfbahnhof Douville/Trouville mit direkten Schnellzugverbindungen nach Paris Gare St.-Lazare, in der Saison Ende Juni bis Anfang September täglich Verbindung nach Dives/Cabourg, außerhalb der Saison nur am Wochenende
- **Flugzeug:** Aéroport de Deauville-St.-Gatien, in der Saison Direktverbindungen mit Brit-Air nach Nizza und London, Info und Buchungen Tel. 65 65 65, Fax 26 01 92

Villers-sur-Mer

♪ XII/A1

Geschichte

Wie bei den anderen Orten an der Côte Fleurie begann die Entwicklung von Villers-sur-Mer zum Badeort bereits im 19. Jahrhundert. Doch reicht die Ortsgeschichte bis in die Römerzeit zurück, wie Funde römischer Straßenreste aber auch Töpferwaren belegen.

Die romanische Kirche des alten Ortes Villers stammte aus dem 11. Jahrhundert, wurde aber 1872 durch den heutigen neugotischen Bau ersetzt. Eine Vielzahl alter Bauernhäuser wurde im 16. und 17. Jahrhundert sowohl im Ort als auch in der Umgebung errichtet.

Im Zweiten Kaiserreich kamen dann die ersten hoch gestellten Persönlichkeiten aus Paris, um hier zu residieren. Dazu zählten Architekten und führende Journalisten. Die Bankiersfamilie *Napoleons III.*, die *Demachys*, bauten das Schloss San Carlo und auch die

Comtesse de Béarn, geborene *Demachy,* gab sich ganz dem Ort hin. Sie harrte hier während des Ersten Weltkrieges aus. Die vielen schönen Villen des Ortes stammen noch aus der Belle Époque, der Zeit des ausgehenden 19. Jahrhunderts, denn den Zweiten Weltkrieg hat Villers-sur-Mer gut überstanden.

Sehenswertes

Der Ort zählt nunmehr 2000 Einwohner, während der Saison sind es 25.000! Trubelig geht es dann zu, ohne dass der Badeort dabei seinen eigenständigen Charakter verliert. Treffpunkte der Feriengäste sind die Strandmeile und die kleine Fußgängerzone in der Avenue des Belges.

Villers-sur-Mer verfügt über einen fünf Kilometer langen **Sandstrand** zwischen Blonville-sur-Mer und der sich anschließenden Steilküste der Falaises des Vaches Noires. Bestimmend für das Badeleben sind die **Deichpromenaden,** die sich an der Strandfront entlangziehen. Die Promenade de l'Europe erstreckt sich von den Falaises des Vaches Noires bis zum Schwimmbad, die Promenade Ouest, durch die genau der Null-Meridian von Greenwich verläuft, bildet den Mittelteil und weiter östlich schließt sich die neue Promenade Villers 2000 an, hinter der ein neuer Ortsteil mit modernen Appartementhäusern und vielen infrastrukturellen Einrichtungen entstanden ist.

Touristischer Mittelpunkt von Villers-sur-Mer ist die Place Mermoz mit dem schon legendären **Café Mermoz.** Einige wenige Straßen weiter, am Place Fanneau, befindet sich das **Spielcasino.** Das eigentliche Ortszentrum stellt die Place Jeanne d'Arc mit einer kleinen **Fußgängerzone** dar.

Etwas außerhalb liegt das **Schloss,** zu dem man über die Ausfallstraße Richtung Bahnhof (den man links liegen lässt) gelangt. Der ursprüngliche Ziegelbau geht auf das 17. Jahrhundert zurück. Eine Erweiterung erfolgte unter *Ludwig XV.* durch *Jean Paris Montmortel,* Finanzberater des Königs und Pate der Marquise *de Pompadour.* Nach dem Tod seines Sohnes, des exzentrischen Marquis *de Brunoy,* kam das Schloss an seinen Vetter, in dessen Familie es bis heute geblieben ist. Durch die Lage des Schlosses in einem großen Gartengelände ist nur ein ferner Blick auf das Gebäude möglich.

Die Umgebung von Villers-sur-Mer

Les Falaises des Vaches Noires

Die Falaises des Vaches Noires, ein steiler Felsabschnitt zwischen den Sandstränden von Villers und Houlgate, haben Villers unter Paläontologen weltberühmt gemacht. Die Ausläufer des Plateaus von Auberville fallen hier zur Küste hin steil ab und bilden eine **Abbruchkante,** deren dunkles Erscheinungsbild wohl irgendwann einmal an schwarze Kühe *(vaches noires)* erinnert hat.

Durch Erosion bricht die Felskante immer wieder ab und gibt an dieser

VILLERS-SUR-MER

Stelle vielfältigste **Fossilien** preis. Darunter waren auch schon Krokodile, überwiegend handelt es sich aber um Ichthyosaurier, Plesyosaurier, Ammoniten, Muscheln und vor allem Terebratulen (Armfüßler), von denen viele Arten als Leitfossilien seit der erdgeschichtlichen Epoche des Trias gelten. So geben die Falaises des Vaches Noires einen unmittelbaren Einblick in den geologischen Aufbau des Massivs von Auge und vermitteln einen Eindruck von dem einstigen Meers aus der Jura-Zeit, das sich hier erstreckte und das die Grundlage für die Entstehung des Pariser Beckens bildete. Die schönsten Fossilien werden im Paläontologischen Museum von Villers-sur-Mer ausgestellt.

Während der Ebbe lohnt sich ein **Spaziergang** am Fuß der Felsabbruchkante der Falaises des Vaches Noires. Fern jeder menschlichen Ansiedlung kann man in aller Ruhe das Meer und die großartige Steilküste erwandern. Die Strecke misst etwa fünf Kilometer, der Weg nimmt wegen des steinigen Untergrundes an die zwei Stunden in Anspruch.

Die Dorfkirche von Tourgeville bei Villers-sur-Mer

Auberville

Die Küstenstraße D 513 führt zwischen Villers-sur-Mer und Houlgate ein ganzes Stück landeinwärts. Bei Auberville lohnt aber ein Abstecher auf der kleinen Landstraße D 163 wieder zur Küste hin. Dabei gelangt man an einen über 120 Meter hoch gelegenen **Aussichtspunkt**. Dort befindet sich eine Informationstafel, die auf die Klippen von Arromanches im Westen und auf das Cap de l'Havre im Osten hinweist. Ein herrlicher Blick bietet sich von hier über die Dives-Mündung bis zur Orne-Mündung.

Praktische Tipps

- **Postleitzahl Villers-sur-Mer:** 14640
- **Tel.-Vorwahl:** 0231

Information

- **Office de Tourisme,** Place Mermoz, Tel. 87 01 18, Fax 87 46 20, www.mairie-villers-sur-mer.fr

Unterkunft

- **Residence Castellamare**€€, 2, rue Michel d'Ornano, familiäres Hotel, direkt am Deich gelegener Bau in reizvoller Fachwerk-Bäderarchitektur, während der französischen Schulferien wird ein Kinder-Club angeboten, Mitte November bis Mitte Dezember geschlossen, Tel. 81 66 06, Fax 87 62 49
- **La Bonne Auberge**€€, Rue Maréchal Leclerc, geschmackvolles Hotel mit angeschlossenem Restaurant am Place Mermoz, herrliche Aussicht über den Strand, einige Terrassenzimmer zum Meer hin gelegen, geöffnet: Mitte März bis 1.1., Oktober, November, Dezember nur am Wochenende, Tel. 87 04 64, Fax 87 48 70
- **Le Lieu Bill,** zauberhafter alter Herrenhaus-Komplex mit großem Bauerngarten an der D 118 nach Beaumont-en-Auge ca. zwei Kilometer hinter den Bahngleisen, Angebot: Gîte, das zu einem Ferienhaus umgestaltete ca 250 Jahre alte, großzügige Nebengebäude sowie Chambres d'Hôtes im Manoir, Preise auf Anfrage, Tel. 87 98 00
- **Camping Bellevue,** Route de Dives, empfehlenswerter Platz, allerdings außerhalb an der Straße nach Houlgate gelegen, geöffnet: März bis November, Tel. 87 05 21, Fax 87 09 67

Essen und Trinken

- **Restaurant Celtic,** 18, Rue du Maréchal-Leclerc, 100 Meter vom Strand entfernt am Place Jeanne d'Arc, schöne Sonnenterrasse, Spezialität Meeresfrüchte, auch Hotel
- **Café-Restaurant Mermoz,** am gleichnamigen Platz, fantastischer Ausblick über das Meer, ausgezeichnete Fischküche, Tel. 87 01 68
- **Auberge de la Ferme des Aulnettes**€€, 14510 Houlgate, Route de la Corniche, zauberhaftes Haus an der Seitenstraße zwischen Auberville und Houlgate mit gepflegtem Gastgarten, 15 Zimmer, gepflegte Küche mit Fischgerichten und traditioneller normannischer Landküche, ganzjährig geöffnet, Tel. 28 00 28, Fax 28 07 21

Museum

- **Musée Paléonthologique,** Place Mermoz neben dem Fremdenverkehrsamt, nicht nur für „Fachleute" interessant, während der Hochsaison ganztägig geöffnet, ansonsten Mittagspause 12.30-14.30 Uhr, Tel. 87 01 18, Fax 87 46 20, mairie-villers-sur-mer.fr

Sport

- **Reiten:** Reitschule La Villedieu, Route du Chateau, zwei Kilometer außerhalb Villers, Manege-Reiten, Hindernis-Reiten, Landschafts-Reiten, Tel. 87 51 59
- **Segelschule:** Club Nautique de Villers-sur-Mer, rue Faine, Tel. 87 00 30
- **Mini-Golf:** unmittelbar am Strand, Tel. 22 91 36, und Place Fanneau, neben dem Casino, Tel. 87 42 09
- **Wandern:** zweimal wöchentlich, in der Regel am Mittwoch und Freitag, werden in Ab-

hängigkeit von den Gezeiten Wanderungen durch die **Falaises des Vaches Noires** angeboten, fachlich begleitet von einem Mitglied der Paläontologischen Gesellschaft, Auskunft: Office de Tourisme

Nachtleben

- **Casino,** Place Fanneau, ganzjährig geöffnet ab 10 Uhr, Spielautomaten, Boule-Spiel, Roulette, Piano-Bar und Restaurant, Kino, Tel. 14 44 88

Veranstaltungen

- **Sable Show:** Freiluft-Konzerte im Strandtheater, Juli und August, Auskunft: Office de Tourisme
- **Neue Talente:** Klassische Musik, dargeboten von jungen Künstlern an diversen Veranstaltungsorten im August, Auskunft: Office de Tourisme
- **Regatten** verschiedener Klassen an diversen Sonnabenden und Sonntagen zwischen April und August, Auskunft: Cercle Nautique de Villers-sur-Mer (C.N.V.), Tel. 87 00 30, Fax 87 84 00

Verkehrsverbindungen

- **SNCF Bahnhof** in Villers-sur-Mer an der Strecke Dives/Cabourg – Deauville/Trouville, ganzjährig an Wochenenden befahren, in der Saison von Anfang Juni bis Ende September auch werktags

Houlgate ⌕ XII/A1

Der nächste der bekannten Badeorte an der Côte Fleurie ist Houlgate, das sich unmittelbar westlich an die Falaises des Vaches Noires anschließt und bis zur Dives-Mündung erstreckt. Im Ort selbst mündet das kleine **Flüsschen Drochon,** das ein zauberhaftes, von Taubenschlägen und einer Wassermühle gesäumtes Tal bildet.

Im Gegensatz zum benachbarten Cabourg, das eine „künstliche" Geschichte hat, kann Houlgate auf eine längere **Vergangenheit** zurückblicken. Früher hieß der Ort Beuzeval, dann Beuzeval-Houlgate, um sich letztendlich nur noch Houlgate zu nennen – angeblich, um den Engländern das Kommen zu erleichtern.

Sehenswertes

Den ganzen Charme Houlgates machen seine **Seebäder-Villen in Fachwerkkonstruktion** mit ihren Holzbalkonen und Balustraden aus. Höhepunkt dieser Architektur ist das monströse Grand Hôtel, von dem böse Zungen behaupten, es sähe wie ein deplatzierter Großbahnhof aus. Das einstige Hotel ist längst in ein Appartementhaus umfunktioniert worden.

Die **Flaniermeile** des Ortes ist die Rue des Bains. Hier reihen sich die Geschäfte aneinander, dazwischen die Hotels, Restaurants und Bars.

Vor dem Casino und der Strandpromenade breitet sich der **weite, feine Sandstrand** aus. Das Meer zieht sich hier bei Ebbe über einen Kilometer weit zurück. Wo anders kann man besser Krabben fangen als hier?

Praktische Tipps

- **Postleitzahl Houlgate:** 14510
- **Tel.-Vorwahl:** 0231

Information

- **Office de Tourisme,** Boulevard des Belges, Tel. 0231 24 34 79, Fax 0231 24 42 27, houlgate@wanadoo.fr, www.houlgate.com

HOULGATE
Im Herzen der Normandie

Unterkunft

- **Hotel La Ferme du Lieu Marot**€€, 21, rue de la Vallée, eingerichtet in einem ehemaligen alten Bauernhaus aus dem 18. Jahrhundert, inmitten von Apfelplantagen gelegen, mit Gartenrestaurant, traditionelle französische Küche, Tel. 28 74 00
- **Hotel-Restaurant Le 1900**€€, Rue des Bains, mit gutem Restaurant, spezialisiert auf Meeresfrüchte, Tel. 28 77 77, Fax 28 08 07
- **Hotel du Centre**€€, Rue des Bains, mit Bar, Tel. 24 80 40
- **Hotel Dutell**€, Rue des Bains, mit Konditorei und Eissalon
- **Camping les Ammonites,** nahe des östlichen Ortsrandes von Houlgate oberhalb der Steilküste gelegen, ebener Platz, im Bereich des Zelt-Camping leicht geneigt, der Strand kann über eine Treppe direkt erreicht werden, Tel. 87 06 06, Fax 87 18 00
- **Camping La Vallée,** 88, rue de la Vallée, freundlicher Platz, 900 Meter vom Sandstrand entfernt, leicht wellig angelegt, es werden auch Mobilheime zur wochenweisen Vermietung angeboten, geöffnet: Mai bis September, Tel. 24 40 69, Fax 28 08 29, camping.lavallee@wanadoo.fr

Essen und Trinken

- **Restaurant Ecailler,** Rue des Bains, Fisch- und Grillgerichte
- **Jupiter Bar,** Rue des Bains, kleines Fischrestaurant mit Fisch- und Muschelverkauf

Sport

- **Golf:** Blue Green Golf de Beuzeval-Houlgate, 18-Loch-Platz, angelegt in einem ehemaligen Landschaftspark an der D 24, bietet sonntags um 15 Uhr kostenlose Einführung, 14510 Gonneville-sur-Mer, Tel. 24 80 49, Fax 28 04 48, houlgate@bluegreen.com,
- **Mini-Golf:** Rue Baumier, Tel. 28 00 97

Nachtleben

- **Casino:** Boule, Video-Bar, allabendlich geöffnet, außer montags und dienstags, Saal mit 30 Banditen, täglich geöffnet 11-2 Uhr (in der Saison bis 3 Uhr), Tel. 28 75 75
- **Diskothek:** „Le Willys", im Casino

Verkehrsverbindung

- **SNCF Bahnhof** in Houlgate an der Strecke Dives/Cabourg – Deauville/Trouville, ganzjährig an Wochenenden befahren, zusätzlich in der Saison von Anfang Juni bis Ende September werktags

Dives-sur-Mer ⚓ XII/A1

Der Strand von Houlgate zieht sich bis zur Dives-Mündung hin. Nur zwei Kilometer flussaufwärts liegt am rechten Flussufer Dives-sur-Mer, quasi gegenüber vom großen Seebad Cabourg, dessen seitwärtige Front sich entlang der gegenüber liegenden Seite des Flusses erstreckt. An der Mündung der Dives wurden ein kleiner Fischereihafen und eine Marina angelegt. Der historische Hafen, von dem der normannische Herzog Wilhelm am 25. September 1066 seine Flotte zur Kanalüberquerung auslaufen ließ, um England zu erobern, ist längst versandet.

Sehenswertes

Im Jahr 1067 ließ Wilhelm aus Dankbarkeit für seinen Sieg über die Engländer die **Église Notre-Dame de Dives** errichten. Teile des heutigen Kirchenbaus, wie etwa die Vierung, gehen noch auf das 11. Jahrhundert zurück. Im Wesentlichen stammt der jetzige Bau aber aus dem 14. und dem 15. Jahrhundert. Die Bedeutung der Kirche führt man auf eine Legende zurück, nach der lange vor der Zeit Herzog Wilhelms eine Reliquie angespült worden sein soll, für die dann eine Kapelle am Strand errichtet wurde – Dives lag damals noch unmittelbar am Meer. Die Reliquie, ein Kruzifix, wurde in einem Schrein aufbewahrt, der immer wieder Ziel von Pilgerfahrten war, aber während der Religionskriege zerstört wurde.

Interessant am Kirchenbau ist der Kontrast zwischen dem hohen Mittel-

Blick auf Houlgate mit dem Casino bis zum Strand von Cabourg

Notre-Dame de Dives

Wilhelm der Eroberer

Eine der faszinierendsten Gestalten, des Mittelalters ist zweifelsohne *Wilhelm*, Herzog der Normandie und späterer König von England – in die Geschichte ist er als *Wilhelm der Eroberer* eingegangen. In der Tat hat er in entscheidender Weise in die Geschicke Frankreichs und vor allem Englands eingegriffen. Dass er in der Lage war, innerhalb kürzester Frist mit den ihm im Mittelalter zur Verfügung stehenden Mitteln eine Flotte zu bauen, den Ärmelkanal zu überqueren und die englischen Truppen vernichtend zu schlagen, ist nicht nur ein militärischer Erfolg gewesen.

Wilhelm, der wegen seiner unehelichen Geburt zunächst große Schwierigkeiten hatte, seinen Erbanspruch an der Herzogswürde der Normandie durchzusetzen, regierte in den ersten zwanzig Jahren seiner Herrschaft mit großer Umsicht und schuf dadurch stabile politische und wirtschaftliche Verhältnisse im Land. Er förderte Klöster und Kirchen, womit er nicht nur dem Geistesleben der Normandie entscheidende Impulse vermittelte, sondern sich auch die Unterstützung des Klerus sicherte.

Auf der der Normandie gegenüber liegenden Seite des Ärmelkanals herrschten hingegen ganz andere Verhältnisse. Die unterschiedlichen ethnischen Gruppierungen in der Bevölkerung – die Dänen im Norden und die Sachsen im Süden – spalteten das Land und machten es nur schwer regierbar. *Edward der Bekenner*, der englische König, war kinderlos geblieben, was seine Position nicht gerade stärkte. Mütterlicherseits war er mit der normannischen Dynastie in England verwandt, die ihn auch politisch immer unterstützt hatte. So bestimmte er Wilhelm, den Herzog der Normandie, zu seinem Nachfolger, was im Umfeld des englischen Hofes zu starken Irritationen führte. Hier favorisierte man *Harold*, den Sohn des einflussreichen Grafen *Godwin*. Und Harold setzte dann auch zu Lebzeiten Edwards alles daran, um in den Besitz der englischen Krone zu gelangen.

Das Schicksal wollte es nun, dass Harold auf einer Reise in die Normandie Schiffbruch erlitt und in die Hände des Grafen *Guy* fiel. Wilhelm befreite Harold, der ihm aus Dankbarkeit unter Eid die von Edward bestimmte Thronfolge bestätigte.

Als aber Edward am 5. Januar des Jahres 1066 starb, wurde Harold dennoch am nächsten Tag zum englischen König gekrönt – angeblich soll ihm Edward kurz vor seinem Tod doch noch das Versprechen gegeben haben, seine Nachfolge als König von England anzutreten. Für Wilhelm war dies ein eindeutiger Treuebruch.

Nun folgt die diplomatische Meisterleistung Wilhelms: Es gelang ihm, den Papst, der ihm durch seine Förderung von Klöstern und Kirchen verbunden war, zur Exkommunizierung des Eidbrechers zu veranlassen. Auch sollte er Harold im päpstlichen Auftrag für die Missetat bestrafen. Wilhelm beschloss, eine Strafexpedition nach England auszurüsten. In einer eigens zu diesem Zweck anberaumten Ständeversammlung in Lillebonne sagten ihm die normannischen Adligen ihre Unterstützung zu. Parallel dazu versicherte sich Wilhelm der Neutralität Frankreichs.

In nur wenigen Monaten gelang es Wilhelm, eine Armee von 12.000 Rittern und Soldaten zusammenzustellen, die mit über 600 eilends zusammengebauten Schiffen über den Ärmelkanal transportiert werden sollten. Die Finanzierung dieses gewaltigen Vorhabens wurde durch die reichen Städte Rouen und Caen sichergestellt. Dennoch reichten die Schiffe nicht aus, um die gesamte Armee zu verfrachten. Eine noch größere Zahl kleinerer Boote wurde requiriert, um bei der großen Kanalüberquerung behilflich zu sein. Deshalb musste Wilhelm auf günstige Witterung warten, um die

Boote nicht auf der Überfahrt zu gefährden.

So verstrichen der Juli und der August und die in Dives-sur-Mer versammelte Flotte musste untätig abwarten. Fast schien es, als wäre Wilhelms Vergeltungsabsicht doch noch zum Scheitern verurteilt. Da kam ihm ein Zufall zu Hilfe. Der norwegische König *Harald Hardrada,* der sich gleichfalls Hoffnung auf den englischen Thron machte, war im September 1066 mit einem Heer in Nordengland gelandet, um seine Ansprüche durchzusetzen. Zwar gelang es dem englischen König Harold am 25. September, Hardrada vernichtend zu schlagen, doch hatten die Wetterverhältnisse es Wilhelm inzwischen ermöglicht, über den Kanal zu setzen. Nur drei Tage nach dieser Schlacht landete er unbehelligt bei Ebbe an der Küste der südenglischen Grafschaft Sussex.

Die Legende berichtet von einem Missgeschick, das Wilhelm beim Betreten englischen Bodens widerfahren sein soll. Der Länge nach schlug er hin, als er die Küste betrat und die abergläubischen Normannen sahen hierin schon ein böses Omen. Doch Wilhelm ergriff die englische Erde mit den Händen und rief aus: „Dank Gottes Gnade habe ich dieses Land mit meinen beiden Händen in Besitz genommen. Solange es existiert ist es ausschließlich das unsrige!"

Wilhelms Normannen besetzten Hastings im Handstreich. Harold trieb mittlerweile seine Truppen in Eilmärschen nach Südengland und stellte Wilhelm zwischen Hastings und London. Durch einen vorgetäuschten Rückzug konnte Wilhelm die Engländer jedoch irritieren. In der Entscheidungsschlacht am 14. Oktober 1066 unterlag Harold. Er wurde schwer verwundet und starb noch auf dem Schlachtfeld. Wilhelm gründete dort später aus Dankbarkeit eine Abtei.

schiff und den massiven Pfeilern der romanischen Vierung. Der Chor, die Wölbung und die Kapelle „Unserer Lieben Frau" sind im gotischen Stil des 14. Jahrhunderts gestaltet. An der Innenwand über dem Portal wurde im 19. Jahrhundert eine Tafel mit den Namen der Ritter angebracht, die *Wilhelm* auf seinem Eroberungszug nach England begleitet hatten. Besonders schön ist das gotisch unterteilte, bemalte Glasfenster der rechteckigen Apsis, Vitrail de la Vierge.

An der Place du Marché steht das **Manoir Bois-Hilbou,** ein ehemaliger Wohnsitz des Herzogs von Falaise aus dem 16. Jahrhundert, der bis vor seiner Renovierung 1920 als Polizeikaserne diente.

Schräg gegenüber des Manoir Bois-Hilbou steht die im Mittelalter ganz aus Holz errichtete Markthalle, **Les Halles.** Ihre Geschichte geht auf die Erteilung der Marktrechte im Jahre 1554 zurück. Die Konstruktion des Bauwerks erinnert ein wenig an ein umgekehrtes Boot, was Rückschlüsse auf die große Fertigkeit der Schiffszimmerleute jener Zeit zulässt. Der hölzerne Dachstuhl aus massiver Eiche ist noch heute beeindruckend.

Praktische Tipps

- **Postleitzahl Dives-sur-Mer:** 14160
- **Tel. Vorwahl:** 0231

Information

- **Office de Tourisme,** Rue du Général-de-Gaulle, in der Saison Tel. 91 24 66, außerhalb der Saison Tel. 28 12 50 (Bürgermeisteramt),

Cabourg

Fax 24 42 28, mairie-dives-sur-mer@wanadoo.fr

Unterkunft

- **Hotel de la Gare€**, 10, Place Marius-Tréfuel, 16 Betten, einfache Unterkunft, deren Vorteil der günstige Standort genau gegenüber der Endhaltestelle der Bahnstrecke von Deauville/Trouville ist, Dezember/Januar geschlossen, Tel./Fax 91 24 52

Besichtigungen

- **Visite guidées du vieux Dives,** geführte Besichtigung, Juli bis Mitte September dienstags und donnerstags, Treffpunkt: 17 Uhr Les Halles

Sport

- **Segeln:** 600 Bootsliegeplätze im Port Guillaume von Dives-sur-Mer (Schleusenhafen) sowie 30 Anker- und 120 Landplätze, Auskunft: Port-Capitainerie, Tel. 24 48 00, Fax 24 73 02;
  Segelschule: Centre de Amies du Plain Air, La Capitainerie, rue Georges, ganzjährig geöffnet, Tel. 91 43 14
- **Hochseeangeln:** mit dem 12-Meter-Boot „Pourquis Pas" inklusive Verpflegung, Abfahrten ganzjährig, Auskunft: Tel. 24 46 15, Fax 24 47 97

Einkaufen

- **Village Guillaume le Conquérant,** attraktiv, aber sehr touristisch, ein Gebäudekomplex aus dem 16. Jahrhundert in der ehemaligen Poststation an der Küstenstraße von Rouen nach Caen. In den geschmückten Innenhöfen der Anlage, die dreihundert Jahre als Auberge de l'Épée Royale fungierte, kann man flanieren und in den Boutiquen Kunst, Antiquitäten und kunsthandwerkliche Erzeugnisse erwerben.

- **Fisch und Meeresfrüchte:** Der Hafen ist die ideale Einkaufsstätte für fangfrische Krabben und für Miesmuscheln, in der Hochsaison täglich Fischmarkt

Cabourg ♪ XII/A1

Jenseits der Dives-Mündung setzt sich der feine Sandstrand weiter nach Westen fort. Hier entwarf der Architekt *Robinet* 1860 einen **Badeort auf dem Reißbrett,** so wie sich die feine Gesellschaft des Zweiten Kaiserreiches einen für sie angemessenen Aufenthaltsort an der Küste vorstellte.

Das Zentrum dieses Retortenprojektes bildet das Grand Hôtel mit Casino. Zwei in einem weitem Halbkreis um diesen Mittelpunkt herum angelegte Avenuen stoßen auf beiden Seiten auf die Strandpromenade, die nach *Marcel Proust,* dem berühmtesten Gast Cabourgs, benannt wurde und die die stilvollste der ganzen Côte Fleurie ist. Sternförmig auf das Casino ausgerichtet kreuzen die Ortsstraßen diese beiden Avenuen. Die Symmetrie ist perfekt.

Sehenswertes

Das **Grand Hôtel** von Cabourg ist in doppelter Weise weltberühmt. Zum einen versinnbildlicht dieser 1861 begonnene Prachtbau das Auftrittsbedürfnis der Repräsentanten des Zweiten Kaiserreiches. Zum anderen ist *Marcel Proust* seit 1907 ständiger Gast des Hotels gewesen. Schon als Kind musste er wegen seiner häufigen Asth-

Normannische Villa in Cabourg

CABOURG

Im Herzen der Normandie

Côte Fleurie

Marcel Proust – ein Leben an der Küste

Einen der großen französischen Schriftsteller, *Marcel Proust,* hat es immer wieder an die Kanalküste gezogen. Am 10. Juli 1871 in Auteuil bei Paris als Sohn eines bedeutenden Arztes und einer reichen jüdischen Mutter geboren, verbrachte er eine glückliche Kindheit in Paris – wenn ihm nicht seine Gesundheit zunehmend Probleme bereitet hätte.

Seit seinem neunten Lebensjahr war er schwer asthmaleidend. Deshalb konnte er die Schule nur unregelmäßig besuchen. Trotzdem studierte er Jura und war auch eine Zeit lang als Anwalt tätig. Doch er musste dann seinen Beruf aufgeben – glücklicherweise war er finanziell unabhängig.

Schon in jungen Jahren hatte er sich viel in mondänen Kreisen aufgehalten. Das Leben in den exklusiven Salons, wo auch die Aristokratie verkehrte, wurde so zu seinem Lebensinhalt. Er führte das Leben eines Snobs und Dandys. Als geistreicher Unterhalter war er in diesen Kreisen ein geschätzter Gast.

Doch sein Gesundheitszustand verschlechterte sich zunehmend, so dass er sich von seinem bisherigen Lebenswandel zurückziehen musste. Von nun an war er immer öfter in Cabourg anzutreffen, wo seine Familie schon in seiner Jugend stets die Ferien verbracht hatte.

Marcel Proust wurde zum Dauerferiengast im Grand Hôtel von Cabourg mit seiner marmor- und säulengeschmückten Empfangshalle und den Salons, in denen schwere Kronleuchter von der Decke hingen – all das, was ihn an die Pariser Salons erinnerte. Hier verfasste er sein literarisches Hauptwerk „Auf der Suche nach der verlorenen Zeit" (*À la recherche du temps perdu*). Er hatte seine ganzen letzten Jahre seit 1909 mit diesem Roman zugebracht, ihn bis zu seinem Tod immer wieder überarbeitet, seine Erinnerungen an die mondäne Gesellschaft immer mehr verdichtet.

Das siebenbändige Werk stellt die morbiden Aspekte der französischen Aristokratie und des französischen Großbürgertums bis in die subtilsten Einzelheiten dar und bildet somit einen Gegenpol zu den naturalistischen Romanwerken seiner Zeit.

Der Roman brachte Marcel Proust Weltruhm ein. 1919 erhielt er dafür den Prix Goncourt, den seinerzeit begehrtesten Literaturpreis. Übrigens machte er das Grand Hôtel in seiner „Suche nach der verlorenen Zeit" zum „Balbec", wie heute auch das Spitzenrestaurant im Grand Hôtel heißt. 1922 starb Marcel Proust in Paris.

ma-Anfälle immer wieder das Seeklima aufsuchen. Später erinnerte er sich an schöne Kindheitstage im Grand Hôtel und mietete sich als Schriftsteller hier immer wieder ein. Er belegte jeweils drei Zimmer, bewohnte aber nur die mittlere Suite Nr. 414, um ungestört zu sein. Diese Suite kann man auch heute noch mieten, allerdings muss man dafür tief in die Tasche greifen.

Eigentlich macht der ganze Ort Reklame mit **Marcel Proust.** Inzwischen wird jährlich ein Proust-Literaturpreis vergeben.

Aber auch ohne *Marcel Proust* ist Cabourg mit seinen vielen **Villen aus der Belle Époque** im Seebäderstil und den schön angelegten **Gärten** sehenswert. Nicht versäumen sollte man, wenigstens einen Kaffee im Grand Hôtel getrunken zu haben. Nur so kann man die einmalige Atmosphäre dieses Hotels mit seiner Marmorhalle, seinen Kronleuchtern, seinen Dekorationen erleben.

Und wer es ich leisten kann, sollte einmal ein Menü im **Restaurant Balbec** des Grand Hôtels einnehmen – allein der herrliche Blick aufs Meer lohnt den Besuch!

Die Umgebung von Cabourg

Le Hôme und Merville-Franceville Plage

Drei Kilometer lang ist die Promenade Marcel Proust in Cabourg. Der Strand verbreitert sich noch weiter und geht in den von **Le Hôme** über, einem familiären Seebad, das sich westlich an den Golfplatz von Cabourg anschließt.

Noch drei Kilometer weiter liegt das Seebad **Merville-Franceville Plage** als letztes an der Côte Fleurie. Hier zieht sich das Wasser bei Ebbe sogar bis zu eineinhalb Kilometer weit zurück.

Beachtenswert ist die **Redoute** (Festung), im Jahr 1779 gebaut von *Vauban,* dem großen französischen Festungsbauer in der Zeit *Ludwigs XIV.*

Doch berühmt wurde der Ort durch seine **Merville-Batterie,** eine der stärksten deutschen Befestigungsanlagen des Westwalls, deren 15-Zentimeter-Kanonen eine Reichweite von 20 Kilometern hatten. Die Batterie wurde im Juni 1944 unter heftiger Gegenwehr von Fallschirmjägern der 6. Britischen Luftlandebrigade eingenommen. Ein ehemaliger Bunker wurde als Museum eingerichtet, in einem zweiten Bunker hat sich eine Diskothek etabliert.

Les Sallenelles

Die Fahrt entlang der Küstenstraße der Côte Fleurie führt zum Abschluss durch das Marschland der Dives mit den Sallenelles, einem **Naturschutzgebiet,** in dem sich ein kleines Landschaftsmuseum befindet.

Am **Übergang über die Orne** endet diese Küste. Hier landeten in der Nacht des 5. Juni 1944 britische Fallschirmjäger, kurz vor der eigentlichen alliierten Landung am D-Day des 6. Juni. Bis 2.30 Uhr besetzten sie die Freifläche bis Ranville, um britischen Lastenseglern hier die Landung zu ermöglichen. Ranville war damit die erste von deutschen Besatzungstruppen befreite Ortschaft auf dem französischen Festland.

Praktische Tipps

Information

- **Office de Tourisme,** 14390 Cabourg, Jardins du Casino, Tel. 0231 91 01 09, Fax 0231 24 14 49, cabourg.tourisme@wanadoo.fr, www.cabourg.net

Unterkunft

- **Grand Hôtel**€€€€€, Inbegriff absoluter Spitzenhotellerie an der Côte Fleurie und Musterbeispiel für die normannische Hotelarchitektur der Belle Époque, die Spuren des berühmtesten Gastes, *Marcel Proust*, sind bis heute merklich, mit angeschlossenem Spitzenrestaurant „Balbec" (montags und dienstags außerhalb der Saison geschlossen), Hotel ganzjährig geöffnet, Tel. 0231 91 01 79, Fax 0231 91 83 93, 1282@accor-hotels.com
- **Hôtel du Golfe**€€€, Cabourg, Avenue de l'Hippodrome, zwischen Hippodrom und Golfplatz bietet dieses moderne Hotel vielfältige Sporteinrichtungen, zwei Zimmer für Behinderte, Restaurant sonntagabends sowie Montag und dienstagmittags geschlossen (nicht in der Saison), Tel. 0231 34 12 34, Fax 0231 24 18 51
- **Le Cabourg**€€€, Cabourg, 5, Avenue de la République, Hotel in einem eleganten Bürgerhaus im Stil *Napoleons III.*, gut ausgestattet, ganzjährig geöffnet, Tel. 0231 24 42 55, Fax 0231 24 48 93
- **Hôtel de Paris**€€, Cabourg, 39, Avenue de la Mer, nahe Strand und Casino bietet dieses Fachwerkhaus einfache gepflegte Zimmer, Mitte Januar bis Anfang Februar geschlossen Tel. 0231 91 31 34, Fax 0231 24 54 61, hotelparis@mail.cpod.fr
- **Le Cottage**€€, Cabourg, kleines blumengeschmücktes Hotel mit geschmackvoll eingerichteten Zimmern, schöner Garten, ganzjährig geöffnet, Tel. 0231 91 65 61, Fax 0231 28 78 82
- **Hôtel de la Gare**€, Cabourg, einfache Unterkunft, angeschlossenes Restaurant mit traditioneller Küche, relativ preiswert, Tel. 0231 34 23 37, Fax 0231 24 54 40

Essen und Trinken

- **Au Pied de Cochon**€€, Le Hôme-sur-Mer 26, Avenue du Président Coty, Rendez-Vous der Golfer von Cabourg-Le-Hôme bei Fisch- und Fleischgerichten wie z.B. Seezunge in Kresse-Creme, gefüllte Schweinsfüße mit Kalbsbries auf Morcheln, nicht ganz billig, montags/dienstags, Dezember/Januar geschlossen, Tel. 0231 91 27 55
- **Les Viviers**€, Cabourg, 81, Avenue Charles-de-Gaulle, Gasthaus im rustikal-normannischen Stil mit einfallsreicher Küche wie z.B. Fischtopf, Wildgerichte auf weißen Rüben, relativ preiswert, Januar/Februar geschlossen (mit sieben Gästezimmern) Tel. 0231 91 05 10, Fax 0231 24 77 72

Museen

- **Musée des Batteries de Merville,** Verteidigungsbatterie der deutschen Besatzungstruppen im Zweiten Weltkrieg auf ca. 3 Hektar Fläche mit 4 Kasematten für schwere Artillerie mit unterirdischem Zugang, Exponate über den Sturmangriff im Juni 1944, geöffnet: April-Sept. 10-13 u. 14-19 Uhr, Eintritt 3,50 €, Kinder 1,70 €, Schüler frei, für Rollstuhlfahrer geeignet, Tel./Fax 0231 91 47 53, musee.batterie@compagnet.fr, www.mairie-merville-franceville.fr
- **La Redoute de Merville,** 1779 nach Plänen von *Vauban* errichtet, nach der Renovierung wieder zur Besichtigung frei
- **Maison de la Nature et de l'Estuaire,** 14121 Sallenelles, permanente Ausstellung über Flora und Fauna im Bereich der Trichtermündung der Orne, geöffnet: von Ostern bis Allerheiligen sonntags 14-18 Uhr, Mitte Juni bis Mitte September täglich 14-18 Uhr, Eintritt frei, Tel. 0231 78 71 06, Fax 0231 78 63 33, mnecpievdo@mail.cpod.fr

Aktivitäten

- **La Route des Marais,** ausgeschilderte Rundroute zwischen Troarn südlich von Ca-

Farbkarte Seite XI

Im Herzen der Normandie
CABOURG

bourg und Dozulé durch die Marschen der Dives im Übergang zum Pays d'Auge. Die kurvenreiche Strecke auf kleinen Straßen entlang zahlreicher Kanäle ist am besten mit dem Fahrrad zu befahren.

- **Réserve ornithologique du Bros Banc,** 330 Hektar großes Gelände bei Merville-Franceville zum Schutz von Wasservögeln, Rundweg mit Hinweistafeln, geführte Wanderungen, Auskunft: Maison de la nature et de l'estuaire

Sport

- **Reiten:** École d'Équitation La Vasque d'Or, 14810 Merville-Franceville, Unterricht, Übungsstunden, Prüfungen, Manege-Reiten, Ausritte, Chemin du Moulin d'Eau, Tel. 0231 78 00 73
- **Golf:** Golf Public de Cabourg, Avenue Michel d'Ornano (hinter dem Hippocrome), 9-Loch-Platz, Tel. 0231 91 70 53, Fax 0231 91 44 45
- **Mini-Golf:** Cabourg, 13, Avenue du Commandant Touchard, mit Bar, geöffnet: Ostern bis November, Tel. 0231 24 14 44
- **Gokart:** Cabourg, Avenue de la Divette, geöffnet: ganzjährig (außer montagvormittags), Tel. 0231 24 24 49

Nachtleben

- **Le Grand Casino,** Roulette, Black Jack, Baccara etc., Bar, Restaurant Diskothek, Tel. 0231 28 19 19, Fax 0231 28 19 15
- **Diskothek** „Le Joker" im Casino, Tel. 0231 28 19 21

Die berühmte Merville-Batterie in den Dünen von Franceville-Plage

Die Côte de Nacre

Überblick

Als Teil der Calvados-Küste schließt sich die **Perlmuttküste,** die *Côte de Nacre,* westlich an die Côte Fleurie an. Der etwa 80 Kilometer lange Küstenabschnitt erstreckt sich zwischen den Mündungen der Flüsse Orne und Vire. Hauptverkehrsachse ist die Küstenstraße D 514, die die Orte Riva Bella im Osten und Grandcamp-Maisy im Westen verbindet.

Die Côte de Nacre hinterlässt einen weit **natürlicheren Eindruck** als die Côte Fleurie mit ihren breiten Sandstränden. Auch hier gibt es sehr schöne Strände, doch ist die Küste stärker gegliedert: Felsige Abschnitte wechseln sich mit steinigeren ab, gelegentlich geht die Küste sogar in offenes Farmland über. Vor allem westlich von Asnelles erheben sich immer wieder raue Klippen. Kleine Fischerorte geben diesem Teil der Calvados-Küste ihren ganz besonderen Reiz.

Obwohl etwas weiter von Paris entfernt, hat sich auch die Perlmuttküste längst zu einem beliebten Feriendomizil entwickelt. Mondäne Badeorte wie Deauville oder Trouville gibt es hier aber nicht – es geht insgesamt **familiärer und schlichter** zu.

So beschaulich sich die Perlmuttküste heute auch gibt, war sie doch vor wenig mehr als einem halben Jahrhundert **Schauplatz der Weltgeschichte.** Am 6. Juni 1944 wurde hier die Wende des Zweiten Weltkrieges an der Westfront eingeleitet, als die Alliierten mit einer großen Streitmacht an der Côte de Nacre landeten. Unter amerikanisch-britischem Oberkommando wurde die **Landungsküste in fünf Segmente unterteilt,** vier davon an der Côte de Nacre, der fünfte in der Verlängerung schon in Richtung auf die Halbinsel Cotentin. Von Ost nach West sind dies die drei britischen Abschnitte Sword Beach bei Riva-Bella/Ouistreham, Juno Beach um Courseulles-sur-Mer und Gold Beach bei Ver-sur-Mer. Westlich schließen sich die amerikanischen Abschnitte an, von denen der am heftigsten umkämpfte Omaha Beach den verbleibenden Teil der Calvados-Küste einnimmt. Utah Beach liegt dann schon jenseits der Vire-Mündung.

Die zurückliegenden Ereignisse sind bis heute gegenwärtig. Reste der deutschen **Befestigungen** stehen nach wie vor an der Küste. Ebenso ragen zurückgelassene und versenkte künstliche Hafenanlagen der Alliierten aus den Stränden hervor. Große, gepflegte **Soldatenfriedhöfe** lassen noch die Heftigkeit der Kämpfe und die Verluste aller Kriegsparteien erahnen. Und an vielen Stellen sind Mahrmale zur Erinnerung entstanden. Museen legen den Hergang der militärischer Operation dar.

Information

- **Côte de Nâcre Tourisme,** 14750 St.-Aubin-sur-Mer, 12, Rue du Maréchal Joffre, Tel. 0231 96 43 55, Fax 0231 36 06 79, www.cotenormande.com

Sword Beach ⟶ XI/C1-2

Die Erkundung der Côte du Nacre soll an der Ausfallstraße D 515 beginnen, die aus Caen in Richtung Ouistreham führt, wo die Küstenstraße D 514 beginnt.

Bénouville

Besonders sehenswert ist das **Château Bénouville,** das Ende des 18. Jahrhunderts von dem Architekten *Claude-Nicolas Ledoux* (1736-1806) errichtete wurde. Heute beherbergt der neoklassische Meisterbau das Conseil Général du Calvados. Die Hoffassade präsentiert sich mit einem von ionischen Säulen getragenen Tympanon, die Gartenseite vergleichbar mit Pilastern. Der erste Eindruck des Inneren wird vom großzügigen Treppenhaus geprägt, dessen Decke im ersten Stock einen gemalten Himmel trägt. Die sich an das Gebäude anschließende Kapelle ist heute einer Ausstellung des Architekten *Ledoux* gewidmet.

Pegasus-Brücke

Im 19. Jahrhundert wurde, entsprechend der Entwicklung im Schiffsbau, durch die Anlage des **Orne-Kanals** der Zugang vom Meer nach Caen offen gehalten. Heute ist dieser Kanal so weit ausgebaut, dass er Frachter bis zu einer Größe von 30.000 Tonnen Wasserverdrängung aufnehmen kann.

SWORD BEACH

Die Pegasus Brücke –
der erste Brückenkopf der Engländer

Die über den Kanal und die parallel zum Kanal verlaufende Orne führende Brücke fand im Zuge der **alliierten Landungsaktivitäten** besonderes Interesse. Um den Deutschen die direkte Nachschublinie zur Landungsküste abzuschneiden, wurde bereits kurz nach Mitternacht des 6. Juni 1944 ein britisches Fallschirmjäger-Vorauskommando hier abgesetzt. Tatsächlich gelang es den Briten innerhalb weniger Stunden, sich dieses so wichtigen Standortes zu bemächtigen. Pegasus, das fliegende Pferd als Emblem der britischen Fallschirmjägereinheit, gab der bis 1993 bestehenden Brücke ihren Namen.

Mittlerweile ist sie durch eine moderne Zugbrücke ersetzt worden, da sie dem zunehmenden Verkehr nicht mehr gewachsen war. Heute dient hier ein ausgedienter Panzer als **Mahnwache** und ein kleines **Museum** erinnert hinter einem ständig von englischen Veteranen, Touristen und Schulklassen überfüllten Café an die Vorgänge der entscheidenden Nacht.

Ouistreham und Riva Bella

Der Ortsname Ouistreham ist angelsächsischen Ursprungs und weist auf die frühen Kontakte zu England hin, die nach wie vor bestehen. Heute liegt der Ort durch Strandaufschwemmungen weiter landeinwärts als zur Zeit seiner Namensgebung und geht längst unmittelbar in den Badeort Riva-Bella über. Hier hat man die Anlegestelle für die Fähren nach England gebaut. Das linke Mündungsgebiet der Orne wird daher ganz von der Geschäftigkeit des Fährbetriebes eingenommen. Auf der anderen Kanalseite ist ein großer Jachthafen entstanden.

Die alte **Wehrkirche Saint Samson** in der Altstadt of Ouistreham wurde von den Klosterherren von St.-Étienne in Caen anstelle eines von den Wikingern niedergebrannten hölzernen Vorgängerbaus im 11. Jahrhundert gegründet, im 12. Jahrhundert ausgebaut, befestigt und als Beobachtungsstation genutzt. Vierung und Chor stammen aus dem 13. Jahrhundert. Der Chor endet in einer halbrunden Apsis. Am Eingang steht die Holzstatue des Kirchenheiligen Saint Samson.

Nördlich der Kirche befindet sich die mächtige **Zehntscheune,** die Grange aux Dîmes, die um 1500 erbaut wurde.

Bemerkenswert ist auch der **Leuchtturm** von Riva Bella. Sein Licht hat eine Reichweite von 36 Kilometern. Von dem 30 Meter hohen Turm hat man einen fantastischen Blick über die Küste, den Hafen und den Ort.

Auch die Deutschen hatten als Besatzungsmacht im Zweiten Weltkrieg die militärische Vorzüglichkeit des Standortes an der Orne-Mündung erkannt. Genau wie die Normannen ein Jahrtausend zuvor bauten sie (ganz in der Nähe der heutigen Fähranlagen) einen Betonturm als Hauptquartier für ihre Befestigungsanlagen am Ärmelkanal (Atlantikwall). Dieser „Bunker", **Le Grand Bunker,** wie der Turm heute genannt wird, konnte nicht sofort von den Briten eingenommen werden. Erst nach dem Ansatz großer Sprengladungen ergab sich die deutsche Besatzung. Der Bunker ist inzwischen außen wie innen als Museum wieder so hergerichtet, wie er am 6. Juni 1944 bestanden hat.

Westlich der Fähranlagen erstrecken sich im Ortsteil Riva-Bella die heute bebauten Dünen. Ein großes Casino ist hier entstanden. Daneben wurde ein französisch-englisches Militärmuseum eingerichtet, das **Musée n°4 Commando,** das über die Geschehnisse am Sword Beach Auskunft gibt.

Hermanville-sur-Mer und Lion-sur-Mer

Durch den hohen Tidenhub und die Anschwemmungen der Orne tritt das Wasser am Sword Beach bei Ebbe bis weit über einen Kilometer zurück. Gleichermaßen setzt sich der **Sandstrand** fort, der von den Gemeinden Riva Bella, La Brèche d'Hermannville und Lion-sur-Mer gesäubert und gepflegt wird.

„Le Grand Bunker", ein Kriegsmuseum in einem ehemaligen deutschen Bunker

Sehenswert im alten Ort **Hermanville-sur-Mer** ist die Dorfkirche mit einem romanischen Schiff, einem Glockenturm aus dem 12. Jahrhundert und dem Chor aus dem 13. Jahrhundert.

In Lions-sur-Mer steht im rückwärtigen Ortsteil Haut-Lion inmitten eines großen Parks mit altem Baumbestand das **Château de Lion,** eines der schönsten Renaissance-Schlösser im Umkreis von Caen. Es wurde ab dem Jahr 1536 auf den Grundmauern eines mittelalterlichen Vorgängerbaus errichtet und im 18. Jahrhundert um einen Seitenflügel mit Mansardenfenstern erweitert. Etwas abseits gehört auch noch eine Kapelle zu dem Baukomplex.

Praktische Tipps

Information

- **Office de Tourisme,** 14810 Ouistreham-Riva-Bella, Jardin du Casino, Tel. 0231 97 18 63, Fax 0231 96 87 33, office.ouistreham@wanadoo.fr, www.ot-ouistreham.fr
- **Office de Tourisme,** 14780 Lion-sur-Mer, Place du 18-Juin-1940, Tel. 0231 96 87 95, Fax 0231 36 11 99, lion-office-tourisme@wanadoo.fr, www.mairie-lion-sur-mer.fr

Das „verrückte Haus" in La Brêche d'Hermanville

Farbkarte Seite XI

Im Herzen der Normandie
SWORD BEACH

- **Office de Tourisme,** 14880 Hermanville-sur-Mer, Place du Cuirassé Courbet, Tel. 0231 97 20 15 (außerhalb der Saison Tel. 0231 36 18 00)

Unterkunft

- **Thermes Riva Bella Normandie**€€€, 14150 Ouistreham, Avenue du Cdt. Kieffer, direkt am Strand neben dem Casino mit Einrichtungen der Thalassotherapie und Gesundheitspflege, außerdem mit angeschlossenem Restaurant€€€, ganzjährig geöffnet, Tel. 0231 96 40 40, Fax 0231 96 45 45, ouistreham@thalassofrance.com
- **La Broche d'Argent**€€, 14150 Ouistreham, Place de Gaulle, in der Nähe des Fährhafens, angeschlossenes Restaurant€, ganzjährig geöffnet, Tel. 0231 97 12 16, Fax 0231 97 03 33

Essen und Trinken

- **Le Normandie**€€€, 14150 Ouistreham, 71, Avenue Michel-Cabieu, das Nobel-Restaurant des Ortes, sonntagabends und montags geschlossen, Tel. 0231 97 19 57, Fax 0231 97 20 07, hotel@lenormandie.com
- **Le Métropolitain**€, 14150 Ouistreham, 1, Route de Lion, in der Nähe der Hauptpost, preiswerteres Restaurant im Dekor der Pariser U-Bahn um die Jahrhundertwende, montagabends und außerhalb der Saison dienstags geschlossen, Tel. 0231 97 18 61, Fax 0231 97 18 61

Museen

- **Musée n°4 Commando,** Bilddokumente und Exponate zur alliierten Landung im Abschnitt des Sword Beach, Place Alfred Thomas, neben dem Casino von Riva Bella, geöffnet: von April bis September täglich 10.30-18 Uhr, behindertengerecht, Eintritt 3,85 €, Jugendliche 2,30 €, Kinder frei, Tel. 0231 96 63 10
- **Le Grand Bunker,** Riva Bella, wieder hergerichteter deutscher Verteidigungsbunker des Atlantikwalls mit originalgetreuer Inneneinrichtung, täglich geöffnet, Juni bis September 9-19 Uhr, Februar bis Mai und Oktober bis Mitte November 10-12 und 14-18 Uhr, Eintritt 6 €, Kinder 3,80 €, Tel. 0231 97 28 69, Fax 0231 96 56 05, bunkermusee@aol.com

Besichtigungen

- **Château de Bénouville,** geöffnet: Juli bis Mitte September täglich außer dienstags 14-18 Uhr, Eintritt 1,20 €, Tel. 0231 5710 30, Fax 0231 57 14 98, www.cg14.fr
- **Le Phare.** Leuchtturm von Riva Bella, geöffnet: für Einzelbesucher nur Juli/August um 15 Uhr, für Gruppen auf Anfrage, Information: Tel. 0231 96 39 45

Sport

- **Jachthafen:** 650 Anlegeplätze, Ouistreham, Capitainerie Tel. 0231 36 22 02, Fax 0231 96 39 52
- **Bootsverleih:** École de Voile, au pied du phare, Surfbretter, Segelboote, Katamarane etc., Ouistreham-Riva Bella, Tel. 0231 97 00 25
- **Segelschule:** École de Char à Voile, Ouistreham, Esplanade Lofi, Tel. 0231 97 19 90
- **Meer-Kajak:** Location l'Été auprès de lécole de voile, Ouistreham-Riva Bella, Tel. 0231 96 75 74, Fax 0231 97 00 25
- **Reiten:** L'Étrier de Riva, Riva Bella, Boulevard Maritime, sur la plage; Équestre, Centre Équestre de Ouistreham, 12, Route de Caen, Tel. 0231 96 41 41
- **Mini-Golf:** L'Accostage Ouistreham-Riva Bella, Esplanade Alexandre Loft, Tel. 0231 97 05 23, Fax 0231 36 13 69
- **Gokart:** Ouistreham, Boulevard Maritime, Tel. 0231 96 65 62

Aktivitäten

- **Thalazur Ouistreham,** Thalassotherapie, Kurbad, Behandlung von Venenleiden, Riva Bella, Avenue du Commandant Kieffer, Tel. 0231 96 40 40, Fax 0231 96 45 45, www.thalassofrance.com

Nachtleben

- **Casino de Ouistreham,** Geldautomaten, Billard, Boule, Bars und Restaurant, Riva Bella, Place Alfred-Thomas, Tel. 0213 36 30 00, Fax 0231 36 31 01

Côte de Nacre

- **Tanzcafé Dancing Le Welcome,** Ouistreham-Riva Bella, 6-8, Rue Pasteur, samstags mit Disco-Musik, samstagnachmittags Tanztee, mittwochs und freitagabends 18-22 Uhr Apéritifs Dansants, Tel. 0231 97 19 22

Veranstaltungen

- **Sommer-Animation:** während der Saison jeden Samstag um 20.30 Uhr Straßentheater, Musik etc. auf der L'Esplanade Lofi in der Nähe des Casinos in Ouistreham-Riva Bella

Einkaufen

- **Fischmarkt:** täglich vormittags in Ouistreham am Hafen
- **Trödelmarkt:** jeden zweiten Sonntag im Monat an der Grange aux Dîmes in Ouistreham

Verkehrsverbindungen

- **Fährverkehr:** täglich von Ouistreham nach Portsmouth, Information: British Ferries, Tel. 0803 828 828

Juno Beach   ⤴ XI/C1

Während der Küstenabschnitt des Sword Beach schon weitgehend zugebaut ist, öffnet sich am Juno Beach die Landschaft. Stellenweise kennzeichnen seichte Dünen den Übergang zum Meer, dazwischen liegen Marschen. Je weiter man nach Osten kommt, desto häufiger reichen die Wiesen und Äcker der Bauern bis an die Küste heran. Felsige und steinige Abschnitte fließen in den Sandstrand ein. Bei Ebbe tritt auch mit Seegras überwachsener, felsiger Untergrund aus dem freigelegten Strandvorland hervor.

Luc-sur-Mer

Der nächste Badeort westlich von Lion-sur-Mer ist Luc-sur-Mer. Hier tritt am Ortsende eine Klippe hervor, die wegen ihres Erscheinungsbildes als **Beichtstuhl** bezeichnet wird. Auch in dem Ort Luc-sur-Mer hat man schon den „Segen" der Thalassotherapie erkannt.

Der **Städtische Park** am Gemeindehaus (Hôtel de Ville) ist wegen seines vielfältigen und botanisch interessanten Baumbestandes besichtigenswert.

Die Kuriosität des Ortes stellt aber ein im Jahre 1885 angeschwemmtes Walskelett dar, dem sich das **Maison de la Baleine** widmet.

Douvres-la-Délivrande

Kaum drei Kilometer auf der D 83 von Luc-sur-Mer landeinwärts liegt Douvres-la-Délivrande, einer der ältesten normannischen Wallfahrtsorte, der auf die Zeit der fränkischen Christianisierung zurückgeht. Der heilige Regnobert soll hier an einem vormaligen gallorömischen Kultplatz bereits im 4. Jahrhundert eine Kapelle errichtet haben, die regen Zuspruch bei Pilgern fand. In der Zeit der Wikingerüberfälle wurde sie jedoch zerstört. Im 11. Jahrhundert erfolgte dann ein Neubau. Die heutige, durch ihre hohen Doppeltürme schon von weitem sichtbare neogotische **Wallfahrtskirche La Délivrande** entstand anstelle der alten romanischen Kapelle, deren Mauerreste aber noch erhalten sind. Verehrt wird heute eine Statue der Jungfrau Maria, die hier im 16. Jahrhundert gefunden worden sein soll.

Wesentliche Bauelemente der **Ortskirche St.-Rémi** stammen aus dem ausgehenden 14. Jahrhundert, so der gotische Chor. Der Turm ist romanisch und trägt eine gotische Spitze.

Die Reste des **Herrenhauses La Baronnie** erlauben einen vertieften Einblick in die Geschichte von Douvres-la-Délivrande. *Thomas de Douvres* nahm 1072 als mittelalterlicher Lehensträger des Ortes, eng mit dem Herrscherhaus *Wilhelm des Eroberers* verbunden, den Adelstitel an. Später wurde das Herrenhaus zum Landhaus der Bischöfe von Bayeux. Heute existiert von dem Gebäudekomplex noch das Eingangsportal aus dem 15. Jahrhundert. Das Hauptgebäude mit seinem uralten Keller stammt aus dem 14./15. Jahrhundert, das zweite Gebäude aus dem 18. Jahrhundert. Zwischen beiden kann man noch die Reste der Kapelle Saint-Symphorien erkennen.

Außergewöhnlich ist sicherlich das wohl einzige **Radar-Museum** der Art, wie es in Douvres-la-Délivrande an der D 83 hergerichtet wurde (Hinweisschildern folgen!). Hier ist mit dem Würzburg-Riesen ein monströses Großradar aus der deutschen Besatzungszeit wieder an seinem alten Platz aufgestellt worden.

Langrune-sur-Mer

Der nächste Badeort auf der Weiterfahrt entlang der D 514 ist Langrune-sur-Mer. Der Ortsname leitet sich von der normannischen Bezeichnung *Land Growar* („grünes Land") ab, denn einst erstreckte sich hier ein ausgedehnter Wald.

Im Mittelalter besaß Langrune-sur-Mer einen reichen **Fischereihafen,** einige Häuser im Ort lassen den einstigen Wohlstand noch erahnen.

Die **Ortskirche Saint-Martin** entstand im 12. und 13. Jahrhundert. Wahrzeichen ist ihr als Laternenturm ausgestalteter Vierungsturm mit der 56 Meter hohen Spitze.

St.-Aubin-sur-Mer

Langrune-sur-Mer geht westlich in den nächsten Badeort St.-Aubin-sur-Mer über. Hier werden bei Ebbe dem Strand vorgelagerte, bewachsene Felsen freigelegt, die Einheimische wie Besucher zum Sammeln von Muscheln und zum Krabbenfang reizen.

Bernières-sur-Mer

Bernières-sur-Mer ist der vorletzte Badeorte am Juno Beach. Er verfügt über eine **romanische Kirche** aus dem 12. Jahrhundert mit Ergänzungen aus dem 14. Jahrhundert. Das Ortsbild beherrscht der aus dem 13. Jahrhundert stammende, 67 Meter hohe und in drei Etagen spitz zulaufende Kirchturm. Im Inneren sind das doppelreihige Chorgestühl, die Kanzel sowie der steinerne Altaraufsatz bemerkenswert – die Retabel stammt aus dem 17. Jahrhundert. Gegenüber der Kirche steht, in einem schönen Park versteckt, das **Manoir** des Ortes.

Juno Beach

Courseulles-sur-Mer

Mit Courseulles-sur-Mer endet der Juno Beach, die Grenze bildet die Mündung der Seulles.

Einst ein wichtiger Fischereihafen, hat Courseulles heute seine Bedeutung im Fremdenverkehr gefunden. So verfügt der Ort über eine große **Marina** mit zwei Becken.

Der allseits beliebte Badeort ist aber auch wegen seiner Austernzucht berühmt. Das **Maison de la Mer** ist dieser Thematik gewidmet und zeigt darüber hinaus in einem großen Aquarium, das durch einen Tunnel betrachtet werden kann, Flora und Fauna des heimatlichen Meeres.

Geschichtlich trat Courseulles-sur-Mer in den Mittelpunkt des Interesses, als hier im Zuge der alliierten Landeoperationen am 12. Juni 1944 *Churchill* und am 16. Juni König *Georg VI.* zur Truppeninspektion an Land gingen. Danach trafen dann auch die ersten Journalisten zur Berichterstattung

Die Küstenstraße von Langrunes-sur-Mer mit Resten deutscher Befestigungsanlagen aus dem Zweiten Weltkrieg

ein. Am 14. Juni war bereits General *de Gaulle* angekommen, um in Bayeux die Vierte Republik zu proklamieren. Am Ortsrand erinnert am Strand ein 18 Meter hohes Lothringerkreuz, **La Croix de Lorraine**, an die Ankunft General *de Gaulles*.

Ebenfalls am Ortsrand steht auf einer Terrasse oberhalb des Talbereiches der Seulles das **Château de Courseulles,** dessen Herren bereits im 9. Jahrhundert erwähnt werden. Das Schloss hat jedoch häufig die Besitzer gewechselt. Die entscheidenden baulichen Veränderungen nahm *François d'O*, Gouverneur von Caen, seit 1548 vor. Die letzten mittelalterlichen Baubestandteile wurden Ende des 17. Jahrhunderts beseitigt. Am 6. Juni 1944 verwüstete ein Feuer den Baukörper, der danach aber wieder stilgerecht hergerichtet wurde. Die Schlichtheit seiner Fassade steht in starkem Kontrast zu den reich verzierten Gauben, die geradezu mit figürlichem Schmuck überladen sind.

Das Manoir von Bernières-sur-Mer

Praktische Tipps

Information

- **Office de Tourisme,** 14530 Luc-sur-Mer, Place du Petit Enfer, Tel. 0231 97 33 25, Fax 0231 96 65 09, luc.sur.mer@wanadoo.fr
- **Office de Tourisme,** 14830 Langrune-sur-Mer, Plac du 6 Juin, Tel. 0231 97 32 77, Fax 97 00 77, langrune.tourisme@oreka.com
- **Syndicat d'Initiative,** 14440 Douvres-la-Délivrande, 41bis, Rue du Général de Gaulle, Tel. 0231 37 93 10
- **Office de Tourisme,** 14750 St.-Aubin-sur-Mer, Rue Pasteur, Tel. 0231 97 30 41
- **Office de Tourisme,** 14470 Courseulles-sur-Mer, Rue de la Mer, Tel. 0231 37 46 80, Fax 0231 37 29 25, tourisme.courseulles@wanadoo.fr

Unterkunft

- **Hôtel des Thermes et du Casino**€€€, 14530 Luc-sur-Mer, 3, Rue Guynemer, unmittelbar am Meer gelegen mit Terrasse, Garten und eigenem Schwimmbad, nur im Winter geschlossen, mit angeschlossenem Restaurant€€, Tel. 0231 97 32 37, Fax 0231 96 72 57, hotelresto@hotelresto-lesthermes.com
- **Hôtel Beau Rivage**€€€, 14530 Luc-sur-Mer, 1, Rue du Docteur Charcot, mit direktem Meerblick, angeschlossenes Restaurant€, ganzjährig geöffnet, Tel. 0231 96 49 51, Fax 0231 96 86 15
- **Hôtel de Mer**€€€, 14830 Langrune-sur-Mer, Promenade Aristide Briand, direkt am Meer gelegen, angeschlossenes Meeresfrüchte-Restaurant€€, Tel. 0231 96 03 37, Fax 0231 97 57 94
- **Le Clos Normand**€€€, St.-Aubin, Promenade Guynemer, klassisch-rustikal eingerichtet, zwei behindertengerechte Zimmer, angeschlossenes Terrassenrestaurant€ direkt am Meer, von Mitte November bis Ende Februar geschlossen, Tel. 0231 97 30 47, Fax 0231 96 46 23, closnormand@compuserve.de
- **Le Saint-Aubin**€, 26, Rue de Verdun, charmantes, traditionelles Haus am Meer mit Restaurant€€, Bar und Terrasse, ganzjährig geöffnet, Tel. 0231 97 30 39, Fax 0231 97 41 56, hotelsaintaubin@wanadoo.fr
- **Hotel La Cremaillère Le Gytan**€€, Courseulles-sur-Mer, Place de la Combattante, am Boulevard de la Plage zwischen Hafen und Schwimmbad gelegenes, modernes Hotel mit zwei behindertengerechten Zimmern und fünf Appartements, ganzjährig geöffnet, Tel. 0231 37 46 13, Fax 0231 37 19 31, cremaillere@wanadoo.fr
- **La Belle Aurore**€, Courseulles-sur-Mer, 32, Rue Maréchal-Foche, am Jachthafen gelegenes kleines Hotel mit relativ preiswerten Zimmern, Essraum im Stil eines englischen Pubs eingerichtet, ganzjährig geöffnet, angeschl. Restaurant€ sonntagabends, montags sowie zwischen Mitte November und Mitte Februar geschlossen, Tel. 0231 37 46 23, Fax 0231 37 10 70, belle.aurore@wanadoo.fr
- **Camping de la Côte de Nacre,** St.-Aubin-sur-Mer, südlich vom Ortskern, 600 Meter vom Strand gelegenes, mit jungen Bäumen bepflanztes Wiesengelände, Stellplätze von Hecken umgeben, komfortabler Platz mit Restaurant, Bar, Lebensmittelgeschäft und beheizbarem Schwimmbad, geöffnet: April–Okt., Tel. 0231 97 14 45, Fax 0231 97 22 11, camping-cote-de-nacre@wanadoo.fr

Essen und Trinken

- **La Marine**€, 14830 Langrune-sur-Mer, 3, Promenade Aristide Briand, Brasserie, Bar, bietet Muscheln, Pfannkuchen und Eisspezialitäten, Tel. 0231 97 05 83
- **Les Alizés**€, 14470 Courseulles-sur-Mer, 4, Quai Ouest, kleines Restaurant in einem ehemaligen Bürgerhaus am Jachthafen, mittwochs und November bis Ostern geschlossen, Tel. 0231 36 14 14, Fax 0231 36 14 19
- **La Pêcherie**€€, Courseulles-sur-Mer, Place du 6 Juin, der Standort gegenüber der Austernzucht ist bezeichnend, ganzjährig geöffnet, Tel. 0231 37 45 84, Fax 0231 37 90 40
- **La Crémaillère**€€€, Fischrestaurant im Hotel Le Gytan in Courseulles-sur-Mer (s.o.)
- **Austernzucht:** Parcs à Huitres de l'Île de Plaisance Courseulles-sur-Mer, Route d'Arromanche am Jachthafen, Außer-Haus-Verkauf

Austernbänke in Courseulles-sur-Mer

Côte de Nacre

und Verkostung mit Brot und Wein, geöffnet: ganztägig 9-12.30 und 14.30-19 Uhr, Tel. 0231 37 87 91

Museen

- **Maison de la Mer – Musée-Aquarium – Musée du Coquillage,** Courseulles-sur-Mer, Place Charles de Gaulles, eindrucksvolles Austern-Museum mit Aquarium und außergewöhnlicher Muschelsammlung, geöffnet: Juli/Aug. 9-19 Uhr, Mai/Juni 9-13, 14-19 Uhr, September bis April 10-12 und 14-18 Uhr, behindertengerecht, Eintritt 6 €, Kinder von 5 bis 12 Jahren 4,50 €, Tel. 0231 37 92 58, Fax 37 34 84
- **Musée de Courseulles,** Centre Culturel, 17, Rue Amiral Robert, Heimatmuseum von Courseulles mit Exponaten zur Seefahrtsgeschichte und örtlichen handwerklichen Produkten, geöffnet: Ostern bis September 14-18 Uhr, Eintritt 2,30 €, Kinder bis 12 Jahre frei, Tel. 0231 37 70 00, Fax 0231 36 17 18
- **Musée-Radar,** Douvres-la-Délivrande, Exponate zur Geschichte der Fernerkundung durch Radar, Erläuterungen zur ehemaligen deutschen Radarstation, Erklärung und Besichtigung des Radargerätes Würzburger Riese, geöffnet: Juli und August 10-12.30 und 13.30-18 Uhr, Juni und September nur mittwochs bis sonntags, Eintritt 4,50 €, Tel. 0231 37 74 43

Besichtigungen

- **Stadtpark und Maison de la Baleine,** 14350 Luc-sur-Mer, Parc de L'Hôtel de Ville, sehenswerte Gartenanlage mit einer Ausstellung über die Biologie des Wales und seines Schutzes anhand eines angeschwemmten Walskelettes, Park geöffnet: 9-18 (Sommer 19) Uhr, Walhaus: April, Mai, Sept. 14-18 Uhr an Wochenenden, Feiertagen und in den Schulferien; Juni täglich 14-18 Uhr; Juli, August zusätzlich 10-12 Uhr, behindertengerecht, Eintritt 3,30 €, Kinder 1,20 €, Tel. 0231 97 55 93, Fax 0231 96 82 78
- **La Baronnie,** nahe der Ortskirche von Douvres-la-Délivrande, Manoir der vormaligen Herren von Douvres mit Gebäudeteilen aus dem 14. bis 18. Jahrhundert, heute städtisches Ausstellungsgebäude

- **Promenades Guidées,** geführte Besichtigung von Courseulles, Auskunft und Anmeldung im Musée de Courseulles, 17, Rue Amiral Robert, Tel. 0231 37 70 00

Sport

- **Jachthafen:** in Courseulles-sur-Mer, 800 Schleusenplätze in zwei Bassins, Capitainerie Tel. 0231 37 51 69
- **Bootsverleih:** Locabot, Courseulles-sur-Mer, 41, Rue des Petits Champs, Motorbootsverleih, geöffnet: April bis September, Tel. 0231 37 97 85
- **Segelschule:** Le Yacht Club, Luc-sur-Mer, Tel. 0231 96 74 39; École de Voile, Courseulles, Rue des Français libres, Tel. 0231 37 92 59
- **Mini-Golf:** Courseulles-sur-Mer, Avenue de la Combattante, geöffnet: Juni bis August, Tel. 0231 37 11 71; Luc-sur-Mer, Rue Charcot, geöffnet: März bis Oktober, Tel. 0231 36 05 52
- **Reiten:** Les Écuries du Littoral, St.-Aubin-sur-Mer, Centre Équestre, Route de Tailleville, Tel. 0231 96 22 88
- **Geführte Wanderung:** von St.-Aubin-sur-Mer zu den Falaises du Cap Romain (geologisches Naturschutzgebiet an der Klippenküste), Juli und August, Information und Anmeldung: Office de Tourisme

Aktivitäten

- **Institut de Cure Marine,** Luc-sur-Mer, 2, Rue Gynemer, Thalassotherapie, Fitnessklub, Tel. 0231 97 32 22, Fax 0231 97 30 03, www.curethalasso-lucsurmer.com

Bei Ebbe auf dem Trockenen liegende Fischerboote im Hafen von Courseulles-sur-Mer

Côte de Nacre

Gold Beach ⤢ X/B1

Der Gold Beach erstreckt sich zwischen der Suelles-Mündung und dem kleinen Fischerort Port-en-Bessin. Je weiter man westlich kommt, umso **ländlicher** wird der Charakter dieser Küste. Felsige Abschnitte und Klippen wechseln sich mit breiten Stränden ab, deren vorgelagerte Sandbänke bei Ebbe freigelegt und von **Strandseglern** gerne genutzt werden. Die Orte am Juno Beach sind zwar auch Badeorte, sie zeichnen sich jedoch immer weniger durch ein touristisches Ambiente aus. Dafür tritt die Geschichte mit den **Hinterlassenschaften des Zweiten Weltkrieges** noch stärker in den Vordergrund.

Nachtleben

- **Casinos:** Luc-sur-Mer, Rue Guynemer, Roulette, Black Jack, Geldautomaten, Piano-Bar, Restaurant, Tel. 0231 97 32 19, Fax 0231 96 85 55; St.-Aubin-sur-Mer, Rue Pasteur, Geldautomaten, Boule, Piano-Bar, Tel. 0231 96 78 82, Fax 0231 96 62 30
- **Diskotheken:** La Rotonde, im Casino von Luc-sur-Mer; Le Galaxy, Courseulles, Avenue de la Combattante, Tel. 0231 37 48 40; L'Aventure, St.-Aubin, Night Club im Casino, Tel. 0231 96 78 82

Einkaufen

- **Fischmarkt:** täglich vormittags am Quai des Alliés in Courseulles-sur-Mer

Veranstaltungen

- **Septembre musical** („Musik-September"): Konzertreihe in der Église St.-Quentin, Luc-sur-Mer, Auskunft erhält man über das Office de Tourisme

Ver-sur-Mer

Der etwas abseits der Küste liegende Ort spielte im Zweiten Weltkrieg eine große Rolle als Hauptquartier des englischen Brückenkopfes bei der alliierten Landung im Juni 1944. Auch hier gibt ein Museum, das **Musée America – Gold Beach,** Auskunft über die Ereignisse jener Tage.

Die **Kirche Saint-Martin** hat einen massiven, quadratischen Turm, der in vier Etagen strukturiert ist.

In Richtung auf die Küste steht der **Leuchtturm** des Ortes, ein moderner Radarturm, der mit den auf der gegenüber liegenden, englischen Seite des Ärmelkanals stationierten Leuchttürmen von Portland und St. Catherine's Point sowie den anderen französischen Leuchttürmen in unmittelbarem Kontakt steht, um den Schiffsverkehr sicher nach Le Havre zu leiten. Von der Spitze des Turmes bietet sich ein atemberaubender Blick über den ganzen Gold Beach.

Die Umgebung von Ver-sur-Mer

Nur wenige Kilometer südlich von Ver-sur-Mer liegen die beiden Orte Crépon und Meuvaines, die einen kleinen Umweg lohnen.

Crépon ist der unmittelbare Nachbarort an der D 112. Der romanischen Dorfkirche ist im 15. Jahrhundert ein Turm angefügt worden.

Unmittelbar nordwestlich an der D 65 liegt **Meuvaines,** dessen romanische Kirche im 17. Jahrhundert umgestaltet wurde und Veränderungen am Turm und im Chor erfuhr.

Asnelles

Von Ver-sur-Mer führt die Küstenstraße D 514 durch eine eigenwillige Marschenlandschaft bis Asnelles, wo am Strand noch die Überreste des von den Briten 1944 im weiten Bogen um Arromanches angelegten **künstlichen Hafens Mulberry** zu sehen sind.

Arromanches-les-Bains

In Arromanches-les-Bains sind bis heute die Überreste einer der größten technischen Meisterleistungen, die im Zuge der alliierten Landung im Juni 1944 vollbracht wurden, zu sehen. Es handelt sich um den künstlich angelegten Hafen, der unter dem Decknamen „**Mulberry B"** in die Geschichte eingegangen ist, auch wenn er schon bald durch Sturmeinwirkungen ein unrühmliches Ende fand.

Das **Truppenlandungs-Museum** direkt am kleinen Hafen und das **Rundum-Leinwand-Kino,** östlich oberhalb des Ortes auf dem Weg zu den Klippen, mit der Orientierungstafel am großen Besucherparkplatz, geben Auskunft über die Geschehnisse der alliierten Invasion an diesem Strandabschnitt der Côte du Nâcre.

Die Reste des künstlichen Hafens zwischen Arromanches-les-Bains und Asnelles

Longues-sur-Mer

Von Arromanches-les-Bains an nimmt die Küste weiter westlich immer steilere Formen an. Die Küstenstraße D 514 muss an dieser Stelle über mehrere Kilometer landeinwärts verlaufen und erst am Omaha Beach ergibt sich dann wieder die Möglichkeit, näher am Strand entlang zu fahren.

Auf dem Weg dorthin liegt Longues-sur-Mer mit den Ruinen der im Jahre 1188 gegründeten, ehemaligen **Abbaye Sainte-Marie.** Als Überreste sind die später veränderten Wohngebäude aus dem 14. Jahrhundert, das Refektorium und der Kapitelsaal aus dem 16. Jahrhundert erhalten.

Doch seine internationale Berühmtheit verdankt der Ort Longues-sur-Mer der meerseitig an den Klippen gelegenen deutschen Küstenbatterie **Batterie Allemande,** die mit ihren vier Kanonen den alliierten Landungstruppen am 6. Juni 1944 schweren Schaden zufügte. Obwohl über hundert Bomber der britischen Luftflotte am Vorabend weit mehr als 600 Tonnen Bomben über dieser deutschen Stellung abgeworfen hatten, eröffneten ihre Kanonen am nächsten Morgen ein Trommelfeuer auf die Angreifer. Erst als Schlachtschiffe der Invasionsflotte die Stellung unter Feuer nahmen, legten die Geschütze eine kurze Pause ein. Am Nachmittag des 6. Juni konnten die Deutschen aber erneut das Feuer eröffnen. Doch dann am Abend schwiegen ihre Kanonen unter dem alliierten Beschuss. *„Reduced to silence"* (frei übersetzt: „zum Schweigen verdammt") soll die abschließende Meldung der Alliierten gelautet haben.

Le Chaos

Von der deutschen Küstenbatterie führt der Weg zu den Klippen, die Le Chaos genannt werden. Hier ist das Klippengestein so weich, dass die Erosion ganz bizarre, chaotische **Felsformationen** geschaffen hat.

Port-en-Bessin

Tief in die hohen Klippen der Côte du Nacre eingeschnitten, gruppieren sich die Häuser des lebhaften Städtchens Port-en-Bessin um sein lang gezogenes **Hafenbecken.** Auf dem östlichen Klippenrand erhebt sich der Rundturm des von *Benjamin Combes* (einem Mitarbeiter des Festungsbaumeisters *Vauban*) unter *Ludwig XIV.* im Jahre 1694 angelegten Hafenforts. Die Hafenmolen führen weit auf das Meer hinaus; an ihrem Ende hat man einen Rundblick über den gesamten Küstenabschnitt.

Der geschützte Hafenplatz von Port-en-Bessin wurde bereits in normannischer Zeit genutzt. Heute ist der Ort der wichtigste **Fischereihafen** des Départements Calvados und der zweitwichtigste der ganzen Normandie. Hier sind sowohl Küstenfischer als auch Hochseefischer beheimatet. Ein kleines **Buddelschiff-Museum** im Ort dokumentiert die traditionelle Freizeitbeschäftigung der Fischer. Außerdem hat Port-en-Bessin auch einen bedeutenden **Jachthafen.**

Im Herzen der Normandie — GOLD BEACH

Praktische Tipps

Information

- **Office de Tourisme,** 14117 Arromanches-les-Bains, 2, Rue du Maréchal Joffre, Tel. 0231 21 47 56, Fax 0231 22 92 06, offtour@mail.cpod.fr, www.Arromanches.com
- **Syndicat d'Initiative,** 14960 Asnelles, Cale de l'Essex, Tel. 0231 21 94 02, außerhalb der Saison Informationen über das Gemeindeamt, Tel. 0231 22 35 43
- **Office de Tourisme,** 14520 Port-en-Bessin, 2, Rue du Croiseur-Montcalm, Tel. 0231 21 92 33, Fax 0231 22 08 40
- **Office de Tourisme,** 14114 Ver-sur-Mer, 2, Place Amiral Byrd, Tel. 0231 22 58 58, Fax 0231 21 18 34

Der Hafen von Port-en-Bessin

Unterkunft

- **Hôtel de la Marine**€€, 14117 Arromanches, Quai du Canada, Panoramablick auf den Hafen, mit angeschl. Restaurant€€, spezialisiert auf Fischküche, Tel. 0231 22 43 19, Fax 0231 22 98 80, hotel.de.la.marine@wanadoo.fr
- **Hôtel d'Arromanches**€€, 14117 Arromanches, 1, Rue Maréchal-Joffre, schräg gegenüber D-Day-Museum, angeschl.: Restaurant Le Papagall€, Tel. 0231 22 36 26, Fax 0231 22 23 29, hoteldarromanches@ifrance.com
- **Victoria**€€, 14117 Tracy-sur-Mer bei Arromanches-les-Bains, Chemin de l'Église, Hotel in einem Herrenhaus aus dem 19. Jh. mit Terrasse und Garten, ein behindertengerechtes Zimmer, kein Rest., Tel. 0231 22 35 37, Fax 0231 21 41 66, hotel-victoria@wanadoo.fr
- **La Chenevière**€€€, in der Nähe des Golfplatzes in Escures-Commes bei Port-en-Bessin, Luxus-Hotel und Luxusrestaurant in einem Château mit Park, Terrasse etc., ganzjährig geöffnet, Tel. 0231 51 25 25, Fax 0231 51 25 20, lacheneviere@wanadoo.fr

Essen und Trinken

- **Crêperie Morgan,** 14117 Arromanches, 3, Rue Maréchal-Joffre, gemütliches Eiscafé neben dem Hotel d'Arromanches, Tel. 0231 22 34 13

Museen

- **Musée du Bateau en Bouteille** (Buddelschiff-Museum), 14520 Port-en-Bessin, Place de la Fontaine, geöffnet: April bis September täglich 10-12 und 14-18.30 Uhr
- **Musée America Gold Beach,** 14114 Ver-sur-Mer, 2, Place Amiral Byrd, Exponate über den ersten Postflug von Amerika nach Frankreich im Jahre 1927 und Retrospektive über den britischen Beitrag an der alliierten Landung 1944, geöffnet: täglich (außer dienstags) Mai bis Oktober 10.30-13.30 und 14.30-17.30 Uhr, Juli und August auch dienstags offen, Eintritt 4 €, Kinder 2,30 €, Tel. 0231 22 58 58
- **Musée du Débarquement** (Truppenlandungs-Museum), 14117 Arromanches, Place du 6 Juni, ausgestellt werden Exponate zum künstlichen Hafen Mulberry, dessen Konstruktion von *Winston Churchill* angeregt wurde, außerdem gibt es ein Diorama zu den Ereignissen der Landung, geöffnet: im Sommer 9-18.30 Uhr, im Winter 9.30-17 Uhr, im Januar geschlossen, Eintritt 6 €, Kinder und Schüler 4 €, Tel. 0231 22 34 31, Fax 0231 92 68 83, www.normandy1944.com
- **Arromanches 360°,** Chemin du Calvaire, Rundum-Leinwand-Kino „Der Preis der Freiheit", auf neun Leinwänden in einem kreisrunden Saal präsentiert, stündliche Vorführungen: Juni bis August 9.10-18.40 Uhr, Mai bis September 10-17.40 Uhr, ansonsten (außer Januar) 10.10-16.40 Uhr, Eintritt 3,65 €, Kinder und Jugendliche bis 18 Jahre 3,20 €, Tel. 0231 22 30 30, Fax 0231 22 33 55, arromanches-360@wanadoo.fr
- **Batterie Allemande,** Longues-sur-Mer, die einzige deutsche Küstenstellung des Atlantikwalles, deren Kanonen noch vorhanden sind, auf Anfrage täglich geführte Besichtigungen 10-18 Uhr (außer montags und donnerstags im April/Mai), Eintritt 4 €, Jugendliche 3,50 €, unter 15 Jahre frei, Tel. 0231 21 46 87

Sport

- **Segelschule:** École de voile, 14 960 Asnelles, Centre de loisirs nautique, Tel. 0231 22 71 33, Fax 0231 22 71 51
- **Golf:** Le Bayeux Omaha-Beach Golf Club, 14520 Port-en-Bessin, 27-Loch-Platz mit unmittelbarem Blick auf das Meer, Übungskurse, Klubhaus, Restaurant, Tel. 0231 22 12 12, Fax 0231 22 12 13

Einkaufen

- **Fischmarkt:** sonntagvormittags am Hafen von Port-en-Bessin
- **Austernpark Asnelles-Meuvaines,** Parc en Mer, geöffnet: montags bis freitags 9-12.30 und 13.30-18 Uhr, Besuchsanmeldung zwei Wochen im Voraus erbeten, Eintritt 3 €, Kinder und Schüler 1,50 €
- **Austernpark Établissement ostréical,** Grandcamp-Maisy, Besichtigung der Zucht- und Verkaufsanlagen, geöffnet: auf Voranmeldung wochentags 9-12 und 14-16 Uhr, Eintritt 1,50 €, mit Degustation 5,50 €, Information und Anmeldung: Éts. Aimard, Tel. 0231 22 13 98
- **Les Sablés d'Asnelles,** Mürbeteigplätzchen aus Asnelles, 17, Rue de Southampton, Besichtigung auf Anmeldung Juni bis September 9-12.30 und 14-17.30 Uhr, Tel. 0231 22 32 00

Zerstörte deutsche Bunker
an der Point du Hoc

Omaha Beach ↗ X/A1

Wenige Kilometer westlich von Porten-Bessin geht die Klippenlandschaft an der Küste in einen relativ flach in das Meer abfallenden **Sandstrand** über. Dieser Strandabschnitt im Bereich der Ortschaften Colleville-sur-Mer und Vierville-sur-Mer, von den Alliierten mit dem Decknamen „Omaha-Beach" versehen, war die entscheidende Zone der alliierten Landeoperationen Anfang Juni 1944 im Rahmen der Operation D-Day *(débarquement day)*. Bis heute lassen die **Überreste der Bunker** und Stellungen nur erahnen, wie heftig hier in den entscheidenden Stunden gekämpft worden ist und welch hohe Verluste beide Krieg führenden Seiten zu beklagen hatten.

Colleville-sur-Mer

So heftig wie hier ist nur an wenigen Schauplätzen des Zweiten Weltkrieges gekämpft worden. Wer das Gelände am Omaha Beach gesehen hat, wird sofort erkennen, dass erst der Aufstieg vom Strand auf das Plateau, auf dem die Küstenstraße entlangführt, militärisch Erfolg versprechend war. Nicht umsonst haben hier die deutschen Truppen so **erbitterten Widerstand** geleistet. Dennoch mussten sie am Morgen des 7. Juni den Ort

Colleville-sur-Mer räumen und die Alliierten konnten ihre verschiedenen Brückenköpfe an der Côte du Nacre miteinander verbinden – eine der Voraussetzungen, um weiter landeinwärts vorstoßen zu können.

Die Beschädigungen an der **Dorfkirche** wurden vorbildlich beseitigt und mit ihrem mächtigen Vierungsturm über dem schlichten Bau hat sie heute wieder ihr mittelalterliches Aussehen erhalten.

Oberhalb des Strandes wurde auf den Resten der deutschen Bunkeranlagen ein **Monument für die Gefallenen** der 5. US-Pionier-Brigade errichtet, die hier besonders hohe Verluste hatte.

St. Laurent-sur-Mer

Vom Monument der 5. Brigade kann man auf einem kleinen Feldweg direkt zum **Amerikanischen Soldatenfriedhof** gelangen, dem wohl eindrucksvollsten der gesamten Landungsküste. An die 10.000 weiße Carrara-Marmorkreuze, zwischen ihnen Gedenksteine mit dem Judenstern, erinnern an die schweren Verluste der Amerikaner an diesem Landungsabschnitt. Zum Strand hin ist eine große Übersichtstafel aufgestellt, die die Ereignisse des 6. Juni im Einzelnen darstellt.

Am Fuße des amerikanischen Militärfriedhofs wurde das **D-Day Monument Les Moulins** errichtet. Hier konnte am 6. Juni 1944 um 11.30 Uhr die erste deutsche Artilleriestellung eingenommen werden. Damit war ein Zugang auf das Plateau oberhalb des Omaha-Strandes frei, so dass schweres Kriegsmaterial heraufgeschafft werden konnte.

Vierville-sur-Mer

Am westlichen Ende des Omaha Beaches liegt der kleine Ort Vierville-sur-Mer. Dort, wo die direkt an der Küste entlang verlaufende Straße vor den wieder aufragenden Klippen in den Ort zurückführt, sind noch Reste der deutschen **Kasematten** (Festungen) erhalten. Ein Teil der alliierten **künstlichen Hafenanlagen,** die am 19. Juni 1944 durch denselben Sturm zerstört wurden, der auch den Mulberry-Hafen vor Arromanches vernichtete, ragt heute noch in das Meer.

St.-Pierre-du-Mont

Klippen prägen das Bild westlich des eigentlichen Omaha-Strandes. Die Landstraße D 514 verläuft deshalb auch etwas landeinwärts. Vorbei am Château d'Englesqueville gelangt man nach St.-Pierre-sur-Mont mit der kleinen **romanischen Dorfkirche,** deren Chor aus dem 13. Jahrhundert stammt und deren Portal im 15. Jahrhundert entstand.

Am Rande der Landstraße D 514 steht das in reinem Renaissance-Stil errichtete **Manoir de St.-Pierre-sur-Mont,** eine Anlage mit interessantem Torbau.

Colleville-sur-Mer

D-Day: Die Landung der Alliierten am 6. Juni 1944

Seit dem Jahreswechsel 1942/43 war deutlich geworden, dass die Achsenmächte unter der Führung Deutschlands den von ihnen begonnenen Zweiten Weltkrieg nicht mehr gewinnen konnten. Den Kampf um Stalingrad hatte Russland gewonnen, *Rommel* wurde aus Afrika zurückgedrängt, der japanische Vorstoß war vor Burma und Australien zum Halt gekommen.

In der für Russland immer noch schwierigen militärischen Situation wurden die Westmächte gedrängt, die versprochene **zweite Front im Westen** aufzubauen, um dem Dritten Reich das Ende zu bereiten. Dieses Versprechen hatten *Roosevelt* und *Churchill Stalin* schon im November 1943 auf der Konferenz von Teheran gegeben.

Die deutsche Kriegsführung war sich darüber bewusst, dass eine alliierte Landung an der Kanalküste anstand. Lähmend wirkte sich die Unsicherheit darüber aus, **an welcher genauen Stelle** mit diesem Angriff zu rechnen war. *Hitler* und *Rommel* gingen davon aus, dass der Hauptangriff im Pas de Calais erfolgen würde, so dass sie den Angriff an der Côte de Nacre zunächst als Scheinangriff ansahen und deshalb auch noch vorhandene Truppenreserven zurückhielten.

Die Zeit vor dem erwarteten Angriff nutzte General *Rommel*, der inzwischen zum Befehlshaber der deutschen Truppen in Frankreich ernannt worden war, um mit großer Energie die gesamte Kanalküste als **Atlantikwall** mit Bunkern und schwerer Artillerie zu versehen sowie mit Stacheldraht und Minenfeldern zu schützen.

Die eigentlichen alliierten Landungsoperationen setzten nach monatelangen Vorbereitungen am 6. Juni 1944, 00.00 Uhr ein. Ihnen gingen **Fallschirmjäger-Landungen** an den Flanken der Landungsküste voraus. Noch in der Nacht zum 6. Juni konnten die britischen Fallschirmjäger im Bereich von Riva Bella ihre Operation mit der Eroberung der „Pegasus"-Brücke erfolgreich abschließen. Die amerikanischen Fallschirmjäger im Abschnitt Utah Beach wurden zum Opfer der dortigen schlechten Witterungsbedingungen. Sie landeten völlig zerstreut, teilweise bis zu 40 Kilometer auseinander.

Von den fünf Landungsabschnitten war der deutsche Widerstand am **Omaha Beach** am intensivsten. Hier verloren die Amerikaner ein Drittel ihrer Soldaten, nur die Hälfte der Panzer kam über den Strand hinaus.

Trotz aller Alliierten Verluste war der erste Landungstag so erfolgreich, dass die Alliierten bereits am 7. Juni daran gehen konnten, ihre verstreuten **Brückenköpfe** miteinander zu **verbinden.** Der britischen Armee gelang es an diesem Tag, Bayeux im Handstreich zu nehmen, so dass die Stadt die geringsten Schäden davon trug.

In der zweiten Landungswoche erzielten die Alliierten bereits erhebliche Landgewinne. Von besonders nachhaltiger Wirkung war der amerikanische Vorstoß nach Barneville, mit dem die auf der Halbinsel Cotentin verbliebenen deutschen Truppen abgeschnitten wurden. **Cherbourg** wurde am 26. Juni von den Amerikanern eingenommen. Wenn die Deutschen auch alle Kaianlagen zerstört hatten, war dies doch der erste Hafen, über den die Alliierten nunmehr ihren Nachschub organisieren konnten. Der schwimmende Hafen am Omaha Beach war nämlich inzwischen durch einen Sturm zerstört worden und der künstliche britische Hafen vor Arromanches konnte allein nicht die ungeheuren Materialmengen bewältigen, die die Alliierten im Zuge ihrer Operationen nach Frankreich verbrachten.

D-Day: Die Landung der Alliierten

Erst im Anschluss an die Eroberung der **Halbinsel Cotentin** gelang am 9. Juli nach einem schweren Bombenangriff mit 2500 Tonnen Bomben aus 267 alliierten Flugzeugen die Einnahme von **Caen,** nachdem englische Truppen die Stadt schon fast von allen Seiten umzingelt hatten. Am 18. Juli fiel **St.-Lô** nach heftigem Luft- und Bodenbombardement an die Amerikaner.

Knapp sechs Wochen nach der eigentlichen Landung an der Kanalküste hatten die Alliierten mit **ungeheurem Materialaufwand** eine breite Front in der Normandie aufgebaut. Insgesamt schafften sie in dieser Zeit über zwei Millionen Soldaten, über drei Millionen Tonnen Material und weit über 400.000 Fahrzeuge herbei. Nun begannen sie mit den Vorbereitungen zum breit angelegten Endkampf um ganz Frankreich.

Die nunmehr einsetzende **Großoffensive** der von General *Montgomery* befehligten Engländer lief unter dem Code-Namen "Cobra", die der Amerikaner unter dem Namen "Goodwood". Ziel war die Umzingelung der deutschen Kräfte, die sich zwischen Falaise und Mortan zum Gegenschlag sammelten. Obwohl *Rommel* am Vorabend der eigentlichen Auseinandersetzungen durch Jagdfliegerbeschuss ausgerechnet bei dem kleinen Ort mit Namen Sainte-Foy-de-Montgomery verwundet worden war, hielten die deutschen Panzerverbände zunächst den Angriffen stand und begannen am 6. und 7. August mit ihrer Gegenoffensive bei Mortan, mit der sie den alliierten Truppen den Weg in die Bretagne abschneiden wollten. Nach heftigen Kämpfen mussten sie sich jedoch ab dem 12. August zurückziehen. Beinahe wären sie noch in die Zangenbewegung amerikanischer und englischer Truppen geraten, konnten dann aber nach schweren Verlusten neue Position hinter der Seine beziehen. Somit war Ende August 1944 die Schlacht um die Normandie geschlagen!

OMAHA BEACH

An diesem weit hervorragenden Abschnitt der Côte du Nacre hatten die Deutschen eine **Küstenbatterie** eingerichtet, von der aus große Teile der Seine-Bucht eingesehen werden konnten. Diese durch unterirdische Felsgänge miteinander verbundenen Geschützbunker waren für die Amerikaner nur unter großen Verlusten zu erobern. Vorbereitet wurde der Sturmangriff durch schweres Geschützfeuer eines amerikanischen Schlachtschiffes. Die Einschlagskrater sind noch heute zu sehen.

Die Felsküste an der Pointe du Hoc ist heute als **Vogelschutzgebiet** ausgewiesen. Hier nisten sowohl Möwen als auch Albatrosse.

Grandcamp-Maisy

Pointe du Hoc

Hinter St.-Pierre-du-Mont biegt rechts von der D 514 eine Straße zur Pointe du Hoc ab. Hier hat die Brandung aus dem weichen Jurakalkgestein eine **Felsnadel** herausgewaschen, die sich unmittelbar vor der zerklüfteten Küste erhebt.

Grandcamp-Maisy begrenzt die Côte du Nâcre im Westen. Längst hat sich der kleine Fischerhafen zu einem **Badeort** entwickelt. Bei Ebbe werden hier breite, vorgelagerte Felsklippen freigelegt. Das **Musée des Rangers** informiert über den amerikanischen Sturmangriff auf die deutsche Küstenbatterie Pointe du Hoc.

Praktische Tipps

Information

- **Office de Tourisme,** 14710 Colleville-sur-Mer, Mairie, Tel. 0231 22 44 00
- **Office de Tourisme,** Vierville-sur-Mer, Tel. 0231 22 43 08
- **Office de Tourisme,** 14450 Grandcamp-Maisy, 118, Rue Aristide-Briand, Tel. 0231 22 62 44, Fax 0231 22 99 95

Pointe du Hoc

Unterkunft

- **Camping de la Hague,** Ste.-Honorine-des-Pertes, zwischen Port-en-Bessin und Colleville-sur-Mer etwas landeinwärts gelegener, einfacher Platz, teilweise durch Hecken in große Stellflächen eingeteiltes Wiesengelände, geöffnet: Anfang Juli bis Anfang September, Tel./Fax 0231 21 77 24
- **Camping Omaha Beach,** Vierville-sur-Mer, westlich vom Ort in Richtung Grancamp auf den Klippen gelegener Platz, unterteilt in drei Ebenen und eine Plateau-Fläche, Stellplätze teilweise durch Hecken gesäumt, geöffnet: Anfang April bis Anfang September, Tel. 0231 22 41 73

Museen

- **Musée Omaha Beach 6 juin 1944,** in St. Laurent-sur-Mer an der D 517 gelegenes Militärmuseum zum D-Day-Landungsgeschehen mit historischen Militärfahrzeugen, Waffen, Panoramadarstellungen etc., geöffn.: Mitte Febr. bis Mitte Nov. vor- und nachmittags, Eintritt 4,60 €, Studenten 3,80 €, Kinder 2,50 €, Tel. 0231 21 97 44, Fax 0231 92 72 80, musee-memorial-omaha.com
- **Musée des Rangers,** in Grandcamp-Maisy, Quai Crampon, Darstellung der Eroberung der deutschen Küstenbatterie Pointe du Hoc durch amerikanische Ranger unter Führung von Colonel *Rudder*, geöffnet: täglich außer montagvormittags, Juni bis August 10-19 Uhr April/Mai, Sept./Okt. 10-13 und 15-18 Uhr, Eintritt 3 €, Kinder 1,50 €, Tel. 0231 92 33 51, Fax 0231 22 99 95, grandcamp-maisy@wanadoo.fr

Besichtigungen

- **American Cemetery St.-Laurent-sur-Mer,** Soldatenfriedhof bei Colleville-sur-Mer, auf 20 Hektar perfekt gepflegter Rasenfläche, Omaha-Beach überblickend, stehen die Gedenkkreuze für die an diesem Küstenabschnitt gefallenen amerikanischen Soldaten, auf dem Weg herunter zum Meer steht ein weiteres Gedenkmonument (Les Moulins), ganzjährig 9-17 Uhr (im Sommer bis 18 Uhr) geöffnet, Eintritt frei, Tel. 0231 51 62 00, Fax 51 62 09, normandy.cemetery@abmc-er.org
- **La Pointe du Hoc,** deutsche Küstenbatterie aus dem Zweiten Weltkrieg, die unter großen Verlusten von den Amerikanern am 6. Juni 1944 eingenommen wurde, ganzjährig geöffnet 9-18 Uhr (Oktober bis Mitte April 17 Uhr), Eintritt frei

Aktivitäten/Sport

- **Boots- und Angelausflüge:** mit der Colonel Rudder (65 Passagiere), z.B. Fahrt zur Landspitze Pointe du Hoc (1 Std.), Omaha Beach bzw. Utah Beach (3 Std.), Hochseefischen (bis zu 6 Std.), Information und Buchung: *Noëlle Vicquelin,* 9, Place de la Maresquerie, Tel. 0231 22 64 15, Fax 0231 51 81 33
- **Jachthafen.** Grandcamp Maisy, 60 Schleusenplätze, Capitainerie Tel. 0231 22 10 67, Fax 0231 22 25 12
- **Segelschulen:** Eolia Normandie, Colleville-sur-Mer, Location de Char à Voile et speed sail sur la plage Le Cavey (auch Strandsegeln und Meer-Kayak), Tel. 0231 22 26 21, Fax 0231 22 00 25; École de Voile, Grandcamp-Maisy, Tel. 0231 22 14 35

Einkaufen

- **Fischmarkt:** täglich vormittags in Grandcamp-Maisy am Hafen

Das Pays d'Auge

Überblick

Nirgendwo ist die Normandie so normannisch wie im Pays d'Auge. Mit jedem Kilometer, den man sich von der so turbulenten und mondänen Côte Fleurie entfernt, wird das Land **beschaulicher.** Sanft wellige Weiden, unterbrochen von Hecken und kleinen Forsten charakterisieren das Erscheinungsbild dieser Region. Hier weiden die Kühe in Apfelplantagen und geben die Milch für die berühmten Käsesorten des Pays d'Auge: den Pavé d'Auge wie auch den Camembert, den Livarot oder etwa den Pont l'Évêque.

Hauptstadt des Pays d'Auge ist **Lisieux,** ein kulturhistorisch hochinteressanter alter Bischofssitz, der noch nicht einmal 30.000 Einwohner zählt.

Ansonsten ist das Pays d'Auge eher **bäuerlich geprägt,** mit vielen kleinen Dörfern und wenigen Kleinstädten.

Normannisches Fachwerk ist das hervortretende Merkmal vieler Anwesen, seien es Bauernhöfe oder hochherrschaftliche Gebäude. Denn das Pays d'Auge ist reich an Schlössern und Herrenhäusern – den **Manoirs** – die hier seit dem ausgehenden Mittelalter von den Grundherren mitsamt den typischen Taubenschlägen errichtet wurden. Diese Herrenhäuser stehen meist inmitten ihres Farmlandes, umgeben von Wirtschaftsgebäuden wie Ställen, Apfelpresse, Apfellager oder Backofen.

Die herrlichen **Produkte** der Farmen können meist vor Ort erworben werden, Hinweisschilder gibt es genügend. Und je weiter man nach Süden die Touques aufwärts kommt, desto stärker dominiert die Milchwirtschaft. So wundert es auch nicht, dass sich die Käseproduktion im oberen Pays d'Auge in der Gegend um Vimoutiers am Oberlauf der Touques und der Vie konzentriert.

Die **Touques** ist die zentrale Ader des Pays d'Auge. Der kleine Fluss entspringt in den Hügeln oberhalb von Gacé. Bis Lisieux durchquert er eine liebliche Landschaft, hügelig, mit kleinen Wäldern und vielen Manoirs. Hier hat er schon die Hälfte seiner gesamten Länge durchschritten. Es folgt das mittlere Tal der Touques, umsäumt von vielen historischen Orten. Bei Pont l'Évêque beginnt der Unterlauf.

Alle Strecken entlang der Touques sind während der Saison stark befahren, so dass es sich ganz besonders empfiehlt, für einen Besuch einen Zeitraum außerhalb der französischen Ferien zu wählen – zumal das Pays d'Auge im Frühjahr zur Baumblüte am schönsten ist!

Im unteren Pays d'Auge

Unmittelbar südlich der Côte Fleurie mit ihren weltoffenen und mondänen Seebädern erstreckt sich **am Unterlauf der Touques** das untere Pays d'Auge. Wiesen, Hecken und Hügel, die von kleinen Bächen und Flüssen durchzogen werden, lassen gar nicht mehr die nahe Küste erahnen. Zu Zeiten Wilhelm des Eroberers hatte das Meer sogar noch bis auf die Höhe des Châteaux de Guillaume-le-Conquérant gereicht, aber durch die zunehmende Verlandung der Touques verschob sich die Küstenlinie immer weiter nach Norden. Heute wird das Tal des unteren Pays d'Auge vor allem durch die Viehzucht geprägt.

Pont l'Évêque ⌖ XII/B1

Der erste größere Ort, den man von der Küste auf der D 177 erreicht, ist Pont l'Évêque. Der **Name** des Ortes geht auf den Brückenschlag über die Touques zurück, der von einem der ersten Bischöfe von Pont l'Évêque veranlasst wurde.

Viel bekannter ist die Stadt aber durch den **berühmten Käse,** der hier auf Bauernhöfen in der Umgebung seit Jahrhunderten hergestellt wird. Bereits im Jahre 1230 erwähnt der Dichter *Guillaume de Lorris* diesen Käse in seinem Werk „Roman de la Rose".

Das idyllische Kleinstädtchen Pont l'Évêque wurde im Zweiten Weltkrieg arg in Mitleidenschaft gezogen. Doch eine Reihe schöner **Fachwerkhäuser** hat das Inferno überstanden, einige wurden auch wieder renoviert. Sie sind in der Rue St.-Michel und in der Rue de Vaucelles anzutreffen.

Weitere Fachwerkhäuser gruppieren sich um die Place de Tribunal, so das **Manoir de Touraille** aus dem 17. Jahrhundert, die **Auberge de l'Aigle d'Or** aus dem 16. Jahrhundert und das **Hotel de Brilly** von 1736 mit Freitrep-

IM UNTEREN PAYS D'AUGE

Église Saint-Michel

pe und Ecktürmen, das heutige Rathaus, in dem der Dramatiker und Autor von Boulevardkomödien *Robert des Flers* (1872-1927) geboren wurde.

Dem Place de Tribunal benachbart ist das alte Dominikanerstift, das **Ancien Couvent des Dominicaines,** ein zweistöckiges Fachwerkhaus mit Galerien und schindelgedeckten Dächern.

Sehenswert ist die **Kirche Saint-Michel,** die nach dem Ende des Hundertjährigen Krieges um die Wende zum 16. Jahrhundert im Flamboyant-Stil errichtet wurde. Der dreischiffige Bau wird von mächtigen Strebepfeilern getragen. Der quadratische Westturm mit schiefergedecktem Zeltdach steht seitlich der Kirche. Die modernen Kirchenfenster stammen aus dem Jahr 1964.

Das **Musée du Calvados et des Métiers Anciens** in der Route de Trouville gibt einen Überblick über die Herstellung des Apfelschnapses, der die Region Calvados so berühmt gemacht hat. Das Museum gehört zur Destillerie Père Magloire.

Umgebung von Pont l'Évêque

⌀ XII/B1

Beaumont-en-Auge

Beaumont-en-Auge liegt sechs Kilometer westlich von Pont l'Évêque an der D 118. Hier steht noch das historische Gebäude des **ehemaligen Priorates,** das 1060 an dieser Stelle gegründet worden sein soll. Umbauten aus der Zeit um die Mitte des 18. Jahrhunderts führten jedoch zu starken Veränderungen. Die Klosterkirche konnte romanische Elemente bewahren, Chor und Querhaus wurden im 13. Jahrhundert erneuert.

Das schönste am Ort ist aber seine Lage mit dem weiten **Blick über das Tal** der Touques.

Château de Betteville

Unmittelbar südlich von Pont l'Évêque erstreckt sich der Lac de Pont l'Évêque, ein **See** mit vielen Freizeiteinrichtungen. Oberhalb des Sees, über die D 48 zu erreichen, erhebt sich das Château de Betteville. In unmittelbarer Nachbarschaft ist in einer riesigen alten Scheune ein **Automobilmuseum** untergebracht, das Musée La Belle Époque de l'Automobile. Der Besuch lohnt – es gibt eine Vielzahl von Oldtimern zu sehen!

Saint-Hymer

Noch ein wenig weiter südwestlich von Pont l'Évêque liegt Saint-Hymer, am besten über die N 175 zu erreichen, von der man auf der Anhöhe links in die D 280 abbiegt. Im Ort steht eine **Klosterkirche** aus dem 11. Jahrhundert, die im 14. Jahrhundert grundlegend erneuert und im 18. Jahrhundert restauriert wurde. Die restaurierten Gebäude der **ehemaligen Abtei** sind geschichtlich interessant, weil hier ein Jansensten-Zentrum bestand – eine Glaubensrichtung, die von *Ludwig XIV.* heftig bekämpft wurde.

Saint-André-d'Hébertot

Östlich von Pont l'Évêque lohnt ein Abstecher nach Saint-André-d'Hébertot. Die Fahrtstrecke führt auf der N 175 durch das untere Tal der Calonne. Jenseits der Autobahn liegt der kleine Ort **St.-Julien-sur-Calonne** mit

Auberge du Prieuré neben der Abteikirche von Saint-Hymer

Im unteren Pays d'Auge

dem reizvollen Renaissance-Schloss und einer hübschen Dorfkirche.

Nach St.-Julien-sur-Calonne vollführt die N 175 eine Linkskurve, hinter der rechts eine kleine Straße in den Ort Saint-André-d'Hébertot führt.

Die **romanische Dorfkirche** ist wegen ihrer Arkaden und des Glockenturmes aus dem 11. und 12. Jahrhundert sehenswert. Das von Wassergräben umgebene **Château** des Ortes liegt inmitten eines Parks zwischen uralten Linden und ist mit Schießschar-

ten versehen. Der Turm stammt aus dem 17. Jahrhundert, die hübsche Fassade aus dem 18. Jahrhundert. Im 19. Jahrhundert wurde die Anlage erneuert, wobei das Ensemble aus Turm und Fassade erhalten blieb.

Cormeilles ⚐ XIII/C1

Folgt man dem reizvollen Lauf der Calonne weiter flussaufwärts auf der D 834, so erreicht man nach nicht einmal zehn Kilometern den Ort Cormeille, der sich schon im Département

Die Dorfkirche von St.-André-d'Hébertot

Das Château St.-André-d'Hébertot

Orne befindet. Das Landschaftsbild des Pays d'Auge setzt sich hier über die Département-Grenze fort.

Das Ortsbild wird durch die auf einem Hügel erbaute **Kirche Sainte-Croix** überragt. Im Kern geht der Bau auf das 11. Jahrhundert zurück, Veränderungen erfolgten im 15. und 18. Jahrhundert. Eigenwillig erhebt sich das Langhaus der Kirche bis zum Querschiff hin.

Wie kann es im Pays d'Auge anders sein – auch im Ort Cormeille gibt es eine Apfelbrennerei, die besichtigt werden kann: die **Distillerie de la Vallée d'Auge.**

Fährt man auf der D 111 nördlich aus Cormeilles heraus, kommt man am Park und Herrenhaus des **Château de Malou** vorbei. Dieses in kontrastierender rot-weißer Ziegelbauweise errichtete Renaissance-Schloss liegt weit zurückversetzt im Park. Es ist in privater Hand und kann nicht besichtigt werden.

Manoir des Évêques

Größte Aufmerksamkeit verdient das Manoir des Évêques in Canapville, fünf Kilometer nördlich von Pont l'Évêque im Flusstal unmittelbar an der N 177 gelegen. Dieses Herrenhaus,

Château de Malou bei Cormeilles

Im unteren Pays d'Auge

wurde von den Bischöfen von Lisieux im 13. bis 15. Jahrhundert als Sommerresidenz errichtet und ausgebaut. Die **Fachwerkanlage** besteht aus dem Haupthaus mit drei monumentalen Kaminen und einem vorgesetzten Treppenhaus sowie einem Nebenhaus mit einem eingeschnitzten Bischofskopf im Eingangspfosten. Das Manoir des Évêques kann besichtigt werden – ein ausgezeichnetes Fotomotiv!

Dörfer bei Pont l'Évêque

Die Dörfer im gesamten Pays d'Auge zeichnen sich durch eine reizvolle Bausubstanz aus: alte Fachwerkhäuser, kleine Herrenhäuser und interessante Kirchen, die in ihren Ursprüngen oft bis in die Romanik zurückreichen.

Besonders hingewiesen sei auf die Kirche in **Le Brévedent** an der Landstraße D 51, die von Pont l'Évêque nordwestlich in den Ort führt. Diese Kirche kann ihre Anlehnung an die Turmarchitektur der Église Saint-Michel in Pont l'Évêque nicht verleugnen – ein so massiver Turm muss einfach auch Verteidigungszwecken gedient haben. Gepflegt ist das Ensemble von Fachwerkhäusern, das die Kirche umgibt.

Am Mittellauf der Touques

XII/B1-2

Der mittlere Talabschnitt der Touques entspricht am ehesten den Vorstellungen von **normannischen Heckenlandschaften** mit Obstgärten, Weiden und Feldern, die von Hecken durchsetzt sind. Dieser Talabschnitt kann auf beiden Fluss-Seiten befahren werden. Die romantischere Strecke führt jedoch entlang des linken Flussufers über Coquainvilliers. Die Straße ist kurvig, gibt dafür aber immer wieder neue Ausblicke auf die bezaubernde Landschaft und die vielen Fachwerkbauernhöfe frei. Es lohnt sich, einen Umweg über St.-Hymer mit der ehemaligen Abtei zu machen (siehe „Umgebung Pont l'Évêque").

Pierrefitte-en-Auge

Auf dem Weg von St.-Hymer zur D 48 liegt der kleine Ort Pierrefitte-en-Auge. Mit seinen bunten Bauernhäusern und der Kirche aus dem 13. Jahrhundert mit ihren schönen Landschaftsgemälden ist es ein typisches Dorf des Pays d'Auge.

Château du Breuil

Schon wenige Kilometer hinter Pierrefitte-en-Auge liegt **Breuil-en-Auge** mit dem berühmten Château de Breuil. Die ausgewogenen Proportionen des Schlosses lassen vergessen, dass auch dieses Herrenhaus einst eine Festung war, deren Gräben die Touques füllte.

Der heutige Gebäudekomplex entstammt im Wesentlichen dem 17. Jahrhundert. Das steinerne Portal in der Mitte seiner vorgebauten, abgerundeten Abschlussmauer gewährt Einlass in den **Hof.** Das Haupthaus erstreckt sich im Osten, die Wirtschaftsgebäude im Westen.

Château du Breuil

Während der Mittelteil des **Haupthauses** ganz aus behauenen Steinen und Ziegeln besteht, wurden die höheren Seitenflügel in Fachwerkbauweise errichtet. Der Sockel besteht aus großen Steinquadern. Die Fassade zur Hofseite wurde im 18. Jahrhundert mit den gleichen Materialien, aber deutlich einfacher gestaltet.

Das **Fachwerk** des Baus verdient besondere Beachtung. Mit kurzen Hölzern wurde die Fassade aus Ständern, Streben und Füllhölzern, die leicht hervor- und zurücktreten, strukturiert.

Im Inneren des **Wirtschaftsgebäudes,** dessen gesamter Dachstuhl heute freigelegt ist, erkennt man seine mächtigen Verstrebungen. In den einstigen Remisen lagern heute die Calvados-Fässer zur Reifung. Denn das Schloss beherbergt eine Brennerei, die besichtigt werden kann.

Coquainvilliers

Der nächste interessante Ort an der Strecke ist Coquainvilliers, wo man die **Destillerie du Moulin de la Foulonnerie** besichtigen kann. Eine Führung durch die Brennerei gibt Einblick in die Calvados-Herstellung und endet natürlich mit einer Verkostigung.

Quilly-le-Vicomte

In Quilly-le-Vicomte kurz vor Lisieux ist die Kirche beachtenswert, die unmittelbar an der Brücke über die Touques steht. Es handelt sich um einen der ältesten Sakralbauten der Normandie aus dem 10./11. Jahrhundert. Aus der Innenausstattung sticht der geschnitzte Renaissance-Altar hervor.

Rocques

Hinter der Kirche von Quilly-le-Vicomte geht es unter der Eisenbahn auf die D 579, die auf der rechten Uferseite der Touques nach Lisieux führt. Gleich die nächste Straße links (D 262) führt nach Rocques.

Die Dorfkirche aus dem 13. Jahrhundert mit den zwei hölzernen Portalen steht inmitten des alten Friedhofs. Von der Innenausstattung sind die Kerzenhalter und die bemalten hölzernen Statuen erwähnenswert.

Praktische Tipps

- **Postleitzahl Pont l'Évêque:** 14130
- **Tel.-Vorwahl:** 0231

Information

- **Office de Tourisme,** 14130 Pont l'Évêque, 16bis, Rue du Croiseur-Montcalm, Tel. 64 12 77, Fax 64 76 96, pontleveque-tourisme@wanadoo.fr, www.pontleveque.com
- **Office de Tourisme,** 27260 Cormeilles, 24bis, Rue de l'Abbaye, Tel. 0232 56 02 39 (außerhalb der Saison nur an Wochenenden)

Unterkunft

- **Hôtel le Lion d'Or**€€, Pont l'Évêque, 8, Place du Calvaire, der Hotelgruppe Logis de France angeschlossenes, mittelgroßes Hotel, ganzjährig geöffnet, Tel. 0231 65 01 55, Fax 0231 65 05 64
- **Auberge Saint-Martin**€, 14130 Surville, kleines, einfaches Hotel, im östlichen Vorort von Pont l'Évêque an der Route de Rouen gelegen, ganzjährig geöffnet, Tel. 0231 64 03 77, Fax 0231 64 12 23, auberge.stmartin@libertysurf.fr

Essen und Trinken

- **Auberge de la Touques**€, Pont l'Évêque, ist unmittelbar neben der Kathedrale am Fluss

gelegen, die Speisekarte bietet Fisch- und Fleischgerichte, das Innere der Auberge ist gepflegt, im Sommer stehen einige Tische draußen, ganzjährig geöffnet, Tel. 64 01 69, Fax 64 89 40
● **Auberge de l'Aigle d'Or**€€, Pont l'Évêque, 68, Rue de Vaucelles, Restaurant in einem schönen Fachwerkhaus mit regionaler Küche, sonntagabends sowie mittwochs (von Allerheiligen bis Ostern) geschlossen, Tel. 65 05 25, Fax 64 01 69
● **L'Auberge du Président**€€, Cormeilles, 70, Rue de l'Abbaye, Spezialitätenrestaurant in einem stattlichen Fachwerkhaus an den Ufern der Calonne, mittwochs und im Februar geschlossen, Tel. 0232 57 80 37, Fax 0232 57 88 31
● **Le Commerce**€€, Cormeilles, 19, Place de Gaulle, traditionelles Familienrestaurant im Ortskern, mittwochs geschlossen, Tel./Fax 0232 57 80 07
● **Auberge de l'Abbaye**€€€, 14950 Beaumont-en-Auge, gepflegt eingerichtetes Restaurant mit ausgezeichneter Küche, dienstags, mittwochs und in der ersten Februarhälfte geschlossen, Tel. 0231 64 82 31, Fax 0231 64 81 63
● **Le Dauphin**€€€, 14130 Le Breuil-en-Auge, an der D 579 in Richtung Deauville, bekannt für seine kreative, saisonorientierte Küche wie z.B. Raviolis „Saint-Jaques" in Hummercreme oder geschmorte Schweinebacke in Cidresoße, sonntagabends, montags und 12.11.-3.12. geschlossen, Tel. 65 08 11, Fax 65 12 08
● **Au Pot d'Étain**€€, 14340 Manerbe, an der D 45, charmante Auberge in reizvollem Garten, mit aufmerksamem wie gleichermaßen diskretem Service, dienstagabends geschlossen sowie von Mitte November bis Mitte Dezember, Tel. 0231 61 00 94

Museen

● **Musée du Calvados et des Métiers Anciens,** Pont l'Évêque, Route de Trouville, Calvados- und Heimatmuseum, ein interessanter Einblick in die früheren Lebensweisen der Menschen im Pays d'Auge, täglich von April bis Oktober 10.30-12 und 14.30-18.30 Uhr geöffnet, Eintritt 2,30 €, Schüler frei, Tel. 64 12 87, Fax 65 44 75

● **Musée La Belle Époque de l'Automobile,** Pont l'Évêque/Château de Betteville, ausgestellt werden hundert Oldtimer aus den Jahren 1898 bis 1950, Prunkstück ist ein Bugatti aus dem Jahr 1932, geöffnet: 10-12.30 und 13.30-19 Uhr, Juli/August 10-19 Uhr, Oktober nur 14-18 Uhr, November bis März geschlossen, Eintritt 6 €, Kinder 3 €, Tel. 65 05 02, Fax 65 02 73

Besichtigungen

● **Manoir des Évêques,** 14800 Canapville, der einstige Palast der Bischöfe von Pont l'Évêque besteht heute aus dem Grand Manoir aus dem 13. und dem Petit Manoir aus dem 15. Jahrhundert, zu sehen gibt es interessantes Interieur, geöffnet: vom 15.6. bis 31.8. täglich außer dienstags 14-18 Uhr, außerhalb der Saison nur samstags, sonntags und feiertags, Eintritt 4,60 €, Kinder frei, Tel. 0231 65 24 75
● **Château du Breuil,** 14130 Le Breuil-en-Auge, zauberhaft gepflegtes Manoir aus dem 17. Jahrhundert, die angeschlossene Calvados-Brennerei kann besichtigt werden, täglich geöffnet 9-12 und 14-18 Uhr, Tel. 0231 65 60 00
● **Prieuré St.-Hymer,** im 18. Jahrhundert ein Jansenisten-Zentrum, verfiel das Abteigebäude, das inzwischen renoviert als Altersheim dient. Die sehenswerte Abteikirche aus dem 14. Jahrhundert wurde im 18. Jahrhundert restauriert, allzeit geöffnet

Sport

● **Golf:** Golf de Saint Julien, 18-Loch-Platz im Süden der Stadt in Saint-Julien-sur-Calonne mit Klubhaus und Restaurant, ganzjährig geöffnet, Tel. 0231 64 30 30, Fax 0231 64 12 43, saintjulien@lucienbarriere.com, www.lucienbarriere.com
● **Mini-Golf:** Pont l'Évêque, im Freizeitpark (Centre de Loisir), Route de Lisieux, geöffnet: März bis September
● **Gokart:** Pont l'Évêque, im Espace Internationale Automobile, ganzjährig geöffnet, Tel. 64 39 01
● **Jet Ski:** auf dem Lac Pont l'Évêque, im Süden der Stadt, über die D 48 zu erreichen,

Das zentrale Pays d'Auge

Tel. 65 29 21, Fax 65 03 46, challenge@mail.cpod.fr, www.normandie-challenge.com
- **Angeln:** Les Étangs de Fierville La Boiselière, Fierville Les Parc, zwischen Pont l'Évêque und Lisieux an der Bushaltestelle, Tel. 0231 64 98 20

Nachtleben

- **Diskothek:** Le Festival, Pont l'Évêque, Route de Rouen, Tel. 64 35 94

Einkaufen

- **Distillerie de la Vallée d'Auge,** Courmeilles, Route de Lisieux, Produktion und Degustation von Calvados, Pommeau und Cidre, geöffnet: sonntagnachmittags von Juni bis September 10-18 Uhr, Tel. 0232 57 80 08
- **Distillerie Domaine Cœur de Lion,** 14130 Coudray-Rabut, Route de Trouville, die Cidre-Produktion ist in dieser traditionellen Brennerei erstmals 1638 bezeugt, die Anlage ist ein Gebäudekomplex von traditionellen, um einen Hof gruppierten Fachwerkhäusern mit besonders schönem Herrenhaus, Presse, Brennerei und Keller können besichtigt werden, Degustation, ganzjährig geöffnet (außer 1.1., 1.5. und 25.12. sowie sonn- u. feiertags) 9-12 und 14-18 Uhr, Tel. 0231 64 30 05, Fax 0231 64 35 62
- **Brennerei Père Magloire,** Pont l'Évêque, an der Ausfallstraße Route de Trouville nördlich vom Ortskern, Kern der Produktionsstätte in einem alten Fachwerk-Bauernhaus, geöffnet: von April bis Oktober 10-12.30 und 14-18.30 Uhr, Juli und August durchgehend 10-18.30 Uhr, Eintritt 2,30 € mit Degustation, Tel. 64 21 87, Fax 65 44 75, info@peremagloire.com, www.pere-magloire.com
- **Brennerei Calvados Boulard,** Moulin de la Foulonnerie, 14130 Coquainvilliers, eine der renommiertesten Brennereien des Pays d'Auge, täglich geöffnet April bis Anfang November 9-12 u. 14-18 Uhr, außerhalb der Saison sonntags geschlossen, Eintritt 2,30 € mit Degustation, Tel. 0231 48 24 01, Fax 62 21 22
- **Sonntagsmarkt:** im Juni und Juli in Pont l'Évêque am Place des Dominicaines
- **Bauernmarkt:** sonntagvormittags von Ende Juni bis Anfang November in Cormeilles

Verkehrsverbindung

- **SNCF-Bahnhof:** in Pont l'Évêque an der Strecke Paris (Gare St. Lazare) – Trouville/Deauville

Das zentrale Pays d'Auge

Lisieux XII/B2

Lisieux ist das Zentrum des Pays d'Auge, ein Ort von großer kultureller Bedeutung. Hier an der Touques, wo die Orbiquet und die Cirieux einmünden, werden die Landwirtschaftsprodukte der Region umgeschlagen, die ihre Bezeichnung übrigens vom französischen Wort l'auge („Mulde") ableitet. Zusätzliche Bedeutung erhielt Lisieux im 20. Jahrhundert als Wallfahrtsort.

Geschichte

Die Vorteilhaftigkeit des Standortes hatte bereits der keltische Stamm der **Lexoviner** erkannt. Nach der Eroberung errichteten die **Römer** hier unter dem Namen *Noviomagus* den Verwaltungssitz ihres lexovinischen Bezirks, der Ausgrabungsfunden zufolge im Bereich des Vorortes Saint-Désir gelegen hatte. Im 4. Jahrhundert wurde die Stadt dann am heutigen Standort neu errichtet und nahm den Namen ihrer Bewohner an (*Lexovii* = Lisieux). Bereits im 5. Jahrhundert wurde dieser Verwaltungsbezirk Pagus Lexovius Bischofssitz, der in den Jahren 1055 und 1106 Konzile ausrichtete.

Offensichtlich besaß Lisieux bereits in karolingischer Zeit eine Stadtmauer, die aber den **Wikingeranstürmen** nicht standhalten konnte. Es soll *Rollo* selbst gewesen sein, der die Stadt einnahm. Im Jahre 1141 belagerte **Gottfried von Plantagenet** Lisieux, das er durch Aushungern dann auch einnehmen konnte.

Im Jahre 1152 wurde in dem romanischen Vorgängerbau der heutigen Kathedrale vor Lisieux die **schicksalsschwere Hochzeit** zwischen *Heinrich II. Plantagenet* und *Eleonore von Aquitanien* geschlossen. Heinrich wurde zwei Jahre später auch englischer König, womit Aquitanien für 300 Jahre an England fiel. Hieraus leitete der englische König *Eduard III.* 1338 seinen Anspruch auf die französische Krone ab – dies war der Anfang des Hundertjährigen Krieges.

Im 16. Jahrhundert bereiteten die Auswirkungen der **Religionskriege** auch Lisieux große Probleme. Dann wurde es mehrere Jahrhunderte lang relativ ruhig.

Erst mit dem Auftreten der jungen *Thérèse Martin,* der späteren **heiligen Theresia von Lisieux,** rückte die kleine Stadt wieder in das Licht der Öffentlichkeit. Die visionäre *Theresia,* die bereits im Alter von 25 Jahren an Schwindsucht starb, wurde 1925 heilig gesprochen. Ihr zu Ehren begann man noch im gleichen Jahr mit dem Bau einer nicht zu übersehenden, großen Basilika, die erst 1954 fertig gestellt werden konnte. Zwischenzeitlich hatte der Zweite Weltkrieg schwere Schäden in Lisieux angerichtet.

Sehenswertes

Neben der imposanten Basilika Ste.-Thérèse stellt die **Kathedrale St.-Pierre** das eigentliche herausragende Gebäude von Lisieux dar. Der hochromanische Ursprungsbau geht auf die Bischöfe *Herbert* und *Hugo von Eu* im 11. Jahrhundert zurück. Blitzschläge und Brände vernichteten diesen Bau weitgehend, so dass in der Amtszeit des einflussreichen Bischofs *Arnoul* (1142-82) mit einem Neubau begonnen wurde. Vom Vorgängerbau beließ man die Vorhalle zwischen den beiden Türmen und errichtete im ersten Bauabschnitt noch unter *Arnoul* das Schiff, die Querhäuser, die Vierung und die ersten beiden Joche des Chores.

Doch genau in dieser Zeit setzten sich zunehmend die Ansätze gotischer Bauweise aus der Île de France durch. Waren die bisherigen Bauteile noch durch wuchtige Randpfeiler charakterisiert, so entwickelte das weitere Baugeschehen die Kathedrale St.-Pierre zum frühesten Beispiel der eleganten normannischen Gotik. Mitte des 13. Jahrhunderts wurde die Kathedrale weitgehend fertig gestellt. Der Chor entstand als prächtiges Element dieser neuen Eleganz. Auch der Vierungsturm entsprach dem neuen architektonischen Ideal. Der Figurenschmuck des Westportals ging allerdings in den Wirren der Religionskriege unter. Insbesondere die reich geschmückten Seitenportale sind Ausdruck der normannischen Gotik.

Spätere Zubauten entstammen dem 14. und 15. Jahrhundert, so etwa die

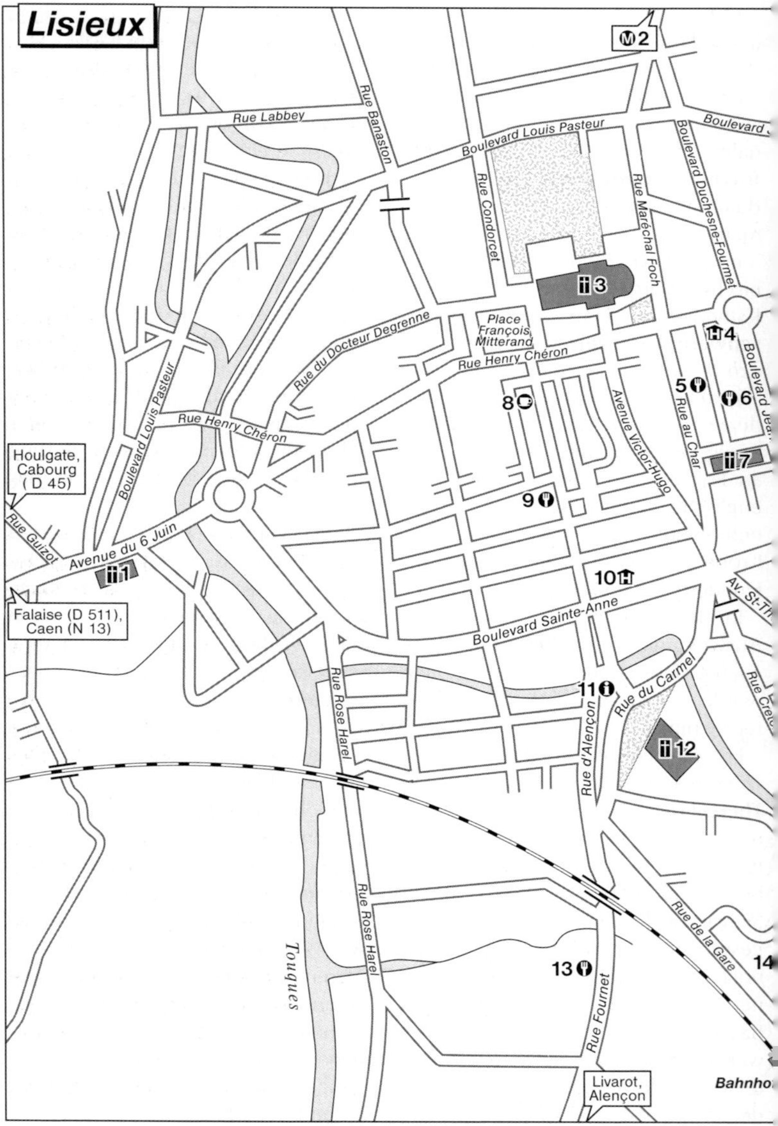

DAS ZENTRALE PAYS D'AUGE
Im Herzen der Normandie

- ⛪ 1 Kirche Saint-Désir
- Ⓜ 2 "Les Buissonnets"
  Museum der heiligen Theresia
- ⛪ 3 Kathedrale Saint-Pierre
- 🏨 4 Azur Hôtel
- 🍴 5 Restaurant La Taverne Normande
- 🍴 6 Restaurant Le France
- ⛪ 7 Kirche Saint-Jacques
- ☕ 8 Le Grand Café
- 🍴 9 Restaurant La Coupe d'Or
- 🏨 10 Le Grand Hôtel de L'Espérance
- ℹ 11 Tourist-Information
- ⛪ 12 Karmeliterinnenkloster
  (Convent des Carmélites)
- 🍴 13 Restaurant Le Parc
- 🍴 14 Restaurant L'Auberge du Pêcheur
- ⛪ 15 Basilika der heiligen Theresia

Seitenkapellen. 1554 stürzte der Südturm ein. Er wurde danach in eher romanisch anmutender Architektur mit einer dreistöckigen Fenstergliederung versehen und erhielt später einen hohen Turmhelm mit vier Ecktürmen. Der Nordturm behielt dagegen seine ursprünglichen hohen Doppelfenster und wurde nach einer Reihe von Bränden mit einem stumpfen Spitzdach gedeckt.

Leider hat die **Altstadt** von Lisieux den Zweiten Weltkrieg nur teilweise überstanden. In der Rue du Dr.-Lesigne, in der Rue Henry-Chéron, in der Rue Aristide-Briand und etwa auch in der Rue du Dr.-Degrenne stehen aber noch ein paar sehenswerte alte Fachwerkhäuser.

In einem weiteren Fachwerkhaus am Boulevard Pasteur ist das Heimatmuseum der Stadt, das **Musée du Vieux Lisieux,** untergebracht.

Sehenswert ist auch der alte **Bischofspalast** aus dem 17. und dem 18. Jahrhundert, das heutige Justizgebäude, von dem eine Freitreppe zum bischöflichen Park führt, der öffentlich zugänglich ist.

Die **Kirche Saint-Jaques** im Südosten der Altstadt entstand im spätgotischen Flamboyant-Stil an der Wende zum 16. Jahrhundert. Der lang gestreckte Bau ist dreischiffig mit Seitenkapellen, aber ohne Querschiff angelegt.

Von der **alten Stadtbefestigung** sind nur noch spärliche Reste erhalten, so die zwei Wehrtürme an der Touques am Quai des Remparts und der Tour Riquier am rechten Ufer des Orbiquet.

Auf der anderen Seite der Touques steht die kleine **Kirche Saint-Désir,** eine ehemalige Klosterkirche von Notre-Dame-du-Pré, die in ihrem Ursprung auf das Jahr 1046 zurückgeht. Sie wurde nach dem Zweiten Weltkrieg fast völlig neu aufgebaut und mit sehenswerten modernen Glasfenstern versehen.

Aus dem Umfeld der **heiligen Theresia** sind eine ganze Reihe von Objekten in Lisieux zu sehen. Da ist einmal das **Elternhaus** der am 2. Januar 1873 als jüngste von neun Geschwistern geborenen Thérèse. Nach dem frühen Tod der Mutter zog der Vater nach Lisieux in den Boulevard Herbert-Fournet, die Ausfallstraße nach Trouville. Das Haus namens **Les Bouissonets** ist als Museum mit Exponaten aus ihrer Kindheit eingerichtet. Der **Couvent des Carmélites** findet sich im Süden der Stadt unterhalb der heutigen Basilika. Hier trat Theresia 1888 mit päpstlicher Sondergenehmigung als Nonne ein. In der angrenzenden Klosterkapelle **Chapelle de la Châsse** wird ihr Reliquienschrein (la châsse) aufbewahrt.

Etwas außerhalb, auf einem Hügel im Südosten der Stadt, erhebt sich die

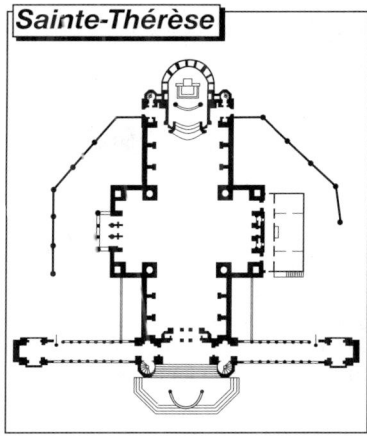

imposante **Basilika Sainte-Thérèse,** ein im neobyzantinischen Stil errichteter, fast hundert Meter aufragender Kuppelbau. Die architektonische Anlehnung an Sacré-Cœur in Paris ist offensichtlich. Wenn man auch über den kunstgeschichtlichen Wert dieses Gebäudes durchaus geteilter Meinung sein kann, so muss man doch zugeben, dass es in seiner Größe und Ausstattung mit Glasfenstern und Mosaiken beeindruckend ist.

Das Hauptschiff der Kathedrale St.-Pierre

Die Umgebung von Lisieux

Das gesamte Pays d'Auge ist nicht nur landschaftlich reizvoll, sondern auch kulturgeschichtlich von großer Bedeutung. Und so bietet auch die Umgebung von Lisieux viele Besichtigungspunkte.

Moyaux ♫ XIII/C2

Auf dem Weg nach Moyaux über die D 510, von der man zwei Kilometer hinter Hermival-les-Vaux rechts in die D 143 einbiegt, erreicht man zunächst einmal das CERZA-Institut (Centre d'Élevage et de Réproduction Zoologique Augeron): mehr als ein Zoo, eher ein **Landschaftstierpark**, der auch interessante Exemplare der afrikanischen Fauna darbietet.

Nur wenige Kilometer weiter auf der D 143 erreicht man **Moyaux** mit seiner Dorfkirche Saint-Germain, die zu den ältesten romanischen Kirchen des Pays d'Auge zählt. Einige Bauelemente aus dieser Zeit sind noch an der Südmauer des Langhauses sowie im Chor zu sehen. Der viereckige Glockenturm trägt einen gewundenen Turmhelm, neben wuchtigen Strebepfeilern im Unterbau und Blendbögen am ersten Stockwerk weist er im Oberstock Kuppelfenster mit Rundbogen auf.

Nur eine kurze Strecke südwestlich von Moyaux gelangt man auf der D 137 an den kleinen Fluss Paquine, wo sich das **Herrenhaus Ouilly-de-Houley** erhebt. Es ist ein Bau aus dem 16. Jahrhundert, der im 18. Jahrhundert Umbauten erfahren hat.

Ein weiteres Herrenhaus liegt zwei Kilometer südlich etwas außerhalb von Fumichon, zu erreichen über die D 143A und dann auf einem Stichweg an den Waldrand oberhalb der Paquine. Das **Château de Fumichon** stammt aus dem 16. Jahrhundert und wird von seinem mächtigen, Schießscharten tragenden Wehrturm dominiert.

Val de Richer ♫ XII/B2

Vielfältig sind die Sehenswürdigkeiten westlich von Lisieux. Die Fahrt führt auf der N 13 bis La Boissière, von dort rechts auf die D 59, auf der man nach wenigen Kilometern das **Herrenhaus Val de Richer** erreicht. Es befindet sich auf dem Gelände der ehemaligen gleichnamigen Zisterzienserabtei, deren erster Abt *Thomas Becket* war und von der nach Zerstörungen nur noch das Hospiz aus dem 17. Jahrhundert steht.

Château Roque-Baignard ♫ XII/B2

Nur zwei Kilometer weiter auf der D 59 erhebt sich das **Schloss** von Roque-Baignard an dem gleichen Flüsschen, das auch die Fischteiche von Val de Richer füllt. Ursprünglich eine von Wassergräben umgebene Festung, erhielt die Anlage im 16. Jahrhundert weitgehend ihr heutiges Aussehen.

Auf polygonal unregelmäßigem Grundriss stehen zwei Wohngebäude, umgeben von isoliert stehenden, aus Bruchsteinen gemauerten und verputzten Türmen mit konischen Dächern. Der Zugang erfolgt durch ein

Torhaus über eine Zugbrücke, die den Graben überspannt. Dieser umgibt auch den Taubenturm am Nordteil der Anlage. Das Torhaus gleicht architektonisch dem Türmchen, das an das große Wohnhaus angebaut ist. Erneuerungen zu Beginn des 19. Jahrhunderts haben glücklicherweise den schönen Mauerverband aus rosa Backstein mit verzahnten Quadersteinreihen verschont.

Clermont-en-Auge   XII/A2

Weiter geht die Fahrt über die D 117 und D 85 nach Clermont-en-Auge mit einer kleinen Kapelle aus dem 11. Jahrhundert (dem Hinweisschild „Chapelle de Clermont Panorama" folgen). Sehenswert sind das Kruzifix aus dem 15. Jahrhundert und die Statuen aus dem 16. Jahrhundert. Nur hundert Meter weiter hat man einen **wunderschönen Blick** über das Tal der Dives, die Ebene von Caen und die Hügel der Umgebung.

Beuvron-en-Auge   XII/A2

Von Clermont-en-Auge gelangt man über die D 146 nach nur drei Kilometern nach Beuvron-en-Auge, einem der hübschesten Dörfer des Pays d'Auge. Kunstvolle Fachwerkhäuser umgeben den **Marktplatz,** in dessen Mitte das Spezialitätenrestaurant Le

Hauptstraße von Beuvron-en-Auge

Das zentrale Pays d'Auge

Pavé d'Auge zum Schlemmen einlädt. An der Südseite steht das prächtigste Fachwerkhaus des Ortes, seine tragende Balkenkonstruktion im Erdgeschoss ist mit geschnitzten Köpfen verziert. Le Manoir de Beuvron-en-Auge, auch als **Vieux Château** bezeichnet, befindet sich etwas außerhalb des Ortskernes gegenüber der Kirche.

Crèvecœur-en-Auge XII/A2

Von Beuvron aus geht es südwärts weiter auf der D 49 und der D 16 zur N 13, an der Crèvecœur-en-Auge mit seinem berühmten **Schloss** liegt.

Die von Wassergräben umgebene Anlage an dem Flüsschen Vie geht auf einen Herren von Crèvecœur zurück, der an der Seite von *Wilhelm dem Eroberer* gekämpft hat.

Die Anlage mit Burg und Herrenhaus war doppelt eingefriedet. Die erste Befestigung bestand wahrscheinlich aus einer Palisade und war durch das Torhaus mit einer Zugbrücke abgesichert. Diese Palisade umschloss den Wirtschaftshof mit der Kapelle aus dem 12. Jahrhundert und den Taubenturm. Aus dem 17. Jahrhundert ist noch ein großes Fachwerkhaus erhalten, das als Pförtnerhaus diente.

Die zweite Befestigung erreichte man über eine weitere Zugbrücke über den inneren Grabenring. Innerhalb dieser Umfriedung sind noch Reste eines quadratischen Turmes vorhanden sowie das im 15. Jahrhundert in Stein-/Fachwerkbauweise errichtete Herrenhaus, das an der Westseite mit der Schutzmauer abschließt. Besonders sehenswert am Herrenhaus von Crèvecœur ist das Taubenhaus, das wie ein „Manoir en miniature" mit Spitzdach und verzierten Dachfenstern versehen ist.

Im Herrenhaus ist ein interessantes **Architekturmuseum** des Pays d'Auge untergebracht sowie ein **Technikmuseum,** das die neuen Erdöl-Prospektionstechniken der Gebrüder *Schlumberger* aus dem Elsass zeigt.

Château Mont-de-la-Vigne XII/B2

Nur einen Kilometer südlich von Crèvecœur erhebt sich die **mächtige Festung** Mont-de-la-Vigne, Sitz der ehemaligen Burggrafschaft von Montfort. Der Standort auf dem gleichnamigen Hügel oberhalb der Vie ist einmalig.

Fünf Rundtürme gliedern die in charakteristischer Klinkerbauweise errichtete Befestigungsanlage, die aus dem 15. Jahrhundert stammt und früher noch Schießscharten trug. Zwei große Fachwerk-Nebengebäude schließen sich an die Nord- und Südmauern rechts und links der Zufahrtsbrücke an, die zum großen Wohnhaus führt. Eine kleine Kapelle steht beim Turm in der Nordostecke. Das Wohnhaus wurde Ende des 15. Jahrhunderts errichtet

Portal des Schlosses
von Crèvecœur-en-Auge

und ist an die Befestigungsmauer im Westen angelehnt, die das vorkragende Stockwerk des Baus trägt. Die gegenüberliegende Fassade wird durch reich gestaltetes Fachwerk geprägt. Brüstungen, Stürze und die mit Rundstäben verzierte Schwelle der Vorkragungen sind mit Schnitzereien versehen. Das Wohnhaus erhielt im 16. Jahrhundert einen Seitenflügel, der auf der Rückseite von der Befestigungsmauer gestützt wird und zur Hofseite vorkragt.

Château de Grandchamps ⌕ XII/B2

Ein weiteres **Kleinod** unter den Herrenhäusern des Pays d'Auge ist das Schloss von Grandchamps. Man erreicht es von Crèvecœur-en-Auge südwärts über die D 16 nach wenigen Kilometern, in dem man hinter dem Ort nach der Brücke über die Vie in die D 145 links einbiegt und in der Verlängerung der D 269 folgt.

Die von Wassergräben umgebene Anlage ist besonders interessant, weil sie noch über einen der alten **Holztürme** verfügt, die ganz früher Wohnstatt und Wachturm zugleich waren.

Die Anlage hat im Laufe der Jahrhunderte viele Ergänzungen erfahren. So wurde der Holzturm bereits im 16. Jahrhundert in einen Erweiterungsbau integriert. In der Renaissance hat man ein Walmdach mit Dachfenstern auf die Langständerkonstruktion dieses Baus aufgesetzt und ihn danach um einen Flügel in Stein- und Ziegelbauweise ergänzt, dessen Mitte später mit einem Giebelvorbau versehen wurde.

Cambremer ⌕ XII/B2

Der Ort Cambremer ist von Crèvecœur-en-Auge über die D 101 nordöstlich nach knapp fünf Kilometern zu erreichen. Im Ort steht eine schöne Kapelle aus dem 11. Jahrhundert. Die eigentliche Sehenswürdigkeit, das **Manoir du Bais,** liegt drei Kilometer nördlich in einer Senke zwischen der D 85 und der D 85a, von wo aus es sichtbar ist. Die Anlage dieses Herrenhauses besteht aus Torhaus, Wohnhaus und Taubenhaus und ist von einem Wassergraben umgeben.

Der **Wohnbau,** zum Ende des Hundertjährigen Krieges errichtet, ist ein rechteckiger Fachwerkbau mit durchgehenden Ständern, der einst sogar noch eine Galerie aufwies. Der letzte Besitzer vor der Französischen Revolution, *Louis Thibault du Bois,* ganz den Ideen des aufgeklärten Zeitgeistes verbunden, baute dann das mittelalterliche Wohnhaus „modern" um. Das Holzskelett blieb zwar erhalten, wurde jedoch mit großen Fenstern neu unterteilt. Ein dunkelroter Putz, mit weißgekalkten Rahmen abgesetzt, bedeckt seither die Fassade. Auch die Innenausstattung des Wohnhauses wurde bei diesem Umbau vollkommen erneuert.

Der **Taubenturm** des Manoir du Bais, einer der schönsten des ganzen Pays d'Auge, stammt vom Anfang des 16. Jahrhunderts. Es ist ein achteckiger Fachwerkständerbau mit schiefergedeckter Laterne.

Das auffallende steinerne **Torhaus** aus der zweiten Hälfte des 16. Jahrhunderts ziert eine regelmäßige

Schachbrettfassade. Es ist steil eingedeckt, wobei die Schrägen der verschiedenen Dächer gleichmäßig mit Aufschieblingen angehoben wurden, was den besonderen Reiz des Gebäudes ausmacht. Ein gleichmäßiges Karomuster aus grauen Steinen und roten Ziegeln ziert die Fassade, der noch ein Treppenturm vorgesetzt wurde. Den einst wehrhaften Charakter dieses Torhauses unterstreicht die kleine schiefergedeckte Fachwerkwarte, die in das Dach des rechten Torhaus-Flügels integriert ist.

Kurz vor der Revolution verzichtete *Louis Thibault du Bois* als damaliger, fortschrittlicher Besitzer des Manoir du Bais auf die mit dem Taubenturm verknüpften Rechte der Taubenhaltung und verwandelte den Turm in einen hübschen Gartenpavillon.

Praktische Tipps

- **Postleitzahl Lisieux:** 14100
- **Tel.-Vorwahl:** 0231

Information

- **Office de Tourisme,** Lisieux, 11 Rue d'Alençon, Tel. 48 18 10, Fax 48 18 11, officelx@club-internet.fr, www.ville-lisieux.fr
- **Syndicat d'Initiative de Cambremer,** Maison du Canton de Cambremer, 14340 Cambremer, Rue Pasteur, Tel. 63 08 87, Fax 63 08 21, cambremer.si@fmac.net
- **Maison de Pays de Crèvecœur,** 14340 Crèvecœur, Tel./Fax 63 72 73, adaspa@paysdauge.net, www.paysdauge.net

Unterkunft

- **Azur Hôtel**€€, Lisieux, 15, Rue de Char, kleines, frisch renoviertes und zentral gelegenes Hotel, ganzjährig geöffnet, Tel. 62 09 14, Fax 62 16 06, resa@azur-hotel.com
- **Le Grand Hôtel de l'Espérance**€€, Lisieux, 16, Boulevard Ste.-Anne, traditionelles Hotel im normannischen Stil, im Zentrum, mit modern eingerichteten Zimmern, Tel. 62 17 53, Fax 62 34 00, booking@lisieux-hotel.com
- **L'Auberge La Boule d'Or**€€, Beuvron-en-Auge, kleines Hotel am Marktplatz mit gutem Restaurant, Tel. 79 78 78

Essen und Trinken

In Lisieux:

- **Le Parc**€, 21 Boulevard Herbert Fournet in unmittelbarer Nähe der Kathedrale, bürgerliche Küche, sonntagnachmittags geschlossen, Tel. 62 08 11, Fax 62 79 55
- **L'Auberge du Pêcheur**€€, 2bis, Rue de Verdun in Bahnhofsnähe, nicht nur der Fischküche verschrieben, dienstags, mittwochs und Mitte Dezember bis Mitte Januar geschlossen, Tel. 31 16 85, Fax 31 76 80,
- **Le France**€, 5, Rue au Char, ein schmuckes Restaurant mit einfacher, aber origineller Küche, Tel. 62 03 37, restaurant-lefrance@hotmail.com
- **Le Grand Café,** Rue Pont Mortain, Café und Bistro, Szenetreff am Eck der Place Mitterand
- **La Coupe d'Or**€, 49, Rue Pont-Mortain, zentral gelegenes Restaurant mit gemäßigten Preisen, angeschlossenes Hotel€ mit Bar, freitags, sonntagabends und 1.1.-15.2. geschlossen, Tel. 31 16 84, Fax 31 35 60
- **Restaurant Le Gardens Hôtel Mercure**€, Route de Paris, der Initiative „Goûter le Pays d'Auge" angeschlossen, Tel. 61 17 17, Fax 32 33 43, h1725@accor-hotels.com
- **La Taverne Normande**€, 4, Rue de Char, bekannt für seine guten „normannischen" Menus, ganzjährig geöffnet, Tel. 62 08 73

In der Umgebung von Lisieux:

- **Le Pavé d'Auge**€€, 14430 Beuvron-en-Auge, inmitten des Marktplatzes in einem schön restaurierten Haus, anspruchsvolle Küche wie beispielsweise goldbraun gebratener Taschenkrebs in Apfelcurry-Sauce, montags und dienstags außerhalb der Saison geschlossen, Tel. 79 26 71, Fax 39 04 45

DAS ZENTRALE PAYS D'AUGE

- **Le Forge**€, 14430 Beuvron-en-Auge, am Marktplatz, bezeichnet sich selbst als Restaurant du Territoire, Spezialitäten u.a. Kutteln à la mode de Caen, Tel. 79 29 74
- **Aux Pommiers de Livaye**€€€, 14340 Notre-Dame-de-Livaye, an der N 13, bezauberndes Restaurant, in dem mit Butter, Creme und Milch gekocht wird, mittags sowie vom 15.12. bis zum 1.3. geschlossen, Tel. 63 01 28, Fax 63 73 63
- **La Paquine**€€€, 14590 Quilly-du-Houley, Route de Moyaux, leichte und subtile Küche, dienstagabends und mittwochs sowie Anfang Dezember und 24.2.-5.3. geschlossen, Tel./Fax 63 63 80
- **Auberge de la Route du Cidre**€, 14340 Montreuil-en-Auge, typisches Landgasthaus, der Initiative „Goûter le Pays d'Auge" angeschlossen, Tel./Fax 63 12 27

Museen

- **Diorama Thérèse Martin,** Lisieux, 9, Avenue du 6 Juin, in der ehemaligen Abbey Bénédictine Notre-Dame du Pré, Multimedia-Show über das Leben der heiligen Theresia, insbesondere auch für Kinder aufbereitet, für Behinderte geeignet, geöffnet: 15.4.-15.10. täglich (außer dienstags) 9.30-12 und 13-19 Uhr, 15.10.-15.4. 10-12 und 13-17 Uhr, Eintritt 3 €, Schüler/Kinder 1,50 €, Tel. 61 16 19, Fax 32 36 50,
- **Musée d'Art et d'Histoire de Lisieux** (Heimatmuseum), Lisieux, 38 Boulevard Pasteur, Geschichte und Kunsthandwerk des Pays d'Auge und der Stadt Lisieux, untergebracht in einem schönen alten Fachwerkhaus, zur Abwechslung für Regentage geeignet, geöffnet täglich (außer dienstags) 14-18 Uhr, Eintritt 2,20 €, Kinder/Schüler frei, Tel. 62 07 70, Fax 62 42 85
- **Château de Crèvecœur,** 14340 Crèvecœur, Herrenhaus, Architekturmuseum und Prospektionsmuseum, alleine schon wegen der Möglichkeit, die Anlage zu besichtigen, lohnenswert, geöffnet: 27.3-3.10. täglich außer dienstags (Juli/Aug. auch dienstags offen) 11-18 Uhr, Eintritt 4,30 €, Kinder 3,80 €, unter 10 Jahren frei, Führung 5 €, Tel. 63 02 45, Fax 63 05 96, musee.schlumberger@wanadoo.fr

Besichtigungen

- **Site zoologique du Cerza,** 14100 Lisieux-Hermival, auf einer Fläche von mehr als 50 Hektar werden 250 verschiedene Tierarten gezeigt, Restaurant angeschlossen, außer Dezember/Januar ganzjährig geöffnet 9.30-18.30 Uhr (Juli/August bis 19 Uhr), letzter Eintritt 16 Uhr (Juli/August 17 Uhr), Eintritt 10,70 €, Kinder unter 9 Jahren 5,40 €, Tel. 62 17 22, Fax 62 33 40
- **Ferme de la Mimarnel,** bei Cambremer an der D 50, an der Stelle, die „La Poste" genannt wird, Ziegenfarmbesichtigung und Degustation, tägl. außer donnerstags und samstagvormittags geöffnet, Dezember/Januar geschlossen, Eintritt 2,30 €, Tel. 63 00 50
- **Chèvrerie de la Noaille,** 14590 Le Pin bei Moyaux, „La Mancellerie", Ziegenkäse, täglich 9-19 Uhr geöffnet, Eintritt mit Degustation 2,50 €, Kinder unter 12 Jahren 1,80 €, Tel. 63 98 22

- **Käserei Domaine St.-Hippolyte,** unmittelbar südlich von Lisieux an der D 579, 14100 St.-Martin-de-la-Lieu, Chemin St.-Hippolyte, bäuerliche Molkerei in schönem alten Herrenhaus, Besichtigungsraum mit Schautafeln, Videos, Degustation, Einkauf, täglich außer dienstags geöffnet von Mai bis Ende September, Führungen 10.30, 11.30, 15, 16, 17 Uhr, Eintritt mit Degustation 4,50 €, Kinder bis 9 Jahre 3,80 €, Tel. 62 08 55, Fax 62 24 12

Domaine St.-Hyppolyte

Apfelweinstraße ⊘ XII/A-B2

Die **Route du Cidre** ist eine ausgeschilderte, vierzig Kilometer lange Rundstrecke. Sie führt von Beuvron-en-Auge über Bonnebosq, La Boissière und Cambremer zurück zum Ausgangspunkt. Über 20 Keltereien liegen an der Strecke inmitten des Apfelweingebietes mit der Erzeugerbezeichnung *A.O.C. (Appellation Contrôlé d'Origine) Pays d'Auge* bzw. im Gebiet der erst kürzlich eingeführten Bezeichnung *Cidre de Cambremer A.O.C.* Viele der Kelteranlagen können besichtigt werden. Die aus einem jährlich durchgeführten Wettbewerb mit Erfolg hervorgegangenen Hersteller können am Betrieb auch das Schild *Cru de Cambremer* als besondere Auszeichnung aufstellen.

Besonders sehenswert ist auf dem Rundweg das in Bonnebosq gelegene **Manoir du Champs Versan** mit seinen monumentalen Kaminen, geöffnet: April bis Mitte September 15-18 Uhr (außer montags und dienstags im Juli und Aug.), Eintritt 3 €, Kinder bis 12 Jahre 2,30 €, Tel. 65 11 07

Nähere Informationen erteilt das Fremdenverkehrsamt Cambremer

Aktivitäten

- **Touristenzug:** Stadtrundfahrt durch Lisieux, Abfahrt an der Parkplatz-Zufahrt zur Basilika, Fahrkarten beim Fahrer, Information beim Office de Tourisme
- **Schwimm- und Gesundheitszentrum Le Nautile,** mit Becken, Sauna, Solarium, Cafeteria, Lisieux, Rue Joseph-Guillonneau, Tel. 48 66 66

Nachtleben

- **Son et Lumière** (Licht- und Tonshow): „Des Vikings á Thérèse – Lisieux, l'histoire au cœur", 2000 Jahre Geschichte von Lisieux, täglich außer sonntags von Juni bis September um 21.45 Uhr an der Kathedrale von Lisieux, Information durch das Office de Tourisme
- **Diskotheken:** Le Solaris, Lisieux, Boulevard Jeanne d'Arc, Tel. 31 30 95; Cotton-Club, Lisieux, Quai des Ramparts, Tel. 61 07 07

Veranstaltungen

- **Les Mercredis de l'Été:** Lisieux, jeden Mittwoch im Juli und August ab 16 Uhr im Cour Matignon nahe der Kathedrale, mit Folklore, Kunsthandwerk, Animation und Aufführungen sowie Ess-Ständen
- **La Fête du Fromage:** 14430 Beuvron-en-Auge, Käsemarkt normannischer Käsesorten, an einem Sonntag Anfang Juli, Degustation, Verkauf, Folklore-Aufführung, Information beim Office de Tourisme

Einkaufen

- **Flohmarkt:** in Cambremer im Juli/August sonntags sowie Ostern und Allerheiligen 9.30-12.30 Uhr
- **Calvados Pierre Huet,** 14340 Cambremer, Manoir la Brière des Fontaines, Degustation und Kauf von Calvados, Pommeau und Cidre
- **Selbstvermarktende Betriebe in Beuvron-en-Auge:**

La Ferme du Beauvronnais: Marmeladen, Cidre, Apfelgelee, Apfelessig, Tel. 79 13 50

La Ferme de Beuvron: Sortiment landwirtschaftlicher Produkte, Tel. 79 29 19

Cave de Beuvron: Cidre, Calvados, Pommeau, Bauernapfelessig, Käse, Leberpasteten, Kutteln, Marmeladen, Tel. 79 25 62

Fermier Madame Jaques Legrand: Milch und Milchprodukte wie Butter, Käse und Jogurt, Cidre, Fruchtmarmeladen, Tel. 79 13 50

Manoir de Sens, an der Landstraße nach Clermont gelegen: Cidre, Calvados, Pommeau, Tel. 79 23 05

Verkehrsverbindung

- **SNCF-Bahnhof:** in Lisieux, an der Hauptstrecke Paris (Gare St. Lazare) – Trouville/Deauville

Im oberen Pays d'Auge

Am Oberlauf der Touques

♫ XII/B2-3

Eine Vielzahl jener schönen Herrenhäuser, die das Pays d'Auge so berühmt gemacht haben, findet sich im Einzugsbereich des oberen Touques-Tales.

Château de Saint-Germain-de-Livet

Nur wenige Kilometer südlich von Lisieux liegt an der Seitenstraße D 268 A unweit der Hauptstraße nach Vimoutier das Château de Saint-Germain-de-Livet inmitten eines wunderschönen Parks, umgeben von einem Wassergraben, der von einem Zufluss der Touques gespeist wird. Die einmalige, fast stilreine Renaissance-Anlage kann besichtigt werden.

„Das Manoir de Saint-Germain-de-Livet ist vielleicht das Bauwerk, das mit dem größten Geschick und der ausgefeilten Eleganz die Originalität der Architektur des Pays d'Auge zum Ausdruck bringt: Harmonien und Kontraste von Stein, Ziegel und Holz, verschwenderische Farbenpracht, vollkommene Übereinstimmung der Maße zwischen dem Gebäude und der von Menschenhand modellierten Landschaft", so beschreibt *Yves Lescroart* dieses Bauwerk, das mit großem Aufwand von der letzten Besitzerfamilie renoviert und 1957 der Stadt Lisieux vermacht wurde.

Ausgangspunkt der Anlage ist eine Wehrburg des 12. Jahrhunderts, auf deren Resten 1462 ein schlichtes **Fachwerkhaus** errichtet wurde. Zwischen 1561 und 1584 erweiterte man es um ein kunstvolles **Torhaus** mit zwei Stockwerken und einem hohen Dach. **Rundtürme** flankieren diesen Eingangspavillon, den man über eine Bogenbrücke erreicht, die anstelle einer ehemaligen Zugbrücke errichtet wurde. Der sich anschließende linke **Seitenflügel** ist ebenfalls zweigeschossig und wie der Torpavillon mit einem wunderschönen Fassadenmuster verziert, das den ganzen Charme dieser wie ein kleines Märchenschloss wirkenden Anlage ausmacht.

Die eigentlichen **Schlossbauten**, die 1588 fertig gestellt wurden, waren um den geschlossenen Hof gruppiert, bis in der zweiten Hälfte des 19. Jahrhunderts der Südost- und der Südwestflügel zerstört wurden. Im Innenhof wurden offensichtlich im Nachhinein Arkaden im italienischen Renaissance-Stil eingelassen. Der große Saal des Schlosses im Erdgeschoss des Fachwerkwohnhauses verfügt über eine der bemerkenswertesten gemalten Verzierungen des 16. Jahrhunderts, die sich über Wände und Decke ausbreitet.

Château de Saint-Germain-de-Livet

Fervaques

Um nach Fervaques, kaum mehr als zehn Kilometer südlich von Lisieux zu gelangen, muss man auf die östliche Uferseite der Touques, auf die D 64 überwechseln. Fervaques ist ein hübscher kleiner Ort an der Touques mit einem **Renaissance-Manoir** aus Stein und Ziegeln, dem ein Torhaus aus dem 18./19. Jahrhundert angefügt wurde. Die Dorfkirche ist durch einen typisch normannischen Glockenturm charakterisiert.

Manoir de Caudemone

Nördlich von Fervaque gibt es am linken Touques-Ufer zwei weitere schöne Herrenhäuser. Das Manoir Caudemone liegt uneinsehbar an der D 149 auf halber Höhe des Flusshanges. Eine Terrasse bietet hier einen idealen Platz für das vollständig erhaltene Wohnhaus und die Nebengebäude, die aus Gesindehaus und einem Wirtschaftsgebäude aus dem 17. Jahrhundert bestehen.

Das in Fachwerkbauweise errichtete **gotische Wohnhaus** ist ein komplexer Bau mit unterschiedlichen Holzkonstruktionen, die kunstvolle Schnitzereien tragen. Der älteste Teil stammt aus dem 15. Jahrhundert, ein zweiter wurde etwas später errichtet. Beide Teile hat man im 16. Jahrhundert durch einen Mitteltrakt verbunden.

Etwas abseits steht der **achteckige Taubenturm,** wobei jede Seite aus zwei fast quadratischen, übereinander liegenden Fachwerkfeldern besteht. Die konische Bedachung wird von Gauben durchbrochen, deren Vordächer in zwei abgeschrägte, schmale Dreiecke unterteilt sind. Dieses auffallende architektonische Detail hat man später auf die Mansarden des Haupthauses übertragen.

Manoir de Lortier

Das Herrenhaus Lortier steht etwas oberhalb der Touques am Ortsrand von Auquainville auf halbem Wege nach Fervaques. Den ziegelgedeckten, zweistöckigen **Fachwerkbau** mit abseitigen Wirtschaftsgebäuden oberhalb der Dorfkirche und der ehemaligen Festung des Ortes erreicht man durch ein steinernes Portal auf einer im schrägen Winkel angelegten Allee aus uralten Bäumen. Charakteristisch sind die Fenster- und Türrahmen des rechteckigen Wohnhauses, die oben mit Rundbogen abschließen und aus der letzten Umbauphase stammen. Die Anlage entstand nämlich in mehreren Bauabschnitten. Zunächst wurde der Giebel des im Ursprung aus der Zeit nach dem Hundertjährigen Krieg zu datierenden Baus verlängert, um zwei neue Räume zu schaffen. Ende des 18. Jahrhunderts wurde das Gebäude dann nach hinten ausgeweitet, wodurch sich eine gewisse Asymmetrie ergab. Gleichzeitig wurden schöne Verzierungen an den Holzkonstruktionen und Kaminen angebracht.

Manoir de Chiffretot

Sieben Kilometer südlich von Fervaques steht das Herrenhaus Chiffretot (auch Cheffretot) in ähnlicher Lage am Hang des Touques-Tales wie das Herrenhaus von Caudemone. Um hin zu gelangen, muss man zunächst wieder auf die D 64, um im kleinen Ort Les Moutiers Hubert über die Brücke auf das linke Flussufer überzuwechseln.

Von den verschiedenen Gebäuden der Anlage ist das **Fachwerkwohnhaus** besonders bemerkenswert. Es wurde weitestgehend Ende des 16. Jahrhunderts errichtet. Der zweigeschossige, mit einem Walmdach eingedeckte Hauptteil des Wohngebäudes wird auf jeder Seite durch eine mächtige Kaminwand gestützt. Seine große Breite sowie der achteckig vorspringende, dreistöckige Turm deuten darauf hin, dass der Architekt demonstrativ mit mittelalterlichen Bautraditionen brechen wollte.

Die anderen Gebäude der Anlage verteilen sich auf einer großen Fläche, die heute parkartig gestaltet ist. Das aus Bruchsteinmauerwerk errichtete **Taubenhaus** liegt an der südöstlichen Ecke der ehemaligen Einfriedung.

Manoir de Bellou

Nur zwei Kilometer nordöstlich durch den Wald von Moutiers-Hubert liegt an der D 110 der Ort Bellou, in dessen Zentrum das Manoir de Bellou mit dem wohl großartigsten Wohnhaus des gesamten Pays d'Auge steht.

Dieses Herrenhaus hat eine **bewegte Geschichte** hinter sich, in deren Verlauf es von einem bewehrten Rittergut in mehreren Bauphasen zu einem ländlichen Sommerwohnsitz um-

Im oberen Pays d'Auge

gestaltet wurde. Dennoch zeigt die Südansicht des Wohnhauses noch Elemente des einstigen Befestigungscharakters, wie etwa Schießscharten am kleineren Westanbau. Die Fachwerkfassade ist mit großen Fenstern ausgestattet.

Gacé   XXI/D1

Beim Manoir de Chiffrenot ist das obere Touques-Tal zur Hälfte durchquert. Wenig mehr als zehn Kilometer sind es noch bis Gacé, das schon im Département Orne liegt und nach dem Normannen *Raoul de Gacé*, einem Mitstreiter *Wilhelm des Eroberers*, benannt worden ist.

Die noch erhaltene **Wehrburg,** die aus dem 12. Jahrhundert stammt, wurde im 16. Jahrhundert umgebaut. Mächtig erhebt sich der Bergfried mit dem Torhaus. Die Anlage wurde 1970 restauriert und beherbergt heute das Rathaus der Stadt sowie das Museum der Kameliendame, einer Lebedame des 19. Jahrhunderts, die ihre Jugend in der Umgebung von Gacé verbrachte und die *Alexandre Dumas* mit seinem gleichnamigen Roman unsterblich gemacht hat.

Die alte Wehrburg von Gacé

Im Osten des oberen Pays d'Auge ⚔ XIII/C3

Zentrum des äußersten Südostwinkels des Départements Calvados und des östlichen Pays d'Auge ist Orbec. Das bezaubernde Städtchen ist mit seinen hübschen alten Häusern ganz typisch für das Pays d'Auge. Es ist von Lisieux aus südöstlich über die D 519 entlang des Tales der Orbiquet zu erreichen.

Nur wenige Kilometer vor Orbec liegt auf einer Anhöhe der linken Talsohle der kleine Ort Tordouet.

Tordouet

In Tordouet, am Zusammenfluss zweier kleiner Bäche kurz vor der Einmündung in die Orbiquet war der ideale Standort zur Errichtung einer von einem Wassergraben umgebenen **Festung.** Auf dem schmalen Grat oberhalb des Zusammenflusses der beiden Bäche wurde dann im 15. Jahrhundert ein Herrenhaus errichtet, das heute noch weitgehend in seinem ursprünglichen Zustand erhalten ist. Der Grat war durch einen Erdrutsch entstanden. Um das unregelmäßige Gelände hatte man eine Festungsmauer errichtet, von der auf der Nordseite noch ein Stück erhalten ist.

Das Erdgeschoss des **Herrenhauses** ist aus Stein, das erste Stockwerk in schlicht verzierter Fachwerkkonstruktion aus makellosem Eichenholz. Dieser Bau mit seinen nur zwei übereinander liegenden Räumen ist zweimal nach Süden verlängert worden, ersichtlich am kunstvolleren Mauerwerk im Erdgeschoss und an den schmaleren Hölzern des Fachwerkes. Ein mächtiger gotischer Kamin nimmt den größten Teil der nördlichen Giebelwand ein. Ein Walmdach mit bescheidenem Dacherker ist dem Manoir aufgesetzt. Ein schmalerer Anbau ergänzt die Südseite des Hauses.

Außerdem steht auf dem Gelände noch ein **Backhaus.** Die überflüssigen Mauern wurden im Laufe der Zeit entfernt.

Die Ortskirche von Tordouet, **Saint-Michel,** trägt einen oktogonalen Turm aus dem 11. Jahrhundert. Das Kirchenschiff und sein Chor wurden im 19. Jahrhundert renoviert. Aus der Innenausstattung ist das Altarretabel aus dem 17. Jahrhundert sehenswert.

Orbec

Die Gründung von Orbec geht auf die frühe Normannenzeit zurück. An diesem Standort, der schon in galloromanischer Zeit besiedelt war, entstand ab dem Jahr 1030 eine Befestigung. Die **Stadtentwicklung** war nach 1200 von der Angliederung an Frankreich, vom Hundertjährigen Krieg und den Revolutionskriegen geprägt. Doch die vielen erhaltenen, großzügigen Fachwerkhäuser lassen darauf schließen, dass trotz aller Wirren letztendlich der Wohlstand die Stadt prägte.

Fachwerkwinkel in Orbec

Die **Rue Grande** ist als Hauptstraße des Ortes ein einmaliges, hervorragend restauriertes Fachwerkhaus-Ensemble mit Entstehungszeiten zwischen dem 15. und 17. Jahrhundert. An ihrem Ende erhebt sich die Église Notre-Dame, die Hauptkirche des Ortes.

Besonders zu erwähnen ist das **Hôtel de l'Équerre** aus dem 15. und 16. Jahrhundert mit vorkragend aufgesetzten Stockwerken. Auf der linken Seite, von Lisieux kommend, steht das **Hôtel-Dieu-Saint-Rémy,** das auf das Jahr 1290 zurückgeht und seit dem 16. Jahrhundert als Hospiz dient. Zum Gebäude gehört eine Kapelle aus dem 15. Jahrhundert mit gotischer Fassade. Das **Vieux Manoir** wurde im Jahr 1568 von einem reichen Kaufmann im Ziegel-Fachwerkstil errichtet. Heute ist hier das Stadtmuseum untergebracht. Das wohl prächtigste Haus des Ortes ist reich mit Schnitzereien im Fachwerk verziert. Rechts daneben steht das **Hôtel de Croissy** mit einer Fassade aus dem 15./16. Jahrhundert, in dem *Claude Debussy* 1845 den „Jardin sous la Plui" komponierte – eine entsprechende Gedenkplatte ist am Haus angebracht.

Weitere schöne Fachwerkhäuser stehen in der **Rue des Moulins** am Rathaus, so beispielsweise das Ziegelfachwerkhaus Hôtel des Chaumont-Quiry aus dem 17. und 18. Jahrhundert mit weißer Fassade und Giebeldach.

Die **Église Notre-Dame** wurde nach dem Hundertjährigen Krieg im Flamboyantstil errichtet. Dem viereckigen Nordturm mit Ecktürmchen wurden die oberen Stockwerke im Stil der Renaissance aufgesetzt. Das Langhaus ist dreischiffig mit Seitenkapellen. Auch das Querschiff weist Seitenkapellen auf. Besonders sehenswert sind einzelne Glasfenster aus dem 16. Jahrhundert wie beispielsweise im südlichen Seitenschiff mit dem Motiv „Der Baum Jesse" *(Arbre de Jessé)* und im nördlichen mehrere Motive aus dem Leben *Johannes des Täufers*. Die Kirche verfügt außerdem über ein schönes Chorgestühl und Holzstatuen aus dem 17. Jahrhundert.

Herrenhaus La Chénevotte

Nicht weit von Orbec entfernt, steht am Rande der alten Römerstraße nach Vimoutiers ein **ehemaliges Gasthaus** aus dem 16. Jahrhundert. Es befindet sich auf dem Gelände der einstigen Domaine La Minière, die sich auf den Hanfanbau *(chénevis* = „Hanfsamen") spezialisiert hatte. Aus der Pflanze gewann man stabile Fasern *(chénevotte),* aus denen Seile, Taue und grobe Gewebe hergestellt wurden.

Das alte Gasthaus ist natürlich kein Manoir im klassischen Sinne. Und so fehlt ihm auch der Taubenturm und das feudale Dekor. Dennoch ist es durch einen herrschaftlichen Charakter geprägt. Der Fachwerklangständerbau ist durch seine Ausfachung mit grafischen und farbigen Elementen bemerkenswert. Hierzu wurden rote Ziegelscherben im Wechsel mit braunem und grauem Gestein benutzt. Bei der Renovierung wurde insbesondere auf diese Einlegearbeiten, aber auch auf das Fachwerk und den Dachstuhl geachtet.

Im Westen des oberen Pays d'Auge ⚐ XII/A-B3

Der westliche Teil des oberen Pays d'Auge erstreckt sich zwischen den Oberläufen der Touques und der Dives und reicht über den südlichen Teil des Départements Calvados in das Département Orne hinein. Als Verkehrsachse fungiert hier die D 579 von Lisieux über Livarot bis Vimoutiers.

Manoir de Coupesarte

Fährt man die D 579 südwärts aus Lisieux heraus, so kommt man nach knapp zehn Kilometern zum Hinweisschild des neben der Hauptstraße gelegenen Ortes Le Mesnil-Durand. Hier folgt man der D 47/D 45 zum Herrenhaus von Coupesarte, das im Tal der Vie gelegen ist.

Alle Herrenhäuser der Normandie weisen auf ihre Art Eigenheiten auf, die sie gegenüber anderen unverwechselbar machen. Das Manoir Coupesarte hat bei der gesamten Komplexität seiner von Wassergräben umgebenen Anlage als typisches Merkmal die beiden **Erkertürmchen** am Haupthaus, die in dieser Form kein vergleichbares Bauwerk im Pays d'Auge aufzuweisen hat. Und trotz aller baulichen Veränderungen blieb das ursprüngliche Gerüst der aus durchgehenden Ständern gebildeten, tragenden Holzbalkenkonstruktion bis heute erhalten.

Das **Haupthaus** entstammt im Kern zweifelsohne dem 15. Jahrhundert und ist offensichtlich in zwei Bauphasen entstanden. Der Südflügel als älterer Teil wird von einem Gerüst aus vier Ständern getragen. Der im rechten Winkel angefügte neuere Flügel entstammt dem frühen 17. Jahrhundert, sein Bau wurde von einer weitgehenden Erneuerung der Fassaden begleitet. Mit großem künstlerischen Verstand entstand eine reizvolle Fachwerkgliederung, die mit rosaroten Ziegelscherben in abwechslungsreichen geometrischen Mustern ausgemauert wurde. Die Anbringung der beiden Erkertürmchen, die übrigens als Latrinen dienten, muss kurze Zeit nach diesem grundlegenden Umbau erfolgt sein.

Auch das **Innere** des Herrenhauses von Coupesarte wurde mit großem künstlerischen Sachverstand und Aufwand ausgestattet. Bemerkenswert ist vor allem die bemalte Wandtäfelung im Südzimmer des Obergeschosses. Der untere Bereich ist mit einem Dekor aus Vasen, Kronen- und Palmenmotiven versehen, die von Laubranken eingesäumt sind. In Fensterhöhe sind Darstellungen mythologischer antiker Figuren angebracht, unterbrochen von einer Scheinfensteröffnung in Trompe-l'œil-Technik – eine perspektivische Gartenanlage vor einer Fensterflügelattrappe suggeriert dem Betrachter eine große Raumtiefe. Die Decke trägt wiederum ein Dekor aus stilisierten Blumenranken und Rosetten. Die auch in den anderen Räumen des Obergeschosses bemalten Deckenbalken sind ebenso erhalten wie viele Teile der mit glasierten Tonfliesen belegten Fußböden.

Livarot

Livarot, im Tal der Vie auf gut der halben Strecke zwischen Lisieux und Vimoutiers gelegen, ist in erster Linie für seinen **würzigen Käse** bekannt. In einem Käsemuseum, das in einem kleinen Château im Westteil des Ortes untergebracht ist, wird die Herstellung des berühmten Käses gezeigt. Jeden Donnerstag wird Markt abgehalten, auf dem natürlich vor allem dieser Käse angeboten wird. Der Ort besitzt auch ein paar hübsche alte Häuser, und die Kirche, deren Schiff und Fassade im Flamboyant-Stil errichtet wurde, ist inzwischen restauriert.

Im kleinen Nachbarort **Saint-Michel-de-Livet,** in aussichtsreicher Lage oberhalb des Tales der Vie, steht eine spätgotische Kirche mit sehenswerter Innenausstattung.

Saint-Pierre-sur-Dives

Von Livarot sollte man keinesfalls den Abstecher auf der D 4 nach Saint-Pierre-sur-Dives, dem westlichsten Punkt des Pays d'Auge, versäumen. Jenseits der Dives geht die Landschaft in die Ebene von Caen über.

Der Ort, der auf eine über tausendjährige Geschichte zurückblicken kann, ist vor allem durch seine Abteikirche und seine Markthalle berühmt. Für Feinschmecker ist jedoch der regionale Käse der Anziehungspunkt. Durch die im Ort konzentrierte Spanschachtelherstellung ist Saint-Pierre-sur-Dives für die regionale Käseerzeugung von besonderer Bedeutung.

Die **Abteikirche Saint-Pierre** wurde von *Wilhelm*, dem Bruder des Nor-

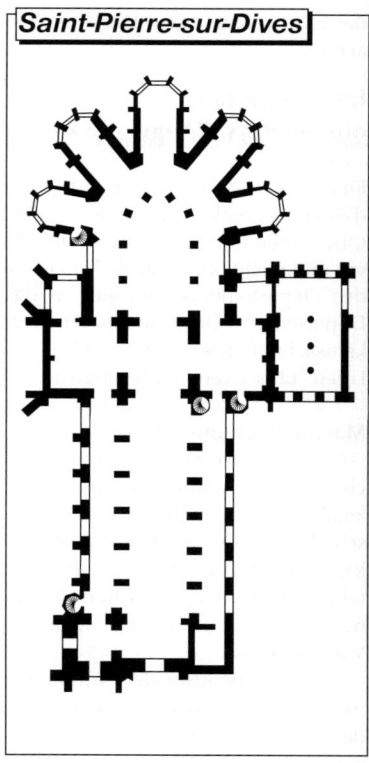

Saint-Pierre-sur-Dives

mannenherzogs *Richard II.* an einer Furt über die Dives bereits um das Jahr 1000 gegründet. Seine Witwe setzte das Werk fort, denn die Stätte entwickelte sich bald zu einem regen Wallfahrtsziel. Doch die von ihr angesiedelten Nonnen wurden durch Benediktiner ersetzt. Im Jahre 1067 soll dann die Weihe der Abteikirche erfolgt sein. In den Brüderkämpfen der Söhne *Wilhelm des Eroberers* um seine Nachfolge wurde die Abtei zur Festung ausgebaut, allerdings von *Heinrich* in einem Feldzug gegen *Robert* weitgehend zerstört. Nach seinem Sieg über *Robert* gelobte *Heinrich* den Wiederaufbau der Abtei. In religiöser Begeisterung beteiligte sich die Bevölkerung an den Bauarbeiten. Vielleicht haben sich die Initiatoren zu sehr auf diese Hilfe verlassen – jedenfalls zog sich die Fertigstellung der Kirche bis ins 13. Jahrhundert hin. In späteren Jahrhunderten erfolgten noch Zubauten und Ergänzungen der Anlage.

Die lange Baugeschichte der Abtei Saint-Pierre lässt sich deutlich an ihrem heutigen Erscheinungsbild ablesen, so zum Beispiel an der Westfassade. Ihr romanischer Südturm ist in eine Vielzahl von Etagen gegliedert und trägt einen hohen steinernen Helm. Der spätgotische Nordturm ist in drei schlanken Etagen hochgeführt. Das Maßwerk des großen Westfensters stammt erst aus dem 15. Jahrhundert. Das Langschiff ist in sechs Joche gegliedert, der dreiteilige Wandaufbau erfolgte im 13. Jahrhundert, und im 15. Jahrhundert wurden über den erneuerten Fenstern des Obergadens spätgotische Kreuzrippengewölbe eingezogen. Die kräftigen runden Vierungspfeiler stammen wiederum aus der romanischen Bauphase. Die Seitenschiffe tragen keine Kapellen, dagegen eröffnen sich vom Chorumgang fünf Kranzkapellen, was auch auf den großen Platzbedarf der Abtei als Pilgerstätte hindeutet. Der Kreuzgang ist teilweise renoviert. An das südliche Seitenschiff schließt sich der Kapitelsaal an, ein zweischiffiger Bau, getragen von drei schlanken Säulen, mit Resten schöner Bodenfliesen.

Die Klosteranlage von Saint-Pierre zählt insgesamt zu den schönsten Anlagen ihrer Art in der Normandie. Im östlichen Klostergebäude ist heute das **Käsemuseum** der Stadt untergebracht.

Sehenswert in Saint-Pierre-sur-Dives sind außerdem **Les Halles,** eine in ihrer Art wohl einmalige mittelalterliche Markthalle, die nach Kriegszerstörungen originalgetreu wieder aufgebaut wurde. Dieser hundert Meter lange Holzbau wurde im 11./12. Jahrhundert errichtet. Die präzise Holzkonstruktion wird bei der Innenbetrachtung sichtbar: 290.000 Kastanienholzstifte geben der Konstruktion Halt, auch für die Befestigung der Dachschindeln wurde kein einziger Nagel verwandt.

Château Vendeuvre

Nur wenige Kilometer südwestlich von Saint-Pierre-sur-Dives liegt Vendeuvre mit seinem berühmten Schloss an den Ufern der Dives genau am Übergang zwischen dem Pays d'Auge und der Gegend von Falaise. Es wurde im Jahre 1750 vom Marquis de Vendeuvre als Sommersitz in Auftrag gegeben.

Beidseitig angelegte Alleen führen durch die gepflegten Parkanlagen auf das **Schloss** zu. Die Möblierung ist originalgetreu erhalten und viele Gegenstände des alltäglichen Lebens unversehrt. Die Eingangshalle besticht durch ihre wunderschöne geschnitzte Holzverkleidung.

In der angeschlossenen Orangerie ist ein kurioses **Miniatur-Möbel-Museum** nach Vorbildern von Kunstmöbeln des 16. bis 19. Jahrhunderts eingerichtet. Es handelt sich dabei aber weder um Puppenmöbel noch um Nachbildungen, sondern um Modelle für die Möbelherstellung.

Besonders sehenswert ist die **Gartenanlage** des Schlosses, die in verschiedene Abteilungen unterteilt ist. Einmal gibt es den klassizistisch streng strukturierten Garten auf der Südseite, der mit seinen Baumreihen auf das Schloss zuweist, dann den Jardin des Eaux Surprises mit seinen raffinierten Wasserspielen und nicht zuletzt den Wassergarten mit seinen von Blumenbeeten umsäumten Teichen und Becken.

Alleen führen durch die gepflegten Parkanlagen zum Château Vendeuvre

Lisores

Südlich von Livarot führt die D 579 entlang dem schönen Tal der Vie. Auf halber Strecke nach Vimoutiers gelangt man an den kleinen Weiler Sainte-Foy-de-Montgomery, wo im Jahr 1944 Feldmarschall *Rommel* von einem alliierten Luftangriff überrascht worden ist. Biegt man hier links in die D 274 ein, kommt man nach Lisores.

Dieser Ort verdankt seine Bekanntheit der Tatsache, dass sich der im Jahre 1881 ganz in der Nähe in Argentan geborene kubistische Maler **Ferdinand Léger** hier häufig bei einer ihm bekannten Familie aufhielt, in deren Anwesen sich heute ein ihm gewidmetes Museum befindet. In einer umgewandelten Scheune dieses Bauernhofs sind aus dem reichen Schaffen des 1955 gestorbenen Künstlers Gemälde, Statuen, Teppiche, Mosaike und vieles andere mehr ausgestellt.

Vimoutiers

Zurück im Tal der Vie überschreitet man kurz vor Vimoutiers die Grenze zwischen den Départements Calvados und Orne.

Vimoutiers ist in erster Linie als Stadt des Camembert bekannt. Hier gibt es das berühmte **Camembert-Museum** und natürlich die Statue von *Marie Harel,* der die Welt das Rezept für diesen berühmten Käse verdankt.

Camembert

Keine fünf Kilometer südwestlich von Vimoutiers liegt das kleine Käse-Dorf Camembert. Hier wurde **Marie**

Harel noch vor der Französischen Revolution geboren und hier versteckte sie in dieser unsicheren Zeit einen Priester aus Brie, der ihr das Rezept für den Käse gab.

Die Ursprungsbezeichnung Camembert ist heute geschützt und wer sie benutzen will, unterliegt strengen Qualitätskriterien. Es gibt hier noch zwei Bauernhöfe, die den Käse nach der **traditionellen Methode** herstellen. Sie genügen den industriellen Normen allerdings nicht mehr. Zu finden sind sie an der D 246 westlich.

Wer mehr über den Camembert-Käse erfahren will, sollte das **Maison du Camembert,** das Camembert-Haus im Ort aufsuchen. Der Eingang führt durch das Tourismus-Büro. Neu ist die

Camembert – der berühmteste Käse der Normandie

Camembert ist ein **Weißschimmelkäse** (fromage à croûte fleurie). Während viele Käsesorten ihre Tradition bis in das Mittelalter oder wenigstens bis auf ein Kloster zurückführen können, ist der Camembert, in käsegeschichtlicher Sicht, ein junges Produkt. Aber ganz ohne Klerus kommt auch dieser Käse nicht aus:

Die Bäuerin **Marie Harel** aus dem Dorf Camembert bei Vimoutiers hielt während der Französischen Revolution einen **Priester aus der Brie-Region** versteckt, der viel von Käse verstand. Er half ihr bei der Käseherstellung und verbesserte ihre Produktionstechnik. So entstand jener Käse, der als Camembert weltberühmt geworden ist.

Marie Harel baute ihre Käseproduktion aus und bald wurde dieser Käse in der ganzen Region hergestellt. Den **Marktdurchbruch** brachte dann die 1862 fertig gestellte Eisenbahnverbindung nach Paris. Seit etwa 1890 wird Camembert in der für ihn charakteristischen Holzschachtel verpackt.

Echter Camembert wird aus nicht-pasteurisierter Milch gewonnen, die in 100-Liter-Behältnissen gerinnt. Hierzu wird die Milch auf 34°C erwärmt. Milchsäurebakterien und Lab werden zugegeben. Wenn die **Rohmilch geronnen** ist, wird die Masse mit einer Käseharfe auf Getreidekorngröße zerteilt.

Nun schöpft man den Bruch mit einer speziell dafür vorgesehenen Schöpfkelle, à la louche, in die kleinen perforierten **Käseformen.** Die Schöpfkelle fasst eine genau bestimmte Menge – in der Regel entsteht so der typische Camembert von 250 Gramm Gewicht.

Wenn die Molke abgetropft ist, wird der Käse aus den Formen genommen, gesalzen und in **Reifekammern** gelegt. Mit modernen Methoden unterstützt man heute die Bildung der flaumigen Außenschicht durch Zugabe von Edelschimmel. Der Camembert ist wunderbar gelungen, wenn dieser äußere weiße Flaum rötliche Flecken aufweist. Innen ist er dann gelb und weich.

Es dauert gut zwei Wochen, bis der Camembert in der Kammer reif wird. Hier muss er laufend gewendet werden. Einen weiteren Monat benötigt die **vollendete Reife.** Dann hat der Camembert seine typische Konsistenz und er strömt den Duft aus, den Kenner so an ihm schätzen!

Das kleine Käsemuseum in Camembert

Ferme Président, ein weiteres Camembert-Museum.

Prieuré Saint-Michel de Crouttes

Fünf Kilometer westlich von Vimoutiers liegt die Prieuré Saint-Michel de Crouttes, inmitten von Obstgärten, zu erreichen über die D 916, die man nach der dritten Abzweigung rechts verlässt.

Diese Abtei geht auf das 10. Jahrhundert zurück. Die heute noch verbliebenen ältesten Gebäudeteile datieren aus dem 13. Jahrhundert, so die eindrucksvolle Zehntscheuer mit dem tief heruntergezogenen Dach, das auf einem Eichenholzrahmen steht. Dieser Gebäudeteil wird heute als Veranstaltungssaal benutzt. Im Rahmen der Klostergebäude ist außerdem eine alte Apfelpresse aus dem 15. Jahrhundert und eine Kapelle aus dem 13. Jahrhundert zu besichtigen.

Ungewöhnlich ist die Ausstellung der Werke des Jugendstil-Künstlers **Edgar Chahine** (1874-1947) – die Nachfahren dieses überwiegend in Paris tätigen armenischen Künstlers sind die heutigen Besitzer der Prieuré.

Sehenswert ist auch der angeschlossene **parkartige Garten** mit seltenen Pflanzen.

Der Park der Prieuré
Saint-Michel de Crouttes

Praktische Tipps

Information

- **Office de Tourisme,** 61230 Gacé, Hôtel de Ville, Tel. 0233 35 50 24
- **Office de Tourisme,** 14290 Orbec-en-Auge, Rue Guillonière, Tel. 0231 61 12 35, Fax 0231 61 22 09, www.mairie-orbec.fr, omact.orbec@wanadoo.fr,
- **Office de Tourisme,** 14140 Livarot, Place George Bisson, Tel. 0231 63 47 39, Fax 0231 63 18 19, o.t.s.i.livarot@wanadoo.fr, www.perso.wanadoo.fr/o.t.s.i.livarot
- **Office de Tourisme,** 14170 Saint-Pierre-sur-Dives, 23, Rue Saint Benoît, Tel. 0231 20 97 90, Fax 0231 20 36 02, mairie.saint.pierre.sur.dives@wanadoo.fr, www.mairie.saint.pierre.sur.dives.fr
- **Office de Tourisme,** 61120 Vimoutiers, 10, Avenue du Général de Gaulle, Tel. 0233 39 30 29
- **Syndicat d'Initiative,** 61120 Camembert, Maison du Camembert, Tel. 0233 39 43 35

Unterkunft

- **Le Prieuré Saint-Michel**€€, Crouttes, reizvolle wie gleichermaßen außergewöhnliche, einfache Gästezimmer im ehemaligen Verwaltungsgebäude der Abtei, geöffnet: April bis Oktober (weitere Informationen siehe Besichtigungen)

Essen und Trinken

- **La Tournebroche**€, 14140 Notre Dame de Courson, ländliches Restaurant an der Kreuzung der D 64 entlang der Touques mit der D 4 von Livarot nach Orbec, von außen unscheinbar, im ersten Stock gemütlich eingedeckter Speiseraum, es wird hervorragende, regionale Küche serviert, besonders zu empfehlen ist die Salatsoße mit klein gehackten Walnüssen, dienstagabends und mittwochs geschlossen, Tel. 0231 32 31 65
- **Au Caneton**€€, 14290 Orbec, 32, Rue Grande, Spezialitätenrestaurant in einem schönen Haus aus dem 17. Jahrhundert, sonntagabends, montags (außerhalb der Saison) sowie in der ersten Januarhälfte geschlossen, Tel. 0231 32 73 32, Fax 0231 62 48 91
- **L'Orbequoise**€, 14290 Orbec, 60, Rue Grande, Gasthaus mit persönlichem Service im Ortszentrum, ganztägig geöffnet, Tel. 0231 62 44 99, Fax 0231 62 44 99
- **La Couronne**€, 61120 Vimoutiers, 9, Rue du 8-Mai, angenehmes Ambiente, einfache Küche, sonntagabends, montags sowie zweite Augusthälfte geschlossen, Tel. 0233 93 03 04
- **Auberge du Hat de Crouttes**€, 61120 Crouttes, Landgasthaus der Initiative „Goûter le Pays d'Auge", Tel. 0233 35 25 27
- **Restaurant Le Cottage**€, 14140 Livarot, im Hotel du Vivier, Place de la Mairie, der Initiative „Goûter le Pays d'Auge" angeschlossen, Tel. 0231 32 04 10

Museen

- **Musée de la Dame aux Camélias,** 61230 Gacé, Hôtel de Ville, Überblick über das Leben der Kameliendame von ihrer Jugend im Nordwesten des Départements Orne bis zu ihrer berühmten Zeit in Paris. Exponate zu den Darstellungen ihres Lebens in Büchern, Filmen und Fernsehen, täglich außer montags geöffnet von Juni bis Ende August 14-18 Uhr, Eintritt 2,30 €, Kinder 0,80 €
- **Musée Municipal,** Orbec, Rue Grande, untergebracht im Vieux Manoir, einem Fachwerkhaus aus dem späten 16. Jahrhundert mit reichem Renaissance-Figurenschmuck, gibt einen interessanten Einblick in die prähistorische, mittelalterliche und neuere Stadtgeschichte, geöffnet: Juli bis September mittwochs bis sonntags 14-18 Uhr, samstags auch 10-12 Uhr, von Ostern bis Allerheiligen nur an den Wochenenden, Eintritt frei, Tel. 0231 32 82 02, Fax 0231 61 22 09 (Office de Tourisme), omact.orbec@wanadoo.fr
- **Château de Crèvecœur,** eines der schönsten Wasserschlösser im Pays d'Auge mit mittelalterlicher Burgruine, Fachwerkwirtschaftsgebäuden und kunstvollem Torturm sowie einem Museum der normannischen Architektur, geöffnet: 27.3.-3.10 täglich außer dienstags 11-18 Uhr, Juli/Aug. bis 19 Uhr, Tel. 0231 63 02 45, Fax 0231 63 05 96, musee.schlumberger@wanadoo.fr

- **Musée du Fromage** (Käsemuseum), Livarot, Manoir de L'Isle, 68 Rue Marcel Gambier, Rekonstruktion einer alten Bauernmolkerei und Käserei, Informationen über den regionalen Käse, geöffnet: vor März bis November 10-12 und 14-17 Uhr dienstags bis samstags, April/Okt. auch montags und bis 18 Uhr, Mai/Juni täglich, Juli/Aug. ohne Mittagspause, Eintritt 2,30 €, Kinder 11-16 Jahre 1,30 €, Tel. 0231 63 43 13
- **Musée du Camembert**, Vimoutiers, 10, Avenue du Général de Gaulle, Rekonstruktion einer bäuerlichen Käserei, alle Informationen über Camembert und über *Marie Harel*, die diesen Käse bekannt gemacht hat, Degustationsmöglichkeit, werktags geöffnet April bis Oktober 9-12 und 14-18 Uhr, sonn- und feiertags bis 18.30 Uhr, Montagnachmittag geschlossen, außerhalb der Saison werktags nur bis 17.30 Uhr, in den Schulferien geschlossen, Eintritt 2,30 €, Kinder bis 7 Jahre frei, Tel. 0233 39 30 29
- **La Maison du Camembert**, im Ort Camembert, Eingang durch die Tourismus-Information, alles Wissenswerte über den berühmten Käse, Degustationsmöglichkeit, geöffnet: April bis November täglich 10-19 Uhr, Eintritt 3 €, Tel. 0233 39 43 35
- **Musée des Techniques Fromagières**, Saint-Pierre-sur-Dives, 23, Rue Saint Benoît, Käsemuseum in den Konventgebäuden der alten Abtei, alles über Käse mit der Möglichkeit einer anschließenden Degustation, geöffnet: Mitte Juni bis Mitte September täglich 9.30-18 Uhr, ansonsten eingeschränkte Öffnungszeiten, Eintritt 2,30 €, Kinder frei, Tel. 0231 20 97 90
- **Ferme Président**, das neue Käsemuseum in Camembert, geöffnet täglich von April bis September 10-18 Uhr, Führung 3 €, Schüler 1,50 €, Tel. 0233 36 06 60, Fax 0233 36 95 96, fermepresident@lactalis.fr
- **Musée Ferdinand Léger**, Lisores, umfangreicher Einblick in das Gesamtwerk des Künstlers, täglich von April bis September (außer mittwochs) 14-18 Uhr geöffnet, Eintritt 2,30 €, Tel. 0231 63 53 13
- **Le Jardin Conservatoire**, Saint-Pierre-sur-Dives, Rue Saint Benoît, Botanischer Garten mit einer Vielfalt von Blumen und Gemüsepflanzen, saisonale Ausstellungen, Tauschbörse, geöffnet: Mai, Juni, Sept. und Okt. täglich außer dienstags 10-12, montags zusätzlich 14-17 Uhr, geführte Besichtigung 15 Uhr, Juli/Aug. bis 18 Uhr, geführte Besichtigung auch 16.30 Uhr, Führung 2,30 €, ansonsten Eintritt frei, Tel. 0231 20 97 90, Fax 0231 20 36 02, www.mairie-saint-pierre-sur-dives.fr
- **Miniaturmöbel-Museum**, Vendeuvre, mit 600 Exponaten an Minimöbeln, Schloss mit interessanter Inneneinrichtung einschließlich einer alten Automatenküche, Schlossgarten mit wunderschön gestalteten Teichen, Becken, fantastisch geschnittenen Bäumen und Wasserspielen, behindertengerecht, geöffnet: März/April und Okt./Nov. sonn- und feiertags 14-18 Uhr, Mai bis Sept. täglich 10-18 Uhr, Eintritt insgesamt 7,80 €, Kinder 6,20 €, nur Schlossgarten 4,80 €, Tel. 0231 40 93 83, Fax 0231 40 11 11, chateau@vendeuvre.com, www.vendeuvre.com

Besichtigungen

- **Château de Saint-Germain-de-Livet**, Manoir im Renaissance-Stil, komplett möbliert, geführte Besichtigungen (außer dienstags) zwischen 10 und 12 sowie zwischen 14 und 17 Uhr (Okt. bis März) 19 Uhr in der Saison, geschlossen: 1.-15.10. sowie 1.12.-1.2. und 1. Mai, Eintritt 5,75 €, Kinder/Jugendl. bis 18 Jahren 1 €, Tel. 0231 31 00 03, Fax 0231 31 19 01, lisieux.culture@9online.fr
- **Domaine de Saint-Hyppolyte**, Zuchtstation für das Normanner Rind in Saint-Martin-de-la-Lieue zwischen Lisieux und Saint-Germain-de-Livet, Besichtigung des Rinderstalls und der angeschlossenen Käserei, geöffnet: Mai bis September 10.30-18.30 Uhr, Eintritt 5 €, Kinder 3,80 €, Tel. 0231 62 08 55, Fax 0231 62 24 12
- **Manoir de Bellou**, großartiges Herrenhaus aus dem 15. und 16. Jahrhundert, geöffnet: 11.7.-19.8. täglich 15-19 Uhr, Eintritt 4 €, Kinder 1,50 €, Parkeintritt frei, Tel. 0231 61 06 55, Fax 0231 61 06 55
- **La Dame Blanche et sa Ferme Nature**, 14290 St.-Julien-de-Mailloc, auf halbem Weg an der D 519 zwischen Lisieux und Orbec, Bauernhof mit Tierpark, Lehrpfaden, Streichelzoo, geöffnet: von April bis September 10-19 Uhr, ansonsten 10-17 Uhr, Dezember

und Januar geschlossen, Eintritt 4,60 €, Kinder 3-12 Jahre 2,75 €, Tel. 0231 63 91 70, dambl@normandnet.fr, www.normandnet.fr/damebl/

● **Fromagerie Graindorge,** Livarot, Route de Vimoutiers, eine der Käsereien des oberen Pays d'Auge, die besichtigt werden kann, 3.4.-30.9. werktags 9-12 und 13-17 Uhr geöffnet, Juni bis August auch am Wochenende, geführte Besichtigung jede Stunde, Eintritt einschließlich einer kleinen Degustation frei, Tel. 0231 48 20 10, Fax 0231 48 20 17

● **Le Prieuré Saint-Michel,** Crouttes, sehenswerte Anlage, bestehend aus einem alten Klostergebäude, Apfelpresse, Kapelle und Garten, Ausstellung *Edgar Chahine*, geöffnet Juli/August täglich außer dienstags 14-18 Uhr, Mai/Juni/September am Wochenende 14-18 Uhr, Eintritt 5,50 €, Familienermäßigung, Tel. 0233 39 15 15, Fax 0233 3915 15, Anne.Chahine@wanadoo.fr

● **Le Jardin Conservatoire des Fleurs et des Légumes du Pays d'Auge,** Saint-Pierre-sur-Dives, Place du Marché, auf 600 Quadratmetern Fläche werden historische Gemüsepflanzen und Blumen des Pays d'Auge gezeigt, geöffnet: Mai/Juni und Mitte September bis Anfang Oktober 14-17 Uhr, im Hochsommer 15-18 Uhr, montags 10-12 Uhr, mittwochs geschlossen, Eintritt frei, Tel. 0231 20 97 90

Sport/Aktivitäten

● **Pferdesport:** Orbec, im Gestüt S.H.R. d'Orbec-en-Auge, Bois de Capucin, Promenaden und Aufführungen, Tel. 0231 32 84 74
● **Centre de Loisir L'Escale du Vitou,** 61220 Vimoutier, Route d'Argentan, südlich bei Vimoutiers gelegener Freizeitsee zum Angeln, Tretboot-Fahren, Mini-Golf, Schwimmbad etc., Juli/August täglich geöffnet, April bis Oktober nur an Wochenenden, Hotel und Restaurant, Tel. 0233 39 12 04

La Route du Camembert

Ausgangspunkt der 55 Kilometer langen, ausgeschilderten Camembert-Route ist Vimoutiers. Die Fahrt geht durch die reizvolle Landschaft des oberen Pays d'Auge mit vielen schön gelegenen Dörfern und natürlich auch durch das Dorf Camembert. Unterwegs besteht die Möglichkeit der Besichtigung verschiedener Käsereien mit Degustation.

Nachtleben

● **Diskotheken:** Le Phénix, Fervaques, Route d'Orbec, Tel. 0231 32 33 59; Le Laser Night, Livarot, Route de Vimoutiers, Tel. 0231 32 83 38

Einkaufen

● **Wochenmarkt:** donnerstags in Livarot, mit vielen Käseständen
● **Les Halles de Saint Pierre,** Saint-Pierre-sur-Dives, montags pittoresker Markt in den historischen alten Hallen, jeden ersten Sonntag im Monat ein renommierter Antikmarkt, geführte Besichtigungen zwischen Mitte Juni und Mitte September dienstags 17 Uhr und donnerstags 11 Uhr, Eintritt 2 €, Kinder unter 12 Jahren frei

Verkehrsverbindungen

● **Saint-Pierre-sur-Dives** hat eine Haltestation an der Bahnstrecke nach Falaise

Im Herzen von Calvados

Überblick

Die Hauptstadt des Départements Calvados ist Caen. Genau in der Mitte der Region gelegen, öffnet sich die Stadt küstennah dem Meer. Inmitten einer weitflächigen Ackerbauregion ist sie aber gleichzeitig dem Land verbunden. Als Weiden sind die Böden aus hartem Jura-Gestein in der Ebene von Caen allerdings weniger geeignet.

Von *Wilhelm dem Eroberer* ausgebaut, von ihm nicht nur mit einer wehrhaften Burg, sondern auch mit zwei bemerkenswerten Abteien versehen, die den tiefen Glauben der normannischen Herrscher in der Blütezeit des Herzogtums widerspiegeln, kann man Caen vielleicht auch als die typischste normannische Stadt bezeichnen.

Caen ⇗ XI/C2

Am Zusammenfluss von Orne und Odon nur wenige Kilometer landeinwärts von der Côte de Nacre gelegen, ist Caen die drittgrößte Stadt der Normandie nach Rouen und Le Havre. Als Hauptstadt der Region der Unteren Normandie ist sie wirtschaftliches und kulturelles Zentrum; die Universität von Caen wurde immerhin schon 1432 gegründet. Die geringe Entfernung zur Küste wird durch den Orne-Kanal überbrückt. Der Hafen von Caen ist der achtgrößte des Landes.

Geschichte

Wo die Flüsse Orne und Ordon zusammenfließen, befand sich einst die kleine **keltische Siedlung Catumagos**. Später entstand hier der **römische Hafen Cadomus**. Die Küstenlinie verlief weiter südlich und das Meer war über die Orne gut zu erreichen. Gleichzeitig lag dieser Hafen aber so weit landeinwärts, dass ihm die Unbilden der See nichts anhaben konnten. Und natürlich floss die Orne damals noch offen zum Meer hin, erst seit dem 19. Jahrhundert ist das Flussbett von einer Straße überbaut.

Im **Frühmittelalter** entstanden im Umfeld des ehemaligen Hafens ländliche Siedlungen, die den Ausgangspunkt für die spätere Stadtentwicklung bildeten. Zu Beginn des 11. Jahrhunderts wird Caen erstmals in einer Urkunde für die Abtei Saint-Père in Chartres erwähnt. Und als Herzog *Richard III.* wenig später seine Besitztümer erfassen ließ, wird hier ein Gutsbezirk mit Weingärten(!), Wiesen, Mühlen, Markt und Zolleinnahmen sowie einer Kirche aufgezeichnet.

Doch erst **Wilhelm der Bastard** gab den eigentlichen Anstoß zur Stadtentwicklung von Caen. Die Hauptträger seines Reiches waren die Adligen aus der Basse-Normandie. Doch von Bayeux aus, dem vormaligen Hauptort seines Herzogtums, war es zu weit in die Haute-Normandie, um hier ständig Präsenz zu zeigen. So beschloss *Wilhelm,* die ländlichen Siedlungen um den Zusammenfluss von Orne und Ordon mit Verteidigungsanlagen zu versehen und städtisch auszubauen. Das Plateau oberhalb der Orne wurde mit Mauern umfasst. Hier entstand die Burg, die bis ins 15. Jahrhundert immer weiter ausgebaut wurde.

Caens Entwicklung zu Wilhelms Lieblingsaufenthaltsort hat aber noch einen weiteren Hintergrund: Nachdem Wilhelm der Bastard sich in der Normandie gegen all seine Widersacher durchgesetzt hatte, war für ihn der Zeitpunkt gekommen, um sich zu verehelichen. Auserkoren hatte er die schöne *Mathilde von Flandern,* die allerdings seine Kusine war. Die zu enge Verwandtschaft zwischen den beiden missfiel Papst *Leo IX.,* der die Beziehung untersagte. Wilhelm ging trotzdem die Ehe ein, weswegen er 1050 exkommuniziert wurde. Diese Strafe lastete schwer auf ihm, denn er hatte eine tiefe innere Beziehung zur Kirche. Andererseits war ihm der Papst zu Dank verpflichtet, weil Wilhelm Klöster und Klerus in der Normandie in außerordentlichem Maße unterstützte. So entsandte Wilhelm *Lanfranc,* den Prior von Le Bec-Hellouin, als Unterhändler zum Papst, der 1059 die Exkommunikation von Wilhelm unter der Bedingung aufhob, dass er zwei Klöster in Caen errichtete. Dieser Bitte folgte Wilhelm ohne großes Zögern und begann 1060 mit dem Bau des Benediktinerklosters Abbaye aux Hommes, dessen Abt *Lanfranc* wurde. Als Gegenstück zu diesem Männerkloster veranlasste Mathilde im Jahr 1062 den Bau der Abbaye des Dames beginnen.

CAEN
Im Herzen der Normandie

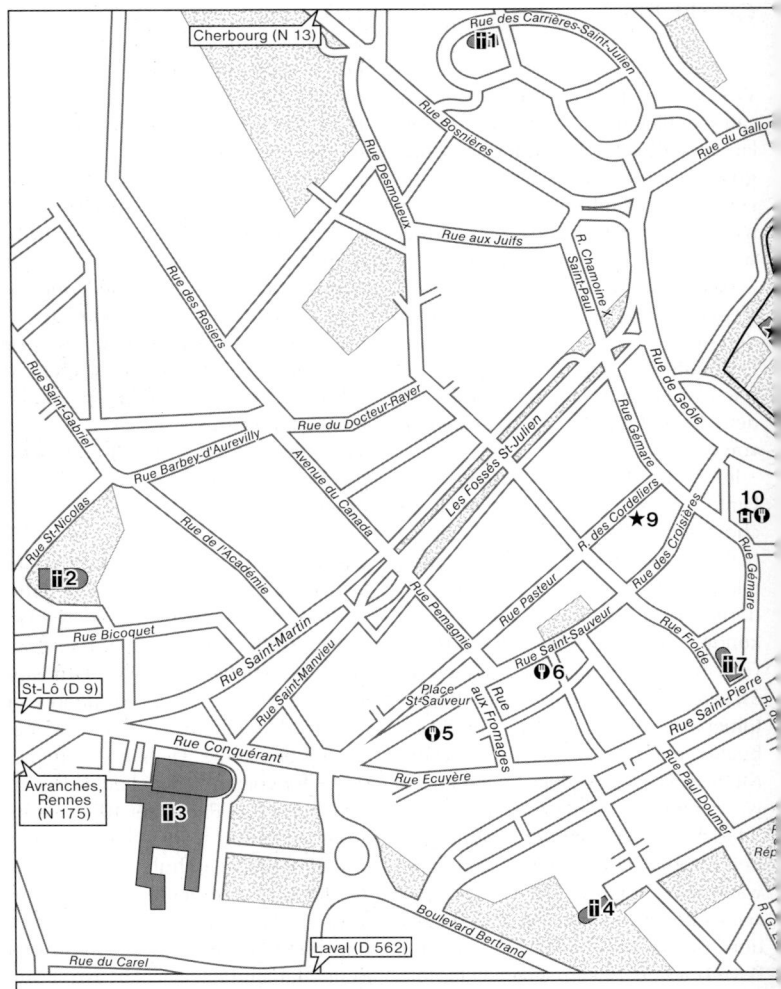

- ii 1 Église Saint-Julien
- ii 2 Église Saint-Nicolas
- ii 3 Männerkloster (Abbaye Aux Hommes) mit Abteilkirche St-Étienne
- ii 4 Église Notre-Dame-de-la-Gloriette
- ❶ 5 Restaurant Taverne Löwenbräu
- ❶ 6 Restaurant Le Gastronome
- ii 7 Église Saint-Sauveur
- Ⓜ 8 Postmuseum (Musée de la Poste et des Techniques de Communication)
- ★ 9 Hôtel de Colomby

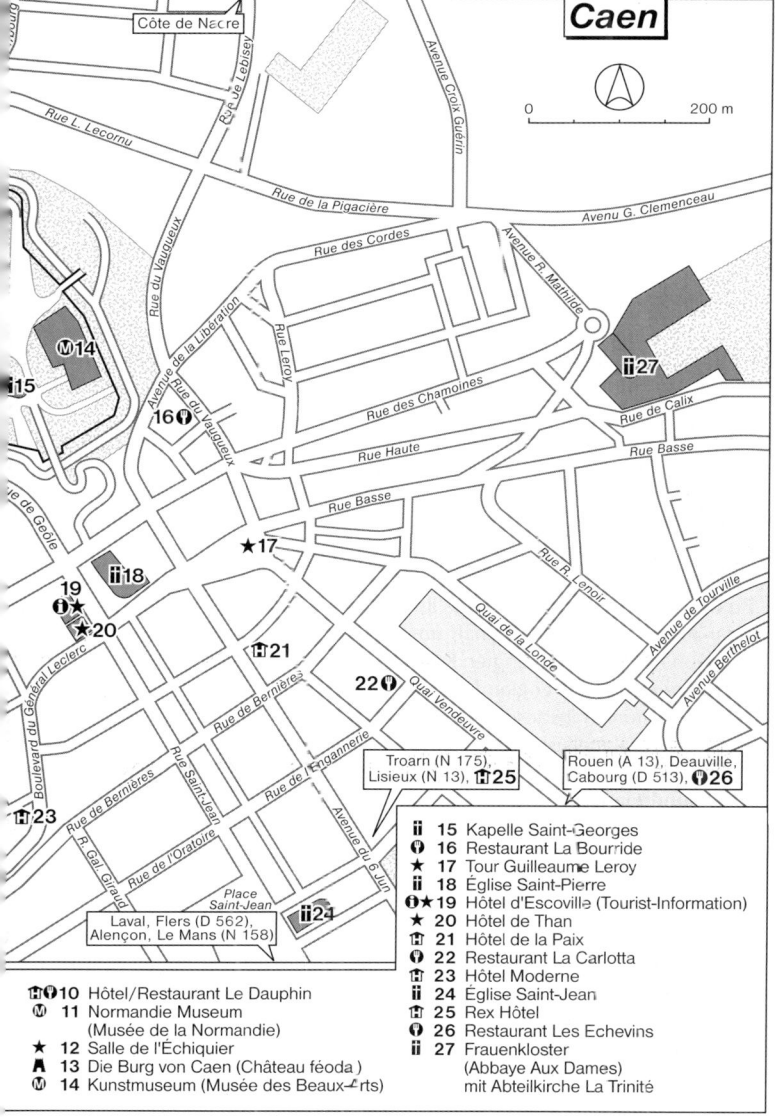

Fast zwei Jahrhunderte lang sollte sich Caen dann relativ unbehelligt entwickeln können. Doch im Laufe des **Hundertjährigen Krieges** wechselte die Stadt mehrmals den Besitzer. Die 1346 beginnende englische Besatzung hatte aber auch Vorteile, denn in dieser Zeit wurde die Universität gegründet.

Während der **Religionskriege** war Caen eine kalvinistische Hochburg. Die folgenden Auseinandersetzungen zwischen Katholiken und Protestanten im Mai 1562 führten zu schweren Schäden an den Sakralbauten der Stadt.

Zu Beginn der **Französischen Revolution** hielt sich Caen als Fluchtort für die Girondisten. Doch im Laufe der weiteren Entwicklung wurden diese gefangen genommen und hingerichtet.

Zu Beginn des 19. Jahrhunderts litt die ganze französische Wirtschaft unter der von *Napoleon* verhängten **Kontinentalsperre** gegen England. Hiervon waren natürlich insbesondere die Gebiete an der Kanalküste betroffen.

Doch dann brachte die Ausbeutung der **Erzminen** in der Nähe von Caen einen erneuten Aufschwung. Schwerindustrie, teilweise auch unter deutscher Beteiligung, siedelte sich im Umfeld der Stadt an.

Die schwerste Zeit, die Caen in seiner ganzen Geschichte durchgemacht hat, waren die Tage und Wochen nach der **alliierten Landung.** Im Sommer 1944 war hier heftig umkämpftes Frontgebiet. Caen stand ständig unter Feuer und wurde laufend bombardiert, die Stadt dabei beinahe vollständig zerstört. Die Bürger suchten im Männerkloster und im Steinbruch von Fleury Zuflucht, bis die Stadt im Juli von alliierten Truppen erobert werden konnte.

Nach der Befreiung zeigte sich jedoch, dass viele der historischen Bauten weitgehend verschont geblieben oder zu retten waren. Der **Wiederaufbau** erfolgte dann erfreulich schnell. Ein modernes Caen entstand. Neue Industrien siedelten sich an, die Bevölkerungszahl verdoppelte sich und heute sind es moderne Wirtschaftszweige wie etwa die Automobilindustrie, die die ökonomische Grundlage der Stadt bilden. Auch der Ausbau des Hafens trug zu dieser Entwicklung bei.

Sehenswertes

Drei historische Gebäude prägen das Bild der Stadt: die alte Burg, das Männer- und das Frauenkloster.

Die Burg

Das **Château Féodal** der Stadt Caen ließ *Wilhelm der Eroberer* ab 1060 auf einem Hügel errichten. Sein Sohn *Heinrich I. Beauclerc* fügte 1123 den viereckigen Donjon mit runden Türmen an seinen Ecken hinzu, er wurde allerdings schon zu Beginn der Französischen Revolution zerstört. Erweiterungen der Burg erfolgten vom 13. bis zum 15. Jahrhundert. Die Beschädigungen aus dem Zweiten Weltkrieg wurden grundlegend ausgebessert.

Zwei Tore aus dem 14. bzw. 15. Jahrhundert ermöglichen den Zugang zur

Burganlage, die von einer begehbaren Mauer umgeben ist. Den ältesten Teil macht der zweigeschossige **Salle de l'Échiquier** aus, wo sich einst die unabhängigen Justizvertreter der Normandie trafen. Dieser romanische Saalbau aus dem 12. Jahrhundert ist Teil des Herzogspalastes, von dem noch die Grundmauern zu erkennen sind.

Innerhalb der Burganlage befindet sich das Museum der Schönen Künste, das **Musée des Beaux Arts.** Dahinter steht die **Chapelle Saint-Georges,** mit deren Bau im 12. Jahrhundert begonnen wurde, und gegenüber das ehemalige **Haus des Amtmannes,** das im 17. Jahrhundert in die Residenz des Gouverneurs umgewandelt wurde. Hierin befindet sich heute das **Musée de la Normandie.** Daneben erstreckt sich der **Jardin des Simples,** der alte Kräutergarten der Burganlage.

Die Klöster

Die **Abbaye aux Hommes,** das Männerkloster, besteht aus zwei Teilen: der Abteikirche St. Étienne sowie den ehemaligen Abteigebäuden, in denen seit 1965 das Rathaus untergebracht ist.

Mit dem Bau der **Kirche** ließ Wilhelm im Jahre 1060 beginnen, feierlich eingeweiht wurde sie 1077. Das romanische Mittelschiff und die schlichte dreistöckige Fassade mit ihren 90 Meter hohen Türmen, die im 13. Jahrhundert mit gotischen Helmen versehen wurden, stellen den Baukern aus dieser Zeit dar. Ebenfalls aus diesem Jahrhundert stammt der gotische Chor mit

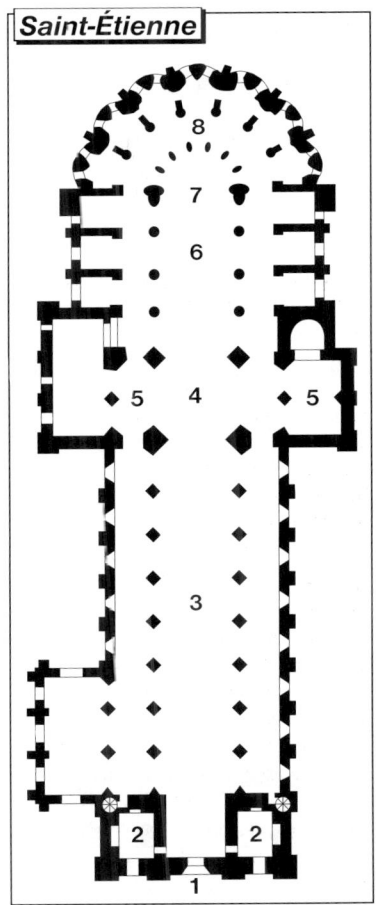

1 W-Fassade
2 Fassadentürme
3 Hauptschiff
4 Vierung
5 Querschiffe
6 Chor
7 Hochaltar
8 Chorumgang

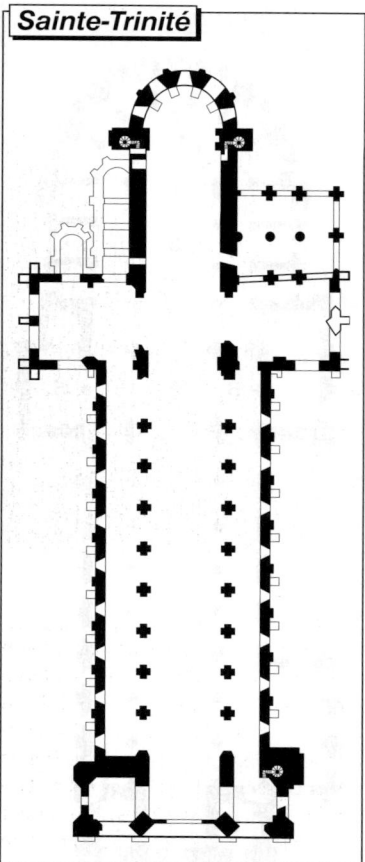

Sainte-Trinité

seiner von vier Türmen gezierten Haube. Schäden aus den Religionskriegen wurden im 17. Jahrhundert repariert.

Die innere Raumwirkung der Abteikirche ist imponierend. Dem im 12. Jahrhundert mit einem sechsteiligen Kreuzrippengewölbe versehenen Hauptschiff wurde im 13. Jahrhundert der Chor mit deutlichen gotischen Stilelementen angefügt – der älteste gotische Chor im Land, der zum Modell für weitere Kirchen wurde. Die Kapellen des Chorumganges sind mit schönen Gittern versehen. Vor dem Altar aus farbigem Marmor befindet sich die Grabplatte von *Wilhelm dem Eroberer*.

Neben der Abteikirche stehen die ehemaligen **Abteigebäude,** vor denen sich die Esplanade Louvel, eine große Gartenanlage, erstreckt. Diese Abteigebäude aus dem 18. Jahrhundert ersetzten die romanischen Vorgängerbauten, von denen heute nichts mehr übrig ist. Während der Französischen Revolution säkularisiert, dienten die Gebäude zunächst als Gymnasium. Heute ist hier die Stadtverwaltung untergebracht.

Als Gegenstück zur Abbaye des Hommes ließ *Mathilde* im Jahr 1062 die **Abbaye des Dames** erbauen. Der romanische Charakter der **Abteikirche Église de la Trinité** ist hervorragend erhalten. Die Fassade erhielt allerdings im 18. Jahrhundert unter anderem durch Einfügen einer Balustrade ein neues Gesicht. Das neunjochige, nüchterne Hauptschiff wurde im 12. Jahrhundert eingewölbt. Über den hohen Arkaden zieht sich ein Blendtri-

forium entlang. Die Querschiffe sind reichhaltiger geschmückt. Der Chor trägt ein Kreuzgratgewölbe aus dem 11. Jahrhundert. Hier befindet sich das Grab der *Mathilde*. Die von vier Säulenreihen getragene Krypta stammt ebenfalls aus dem 11. Jahrhundert.

Schon im Jahr 1066 war die Abtei fertig. Die klassizistische Erneuerung der **Abteigebäude** wurde durch die Französische Revolution unterbrochen, so dass der vierte Flügel nicht mehr fertig gestellt wurde. Heute befindet sich der Regionalrat in den Abteigebäuden.

Kirchen

Neben den beiden Abteikirchen von Caen ist unter den vielen anderen Gotteshäusern insbesondere auf die zwischen dem 13. und dem 16. Jahrhundert errichtete **Église Saint-Pierre** gegenüber der Burg hinzuweisen. Die Kirche vereinigt Stilelemente von der Romanik bis zur Renaissance. Die Westfassade trägt eine Rosette. Der im Zweiten Weltkrieg fast gänzlich zerstörte Turm, der mit seiner in der Höhe zunehmenden Zahl der Öffnungen architektonisches Vorbild für viele andere Kirchtürme war, konnte mit

Die Abbaye des Dames

Mitteln renoviert werden, die man aus dem Verkauf der Schiffswracks vor der Küste erzielte. Die Kapitele des elfjochigen Mittelschiffes gehen zum Chor hin immer stärker in den Flamboyant-Stil über. Der Chorumgang wird von Kapellen eingerahmt. Hier findet man bereits reiche Stilansätze aus der Renaissance, insbesondere sei auf die meisterhaft verzierten Schluss-Steine der Gewölbe hingewiesen.

An der Rue Saint-Pierre, etwa in der Mitte zwischen Festung und Abbaye aux Hommes, steht die **Église Saint-Sauveur**, die in Nord-Süd-Richtung ausgerichtet ist. Die zwei Schiffe, das linke gotisch aus dem 15. Jahrhundert und das rechte aus der Renaissance-Zeit des 16. Jahrhunderts, sind durch einen dreizehn Meter spannenden Bogen miteinander verbunden. Der Glockenturm stammt noch aus der Periode der normannischen Gotik und erinnert an den der Église St.-Pierre. In das Innere der Kirche gelangt man von der Rue Froide aus, die noch mit Fachwerk- und Steinhäusern aus dem 15. bis 18. Jahrhundert gesäumt ist.

Die **Église Notre-Dame-de-la-Gloriette** an der Place de la République wurde zwischen 1684 und 1689 von Jesuiten im Stil der Spätrenaissance errichtet. Ihr Chor ist reich geschmückt, der Baldachin-Hochaltar stammt aus der Abbaye aux Dames.

Das Viertel um den Place de la Résistance wurde im Zweiten Weltkrieg arg in Mitleidenschaft gezogen, so auch die **Église Saint-Jean**. Sie entstand ab dem 14. Jahrhundert im Flamboyant-Stil. Ihr Vierungsturm wurde wegen des zu weichen Untergrundes nicht vollendet. Der obere Stock des Laternenturms wurde in der Renaissance fertig gestellt. Auffallend ist die Länge des Chores, die in etwa der Länge des Hauptschiffes von Saint-Jean entspricht.

Die Mönche der Abbaye aux Hommes errichteten im 11. Jahrhundert etwas nördlich ihrer Abtei die romanische **Kirche Saint-Nicolas**. Sie ist bis heute stilrein erhalten, nur ihr Fassadenturm kam im 15. Jahrhundert hinzu. Bemerkenswert ist ihr Portal aus drei Arkaden. Ein alter Friedhof umgibt die Kirche, die man von hier aus gut betrachten kann, denn sie ist nicht für die Öffentlichkeit zugänglich.

Die **Église Saint-Julien** im Norden der Stadt wurde im Krieg so zerstört, dass man sie durch einen Neubau ersetzte.

Profanbauten

Trotz aller Kriegszerstörungen weist Caen auch eine Reihe interessanter Profanbauten auf. In erster Linie ist das **Hôtel d'Escoville** zu erwähnen, ein Stadtpalais, das von dem Kaufmann *Nicolas le Valois d'Escoville* zwischen 1533 und 1538 erbaut wurde. Heute befindet sich die Touristeninformation in dem Gebäude, das typisch für den italienischen Einfluss in der frühen Renaissance-Architektur ist. Auf jeden Fall sollte man den Weg in den Innenhof finden, der mit reichem Skulpturenschmuck versehen ist. Den besten Überblick über diesen Innenhof hat man von der Loggia aus. An der Ecke zum Boulevard Maréchal steht noch das **Hôtel de Than** aus dem Jahre 1525. Auch hier sind schon die Züge der Renaissance klar zu erkennen.

Ein weiteres erwähnenswertes Stadtpalais ist das **Hôtel de Colomby** in der Rue des Cordeliers am Fuß der Burg, errichtet im Stil *Louis' XII*. Parallel dazu verläuft die Rue des Croisiers mit Häusern aus dem 17. und 18. Jahrhundert.

Mit dem **Tour Guillaume le Roy** am Ende des Boulevard des Allies ist noch ein Rest der alten Stadtmauer erhalten.

Außerdem verfügt Caen wie keine andere Stadt der Normandie über eine Vielzahl von Parks und Gärten, stellvertretend sei hier nur auf den nördlich gelegenen Botanischen Garten **Jardin des Plantes** hingewiesen (siehe auch „Praktische Tipps").

Museen

Auch Museumsgänger finden in Caen eine breite Auswahl. Im Schloss befinden sich allein schon zwei Ausstellungskomplexe.

Das **Musée des Beaux Arts,** das Museum der Schönen Künste, zeigt eine umfassende Gemäldesammlung vom 15. bis zum 20. Jahrhundert. Daneben sind auch die kunsthandwerklichen Sammlungen interessant, so die Porzellan-, Emaillen-, Möbel- und Teppichsammlung sowie die Sammlung schmiedeeiserner Arbeiten aus den zurückliegenden Jahrhunderten.

Das **Musée de la Normandie** erfrischt durch seine wenig belehrende Darstellungsform von der Prähistorie bis zu den Wikingern, der Landwirtschaft der Region sowie ihrem Handwerk und ihrer Industrie.

Ganz besonders wichtig für Caen ist die Darstellung der kriegerischen Ereignisse im Zuge der alliierten Landungsoffensive im Friedensmuseum, dem **Mémorial-Musée pour la Paix,** kurz Le Mémorial genannt. Das Museum liegt etwas außerhalb des Stadtkerns an der Esplanade Eisenhower.

Im Rathaus, das in den ehemaligen Abteigebäuden der Abbaye aux Hommes untergebracht ist, befindet sich das **Naturkundemuseum** (Musée d'Initiation à la Nature), das vor einigen Jahren neu gestaltet wurde. Hier wird die Natur- und Kulturlandschaft der Region mit einem besonderen Schwerpunkt bei der heimischen Vogel- und Pflanzenwelt dargestellt.

Eine Besonderheit von Caen ist noch das **Postmuseum,** das Musée de la Poste et des Techniques de Communication. Es befindet sich in einem der wenigen Fachwerkhäuser der Stadt in der Rue Saint-Pierre. Hier wird die Entwicklung des Post- und Telekommunikationswesens anhand von Techniken, Geräten und Systemen gezeigt.

Praktische Tipps

- Postleitzahl Caen: 14000
- Tel.-Vorwahl: 0231

Information

- **Office de Tourisme,** Hôtel d'Escoville, Place Saint-Pierre, Tel. 27 14 14, Fax 27 14 13, tourisminfo@ville-caen.fr, www.ville-caen.fr

Unterkunft

- **Hôtel Moderne**€€€, 116, Boulevard Maréchal Leclerc, mittelgroßes, zentral gegenüber

dem Kaufhaus Les Galeries Lafayettes gelegenes, komfortables Hotel, ganzjährig geöffnet, Tel. 86 04 23, Fax 85 37 93, info@hotelcaen.com
- **Hôtel de la Paix**€€, 14, Rue Neuve Saint Jean, zwischen Jachthafen und Festung gelegenes kleines Hotel, ganzjährig geöffnet, Tel. 86 18 99, Fax 38 20 74
- **Rex Hôtel**€, 58, Place de la Gare, preiswertes Hotel am Bahnhof, ganzjährig geöffnet, Tel. 52 09 63, Fax 83 01 46

Essen und Trinken

- **Le Dauphin**€€, 29, Rue Gémare, im Zentrum, Zubereitungen auf der Basis von sorgfältig eingekauften regionalen Produkten, wie z.b. Jakobsmuscheln auf Orangensoße, samstagmittags, zweite Hälfte Februar und 15.7 bis 10.8. geschlossen, angeschlossener Hotelbetrieb, Tel. 86 22 26, Fax 86 35 14, dauphin.caen@wanadoo.fr
- **La Bourride**€€€€, 15-17, Rue du Vaugueux, meisterhaft einfallsreiche Küche, gekonnt präsentiert, wie z.b. normannisches Kalb mit Apfelkompott, sonntagabends und montags sowie 3.1-24.1. und 18.8-3.9. geschlossen, Tel. 93 50 76, Fax 93 29 63
- **Les Échevins**€€€, 35, Route de Trouville, regionale Küche, samstagmittags und sonntags sowie von Mitte Juli bis Mitte August geschlossen, Tel. 84 10 17, Fax 84 53 22
- **Le Gastronome**€, 43, Rue Saint-Saveur, traditionelle Küche, samstagmittags, sonntags sowie 26.7.-9.8. geschlossen, Tel. 86 57 75, Fax 38 27 78
- **Le Carlotta**€, 16, Quai Vendeuvre, regionales Spezialitätenrestaurant, sonntags und 10.-24.8. geschlossen, Tel. 86 68 99, Fax 38 92 31, reservation@carlotta.fr
- **Taverne Löwenbräu**€, 11-13, Place St.-Saveur, typische Brasserie, die Wert auf gute normannische Gerichte legt, wie z.B. Sauerkraut mit Meeresfrüchten, Tripes à la mode de Caen, ganzjährig geöffnet, Tel. 86 11 93

Museen

Le Château Féodal, die von *Wilhelm dem Eroberer* begründete Festung von Caen beherbergt mit dem Musée des Beaux Arts und dem Musée de Normandie zwei sehenswerte Museen:
- **Musée des Beaux Arts,** Museum der Schönen Künste, mit einer Gemäldegalerie mit Werken vom 15. bis zum 20. Jahrhundert, darüber hinaus werden kunsthandwerkliche Arbeiten verschiedener Herkunft sowie alte Kupferstiche ausgestellt, ganzjährig geöffnet (außer dienstags und feiertags) 10-18 Uhr, Eintritt 3,80 €, Ermäßigung für Studenten, Kinder frei, Tel. 30 47 70, Fax 30 47 80, mba@ville-caen.fr, www.ville-caen.fr
- **Musée de Normandie,** Archäologisches und Ethnologisches Museum zur Geschichte der Region und seiner Bewohner, ganzjährig 9.30-12.30 und 14-18 Uhr geöffnet (außer dienstags, 1.1., Ostersonntag, 1.5., Himmelfahrt, 1.11., 25.12.), Eintritt 1,50 €, Kinder u. Jugendliche bis 18 Jahre sowie mittwochs für alle Eintritt frei, Tel. 30 47 60, Fax 30 47 69, mdn@ville-caen.fr, www.ville-caen.fr
- **Mémorial-Musée de la Paix,** Le Mémorial, Esplanade Eisenhower, aufwändige Darstellung der Ereignisse der Rückeroberung von Caen durch die Alliierten und der allgemeinen Konsequenzen daraus, durchgehend geöffnet 9-19 Uhr, in den Ferien bis 20 Uhr (außer in den ersten drei Januarwochen sowie am 25.12.), Eintritt 12 €, Kinder 10 €, freier Eintritt für Kriegsteilnehmer, Tel. 06 06 44, Fax 06 06 70, resa@memorial-caen.fr, www.memorial-caen.fr
- **Musée d'Initiation à la Nature** (Naturkundemuseum), im Hôtel de Ville an der Abbaye aux Hommes, Natur- und Stadtentwicklung von Caen, Landschaftsentwicklung um Caen, Wild- und Nutztiere sowie Wild- und Gartenpflanzen der Region, ganzjährig mittwochs 14-18 Uhr geöffnet, in den Oster-, den Sommer- und den Herbstferien von montags bis freitags 14-18 Uhr, Eintritt frei, Tel. 30 43 27, Fax 30 43 45, cpievalleorne@mail.cpod.fr, www.ville-caen.fr/cpie-vdo

Vom Zweiten Weltkrieg verschont gebliebener Teil der Altstadt

- **Musée de la Poste et des Techniques de Communication,** 52, Rue Saint-Pierre, Postmuseum in einem Fachwerkhaus aus dem 16./17. Jh. mit Exponaten zur Entwicklung von Post und Kommunikation, geöffn. Mitte Sept. bis Mitte Juni dienstags bis samstags 13.30-17.30 Uhr, im Sommer 10-12 u. 14-18 Uhr, Eintritt 2,50 €, Kinder und Schüler 1 €, Tel. 50 12 20, Fax 86 33 38, musee.poste.caen@wanadoo.fr, www.perso.club-internet.fr

Besichtigungen

- **Les Bâtiments monastique de l'Abbaye aux Hommes,** in den Abteigebäuden aus dem 18. Jh. ist seit 1965 das Rathaus von Caen untergebracht, einzelne Räume mit interessanten Malereien sind zu besichtigen, behindertengerecht, tägl. geöffnet 9.30-11 Uhr u. 14.30-16 Uhr (außer 1.5., 25.12. und 1.1.), Eintritt 1,50 €, bis 18 Jahre frei, Tel. 30 42 81
- **Les Bâtiments conventuele de l'Abbaye aux Dames,** sehr gut restaurierte Abteigebäude aus dem 18. Jahrhundert
- **Stadtbesichtigungen:** Caen zu Fuß, in der Saison vormittags (2 Std.) und nachmittags (3 Std.), Information: Office de Tourisme; mit dem Bus, Information: Tel. 27 14 10; mit dem Touristenbus, Abfahrt Office de Tourisme, Information auch dort

Parks und Gärten

- **Jardin des Plantes et Jardin Botanique,** Place Blot, 3 Hektar großes Gelände mit vielen Arten, geöffnet ab 8 Uhr bis Beginn der Dunkelheit, sonn- und feiertags ab 10 Uhr, 25.12. und 1.1. ab 14 Uhr, Eintritt frei, Tel. 30 48 43, Fax 30 48 31, nmenard@ville-caen.fr
- **Colline aux Oiseaux,** Avenue Amiral Mountbatton, in der Nähe des Mémorial, zum 50. Jahrestag der alliierten Landung eröffneter, 17 Hektar großer Blumenpark, geöffnet ab 10 Uhr bis zum Einbruch der Dunkelheit, ab 14 Uhr am 25.12. und 1.1., freier Eintritt, Tel. 30 48 43, Fax 30 48 31, nmenard@ville-caen.fr
- **Parc Michel d'Ornano,** Boulevard Georges-Clémenceau, drei Hektar große Parkfläche um die Gebäude der Abbaye aux Dames
- **Vallée des Jardins,** entlang der Boulevards périphérique und Weygand, Zugang über Rue des Jardins oder Rue de Courseulles, 2,5 Hektar große Parkfläche mit wunderschönem Bestand an Pfingstrosen und Lilien
- **Jardin des Simples,** der mittelalterliche Festungsgarten des Château de Caen

Aktivitäten/Sport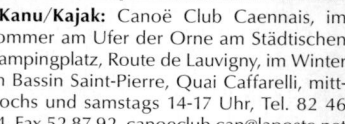

- **Kanu/Kajak:** Canoë Club Caennais, im Sommer am Ufer der Orne am Städtischen Campingplatz, Route de Lauvigny, im Winter im Bassin Saint-Pierre, Quai Caffarelli, mittwochs und samstags 14-17 Uhr, Tel. 82 46 34, Fax 52 87 92, canoeclub.can@laposte.net
- **Rundflüge:** Aéro-Club Régional de Caen, 14650 Carpiquet, Tel. 26 52 00
- **Mini-Golf:** Colline aux Oiseaux, 17, Avenue de l'Amiral Mountbatten, ganzjährig (außer Dezember) bei gutem Wetter geöffnet, Tel. 94 14 23, Fax 73 22 83
- **Bootsausflug:** auf dem Caen-Kanal mit der L'Hastings, 2,5 Std. Ausflugsfahrt auf dem Kanal zwischen Caen und Ouistreham, Abfahrten: in der Saison 9, 12.15, 15.15, 19 und 19.30 Uhr Bassin St.-Pierre, Fahrpreis Hin- und Rückfahrt 12 €, Kinder 6 €, einfache Fahrt 8 €, Kinder 4 €, Bateau l'Hastings, Quai Vendeuvre, Tel. 34 00 00, Fax 72 52 00

Nachtleben

- **Diskotheken:** Le Cabaret Joyeux, 10, Place du 36-R-I; Le Joy's (im Parterre) und Le Paradis (im 1. Stock), 10, Rue de Strasbourg, Tel. 85 40 40; Le Chic, Place Courtonne, Tel. 94 48 72
- **Piano-Bars:** Le Poterne, 20, Rue Porte aux Berger le Vaugeux, Tel. 93 57 46; Le Hangar Café, 9, Rue Fresnel, Tel. 44 09 19; Le Marie-Fernand, 36, Rue Église de Vaucelles, Tel. 84 40 04; Le Café Latin, 135, Rue St.-Pierre, Tel. 85 26 36; Welcome Pub-Club, 22, Rue de Falaise, Tel. 84 24 87; Bus Stop Café, 7, Rue de Bras, Karaoke bis 4 Uhr früh, Tel. 85 72 72

Einkaufen

- **Antiquitätenmarkt:** jeden zweiten Samstag im Monat in der Rue Saint-Laurent
- **Kunstmarkt:** jeden letzten Samstag im Monat im Quartier des Quatrans

- **Fischmarkt:** Montag bis Samstag 9-11 Uhr in Caen-Mondeville an der N 175 in Richtung Pont-l'Évêque „La Criée" (Lequertier-Grimault), Information: Tel. 70 35 35

Verkehrsverbindungen

- **Flugplatz Carpiquet:** Verbindungen mit der Flandre Air und Brit Air zu Zielen in Frankreich sowie nach London, Amsterdam, Düsseldorf, Jersey, Mailand, Turin, Tel. 71 20 10, Fax 26 01 92, www.caen.cci.fr
- **SNCF-Bahnhof:** an der Strecke Paris – St.-Lazare/Cherbourg

Die Umgebung von Caen

Bretteville-sur-Odon   ⌕ XI/C2

Das Flusstal der Odon führt in südwestlicher Richtung aus der Stadt heraus. Teilweise felsig eingegraben, war dieses Gebiet Schauplatz heftigster Kämpfe während des alliierten Angriffs im Juni 1944, wobei das Gelände des Flugplatzes zwangsläufig für beide Seiten eine große Rolle spielte. Noch vor dem Flugplatz liegt Bretteville-sur-Odon, wo Reste eines **früheren Priorates** zu sehen sind. Außerdem steht hier noch ein **alter Bauernhof** mit außergewöhnlich hohen Fenstern, zu dem eine bemerkenswerte Scheune aus dem 14. Jahrhundert gehört.

Château de Fontaine-Étoupefoeur   ⌕ XI/C2

Flussaufwärts am Flughafen vorbei steht in Fontaine-Étoupefoeur ein altes Schloss. Es wurde von der reichen Kaufmannsfamilie d'Escoville gebaut, die schon das gleichnamige Stadtpalais in Caen besaß. Der Bau ist von einem Wassergraben umgeben, über den eine Brücke führt. Das Torhaus stammt aus dem 15. Jahrhundert. Vom Schloss kann unter anderem der Ess-Saal mit Jagdgemälden und das Herrenzimmer im ersten Stock, dessen Decke von schweren Eichenbalken getragen wird, besichtigt werden. Um den Hof gruppieren sich die Ruinen der Hauptgebäude aus dem 16. bis 18. Jahrhundert.

Audrieu   ⌕ X/B2

Ganz im Westen, am besten über die Schnellstraße nach Bayeux, erreicht man Audrieu mit einer Kirche aus dem 12. bis 14. Jahrhundert. Das Schloss des Ortes aus dem 18. Jahrhundert ist heute ein Hotel.

Abbaye d'Ardenne   ⌕ XI/C2

Nur wenig nordwestlich des Stadtrandes von Caen steht das im Jahre 1122 gegründete Prämonstratenser-Kloster Abbaye d'Ardenne, das im 19. Jahrhundert zur **Ruine** verfiel. Die verbliebenen Gebäude werden heute landwirtschaftlich genutzt. Das Portal aus dem 13. Jahrhundert wurde restauriert und auch eine Scheune aus der gleichen Zeit steht noch. Das Langhaus der ehemaligen Abteikirche befindet sich ebenfalls im Gebäudekomplex, ein Flügel des ehemaligen Abteigebäudes aus dem 17. Jh. rechts davon.

Authie ⤴ XI/C2

Von der Abbaye d'Ardenne ist es nur wenig mehr als ein Kilometer bis zum kleinen Ort Authie. Die hiesige Kirche verfügt über ein sehenswertes romanisches Seitenportal.

Rots ⤴ XI/C2

Noch einmal zwei Kilometer weiter westlich steht im Ort Rots eine sehenswerte romanische Kirche. Das Hauptschiff stammt aus jener Zeit, Querschiff, Chor und Turm gehen auf das 13. bzw. 14. Jahrhundert zurück, die Kanzel auf das 15. Jahrhundert.

Thaon ⤴ XI/C1-2

Den nordwestlich von Caen gelegenen Ort Thaon erreicht man am besten über die D 22, von der man kurz hinter Cairon nach rechts in die D 170 einbiegt. Etwas außerhalb des unscheinbaren kleinen Ortes steht an dem Flüsschen Mue die Ruine der **ehemaligen Pfarrkirche Saint-Pierre** aus dem 12. Jahrhundert. Malerisch ist ihr Standort in dem bewaldeten Flusstal, wo doch hier, südlich der Côte de Nacre, Forste nur selten anzutreffen sind. Der Glockenturm über der Vierung trägt ein pyramidenförmiges Dach. Die Seitenschiffe wurden bereits im 18. Jahrhundert abgerissen und vermauert. Reizvoll sind die Friese und Blendarkaden dieses rein romanischen Bauwerks!

Folgt man der Mue nur wenig mehr als einen Kilometer flussabwärts, gelangt man zum **Château Fontaine-Henry**. Der heute gleichnamige Ort trug früher den Namen seines Grafen *Henry de Tilly*, der 1305 starb und auch dem Schloss seinen Namen gab. Früher stand hier eine Befestigungsanlage aus dem 12. Jahrhundert, die der Sicherung des einst wichtigen Verkehrsweges entlang des Mue-Tals diente. Diese Festung ging dann in den Besitz der normannischen Familie *d'Harcourt* über. Nachdem die Anlage im Hundertjährigen Krieg zerstört worden war, errichteten die Harcourts auf ihren Fundamenten ab dem 15. Jahrhundert das heutige Schloss, einer der herausragendsten Renaissance-Bauten der ganzen Normandie.

Der älteste Teil ist das mit einer prächtigen Fassade und einem viereckigen Balustradenturm versehene Herrenhaus. Im 16. Jahrhundert wurde ein dreigeschossiger Pavillon mit einem mit Schiefer eingedeckten, hohen Steildach und einem mächtigen Kamin angefügt. Seitlich steht ein vieleckiger Treppenturm mit Spitzdach. Die zum Schloss gehörige Kapelle wurde im 13. Jahrhundert noch von *Henry de Tilly* errichtet, aber im 16. Jahrhundert umgebaut. Die Salons im Erdgeschoss können besichtigt werden, sie sind noch historisch möbliert und mit vielen alten Gemälden versehen.

Die **Dorfkirche** von Fontaine-Henry, die etwas außerhalb des schönen Schlossparks steht, entstand im 13. Jahrhundert. Sie ist mit schönen Blendarkaden verziert.

Brécy ⚐ X/B1-2

Im äußersten Nordwesten der Ebene von Caen liegt Brécy an der Seulles. Hier stehen noch die prachtvollen Gebäude der **ehemaligen Prieuré de Saint Gabriel**, die im Jahre 1058 als Tochterabtei von Fécamp gegründet wurde. Diese Abtei war einst sehr reich, was sich bis heute in der Bausubstanz zeigt.

Die Gebäude der Abtei gruppieren sich um einen Hof. Da ist zunächst das monumentale Torhaus, versehen mit dem Wappen von Fécamp. Im Abteiwohngebäude führt eine spiralförmige Treppe zum Abtzimmer mit alter Holzdecke und einem Kamin aus der Zeit *Louis' XIII*. Die Abtei war aber auch Gerichtssitz und so gab es einen Gefängnisturm mit Ausguck. Im Turm sind Ritzzeichnungen der Gefangenen erhalten. Von der romanischen Abteikirche steht noch das schön dekorierte Ostende und der Chor. Die Fenster im Chor stammen aus dem 14. Jahrhundert. Als Altar dient eine alte merowingische Grabplatte. Spuren eines Freskos aus dem 16. Jahrhundert finden sich noch im Gewölbe der Apsis. Die Abteigebäude, die heute eine Gartenbauschule beherbergen, sind von einem schönen Park umgeben.

Südlich vom Dorfkern von St.-Gabriel-Brécy steht das um 1650 als Sitz der Familie *Le Bas* erbaute **Château de Brécy**. Über einen herrlichen Torweg gelangt man zum Schloss, dessen terrassierte Parkanlagen mit Hecken, Portalen und Skulpturen ein Meisterwerk der Gartenarchitektur darstellen.

Château de Creully ⚐ X/B1

Ein wenig flussabwärts von St.-Gabriel-Brécy steht in Creully die **Festung** der gleichnamigen normannischen Barone. Die Fundamente dieses Château Féodal de Creully stammen aus dem 11., der Hauptbau aus dem 12. Jahrhundert. Der gut erhaltene Donjon wurde im 13. Jahrhundert an einem erhabenem Standort errichtet, von dem aus man das Tal der Seulles gut überwachen konnte. Im Inneren der von Gräben, Wällen und Mauern geschützten Burganlage sind die Gewölbe gut erhalten. Wesentliche Teile wurden im 15. Jahrhundert renoviert.

In der Burganlage richtete die BBC nach der alliierten Landung im Juni 1944 einen Sender ein, von dem über die Fortschritte der militärischen Operationen gegen die Deutschen berichtet wurde. Ein kleines **Radiomuseum** in der Burganlage dokumentiert die Kriegsereignisse.

Château de Lantheuil ⚐ X/B2

Wieder in Richtung Caen zurück erreicht man über die D 93 nach nur drei Kilometern den kleinen Ort Lantheuil mit dem Château de Lantheuil. Dieses imposante Schloss wurde in der Zeit von *Louis XIII.* errichtet. Im Inneren ist die ursprüngliche Einrichtung mit Täfelungen, Bildern und Möbeln weitgehend erhalten geblieben.

Die Umgebung von Caen

Praktische Tipps

Unterkunft/Essen und Trinken

- **Château du Baffy**€€, 14480 Colombiers-sur-Seulles (wenige Kilometer vor der Mündung der Seulle in das Meer, wo die D 176 den Fluss quert), in einem baumbestandenen Park gelegenes, mit Geschmack renoviertes Schloss, klassische Zimmer, funktionelles Restaurant€, 5.1.-5.3. geschlossen, Tel. 0231 08 04 57, Fax 0231 08 08 29
- **La Valise Gourmande**€€, 14440 Cresserons (nördlich von Caen kurz vor Lions-sur-Mer), 7, Route de Lions-sur-Mer, Restaurant in ehemaligem Manoir aus dem 18. Jahrhundert, ideenreiche Küche zu annehmbaren Preisen, montags sowie 5.1.-26.1. geschlossen, Tel. 0231 72 36 53, Fax 0231 72 63 33
- **Auberge les Peupliers**€, 14730 Giberville, 25, Route de Rouen, regionale Küche, Sonntag und montagabends, in den Februar-Schulferien sowie 24.8.-14.9. geschlossen, Tel. 0231 73 38 66, Fax 0231 74 27 30

Museum

- **Château Féodal de Creully,** mittelalterliche Festung aus dem 11. bis 15. Jahrhundert mit kleinem Radiomuseum aus der Zeit der alliierten Landung, geöffnet: Juli/Aug. dienstags, mittwochs, donnerstags und freitags 10-12 und 15-18 Uhr, ansonsten nach Vereinbarung, Eintritt 2,30 €, Kinder 1,10 €, Tel. 0231 80 18 65, Fax 0231 80 18 65

Besichtigungen

- **Château de Fontaine-Étoupefour,** südwestlich von Caen, interessantes Schloss der Kaufmannsfamilie *d'Escoville* aus Caen, Führungen sonntags, montags und dienstags von Juli bis September zwischen 14.30 und 18.30 Uhr, ansonsten auf Anfrage, Eintritt 5,30 €, Tel. 0231 26 73 20
- **Domaine de la Baronnie et Grange aux Dîmes,** 14760 Bretteville-sur-Odon, uralte Scheune aus dem 14. Jahrhundert mit Dreifachdach und zwei mächtigen Seitentoren, nur von außen zu besichtigen
- **Château de Fontaine-Henry,** Renaissance-Schloss, stilrein möbliert mit schöner Gemälde- und Porzellansammlung und schönem Park, Führungen: von Ostern bis Allerheiligen samstags, sonn- u. feiertags 14.30-18.30 Uhr, von Mitte Juni bis Mitte September an allen Nachmittagen (außer dienstags), Eintritt 5,307 €, Kinder bis 12 Jahren 3 €, Tel. 0231 80 00 42, Fax 0231 08 19 05
- **Prieuré Saint-Gabriel,** 14480 Brécy, schöner Gebäudekomplex mit Torhaus, Manoir, Ruinen des Gefängnisturms, Resten der romanischen Abteikirche und Park, freier Zugang, Tel. 0231 80 10 20, Fax 0231 80 99 33, accueil@cefph.com. www.cefph.com
- **Parkanlage des Château de Brécy,** sehenswerter terrassierter Garten, geöffnet: von Ostern bis Okt. dienstags, donnerstags und sonntags 14.30-18.30 Uhr, Eintritt 4,50 €, Kinder bis 10 Jahren frei, Tel. 0231 80 11 48
- **Château de Lantheuil,** ursprünglich erhaltenes Renaissance-Schloss, etwa einstündige Führungen auf Vereinbarung, Eintritt 2,30 €, Tel. 0231 80 11 48

Aktivitäten

- **Freizeitpark Festyland,** in Carpiquet, einem westlichen Vorort von Caen, mit allen erdenklichen Attraktionen, täglich geöffnet im Juni, Juli, August und in den Schulferien 11-19 Uhr, April, Mai und September nur mittwochs, samstags und sonntags, Eintritt 9,50 €, Kinder unter 1 Meter Länge oder jünger als 3 Jahre sowie Senioren 6,50 €, Tel. 0231 75 04 04, Fax 0231 71 23 20, festyland@festiland.fr, www.festyland.com

Sport

- **Reiten:** Société Hippique Urbaine de Caen, 14280 Caen – Saint-Contest, 19, Rue de la Folie, Unterricht, Ausreiten etc., Tel. 0231 44 59 68; Centre Équestre du Clos d'Ardennes (CECA), 14280 Caen – Saint-Contest, 17, Rue de l'Embas, Ausflüge, Dressur etc. Tel. 0231 43 56 31, Fax 0231 53 71 59; Les Écuris de Calix, 14120 Mondeville, 19, Chemin du Vast, Pferde- und Pony-Club, Tel. 0231 78 23 10
- **Golf:** Golf de Caen Le Vallon, 14112 Biéville-Beuville, 27-Loch-Platz, Übungsgelände, Restaurant, Klubhaus, Tel. 0231 94 72 09, Fax 0231 47 45 30, golf.caen@wanadoo.fr

Veranstaltung

- **Château Flore:** Blumenfestival im Park des Château de Fontaine-Henry, Oktober

In der Ebene von Caen

Südlich von Caen geht die Jurakalk-Ebene merklich in das Hügelland der Suisse Normande über – die Wälder von Grimbosq und Cinglais kündigen diese Region bereits an. Die westliche Grenze der Ebene vor Caen wird durch die Dives gebildet, die östliche durch die Odon. Südwärts verläuft das Tal der Orne, das weiter oberhalb den Kern der Suisse Normande bildet.

Typisch für die Region sind die großen Bauerngehöfte, die **manoirs-fermes,** umgeben von hohen Mauern, die das Wohnhaus, die Wirtschaftsgebäude, den Hof und den Wirtschaftsgarten einschließen und vielfach die Dorfstraßen säumen. Der graue Kalkstein lässt die Genöfte von außen monoton erscheinen, im Inneren zeigen sie ihre ganze großbäuerliche Pracht.

Der **Kalkstein** ist es auch, der die Ebene von Caen so berühmt gemacht hat. Aus ihm wurden viele Kathedralen der näheren und weiteren Umgebung gebaut, wie auch Teile der Kathedralen von Westminster und Canterbury.

Troarn   XI/D2

Ganz im Osten der Ebene von Caen liegt Troarn an der Dives, die hier ihren westlichsten Bogen vollzieht. In dem 1048 gegründeten Ort stehen noch die Ruinen einer Abtei aus dem 13. Jahrhundert.

Cagny   XI/C2

Südwestlich von Troarn befinden sich kurz vor dem Ort Cagny an der D 225 die Reste der alten **Prieuré Notre-Dame-de-Moustier,** einer Prioratsgründung, die im Jahre 1109 von der Abtei von Troarn ausging. In der Kapelle aus dem frühen 12. Jahrhundert ist insbesondere der Skulpturenschmuck erwähnenswert.

Der eigentliche Ort liegt an der Hauptverkehrsstraße N 13 von Lisieux nach Caen. Er wurde im Krieg fast gänzlich zerstört.

Château de Canon   XI/D3

Im Tal der Laizon, einem kleinen Nebenfluss der Dives, befindet sich in Canon an der D 47 ein sehenswertes Schloss mit gleichermaßen sehenswertem Park. Der ursprüngliche Bau wurde im 17. Jahrhundert errichtet. Im Jahre 1730 begann man mit einem **klassizistischen Neubau,** dessen Fertigstellung sich bis 1768 hinzog.

In diesem Château de Canon wurde 1798 der Naturforscher *Léonce Élie de Beaumont* geboren, dem Frankreich die erste geologische Gesamtkarte des Landes verdankt. Sein Sohn *J. B. Élie de Baumont,* Parlamentarier und Anwalt in Paris, außerdem großer Freund *Voltaires,* legte den Park des Schlosses im **englischen Gartenstil** an – ganz dem Zeitgeschmack entsprechend mit Brunnen, Skulpturen und Pavillons.

Quézy ⤴ XI/D2

Im Nachbarort Quézy an der D 47 steht die **Kirche Saint-Aubin** aus dem 12. Jahrhundert mit einem bemerkenswerten Tympanon-Relief. Es stellt einen liegenden Heiligen, auf einem Kissen gebettet, dar – wahrscheinlich ist der heilige *Jakobus* gemeint.

Condé-sur-Ifs ⤴ XI/D3

Bei Condé-sur-Ifs, drei Kilometer südlich von Quézy, stehen einige prähistorische **Menhire** an einem Platz, der Pierre Cornue genannt wird.

Cintheaux ⤴ XI/C3

Rund fünfzehn Kilometer südlich von Caen liegt an der N 158 in Richtung Falaise der Ort Cintheaux, ein ehemaliges Bergbauzentrum, woran noch eine Reihe von Schlackenhalden erinnern. Nach der Landung der Alliierten war dies ein heiß umkämpften Gebiet. Die Ebene von Caen geht hier sichtbar in das südlicher gelegene Hügelland über. Die romanische Ortskirche wurde im 12. Jahrhundert errichtet.

Boulon ⤴ XI/C3

Ebenfalls südlich von Caen findet man in dem Ort Boulon etwas abseits von der Ausfallstraße D 562 die Pfarrkirche Saint-Pierre, die in Teilen noch auf das 11. Jahrhundert zurückgeht. Auch der Seiteneingang stammt noch aus dieser Zeit. Außerdem verfügt der Ort über ein Château mit einem interessanten Portal.

Forêt de Grimbosq ⤴ XI/C3

Zu den wenigen Wäldern der Ebene zählt der Forêt de Grimbosq, etwa sechzehn Kilometer südlich von Caen am Tal der Orne gelegen. Wanderwege durchziehen diesen fast 500 Hektar großen Forst, in dem auch ein Tierpark, ein See, Informationstafeln und ein Picknick-Gelände zu finden sind. Im Wald kann außerdem ein mittelalterlicher Festungswall besichtigt werden.

Vieux ⤴ XI/C2

Zehn Kilometer südöstlich von Caen hat man bei dem kleinen Ort Vieux **gallorömische Funde** gemacht. Der Ort, der in der Keltenzeit *Arigenua* oder *Arigenus* hieß, war Hauptstadt des Volksstammes der Viducassen. Er wurde später von den Römern mit Thermen, Tempel und Theater ausgestattet.

Praktische Tipps

Information

● **Office de Tourisme,** 14670 Troarn, Place Paul-Quellec, Tel. 0231 39 14 22

Pays de Falaise

Falaise ist als **Geburtsstadt Wilhelm des Eroberers** von weltgeschichtlicher Bedeutung. Sein Vater, *Robert der Prächtige*, den seine Mitwelt auch *Robert den Teufel* nannte, hatte vom Bergfried der Burg von Falaise die Gerbertochter *Arlette* erblickt, die unten in der Ante ihre Wäsche wusch. Er verliebte sich und sie bekamen den Sohn *Wilhelm*, der zunächst den Beinamen *der Bastard* erhielt, bevor er nach der Eroberung Englands als *Wilhelm der Eroberer* in die Geschichte einging.

Falaise

Geschichte

Falaise liegt dreißig Kilometer südlich von Caen an der Ante, die sich an dieser Stelle in den felsigen Grund eingegraben hat. Die Felsabbruchkante wurde schon von den Franken als strategisch günstiger Standort erkannt. Die Namensbildung geht auf die germanische Bezeichnung *falisa* für „Fels" zurück.

Ein besonders weit vorspringender Felsen trägt die Festung der Stadt, das **Château de Falaise.** Der Normannenherzog *Richard II.*, Großvater *Wilhelm des Eroberers,* hatte um das Jahr 1000 mit dem Bau der heute noch weitgehend erhaltenen Festung begonnen.

Wilhelm wurde hier im Jahre 1027 geboren. Er ist seiner Heimatstadt immer treu geblieben und stattete sie mit Privilegien aus, z.B. dem **Marktrecht** – die noch heute abgehaltene Messe im

Essen und Trinken

- **Auberge de la Crémaillère**€€, 14190 Saint-Sylvain, 2, Rue du 18-Juillet, bodenständige Küche, sonntagabends, montags, Ende Februar, erste Märzwoche, Ende Juli und 14. 8. geschlossen, Tel. 0231 73 11 18, Fax 0231 78 61 94

Besichtigungen

- **Parc du Château de Canon,** englischer Landschaftsgarten, geöffnet: Ostern bis Juni samstags, sonr - und feiertags 14-19 Uhr, Juni bis Sept. täglich (außer dienstags), Eintritt 4,60 €, Kinder bis 12 Jahre frei, Tel. 0231 20 05 07, Fax 0231 20 65 17, chateaudecanon@aol.com, www.chateaudecanon.com
- **La Motte d'Olivet,** im Forêt de Grimbosq, mittelalterlicher Festungswall (Motte), eine Informationstafel erläutert die Anlage
- **Jardin Archéologique du Bas de Vieux,** 14930 Vieux, 13, Chemin Haussé, beachtliche Überreste aus römischer Zeit, so unter anderem Reste eines Hauses aus der zweiten Hälfte des 2. Jahrhunderts, ganzjährig von 7 bzw. 9 Uhr bis 19 Uhr geöffnet, Juli/Aug. nachmittags auch ein Ausstellungssaal zu besichtigen, Eintritt 3 €, Studenten 1,50 €, Kinder/Jugendl. bis 15 Jahre frei, Tel. 0231 71 10 20, Fax 0231 27 97 65

Aktivitäten

- **Führungen durch das Tal der Laize:** Ausgangspunkt ist Bretteville-sur-Laze zwischen Cintheaux und Boulon, organisiert von der Vereinigung „Val de Laize", Auskunft: Tel. 0231 23 51 10

Einkaufen

- **Wochenmarkt:** samstags in Troarn

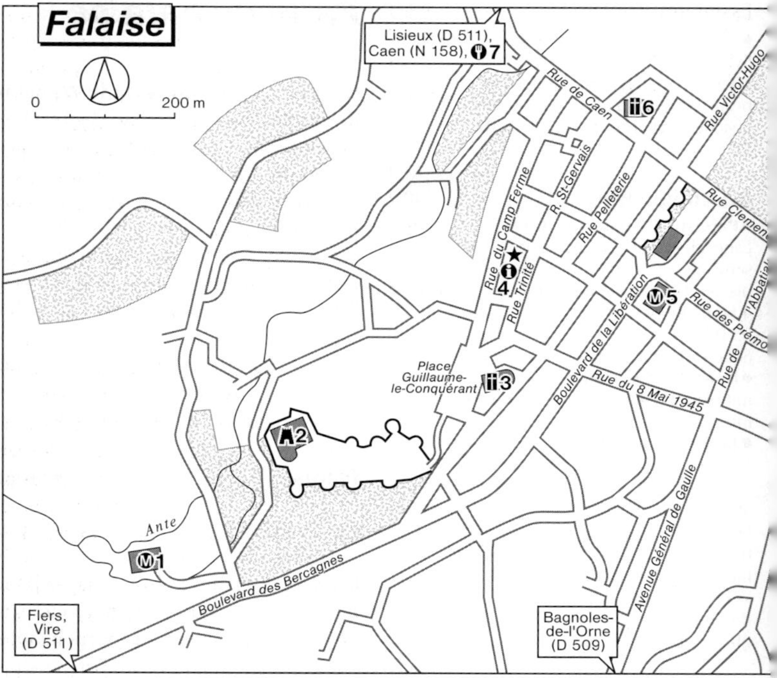

PAYS DE FALAISE – Im Herzen der Normandie

[Stadtplan Falaise]

Vorort Guibray gibt es in dieser Form seit dem 13. Jahrhundert. Zu Zeiten *Wilhelms* war es ein Pferdemarkt, der viel Volk aus der Umgebung anzog und so Kaufkraft in die Stadt brachte. Darüber hinaus stellten Färberei, Gerbereien und Pelzverarbeitung wichtige Einkommensquellen dar.

Im **Hundertjährigen Krieg** wurde Falaise fast fünfzig Jahre lang belagert. 1590 triumphierte hier **Henry VI.** über die Protestanten.

Im **Zweiten Weltkrieg** war Falaise Frontstadt beim Rückzug der Deutschen von der Kanalküste nach der Landung der Alliierten im Juni 1944. Die Stadt wurde dabei arg in Mitleidenschaft gezogen.

Sehenswertes

Markantestes Bauwerk und Wahrzeichen der Stadt ist das **Château de Falaise.** Seine heutige Form erhielt die Festung unter dem Normannenherzog *Heinrich I.* im 12. Jahrhundert. In dieser Zeit entstand der doppelte Bergfried mit Grundmaßen von 25x27 Metern und dem angebauten quadrati-

Im Herzen der Normandie
PAYS DE FALAISE

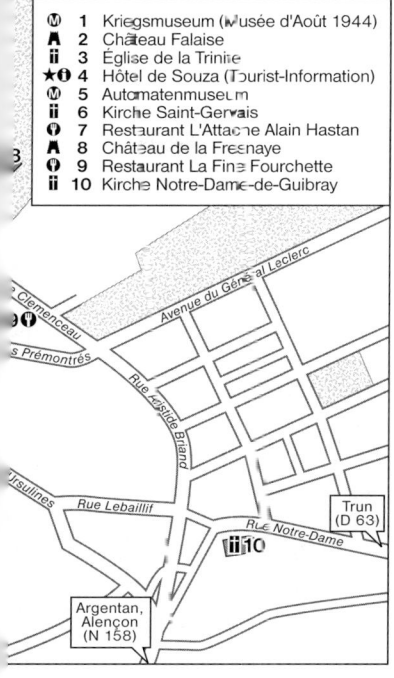

- Ⓜ 1 Kriegsmuseum (Musée d'Août 1944)
- ▲ 2 Château Falaise
- ⚏ 3 Église de la Trinité
- ★ⓘ 4 Hôtel de Souza (Tourist-Information)
- Ⓜ 5 Automatenmuseum
- ⚏ 6 Kirche Saint-Gervais
- ⒪ 7 Restaurant L'Attache Alain Hastan
- ▲ 8 Château de la Fresnaye
- ⒪ 9 Restaurant La Fine Fourchette
- ⚏ 10 Kirche Notre-Dame-de-Guibray

schen Wehrturm. Hinter seinen drei Meter dicken Mauern befinden sich unter anderem die zweigeschossige Kapelle Saint-Prix und das angebliche Geburtszimmer Wilhelms. Im 13. Jahrhundert kam der mächtige Tour de Talbot hinzu, ein Rundturm mit vier Meter dicken Mauern, der durch einen Verbindungsgang mit dem quadratischen Wehrturm verbunden wurde. Das Festungsgelände war von einer wehrhaften Außenmauer mit sechzehn Türmen umgeben, die teilweise verfallen ist. Aber alle Schäden aus dem Zweiten Weltkrieg wurden restauriert. Von den Türmen ist der Porte des Cordeliers aus dem 15. Jahrhundert am besten erhalten. In der Burg wird neuerdings eine Szenografie mit modernster Medientechnik aus Bild, Licht und Ton zum mittelalterlichen Leben und zur normannischen Geschichte gezeigt.

Unterhalb der Burg hat man an der **Fontaine d'Arlette** eine Hinweistafel errichtet, die die Begegnung zwischen *Robert* und *Arlette* schildert. In der Nähe sind auch die Reste eines mittelalterlichen Waschhauses erhalten.

In einem Park am Nordrand des Innenstadtkerns steht das **Château de la Fresnaye**. In dem Bau aus dem 18. Jahrhundert befindet sich heute das Stadtmuseum mit wechselnden Ausstellungen.

Ein weiteres Herrenhaus steht in der Rue du Camp ferme. Es handelt sich um das vom 17. bis 18. Jahrhundert erstellte **Hôtel de Souza**, das noch original möbliert ist und besichtigt werden kann.

Unter den drei großen Kirchen von Falaise ist die **Église de la Trinité** am Place Guillaume le Conquérant die bedeutendste. Sie entstand zwischen dem 13. und 16. Jahrhundert. Das Querhaus gehört zu den frühesten Bauteilen, Haupt- und Seitenschiffe stammen aus dem 14. Jahrhundert, die Westfront ist hochgotisch, der Chor weist als jüngster Teil schon Elemente der Renaissance auf. Sehenswert sind der Skulpturenschmuck an den Portalen und der Säulenschmuck im Inneren.

Am Place Guillaume le Conquérant steht auch das bronzene **Standbild von Wilhelm dem Eroberer,** das seit 1851 an den großen Sohn der Stadt erinnert.

Mit dem Bau der **Église Saint-Gervais** wurde bereits im 11. Jahrhundert begonnen. Hochromanisch ist der Laternenturm. Im Inneren kontrastieren die späteren gotischen Bauteile wie der Chorraum mit den Kranzkapellen mit ihrem romanischen Kern. Die Kapitelle tragen figürlichen Schmuck mit Monstern und ähnlichen Motiven. Modern sind die Glasfenster von *le Chevalier.*

Mit dem Bau der **Église Notre-Dame-de-Guibray** im Südosten der Stadt ist schon zur Zeit *Wilhelms* begonnen worden. Die Kirche weist als romanische Bauteile noch die Apsis mit ihren Kapellen auf. Das Schiff ist gotisch. Die schöne Orgel kam 1746 in das Gotteshaus.

Berühmt ist das **Automatenmuseum** von Falaise. Hier wurden von der Firma Decamps bis 1950 bewegliche Schaufensterpuppen für die Pariser Kaufhäuser und andere Automaten hergestellt. Über dreihundert solcher noch funktionsfähiger Automaten sind im Museum aufgestellt.

In einer Gegend, die im Zuge der Schlacht um die Normandie 1944 so heiß umkämpft war, darf auch ein Kriegsmuseum nicht fehlen. Das **Musée Août 1944** ist in einer alten Käsefabrik außerhalb der Innenstadt hinter der Festung untergebracht. Nachgestellte Szenen veranschaulichen die Ereignisse. Deutsches, englisches und amerikanisches Kriegsgerät wird ausgestellt.

Die Umgebung von Falaise

In so kulturgeschichtlich bedeutendem Umfeld muss auch die Umgebung von Falaise eine Reihe von Sehenswürdigkeiten aufweisen.

Soumont-Saint-Quentin ⟋ XI/C3

Kaum mehr als zehn Kilometer nördlich von Falaise liegt seitlich der Schnellstraße nach Caen der kleine Ort Soumont-Saint-Quentin mit einer Kirche, die im 13. bis 14. Jahrhundert entstand. Ihr Turm zeigt sehr eindrucksvoll die Übergänge von der Romanik zur Gotik.

Hier im Ort befindet sich auch die letzte in Betrieb befindliche **Eisenmine** der Region, die im Übrigen schon von den Kelten ausgebeutet wurde.

Brèche au Diable ⟋ XI/C3

Südlich von Saumont-Saint-Quentin hat der kleine Fluss Laison eine tiefe Bresche in den Kalksteinfelsen eingegraben: die **Teufelsschlucht** (Bèche au Diable). Der fränkische Ursprung der Namensgebung ist eindeutig. Und so weit reicht wohl auch der Ursprung der Legende zurück, die hier über den Ortsheiligen St.-Quentin erzählt wird. Der Heilige hatte versucht, im Tal der Laison eine Kapelle zu bauen, doch das Hochwasser zerstörte sie immer wieder. Der Teufel bot ihm daraufhin an, eine Bresche durch den Fels zu schlagen, wollte dafür aber seine Tochter. Doch *Quentin* überlistete den Teu-

Die Festung von Falaise

fel, indem er ihn das Wasser mit einem Sieb aus der Teufelsschlucht schöpfen ließ – und damit ist der Teufel wohl noch heute beschäftigt. Spuren der kleinen gotischen **Chapelle Saint-Quentin-de-la-Roche** zeigen, welche Kraft die Legende noch im Mittelalter hatte.

Vom nahe gelegenen **Mont Joly** hat man einen Überblick über die Landschaft des nördlichen Pays de Falaise und einen guten Einblick in die Schlucht. Der Mont Joly war schon in vorgeschichtlicher Zeit ein ausgewählter Ort. Hier fand man stein- und eisenzeitliche Skelette sowie Schmuckstücke. Der Name des Hügels stammt im Übrigen von der seinerzeit berühmten Schauspielerin *Mary Joly*, die im Jahr 1789 starb und der auf dem Hügel ein Grabstein errichtet wurde, der noch heute dort zu finden ist.

Nahe des Mont Joly befindet sich im Gutshof St.-Quentin ein kleines **Bauernmuseum,** das Musée de la Vie rurale en Basse-Normandie, in dem Exponate zum ländlichen Leben und Arbeiten in der Region gezeigt werden. Die Apfelpresse aus dem 16. Jahrhundert ist noch funktionsfähig. Schilder weisen den Weg zum Museum.

Torps ⇗ XI/C3

Unmittelbar südlich, aber jenseits der Schnellstraße N 158 nach Falaise liegt der Ort Torps, eine normannische Gründung mit eindeutigem Bezug zum nordgermanischen Wort *torp* („Dorf"). Hier stehen noch einige der großartigen **Gehöfte,** wie sie für die Umgebung von Caen so typisch sind.

Château d'Assy ⇗ XI/C3

Etwas flussabwärts steht in Assy an der Laizon das Château d'Assy, das erst kurz vor der Französischen Revolution 1788 fertig gestellt wurde. Der stilreine **neoklassische Schlossbau** besitzt einen von korinthischen Säulen getragenen Portikus. Zum Gebäudeensemble gehört noch eine Flamboyant-Kapelle aus dem 15. Jahrhundert.

Abbaye Sainte-Marie de Villers-Canivet ⇗ XI/C3

Abseits der Verbindungswege im Pays de Falaise kommt man jenseits des Forêt du Roi (Königswald) zehn Kilometer nordwestlich von Falaise zur Abbaye Sainte-Marie de Villers-Canivet. In einem abgeschlossenen Gelände gelegen, hat sich dieses Nonnenkloster seinen **zisterziensischen Charakter** bewahrt. Am bemerkenswertesten ist das Eingangsgebäude aus dem 14. Jahrhundert mit seinem doppelten Durchlass für Fußgänger und für Fuhrwerke.

Aubigny ⇗ XI/C3

Zwei Kilometer nördlich von Falaise steht an der alten Landstraße D 558 nach Caen in Aubigny die **Grabkirche** der Grafen von Aubigny. Im Inneren finden sich Statuen von sechs Grafen vor dem Altar kniend. Dieses Votivensemble gibt interessante Aufschlüsse über die damalige Bekleidung.

Das **Schloss** der Grafen steht, von Falaise kommend, am Ortseingang von Aubigny. Die Fassade des Bauwerks aus dem 17. Jahrhundert ist reich verziert.

Noron-l'Abbaye ⌗ XX/B1

Reste einer alten Abtei sind in Noron-l'Abbaye erhalten, so vor allem die Abteikirche Saint-Cyr-de-Noron. Der romanisch-gotische Bau ist mit einem zweistöckigen Glockenturm ausgestattet. Von den Abteigebäuden stehen noch eine Doppelpforte aus dem 14. Jahrhundert, Reste des Wohngebäudes aus dem 18. Jahrhundert sowie Reste einer Kapelle aus dem 12. Jahrhundert.

Praktische Tipps

- **Postleitzahl Falaise:** 14700
- **Tel.-Vorwahl:** 0231

Information

- **Office de Tourisme,** Falaise, Forum, Boulevard de la Libération, Tel. 90 17 26, Fax 90 98 70, info@otsifalaise.com, www.otsifalaise.com

Essen und Trinken

- **L'Attache Alain Hastan**€, einen Kilometer nördlich von Falaise an der N 158, raffinierte Küche in kleinem Restaurant (20 Plätze), mittwochs (außer Juli/Aug.) sowie erste April- und erste Septemberwoche geschlossen, Tel. 90 05 38, Fax 90 57 19
- **La fine Fourchette**€, Falaise, 52, Rue Georges-Clémenceau, der Küchenchef leistet jedes Jahr eine Fortbildung in einem Pariser Spitzenrestaurant ab, dienstagabends (außerhalb der Saison) sowie 10.-28.2. geschlossen, Tel. 90 03 59, Fax 90 00 83

Museen

- **Musée des Automates,** Falaise, Boulevard de la Libération, im Zentrum der Stadt gelegenes interessantes Automatenmuseum, geöffnet: April bis September 10-12.30 und 13.30-18 Uhr, ansonsten an Wochenenden, Feiertagen und während der Schulferien, Eintritt 4,60 €, Kinder 6-16 Jahre 3 €, jeweils einschließlich Automatenmuseum, Tel. 90 02 43, Fax 90 07 26, automates@mail.cpod.fr, www.automates-avenue.com
- **Hôtel de Souza,** Falaise, Rue du Camps Ferme, ursprünglich möbliertes Herrenhaus des 17./18. Jahrhunderts, die Eigentümerin selbst veranstaltet Führungen, von Mai bis Sept. mittwochs bis freitags und an Wochenenden 14-18 Uhr, ansonsten an Wochenenden, Feiertagen und während der Schulferien, Eintritt 3 €, Kinder 2,30 €, Tel. 90 37 19
- **Musée Août 1944,** Falaise, Chemin des Roches, Kriegsmuseum zu den Ereignissen im Juli/Aug. 1944, geöffnet: Juni bis September täglich, April, Mai, Okt., Nov. dienstags geschlossen, Eintritt 5,40 €, Schüler 2,30 €, Tel. 90 37 19
- **Musée de la Vie rurale en Basse-Normandie,** Saumont-St.-Quentin, alte landwirtschaftliche Gerätschaften wie Dreschmaschinen, Mähmaschinen, Kartoffelrodemaschinen, Gerätschaften des Dorfschmieds, alte Apfelpresse etc., geöffnet: April bis Oktober 9-12 und 14-18 Uhr, ansonsten auf Anfrage, Eintritt 3,80 €, Tel. 90 88 18

Besichtigungen

- **Château de Falaise,** intakte mittelalterliche Festungsanlage mit zwei Bergfrieden, dem runden Festungsturm, Kapelle, Wohntrakt – alles von einer Festungsmauer umgeben, szenografische Darstellung (mit Bild, Licht und Ton) des mittelalterlichen Lebens und der normannischen Geschichte, Führungen: April bis September 10-17 Uhr, ansonsten 9.30-16.30 Uhr (außer mittwochs), englische Führung jeweils 13.30 Uhr, Ende Dezember bis Anfang Januar geschlossen, Eintritt 5 €, Kinder 6-16 Jahre 3 €, Tel. 41 61 44, Fax 90 25 55, chateau@ville-falaise.fr
- **Stadtführung Falaise,** freitags und samstags im Juli und August, Auskunft und Anmeldung beim Office de Tourisme
- **Führungen durch das Pays de Falaise,** von Juni bis September zu den Herrenhäusern, Schlössern und Bauerngehöften, Auskunft und Anmeldung beim Office de Tourisme
- **Le Mont Joly,** bei Soumont-St.-Quentin, hervorstehender Fels an der Brèche au Dia-

ble, von dem man in die Teufelsschlucht blicken kann, schöner Aussichtspunkt, eine Informationstafel erläutert den Standort
• **Abbaye Sainte-Marie de Villers-Canivet,** 14420 Villers-Canivet, Zisterzienserinnenkloster mit interessantem Portalgebäude aus dem 14. Jh, Einzelbesichtigung zu Ausstellungen möglich, Gruppenbesichtigungen nach Vereinbarung, Eintritt 3 €, 2,10 € in der Gruppe, 6,90 € mit Diavortrag, Information und Anmeldung: Abbaye aux Dames, P. Rocher, 1442 Villers-Canivet. Tel. 90 81 80, Fax 90 65 41

Einkaufen

• **Auktionshaus,** Falaise, Rue de la Cité du Stade, Tel. 90 12 03

Ausflug in die Suisse Normande

Die Suisse Normande – die Normannische Schweiz – hat mit der eigentlichen Schweiz genauso wenig zu tun wie beispielsweise die Holsteinische Schweiz. Jedenfalls gibt es hier keine alpinen Gipfel und keine Gletscher. Doch ihre landschaftlichen Reize haben dieses Gebiet des mittleren Orne-Abschnitts zwischen Thury-Harcourt im Nordwesten und Putanges-Pont-Écrepin im Südwesten zu einer **viel geschätzten Sommerfrische** gemacht.

Das Tal der Orne hat sich hier in den felsigen Untergrund des Amorikanischen Massivs eingegraben und teilweise **steile Abbruchkanten** hinterlassen, wie etwa die Roche d'Oëtre am Nebenfluss La Rouvre. Vielleicht sind es diese Felskanten, die an die Schweiz erinnern. Das Flussbett zieht sich in Windungen durch das Gestein, Sandbänke begleiten die Ufer. Von isoliert vorragenden Felsnasen hat man immer wieder einen schönen Überblick über das Tal und die begleitende Landschaft.

Der Fels des Amorikanischen Massivs bestimmte auch die **historische Bauweise** in der Suisse Normande. Der graue Granit diente über Jahrhunderte als Baumaterial. Durch diesen dunklen Stein und durch gewaltige Kamine erhielten die Häuser ihr ganz eigenwilliges Erscheinungsbild.

Thury-Harcourt ↗ XI/C3

Thury-Harcourt ist das Tor zur Normannischen Schweiz. Den Beinamen *Harcourt* erhielt die Stadt 1700, als die gleichnamige **Adelsfamilie** (deren Ursprünge bis in die normannische Frühzeit zurückreichen) sie zur ihrem Stammsitz auserwählte.

Das **Château Thury** wurde im 11. Jahrhundert von *Raoul Tesson,* einem Vasallen *Wilhelm des Eroberers,* als Festung angelegt und von den *Harcourts* im 18. Jahrhundert als Schloss ausgebaut. Dieses Schloss erlitt im Zweiten Weltkrieg so schwere Beschädigungen, dass nur noch der Portalpavillon und die Kapelle restauriert wurden. Sehenswert ist der Park, der sich um die Schlossruine an der Orne entlangstreckt. Weite Alleen und Blumenbeete reichen bis zum Ort.

Sehenswert ist auch die **Kirche,** ein strenger romanischer Bau aus dem 11. Jahrhundert mit einer Westfront, die aus dem 13. Jahrhundert datiert. Im Inneren befindet sich eine Madonnenstatue aus dem 15. Jahrhundert.

Saint-Rémy   X/B3

Nur wenig flussaufwärts von Thury-Harcourt liegt der Ort Saint-Rémy-sur-Orne, der seine Bedeutung durch eine Eisenerzmine erlangte, die von 1875 bis 1967 betrieben wurde. In Les Fosses d'Enfer wurde eine altes Erzbergwerk als **Geologiemuseum** (Maison des Ressources Géologique de Normandie) umgestaltet. Vom Friedhof der alten romanischen Ortskirche hat man einen schönen Blick über das Tal der Orne.

Clécy   XI/C3

Clécy ist der Ausgangspunkt für Freizeitaktivitäten in der Normannischen Schweiz. Der **reizvolle Ort** mit seinen kleinen Gassen liegt oberhalb einer Orne-Schleife. Im Manoir de Placy ist ein Gemäldemuseum des Malers *Hardy* (Musée Hardy) eingerichtet, ein Künstler, der sein Leben in der Normannischen Schweiz verbracht hat. Im Erholungspark befindet sich das Miniatureisenbahnmuseum (Musée du Chemin de Fer Miniature). Am Flussufer reihen sich Cafés aneinander. Der Weg führt hier zum alten Eisenbahnviadukt Pont du Vey über die Orne.

Auf der anderen Fluss-Seite bieten Wanderwege und Aussichtspunkte Erholung und Entspannung. In Sichtweite ragen die **Rochers du Parcs** empor, beliebte Kletterfelsen der Normannischen Schweiz. Der schönste Aussichtsberg der Umgebung ist **Le Pain de Sucre,** in einer zweistündigen Wanderung von Clécy aus zu erreichen. Ein weitere Aussichtspunkt ist **l'Éminence,** ebenfalls zwei Wanderstunden entfernt. Herrlich ist auch die Sicht vom **Croix de la Faverie,** den man nach kurzer Autofahrt (ausgeschildert) vom Postamt und einem dreiviertelstündigen Fußweg erreicht. Hier blickt man auf das Tal der Orne, seitlich auf die Rochers du Parc und den Pont du Vey.

Pont d'Ouilly   XX/A1

Pont d'Ouilly liegt an der Mündung der Noireau in die Orne. Eine sehenswerte alte Steinbrücke führt über den Fluss in den Ort, dessen Häuser aus dem grauen Fels der Region errichtet worden sind. Am linken Flussufer steht auf freiem Feld, etwa zwei Kilometer entfernt, die alte **Wallfahrtskapelle Saint-Roch.**

Condé-sur-Noireau   XX/A1

Wenn man dem Tal der Noireau von Pont d'Ouilly flussaufwärts folgt, kommt man nach Condé-sur-Noireau. Vor dem Rathaus steht die Statue des größten Sohnes der Stadt, des 1790 geborenen Pazifikerforschers **Admiral d'Urville.** Die Ortskirche Saint-Martin stammt aus dem 12. bis 15. Jahrhundert und hat einige moderne Glasfenster aufzuweisen.

Château de Pontécoulant ⇗XX/A1

In Condé-sur-Noireau mündet der kleine Fluss La Druance in die Noireau. Ein Stück flussaufwärts steht das zwischen dem 16. und 18. Jahrhundert errichtete Château de Pontécoulant etwas oberhalb des gleichnamigen Ortes. In dem schön gegliederten Bau zwischen zwei Flussarmen inmitten eines schönen Parks ist heute das **Musée Départemental de Normandie** untergebracht, das noch im alten Stil möbliert ist und die Lebensweise der Adelsfamilie de Pontécoulant zeigt.

Gorges de Saint-Aubert ⇗XX/A-B1

Das bezaubernde Tal der Orne wird von dem Ort Putanges-Pont-Écrepin begrenzt. Im Talabschnitt oberhalb von Pont d'Ouilly vollzieht die Orne eine besonders beeindruckende Schleife, den **Méandre de Rouvrou**, unterhalb der Gorges de Saint-Aubert.

Zwischen Pont d'Ouilly und dieser Schleife mündet der kleine Nebenfluss La Rouvre ein, an dem sich die **Roche d'Oëtre**, die imposanteste aller Felsabbruchkanten der Normannischen Schweiz steil erhebt. Auf dem Felsen wurde eine Aussichtsplattform eingerichtet, die man von der D 301 aus erreichen kann.

Am Ende der Gorges de Saint-Aubert wird die Orne in der Barrage de Rabodanges aufgestaut. Diese **Talsperre** wurde nach dem in der Nähe an der D 239 gelegenen Schloss benannt. Das **Château de Rabodanges,** stammt aus dem 17. Jahrhundert und liegt inmitten eines schönen Parks.

Praktische Tipps

Information
- **Office de Tourisme,** 14220 Thury-Harcourt, Place Saint-Saveur, Tel. 0231 79 70 45, Fax 0231 79 15 42, otsi.thury@libertysurf.fr, www.suisse-normande.com
- **Office de Tourisme,** 14750 Clécy, Place du Tripot, Tel. 0231 69 79 95, Fax 0231 69 76 50, otsi.clecy@libertysurf.fr, www.suisse-normande.com
- **Office de Tourisme,** 14690 Pont d'Ouilly, Rue de la 5e République, Tel. 0231 69 39 54
- **Office de Tourisme,** 14110 Condé-sur-Noireau, 29, Rue du 6 Juin, Tel. 0231 69 27 64
- **Office de Tourisme,** 61210 Putanges-Pont-Écrepin, Place de la Mairiesaison, Tel. 0233 35 86 57, Fax 0233 67 17 52

Unterkunft
- **Relais de la Poste**€€, 14220 Thury-Harcourt, Boulevard du 30-Juin, Route de Caen, die im Stil *Louis XV.* eingerichteten Zimmer befinden sich an der der Straße abgewandten Seite mit schönem Blick in die Landschaft, angeschlossenes Restaurant€€ im normannischen Stil, sonntagabends, montags außerhalb der Saison sowie Mitte Januar bis Mitte Februar geschlossen, Tel. 0231 79 72 17, Fax 0231 39 53 55
- **Moulin du Vey**€€, 14570 le Vey, an der D 133, am Ufer der Orne gelegene, charmante Unterkunft mit angeschlossenem Restaurant €€, 30.11. bis 28.12. sowie im Januar geschlossen, Tel. 0231 69 71 08, Fax 0231 69 14 14, reservation@moulinduvey.com, www.moulinduvey.com
- **Le Relais du Grand Camp,** 14750 Clécy, Le Vieux Grandcamp, reizvolle Gruppenunterkunft mit Sportangeboten aller Art, insbesondere Kanu- und Kajaksport, angeschlossenes

Restaurant, Tel. 0231 69 69 06, Fax 0231 69 69 97
- **Camping du Traspy,** Thury-Harcourt, 92 Plätze, gehobener Standard, geöffnet: von April bis Mitte September, Tel. 0231 79 61 80, Fax 0231 847619
- **Camping Municipal,** Pont d'Ouilly, mittlerer Standard, 64 Plätze, geöffnet: Ostern bis Sept., Tel. 0231 69 46 12, Fax 0231 69 80 70
- **Camping Municipal,** Condé-sur-Noireau, mittlerer Standard, 35 Plätze, geöffnet: von Mai bis September, Tel. 0231 69 45 24, Fax 0231 59 15 51
- **Camping de Revrou,** Menhil-sur-Orne, in der Nähe des Roche d'Oëtre, mittlerer Standard, 30 Plätze, ganzjährig geöffnet, Tel. 0231 66 22 50
- **Camping auf dem Bauernhof,** 61210 Saint-Aubert-sur-Orne, Saint-Croix-sur-Orne, M. Monsallier „La Saussaie", Tel. 0233 35 05 98

Essen und Trinken

- **Auberge du Chalet de Cartepie**€€, 14570 Clécy, regionale Küche, sonntagabends geschlossen, Tel. 0231 69 88 88, Fax 0231 69 66 72, auberge.cantepie@wanadoo.fr

Museen

- **Maison des Ressources Géologique de Normandie,** Les Fosses d'Enfer, altes Erzbergwerk, zum Geologiemuseum umfunktioniert, 600 Millionen Jahre Erdgeschichte, geöffnet: März bis Mai 10-12 und 14-18 Uhr (außer dienstags), Juni bis September täglich 10-18.30 Uhr, Oktober bis Februar 14-18 Uhr (außer dienstags), Eintritt 4,60 €, Kinder/Jugendliche bis 18 Jahre 2,30 €, Tel. 0231 69 67 77, Fax 0231 69 70 39
- **Musée du Chemin de Fer Miniature,** 14750 Clécy, „Les Fours à Chaux", Modelleisenbahnen auf über 300 Quadratmeter Fläche, geöffnet Ostern bis September 10-12 und 14-18 Uhr, (Juli/Aug. bis 18.30 Uhr), außerhalb der Saison sonntags 14-17 Uhr, Dez. bis Febr. geschlossen, Eintritt 4 €, Kinder 3 €, Tel. 0231 69 07 13, Fax 0231 67 98 10, cheminfer@clecy.com, www.clecy.com
- **Musée Hardy,** 14750 Clécy, Place du Tripot, dem Maler *Hardy* aus der Normannischen Schweiz gewidmet, geöffnet: Ostern bis Sept. 10-11.30 und 14-17.30 Uhr, Eintritt 2,30 €, Kinder/Schüler 1,20 €, Tel. 0231 69 79 95, Fax 0231 69 76 50, otsi.clecy@libertysurf.fr, www.suisse-normande.com
- **Musée Départemental,** in der Domaine de Pontécoulant, 14110 Pontécoulant, Ausstellungsstücke aus dem Besitz der Adelsfamilie *Pontécoulant* von der Renaissance bis zum Empire, geöffnet: 14.4.-30.9 10-12 und 14.30-18 Uhr (außer dienstags), außerhalb der Saison 14.30-16.30 Uhr (außer montags und dienstags), Okt. geschlossen, Eintritt 1,50 €, Jugendl. bis 18 J. 0,75 €, Kinder frei, Tel./Fax 0231 69 62 54, s.dalmasso@cg14.fr

Besichtigungen

- **Château et Jardins de Thury-Harcourt,** sehenswerter, 70 Hektar großer Park mit Promenaden und Frühbeeten, Audiovisionsraum, alte Kapelle, geöffnet: täglich von Mai bis September 14.30-18.30 Uhr, April/Okt. an Sonn- und Feiertagen, Eintritt 3,80 €, 1,50 € außerhalb der Saison, Jugendliche 1,50 €, Kinder frei, Tel./Fax 0231 79 65 41
- **Parc du Château de Rabodanges,** unweit der Gorges de Saint-Aubert, geöffnet: Juli bis September montags bis freitags 14-17 Uhr
- **Ortsführung Condé-sur-Noireau,** jeden ersten und dritten Donnerstag im Monat, Beginn 14 Uhr, Treffpunkt: Fremdenverkehrsamt

Sport

- **Kanu/Kayak:** die Orne ist zwischen Pont d'Ouilly und Caen sowie von Putanges aufwärts befahrbar, Klubs: in Clécy, Centre de Pleine Nature, près du Viaduc, Tel. 0231 69 72 82, Fax 0231 69 80 30, cpn.lionel.terray@voodoo.net; in Pont d'Oulilly, Foyer Rural de Pont d'Ouilly, base de plain air beim Camping-Platz, Tel./Fax 0231 69 86 02; Kayak Club de Thury-Harcourt, halb- und ganztägige Flussausflüge, Tel. 0231 79 40 59, Fax 0231 79 40 10, kcth@libertysurf.fr
- **Golf:** 18-Loch-Platz Golf de Clécy, Manoir de Cantelou, Tel. 0231 69 72 72, Fax 0231

Suisse Normande

Im Herzen der Normandie

69 70 22, golf-de-clecy@golf-de-clecy.com, www.golf-de-clecy.com; 9-Loch-Platz Golf du Houlme, La Selle la Forge, Information über Gemeindeamt Tel. 0231 65 07 92; 18-Loch-Platz Golf et Country Club in Ste.-Honorine la Chardonne, mit Unterricht, Schwimmbad, Tennisplatz, Tel. 0233 62 55 00
- **Mini-Golf:** in Clécy La Guignette à Tartine, im Winter geschlossen, Tel. 0231 69 89 38
- **Drachenfliegen:** Association Icare in Saint Omer an der Route des Crêtes, Aire d'Envol, Flugmöglichkeiten an Wochenenden, Tel. 0231 40 71 66
- **Reiten:** Ausritte durch *P. Leroux,* in Cauville, Tel. 0231 25 06 77; *Y. und V. Le Guirec,* in La Caine, Tel. 0231 79 66 75; Centre Randonné Équestre Le Mesnil, in La Pommeraye, *Mme. Castillon,* Tel. 0231 69 40 94

Aktivitäten

- **Bootstour:** Kreuzfahrt an Bord der „Val d'Orne" auf der durch die Talsperre Rabodanges aufgestauten Orne, Abfahrtzeiten ganzjährig in der Saison um 12 Uhr mit Lunch und um 19.30 Uhr mit Abendessen, Abfahrt vom Bootssteg in Putanges, Tel. 0233 39 30 30 oder 27 53 00

Einkaufen

- **Wochenmärkte:** jeweils vormittags am Dienstag in Thury-Harcourt und Athis de l'Orne, am Mittwoch in Condé und Putanges, am Sonntag in Clécy, Pont d'Ouilly und Condé sowie an jedem 1. Sonntag im Monat themenbezogene Märkte in Monthilly-sur-Noireau

Im Vorort Guibray von Falaise

Bessin und Bocage

Überblick

Zwischen der Ebene von Caen und der Halbinsel Cotentin erstrecken sich die Übergangslandschaften des Bessin und Bocage. Im nördlicheren, der Küste zugewandten **Bessin** finden sich ebene, weite Felder, unterbrochen von Hecken und Hügeln, deren Böschungen mit Bäumen bewachsen sind. Weiter im Süden tritt der kalkige Untergrund immer deutlicher hervor, die Landschaft wird vielfältiger, feiner gegliedert, unterbrochen von Wäldern und Wiesen, die in der Nähe zum Cotentin immer öfter von Hecken gesäumt sind.

Hier wechseln sich dörfliche Landwirtschaften mit großen Besitzungen ab. Alte Festungen mit monumentalen Toren öffnen ihre Innenhöfe mit Wohn- und Wirtschaftsgebäuden, die aus dem lokalen, dunklen Gestein errichtet wurden. Bescheidener wirken dagegen die im Rechteck gebauten Bauernhäuser aus dem gleichen Baumaterial, in der Regel mit hohen Fenstern. Das Wohnhaus befindet sich am hinteren Teil des Innenhofes, links und rechts stehen die Gesindehäuser, der Brunnen in der Mitte.

Südlich des Bessin setzt sich die Landschaft im **Bocage** fort, dessen Untergrund vom Amorikanischen Massiv getragen wird. Entsprechend gegliedert ist die Landschaft, in der sowohl Ackerbau als auch Viehzucht betrieben wird.

Die Bauernhöfe aus Bruchstein und Schiefer stehen isoliert oder in kleinen Weilern. Vielfach sind sie von Obstbäumen umgeben. Scheunen, Ställe und eine Obstpresse umgeben beide Seiten des Wohnhauses, dass traditionell mit Stroh eingedeckt ist, welches aber vielfach durch Schiefer ersetzt wurde.

Zentraler Ort des Bessin ist **Bayeux**. Der Bocage wird auch als *Bocage Virois* bezeichnet, denn das regionale Zentrum bildet der Ort **Vire**.

Bayeux ♫ X/B1

Der berühmteste Teppich der Welt wird in Bayeux ausgestellt. Vor bald einem Jahrtausend wurden auf einer 70 Meter langen Stoffbahn in feinster Stickarbeit die Ereignisse festgehalten, die den Normannenherzog *Wilhelm* veranlassten, im Jahre 1066 England zu erobern.

Heute stellt sich Bayeux als beschauliche Kleinstadt dar. In nur zehn Kilometer Entfernung von der Landungsküste der Alliierten inmitten des Bessin ist Bayeux der zentrale Ort dieser intensiven Landwirtschaftsregion des Départements Calvados. Darüber hinaus ist die Stadt bekannt für ihre Keramik, für ihr Porzellan und für ihre Spitzenklöppelei. An erster Stelle ist Bayeux jedoch wegen seiner interessanten Sehenswürdigkeiten ein viel besuchtes Touristenziel.

Geschichte

Bayeux kann auf eine über 2000-jährige Vergangenheit zurückblicken. Hier siedelte der gallische Stamm der **Bajocasses,** die sowohl der umliegenden Region *Baiocassinus* (Bessin) als auch der Stadt Bayeux ihren Namen gaben.

Unter **römischer Herrschaft** nahm Bayeux eine positive Entwicklung und war bereits seit dem 4. Jahrhundert **Bischofssitz.**

Doch wurde die Stadt schon früh Ziel von Raubzügen der Angelsachsen wie später auch der Wikinger. Nachdem sich der erste Normannenherzog **Rollo** im Jahre 912 taufen ließ, änderte sich die Situation jedoch. *Rollo* sorgte nun für Sicherheit im Lande – die wichtigste Grundlage für den daraufhin einsetzenden wirtschaftlichen Aufschwung. Die vormaligen Siedlungsplätze, die während der Zeit der Wikingerraubzüge teilweise verlassen worden waren, entwickelten sich zu mittelalterlichen Städten.

Bayeux profitierte in besonderem Maße von dieser Entwicklung. *Rollo* hatte nämlich inzwischen *Popa* geheiratet, die Tochter des Grafen *Béranger*, der Gouverneur von Bayeux war. Hier wurde auch *Rollos* Sohn *Wilhelm Langschwert* geboren, der die Dynastie der normannischen Herzöge begründete. Seither gilt Bayeux als **Wiege der Normannenherzöge.**

Die Gründung des christlichen Herzogtums der Normandie war jedoch mit der Übernahme der französischen Rechts- und Sozialverhältnisse verbunden. Gerade in Bayeux mit seiner **normannischen Tradition** wurde dieser Entwicklungsschritt nur sehr zögerlich nachvollzogen, was in der Mitte des 11. Jahrhunderts *Wilhelm,* den späteren *Eroberer,* immer wieder viel Kraft zum Ausgleich zwischen den „traditionellen" und den „modernen" Normannen kostete.

Die weitere Entwicklung der Stadt spiegelt sich in ihren Bauwerken wider, von denen viele die Wirren der folgenden Jahrhunderte überdauert haben. Im **Hundertjährigen Krieg** hatte Bayeux sehr zu leiden und auch die **Religionskriege** hinterließen ihre Spuren. Nur im **Zweiten Weltkrieg** hatte die Stadt Glück. Bereits am Tag nach der Invasion am 6. Juni 1944 konnte Bayeux von einem amerikanischen Vortrupp eingenommen werden, was der Stadt größere Beschädigungen ersparte. Hier proklamierte General *de Gaulle* am 14. Juni 1944 die Vierte Republik.

Sehenswertes

Die Kathedrale

Neben dem weltberühmten Teppich verfügt Bayeux mit der Kathedrale **Notre-Dame** über eine weitere kulturhistorisch hochinteressante Sehenswürdigkeit.

Vermutlich wurde die erste Bischofskirche des Ortes an der Stelle eines vormaligen **galloromischen Heiligtums** errichtet, 1050 fiel sie einem Brand zum Opfer. Bischof *Odo von Conteville,* Halbbruder *Wilhelm des Eroberers,* sorgte für einen Neubau, den er 1077 einweihen konnte. Aber schon bei der Belagerung der Kirche im Jahre 1105 waren die Schäden so groß, dass man im 12. Jahrhundert mit einem gotischen Neubau begann. Im 13. Jahrhundert wurden der Chor, das

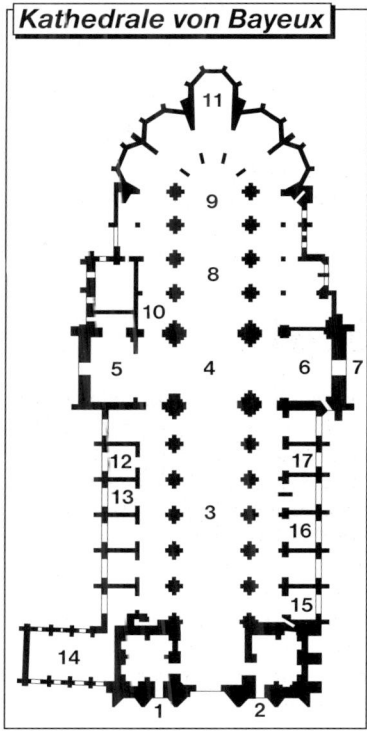

Kathedrale von Bayeux

1 Seitenportal
2 Seitenportal
3 Hauptschiff
4 Vierung
5 Querschiff
6 Querschiff
7 Portail du Doyen
8 Chor
9 Hochaltar
10 Zugang zur Krypta
11 Achskapelle
12 Martinskapelle
13 Kapelle der frohen Botschaft
14 Kapitelsaal
15 St-Cyr-Kapelle
16 Kapelle St-Maur-et-Ste-Marguerite
17 Kapelle St-Julien-et-St-Exupère

BAYEUX — Im Herzen der Normandie

Die Kathedrale Notre-Dame

türme. Auf das romanische Untergeschoss des Langhauses wurde dann im 13. Jahrhundert ein **gotisches** Obergeschoss gesetzt, der gotische Chor anstelle der romanischen Apsis errichtet.

Der achteckige **Vierungsturm** wurde 1486 vollendet und erhielt im 19. Jahrhundert seinen eiförmigen Turmhelm mit durchbrochener Spitze. Das Ensemble aus dem 80 Meter hohen Vierungsturm und den 75 Meter hohen Fassadentürmen prägt bis heute die Silhouette von Bayeux.

Die meisterhaft gestaltete **Westfassade** mit fünf zum Teil blinden Portalen unter fünf Arkaden stammt aus dem 13. Jahrhundert. Das Westfenster wurde im 15. Jahrhundert erneuert.

Die **Seitenportale** sind in den Bögen und im jeweiligen Tympanon reich mit Skulpturen und Reliefs verziert. Das Querschiffportal trägt den Beinamen Portail du Doyen (Portal des Dekans) – sein Tympanon-Relief stellt die Ermordung des Erzbischofs *Thomas Becket* von Canterbury im Jahre 1170 und die darauf folgende Buße von *König Heinrich II.* von England dar.

Obergeschoss des Langhauses und das nördliche Querhaus errichtet, im l4. Jahrhundert kamen die Seitenschiffe hinzu.

Heute bietet sich die Kathedrale in weitgehend harmonischer Gesamtarchitektur als ein Meisterwerk normannisch-gotischer Schule auf der Basis eines romanischen Baukörpers dar. Rein **romanisch** sind zum Beispiel die wunderschöne Chorkrypta wie auch die westlichen, 75 Meter hohen Fassaden-

Insbesondere **im Inneren** der Kathedrale zeigt sich dem Betrachter das gelungene Zusammenwirken romanischer und gotischer Bauelemente. Viele Details der Innenausstattung sind besonders sehenswert, wie die schönen Fenster, die Chorkapellen, die Steinskulpturen, das Chorgestühl aus 49 Sitzen, die schmiedeeisernen Arbeiten und nicht zuletzt der Altar aus dem 18. Jahrhundert.

Das sechsjochige **Hauptschiff** der Kathedrale beeindruckt durch seine ornamentale Innenraumgestaltung: ein Meisterwerk normannischer Baukunst. Beachtenswert sind die „Kapelle der Verkündigung" im Norden vor dem Querhaus, die „Martinskapelle" sowie im Süden die Kapellen „St.-Cyr" und „St.-Maure-et-Ste.-Marguerite" wie nicht zuletzt „St.-Exypère".

Der lichtdurchflutete vierjochige **Chor** mit seinen schlanken Arkaden ist typisch für den Stil der Hochgotik. Er ist ganz von einem Kapellenkranz umgeben und schließt an der Spitze mit einer halbrunden Apsis ab. Im Gewölbe sind noch Spuren der Fresken aus dem 13. Jahrhundert erkennbar. Das Chorgestühl stammt aus dem Jahr 1588, der Hochaltar aus dem 18. Jahrhundert.

Der ehemalige **Kapitelsaal** der Kathedrale schließt sich an den Nordturm an. Sein Gewölbe wurde im 14. Jahrhundert erneuert. Auch hier finden sich hochinteressante Menschen- und Tierskulpturen, die dem 13. Jahrhundert entstammen.

Weitere Sehenswürdigkeiten

Ein weiteres Kirchengebäude befindet sich im Nordosten der Stadt. Es handelt sich um **Saint-Vigor-le-Grand.** An diesem Standort befand sich bereits in vornormannischer Zeit ein frühchristliches Gotteshaus, wo Bischof *Saint-Vigor* im 6. Jahrhundert begraben wurde. Der Normannenbischof *Odo* gründete hier 1066 ein Benediktinerkloster, das 1797 zerstört wurde. Einige Reste sind aber noch erhalten, so zum Beispiel die Scheunenkapelle, die in ihren Ursprüngen auf das 13. Jahrhundert zurückgeht. Die gleichnamige Pfarrkirche besitzt im Chor einen Bischofsthron aus rotem Marmor.

Die **Altstadt** von Bayeux weist noch eine Vielzahl hervorragend erhaltener Fachwerk- und Steinhäuser auf. Besonders hingewiesen sei auf das Hôtel d'Argouges in der **Rue St.-Malo** (Nr. 4), ein Fachwerkhaus aus dem

Maison du Bienvenue

BAYEUX — Im Herzen der Normandie

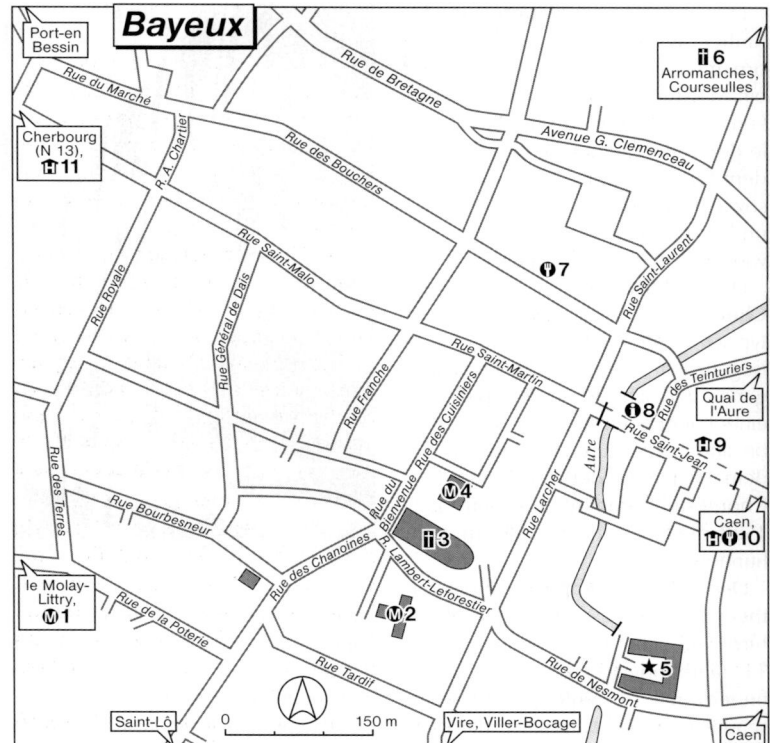

15./16. Jahrhundert. Am benachbarten Herrenhaus (Nr. 6) aus dem 17. Jahrhundert ist eine schöne Sonnenuhr angebracht. An der Ecke zur Rue des Cuisiniers steht ein elegantes Halbfachwerkhaus mit überkragenden Obergeschossen und einem schiefergedeckten Dach.

Auch in der **Rue Franche** gibt es eine Reihe sehenswerter alter Häuser, so das Hôtel de Rubercy (Nr. 5), ein mit Türmchen versehenes Herrenhaus aus dem 15. bzw. 16. Jahrhundert. Das Hôtel de Crespellière (Nr. 7) aus dem 18. Jahrhundert steht ein wenig zurückversetzt hinter einem Hof.

In der **Rue Général de Dias** sei auf das Hôtel de Castilly (Nr. 10) aus dem 18. Jahrhundert im Stil *Ludwig XIV.* sowie auf das Hôtel de la Tour du Pin (Nr. 14) mit der auffallenden Fassade im Stil *Ludwig XV.* hingewiesen.

Das Maison du Bienvenue (Nr. 6) in der **Rue de Bienvenue** ist mit seinen

- Ⓜ 1 Kriegsmuseum (Musée Mémorial de la Bataille de Normandie)
- Ⓜ 2 Diözesanmuseum (Musée Diocésian d'Art Religieux) mit dem Spitzenatelier (Conservatoire de la Dentelle) im Hôtel du Doyen
- ii 3 Kathedrale Notre-Dame
- Ⓜ 4 Kunstmuseum (Musée Baron-Gérard)
- ★ 5 Centre Guilleaume le Conquérant mit dem Teppich von Bayeux
- ii 6 Saint-Vigor-le-Grand
- ❶ 7 Restaurant Les Quatres Saisons
- ❶ 8 Tourist-Information
- 🏨 9 Hôtel Churchill
- 🏨❶ 10 Hôtel Restaurant Le Lion d'Or
- 🏨 11 Hôtel d'Argouges

Holzschnitzereien mit religiösen Motiven und Legendendarstellungen vielleicht das schönste Fachwerkhaus von Bayeux.

In der **Rue Bourbesneur** steht das aus dem 15./16. Jahrhundert stammende Hôtel du Gouverneur, das mit einem Eckturm verziert ist.

Die Touristeninformation am **Fischmarkt** ist im Hôtel de Croissant aus dem 15. und 16. Jahrhundert untergebracht.

Die Rue St.-Jean, die sich über den Fischmarkt hinaus östlich an die Rue St.-Martin anschließt, ist teilweise in die **Fußgängerzone** integriert und bietet ein besonders gut renoviertes Hausensemble.

In der **Rue de Teintures** stehen zwei schöne Fachwerkhäuser einer Reihe Steinhäuser gegenüber. Von dieser Straße biegt der **Quai de l'Aure** ab, von dem man einen schönen Blick über den Fluss Aure, die Alte Mühle Croquevielle und das einstige Gerberviertel hat.

Das wohl bekannteste Museum von Bayeux ist das **Centre Guilleaume le Conquérant,** das 1970 speziell für die Präsentation des berühmten Teppichs hergerichtete ehemalige Priesterseminar südöstlich der Kathedrale in der Rue des Nesmonds.

Das **Diözesanmuseum,** Musée Diocésian d'Art Religieux, ist im ehemaligen Dekanspalais Hôtel du Doyen aus dem 18. Jahrhundert südwestlich der Kathedrale untergebracht. Es zeigt neben liturgischen Gerätschaften auch kostbare Goldschmiedearbeiten und historische Dokumente sowie die älteste erhaltene Glocke Frankreichs – sie stammt aus dem Jahre 1202.

In einem Seitenflügel des Hôtel du Doyen kann das **Spitzenatelier,** Conservatoire de la Dentelle de Bayeux, besichtigt werden. Der Besucher erhält dort einen interessanten Einblick in die traditionelle einheimische Spitzenklöppelei.

Das **Musée Baron-Gerard** (Kunstmuseum) ist nordöstlich der Kathedrale im ehemaligen Bischofssitz untergebracht, der zum Teil auf das 15. Jahrhundert zurückgeht. Das Museum verfügt über wertvolle Fayencen und Porzellanstücke sowie über eine Sammlung von Gemälden alter Meister sowie impressionistischer und moderner Maler.

Das **Musée Mémorial de la Bataille** de Normandie am Boulevard Fabian Ware im Südwesten der Stadt informiert über die Kriegsereignisse im Juni 1944.

Der Teppich von Bayeux

Der Teppich von Bayeux, in Frankreich **Tapisserie de la Reine Mathilde** genannt, taucht erstmals 1476 in den Inventaren der Kathedrale der Stadt auf. Fälschlicherweise wurde im 18. Jahrhundert angenommen, dass er Königin *Mathilde*, der „offiziellen" Gemahlin *Wilhelm des Eroberers*, gewidmet gewesen sei. Es handelt sich um keinen Teppich im eigentlichen Sinne, sondern um eine **Stickarbeit** auf einer 70 Meter langen und 50 Zentimeter breiten Leinwandbahn. Der Zustand dieser romanischen handwerklichen Meisterleistung ist erstklassig.

Dass der Wandteppich auch heute noch bewundert werden kann, ist dem beherzten Eingreifen des Anwalts *Leforestier*, zu verdanken, der dieses Meisterwerk 1789 vor den Schergen der Revolution retten konnte, die das Stück Leinwand als Wagenplanen missbrauchen wollten.

Der Teppich von Bayeux bietet eine detailreiche Bildergeschichte der Ereignisse um die **Eroberung Englands durch den Normannenherzog Wilhelm** im Jahre 1066. Er ist mit einem Text in Kirchenlatein versehen. Die Darstellungen auf dem Teppich sind aber nicht nur ein historisches Dokument von außergewöhnlicher Bedeutung, sie bieten auch genaue Informationen über Häuser, Kleider, Waffen, Schiffe und den Lebensstil des Mittelalters.

Der Überlieferung nach wurde der Wandteppich von Bischof *Odo von Conteville*, dem Halbbruder *Wilhelms des Eroberers*, um 1077 in einer englischen Stickerei in Auftrag gegeben. Die Leinwandbahn ist mit farbigen Wollfäden in Stielstich- und Plattstichtechnik kunstvoll bestickt. Der illustrative Wandschmuck war wohl ursprünglich für den Chorraum der Kathedrale gedacht und sollte der Erbauung der Kleriker dienen.

Die **Bildergeschichte** auf dem Teppich beginnt damit, wie Graf *Harold*, Neffe des englischen Königs *Eduard*, auf einem Schiff den Kanal überquert, am normannischen Ufer von Graf *Wido* empfangen und zu Herzog *Wilhelm* gebracht wird. In Bayeux (auf dem Teppich im Kirchenlatein als *Bagiae* bezeichnet) leistet Harold dem Herzog den Gefolgschaftseid und erkennt Wilhelm als Thronfolger Eduards an. Harold kehrt nach England zurück, wo Eduard alsbald stirbt. Der Halleysche Komet erscheint just in diesem Augenblick im April 1066 und kündet Unheil an. Gegen seinen Eid lässt sich Harold als englischer König propagieren. Wilhelm rüstet eine Flotte aus, um den wortbrüchigen Harold in England in die Knie zu zwingen. Ende 1066 kommt es zur Entscheidungsschlacht bei Hastings, in der Harold und seine Brüder im Kampf fallen. Nunmehr kann Wilhelm rechtmäßiger König von England werden.

Die **Intention des Auftraggebers** Bischof *Odo*, der tatkräftig auf dem Schlachtfeld von Hastings mitgewirkt hatte, war es zweifelsohne nicht primär, ein historisches Dokument zu schaffen, sondern ein Zeichen der Belehrung zu setzen. Geradezu symbolhaft erfolgt Wilhelms Krönung am Weihnachtstag in Westminster und dokumentiert, dass auf Eidbruch die gerechte Strafe folgt – und dass es letztlich die Reliquien waren, auf denen Harold mit aufgelegter Hand den Eid geschworen hatte, die Rache übten.

Praktische Tipps

- **Postleitzahl Bayeux:** 14400
- **Tel.-Vorwahl:** 0231

Information

- **Office de Tourisme,** Pont St.-Jean, 0231 51 28 28, Fax 51 28 29, info@bayeux-tourisme.com, www.bayeux-tourisme.com

Unterkunft

- **Le Lion d'Or**€€, 71, Rue Saint-Jean, traditionelles, ruhig gelegenes Haus mit angeschlossenem Restaurant€€, 20.12.-20.1. geschlossen, Tel. 92 06 90, Fax 22 15 54
- **Hôtel d'Argouges**€, 21, Rue Saint-Patrice, ruhig gelegenes Haus in der Innenstadt, ganzjährig geöffnet, Tel. 92 88 86, Fax 92 69 16, dargouge@aol.com
- **Curchill-Clarine**€€, 14-16, Rue Saint-Jean, geschmackvoll renoviertes Haus in der Fußgängerzone, ein behindertengerechtes Zimmer, 15.11.-15.3. geschlossen. Tel. 21 31 80, Fax 21 41 66, hotel-churchill@wanadoo.fr
- **Hôtel de Brunville,** 9, Rue Genas-Duhomme, Hotel mit großen, eleganten Zimmern, ganzjährig geöffnet, angeschlossenes Restaurant, 15.11.-15.12. geschlossen, Tel. 21 18 00, Fax 92 54 26, hotel.brunville@wanadoo.fr

Essen und Trinken

- **Les Quatre Saisons**€€, 25, Rue des Bouchers, klassische Küche wie Hummersalat oder Kalbsbries auf Morchelcreme, mit komfortablem Hotel€€€, ganzjährig geöffnet, Tel. 92 00 04, Fax 92 54 26

Museen

- **Tapisserie de Bayeux,** im Centre Guillaume le Conquérant, Rue de Nesmond. Präsentation des berühmten Teppichs von Bayeux mit Einführungsfilm und mehrsprachigen Begleitkassetten, geöffn.: Mai-Aug. tägl. 9-19 Uhr, Mitte März bis April und Sept. bis Mitte Okt. 9-17.30 Uhr, sonst 9.30-12.30 u. 14-18 Uhr, Eintritt 6,40 €, Kinder über 12 J. und Studenten 2,60 €, Senioren 5 €, Tonband 1 €, Tel. 51 25 50, Fax 51 25 59, tapisserie@bayeux@dial.oleane.com, www.bayeux-tourisme.com
- **Musée d'Art Religieux et Conservatoire de la Dentelle de Bayeux,** Diözesan- und Spitzenmuseum im Hôtel du Doyen, Place de la Liberté, geöffnet: Juli/Aug. täglich 10-12 und 14-19 Uhr, Eintritt 2,60 €, Kinder bis 12 J. 1,50 €, Senioren 2 €, Tel. 92 73 80 (Spitzenmus.), Tel. 92 14 21 (Diözesanmus.)
- **Musée Baron Gérard,** Place de la Liberté, Fayencen, Porzellan, Gemälde, geöffnet: Juni bis Mitte September 9-19 Uhr, sonst 10-12.30 und 14-18 Uhr, 25.12., 1.1. geschlossen, Tel. 94 12 21, Fax 51 60 51

Hinweis

Es gibt ein **Kombi-Ticket** für die drei Museen Tapisserie de Bayeux, Musée Baron Gérard sowie Musée d'Art Religieux et Conservatoire de la Dentelle de Bayeux zum Tarif von 6,40 €, Schüler und Studenten 2,60 €, Senioren 5 €

- **Musée Mémorial 1944 de la Bataille de Normandie,** Boulevard Fabian Ware, Dokumente und Bilder zu den Kriegsereignissen an der Plage du Débarquement, geöffn.: tägl. 10-12.30 u. 14-18 Uhr, Mai bis Mitte Sept. 9.30-18.30 Uhr, 25.12. u. 1.1. geschl., Eintritt 5,40 €, Schüler und Stud. 2,50 €, Kinder unter 10 J. frei, Tel. 51 46 90, Fax 51 46 91

Besichtigung

- **Jardin des Plantes,** 55, Route de Port-en-Bessin, April-Sept. tägl. 9-20 Uhr, Okt.-März 9-17 Uhr, Tel. 92 26 61, Fax 30 48 31

Veranstaltungen

- **Fêtes Médiviales de Bayeux:** mittelalterliches Fest
- **Pferderennen:** Mai, Juli, September

Einkaufen

- **Ateliers de l'Horloge,** Stickschule und Malschule mit Verkaufsausstellung, 2, Rue de la Poissonnerie, geöffnet: Mitte Juni bis Mitte September dienstags und samstags 10-12 und 14-18 Uhr, Tel. 92 70 76

DIE UMGEBUNG VON BAYEUX

- **Ateliers du Bessin,** Mal- und Porzellan-Mal-Atelier mit Verkaufsausstellung, 9, Place aux Pommes, geöffnet: Montag bis Samstag 9-12 und 14-18.30 Uhr, Tel. 21 98 00
- **Kunstauktion:** 7, Rue des Bouchers, Tel. 92 04 47

Verkehrsverbindung

- **SNCF-Bahnhof:** im Süden der Stadt an der Hauptstrecke Paris – Caen – Cherbourg

Die Umgebung von Bayeux X/B1-2

Ryes

Zwischen dem Stadtgebiet von Bayeux und der Ärmelkanalküste erstreckt sich der Canton de Ryes, der Landkreis von Ryes, der nach seinem Hauptort fünf Kilometer nordöstlich von Bayeux benannt ist. Während die ebenfalls zum Kreis zählenden Badeorten an der Côte de Nacre heute stark touristisch orientiert sind, konnten die kleinen Orte im Inneren ihren ursprünglichen Charme noch bewahren – so auch Ryes.

Die einfache, streng romanische Kirche weist im Inneren schöne, teilweise mit Fantasiefiguren verzierte Kapitelle auf. Im Ort steht außerdem ein altes *manoir*, in dessen Pavillon von 1700 temporäre Ausstellungen stattfinden.

Château d'Argouges

Genau zwischen Bayeux und Longessur-Mer steht das Château d'Argouges bei dem kleinen Ort **Vaux-sur-Aure.** Die frei stehende, zwischen dem 12. und 16. Jahrhundert entstandene Burganlage ist von einem Graben umgeben. Der Vorhof des Herrenhauses wird durch wehrhafte Mauern mit einem Verteidigungsturm eingegrenzt. Die Wirtschaftsgebäude wie Scheune und Stall, teilweise noch gut erhalten, stehen wie die kleine Kapelle außerhalb des Mauerrings und bilden ein außergewöhnliches Ensemble normannischer Festungsbaukunst.

Château de Vaulaville

Nordöstlich von Bayeux steht das Château de Vaulaville. Man erreicht es über die N 13 in Richtung Isigny-sur-Mer, indem man in Tour-en-Bessin nördlich abbiegt. Dieses charmante Schloss aus dem 18. Jahrhundert ist ganz im Stil seiner Zeit gebaut, hat im Inneren schöne Holzvertäfelungen und ist noch ursprünglich möbliert. Auch eine kleine Kapelle aus dem 17. Jahrhundert gehört zum Schloss.

Noron-la-Poterie

Südwestlich von Bayeux erreicht man über die D 572 den **Töpferort** Noron-la-Poterie. Hier findet man zahlreiche Töpferwerkstätten, die auch teilweise für Publikum zugänglich sind.

Abbaye de Mondaye

Gut zehn Kilometer südlich von Bayeux befindet sich eine sehenswerte Prämonstratenserabtei, zu erreichen über die D 6, von der man nach acht Kilometern rechts in die D 33 einbiegt und dann den Hinweisschildern folgt.

Die Abbaye de Mondaye in der ländlichen Gemeinde Juaye wurde 1215 gegründet und erhielt im 18. Jahrhundert durch den Architekten *Eustache Restout* ihr heutiges Erscheinungsbild. Das klassizistische Ensemble aus der **Abteikirche St.-Martin** und den **Klostergebäuden** ist bemerkenswert einheitlich. Die Westfront der Abteikirche hat gefällige Proportionen. In ihrem Inneren stehen wertvolle Kunstgegenstände, wie etwa der Altar und die Kanzel sowie die Himmelfahrtsgruppe, eine Terracottaarbeit in der Marienkapelle.

Praktische Tipps

Besichtigungen

- **Château d'Argouges,** 14400 Vaux-sur-Aure, nördlich des Ortes an der Aure gelegenes wehrhaftes Herrenhaus aus dem 12. bis 16. Jahrhundert, Besichtigung nur nach Voranmeldung bei den Besitzern *M. und Mme. Levasseur*, Eintritt 4,60 €, Kinder bis 12 Jahre frei, Tel. Gemeindeamt 0231 92 22 47
- **Château de Vaulaville,** 14400 Tour-en-Bessin, Schloss aus dem 18. Jahrhundert mit interessanter Sammlung von Porzellan aus Bayeux, Führungen: Mai/Juni und Mitte September bis Oktober an Wochenenden, Juli bis Mitte September täglich (außer mittwochs) 14.30-18.30, Eintritt 4,80 €, Kinder bis 12 Jahren frei, Tel. 0231 92 52 62
- **Abbaye de Mondaye,** 14250 Juaye-Mondaye, klassizistisches Klosterensemble, Führungen von Juli bis September um 11, 15, 16, 17 Uhr, sonntags 15, 16 und 17.30 Uhr, ansonsten sonn- und feiertags um 15, 16 und 17.30 Uhr, Eintritt 3 €, Jugendliche 2,30 €, Kinder bis 12 Jahre frei, Tel. 0231 92 58 11, Fax 0231 92 08 05, abbaye@mondaye.com, www.monaye.com

Aktivitäten/Sport

- **Geführte Touren rund um Bayeux:** Le Bessin – das Festival des Lichts, drei unterschiedliche Tourenangebote des Tourismusbüros der Region Bessin, Auskunft: Pays d'Accueil Touristique du Bessin, 14230 Insigny-sur-Mer, Tel. 0231 22 17 44, Fax 21 45 06
- **Reiten:** Cercle Équestre des Équerres, Reitausflüge. Information: 14400 Monceaux-en-Bessin, Tel. 0231 92 29 74; Poney-Club de Bayeux, 14400 St. Loup Hors, Route de Littry, Tel. 0231 92 24 59

Einkaufen

- **Trödelmarkt:** Himmelfahrt in Ryes
- **Töpferwaren:** in Noron-la-Poterie, z.B. Poterie Dubost, Tel. 0231 92 56 15; Atelier Céramique Turgis, geöffnet: montags bis freitags 9-12 und 14-16 Uhr, Tel. 0231 92 57 03, Fax 0231 92 68 15

Westliches Bessin

♪ X/A1-2

Im westlichsten Teil des Départements Calvados erstreckt sich im Hinterland der Côte de Nacre die Landschaft des Bessin, geprägt von feuchten Lehmböden, wo **Weiden** im atlantischen Klima üppig grünen. Hier befindet sich ein Zentrum der französischen **Milchwirtschaft.** Isigny-sur-Mer, am Rande zur Halbinsel Cotentin gelegen, verfügt über eine der größten Molkereien des Landes.

So dicht an der alliierten Landungsküste ist man auch wieder unmittelbar mit den militärischen Geschehnissen des Juni 1944 konfrontiert. Im Ort La Cambe, ganz in der Nähe der N 13 auf der Strecke von Bayeux nach Isigny, befindet sich ein großer deutscher

WESTLICHES BESSIN

Soldatenfriedhof. Hier ruhen 21.500 deutsche Soldaten, die im Zuge der Kriegshandlungen dieser Zeit ihr Leben lassen mussten.

Mandeville-en-Bessin

Fährt man von Bayeux über die N 13 in nordwestlicher Richtung und biegt dann kurz hinter Mosles nach links in die D 29 ab, gelangt man nach Mandeville-en-Bessin mit dem **Ferme-Manoir de Douville.** Diese befestigte Anlage stammt aus dem 16./ 17. Jahrhundert, Weiterbauten erfolgten dann im 18. Jahrhundert. Die zwei Herrenhäuser stehen auf imposanten eingewölbten Kellern.

Château de Colombières

Eine der bemerkenswertesten Festungsanlagen der Normandie befindet sich in Colombières, inmitten der westlichen Ausläufer der **Marschlande** der Halbinsel Cotentin. Hier verzweigt sich die Aure in den flachen Wiesen des Bessin, der Blick kann weit über die Landschaft schweifen.

Das Schloss liegt abseits der Verkehrswege. Von Bayeux erreicht man es am besten über die N 13 in Richtung Isigny und dann kurz hinter Mosles links in die D 29. Die Fahrt führt an den Orten Mandeville-en-Bessin, Trevières und Briqueville vorbei, wo man rechts in die D 5 nach Colombières einbiegt.

Kurz vor dem Ort führt eine kleine Straße auf das Schloss zu, das sich mit seinen **massiven Türmen** im Wasser des Burggrabens widerspiegelt. Die beiden Flügel der Anlage, rechtwinklig zueinander angelegt, werden von drei Türmen flankiert, die der Militärarchitektur des 14. Jahrhunderts entstammen. Der Rest der Anlage wurde im 17. und 18. Jahrhundert grundlegend überarbeitet.

Le Molay-Littry

Fünfzehn Kilometer südwestlich von Bayeux, über die D 5 zu erreichen, liegt Le Molay-Littry, einst ein geschäftiger Bergwerksort. Hier wurden im 18. Jahrhundert Kohlenminen entdeckt, die die Grafen *von Balleroy,* die großen Herren im Bessin, ab 1743 ausbeuteten. Längst ist die Mine stillgelegt, aber inzwischen zu einem interessanten **Bergwerksmuseum,** dem Musée de la Mine, umfunktioniert.

Im Ort steht auch noch eine historische Mühle, die **Moulin de Marcy,** die als Museum besichtigt werden kann.

Château de Balleroy

Unmittelbar westlich des Forêt de Cerisy, dem einzigen Waldstück des Bessin, steht das Château de Balleroy, ein **stilreiner Bau** aus der Zeit von **Louis XIII.,** entworfen von dem berühmten Architekten *François Mansart.*

Die Anlage wurde zwischen 1626 und 1636 als Blickfang am Ende der Hauptstraße von Balleroy in Ziegel- und Steinbauweise errichtet. An den vierstöckigen Zentralbau mit prächtiger Mansarde schließen sich symmetrisch beidseitig dreistöckige Seitenflügel an. Das Schlossgelände betritt man durch ein schmiedeeisernes Tor. Zwei Taubentürme stehen vorne, hinter dem Schloss wird die Terrasse durch zwei Eckpavillons begrenzt. Die Terrasse geht in den vom Gartenarchitekten *André Le Nôtre* angelegten Park über. Das Schlossinnere besticht durch seine wertvolle Einrichtung, gleichfalls im Louis XIII.-Stil.

Erbauer des Schlosses ist *Jean de Choisy*, der Kanzler von Gaston d'Orléans. Später erbten es die Marquis von *Balleroy*, die es dreihundert Jahre innehatten. 1970 wurde es von dem Publizisten und Flieger Malcolm Forbes aufgekauft. Er richtete im Schloss ein einzigartiges **Ballonmuseum** ein, das Musée des Ballons.

Zum Schlossensemble gehört noch die ehemalige Schlosskirche **Notre-Dame-de-Balleroy**, heute Pfarrkirche des Ortes. Sie wurde im Jahre 1651 aus lokalem Schiefergestein errichtet. Ein oktogonaler Glockenturm erhebt sich über ihrer Vierung. Im Inneren sei auf den getäfelten Chor mit dem geschnitzten Chorgestühl hingewiesen.

Forêt Domainiale de Cerisy

Der Forêt Domainiale de Cerisy liegt genau in der Mitte zwischen Bayeux und St.-Lô. Dieser Wald bedeckt eine Fläche von 2165 Hektar, überwiegend aus Buchen, daneben kommen aber auch Eichen und in kleineren Beständen Birken und Ahorn vor. In einem **Arboretum** an der Abbiegung nach Balleroy werden die einzelnen Hauptbaumarten des Forêt Domainiale de Cerisy näher präsentiert. Zum Tierbestand zählen **Hirsche und Rehe**.

Cerisy-la-Forêt

Eine der bemerkenswertesten normannischen Klosteranlagen steht in Cerisy-la-Forêt, westlich des gleichnamigen Waldes. Hier soll der heilige *Vigor*, späterer Bischof von Bayeux, bereits im Jahre 510 als Einsiedler eine den Heiligen *Peter* und *Paul* geweihte Kirche errichtet haben. Im Jahre 1032 gründete dann *Robert der Prächtige*, Vater *Wilhelm des Eroberers*, an gleicher Stelle eine Benediktinerabtei, die er *Vigor* widmete.

Wenn auch die **Klosterkirche St.-Vigor** im 18. Jahrhundert schwer beschädigt und die Westhälfte des Kirchenbaus abgerissen wurde, imponiert der Bau doch bis heute durch seine Größe, die in freier Standortlage voll zur Geltung kommt. Die im Kern romanische Kirche erhielt später gotische Ergänzungen, die sich aber gut in die Architektur einfügen. Der Chor setzt über die Vierung das dreigeschossige Baukonzept fort. Schmale Säulen tragen die Wölbung und vermitteln fast einen grazilen Eindruck. Besonders erwähnenswert ist in der fast schmucklosen Kirche das Chorgestühl.

Die **Klostergebäude** entstammen dem 13. Jahrhundert, obgleich vieles dem Abbruch während der Französischen Revolution zum Opfer fiel – die Steine eigneten sich hervorragend zum Straßenbau. Erhalten ist die Chapelle de l'Abbé (Abtskapelle) mit dem doppelten Taufbecken und den Fresken aus dem 15. Jahrhundert über dem Altar. Daneben befindet sich noch im Erdgeschoss des Klosters das Klostermuseum, Musée lapidaire.

Castillon

An der D 73, die von Balleroy in Richtung Bayeux führt, findet sich in Castillon eine kleine, aber attraktive Gartenanlage, genannt **Jardins de Plantbessin.** Hier ist durch das Ehepaar *Hubert* und *Colette Sainte-Beuve* ein Gestaltungskonzept realisiert worden, das die Charakteristik des südlichen Bessin mit seinen Hecken in einen Park überträgt. Der Park besteht aus einzelnen, von Büschen und Hecken gesäumten Teilgärten, die sich jeweils einzelnen Themen widmen und so ein gestalterisches Ganzes ergeben.

Praktische Tipps

Information

●**Office de Tourisme,** 14230 Isigny, 1, Rue Victor-Hugo, Tel. 0231 21 46 00, Fax 0231 22 90 21
●**Mairie** (Rathaus), 14490 Balleroy, Tel. 0231 21 60 26

Unterkunft

●**Château de Goville**€€€€, 14330 Breuil-en-Bessin bei Le Molay-Littry, erlesene Zimmer in einem Schloss aus dem 18. Jahrhundert, angeschlossenes Restaurant€€, dienstagabends und mittwochs sowie vom 17.11. bis Mitte Dez. geschl., Tel. 0231 22 19 28, Fax 0231 22 68 74, chateau-goville@mail.cpod.fr
●**Le France**€, 14230 Isigny-sur-Mer, komfortable Zimmer in einer zu einem Motel umgebauten ehemaligen Poststation, vier behindertengerechte Zimmer, angeschlossenes Restaurant€ freitagabends, samstags sowie 15.11.-15.2. geschlossen, Tel. 0231 22 00 33, Fax 0231 22 79 19
●**Camping Municipal le Fanal,** 14230 Isigny-sur-Mer, am nördlichen Ortsrand an einem kleinen See gelegenes, offenes Wiesengelände, es werden auch Ferienhäuser angeboten, geöffnet: April bis Mitte Oktober, Tel. 0231 21 33 20, Fax 0231 22 12 00

Essen und Trinken

●**Manoir de la Drome**€€€, 14490 Balleroy, 129, Rue des Forges, täglich wechselndes Menü je nach Marktangebot, sonntagabends, montags und 1.-13.2. geschlossen, Tel. 0231 21 60 94, Fax 0231 21 88 67

Museen

●**Musée de la Mine,** 14330 Le Moley-Littry, Rue de la Fosse Frandemiche, über 250 Jahre altes Kohlebergwerk mit Feuerlöschpumpe aus dem 18. Jahrhundert (einmalig für die damalige Zeit), renoviertem Schacht, Modell der Mine und Video-Information, ganzjährig geöffnet 10-12 und 14-18 Uhr, nur im Januar geschlossen, Eintritt 5,40 €, Kinder 3 €, Tel. 0231 31 22 89
●**Musée de la Meunerie Le Moulin de Marcy,** 14330 Le Moley-Littry, historische Mühle aus dem 19. Jahrhundert in zauberhafter Lage und mit intaktem Mahlwerk, dazu eine Sammlung alter landwirtschaftlicher Geräte, ganzjährig geöffnet 10-12 und 14-18 Uhr, im Januar geschlossen, Eintritt 4,60 €, Kinder 3 €, verbilligtes Kombi-Ticket mit dem Bergwerksmuseum, Tel. 0231 21 42 13

Besichtigungen

●**Château et Musée de Balleroy,** prächtiges Schloss im Louis XIII.-Stil, sehenswert eingerichtet, das angeschlossene **Ballonmuseum** gibt Einblick in die Geschichte der Ballonfahrt vom ersten Flug 1783 bis in die heutige Zeit, geöffnet: Mitte März bis Mitte Okt. 9-12 und 14-18 Uhr, dienstags geschlossen (außer Juli/Aug.), Eintritt 6,90 €, Kinder 5,50 €, Tel. 0231 21 60 61, Fax 0231 21 51 77, reservation@chateau-balleroy.com, www.chateau-balleroy.com

Pré-Bocage

Der Pré-Bocage bildet die Übergangszone zwischen Bessin und Bocage. Hauptort ist Villers-Bocage.

Villers-Bocage

Es sind die **modernen Gebäude,** die den Ort Villers-Bocage interessant machen. Insbesondere sei auf die Kirche St.-Martin hingewiesen, ein Bau aus Stein und Beton mit schönen Glasfenstern.

Banneville-sur-Anjon

In Banneville-sur-Anjon, nahe Villers-Bocage, findet neuerdings alljährlich an einem Sonntag Anfang Juli ein **Fest zur „Rehabilitation des Esels"** statt. Dieser treue Begleiter des Menschen ist mit der Mechanisierung und Industrialisierung in Vergessenheit geraten. Ihm zu Ehren wird rund um die Ortskapelle ein Jahrmarkt organisiert, der schon 10.000 Besucher angezogen hat. Dabei werden die verschiedenen Eselrassen gezeigt, es findet eine Messe unter freiem Himmel statt, Folkloregruppen treten auf und Ballonflüge werden veranstaltet. Den Auftakt des Eselfests bildet eine einwöchige Eselwanderung vom Cotentin in den Bessin nach Banneville-sur-Anjon.

Aunay-sur-Odon

Aunay-sur-Odon war im Sommer 1944 heftig umkämpft. Zwischen dem

- **Château de Colombières,** zwischen Bayeux und Isigny gelegene Festungsanlage mit imposanten Türmen inmitten eines schönen Naturparks, im Juli und August täglich (außer dienstags) und im September an Wochenenden 14.30-18 Uhr geöffnet, Eintritt 4,50 €, Kinder bis 12 Jahre 0,80 €, Tel. 0231 22 51 65, Fax 0231 92 24 92
- **Ferme-Manoir de Douville,** 14710 Mandeville-en-Bessin, befestigtes landwirtschaftliches Herrenhaus, im Juli und August täglich 11-18 Uhr geöffnet, Eintritt 3 € Kinder bis 12 Jahre 1,50 €, Tel. 0231 22 50 15
- **Maison Forestière de la Forêt Domaniale de Cerisy La Belle Loge,** an der D 572 zwischen Bayeux und St.-Lô, Ausstellungshaus zum Wald mit Lehrpfad, Tel. 0231 22 46 50
- **Abbaye de Cerisy-la-Forêt,** Ostern bis 1. November 10-12 und 14.30-18.30 Uhr geöffnet, ansonsten nur sonn- und feiertags, Eintritt ohne Führung 1 €, mit Führung 3 €, Tel. 0231 56 12 15
- **Jardins de Plantbessin,** 14490 Castillon, interessanter Park aus einzelnen gärtnerischen Gestaltungselementen, geöffnet: vom 30. Mai bis 15. September 14-17.30 Uhr (außer sonn- und feiertags), freier Eintritt am 24.5., Pflanzenverkauf am Parkgelände, Eintritt 5,40 €, Tel. 0231 92 56 03, Fax 0231 22 70 09

Aktivitäten

- **Mini-Golf:** in Cerisy Belle Étoile Mont de Cerisy, Tel. 0233 66 52 62

Veranstaltungen

- **Fête du Moulin:** 14330 Le Moley-Littry, großes Mühlenfest am ersten Mai-Wochenende, Animationen jeden Sonntagvormittag im Juli und August an der Museumsmühle Le Moulin de Marcy
- **Ballontreff:** am Château de Balleroy, jeweils an einem Wochenende im Juli/August, Auskunft beim Gemeindeamt

11. und 14. Juni wurde der Ort völlig zerstört. Allseitige Hochachtung erwarb er sich durch den schnellen Wiederaufbau, der schon 1950 abgeschlossen war. Heute ist Aunay-sur-Odon ein zentraler **Verkehrsknotenpunkt** im Pré-Bocage.

Zoo de Jurques   ⌕X/B3

Ein außergewöhnlicher Zoologischer Garten befindet sich an der D 577 etwa sieben Kilometer südwestlich von Villers-Bocage. Auf über fünfzehn Hektar Fläche bietet der Zoo de Jurques **500 Tiere** aus fünf Kontinenten. Bekannt ist er auch für seine Zuchtprogramme: Sibirische Tiger, Schneeleoparden und Rote Makaken konnten bereits erfolgreich gezüchtet werden.

St.-Martin-des-Besaces   ⌕X/A3

Auch in der Gegend um St.-Martins-des-Besaces spielte sich eine bedeutende Schlacht im Rahmen der alliierten Landeoperation im Sommer 1944 ab. Hier erfolgte der entscheidende Durchbruch englischer Truppen durch die deutschen Linien in den Bocage. Das **Museum La Percé du Bocage** erinnert an diese Ereignisse.

Caumont-l'Éventé   ⌕X/A2

Caumont-l'Éventé liegt ganz im Westen der Pré-Bocage auf der Strecke von Villers-Bocage nach St.-Lô. Durch seine dem Wind exponierte Lage auf einem Hügel kurz vor der Grenze zum Département Manche erhielt der Ort seinen Namen. Hier befindet sich ein alter, im 19. Jahrhundert aufgegebener Schiefersteinbruch, der heute besichtigt werden kann. Im **Souterroscope des Ardoisières** kann der Besucher in die alten Stollen Einblick nehmen und im Rahmen von Führungen Informationen über die Geologie und Biologie des Steinbruchs sowie über das frühere Leben und Arbeiten der Bergleute erhalten.

Praktische Tipps

Information

- **Office de Tourisme,** 14310 Viller-Bocage, Place Halle, Tel. 0231 77 16 14, otprebocage@voila.fr
- **Office de Tourisme,** 14240 Caumont-l'Éventé, Mairie (Rathaus), Tel. 0231 77 50 29, otprebocage@voila.fr
- **Office de Tourisme,** 14260 Aunay-sur-Odon, Mairie (Rathaus), Tel. 0231 77 60 32, Fax 0231 77 94 97

Unterkunft

- **Le Relais Normand**€, 14210 Noyers-Bocage (knapp zehn Kilometer nordöstlich von Villers-Bocage an der N 175), Route de Bretagne, Dorfgasthaus mit komfortablen Zimmern, angeschlossenes Restaurant€, mittwochs sowie in der zweiten Novemberhälfte und 14 Tage im Jan./Feb. geschlossen, Tel. 0231 77 97 37, Fax 0231 77 94 41

Essen und Trinken

- **Les Trois Rois**€€, 14310 Villers-Bocage, 2, Place Jeanne-d'Arc, klassische Küche, sonntagabends, montags, 5.1.-2.2 und 22.-29.6 geschlossen, angeschlossenes Hotel€, Tel. 0231 77 00 32, Fax 0231 77 93 25
- **Auberge de la Cordière**€, 14210 Noyers-Bocage, Route de Cheux, klassische Küche in einem alten Bauernhaus aus dem 19. Jh.,

 Farbkarte Seite XIX

Im Herzen der Normandie
BOCAGE

sonntagabends, montags und 1.-20.1. geschlossen, Tel. 0231 77 97 38, Fax 0231 77 01 77, pf@flagnais.fr, www.lacordiere.com
● **Le Saint-Michel€**, 14260 Aunay-sur-Odon, 6-8, Rue de Caen, normannische Küche mit reicher Fischkarte, z.B. Seeteufel-Pfeffer mit gerösteten Speckstückchen garniert, Tel. 0231 77 63 16, Fax 0231 77 05 83
● **Hôtel de la Place€**, 14260 Aunay-sur-Odon, Restaurant im Hotel der Gruppe „Logis de France" in einem renovierten Gebäude gegenüber der Kirche, ganzjährig geöffn.

Museen

● **Souterroscope des Ardoisières,** 14240 Caumont-l'Éventé, Route de St.-Lô, Bergwerksmuseum in einem aufgelassenen Schiefersteinbruch aus dem 19. Jahrhundert, Restaurant, Kiosk, Souvenirs, behindertengerecht, geöffnet: Juli/Aug. tägl. 10-19 Uhr, Mai/Juni/Sept. wochentags 10-17 Uhr, samstags, sonn- und feiertags bis 19 Uhr, Okt. bis April 10-17 Uhr (außer montags), sonn- und feiertags bis 18 Uhr, Eintritt 7,63 €, mit Ausstellung 9,50 €, Kinder 4 bis 12 Jahre 3,80 €, mit Ausstellung 4,75 €, Tel. 0231 71 15 15, Fax 0231 71 15 16, souterroscope@infonie.fr
● **La Percée du Bocage,** 14350 Saint-Martins-des-Besaces, an der N 175, Militärmuseum zu den Ereignissen des Durchbruchs der alliierten Streitkräfte durch die deutschen Linien, geöffnet: Juni bis Mitte Sept. tägl. 10-12 und 14-18 Uhr (außer dienstags), im Mai nur an Wochenenden und Feiertagen, Eintritt 5 €, Kinder bis 12 Jahre frei, Tel. 0231 67 52 78

Aktivitäten

● **Zoo de Jurques,** 14260 Jurques, große Anzahl Wildtiere, teilweise in halbfreier Haltung, vielfältige Kinderanimation, geöffnet: Feb./März u. Okt. bis Mitte Nov. 13.30-17.30 Uhr, April/Sept. 10-18 Uhr, Mai-Aug. 10-19 Uhr, Eintritt 9,50 €, Kinder 5 €, Tel. 0231 77 80 58, Fax 0231 77 77 64, zoo.dejurques@wanadoo.fr, www.zoodejurques.com
● **Parc de Loisird de la Vallée de Cahagnes,** Freizeitpark zwischen Jurques und Caumont l'Évente, mit zwei Seen für Boote, Tretboote und zum Angeln, Trimmpfad, Kinderanimation, Kindereisenbahn, Tel. 0231 77 88 18

Veranstaltung

● **Grand Fête des Ânes:** Jahrmarkt mit Eselschau in Banneville-sur-Anjon, findet an einem Sonntag Anfang Juli statt, Information: L'Association de Réhabilitation de l'Âne du Cotentin, *Gilbert Mouchel*, Tel. 0231 77 20 69, Eintritt 3 €

Bocage

Südlich des Pré-Bocage schließt sich die Landschaft des Bocage an. Die Bezeichnung geht auf das englische Wort *boscage* („Gebüsch") zurück und **Hecken und Büsche** als Begrenzungen von Äckern und Wiesen kennzeichnen diese Region auch heute noch.

Ihr Zentrum bildet das Bergland um Vire, weshalb man auch vom *Bocage Virois* spricht. Hier an den Ausläufern des Amorikanischen Massivs prägt hartes Gestein den Boden. Die **Bauernhöfe** stehen einzeln oder zu kleinen Weilern gruppiert. An jeder Seite der Höfe erstrecken sich die Ställe und Scheunen, im Hof sind überall Apfelbäume gepflanzt und die Apfelpresse darf natürlich nicht fehlen.

Bis zum 19. Jahrhundert dominierte der **Ackerbau.** Dann setzte auch die Weidewirtschaft ein, die eine bescheidene **Milchwirtschaft** ermöglichte. Die Industrie erreichte den Bocage erst spät, hauptsächlich siedelten sich Betriebe der **Metallverarbeitung** an.

Abseits vom Haupttouristenstrom hat sich dieser Landstrich aber seine **Ursprünglichkeit** erhalten können: Dichte Hecken, Hohlwege, Wälder,

Im Herzen der Normandie

BOCAGE

- ★ 1 Bergfried der Burgruine (Donjon)
- Ⓜ 2 Stadtmuseum (Musée Municipal) mit der Kapelle Saint-Louis
- ⅱ 3 Église Notre-Dame
- ★ 4 Stadttor (Tour de l'Horloge)
- ★ 5 Hôtel Cotin
- 🏠 6 Hôtel de France
- ❶ 7 Tourist-Information

Hügel- und Tallandschaften, fischreiche Flüsse prägen die Region, in der man herrlich wandern, Rad fahren und reiten kann.

Vire ⟶ XIX/C1

Vire ist das landwirtschaftliche und gewerbliche Zentrum des Bocage Virois.

Geschichte

Die Stadt entstand um die im 8. Jahrhundert angelegte Burg, die im 12. Jahrhundert vom normannischen Herzog und englischen König *Heinrich I.* verstärkt wurde. In dieser Zeit entstand auch ihr Bergfried. Im Mittelalter wuchs die Stadt, die Religionskriege führten allerdings zu großen Schäden. Ihre strategische Bedeutung verlor sie dann, als *Richelieu* die Festung 1630 schleifen ließ. Doch bis zum 19. Jahrhundert prosperierte Vire wieder durch die landwirtschaftliche Entwicklung der Umgebung. Am Ende des Zweiten Weltkrieges wurde die Stadt fast gänzlich zerstört, im Kern jedoch wieder aufgebaut.

Sehenswertes

Den Innenstadtkern von Vire betritt man durch die **Porte Horloge,** das im 13. Jahrhundert errichtete ehemalige Stadttor der auf einer Anhöhe über dem Flusstal der Vire gelegenen Stadt. Zwei massive, mit Pechnasen versehene Rundtürme flankieren den Durchlass mit dem Fallgitter. Darüber erhebt sich der hohe Uhrturm, auf den 1840 noch ein kleinerer, viereckig versetzter Glockenturm aufgesetzt wurde.

In exponierter Lage auf einem steilen Felsen über einer Schleife der Vire stehen die **Reste des Château Féodal.** Der alte Donjon der Festung ist noch erhalten. Er präsentiert sich in seiner massiven Rechteckigkeit so wuchtig wie je zuvor.

Die Hauptkirche von Vire, die **Église Notre-Dame,** zählt zu den schönsten Flamboyant-Bauten der Normandie. Das architektonische Meisterwerk wurde ab dem 13. Jahrhundert anstelle einer von *Heinrich I.* begründeten romanischen Vorgängerkapelle errichtet. Der im Kern frühgotische Bau erhielt im 15. Jahrhundert die Seitenschiffe. Im 16. Jahrhundert wurden der Chor mit Umgang und die Kopfkapelle vom gleichen Baumeister angefügt, der auch La Merveille auf Mont St.-Michel errichtet hat.

Das **Stadtmuseum** (Musée Municipal) ist im Hôtel Dieu, dem alten Hospiz, untergebracht. Zum Gebäudekomplex des Hospizes gehört auch eine Kapelle, die **Chapelle Saint-Louis** mit schönem geschnitzten Chorgestühl und einem Hochaltar mit einem Ölgemälde der Gebrüder *Delavente*.

Ein noch erhaltenes Stadtpalais aus dem 18. Jahrhundert steht in der Rue Cotin: das **Hôtel Cotin.** Hier übernachtete am 11. August 1830 König *Charles X.* auf seinem Weg ins Exil, nachdem er nach der Julirevolution abgedankt hatte.

Besondere Bedeutung für die Geschichte von Vire hatte das alte Stadtviertel **Vaux de Vire** im Einzugsbereich der Täler der Vire und der einmündenden Virenne. Seit dem Ende des 14. Jahrhunderts siedelten sich hier Leineweber aus Coutances an. *Vaux de Vire* wird auch synonym für eine Sammlung von Liedern des Textilarbeiters *Olivier Basselin* aus dem 15. Jahrhundert verwandt.

Sainte-Marie-Laumont   ↗XIX/C1

In Sainte-Marie-Laumont, zehn Kilometer nördlich von Vire an der Landstraße D 81 nach Le Bény-Bocage gelegen, steht eine **bemerkenswerte gotische Dorfkirche,** die offensichtlich unter Verwendung von Resten des romanischen Vorgängerbaus entstanden ist. Jedenfalls stammt der achteckige Vierungsturm noch aus dem 12. Jahrhundert. Außergewöhnlich ist auch das farblich abgesetzte Außenmauerwerk aus dunklem Granit und hellem Kalkgestein, wobei der Bogenlauf über den Rundbogenfenstern mit rosa Granit abgesetzt ist. Steinerne Mehrfarbigkeit kennzeichnet auch das Innere der Kirche.

Saint-Sever-Calvados   ↗XIX/C1

Gut zehn Kilometer westlich von Vire stehen in Saint-Sever-Calvados am 1500 Hektar großen Forêt de Saint-Sever die **Reste einer alten Abtei.** Ihre Ursprünge gehen auf eine Gründung des heiligen *Severus* aus dem 6. Jahrhundert zurück. In den noch erhaltenen Abteigebäuden sind heute das Gemeindeamt und Schulen untergebracht. Neben der alten Abteikirche aus dem 13. Jahrhundert mit dem

Turm über der Vierung steht der später im 17. Jahrhundert errichtete Glockenturm. Sehenswert sind die Fenster im Chor und in der Vierung.

L'Ermitage und La Dathée ⤤ XIX/C1

Im Südwesten des Forêt de Saint-Sever befindet sich das **Karmeliterkloster** L'Ermitage, das unter der Herrschaft *Louis XIII.* aus einer Einsiedlerkolonie entstand. Von der alten Anlage sind noch das im Jahre 1776 errichtete Portal sowie die Chapelle Notre-Dame-des-Anges aus dem 17. Jahrhundert erhalten.

Zwischen dem Forêt de Saint-Sever und Vire erstreckt sich das **Wassersportzentrum und Naturreservat** La Dathée, das man vom Staudamm aus gut überblicken kann.

St.-Michel-de-Montjoie ⤤ XIX/C1

Nur wenige Kilometer südlich des Forêt de Saint-Sever, aber schon unmittelbar hinter der Grenze zum Département Manche, liegt der für seine Granitgewinnung bekannt gewordene Ort Saint-Michel-de-Montjoie. Im **Musée de Granit** (Granitmuseum) werden unter freiem Himmel Objekte und Kunstgegenstände aus diesem Material gezeigt. In einer Halle kann man einiges über die Anwendungstechniken erfahren.

Flers ⤤ XIX/D2

Flers liegt schon im westlichen Teil des Départements Orne. Der direkte Weg von Vire führt über die landschaftlich sehr schöne Strecke der D 924.

Ein Abstecher über die D 512 nach **Vassy** ist jedoch ebenfalls empfehlenswert, denn dort stehen eine Kommandantur des Templerordens mit einer Kapelle aus dem 12./13. und ein Herrenhaus aus dem 15. Jahrhundert.

Gegründet wurde Flers durch den **Baron d'Aunou,** Mitstreiter *Wilhelm des Eroberers,* dem er 40 Schiffe für seine Flotte nach England ausrüstete. Die Barone *von Aunou* hatten ihren Sitz auf der Festung von Flers, von der heute nichts mehr existiert.

Während der **Französischen Revolution** war die Stadt ein Hort der Königstreuen *(Chouans).* Sie wurde aber 1800 von den Republikanern erobert und schwer verwüstet.

Es ist eine Stadt, die es verstanden hat, die **traditionellen Gewerbe** des Bocage mit modernen Industriezweigen zu verbinden. Die frühere Leinenindustrie wurde nach der Französischen Revolution durch Baumwolltextilindustrie ersetzt. Heute dominiert die mechanische und elektronische Industrie.

Das **Wasserschloss** von Flers ist die Attraktion der Stadt. Es wurde zwischen 1527 und 1541 errichtet. An drei Seiten umgeben Gräben den Bau, der 1760 eine klassizistische Hauptfassade erhielt. Der Ehrenhof mit dem schmiedeeisernen Gitter datiert aus der gleichen Zeit.

Im Château ist das **Musée du Bocage Normand** untergebracht, das sehenswerte Heimatmuseum, das sich der Geschichte des Bocage widmet. Im dazugehörigen **Park** spenden Alleen Schatten, auf den Teichen kann gepaddelt werden.

Außerdem kann in Flers das **Musée des Métiers anciens de l'Automobile** besucht werden. Hier weden vierzig alte und neue Handwerksberufe von der Landwirtschaft bis zum Automobilsektor vorgestellt.

Tinchebray ⟶ XIX/D1

Tinchebray liegt genau in der Mitte zwischen Vire und Flers an der Landstraße D 924, deren schönster Abschnitt hier beginnt. Bis heute ist der Ort ein Zentrum der **Eisenverarbeitung** auf der Basis der in der Bocage geschürften Erze.

Aber es ist auch ein historischer Ort, denn hier trugen die beiden Söhne *Wilhelm des Eroberers* am 28. September 1106 ihre entscheidende Schlacht um seine Nachfolge aus. **Heinrich I. Beauclerc,** der schon seit 1100 englischer König war, gewann durch den Sieg über seinen Bruder *Robert Kurzhose* auch das Herzogtum der Normandie für sich und konnte so das seit dem Tod *Wilhelms* 1087 geteilte Reich wieder zusammenführen.

An die kriegerischen Zeiten der Vergangenheit erinnert noch die befestigte **Église Saint-Rémi,** die seitlich am Glockenturm mit einem Wehrturm mit Pechnasen versehen ist. Teile der Kirche gehen auf einen frühromanischen Vorgängerbau zurück.

Die Friedhofskirche namens **Église Notre-Dame-des-Montiers** aus dem 16. Jahrhundert steht an der Stelle einer einstigen Leprastation. Das alte Gefängnis des Ortes ist heute als **Musée Prison Royale** ausgebaut.

Les Vaux und die Abbaye de Belle-Étoile ⟶ XIX/D1

Von Tinchebray lohnt ein Abstecher nach Les Vaux. Hierzu fährt man die D 911 nordostwärts aus dem Ort heraus bis St.-Pierre d'Entermont, wo man rechts in die D 18 einbiegt. Hinter der Überführung über das Flüsschen Noireau biegt man rechts in den Fahrweg am Ufer ein. Nachdem man den **Mont de Cerisi** zur Linken und die **Monts St.-Pierre** passiert hat, gelangt man zu einer alten **römischen Brücke** über den Fluss.

Auf dem Weg nach Flers kann man rechts der D 18 zwei weitere Sehenswürdigkeiten aufsuchen: Die **Ruinen** der Abbaye de Belle-Étoile hinter dem Dorf Cerisy-Belle-Étoile entstammen einem um 1215 hier gegründeten Prämonstratenserkloster. Reste der Abteikirche, des Kreuzganges und einer Zehntscheune sind noch zu sehen.

Auf dem Weiterweg nach Flers stehen auf dem Dorffriedhof von La Lande-Patry zwei **tausendjährige Eiben.** Die Friedhofskapelle entstammt dem spätmittelalterlichen 15. Jahrhundert.

Figurenschmuck

Praktische Tipps

Information

- **Office de Tourisme,** 14500 Vire, Square de la Résistance, Tel. 0231 66 28 50, Fax 0231 66 28 55, office.tourisme.vire@wanadoo.fr
- **Office de Tourisme,** 61100 Flers, Place Charles de Gaulle, Tel. 0233 65 06 75

Unterkunft

- **Hôtel de France**€, 14500 Vire, 4, Rue d'Aignaux, renoviertes Hotel mit komfortablen, klimatisierten Zimmern im Zentrum der Stadt, zwei behindertengerechte Zimmer, 22.12-10.1. geschlossen, Tel. 0231 68 00 35, Fax 0231 68 22 65
- **Le Castel Normand**€, Le Bény-Bocage, Place du Marché, kleines Landhotel mit Garten und Terrasse 13 Kilometer nordöstlich von Vire, angeschlossenes Restaurant€ sonntagabends und montags geschlossen, Tel. 0231 68 76 03, Fax 0231 68 63 58
- **Beauregard,** Ferienpark am Rande des Forêt de St.-Sever, Bungalows und Ferienwohnungen in herrlicher Umgebung, Information: Autoallemende Touristic Sarl, 14380 St.-Sever-Calvados, Tel. 0231 67 93 93, Fax 0231 67 26 95, www.vire.com/saint-sever

Essen und Trinken

- **Manoir de la Pommerai**€€, 14500 Rouillours, Route Flers – Paris, zwei Kilometer südöstlich von Vire, klassische normannische Küche, serviert in einem Herrenhaus aus dem 18. Jahrhundert, sonntagabends, montags und in den Februar-Schulferien geschlossen, Tel. 023168 07 71, Fax 0231 67 45 21
- **Au Bout de la Rue**€€, 61100 Flers, 60, Rue de la Gare, ideenreiche normannische Küche in interessantem Dekor, sonntags geschlossen, Tel. 0233 65 31 53, Fax 0233 65 46 81

Museen

- **Musée Municipal,** 1450 Vire, 4, Place Ste.-Anne, im Stadt-Hospiz aus dem 18. Jahrhundert, Exponate zur Geschichte von Vire und dem Bocage, Gemälde von Künstlern der Region wie z.B. der Gebrüder *Delavante* oder etwa von *Charles Delandes* (1862-1934), dem Illustrator von *Flaubert,* Kunsthandwerk, geöffnet: 10-12 und 14-18 Uhr, mittwochs geschlossen, Eintritt 3,80 €, Schüler von 10 bis 16 Jahren 2 €, Tel. 0231 68 10 49, Fax 0231 67 30 05
- **Musée de Granit,** Saint-Michel-de-Montjoie, in einem weitläufigen Park gelegenes Gelände mit künstlerischen Exponaten sowie Demonstration der Fertigungstechniken, geöffnet: Juni und Juli täglich 14-19 Uhr, April bis Mitte Juni und Mitte September bis Mitte Oktober sonntags 14-19 Uhr, Eintritt 3,80 €, Kinder 7-15 Jahre 2 €, Tel. 0233 59 02 22
- **Musée du Bocage Normand,** 61100 Flers, Château, breites Spektrum an Exponaten von der Malerei des 16. bis 20. Jahrhunderts über alte Möbel, Skulpturen, Keramik bis zu traditionellen Objekten aus der Bocage, geöffnet: von Ostern bis Mitte Oktober täglich (außer dienstags) 10-12 und 14-18 Uhr, Eintritt Erwachsene 2 €, Tel. 0233 64 66 49, Fax 0233 64 66 33
- **Musée des Métiers anciens et de l'Automobile,** 61100 Flers, 16, Rue Durmeyer, Exponate zu vierzig Berufen aus der Landwirtschaft, dem Kunstgewerbe und dem Automobilsektor, täglich 10-12 und 14-18 Uhr geöffnet, sonntags 14.30-18.30 Uhr, Tel. 0233 65 42 22
- **Musée de Tinchebray et du Prison Royale,** Tinchebray, 34, Grande Rue, Heimatmuseum, geöffnet: Juni bis Oktober 9.30-12 und 14-18 Uhr (außer dienstags), Eintritt 1,50 €, Schüler frei, Tel. 0233 66 77 17

Besichtigungen

- **La Porte Horloge,** Vire, befestigtes Torhaus aus dem 13. Jahrhundert, saisonale Ausstellungen von Juli bis Mitte September, täglich geöffnet 14.30-18.30 Uhr (außer sonn- und feiertags), Tel. 0231 68 00 05
- **Chapelle St.-Louis,** Vire, Hospizkapelle, Besichtigung auf Anfrage, Tel. 0231 67 47 47
- **Hôtel Le Cotin,** Vire, Rue Cotin, altes Stadtpalais aus dem 18. Jahrhundert, Besichtigung ganzjährig auf Anfrage möglich, Tel. 0231 61 71 79
- **La Commanderie des Templiers de Courval L'Hôpital,** 14410 Vassy, Kapelle aus dem

12./13., Manoir aus dem 15. Jahrhundert, geöffnet: 14-18 Uhr (außer mittwochs), Eintritt 1,50 €, Tel. 0231 67 34 50

Aktivitäten/Sport

● **Au Cœur des Chemins – au Cœur de la Nuit,** Nachtfahrt zu den erleuchteten Schlössern und Monumenten des Bocage Virois, jeden Freitag im Juli und August, Informationen beim Fremdenverkehrsamt
● **La Dathée,** St.-Germain-de-Tallevende, einige Kilometer südwestlich von Vire, Stausee von 43 Hektar Fläche mit dem Freizeitgelände La Butte au Cerfs, Tel. 0231 68 30 80
● **Golf:** La Dathée Golf Club, 9-Loch-Platz in 14380 Saint Manvieu Bocage, Ferme la Basse Haye, einige Kilometer südwestlich von Vire mit sechs überdachten Übungsplätzen, ganzjährig geöffnet, Tel. 0231 67 71 01

Einkaufen

● **Aktionshaus:** 1450 Vire, Rue Jean de la Varende, Tel. 0231 68 17 19

Farbkarten Seiten II-III, XVIII-XIX

IM WESTEN DER NORMANDIE

Im Westen der Normandie

133no Foto: ho

134no Foto: ho

Zu Ferienhäusern umgebaute Fischerhäuschen in Ravennoville

Arkadenhäuser in Carentan

Ste.-Marie-au-Mont in Vierville

Die Halbinsel Cotentin

Überblick

Die Halbinsel Cotentin nimmt einen wesentlichen Teil des Départements Manche ein. Hier befindet man sich auf **geschichtsträchtigem Boden.**

In vorgeschichtlicher Zeit durchquerten Zinnkaufleute von den Scilly-Inseln vor der Cornwall-Küste die Halbinsel, die sich schon immer an der Seefahrt orientierte. Im 1. Jahrhundert v. Chr. wurde das Gebiet in das Römische Reich einbezogen. Später blieb es weder von den Sachseneinfällen noch von den Wikingerraubzügen verschont und wurde 933 Teil des Herzogtums Normandie. Seine Bewohner nahmen an der Eroberung Englands 1066 wie auch an den Kreuzzügen teil. Die exponierte Lage ließ die Halbinsel jedoch selbst immer wieder Ziel von Angriffen werden, so bei den Auseinandersetzungen mit Frankreich, während der Religionskriege und in den Revolutionswirren. Ganz besonders schlimm waren die Zerstörungen im Zweiten Weltkrieg, als mit der alliierten Landung im Juni 1944 die Rückeroberung des Cotentin zu heftigen Kämpfen gegen die Deutschen führte und die Städte der Halbinsel von nachhaltigen alliierten Bombardements getroffen wurden. So wurde St. Lô zu neunzig Prozent zerstört und auch Cherbourg blieb nicht verschont.

Das **Landschaftsbild** der Halbinsel Cotentin stellt sich als Teil des Départements Manche sehr vielseitig dar. Während der Süden des Départements noch Teil des Pariser Beckens ist, gehört der Norden zum Amorikanischen Massiv. Dazwischen liegt weit verzweigtes Marschland.

Während im Süden eher hügelige Durchzüge das Mortain, Avranchin und Coutançais charakterisieren, erinnert der Norden mit seinen **welligen Landschaftsbildern** – wie etwa am Cap de la Hague – schon fast an Südengland oder gar an Irland. Hier spürt man den direkten Einfluss des Meeres und des Windes.

In der Mitte erstrecken sich die von den kleinen Flüssen der Halbinsel geprägten **Marschlandschaften** der Vire, der Sée und der Sélune, des Couesnon, der Sienne und der Diélette. Noch als Bäche fließen sie im Inneren des Landes durch enge Flussbetten, folgen im weiteren Verlauf ursprünglichen Sandbänken und bilden vor der Einmündung in das Meer Sanken, die schon dem Gezeitenverlauf unterliegen und im Winter regelmäßig überschwemmt werden.

Nicht nur touristisch interessant sind die langen Küstenstreifen mit ihren **ausgedehnten Sandstränden**. An geeigneten Orten haben sich Fischersiedlungen entwickeln können, die mit ihren **malerischen Ortsbildern** heute ganz wesentlich zur Anziehungskraft der Halbinsel beitragen.

Saint-Lô IX/C2

Geschichte

Die **Hauptstadt** des Départements Manche liegt auf einer Anhöhe oberhalb der Vire, umgeben von der typischen Heckenlandschaft des Cotentin. Im 6. Jahrhundert nahm die gallische Stadt den Namen des Bischofs von Coutances an.

Im Zweiten Weltkrieg besiegelte die zentrale Lage das Schicksal von St.-Lô: Um den Deutschen den Rückzug von der nördlichen Hälfte des Cotentin abzuschneiden, wurde die Stadt ab dem 6. Juni 1944 **Ziel ständiger Bombenangriffe** der Alliierten, wobei sie bis auf die zerschlagenen Türme der Kirche und einige Häuser in den Vororten fast völlig zerstört wurde. Nach der Befreiung Saint-Lô's am 19. Juli erfolgte der Wiederaufbau der *Capitale des Ruines* („Hauptstadt der Ruinen") in den 50er-Jahren ganz im Stil dieser nüchternen Zeitepoche.

Sehenswertes

Wenn auch die Renovierung der **Kirche Notre-Dame** nicht ganz glücklich erfolgt ist, so blieben doch die schöne gotische Außenkanzel wie auch einige Fenster erhalten. In der Beckett-Kapelle des südlichen Seitenschiffs befindet sich ein modernes Fenster von *Max Ingrand*.

Die **Klosterkirche Sainte-Croix** hat im Zweiten Weltkrieg auch schwer gelitten. Die Grundsteinlegung erfolgte im Jahr 1204. Im Laufe der Jahrhunderte erfuhr dieser im Kern romanische Bau viele Veränderungen. Geblieben sind das romanische Portal sowie die ersten Gewölbebögen mit schönen Kapitellen. Der 1860 mit dem neuromanischen Chor errichtete Glockenturm fiel den Bomben zum Opfer und wurde 1954 durch einen Glockenspiel-Betonturm ersetzt.

Die **Stadtbefestigung** soll auf *Karl den Großen* zurückgehen. Die massiven Bastionen im Süden der Kirche Notre-Dame sind noch erhalten. Der Mauerring ist weitgehend renoviert und von Parkanlagen gesäumt.

Im **Musée des Beaux Arts** im Rathaus werden Werke französischer Maler aus dem 16. bis 20. Jahrhundert ausgestellt. Darüber hinaus können eine Miniatursammlung sowie Wandteppiche aus dem 16. und 17. Jahrhundert besichtigt werden.

In der Avenue du Maréchal-Juin im Osten der Stadt in Richtung Bayeux liegt das berühmte **Gestüt Haras de Saint-Lô.** Die Gründung wurde 1806 von Kaiser *Napoléon* veranlasst. Nach der Zerstörung im Juni 1944 erfolgte der Wiederaufbau nach dem historischen Vorbild. Heute werden hier Zuchthengste verschiedener Rassen (Galopp-, Reit- Trabrenn- und andere Rennpferderassen) gehalten.

Die Umgebung von St.-Lô

Parc des Sources d'Elle ☞ IX/D2

Ganz im Westen von St.-Lô liegt etwas abseits und kurz vor der Grenze zum Département Calvados der Parc des Sources d'Elle in Rouxeville, zu erreichen über die D 11. In diesem Park inmitten der Bocage-Landschaft entspringt der kleine Fluss Elle, der in die Vire mündet. Acht **Teiche** schmücken dass 35 Hektar große **Gartengelände,** das von schmalen Pfaden durchzogen wird und dessen Charakter von seinen Wildblumenflächen und großen Rhododendren-Arealen bestimmt wird.

La Barre de Semily ☞ IX/C2

Nur fünf Kilometer östlich von St.-Lô steht in La Barre de Semily an der D 972 eine romanische Dorfkirche aus der zweiten Hälfte des 12. Jahrhunderts. Original erhalten blieben das Chorgewölbe und die Kapitellskulpturen. Interessante Details sind die etwas schräg angesetzten Wasserspeierfiguren.

Die Vire flussaufwärts ☞ IX/C2

Südlich von St.-Lô weist das Tal der Vire eine Reihe reizvoller Abschnitte auf.

Weniger als zwanzig Kilometer flussaufwärts erheben sich die **Roches de Ham** 80 Meter steil über dem Flussbett. Von der oberen Plattform dieser Felsformation hat man einen wunderschönen Ausblick auf die Windungen der Vire.

Noch etwas weiter flussaufwärts steht in dem gleichnamigen Ort die kleine **Wallfahrtskapelle Chapelle-sur-Vire** mit einer Madonnenstatue aus dem 15. Jahrhundert. Marienwallfahrten sind seit dem 12. Jahrhundert bezeugt.

Nicht weit entfernt steht das **Château de l'Angotière,** das im Kern bis auf das 15. Jahrhundert zurückgeht und an dem bis zum 19. Jahrhundert um- und angebaut wurde. Der Park des Schlosses eröffnet reizvolle Ausblicke auf das Tal der Vire.

Torigni-sur-Vire   IX/D2

Westlich der Roches de Ham liegt Torigni-sur-Vire an der N 174 mit dem interessanten **Château de Matignon,** einem Bau, der seine beste Zeit im 17. Jahrhundert hatte. Damals wies dieses Schloss drei Flügel auf. Während der Französischen Revolution wurde es stark beschädigt. Lediglich der im Westen an einen Quadratpavillon aus dem Jahre 1692 angrenzende Südflügel blieb erhalten und wurde von der Ortsgemeinde erworben. Die Gemeinde war es dann auch, die im Jahr 1840 den Ostpavillon errichten ließ, um den Gesamteindruck der Anlage wieder herzustellen. Erneute Zerstörungen erfolgten im Laufe des Zweiten Weltkriegs, danach wurde das Schloss detailgenau restauriert. So zeigt sich die Anlage heute mit einem Hauptflügel und zwei Pavillons. Neben Gemeindedienststellen befindet sich auch ein Museum im Schloss.

Remilly-sur-Lozon   IX/C1

Remilly-sur-Lozon liegt knapp zwanzig Kilometer nordwestlich von St.-Lô und ist als **Korbmacherort** bekannt. Ein kleines Museum, das Musée Lehdey Vani-Bois, gibt Auskunft über dieses traditionelle Handwerk.

Nahe gelegen ist das von zwei Türmen flankierte **Château de Monfort** aus dem 15. Jahrhundert mit späteren Zubauten. Besonders reizvoll ist das Portal des Schlosses gestaltet.

Villers-Fossard   IX/C2

Abseits der großen Straßen erstreckt sich sechs Kilometer nordöstlich von St.-Lô beim kleinen Ort Villers-Fossard der **Jardin d'Elle,** ein zauberhafter 2,5 Hektar großer Park mit Kaskaden, großzügigen Blumenbeeten und interessanten gärtnerischen Gestaltungen. Hier werden 2500 verschiedene Pflanzen gezeigt, die alle aus den parkeigenen Gewächshäusern stammen.

Praktische Tipps

- **Postleitzahl Saint-Lô:** 50000
- **Tel. Vorwahl:** 0233

Information

- **Office de Tourisme,** St.-Lô, Place Général de Gaulle, Tel. 77 60 35

Unterkunft

- **Château d'Agneau**€€€, 50180 Agneau, in der Nähe von Saint-Lô, Avenue Sainte Marie, komfortable Zimmer in einem Schloss aus dem 13. Jh., ganzjährig geöffnet, angeschlossenes Restaurant€€€, montags und dienstagmittags geschlossen, Tel. 57 65 88, Fax 56 59 21, chateau-agneau@wanadoo.fr, www.chateau-agneau.com
- **Les Voyageurs**€€, Le Tocqueville, 50000 Saint-Lô, nüchternes Hotel in Stadtnähe an der Vire bei der Stadtbefestigung, angeschlossenes Restaurant€€, ganzjährig geöffnet, Tel. 05 08 63, Fax 05 15 34

Essen und Trinken

- **Le Péché Mignon**€€, Saint-Lô, 84, Rue du Maréchal-Juin, exotisch-exquisite klassische Küche wie z.B. Zanderfilet auf Safran oder unter den Desserts gefächerte Birne auf Cidre-Karamel, samstagmittags und montags, vom 25.2. bis 5.3 sowie vom 25.7 bis 5.8. geschlossen, Tel. 72 23 77, Fax 72 27 58, restaurant-le-peche-mignon@wanadoo.fr
- **L'Orangerie**€, 50160 Torigny-sur-Vire, 8, Rue Victor-Hugo, gegenüber vom Schloss, regionale Küche, sonntagabends und mon-

Le Parc Naturel Régional des Marais du Cotentin et du Bessin

Der 150.000 Hektar große **Regional-Naturpark** der Marschen des Cotentin und des Bessin erstreckt sich auf der Halbinsel Cotentin südlich der Valogne-Wälder, er wird im Süden durch das Vire-Tal begrenzt und reicht im Westen wie im Osten bis an das Meer heran. Wesentliche Teilbereiche bestehen aus ausufernden Flachgebieten, durchzogen von Flussläufen und Kanälen, die in hügeliges Acker- und Weideland eingebettet sind.

Die **Entstehung** des heutigen Marschgebietes begann vor 10.000 Jahren mit dem Ende der Eiszeit und der Wiedererwärmung der Erde. Mit dem Abschmelzen der Eismassen stieg der Meeresspiegel nachhaltig an. Wasser füllte die Täler und ließ ein verzweigtes Fluss-System entstehen.

Wenn sich nun bei Ebbe das salzhaltige Wasser zurückzieht und Schlamm, Ton und Sand hinterlässt, entwässern die Flüsse in diese Brackwasserzonen. Die im Laufe des Winters verstärkten Niederschläge der Region können auf Grund der Beschaffenheit des Marschgeländes nicht mehr vollständig abfließen. Daher sind die Marschen der Halbinsel Cotentin im Winter weitgehend überschwemmt. Das Wasser zieht sich erst im späten Frühjahr wieder zurück.

Um die Marschen für die Viehwirtschaft wieder **nutzbar zu machen,** ist es zunächst einmal erforderlich, die Abflusskanäle auszuschachten und zu reinigen. Hierfür werden seitens der Gemeinden strenge Regeln aufgestellt, die jeden Anspruchsberechtigten auf Gemeindeland zu bestimmten Arbeiten verpflichten. Die Verteilung des Viehs auf die Weiden erfolgt dann mit flachen Kähnen (gabarres), die heute allerdings immer mehr verschwinden.

Ab dem 10. Jahrhundert begannen die Menschen, sich das schwierige Gelände der Marais du Cotentin zu erschließen. Im 11. Jahrhundert wurden die ersten Erdhügel (les dicks) entlang der Taute und der Ouve aufgeschichtet, um Siedlungen vor Überschwemmungen zu schützen. Im 12. Jahrhundert begannen die **Eindeichungsarbeiten.** Sümpfe wurden trockengelegt, ehemalige Salzfelder umgewidmet. Diese Arbeiten waren bis zum 18. Jahrhundert weitgehend abgeschlossen.

Im Jahre 1805 begannen unter Napoleon durch Einsatz russischer und spanischer Kriegsgefangener gezielte Aushebungen von **Gräben, Terrassierungen** der Kleinen Vey und der Bau von **Brücken.**

Im Laufe des 20. Jahrhunderts wurden umfangreiche **Weideflächen gewonnnen,** die die Region zu einer der wichtigen Milchproduktionsgebiete der Normandie gemacht haben.

Nunmehr gilt es, diese **einmalige Natur- und Kulturlandschaft** mit ihren zwei Gesichtern zu erhalten – den Überschwemmungslandschaften einerseits und den Trichtermündungen andererseits. Zu diesem Zweck wurde 1991 unter Einschluss der 117 Gemeinden des Gebietes der Parc Naturel Régional des Marais du Cotentin et du Bessin geschaffen.

Der besondere Wert der Marschen liegt in ihrer Bedeutung für die **Zugvögel:** Einige überwintern hier, um dann im Sommer die Brutreviere im Norden Europas aufzusuchen, andere brüten aber auch in den Marschen und gehen im Winter auf die

Reise nach Südeuropa oder weiter nach Afrika. So sieht man hier neben den unterschiedlichen Entenarten Sumpfschnepfen, Stranddrosseln, Gänse und Schwäne. Sie gesellen sich zu den ortstreuen Wasserhühnern, Falken, Eulen und Reihern – ein Paradies für Jäger sowie für Angler und Fischer!

Information

- **Parkverwaltung:** Le Parc Naturel Régional des Marais du Cotentin et du Bessin, Maison de Parc, Cantepie, 50500 Les Veys, Tel. 0233 71 61 90, Fax 0233 71 61 91, info@parc-cotentin-bessin-fr
- **Park-Infocenter:** Die Douve-Brücken – Les Ponts d'Ouve, 50500 Sainte-Côme-du-Mont, Ausstellungsraum und Video-Show zum Natur- und Kulturraum der Marais, geöffnet: April bis September täglich 10-19 Uhr, Oktober bis März mittwochs, an Wochenenden, feiertags (nicht 25.12., 1.1.) und in den Schulferien 10-13 und 14-17 Uhr, geschlossen: 1.1.-24.10. und 31.12.-16.1., Eintritt 3 €, Jugendliche 2,30 €, Kinder frei

Museen

- **Marschland-Haus,** Maison des Marais, Marchésieux, bietet einen Überblick über die Geschichte des Marschlandes und seiner Bewirtschaftung, mit Backofen und Brotverkauf im Juli/Aug., geöffnet: April bis Oktober sonntags 14.30-18.30 Uhr, Juli/Aug. täglich, Eintritt 2,80 €, Kinder unter 14 Jahre 0,80 €, Tel. 0233 07 15 20
- **Korbflechtmuseum,** Musée de la Vannerie, Remily-sur-Luzon, bietet einen Überblick über die jahrhundertelange Tradition dieses Handwerks mit Verkaufsausstellung, Tel. 0233 56 21 01, Fax 56 21 06
- **Bauernhaus-Museum,** Ferme-Musée du Cotentin, Sainte-Mère-Église, bietet einen Einblick in das bäuerliche Wirtschaften in der Region um die Jahrhundertwende, geöffnet: Juni bis September 10-19 Uhr, April/Mai und Okt./Nov. 14-18 Uhr, November bis März sonntags und in den Schulferien 14-18 Uhr, Eintritt 3,80 €, Jugendliche 1,50 €, Kinder frei, Tel. 0233 41 30 25, Fax 0233 41 07 19
- **Ziegelstein-Museum,** Maison de la Brique, Saint-Martin-d'Aubigny, renovierte alte Ziegelbrennerei, die auf der Basis der Tonvorkommen der Marais arbeitet, Informationen zur Tongrube, zum Brennvorgang, Lehrrundgang um einen Kreisofen, geöffnet: Ostern bis Allerheiligen sonntags 14.30-19 Uhr, Juli/Aug. täglich, Eintritt 3 €, Jugendliche 0,80 €, Kinder frei, Tel. 0233 07 61 95

Aktivitäten

- **Boots-Touren:** Mini-Kreuzfahrt auf der Douve an Bord der „Barbey d'Aureville II.", Abfahrt an der Port-Jourdan in Saint-Côme-du-Mont (Hinweisschildern *Espace de Découverte les Ponts d'Ouve* folgen), Halbtagstour: 15-18 Uhr Mai/Juni/September sonntags, Juli/August sonntags und freitags, 10 €, Kinder 7 €, Ganztagstour: mit Picknick 9.30-18 Uhr Mai bis September samstags, 16 €, Kinder 11,50 €, Buchungen und Information: Tel. 0233 71 55 81, Fax 0233 71 12 52 oder beim Office de Tourisme de Carentin (siehe „Utah Beach")
- **Touristen-Eisenbahn:** mit dem Marschland-Bummelzug eine Tour in die guten alten Zeiten der Landschaft und der Flora der Marais du Cotentin genießen, die Fahrt führt fünf Kilometer auf der Strecke Perriers – St.-Lô, Abfahrt: vom Freizeitcenter an der D 900, Fahrten: Juli/August täglich 14.30 Uhr, April bis Oktober jedes Wochenende, Tel. 0233 05 15 54, Fax 0233 05 72 60

tags im Winter sowie 26.1.-9.2. geschlossen, Tel. 56 70 64, Fax 56 70 64

Museen

- **Musée Municipal des Beaux Arts,** Saint-Lô, Place du Champs de Mars, Malerei mit Schwerpunkt Impressionisten, Wandteppiche, Stadtgeschichte, geöffnet: täglich außer dienstags 10-12 und 14-18 Uhr, Eintritt 1,50 €, Kinder 0,75 €, Tel. 72 52 55, Fax 57 82 49
- **Musée du Bocage Normand - Hof Boisjugan,** ganz in der Nähe der Stadtmitte von St.-Lô bietet dieser Hof mit bemerkenswerten Gebäuden aus dem 17. bis 19. Jahrhundert einen Einblick in die ländliche Bauweise und in die Landwirtschaft der Marschland- und Heckenregion von St. Lô, zum Tag des alljährlichen Butterfestes am 22. August besondere Attraktionen wie Einsatz von historischen Dampfpflügen, Handwerksvorführungen, Folkloregruppen etc., tägl. Juli/Aug. und außerhalb der Saison samstags und sonntags 14-18 Uhr geöffnet, Eintritt 1,50 €, Jugendl. 0,75 €, Kinder frei, Tel. 56 26 98, Fax 56 09 12, musee.bocage.normand@wanadoo.fr
- **Musée du Château de Matignon,** Torigni-sur-Vire, zeitgenössisch restauriertes Schloss aus dem 17. Jahrhundert mit einer Sammlung von Wandteppichen, Gemälden und Skulpturen des Heimatschnitzers *Arthur Le Duc* (1848-1918), geöffnet: im Juli und August 14.30-18 Uhr, zweite Juni- sowie erste Septemberhälfte nur an Wochenenden, Eintritt 2,50 €, Tel. 56 71 44, Fax 56 13 35
- **Musée Lehodey Vani-Bois** (Korbflechtwarenmuseum), Remilly-sur-Lozon, gezeigt wird die Tradition der Korbflechterei über zwei Jahrhunderte wie z.B. Möbel und Butterbehältnisse, Ausstellungsraum und Verkauf, geöffnet: für Gruppen ab 10 Personen werktags von 9 Uhr bis mittags sowie 14-18 Uhr (August geschlossen), Eintritt 2 €, Kinder 1 €, Auskunft *Madame Lehodey,* Tel. 56 21 01, Fax 56 21 06, lehodey.vanibois@wanadoo.fr, www.pro.wanadoo.fr/lehodey.vanibois

Besichtigungen

- **Notre-Dame,** Saint-Lô, Führungen finden statt im Juli und August sowie an den „Kulturtagen" im September dienstags und freitags um 15 Uhr
- **Sainte-Croix,** Saint-Lô, Führungen während der Kulturtage im September, Information: Office de Tourisme
- **Haras de Saint-Lô,** Avenue du Maréchal Juin, Gebäudekomplex um einen Ehrenhof mit großzügigen Stallanlagen, es werden über 100 Hengste hauptsächlich der Rassen Selle Français sowie Cob Normand gehalten, Führungen: nachmittags von Juni bis September, zusätzlich 11 Uhr im Juli/Aug., besonders sehenswert sind die Gestüt-Vorführungen am letzten Donnerstag im Juli und am ersten Donnerstag im September um 15 Uhr, Information: Tel. 55 29 09, Fax 55 26 14, haras.stlo@wanadoo.fr
- **Parc des Sources d'Elle,** 50810 Rouxeville, 35 Hektar großes Parkgelände mit Teichen, Wildblumen und Rhododendren, geöffnet: von März bis Oktober 7.30-19 Uhr, freier Eintritt, Tel. 56 17 90
- **Jardin d'Elle,** 50680 Villers-Fossard, Route d'Isigny-sur-Mer, kleiner, zauberhafter Park abseits der Touristenströme, geöffnet: von Februar bis November 10-12 und 14-18 Uhr, sonn- und feiertags durchgehend, Besichtigung mit Führung Erwachsene 5 €, Kinder/Jugendliche bis 16 Jahre 2,50 €, Tel. 05 88 64, Fax 05 15 88

Notre-Dame in Carentan

Utah Beach

Die Ostküste der Halbinsel Cotentin, die sich zwischen den Bancs du Grand Vey bis Quettehou erstreckt, wird in ihrem südlichen Abschnitt auch als Utah Beach bezeichnet. Hier befand sich der fünfte Landeabschnitt der Alliierten.

Die gesamte Küste zeichnet sich durch **Strände mit rückwärtigen Dünen** aus. Im südlichen Teil sind es eher Sandstrände, weiter nördlich auch steinigere Abschnitte. Ganz im Süden ist der Küstenstreifen zur Baie des Vey als Vogelschutzgebiet (Réserve Ornithologique de Beauguillot) ausgewiesen.

Der Tourismus hat diesen Teil der Normandie noch kaum erreicht. Unterkunftsmöglichkeiten sind eher begrenzt, Camping überwiegt, Verpflegungsmöglichkeiten gibt es in Bars. Die **Naturbelassenheit** dieser Küste macht ihren ganzen Reiz aus, auch wenn in regelmäßigen Abschnitten Betonbunker an die Ereignisse im letzten Weltkrieg erinnern.

Landeinwärts schließt sich eine etwa drei Kilometer breite **Marschlandschaft** an. Dahinter erheben sich die Hügel der **Heckenlandschaft** des Cotentin, die den Amerikanern so viele Schwierigkeiten bei der Eroberung dieses Geländeabschnittes bereiteten.

Die Amerikaner kannten solche Hecken nicht, die über Jahrhunderte so stark verwurzelt waren, dass sie wie Panzersperren wirkten. Das Gelände musste dem Gegner Feld für Feld und ohne schweres Gerät abgerungen

werden, denn Panzer waren unter diesen Bedingungen zu unbeweglich und zu verwundbar. So ist dieser **War of Hedgerows** („Heckenkrieg") für die Amerikaner mühsam und verlustreich gewesen.

Carentan   III/C3

Die Anreise zum Utah Beach erfolgt über Carentan. Der Ort liegt nur wenige Kilometer südlich der Baie des Veys, mit der er durch einen Kanal verbunden ist. Und so konnte 1982 sogar ein **Jachthafen** in Carentan eröffnet werden.

Mit ihrem schlanken, über 60 Meter hohen Turm beherrscht die **Église Notre-Dame** das Stadtbild. Vom romanischen Vorgängerbau, der am Ende des Hundertjährigen Krieges noch zerstört wurde, sind im Wesentlichen nur das Westportal und die Vierung sowie der untere Teil der Säulengänge erhalten geblieben. Der Neubau betraf ab 1466 zunächst das Mittel- und das Südschiff. Durch den späteren Bau der Kanzel, der Bogengänge und des Nordschiffes wurde dieser Bereich erheblich vergrößert. Bemerkenswert ist der Figurenschmuck des Äußeren mit fanatasievollen Skulpturen. Der Chor wurde 1517 um die Rosenkranzkapelle erweitert. Die umfangreiche Gemäldesammlung der Kirche wurde kürzlich hervorragend restauriert. Von der Innenausstattung ist die Orgel besonders hervorzuheben. Sie stammt etwa aus der Zeit um 1805. Außergewöhnlich ist die Bauweise der Pfeifen und die Gehäuseausstattung.

Das **Hôtel de Ville** ist in einem ehemaligen Augustinerkloster aus der Mitte des 17. Jahrhunderts untergebracht. Die zentrale Fassade wurde 1717 erneuert.

Weitere sehenswerte Gebäude befinden sich im Stadtkern. Das **Lavoir des Fontaines,** ein Badehaus mit Säulendach aus dem 18. Jahrhundert, ist noch heute in Gebrauch.

Das Herrenhaus **Hôtel de Pontbergé** in der Rue Sébline stammt aus der Renaissance und hat ein schön skulptiertes Portal.

Das **Hôtel de Dey** in der Rue de l'Église stammt aus dem 17. Jahrhundert. Eine Plakette am Haus weist darauf hin, dass der berühmte französische Schriftsteller *Honoré de Balzac* hier 1836 seinen Roman „Réquisitionnaire" geschrieben hat.

Einmalig in der Normandie sind die vier **Arkadenhäuser** am Place de République mit ihren neun gotischen Bögen. Sie waren einst Teil eines mittelalterlichen Marktes aus dem 14. Jahrhundert.

Ste.-Marie-du-Mont III/C3

Der direkte Weg von Carentan zum Utah Beach führt zunächst über die vierspurige N 13 in Richtung Cherbourg-Octeville. Nach wenigen Kilometern biegt man auf die D 913 ab. Auf der Strecke sieht man in **Vierville** eine schöne romanische Dorfkirche.

Wenige Kilometer weiter erhebt sich in **Ste.-Marie-du-Mont** eine Kirche von außergewöhnlicher Architektur und Ausstattung. Ihr Ursprungsbau geht auf das 12. Jahrhundert zurück. Das vierjochige Langhaus stammt aus jener Zeit und zeigt künstlerisch gearbeitete Tierdarstellungen in den Pfeilerkapitellen. Der Chor und das Querschiff wurden im 14. Jahrhundert errichtet; der Vierungsturm, der einen 1843 restaurierten Renaissance-Helm trägt, ebenfalls.

La Madeleine III/C3

Die Weiterfahrt auf der D 913 führt unmittelbar an der kleinen Ortschaft La Madeleine an den Utah Beach. Genau hier landeten die Amerikaner am 6. Juni 1944 die Truppen der 4. US-Division. In Erinnerung daran wurde mit dem **Musée du Débarquement** ein Invasionslandungs-Museum eingerichtet, das über eine beeindruckende Sammlung von Militärexponaten und Dokumenten der alliierten wie auch der deutschen Seite verfügt. Nicht zu übersehen sind die Museumspanzer, die am Gebäude aufgestellt sind. 1984 wurde zum 40sten Jahrestag der Landung ein großes Monument (Mémorial) errichtet.

Monument Leclerc ⇗ III/C2

Die Küstenstraße D 421 führt vom Landungsmuseum bis Quinéville hinter den Dünen am Utah Beach entlang. Immer wieder tauchen deutsche Bunkeranlagen auf. Dazwischen gibt es Übergänge über die Dünen, die die Möglichkeit bieten, an den Strand zu gelangen. In Erinnerung an den 1947 verstorbenen französischen Invasionsgeneral *Leclerc* wurde am Dünenabschnitt **Dunes-de-Varreville** das Monument Leclerc errichtet. Ausgemusterte Panzerfahrzeuge säumen das Denkmal.

Ravenoville Plage ⇗ III/C2

Wenige Kilometer weiter nördlich stehen in Ravenoville Plage dicht gedrängt eine ganze Reihe von **Hütten am Strand.** Von den örtlichen Fischern gebaut, sind im rückwärtigen Teil unten Einstellplätze für Boote vorgesehen. Die Vorderfront steht erhöht auf den Dünen und ist so vor den Unbilden der Witterung und der Wellen geschützt. Längst werden diese Hütten von Urlaubern genutzt – es sind ideale Ferienunterkünfte.

Ste.-Mère-Église ⇗ III/C3

Für diejenigen, die an den Geschehnissen der alliierten Landung interessiert sind, sei von Ravenoville ein kurzer Abstecher auf der D 15 ins Landesinnere nach Ste.-Mère-Église empfohlen. Hier landeten nämlich die ersten amerikanischen Fallschirmspringer, die man in Gleitseglern herbeigeflogen hatte. Das **Musée des Troupes Aéroportées** (Luftlandemuseum) ist diesen Fallschirmjägertruppen gewidmet.

Quinéville ⇗ III/C2

Auch in dem kleinen Badeort Quinéville erinnert ein Museum an die Ereignisse des Zweiten Weltkrieges: das Musée de la Liberté. Sehenswert ist darüber hinaus ein Schloss aus dem 18. Jahrhundert mit klassizistischer Fassade.

Les Îles Saint-Marcouf ⇗ III/C-D2

Dem Utah Beach in etwa auf der Höhe zwischen Quinéville und Ravenoville vorgelagert liegen die Îles Saint-Marcouf. Sie bestehen im Wesentlichen aus zwei Inseln, daneben ragen noch einige Felsen aus dem Wasser. Auf der größeren der beiden Inseln, der Île du Large, befindet sich ein napoleonisches Rundfort, das **Fort Circulaire.** Die kleinere Insel, Île de Terre, mit Festungsruinen aus dem Jahre 1850, ist heute ein **Vogelschutzreservat.**

Halbinsel Cotentin

Montebourg   III/C2

Im Hinterland des Utah Beach sind die Orte Montebourg und Valognes von Interesse.

Von Quinéville erreicht man Montebourg über die D 42. In dem kleinen Ort steht die **Abbey Notre-Dame-de-l'Étoile,** ein Kloster, das *Wilhelm der Eroberer* um 1080 als Benediktinerabtei gründete. Die Klosterkirche mit ihrem romanischen Taufbrunnen entstand im 14. Jahrhundert, die Klostergebäude wurden im 15. Jahrhundert. errihtet. Die während der Französischen Revolution weitgehend zerstörten Bauten wurden im 19. Jahrhundert erneuert, die Kirche musste nach dem Zweiten Weltkrieg wieder aufgebaut werden.

Valognes   III/B2

Von Monteborg aus sind es nur annähernd sieben Kilometer bis nach Valognes, die man weitgehend auf der vierspurig ausgebauten N 13 zurücklegen kann.

Valogne geht auf eine keltische Siedlung namens *Alauna* zurück. Nach Zerstörungen im Hundertjährigen Krieg erlebte die Stadt im 17. und 18. Jahrhundert eine wirtschaftliche Blüte.

Heute fühlt sie sich als „aristokratische" Hauptstadt des nördlichen Cotentin und bezeichnet sich gerne als **Ville d'Art et d'Histoire** („Stadt der Künste und der Geschichte"). In der Tat haben einige der alten Herrenhäuser den Krieg gut überlebt.

An erster Stelle ist das **Hôtel de Beaumont** zu erwähnen, ein repräsentatives Stadthaus des Architekten *Raphael de Lozon* inmitten eines schönen Parks. Die Fassade dieses Palais ist reich geschmückt. Innen führt eine elegante Treppe in den oberen Stock. Die Möblierung stammt noch aus der Zeit von *Ludwig XV.* und *Ludwig XIV.*

In der Rue des Religieuses steht das **Hôtel de Grand-Coligny** aus dem 17. Jahrhundert mit Ergänzungen im 18. Jahrhundert. Beachtenswert sind die schmiedeeisernen Treppengeländer, der Kachelofen aus der Empire-Zeit sowie die Umkleide- und Schlafräume.

Das **Musée du Cidre** ist im Maison du Grand Quartier gegenüber dem Hôtel de Beaumont in der Rue du Petit Versailles untergebracht. In diesem Stadtpalais aus dem 15. Jahrhundert, das als Wollfärberei errichtet wurde und von 1700 bis 1900 als Kaserne diente, ist ein Museum untergebracht, das der Erzeugung des normannischen Apfelweins und Apfelschnapses gewidmet ist.

Das herrschaftliche Hôtel de Thieuville in der Rue Pelouze geht in seiner Bausubstanz auf das 17. Jahrhundert zurück. Es beherbergt das **Musée de l'Eau de Vie** (Branntweinmuseum) sowie ein **Ledermuseum.**

Erwähnenswert ist schließlich auch die **Église Notre-Dame d'Alleaume,** eine ursprünglich romanische Kirche im gleichnamigen Vorort. Der Name *Alleaume* geht auf den keltischen Ortsnamen *Alauna* von Valognes zurück, dessen Überreste (Befestigung und

Römisches Bad) sich ganz in der Nähe der Kirche Notre-Dame befinden. Im 15. Jahrhundert wurde diese erneuert. Erhalten blieb dabei an der Südseite ein romanisches Türsturz-Relief, Petrus und Paulus mit dem Lamm Gottes darstellend.

Praktische Tipps

Information

- **Office de Tourisme,** 50500 Carentan, Hôtel de Ville, Boulevard de Verdun, Tel. 0233 71 23 50, Fax 0233 42 74 01, info@ot-carentan.fr
- **Office du Tourisme,** Quinéville, Tel. 0233 21 36 92, Fax 0233 21 61 39
- **Office du Tourisme,** 50700 Valognes, 21, Rue du Grand Moulin, Tel. 0233 95 01 26, Fax 0233 95 23 23, mairie.officetourisme.valognes@wanadoo.fr

Unterkunft

- **L'Aire de la Baie**€, 50500 Carentan – Les Veys, praktische Unterkunft mit Motel-Charakter zwischen der N 13 und der Baie des Veys, ganzjährig geöffnet (20.12-12.1 geschlossen), angeschlossenes Restaurant€ sonntagabends zwischen Januar und April geschlossen, Tel. 0233 42 00 95, Fax 0233 71 06 94, info@aire-de-la-baie.com, www.aire-de-la-baie.com
- **Camping Municipal Le Haut Dyck,** 50500 Carentan, schmales Wiesengelände auf dem Deich am Schwimmbad, 500 Meter vom Zentrum, halbschattige Stellplätze, ganzjährig geöffnet, Tel. 0233 42 16 89
- **Le Château de Quinéville**€€€ 50310 Quinéville, 18, Rue de l'Église, Edel-Unterkunft in einem Herrenhaus aus dem 14. und 18. Jahrhundert mit angeschlossenem Restaurant€€€, geschlossen vom 5.1. bis zum 1.4., Tel. 0233, 21 42 67, Fax 0233 21 05 79, www.chateau-de-quineville.com
- **Hôtel de la Plage**€, 50310 Quinéville, 7, Avenue de la Plage, einfaches Hotel mit angeschlossenem preiswertem Restaurant€, erste Märzwoche und Anfang Oktober bis Weihnachten geschlossen, Tel./Fax 0233 21 43 54
- **Le Sainte-Mère**€, an der N 13 in Ste.-Mère-Église, modernes, praktisches, preiswertes Hotel, von dem man die Strände der Ostküste unproblematisch erreichen kann, ganzjährig geöffnet, Tel. 0233 21 00 30, Fax 0233 41 38 40
- **Le Grand Hôtel du Louvre**€, 50700 Valognes, 28, Rue des Religieuses, charmantes Hotel in einer ehemaligen Poststation mit angeschlossenem Restaurant€, 20.12.-20.1. und außerhalb der Saison an Wochenenden geschlossen, Tel. 0233 40 00 07, Fax 0233 40 13 73
- **Camping Municipal d'Utah Beach,** Ste.-Marie-du-Mont, hinter den Dünen gelegenes Gelände mit einzelnen Bäumen, geöffnet: April bis September, Tel. 0233 71 53 69, Fax 71 07 11
- **Camping Le Cormoran,** Ravenoville-Plage, vom Meer nur durch die Straße getrennter Platz, durch Büsche und Bäume unterteiltes, ebenes Gelände mit komfortabler Ausstattung, geöffnet: April bis September, Tel. 0233 41 33 94, Fax 0233 95 16 08

Essen und Trinken

- **Manoir de Cantepie**€€, 50500 Les Veys, an der N 13 zwischen Isigny-sur-Mer und Carentan, Ausfahrt Aire de Cantepie, in einem Herrenhaus, das nach dem Hundertjährigen Krieg errichtet wurde, Spezialität Jakobsmuscheln in sauce pommeau, ganzjährig geöffnet außer sonntagabends und montags (Januar geschlossen), Tel. 0233 71 19 55, Fax 0233 71 22 23

Das Herrenhaus kann besichtigt werden, geöffnet: April bis September 10-20 Uhr, ansonsten bis 18 Uhr, Tel./Fax 0233 71 50 80

Museen

- **Musée du Lait** (Milchmuseum), 50310 Montebourg, Rue des Perruquettes, Einblick in die bäuerliche Milcherzeugung und -verarbeitung vom Bauernhof bis zur industriellen Produktion, ein Museum für spezifische Interessen, nur im Sommer geöffnet, Informationen über das Office de Tourisme, Tel. 0233 41 13 48

- **Musée Régional du Cidre et du Calvdos** (Regionales Apfelwein- und Calvados-Museum), 50700 Valognes, Rue du Petit Versailles, Tel. 0233 40 22 73
- **Musée du Calvados et des Vieux Métiers** (Calvados- und Heimatmuseum), Valognes, Rue Pelouze, historische handwerkliche Exponate mit Schwerpunkt bei der Schnapsbrennerei, Möglichkeit des Einkaufs regionaler Produkte, geöffnet: April bis September täglich 10-12 und 14-18 Uhr, April/Mai/Juni/September sonntagmorgens und dienstags geschlossen, kommentierte Führungen gegen Voranmeldung, Eintritt 3 €, Kinder/Jugendliche bis 16 Jahre 1,50 €, Tel. 0233 40 26 25
- **Musée du Débarquement**, Sainte-Marie-du-Mont, beeindruckendes Invasionsmuseum mit Panoramaausblick über den Landungsbereich der Alliierten bis zur Pointe du Hoc, geöffnet: April bis November täglich, im Winter nur an Wochenenden, Eintritt 4,80 €, Jugendliche 2 €, Kinder frei, Tel. 0233 71 53 35, Fax 0233 71 93 30, musee.utahbeach@wanadoo.fr, www.utah-beach.org
- **Musée de la Liberté**, Quinéville, das Museum konzentriert sich auf das Alltagsleben der Franzosen während der deutschen Besatzungszeit, es werden keine Waffen gezeigt, allerdings ein umfunktionierter Bunker, geöffnet: Mitte März bis Mitte November, Tel. 0233 21 40 44, Fax 0233 21 52 20
- **Musée des Troupes Aéroportées** (Luftlandemuseum), 50480 Ste.-Mère-Église, Place du 6 Juin, Ausstellung über das amerikanische Luftlandeunternehmen am 6. Juni 1944 mit militärischen Exponaten wie z.B. Transportgleiter, Transportmaschinen, Landegerät etc., Februar bis November täglich geöffnet, Eintritt 5 €, Jugendliche 2 €, Tel. 0233 41 35 22, Fax 0233 41 78 87, musee.airborne@wanadoo.fr, www.airborne.museum.org

Besichtigungen

- **Hôtel de Beaumont**, Valognes, Führungen durch dieses herrliche Stadtpalais mit seiner Möblierung im Stil *Ludwig XIV.* und *Ludwig XV.*, geöffnet: Osterferien und Juli bis Mitte September, 14.30-18.30 Uhr, Eintritt 4,50 €, Tel. 0233 40 12 30

- **Hôtel de Granval-Caligny,** Valognes, 32, Rue des Religieuses, Herrenhaus aus dem 17./18. Jahrhundert, Eintritt 4 €, Kinder/Jugendliche unter 18 Jahren 2,50 €, Information Frau *Fauvel*, Tel. 0233 40 01 75 oder im Innenhof klingeln

Sport

- **Segelschule:** Carentan, Club des Croiseurs Côtiers, Tel. 0233 42 28 53, Fax 42 00 03
- **Strandsegler:** Sainte-Marie-du-Mont, Utah Avel Mor Club, Tel. 0233 71 53 69, Fax 0233 71 07 11;
  Quinéville, Cercle Nautique de la Sinope, 28, Boulevard Maritime, Tel. 0233 21 06 36 (Juli/Aug.), ansonsten 0233 41 36 44
- **Jachthäfen:** Carentan, mit 200 Liegeplätzen und 50 Gästeplätzen, Zugang während der Flut über den sieben Kilometer langen Kanal du Carentin à la Mer, Tel. 0233 42 24 44, Fax 42 00 03, port-carentan@wanadoo.fr, www.sctel.fr/portcarentan;
  Quinéville, 130 Liegeplätze und 15 Gästeplätze, erreichbar bei Flut, Information: Gemeindeamt Quinéville, Tel. 0233 21 40 29
- **Mini-Golf:** Carentan, im Camping le Haut Dick, Tel. 0233 42 16 89

Nachtleben

- **Diskothek:** L'Excalibur, Carentan, Rue Houlgate Carentin, Tel. 0233 71 52 81

Der Nordosten

Der nordöstliche Teil der Halbinsel Cotentin wird auch als **Val de Saire** bezeichnet, obwohl dieses bezaubernde Tal nur einen Teil des Gesamtgebietes ausmacht und im Erscheinungsbild auch völlig von dem der Küste abweicht. Diese reicht von Quettehou über St. Vaast und Barfleur bis Fermanville. Vor allem die malerischen Ortsbilder der **Fischerstädtchen** St. Vaas und Barfleur haben sie berühmt gemacht. Das reizvolle Tal der Saire ist dagegen nach wie vor ein „Insider-Tipp".

Die ausgeglichenen klimatischen Bedingungen ermöglichen es den Bauern im Nordosten der Halbinsel, ihre Kühe neun Monate im Jahr auf der Weide zu halten. Gleichfalls begünstigt ist der Gemüseanbau, die unterschiedlichen Frühgemüsesorten gelangen von hier auf die Märkte bis Paris.

Quettehou ⤴ III/C2

Quettehou eignet sich als Ausgangspunkt für eine Reise durch den Nordosten der Halbinsel.

Die im 13. Jahrhundert aus Granitsteinen errichtete Ortskirche Saint-Vigor fällt durch ihre typische, schlichte normannische Bauweise auf. Ihr Glockenturm stammt aus dem 15. Jahrhundert. Vom Friedhof hat man einen schönen Überblick über die Bucht von St. Vaast mit den Inseln La Hougue und Tatihou bis hin zur Landspitze Pointe de Saire.

Val de Saire ⤴ III/C1

Die **Namensgebung** des Tals der kleinen Saire geht auf die Normannen zurück, die die Landspitze an der Mündung Sarnes nannten, was auf skandinavisch in der Tat „Landspitze" bedeutet. Später kam die Schreibweise Cères oder auch Cérès auf.

Die **Quelle** der Saire liegt in Mesnil au Val auf 140 Meter Höhe südöstlich von Cherbourg. Die Länge ihres Flusslaufes beträgt keine 30 Kilometer.

Im Oberlauf verliert die Saire auf acht Flusskilometern 85 Meter an Höhe. Hier in der Heckenlandschaft des Cotentin bahnt sie sich ihren Weg mit **kleinen Kaskaden** durch Hügel und Wiesen. In ihrem Mittellauf ist sie sogar von kleinen **Wäldern** gesäumt, wie etwa dem Bois de Coudray, Bois de Barnevast, Bois de Boutron oder etwa dem Bois de Pépinvast. Flussabwärts von Le Vast verläuft die Saire entlang einer alluvialen Aufschüttung und verzweigt sich zwischen Quettehou und Réville zu einer weit ausgreifenden **Marschlandschaft.** Ein kleiner Flussarm verläuft in fast nördlicher Richtung und mündet kurz vor Barfleur in das Meer.

Einst wurden im Verlauf der Saire über 50 **Mühlen** betrieben, die die Grundlage für einen frühen industriellen Aufschwung des Tales bildeten. Längst sind diese Zeiten vorbei, nur drei Mühlen sind übrig geblieben: die Moulin d'Esseulles, au Vicel und d'Anville, die 1960 restauriert wurde. Der größte Industriebetrieb der Region, eine Spinnerei in Le Vast, schloss schon

DER NORDOSTEN

> **Rundreise durch das Tal der Saire**
>
> Ausgangspunkt ist **Quettehou**. Auf der D 902 geht es in Richtung Barfleur bis zum Abzweig D 26, dort links und durch Weiden und Obstgärten nach **Le Vast**. Hier eröffnet sich eine hügelige Landschaft aus Wiesen und kleinen waldigen Abschnitten, die insgesamt einen parkartigen Eindruck hinterlassen.
>
> Von Le Vast folgt man dann auf der D 25 dem Talverlauf der Saire flussabwärts bis **Valcanville**, wo man rechts in die D 125 einbiegt. Anschließend an der Abzweigung der D 328 in Richtung **La Pernelle** abbiegen und nach 300 Metern auf ein Schild mit der Aufschrift *Église, Panorama* achten.
>
> Hier am Endpunkt der Rundreise steht hinter der wieder errichteten Kirche von La Pernelle ein ehemaliger, befestigter deutscher **Aussichtspunkt** mit Erläuterungstafel. Auf einer Höhe von über 120 Metern hat man einen herrlichen Überblick über die Marschlandschaft der Saire und den Küstenabschnitt vom Leuchtturm Phare de Gatteville über Barfleur, St. Vaast bis zu den Klippen von Grandcamp.

Ende des 19. Jahrhunderts. Ein wahrer Exodus der Bevölkerung war die Folge.

Saint-Vaast-la-Hougue ⊿ III/C1-2

Von Quettehou gelangt man auf der D 1 nach nur drei Kilometern nach St. Vaast, einem Fischerort mit großem Jachthafen, der vor allem auch für seine **Austernzucht** bekannt ist.

Seinen Namen verdankt der Ort dem **Heiligen Vaast,** Apostel der Flandern. Von hier aus wurde auch die Pfarrei des heutigen St. Vaast gegründet.

Schon während des **Hundertjährigen Krieges** bewachte ein auf der vorgelagerten Insel La Hougue gelegenes Fort den Hafen von St. Vaast, der für den englischen Nachschub von großer Bedeutung war, bis im Jahre 1453 auch das letzte englische Schiff Frankreich über St. Vaast verließ.

Zwei Jahrhunderte später trat St. Vaast wieder in den Mittelpunkt, als 1688 der englische König *James II.* wegen seines römisch-katholischen Glaubens abgesetzt wurde und nach Frankreich flüchtete. *Ludwig XIV.* unterstützte seinen Traum, den englischen Thron wieder zu erlangen. 1692 wollte er mit irischen Truppen und einer Flotte von vierundvierzig Kriegsschiffen unter Leitung von Admiral *Tourville* nach England übersetzen. Doch den Franzosen stellte sich eine doppelt so große englisch-niederländische Flotte entgegen. Nach heftigem Kampf flüchteten die Franzosen und versuchten, mit der Gezeitenströmung um das Cap de la Hague zu entkommen. Doch die Tide schlug um, die französischen Schiffe wurden zurückgetrieben. Tourville gab den Befehl, sie in letzter Not vor St. Vaast auf Grund zu setzen. Doch die irischen Truppen meuterten und unternahmen nichts, um sie zu retten. Die Engländer nahmen die französischen Schiffe unter Feuer und vernichteten die Flotte *Ludwigs XIV.*

Als Folge dieser Niederlage beauftragte *Ludwig* seinen Festungsbaumeister *Vauban* mit der Aufgabe, St. Vaast mit modernen Verteidigungsanlagen zu versehen. *Vauban* ließ auf der südlich des Hafens gelegenen Insel La Hougue die Festung **Fort de la Hougue** errichten, die bis heute gut erhalten ist und inzwischen durch eine Straße mit dem Festland verbunden wurde.

Gleichzeitig befestigte *Vauban* die dem Hafen von St. Vaast östlich gegenüber liegende **Insel Tatihou**, deren Namensgebung normannischen Ursprungs ist *(hou = „Wasser")*. In der nachfolgenden Zeit wurde diese Festung durch verschiedene Einrichtungen erweitert, so 1725 durch die Einrichtung einer Quarantäne-Station. Als ihr militärischer Zweck überholt war, folgte 1887 ein Meeresforschungszentrum, 1925 ein Sanatorium und 1948 ein Erziehungszentrum. Im Jahre 1992 wurden umfassende Renovierungen der Inselgebäude vorgenommen. Die Insel ist seither nach drei Jahrhunderten wieder für die Öffentlichkeit zugänglich.

Am Hafen steht die Kirche **Chapelle des Marins** mit romanischem Chor. Vom Hafenende führt eine Mole zum **Leuchtturm** von St. Vaast, von dem aus man einen Überblick über die Stadt, über die Insel Tatihou und bei Ebbe auch über die **Muschelbänke** hat. Letztere haben hier einen besonders günstigen Standort, weil sich das rückläufige Wasser bis über die vorgelagerte Insel hinaus zurückzieht und so eine Fläche von mehreren Kilometern Breite freigibt.

Pointe de Saire III/C1

Reizvoll ist eine Fahrt um die Bucht von Tatihou herum zur Landspitze Pointe de Saire. Hierzu verlässt man St. Vaast auf der Straße entlang des Jachthafens und fährt bis kurz vor Réville, wo man hinter der Brücke über die Saire rechts abbiegt. Im Umfeld von Jonville, dem Vorort von Réville, steht eine alte, deutsche Befestigungsanlage mit gutem Rundblick. Noch umfassender ist der **Ausblick über die felsgesäumte Küste** aber von der Landspitze selbst.

Der Hafen von Saint-Vaast-la-Hougue

Der Hafen von Barfleur

Manoir de la Crasvillerie   ↗ III/C1

Fährt man von Réville auf der D 1 nur etwas mehr als einen Kilometer weiter nördlich durch das Gemüseanbaugebiet des Val de la Saire, so gelangt man nach **Crasville,** einem Marktflecken mit nur wenigen Häusern, an dessen Ende sich das mächtige Manoir de la Crasvillerie aus dem 16. Jahrhundert erhebt. Ein Blick durch das Tor lässt die Einheitlichkeit der Anlage sofort erkennen.

Barfleur   ↗ III/C1

Von St. Vaast ist es nicht weit nach Barfleur – auf der D 1 sind es hinter Réville noch annähernd fünf Kilometer Wegstrecke, bis man diesen **malerischen Fischerhafen** erreicht, der schon in normannischer Zeit große Bedeutung hatte. Von Barfleur aus wurden viele Kontakte nach England geknüpft. So hat sich hier auch *Richard Löwenherz* 1194 eingeschifft, um sich in England krönen zu lassen.

Noch stärker als in St. Vaast wirkt in Barfleur der **Gezeitenunterschied** – er kann bis zu zehn Meter betragen. Das Hafenbecken ist durch eine Schleuse abgetrennt, außerhalb festgemachte Schiffe liegen bei Ebbe auf Grund.

Nahe am Hafenausgang steht an exponiertem Standort die wie eine Wehrkirche wirkende **Église Saint-Nicolas.** Die Kirche entstand im 17. Jahrhundert. Ihr zinnengekrönter Vierungsturm ist aus wuchtigem Granit errichtet. Von der Innenausstattung sind mehrere schöne Holzstatuen erwähnenswert, die Pietà im südlichen Querschiff aus dem 15. Jahrhundert sowie der verzierte Lettner aus dem gleichen Jahrhundert. In der Kirche werden die Reliquien der heiligen *Marie-Madelaine Postel,* der Gründerin des Ordens der Heiligen Schwestern, aufbewahrt. Ihr Geburtshaus kann in Barfleur besichtigt werden.

Gatteville-le-Phare

Auf der D 116 in Richtung Pointe de Barfleur gelangt man in den kleinen Ort Gatteville-le-Phare. Neben der Kirche aus dem 18. Jahrhundert, die am romanischen Turm des Vorgängerbaus errichtet wurde, steht hier auch die benachbarte Seefahrerkapelle Notre-Dame-de-Bon-Secours. Diese bemerkenswerte Kapelle stammt noch aus dem 11. Jahrhundert und wurde über einer merowingischen Nekropole errichtet.

Pointe de Barfleur

Den Besuch der Pointe de Barfleur sollte man auf keinen Fall versäumen. Hier befindet man sich an der äußersten Nordwestspitze der Halbinsel Cotentin. Auf der Spitze steht der 1834 erbaute Phare de Gatteville, der 71 Meter emporragende, **höchste Leuchtturm Frankreichs.** Von seiner Spitze hat man einen umfassenden Überblick über die Îles St. Marcouf und die Baie de Veys bis zu den Klippen von Grandcamps!

Fermanville und Umgebung

Tocqueville   III/C1

Auf dem Weg von Barfleur nach Fermanville auf der D 901 gelangt man nach fünf Kilometern nach Tocqueville, dem Stammsitz der normannischen Adelsfamilie *de Tocqueville.* Ihr **Ancien Manoir** etwas außerhalb des Ortes wurde im 16./17. Jahrhundert umgestaltet und im 19. Jahrhundert in die heutige Form gebracht.

Aus dieser Familie entstammt der Historiker **Alexis de Tocqueville,** der 1805-59 lebte und den man wegen seiner Beschäftigung mit der amerikanischen Verfassung auch den „Vordenker der Demokratie" nennt. Ihm wurde vor der aus dem 13. Jahrhundert stammenden Kirche Saint-Laurent ein Denkmal gesetzt.

St.-Pierre-Église   III/C1

Wiederum fünf Kilometer weiter auf der D 901 liegt St.-Pierre-Église. Die Ortskirche mit dem romanischen Portal aus dem 12. Jahrhundert hat einen Turm aus dem 17. Jahrhundert mit einer Balustrade und Eckpavillons. Eine Besichtigung lohnt schon allein wegen der **Panorama-Aussicht.**

St.-Pierre-Église ist auch die Heimatstadt des **Abbé de St.-Pierre,** der Anfang des 18. Jahrhunderts mit seiner Schrift *Projet de Paix perpétuelle en Europe* („Immerwährender Frieden für

Halbinsel Cotentin

Europa") berühmt wurde. Das Familienschloss des Abtes liegt unmittelbar am Ortsrand.

Fermanville ⌘ II/B1

In St.-Pierre-Église biegt man rechts in die D 210 ein, um nach Fermanville zu gelangen. Kurz vor dem Ort biegt man am Schild *Inthéville* rechts ein und erreicht das Herrenhaus von Fermanville, das **Manoir d'Inthéville.**

Der Ortsname geht auf das skandinavische *Øysteinn* zurück – *oy* für „Insel" und *steinn* für „Stein". Erstmals urkundlich belegt wurde eine *Usteinvilla* um 1170.

Der älteste Teil des Gebäudes geht auf das 15. Jahrhundert zurück. Der heutige Baukörper besteht aus zwei Teilen, die durch einen oktogonalen Treppenturm miteinander verbunden sind. Die zum Manoir gehörigen Remisen weisen Arkaden aus der letzten gotischen Epoche auf und sind mit der Jahreszahl 1643 versehen.

Cap Lévy ⌘ II/B1

Auf der Küstenstraße D 116 zwischen Fermanville und Bretteville trifft man an verschiedenen Stellen auf **schöne Aussichtspunkte,** die einen Überblick über die Reede von Cherbourg mit den halbkreisförmig im Vorfeld des Hafens angelegten Schutzmolen bieten. Den schönsten Blick hat man vom Cap Lévy mit seinem **Leuchtturm,** zu erreichen über die C 5 kurz hinter Fermanville. Die Gebäude des alten Forts du Cap Lévi sind inzwischen in ein Seminarzentrum umgewandelt.

Bretteville ⌘ II/B1

In Bretteville sollte man auf jeden Fall auf die D 320 in Richtung Le Theil abbiegen, um die Allée couverte, eine der wenigen in der Normandie erhaltenen prähistorischen Fundstätten zu sehen. Es handelt sich um **megalithische Dolmenreste** unmittelbar hinter dem Weiler (Hameau) de la Forge.

Praktische Tipps

Information

- **Office de Tourisme,** 50550 St. Vaast, Quai Vauban, Tel./Fax. 0233 54 41 37, office-de-tourisme@saint-vaast-reville.com
- **Syndicat d'Initiative,** 50760 Barfleur, am Hafen neben der Kirche, Tel. 0233 54 02 48

Unterkunft

- **Au Moyne de Saire**€, 50760 Réville, Village de l'Église, einfaches Hotel zwischen St. Vaast und Barfleur, geschlossen: 19.10 bis 3.11 und 1.2. bis 15.3. sowie sonntags außerhalb der Saison, Tel. 0233 54 46 06, Fax 0233 54 14 99, au.moyne.de.saire@wanadoo.fr, www.au-moyne-de-saire.com
- **La Demeure du Perron**€, 50630 Quettehou, unmittelbar im Ortszentrum ruhig in einem gepflegten Garten gelegen, Tel. 0233 54 56 09, Fax 0233 43 69 28, www.demeure-du-perron.com
- **Hôtel Le Conquérant**€€, 50760 Barfleur, 16/18, Rue Saint Thomas-Becket, ehemaliger Herrensitz aus dem 17. Jahrhundert in unmittelbarer Nachbarschaft zum Hafen, der französische Garten am Hotel ist mit einer hohen Granitsteinmauer gesäumt, Tel. 0233 54 00 82, Fax 0233 54 65 25
- **Fort du Cap Lévi,**€ 7, le Cap Lévi, Gästezimmer in einem außergewöhnlichen Ambiente, Tel. 0233 23 68 68, Fax 0233 23 68 69
- **Camping l'Anse du Brick,** Maupertus-sur-Mer, zwischen Fermanville und Bretteville, oberhalb der Küstenstraße gelegenes, teils

naturbelassenes Hanggelände mit Bäumen und Büschen, komfortable Ausstattung, zwei geheizte Schwimmbäder mit Wasserrutsche, geöffnet: April bis Mitte September, Tel. 0233 54 33 57, Fax 0233 54 49 66

Essen und Trinken

● **Les Fuchsias**€€, 50550 St. Vaast, 20, Rue Maréchal Foch, dem Hôtel de France €€ angeschlossenes traditionelles Restaurant, bom 4.1. bis 27.2. und montags (außerhalb der Saison) geschlossen, Tel. 0233 54 42 26, Fax 0233 43 46 79, france-fuchsias@wanadoo.fr, www.france-fuchsias.com

Museen

● **Musée Paul-José Gosselin** (Gosselin-Museum), 50550 St. Vaast, 1, Rue des Thins, Museum des eher regional bekannten, aber nicht uninteressanten Malers *Gosselin*, Eintritt 1,50 €, Tel. 0233 54 45 22
● **Maison de Juli Postel**, Barfleur, Museum für die Ordensgründerin aus dem Ortsteil La Bretonne, Besuch nur für speziell Interessierte sinnvoll, täglich 10-19 Uhr geöffnet, sonntags ab 11 Uhr und im Winter bis 17 Uhr, kein Eintritt, Tel. 0233 54 02 17

Besichtigungen

● **Îles Tatihou**, zu erreichen von St. Vaast per Boot in einem 45 Personen fassenden Zubringerdienst, der von Anfang April bis Anfang Oktober täglich alle 30 Minuten bei Flut und jede Stunde bei Ebbe fährt, ansonsten an den Wochenenden mit Vorbuchung, Vorausbuchung ist sinnvoll, da nur 500 Personen pro Tag die Insel besuchen dürfen, interessantes Seefahrtsmuseum auf der Insel mit Exponaten von den untergegangenen Schiffen der Tourville-Flotte, die man vom Meeresgrund im Umkreis von Tatihou gehoben hat, Tour-Preise: Hin- und Rückfahrt einschließlich Museums- und Festungsbesichtigung 8 €, Kinder bis 11 Jahre 1,50 €, Buchungen und Informationen über Info/Acceuil Tatihou, Quai Vauban am Hafenausgang von St. Vaast, Tel. 0233 23 19 92, Fax 0233 54 33 47, ile.tatihoo@wanadoo.fr, www.tatihoo.com

● **Leuchtturm auf der Pointe de Barfleur,** geöffnet: von den Frühjahrsferien bis September 9-12 und 14-19 Uhr, ansonsten während der Schulferien und an Wochenenden 9-12 und 14 Uhr bis eine Stunde vor Anschalten des Leuchtfeuers, bei Sturm und Instandhaltungsarbeiten geschlossen, Tel. 0233 54 02 17
● **Turm der Ortskirche von St.-Pierre-Église,** Besichtigung im Juni/Juli um 11 Uhr möglich
● **Le Manoir d'Inthéville**, 50840 Fermanville, Besichtigung auf Anfrage, es werden auch zwei Ferienwohnungen für vier bzw. sechs Personen angeboten, Tel./Fax 0233 20 49 41, www.altern.org/ami

Aktivitäten/Sport

● **Jachthäfen:** 50550 St. Vaast, 660 Liegeplätze und 160 Besucherplätze, Zugang: ab 2 Stund. 15 Min. vor der Flut bis zu 3 Stunden danach, Information: Port de Plaisance de St. Vaast-la-Hougue, Place Auguste Contamine, Tel. 0233 23 61 00, Fax 0233 23 61 04, port-st-vaast@saint-vaast-reville.com, www.saint-vaast-reville.com;

50760 Barfleur, 140 Liegeplätze und ein Rettungsplatz, erreichbar bei Flut, Kontakt: Capitainerie de Barfleur, Tel. 0233 54 08 29;

Fort Lévi, 80 Liegeplätze, zwei Besucherplätze, Information: *Pierre Leberton,* 32, Le Pied Sablon, 50840 Fermanville, Tel. 0233 54 31 79
● **Segelschulen:** 50550 St. Vaast, Cercle Nautique de la Hougue, Quai Commandant Albert Paris, Tel. und Fax 0233 54 55 73, cnh@free.fr

50760 Barfleur, École de Voile, Tel. 0233 54 79 08 (im Sommer) o. Tel. 0233 23 16 62

Cherbourg-Octeville ⤢ II/A-B1

Cherbourg ist eine moderne, lebhafte Hafenstadt und mit fast 100.000 Einwohnern das wirtschaftliche Zentrum der Halbinsel Cotentin. Formell nennt sich die Stadt Cherbourg-Octeville.

Geschichte

Der Standort war schon in **gallorömischer Zeit,** wahrscheinlichen unter dem Namen *Coriovallum,* besiedelt.

Im Hundertjährigen Krieg hat man den Ort stark befestigt. Schon *Vauban,* Festungsbaumeister von *Ludwig XIV.,* hatte erkannt, welche „modernen" Schutzmöglichkeiten der Standort Cherbourg bot. Doch mit den eigentlichen Arbeiten wurde erst 1776 begonnen. Die damals als Bollwerke gegen das Meer abgesenkten und beschwerten Holzklötze sind im Laufe der Zeit von den Wellen weggespült worden.

Im 19. Jahrhundert wurde der Plan jedoch wieder aufgegriffen und seit 1853 umgeben **halbkreisförmige Molen** die äußere Reede der Stadt, von Querqueville im Westen über die Île Pelée bis zur Pointe des Grèves im Osten. Sie **schützen den Hafen** vor den tückischen Stürmen des Ärmelkanals. *Napoleon III.* kam selbst zur offiziellen Eröffnung des nunmehr als Marinebasis ausgebauten Hafens von Cherbourg. Der erste große Passagierdampfer, der 1869 hier anlegte, war übrigens ein deutsches Schiff der Hamburg-Amerika-Linie.

Cherbourg hat im **Zweiten Weltkrieg** schweren Schaden erlitten. Als die Amerikanische Armee die Stadt am 26. Juni 1944 zurückeroberte, fand sie sie von den Deutschen völlig zerstört und vermint vor. Die Aufräum- und Reparaturarbeiten wurden so schnell wie möglich vollzogen, so dass Cherbourg die Versorgungsfunktion für den provisorischen, künstlichen Hafen Mulberry Harbour vor Arromanches übernehmen konnte.

Nach dem Krieg wurde Cherbourg entsprechend dem Stil der 50er- und 60er-Jahre wieder aufgebaut. Eine der wichtigsten Marinebasen Frankreichs befindet sich nach wie vor hier, ist jedoch für ausländische Besucher nicht zugänglich. Große Bedeutung hat Cherbourg **heute** auch als Handelshafen, als Fährhafen nach England, als Fischereihafen und als einer der wichtigsten Jachthäfen des Landes.

Sehenswertes

Die **Basilique la Trinité** in Hafennähe an der Place Napoléon entstand im 15. Jahrhundert im spätgotischen Flamboyant-Stil. Der Turm wurde im 19. Jahrhundert errichtet. Eine Besonderheit sind die hängenden Schluss-Steine der Gewölbe im Langhaus. Das Innere und der obere Rundgang bestehen aus Bogenfeldern mit bunten Fresken aus der Bauzeit der Kirche.

Am Place Napoléon steht das Wahrzeichen Cherbourgs: das 1857 aufgestellte **Reiterstandbild Kaiser Napoleons,** der mit ausgestrecktem Arm nach England zeigt.

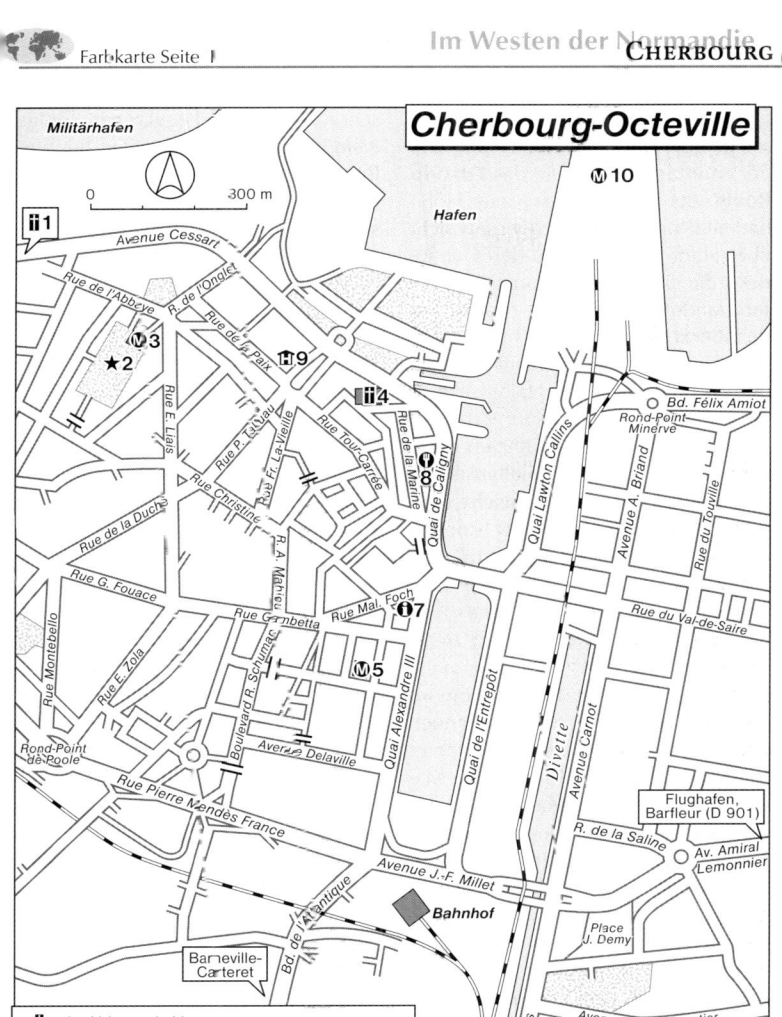

Über eine gewundene Straße erreicht man oberhalb des Hafens auf der Montagne du Roule das **Fort du Roule**. Auf über hundert Meter Höhe hat man von hier eine schöne Aussicht über Stadt und Hafen. In den Gebäuden, die überwiegend aus dem 19. Jahrhundert stammen, ist das **Musée de Libération** untergebracht, das über die alliierte Invasion allgemein und die Geschehnisse auf der Halbinsel Cotentin im Besonderen informiert – das Fort selbst war eine der letzten deutschen Bastionen auf der Halbinsel.

Sehenswert ist der **Botanische Garten Emmanuel-Lias** an der Rue de l'Abbaye, geschaffen vom Naturkundler und Astronomen *Emmanuel Lias*. Hier wachsen und blühen unter dem Einfluss des Golfstroms sogar tropische Gewächse!

Neben dem Befreiungsmuseum im Fort du Roule verfügt Cherbourg noch über eine Reihe weiterer interessanter Museen: das außerhalb gelegene Marinemuseum **Musée Maritime Chantereyene**, das Kunstmuseum **Musée Thomas-Henry**, das Ethnografische Museum **Musée d'Ethnographie** sowie das ebenfalls außerhalb gelegene Heimatmuseum **Musée de la Glacerie**. Seit Frühjahr 2002 werden in der **Cité de la Mer** hochinteressante Exponate zur Unterwasserarchäologie gezeigt. Außerdem besteht hier das größte Seewasseraquarium Europas.

Abseits des Stadtzentrums befindet sich an der Rue de l'Abbaye die **Abbeye du Vœu**. Dieses „Wunsch"-Kloster *(Vœu* = „Wunsch") wurde 1145 durch *Mathilde*, Tochter des normannischen Herzogs und englischen Königs *Heinrich I.*, gegründet. Der heutige Bau stammt aus dem 12./13. Jahrhundert mit Erneuerungen nach den Zerstörungen des Zweiten Weltkrieges. Sehenswert sind die Klostergebäude mit Kapitelsaal und Refektorium aus dem 18. Jahrhundert.

Die Umgebung von Cherbourg-Octeville

Château des Ravalet

Fünf Kilometer östlich von Cherbourg steht im Vorort Tourlaville das Château des Ravalet. Dieses stattliche **Renaissance-Schloss** entstand Ende des 16. Jahrhunderts. Man erreicht es, indem man Cherbourg auf der Avenue Amiral-Lemonnier verlässt und an der Kreuzung vor dem Hôtel Terminus rechts in die Rue des Allés einbiegt, der man bis zur Kreuzung mit der D 63 folgt. Hier kann man parken. Das heute im Besitz der Stadt Cherbourg befindliche Schloss ist von Gräben umgeben und besitzt einen sehenswerten Park – den Parc Chantereyne.

Château de Gonneville

Noch etwas weiter östlich erreicht man auf der D 901 das Château de Gonneville. Das unbewohnte Schloss mit quadratischem Bergfried und turmflankiertem Torhaus entstand in seiner heutigen Form im 16. Jahrhundert. Zwei Nebengebäude wurden im folgenden Jahrhundert angefügt.

Blick über die äußere Hafenbarriere von Cherbourg

Schloss Martinvast

Besonders sehenswert ist das Schloss Martinvast, sechs Kilometer südlich von Cherbourg an der D 900 gelegen.

Von der vormaligen normannischen Festung aus dem 11. Jahrhundert besteht nur noch der **Wehrturm,** der über einen im 19. Jahrhundert erstellten **neogotischen Flügel** mit dem Schloss aus dem 15. Jahrhundert verbunden ist. Dieser neogotische Flügel geht auf den preußischen Bankier Baron *Arthur von Schickler* zurück, der das Anwesen 1867 erwarb. Seine französischen Nachfahren restaurierten die Kriegsschäden aus dem Jahr 1944 am Schloss und in seinem zauberhaften **englischen Garten.** Die Arbeiten wurden 1995 mit einer Galerie am neogotischen Flügel abgeschlossen. Den Park mit seinen Gärten, Teichen, Wasserfällen und Grünflächen durchquert eine lange Allee, an deren Ende sich ein Obelisk erhebt.

Querqueville

Westlich von Cherbourg gelangt man auf der Küstenstraße D 45 über Équeurdreville-Hainneville nach Querqueville mit der frühromanischen **Chapelle St.-Germain.** Die Zufahrt ist in Querqueville (hinter dem Weiler La Rivière rechts abbiegen) ausgeschildert. Die Kapelle aus dem 10. Jahrhundert steht unmittelbar neben der Pfarrkirche oberhalb der Küste. Sie gilt als die älteste Kirche des Cotentin. Der Standort bietet eine weite Übersicht über die Reede von Cherbourg. Der Ortsname von Querqueville geht im Übrigen auch auf diese Kirche zurück (skandinavisch *kerke* = „Kirche").

Urville-Nacqueville

Nochmals fünf Kilometer weiter auf der D 45 kommt man nach Urville-Nacqueville mit Schloss und Herrenhaus. Das **Château de Nacqueville** liegt in einem grünen, zum Meer hin geöffneten Talgürtel. Dem staatlichen Schloss aus dem Jahre 1510 ist ein turmflankiertes Torhaus vorgesetzt. Umbauten erfolgten im 18. und 19. Jahrhundert. Mit seinen Granitmauern und seinen Steindächern gilt es als eines der schönsten Schlösser des Cotentin, umgeben von einem herrlichen englischen Park, der für seine Rhododendren- und Azaleenanpflanzungen berühmt ist.

Am Ende von Nacqueville an der Küstenstraße, die weiter zum Cap de la Hague führt, steht das **Manoir de Dur-Écu,** von dessen Standort man einen herrlichen Blick über das Meer hat. Der trutzige Herrensitz aus dem 16. Jahrhundert ist mit vielen Türmen versehen. Zum Komplex zählen Wirtschaftsgebäude, Mühlen und ein Taubenschlag, der besichtigt werden kann.

Praktische Tipps

- **Postleitzahl Cherbourg-Octeville:** 50100
- **Tel. Vorwahl:** 0233

Information

- **Maison du Tourisme de Cherbourg et du Haut-Cotentin,** 2, Quai Alexandre III., Tel. 93 52 02, Fax 53 66 97, ot.cherbourg-cotentin@wanadoo.fr, www.Cherbourg-channel.tm.fr

Im Westen der Normandie
CHERBOURG

Unterkunft

- **La Régence**€€, zentrales Hotel direkt am Hafen von Cherbourg, 23.12.-1.1.geschlossen, Tel. 43 05 16, Fax 43 98 37
- **Le Louvre**€€, Cherbourg, 2, Rue Henry Dunant, zentral gelegenes Hotel, 150 Meter vom Jachthafen, mit bequemen Zimmern, zwei behindertengerechte Zimmer, geschlossen: vom 24.12. bis 1.1., Tel. 53 02 28, Fax 53 43 88, inter.hotel.le.louvre@wanadoo.fr, www.inter-hotel.com
- **Camping Espace Loisirs de Collignon**, Tourlaville bei Cherbourg, über die Küstenstraße D 116 hinweg zu erreichen, kreisförmig angelegtes Wiesengelände in der Nähe des Freizeitgeländes mit Hallenbad und Bootshafen, geöffnet: Juni bis September, Tel. 20 16 88, Fax 20 33 03

Essen und Trinken

- **Le Briqueville – Les Trios Capitaines**€€, Cherbourg, 16, Quai de Caligny, Fischlokal, geschlossen: freitags, sonntagabends, samstagmittags und 25 12.-4.1. sowie 17.8.-6.9., Tel. 20 11 66, Fax 20 38 31

Museen

- **Musée d'Art Thomas Henry,** Cherbourg, Centre Culturel, Rue Vastel hinter dem Theater, drittgrößtes Kunstmuseum in der Normandie mit einem umfangreichen Bilderbestand aus dem 15 bis 19. Jahrhundert, geöffnet: täglich außer montags 10-12 und 14-18 Uhr. Tel. 23 02 23, Fax 23 02 27
- **Musée d'Histoire Naturelle, d'Ethnographie et d'Archéologie,** im Parc Emmanuel-Lias (Rue de l'Abbaye, s.u.), schillerndes Sammelsurium an Exponaten aus Fossilien aus der Völkerkunde Afrikas, Ägyptens, Asiens, Ozeaniens und Amerikas, Mineralien und außerdem Schaukästen über das Leben der Eskimos, geöffnet: dienstags bis samstags 10-11.45 und 14-16.45 Uhr, Eintritt 1,50 €, Tel. 53 51 61
- **Musée Maritime Chantereyne,** Quai Pierre la Conte, Port des Flamands, zwischen Cherbourg und Tourlaville. Modelle, Sammlungen, Stiche, Nachbauten, geöffnet Juli und August 14.30-18 Uhr, ab September an Wochenenden und Feiertagen 14-18 Uhr, Eintritt 3 €, Kinder 1,50 €, Tel. 20 04 71
- **La Cité de la Mer,** am ehemaligen Überseebahnhof im Hafen von Cherbourg, Unterwasserarchäologie, Seewasseraquarium, Eintritt 10 €, Schüler 7 €, Tel. 0233 20 26 26, Fax 0233 20 26 27, www.citedelamer.com
- **Musée de la Glacerie,** Hameau Luce bei Cherbourg, La Glacerie Village, Heimat- und Handwerksmuseum von regionaler Bedeutung, geöffnet: Juli bis Mitte September 14.30-18.30 Uhr außer dienstags, Tel. 20 33 33
- **Musée de la Libération,** Cherbourg, Fort du Roule, szenische Panorama-Darstellung der militärischen Ereignisse im Juni 1944, geöffnet: täglich außer montags 10-12 und 14-18 Uhr, Tel. 20 14 12

Besichtigungen

- **Visites Guidés,** geführte Stadtrundgänge durch die Altstadt von Cherbourg, 4. Juli bis 29. August, Treffpunkt: 14.30 Uhr vor dem Maison du Tourisme (siehe dort)
- **Abbeye du Vœu,** Cherbourg, Rue de l'Abbeye, vier Kilometer außerhalb des Stadtzentrums, während der Saison permanente Ausstellungen, Besuchstermine vereinbart der Gärtner, Information: Office de Tourisme
- **Parc Emmanuel-Lias,** Cherbourg, Portal-Eingangshalle Ecke Rue de l'Abbaye und Rue de la Bucaille, sehenswerter exotischer Pflanzenbestand aus 1827 von Emmanuel Lias, Sohn eines Reeders aus Cherbourg, eingerichteten Parks, ganzjährig geöffnet, Gewächshäuser montags bis freitags 10-12 und 14-17 Uhr, in den Ferien geschlossen, kein Eintritt, Tel. 53 12 31
- **Château de Tourlaville,** Führungen vom 20.7. bis Ende August montags 14.30 Uhr, kein Eintritt, Tel. 22 01 35
- **Parc Chantereyne du Château de Tourlaville,** tropischer Pflanzenbestand und schöne Wassergärten, geöffnet: täglich Juni bis August 8-19.30 Uhr, Mai und September bis 19 Uhr, ansonsten bis 17 bzw. 18.30 Uhr je nach Saison, kein Eintritt, Tel. 87 88 89 (Bürgermeisteramt von Tourlaville)
- **Château et Parc de Martinvast,** Schlossanlage mit Bauteilen aus dem 11., dem 15. und

Halbinsel Cotentin

dem 19. Jahrhundert mit großzügiger Parkanlage, der Park ist geöffnet: täglich 8-12 und 14-18 Uhr, außerhalb der Saison samstags und vormittags geschlossen, das Schloss ist nur an den offiziellen Baukulturtagen geöffnet, Eintritt 6 €, Jugendliche bis 17 Jahre 4 €, Kinder 2 €, Tel. 87 20 80, Fax 52 03 01, CDepourtal@aol.com

●**Château de Gonneville,** geöffnet: täglich 10-12 und 14-18.30 Uhr (außer sonntagmorgens), kein Eintritt, Tel. 22 90 92

●**Château et Parc de Nacqueville,** englischer Landschaftspark mit Rhododendren und Azaleen, von einem gestalteten Bach mit Wasserfällen durchflossen, der einen See vor dem Schloss speist, zwischen Ostern und Ende September täglich geöffnet außer dienstags und an Feiertagen, die auf einen Freitag fallen, Führungen 14, 15, 16 und 17 Uhr, Eintritt 4,60 €, Jugendliche 1,50 €, Tel. 03 56 03

●**Manoir de Dur-Écu,** Nacqueville, Ostern bis Ende Okt. tägl. außer mittwochs und donnertags 15-18 Uhr geöffn., Eintritt 3,80 € für die Höfe des Herrenhauses (2 Kinder frei), Labyrinth u. Höfe 4,60 €, Kinder 3-12 Jahre 3,80 €, Familien 15 € (2 Erw.+3 Kinder), Info: Fax 03 49 91, durecu@cybercable.fr

Aktivitäten

●**Bootsausflüge:** durch das Unternehmen STN-Tourisme Vernay, an der Küste und auf den Flüssen der Halbinsel Cotentin, Information: Tel. 44 32 22

●**Hafenrundfahrt:** an Bord der VEGA (80 Passagiere), Touren von 1-3 Std. Länge einschließlich Besichtigung der Seebefestigungen, Gruppentouren nach Voranmeldung April-Sept., Abfahrt Cherbourg, Port Chantereyne, Ponton J, Information und Buchung: Vedette VEGA, 1, Impasse Jean Macé, 50120 Équerdreville, Tel. 93 75 27, Fax 93 08 29

●**Jachthäfen:** Port de Plaisance Chantereyne, 1200 Tiefwasserplätze an Pontons, 300 Gästeplätze, jederzeit zugänglich, Capitainerie Tel. 87 65 70, Fax 53 21 12;
Port le Becquet, 85 Ankerplätze, bei Flut zugänglich, Kontakt: Tel. 22 27 49;
Port des Flamands, 120 Ankerplätze, 40 Plätze auf Grund, jederzeit zugänglich, Kontakt: Tel. 22 29 85

Sport

●**Segelschule:** École de Voile, Place Napoléon, Cherbourg, Tel. 94 99 00, Fax 94 91 18
●**Meer-Kajak:** Club de Kayak de Mer du Nord Cotentin, Route du Becquet, 50110 Tourlaville, Information: Segelschule (s.o.)
●**Golf:** 9-Loch-Platz Cherbourg – La Glacerie, Domaine des Roches, Kurse, Wettbewerbe, Seminare, ganzjährig geöffnet (dienstags geschlossen), Information Tel. 44 45 48
●**Reiten:** École d'Équitation, Ferme de Carneville, Martinvast, Route des Pieux, Tel. 52 04 25, Fax 52 15 51

Verkehrsverbindungen

●**Flughafen Cherbourg-Maupertus:** Direktflüge nach Paris Orly Sud und Guernsey, Buchungen: Tel. 88 57 60
●**Fährhafen:** Verbindungen nach Portsmouth und Poole in Großbritannien sowie Rosslare in Irland
●**SNCF-Bahnhof:** Endstation der Eisenbahnstrecke nach Paris

Cap de la Hague

 II/A1

Den äußersten Nordwestzipfel der Halbinsel Cotentin bildet das Cap de la Hague, das selbst wiederum den Charakter einer kleinen Halbinsel besitzt. In exponierter Lage ragt es weit in den Ärmelkanal hinein, **den Stürmen ausgesetzt,** die der Herbst und der Winter mit sich bringen. Farne, Heide und Stechginster bestimmen neben heckengesäumten Weiden das Landschaftsbild – schließlich bedeutet die Bezeichnung *Hague* ja auch **„Hecken"-Land.**

Auf einem dem eigentlichen Kap vorgelagerten Felsen steht der Leuchtturm von Goury, der an dieser von tückischen Strömungen gekennzeichneten Passage den Schiffen sicher den Weg in den Hafen von Le Havre weist.

Felsengesäumt ist die Küste des Cap de la Hague, durchsetzt von **kleinen Sandstränden,** die zu den landschaftlich schönsten der ganzen Halbinsel Cotentin zählen. Im Inneren sorgen gewundene Talmulden wie auch kleine Flusstäler, die sich tief in den Felsen eingeschliffen haben, für Abwechslung im Erscheinungsbild der Kaplandschaft.

So rau, wie sich das Klima am Kap zeitweise gibt, so sehr ist es doch **vom Golfstrom beeinflusst.** Ausgeglichene Temperaturen, die kaum Eis und Schnee erlauben, lassen hier eine Flora wachsen, die man normalerweise nur in Südeuropa findet. Nicht nur Mimosen und Kamelien, sondern auch Palmengewächse gedeihen hier!

Gréville-Hague und Gruchy

Zur Erkundung des Cap de la Hague fährt man am besten zunächst auf der D 45 an der Nordküste entlang. Erster Ort hinter Urville-Nacqueville ist an dieser Strecke **Gréville-Hague.**

In der Dorfkirche aus dem 12. Jahrhundert mit dem romanischen Schiff wurde der in Gruchy bei Gréville-Hague geborene Maler *Jean-François Millet* getauft. Die Kirche diente ihm vielfach als Motiv. Eine Statue des Künstlers steht vor dem Gotteshaus.

Sein Geburtshaus in **Gruchy,** das nur wenige Schritte von den Klippen entfernt liegt, ist inzwischen vorbildlich restauriert und mit Möbeln aus dem frühen 19. Jahrhundert stilgerecht ausstaffiert worden. Das Haus kann besichtigt werden.

Von Gruchy führt ein Fußweg, der allmählich in einen Pfad übergeht, zum **Rocher du Castel-Vendon,** einer in die Nordküste der Halbinsel Cotentin hinausragenden Felsspindel, von der man einen Überblick von Cap Lévy im Osten bis zur Pointe Jardeheu im Westen hat.

Omonville La Rogue

Nachdem die D 45 ein wenig landeinwärts verlaufen ist, stößt sie in Omonville La Rogue wieder an das Meer. Die gotische Kirche stammt aus dem 13. Jahrhundert und wurde im 18. Jahrhundert restauriert. Außergewöhnlich für die Region ist das Seitenportal.

St. Germain des Vaux

Von Omonville La Rogue führt die Straße weiter an der Bucht entlang bis zum Weiler Port-Racine, der schon zu St. Germain des Vaux gehört und den **kleinsten Hafen Frankreichs** sein Eigen nennt.

Im ebenfalls zu St. Germain des Vaux zählenden Ortsteil **Rue de Bas** stehen einige alte Häuser, an deren Fassaden man noch Wappen erkennen kann.

Auderville und Goury

Die Kirche von **Auderville** stammt aus dem 12. Jahrhundert. Das Kirchenschiff ist verkleidet. Im Inneren gibt es sehenswerte Taufbecken und zwei Statuen aus dem 17. Jahrhundert.

Am Ortseingang von Auderville führt eine Straße nach **Goury** mit der Seenotrettungsstation. Im Meer, etwa 800 Meter vor dem Ort Goury, steht der 48 Meter hohe **Phare de la Hague** mit den Klippen der Kanalinsel Alderney im dunstigen Hintergrund.

Sentier des Douaniers

Von Goury aus kann man zu Fuß auf dem Wanderweg GR 223 – Sentier des Douaniers (Zöllner-Weg) zum **Cap de la Hague** gelangen. Oder aber man fährt mit dem Auto auf der D 401, die kurz hinter dem Ortseingang von Auderville abbiegt.

Wandert man den Sentier des Douaniers in südlicher Richtung entlang, kommt man zur reizvollsten Bucht am Cap de la Hague – **Baie Écalgrain.**

Nez de Jabourg

Dem Wanderer steht der Weg zur Nez de Jabourg auf dem Zöllner-Weg offen. Bequemer ist es mit dem Auto: Von Auderville führt die Hauptstraße D 901 zurück in Richtung Cherbourg. In dem kleinen Ort Jabourg biegt man nach Südwesten ab und gelangt am höchsten Felsen der Region, dem 129 Meter hohen Rez de Blanchard, vorbei zur Nez de Voidris und durch die Ansede Senneval zur Nez de Jabourg. Von hier genießt man einen herrlichen **Panoramablick,** der über die Küste bis zur Kanalinsel Alderney reicht.

Jabourg verfügt über eine alte Kirche aus dem 11. Jahrhundert mit romanischen Taufbecken. Vor der Kirche steht ein Granitkreuz aus skulptierten Schwertern in Erinnerung an ein Duell, das hier ausgetragen worden ist.

Beaumont-Hague

An der D 901 zwischen Jabourg und Beaumont-Hague steht der große Komplex der **Atom-Wiederaufbereitungsanlage** Usine de Retraitement de la Hague. Ein Informationszentrum gibt interessierten Besuchern Einblick in den Zweck und in die Technik der Anlage.

Beaumont-Hague ist der Wohnort vieler Mitarbeiter der nahe gelegenen Wiederaufbereitungsanlage. Das Schloss des Ortes, **Château de Baumont,** entstand 1597 – ein schönes Herrenhaus mit einem Taubenhaus. Im 17. Jahrhundert waren die Herren von Beaumont als Schmuggler-Sippe berühmt-berüchtigt

Vauville

Von Beaumont führt die D 318 nach Vauville. Kurz vor dem Ort lässt man den Wagen stehen und nimmt den Fußweg zur **Pierre Pouquelée,** einem neolithischen Galeriegrab, das zu den ältesten der Region zählt. Folgt man dem Fußweg weiter rechts, hat man einen erneuten Ausblick zur Nez de Jabourg und über das Meer.

Südlich des Pierre Pouquelée erstreckt sich der weite Sandstrand der Bucht von Vauville. Der mittlere Teil der Bucht ist als **Naturschutzgebiet** Réserve Naturelle de la Mare de Vauville ausgewiesen, der südliche Abschnitt ist **militärisches Übungsgelände.**

Vauville liegt am schönen Sandstrand. Die Kirche am Schloss stammt aus dem Jahr 1160. Sehenswert ist der zum **Schloss** gehörende botanische Garten. Das Schloss selbst entstammt dem 16. beziehungsweise dem beginnenden 17. Jahrhundert, wobei vom Vorgängerbau aus dem 12. Jahrhundert noch ein Turm erhalten ist.

Biville

Die D 318 führt weiter nach Biville talaufwärts durch eine ganz ausgeprägte, baumlose Landschaft. Die Hänge des Tals sind mit Farn bewachsen.

Die Kirche aus dem 13. Jahrhundert beherbergt die **Reliquien** des im 19. Jahrhunderts heilig gesprochenen und in Biville geborenen Priesters *Thomas Hèlye*; er verstarb 1257.

Praktische Tipps

Information

● **Office de Tourisme,** B.P. 119, 50440 Beaumont-Hague, Tel. 0233 52 74 94, Fax 0233 52 09 64, tourisme@lahague.org

Unterkunft

● **Hôtel du Cap**€, 50440 Auderville, kleines Hotel in traditioneller Granit-Bauweise am Kap, Tel. 0233 52 73 46, Fax 0233 01 56 30

Essen und Trinken

● **Auberge de Goury**€€, rustikales F.schrestaurant am Hafen von Goury, geschlossen: sonntags und montagabends, während der Weihnachtsferien und im Februar, Tel. 0233 52 77 01, Fax 0233 08 14 37

Museen

● **Geburtshaus Jean-François Millet,** Greville-Hague, im Weiler Gruchy, Exponate aus dem Leben des Malers sowie Reproduktionen von Gemälden und Landschaftsbildern, geöffnet: April bis Juni täglich 11-19 Uhr außer dienstags, Juli bis September täglich 11-19 Uhr, Oktober sonntags 14-19 Uhr, Eintritt 4 €, Kinder 2,50 €, Tel. 0233 01 81 91

Besichtigungen

● **Usine de Retraitement de la Hague** (Atom-Wiederaufbereitungsanlage), Informationszentrum mit Bildwänden und Filmen, kommentierte Führung für Personen über 13 Jahre (Personalausweis erforderlich, Voranmeldefrist 48 Stunden!), April–Sept. tägl. 9-18 Uhr (sonst montags bis freitags), Tel. 0233 02 61 04, www.cogemalahague.com
● **Botanischer Garten Schloss Vauville,** unmittelbar nach dem Zweiten Weltkrieg von den Eltern des heutigen Besitzers angelegt, das vier Hektar große Gelände erstreckt sich unter Wahrung der natürlichen Kontur der Landschaft bis zur Küste, etwa 600 Pflanzenarten aus Südafrika, Tasmanien, Madeira und den Kanarischen Inseln gedeihen hier, begünstigt durch das Golfstrom-Klima, geöffn.: Juli/Aug. am Wochenende und dienstags 14-18 Uhr, sonst sonntags und dienstags, Eintritt 5 €, Jugendl. 3 €, Tel. 0233 52 71 41, Fax 0233 52 72 31, jbotvauville@wanadoo.fr

Sport

● **Wandern:** am Cap de la Hague führt der Fernwanderweg GR 223 als Sentier des Douaniers (Zöllner-Weg) meist unmittelbar am Wasser entlang und streift die vielen Buchten, oft beschwerlich zu gehen, dafür umso reizvoller
● **Segeln:** Landvorholplatz Goury mit 40 Ankerplätzen
● **Strandsegeln:** A.C.C.H. (Strandsegelklub Cherbourg und La Hague/Aéroplage Club de Cherbourg), Vauville, Tel. 0233 08 09 46

Die Westküste

Der mittlere Abschnitt der Westküste hat einen ganz eigenständigen landschaftlichen Charakter. Zwischen dem Cap de Flamanville und dem Felsvorsprung von Granville erstrecken sich **breite Strände,** von denen sich das Meer bei Ebbe weit zurückzieht. Vielfach sind den Stränden steinige Abschnitte vorgelagert, die im Strandvorland immer dominanter werden, je weiter man nach Süden kommt.

Unterbrochen werden die Küstenabschnitte von tief eingreifenden **Mündungsarmen** der recht kleinen Flüsse aus dem Inneren des Cotentin, die hier durch die Kraft der Gezeiten zu großen Mündungstrichtern ausgebildet sind.

Der Westküste der Halbinsel Cotentin vorgelagert sind die **Normannischen Inseln,** wie die Franzosen die Kanalinseln bezeichnen. In der Tat sind diese Inseln seit der Normannenherrschaft in englischem Besitz. Aber da gibt es ja auch noch die Îles Chausey, südlich von Jersey, der größten der Kanalinseln. Fast scheint es, als hätten die Engländer sie vergessen – sie gehören seit jeher zu Frankreich.

Der **Felsvorsprung von Granville** bildet schließlich den Übergang von der Halbinsel Cotentin zur Bucht des Mont Saint-Michel.

Cap de Flamanville   II/A2

Die Bucht von Vauville mit ihren schönen Stränden geht südlich in die Anhöhen des Cap de Flamanville über. Genau am Übergang zwischen Strand und felsiger Küste liegt der kleine Fischerort **Diélette** mit dem einzigen Hafen zwischen Goury und Carteret.

Unmittelbar am Cap liegt das **Atomkraftwerk** von Flamanville. Es kann besichtigt werden.

Das **ehemalige Leuchtwärterhaus** am Cap wurde zu einer Herberge für Besuchergruppen umgebaut. Der Küstenwanderweg GR 223 verläuft hier entlang.

Im Ort befindet sich ein Manoir, das im 17. und 18. Jahrhundert entstand. Die Kirche aus dem 17. Jahrhundert verfügt über ein bemerkenswertes Taufbecken aus dem 18. Jahrhundert.

Südlich des Cap de Flamanville erstrecken sich breite Sandstrände, die – unterbrochen vom Cap de Rozel – bis Carteret reichen. Sie sind landseitig von Dünen gesäumt, die zwischen Hatainville und Carteret zu den höchsten der Normandie zählen.

Bricquebec   II/B2

Landeinwärts lohnt ein Abstecher über Les Pieux auf der D 23 nach Bricquebec. Hier steht eine der besterhaltenen Burganlagen des Départements Manche. Eine Burgmauer aus dem 14./15. Jahrhundert umschließt den Burghof. Beeindruckend ist der polygonale Bergfried aus dem 13. Jahrhundert. Im Uhrturm ist ein kleines Heimatmuseum untergebracht.

St.-Sauveur-le-Vicomte   II/B3

Von Bricquebec gelangt man auf der D 900 südwärts nach St.-Sauveur-le-

Vicomte inmitten der Bocage-Landschaft des Cotentin. Am Ufer der Douve strategisch günstig angelegt, war der mittelalterliche Festungsort im Hundertjährigen Krieg heiß umkämpft. Der seinerzeit berühmte Schriftsteller *Jules Barbey d'Aurevilly* (1808-89) wurde in St.-Sauveur-le-Vicomte geboren. Marie Magdalaine Postel, die 1925 heilig gesprochene Ordensgründerin der Barmherzigen Schwestern, ließ hier ab 1832 die zerstörte Benediktinerabtei für ihren Konvent wieder herstellen.

Das **Château** ist eine normannische Burg, die *Richard I.* über dem Ufer der Douve erbauen ließ. Sie stammt im Ursprung aus dem 10. Jahrhundert, wurde aber bis in das 17. Jahrhundert immer wieder erneuert und erweitert. Im 12. Jahrhundert war sie Sitz der normannischen Adligerfamilien der *Néels* und der *Harcourts* Die Befestigungswälle überstanden die Wirren aller Kriege, ebenso die Flankentürme aus dem 14. Jahrhundert. Imposant ist der 25 Meter hohe, quadratische Bergfried. *Ludwig XIV.* ließ hier ein Hospiz einrichten, heute beherbergt das Schloss ein Altersheim

Das Querschiff der **Kirche** stammt aus dem 13. Jahrhundert, der Rest wurde im 15. Jahrhundert erneuert. Im Eingangsbereich links steht eine schöne Ecce-Homo-Statue aus dem 16. Jahrhundert, rechts eine Statue des heiligen *Jakob von Compostela* aus dem 15. Jahrhundert.

Am südlichen Rand von St.-Sauveur-le-Vicomte steht die **Benediktinerabtei Sainte-Marie-Madeleine**. Sie wurde im Jahr 1067 vom Benediktinerorden durch *Néel de Néhon*, dem Vicomte St. Saveur, gegründet. Während des Hundertjährigen Krieges wurden große Teile der Anlage zerstört. Die Mönche wanderten ab und kehrten erst 1460 wieder zurück. Nach der Revolution wurde die Kirche der Abtei 1789 zum Abbruch freigegeben. Ab 1832 erfolgte dann der Wiederaufbau durch den Orden der Barmherzigen Schwestern. Arkaden, Blenden und Obergaden der Südseite sind noch romanischen Ursprungs. In der Apsis steht ein Schnitzaltar aus dem 15. Jahrhundert mit Szenen aus der Kindheit Jesu. Im nördlichen Querschiff befindet sich das Grabmal der Ordensgründerin *Marie Postel*. Zerstörungen aus dem Jahr 1944 wurden restauriert. Zur Abtei gehört außerdem ein wunderschön angelegter Park.

Barneville-Carteret II/A3

Der aus den Ortsteilen Carte Le Cap, Barneville Bourg und Barneville Plage zusammengewachsene Ort liegt in exponierter Lage am Mündungstrichter der Gerfleur in den Ärmelkanal, der sich hier an der Westseite der Halbinsel Cotentin zum Atlantik hin öffnet – lediglich die Kanalinseln trennen die Küste noch vom offenen Meer.

Die Felsspitze des Cap de Carteret trennt mit einer Felsabbruchkante den nördlich gelegenen feinen Sandstrand von Hatainville (auch Plage de la Vieille Église genannt) von dem südlich der gewundenen Flussmündung gelegenen Plage de Barneville. Unter-

Im Westen der Normandie
DIE WESTKÜSTE

halb des Caps gibt es dazu noch einen kleinen Strandabschnitt mit direktem Zugang vom Hafen von Carteret aus. So ist Barneville-Carteret ein **beliebter Badeort,** der klimatisch durch den Golfstrom begünstigt und durch die Kanalinseln vor den Wellenbrechern des Atlantik geschützt ist. Gleichzeitig bietet der Hafen Fährverbindungen zu den Kanalinseln an.

Besonders reizvoll ist der Weg zur Spitze des **Cap de Carteret.** Hier bietet sich eine Wanderung am Fuße des Caps an. Den Sentier Fédestre („Fußweg"), ein Teilstück des Fernwanderweges GR 223 – Sentier des Douaniers, erreicht man von der Hafenstraße über die Rue des Deux Plages. Der Weg ist etwas schmal und beschwerlich, aber immer neue Ausblicke belohnen den Wanderer. Auf der Spitze des Caps steht ein **Leuchtturm,** den man über die Avenue de la Roche-Biard und dann links in die Avenue du Phare erreicht. Der Blick reicht über das Meer, die Kanalinseln und die Heckenlandschaft des Cotentin.

In **Barneville Bourg** ist die wehrhafte Église Saint-Germain sehenswert. Dem Bau aus dem 11. Jahrhundert wurde im 15. Jahrhundert ein befestigter Turm mit Pechnasen angefügt. Die Kapitelle des romanischen Schiffes tragen Tierdarstellungen und orientalische Motive.

Das **Monument** an der Ausfallstraße von Barneville erinnert an den 18. Juni 1944, an dem es den Alliierten gelungen war, die deutschen Truppen im nördlichen Teil der Halbinsel von ihrer Versorgungsbasis abzuschneiden.

Portbail II/B3

Portbail ist ein **beliebter Ferienort** mit Fährverbindung zu den Kanalinseln. Ebenfalls an einer Trichtermündung gelegen, erstrecken sich nördlich und südlich der Bucht zwei Strände mit feinem Sand. Der Jachthafen ist im ehemaligen Gezeitendock eingerichtet. Eine dreizehnbogige Brücke verbindet den Ort mit dem Hafen.

Die **Église Notre-Dame** am Hafen wurde im 11. Jahrhundert an der Stelle einer Abtei aus dem 6. Jahrhundert errichtet. Mit ihrem zinnentragenden Turm, der im 15. Jahrhundert an den Südchor angefügt wurde, hinterlässt sie einen ausgesprochen wehrhaften Charakter. Die romanischen Kapitelle tragen bemerkenswerte Ranken- und Tiermotive. Den besten Blick auf die Kirche hat man vom Ende der Mole, die den Hafen vom Meer abschirmt.

Ausgrabungen brachten hinter dem Rathaus ein hexagonales **frühchristliches Baptisterium** aus dem 6. Jahrhundert zu Tage. Dabei wurden Reste von Bemalungen sowie das Taufbecken, dessen Zu- und Abfluss von den Gezeiten geregelt wird, entdeckt.

Der schier endlose Strand von Hatainville

Lessay

⟶ VIII/B1

Südwärts von Portbail setzen sich die breiten Strände an der Westküste der Halbinsel Cotentin weiter fort. Ihnen vorgelagert sind hier allerdings steinige Abschnitte, die bei Ebbe freigelegt werden. Die Verbindungsstraße D 650 zieht sich an den Dünen entlang, die sich hinter den Stränden erstrecken. Einen großen Bogen macht sie an der Bucht von Lessay, die als Trichtermündung des Flusses Ay ausgebildet ist. Nachdem man auf der D 650 die Ay überquert hat, biegt man links auf die D 652 nach Lessay ein.

Der Ort ist durch einen im September stattfindenden **Jahrmarkt** mit Landwirtschaftsausstellung weit über die Grenzen des Départements Manche hinaus bekannt, denn alljährlich zieht der Grande Sainte-Croix über 300.000 Besucher an.

Mindestens genauso berühmt ist die Abteikirche von Lessay, die auf das 11. Jahrhundert zurückgeht. Die **Église Abbatiale Sainte-Trinité** ist zwar im Zweiten Weltkrieg stark zerstört worden, ihr Wiederaufbau ist unter weitgehender Verwendung des historischen Baumaterials jedoch einmalig gut gelungen. Die architekturhistorische Bedeutung dieser Abteikirche liegt darin, dass hier erstmals die Kreuzstrebenbauweise bei den Gewölben anzutreffen ist, die die gotische Bauweise vorwegnimmt. Gegründet wurde die Abteikirche im Jahre 1056 durch den normannischen Adligen *Turstin Haldup,* Freiherr von La Haye-au-Puits. Der Weiterbau erfolgte durch seinen Sohn ab 1098. Das Hauptschiff wird aus sieben Jochen gebildet und ist bis zum Chor dreischiffig. Der Chor schließt mit einer halbrunden Apsis ab. Die Vierung trägt einen mächtigen viereckigen Turm. Eher schlicht ist die Westfassade, reicher gegliedert dagegen der östliche Abschluss mit Apsis. Die Seitenschiffe sind noch mit den traditionellen Kreuzgratgewölben versehen. Der Skulpturenschmuck der Kirche ist einfach. Die benachbarten Klostergebäude stammen aus dem 18. Jahrhundert.

Château Pirou

Südlich von Lessay steht an der D 650 das Château Pirou, die **älteste zu besichtigende Burg der Normandie.** Vermutlich wurde die Festung an der Stelle einer ehemaligen Wikingersiedlung errichtet. Im 11. Jahrhundert begann dort die Normannenfamilie *de Pirou* mit dem Bau. Der weitere Ausbau erfolgte im 12. Jahrhundert, Erweiterungen wurden im 14. und 18. Jahrhundert vorgenommen. Die von Wassergräben umgebene, mit Wällen und Toren befestigte Anlage ist bis heute gut erhalten. Im Rittersaal wird der Wandteppich Saga zu Hauteville ausgestellt, der die normannische Eroberung Siziliens durch die (mit den *Pirous* verwandten) Normannen-Brüder *de Hauteville* thematisiert.

Coutances

⟶ VIII/B2

Coutances ist das kirchliche und gerichtliche Zentrum des Westens der

Ein Ausflug zu den Kanalinseln

Normannische Inseln nennen die Franzosen die Kanalinseln – und bringen damit zum Ausdruck, dass diese Inselgruppe nicht nur geografisch, sondern auch geschichtlich wie kulturell eigentlich zu Frankreich gehört. Englisch wurde hier erst Ende der 20er-Jahre des letzten Jahrhunderts zur offiziellen Verkehrssprache ausersehen. Untereinander spricht aber vor allem die ländliche Bevölkerung immer noch einen alten normannischen Dialekt.

Channel Islands nennen die Engländer die Inselgruppe. Die größeren der Inseln sind Jersey und Guernsey, die kleineren Alderney, Sark und Herm. Insgesamt umfassen sie eine Fläche von 195 Quadratkilometern. Sie gehören der britischen Krone an und üben Selbstverwaltung aus. Doch die Kanalinseln haben diesen Sonderstatus nicht nur in Großbritannien, sondern auch in der Europäischen Union, was sich unter anderem in der eigenen Zoll- und Steuerhoheit, der autonomen Gesetzgebung und beispielsweise auch in ihrer eigenen Gerichtsbarkeit ausdrückt. Sie sind nicht dem britischen Parlament unterstellt und verfügen auf den Hauptinseln über eigene Volksversammlungen. Auf Jersey ist dies „The States" mit zwölf gewählten Senatoren, auf Guernsey „The States of Deliberation" mit zwölf gewählten Conseillers.

Von den annähernd 140.000 Einwohnern leben die meisten in den Städten St. Helier auf Jersey und St. Peter Port auf Guernsey.

Angesichts der vom **Golfstrom** begünstigten klimatischen Bedingungen mit durchschnittlichen Januar-Temperaturen von 6° C und 17° C im August spielt der **Gemüseanbau** nach wie vor eine große Rolle auf den Inseln. Heute werden in Treibhäusern Tomaten und Blumen, Beerenobst und Frühgemüse angebaut. Im Mutterland findet man guten Absatz dafür. Einheimische Rinderrassen liefern reichlich **Milcherträge**, denn die Tiere können ganzjährig auf der Weide stehen.

Die **gewerbliche Wirtschaft** spielt keine große Rolle auf den Inseln. Neben der landwirtschaftlichen Verarbeitung ist nur noch der Textilbereich vertreten.

Auf Grund ihrer steuerlichen Hoheit und Eigenständigkeit haben sich die Kanalinseln zu einem **Steuerparadies** entwickelt, das nicht nur Briten anzieht.

Entscheidender Wirtschaftsfaktor ist aber der **Fremdenverkehr**. Gute und schnelle Schiffsverbindungen nach Großbritannien und Frankreich sind schon vorhanden, der Flugverkehr weitet sich immer mehr aus.

Jersey

Jersey ist nicht nur die größte, sondern auch **die vielfältigste** unter den Kanalinseln. Hier gibt es kleine Strandbuchten, schroffe Steilfelsen, hier wechseln sich schottisch anmutende Hochflächen mit Dünentälern und felsübersäten Wattflächen ab. Im Spätsommer blüht die Heide violett und überzieht die Insel mit ihrem Duft.

Die **Inselhauptstadt St. Helier** ist eine lebhafte Kleinstadt mit interessanter Bausubstanz aus dem 18. Jahrhundert.

Auf einer Felseninsel nahe der Hafeneinfahrt liegt Elizabeth Castle, die eindrucksvollste Burg der Kanalinseln. Im 16. Jahrhundert angelegt, sind ihre Kasernen heute als Museum hergerichtet.

Inmitten der Stadt erhebt sich Fort Regent auf einem Hügel, heute der größte Freizeitpark der Insel mit allen nur erdenklichen Einrichtungen.

Im Jersey Museum in einem alten Lagerhaus aus dem 18. Jahrhundert wird die Geschichte der Insel auf moderne Art präsentiert.

Einen Besuch lohnen aber auch die Markthallen in St. Hellier, wo mit fast südeuropäischem Flair alle nur erdenklichen Waren feilgeboten werden.

Am südwestlichen Ende der Insel bieten die **Buchten von St. Aubin** und **St. Brelade** schöne Strände, immer wieder gesäumt von Felsenkaps wie auch von Befestigungsanlagen aus der deutschen Besatzungszeit im Zweiten Weltkrieg.

Ganz an der Spitze bietet das **Kap La Corbière** mit einem deutschen Betonwachtturm einen grandiosen Ausblick. Vorgelagert steht auf einer kleinen Insel ein 1873 erbauter Leuchtturm, den man bei Ebbe über einen in die Wattfelsen geebneten Weg erreichen kann.

Ganz im Westen bietet **St. Quen** schöne Strände.

Der **Norden** mit der Ortschaft St. Mary ist durch atemberaubende **Steilküsten** gekennzeichnet. Devil's Hole, das „Teufelsloch", ist ein dreißig Meter tiefer Felsschlund, der sich zur See hin öffnet. Ein einziger steiniger Strand bei St. John unterbricht die Steilküste.

Beliebte Badeziele bieten dann wieder die Strände an der nordöstlichen **St. Catherine's Bay.** Hier im Ortsbezirk von St. Martin befindet sich auch das älteste Bauwerk der Insel, das 3500 Jahre alte Ganggrab La Hougue Bie. In der Grabkammer fand man am Ende dieser Kultstätte die Gebeine von sechs Toten.

Im Südosten sind der Inselküste felsige Untergründe vorgelagert, die bei Ebbe frei gelegt und von den Einheimischen respektvoll **Mondlandschaftsstrand** genannt werden.

Hier befindet man sich schon im Einzugsbereich von St. Helier. Auf halbem Weg in die Stadt lohnt die Besichtigung des **Samares Manor,** eines schönen Herrenhauses inmitten eines Parks, in dem noch ein Taubenhaus aus dem 11. Jahrhundert steht.

Guernsey

Inselhauptstadt von Guernsey ist **St. Peter Port** mit seinem malerischen Hafen. An die vom Meer aufsteigenden Hänge geschmiegt, bietet die Stadt einen großartigen Blick auf die Nachbarinseln Herm, Sark und Jethou. In ihrem pittoresken Straßenbild spiegelt sich die Geschichte der Stadt – Straßen mit Kopfsteinpflaster, schmale Gassen und steile Treppen winden sich zwischen gepflegten Häusern im Regency- und im viktorianischem Stil.

Die 70 Quadratkilometer große Insel blickt auf eine **bewegte Vergangenheit** zurück. Prähistorische Gräber und Menhire stehen neben mittelalterlichen Kirchen. In der Eisenzeit erbaute Festungen wurden bis in die napoleonische Zeit zu Schutzburgen gegen äußere Feinde ausgebaut.

Die **vorgeschichtlichen Gräber** befinden sich vor allem im Norden der Insel, so das Ganggrab Le Dehus, Les Vardes, Les Fouillages und an der Westküste das Ganggrab Les Creus és Faies sowie Le Trepied.

Die mittelalterlichen **Festungsanlagen** wie das Fort Le Marchant, der Rousse Tower, das Fort Hommet und das Fort Pezieries liegen über die Insel verstreut, ebenso die deutschen Festungsanlagen aus dem Zweiten Weltkrieg, die alle strategischen Punkte der Insel abdecken.

Sehenswert ist die **Town Church in St. Peter Port**, ein Bauwerk, das in über zweihundert Jahren entstand und erst 1475 vollendet wurde. Es lohnt sich aber auch der

Besuch der kleineren Kirchen wie z.B. der Little Chapel in Les Vauxbelets und der Ste. Appollines' Chapel in St. Saviour's.

Besonders reizvoll ist eine Besichtigung des **Sausmarez Manor,** einem Herrenhaus, das sich seit fast acht Jahrhunderten in Familienbesitz befindet.

Schön sind die **Gärten und Parks** der Insel. Die meisten sind der Öffentlichkeit zugänglich, haben allerdings beschränkte Öffnungszeiten. Hervorzuheben sind der Saumarez Park, die Candie Gardens, der Delancey Park, der Cambridge Park, der Kräutergarten Auberge du Val, der private Berggarten Meadow View Cottage sowie nicht zuletzt die an den Klippen gelegene Anlage Les Pres de Jerbourg

Eine Reihe von Museen bietet Einblick in die Kulturgeschichte und Natur der Insel, allen voran das Castle Emplacement im **Castle Cornet,** dem großartigen Schloss von St. Peter Port, das seinen Einwohnern seit dem Jahre 1206 als Befestigung diente.

Am reizvollsten sind aber die zauberhaften **Buchten und Strände** auf Guernsey. Cabo Bay ist die große Sandbucht entlang der Westküste der Insel. Fermain Bay, am Ende eines bewaldeten Tals gelegen, gilt als die beliebteste Bucht der Insel. Eine der größten ist L'Erée Bay mit Panoramablick. Insgesamt gibt es siebenundzwanzig Buchten – gelb-blaue Flaggen zeigen an, dass sie sicher und sauber sind. Fast überall gibt es Erfrischungen, ansonsten ist das nächste Café nicht weit!

Halbinsel Cotentin. Die Stadt erhebt sich auf einem Hügel, wo die kleinen Flüsse Prépont und Bulsard zusammenfließen, um dann in die Sienne zu münden, die auf der Höhe von Coutance die südlichste der großen Trichtermündungen der Côte des Îles bildet.

Geschichte

Die Ursprünge der Stadt Coutances finden sich in einer **römischen Siedlung,** die im 3. Jahrhundert ihren Namen von Cosedia zu Constantia wechselte, um dem römischen Kaiser Konstantius zu huldigen, der als westlicher Teilkaiser des Reiches seinen Regierungssitz von Rom nach Trier verlegt hatte. Der Name der Halbinsel Cotentin leitet sich dann auch von dieser Diözese Konstantius' ab.

Im Jahre 430 wurde Coutances **Bischofssitz.** 860 zerstörten die Wikinger die Stadt. Der Bischof kehrte aber erst 1024 zurück. Im Hundertjährigen Krieg war Coutances bis 1449 englisch besetzt.

Die Kathedrale von Coutances

Die Kathedrale Notre-Dame, die die Stadt von der höchsten Stelle mit ihren Türmen und Steinbögen dominiert, zählt zu den schönsten gotischen Bauwerken der Normandie.

Der von den Söhnen des Sizilien-Eroberers *Tancrède de Hauteville* stark unterstützte romanische Vorgängerbau wurde bei einem Großbrand 1218 vernichtet und der heutige Bau auf seinen romanischen Grundmauern errichtet. Am Mauerwerk lassen sich

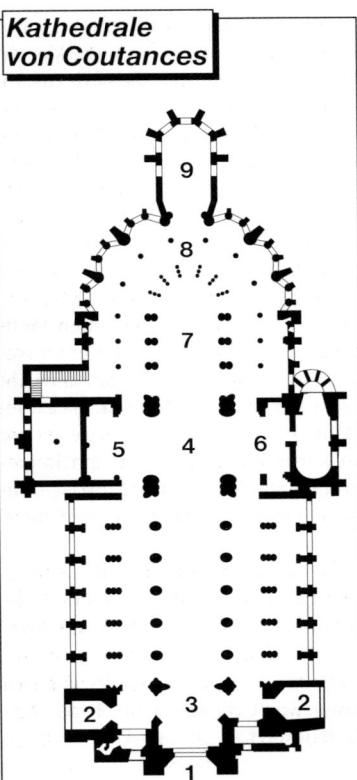

Kathedrale von Coutances

1 Portalzone mit Mittelportal und Seitenportal
2 W-Türme
3 Orgelgehäuse
4 Vierung mit Laternenturm
5 Querhaus
6 Querhaus mit Altarretabel
7 Chor
8 Chorumgang
9 Achskapelle

noch **romanische Überreste** feststellen und die romanische Anlage fand in höchster künstlerischer Vollendung Eingang in das gotische Baukonzept. So blieb die romanische Architektur mit dem Schiff und den Fassadentürmen erhalten – sie bildet die Tragwerkstruktur des heutigen Baus. Die romanischen Türme wurden mit einem viereckigen Überzug verkleidet und mit Spitztürmen gekrönt.

Das **Kirchenschiff** besteht aus sechs dreistöckigen Jochen. Die Leichtigkeit des Eindrucks haben die Baumeister erreicht, indem sie die Stützpfeiler mit kleinen Säulen verkleideten. Der dreigeschossige Vierungsturm ist das prägende Element des gesamten Bauwerks. Der Innengalerie in der Höhe des Tragwerks ist ein offenes Geschoss mit Lanzetten aufgesetzt, das das Rippengewölbe trägt. Darüber erhebt sich der Glockenturm. Bei der Anlage des Chors lösten sich dann die Baumeister vom romanischen Grundkonzept und gestalteten diesen breiter als das Mittelschiff. Das Chorschiff wird von sechs Doppelsäulen getragen. Zwei Wandelgänge umgeben den Chor. Die Achskapelle auf der Ostseite, auch La Cerclée genannt, wurde im 14. Jahrhundert als Marienkapelle angebaut.

Sehenswert ist die **Marienstatue** aus Carrara-Mamor aus dem 14. Jahrhundert, sie hat alle Kirchenplünderungen und Zerstörungen überlebt.

Der **Hochaltar** wurde Mitte des 18. Jhs. aus mehrfarbigem Marmor errichtet. Zwei Engel überragen ihn, andere Putten verzieren die Seiten.

Die Westküste

Weitere Sehenswürdigkeiten

Die **Église Saint-Pierre**, fast schon am Rand des historischen Stadtkerns, wurde erstmals 1056 in einer Urkunde *Wilhelm des Eroberers* erwähnt. Sie zerfiel und Ende des 15. Jahrhunderts ließ Bischof *Geoffroy-Herbert* sie im spätgotischen Stil neu errichten. Der Laternenturm wurde erst Ende des 16. Jahrhunderts im Renaissance-Stil fertig gestellt. Das Hauptschiff besteht aus fünf Jochen. Die zwei ersten Pfeiler sind verstärkt, weil sie den Fassadenturm tragen. Das bemerkenswerte Chorgestühl von 1664 ist reich mit Flechtwerk verziert. Die Kanzel wurde der Abteikirche von La Lucerne abgekauft. Die Orgel gehört zu den Kostbarkeiten der Kirche, sie entstand 1789.

Die **Église Saint-Nicolas** befindet sich etwas unterhalb der Kathedrale. Sie dient heute als Ausstellungsraum. Die einstige zweite Pfarrkirche von Coutances stammt ursprünglich aus dem 13. Jahrhundert, wurde nach Zerstörungen aber immer wieder aufgebaut. Der älteste Teil ist heute der Glockenturm aus dem 15. Jahrhundert.

Das **Rathaus** *(Hôtel de Ville)* im Südwesten der Kathedrale ist in einem 1819 von der Stadt gekauften ehemaligen Palais untergebracht, das 1713 von der Familie *de Cussy* erbaut wurde. Die Freitreppe vor dem Eingang entstand kurze Zeit später.

Sehenswert ist auch der **Bischofspalast** (Palais Épiscopale) im Osten der Kathedrale. Der klar gegliederte Bau stammt aus dem 18. Jahrhundert.

Die **Kirchenfenster**, die aus dem 13. Jahrhundert stammen, bieten ein Gesamtbild, wie es eigentlich nur noch die Kathedrale von Rouen vorweisen kann. Die Darstellungen des großen Kirchenfensters zum Norden beschreiben das Leben des heiligen *Thomas Becket*, die zum Süden das von *Sankt Georg* und *Sankt Blasius*. Das Kirchenfenster des südlichen Querschiffes zeigt eine Darstellung des Jüngsten Tages und stammt aus dem 15. Jahrhundert.

Portalfenster von Notre-Dame

DIE WESTKÜSTE
Im Westen der Normandie

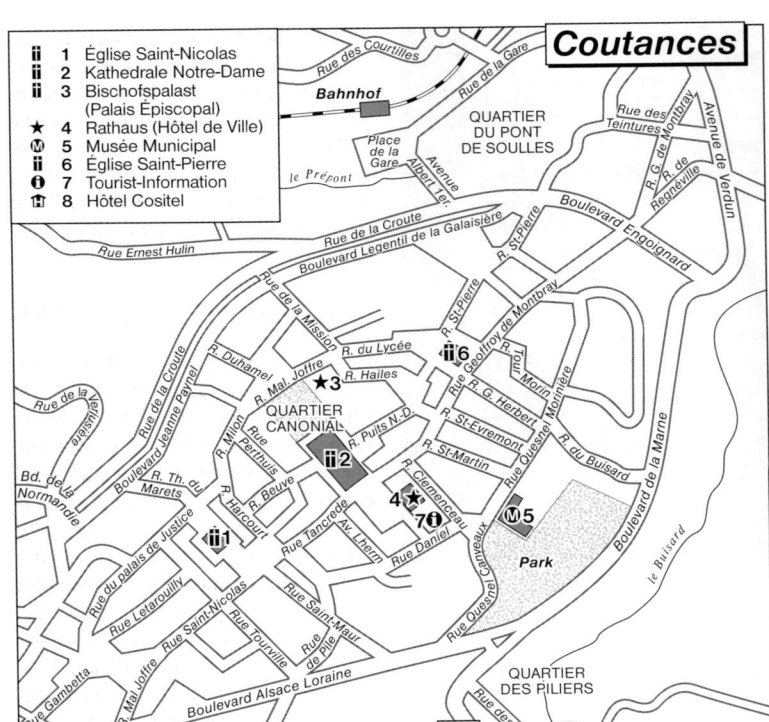

Coutances

- ii 1 Église Saint-Nicolas
- ii 2 Kathedrale Notre-Dame
- ii 3 Bischofspalast (Palais Épiscopal)
- ★ 4 Rathaus (Hôtel de Ville)
- Ⓜ 5 Musée Municipal
- ii 6 Église Saint-Pierre
- ❶ 7 Tourist-Information
- 🏨 8 Hôtel Cositel

Das **Stadtmuseum** (Musée Municipal) südöstlich der Kathedrale ist im Hôtel Poupine, dem Stadtpalais des gleichnamigen Königsberaters aus dem 17. Jahrhundert untergebracht. Der dazugehörige **Jardin des Plantes** wurde Mitte des 19. Jahrhunderts als öffentlicher Park mit italienischen Terrassen angelegt – ein paradiesisches Fleckchen Erde, in dem 47.000 teils auch exotische Pflanzen wachsen. Abends wird der Garten beleuchtet und bezaubernde Musik gibt einem Spaziergang einen reizvollen Hintergrund.

Die Umgebung von Coutances

Vier Kilometer nordwestlich von Coutances erhebt sich das **Château de Gratot.** Die 1968 durch freiwillige Helfer wieder hergestellte Burg erreicht man, indem man Coutance auf der D 44 verlässt und rechts in die D 244 einbiegt. Auf dem Weg passiert

Die Westküste

man die Reste eines im 14. Jahrhundert angelegten Aquäduktes.

Gegründet wurde die Burg von den Grafen *von Gratot*. Später gelangte sie in den Besitz der Familie *d'Argouges*. Im Jahre 1439 verkaufte *Jean d'Argouges* den Hafen von Granville an die Engländer, was der Familie nach dem Hundertjährigen Krieg Schwierigkeiten einbrachte, die aber durch vorteilhafte Heiraten wieder geglättet werden konnten.

Die Anlage ist von Wassergräben umgeben, einst führte eine Zugbrücke zum Torhaus. Der älteste Turm ist der um 1300 gebaute Tour d'Angle. Die Familie *d'Argouges* erweiterte die Burg zu einer mächtigen Anlage mit Wällen, Türmen und mit Herrenhäusern, die sich um einen Innenhof gruppieren. Berühmt ist der Tour à la Fée, der an der Basis oktogonal, im Obergeschoss viereckig und mit einem Walmdach eingedeckt ist. Um diesen Turm rankt sich die Sage von der schönen Fee, die der Graf *von Gariot* nur unter der Bedingung ehelichen konnte, dass er nie das Wort *Tod* aussprechen würde. Natürlich passierte es ihm doch und die Fee entschwand aus dem höchsten Fenster des Feenturms.

Fünf Kilometer südlich von Coutances, etwas abseits der D 971 nach Granville, liegt **Orval** mit einer romanischen Kirche, die auf das 11. Jahrhundert zurückgeht. Beachtenswert sind die Krypta und der Laternenturm, der allerdings spätere Umbauten erfahren hat.

An der Straße D 7 nach Villedieu steht drei Kilometer südlich von Coutances das **Manoir d'Argences** in Saussey. Der Zugang zu diesem schönen Herrensitz aus dem 17. Jahrhundert führt durch eine lange Allee. Die Anlage ist umgeben von einem Park mit Rosen, Fuchsien und Hortensien. Im Manoir ist ein bedeutendes Glas-, Krippen- und Fayancenmuseum untergebracht.

Agon-Coutainville   VIII/B2

Westlich von Coutances erstreckt sich an der Küste der **Badeort** Agon-Coutainville, der durch seinen feinen Sandstrand berühmt ist. Bei Ebbe zieht sich das Wasser kilometerweit zurück – ein Eldorado für Krabben- und Krebsfänger.

Südlich geht der Sandstrand in die **Halbinsel von Agon** über, die von der Trichtermündung der Sienne gebildet wird. An ihrem Ende wurde an der Pointe d'Agon ein Steindenkmal für den Dichter *Fernand Lechanteur* (1910-71) errichtet, der seine Werke im normannischen Dialekt verfasste. Beachtenswert ist die Vegetation der Halbinsel, die sich aus einer typischen Sandflora zusammensetzt.

Regnéville-sur-Mer   VIII/B2

Auf der gegenüber liegenden Seite der Trichtermündung der Sienne liegt Regnéville-sur-Mer – früher ein reicher Hafen, der aber im Laufe der Zeit versandete und deshalb bedeutungslos wurde.

Im Ort sind noch die **Ruinen** eines mächtigen Châteaus aus dem 14. Jahrhundert zu sehen, einst ein imposanter Bau, der die frühere Bedeutung von Regnéville noch erahnen lässt.

Die **Kirche** von Regnéville mit ihrem starken Glockenturm stammt aus dem 13. Jahrhundert.

Die **Kalköfen** weisen auf die frühere Kalkgewinnung hin. Die restaurierten Industrieanlagen können besichtigt werden.

Bréville und Donville ↗ VIII/B2

Die südlichsten Badeorte an der Côte des Îles sind Bréville-sur-Mer und Donville-sur-Mer, nur noch wenige Kilometer von Granville entfernt. Die romanische Kirche von Bréville wurde aus Granit von den nahe gelegenen Îles Chausey gebaut. Das Portal der Kirche ist reich ornamentiert.

Abbaye de Hambye ↗ IX/C3

Etwas umständlich zu erreichen, aber ausgesprochen sehenswert ist die Abbaye de Hambye. Von Coutances aus nimmt man die D 7 südwärts und biegt in Lengronne links in die D 13 ein, der man bis zum Ort Hamby folgt. Hier führt die D 51 südwärts zu den Ruinen der Abtei, die in schöner Lage am Ufer der Sienne liegen.

Gegründet wurde das **ehemalige Benediktinerkloster** in der Mitte des 12. Jahrhunderts. Die Kirche entstand im 13. Jahrhundert im hochgotischen Stil. Schon vor der Französischen Revolution war das Kloster von den Mönchen aufgegeben worden. Unter *Napoleon* diente der Bau dann als Steinbruch und zerfiel zusehends. Doch noch heute wirken die Ruinen majestätisch auf den Betrachter. Das Kirchenschiff wurde im 14. Jahrhundert erweitert. Über der Vierung sind noch die Grundelemente des Glockenturms zu sehen. Von den Klostergebäuden steht noch der zweischiffige Kapitelsaal mit Apsis sowie Krankenräume, Küche und Wirtschaftsgebäude.

Abteikirche in Hambye

Praktische Tipps

Information

- **Rathaus von Bricquebec,** 50260 Bricquebec, Tel. 0233 87 22 50, Fax 0233 87 22 69
- **Office de Tourisme,** 50190 St.-Sauveur-le-Vicomte, Le Vieux Château, Tel. 0233 21 50 44, Fax 0233 95 88 85, otsev@oreka.com
- **Office de Tourisme,** 50270 Barneville-Bourg, 10, Rue des Écoles, Tel. 0233 04 90 58, Fax 0233 04 93 24, tourisme-barneville-carteret@wanadoo.fr
- **Office de Tourisme,** 50270 Carteret Le Cap, Place Flandres-Dunquerque, Tel. 0233 04 94 54
- **Office de Tourisme,** Portbail, 26, Rue Philippe Lebel, Tel. 0233 04 03 07, Fax 0233 04 94 66
- **Office du Tourisme,** Lessay, Place Saint-Cloud, 50430 Lessay, Tel. 0233 45 14 34
- **Tourismusbüro Pays de Coutances,** 50200 Coutances, Place Georges Leclerc, Tel. 0233 19 08 10, Fax 0233 19 08 19, tourisme-coutances@wanadoo.fr
- **Office de Tourisme,** 50230 Agon-Coutainville, Place du 28 Juillet, Tel. 0233 76 67 30, Fax 0233 76 67 31, office-tourisme-agon@wanadoo.fr
- **Syndicat d'Initiative,** 50560 Blainville-sur-Mer, Place de la Marine, Tel. 0233 07 90 89 (geöffnet: Juli/August)
- **Point I,** 50540 Hambye, Rue d'Estouteville, Tel. 0233 90 20 90 (geöffnet: Juli/August)
- **Syndicat d'Initiative,** 50590 Regnéville-sur-Mer, Tel. 0233 45 88 71 (im Sommer)

Unterkunft

- **Gîtes d'Étape Le Château,** Cap de Flamanville, H. Masson, Tel. 0233 52 12 30
- **Gîtes d'Étape Le Sémaphore,** Cap de Flamanville, H. & Fr. Pelletant, Tel. 0233 52 18 98, Fax 0233 52 36 39
- **Sites-et-Paysages-Camping Le Grand Large,** Cap de Flamanville, Le Pieux, Zufahrt vier Kilometer von Le Pieux in Richtung Meer, an einem breiten Sandstrand gelegenes, ebenes Dünengelände, das Windschutz bietet, geöffnet: April bis Mitte September, Tel. 0233 52 40 75
- **Camping l'Étang des Haizes,** Cap de Flamanville, St.-Symhorien-le-Valois, an einem kleinen See mit Sandstrand ein Kilometer nördlich des Ortes gelegener Platz, gut ausgestattet und mit umweltbewusstem Management, ganzjährig geöffnet, Tel. 0233 47 23 80
- **Camping Caravaning Les Mielles,** 50270 Surtainville, unmittelbar am Strand gelegener Platz zwischen dem Cap de Flamanville und Carteret, ganzjährig geöffnet, Tel. 0233 04 31 04
- **Le Vieux Château**€€, 50260 Bricquebec, 4, Cours de Château, mittelalterlicher Bau, der auf das 11 und das 12. Jahrhundert zurückgeht, hier soll schon Königin *Victoria* genächtigt haben, angeschlossenes Restaurant€, ganzjährig geöffnet, Tel. 0233 52 24 49, Fax 0233 52 62 71, hubert.hardy@wanadoo.fr, www.hotelrestvieuxchateau.com
- **Les Îsles**€€, 50270 Barneville-Carteret, Hotel mit Blick auf Jersey beim Strand von Barneville, angeschlossenes Restaurant€, geschlossen: 5.11.-8.2. und montags außerhalb der Saison, Tel. 0233 04 90 76, Fax 0233 94 53 83
- **L'Hermitage**€€, 50270 Barneville-Carteret, kleines Ferienhotel mit modern eingerichteten Zimmern am Hafen von Carteret, angeschlossenes Restaurant€€, sonntagabends und montags geschlossen sowie von Mitte November bis Ende Januar geschlossen (außer um Silvester), Tel. 0233 04 46 39, Fax 0233 04 88 11
- **Les Pains**€, 50580 Denneville, hübsches kleines Hotel in dem südlich von Portbail gelegenen Badeort, ganzjährig geöffnet, Tel. 0233 76 54 54, Fax 0233 07 19 39
- **Camping aux Grandes Espaces,** bei Lessay in St.-Germain-sur-Ay-Plage, an der Landzunge gelegen, die in die Trichtermündung der Ay hineinreicht, Dünengelände mit Bäumen und Hecken, die die Stellplätze teilweise umgeben, 400 Meter zum Strand, geöffnet: Mai bis September, Tel. 0233 07 10 14, Fax 07 22 59
- **Cositel**€€, 50200 Coutances, Route de Coutainville, modernes Haus in aufgelockerter Bauweise, ganzjährig geöffnet, Tel. 0233 19 15 00, Fax 0233 19 15 02, hotelcositel@wanadoo.fr, www.hotelcositel.com

Halbinsel Cotentin

- **La Gare**€, 50290 Bréhal, 1, Place Commandant Godart, kleines Traditionshotel im Zentrum des im Küstenhinterland gelegenen Ortes, Mitte Dezember bis Ende Januar geschlossen, Tel. 0233 61 61 11, Fax 0233 61 18 02, www.logisdefrancebrehal.com
- **Hôtel Hardy**€€ 50230 Agon-Coutainville, 23, Avenue Tourville, im Zentrum des Badeortes mit anspruchsvollem Restaurant€€, geschlossen: Mitte Dezember bis Mitte Januar sowie donnerstags und sonntags zwischen Oktober und April, Tel. 0233 47 04 11, Fax 0233 47 39 00, hardy@lerapporteur.fr, www.lerapporteur.fr/hardy
- **Auberge de l'Abbaye**€€, 50450 Hambye, anspruchsvolles, kleines Hotel mit ansprechendem Restaurant€€, das sich ganz auf Gäste der Abtei eingestellt hat, außerhalb der Saison montags geschlossen, Tel. 0233 61 42 19, Fax 0233 61 00 85
- **La Mougine des Moulins à Vent**€€, 50290 Bréville-sur-Mer, drei Kilometer nordöstlich über die D 971 zu erreichen, großartige Villa, die fünf Hotelzimmer bietet, behindertengerecht, kein angeschlossenes Restaurant, im Oktober geschlossen, Tel. 0233 50 22 41
- **Camping de le Vanlée**, 50290 Bréhal-Briqueville, direkt am breiten Sandstrand gelegenes Dünengelände neben dem Golfplatz, geöffnet: Mai bis September, Tel. 0233 61 63 80

Essen und Trinken

- **La Marine**€€, Barneville-Carteret, 11, Rue de Paris, gehobene Küche *entre mer et terre* („zwischen Land und Meer"), sonntags und montagabends geschlossen, außerhalb der Saison auch montagmittags, Tel. 0233 53 83 31, Fax 0233 53 39 60
- **Les Chevaliers**€, 50540 Hambye, Rue d'Estouteville, einfaches Restaurant im Ort mit traditioneller, empfehlenswerter Küche, vermietet sechs preiswerte Fremdenzimmer, sonntags und montagabends geschlossen sowie Mitte November bis Mitte Januar, Tel. 0233 90 42 09
- **Le Relais des Îles**€€, Coudeville-sur-Mer (an der D 971 zwischen Coutances und Granville), Panoramarestaurant mit Blick auf die Îles Chausey, Fischlokal, angeschlossenes Hotel€€, 10.10.-1.4. geschlossen, Tel. 0233 61 66 66, Fax 0233 61 63 28, relais-des-iles@wanadoo.fr, www.relais-des-iles.fr

Museen

- **Musée Archéologique et d'Éthnographie Régionale** (Regionales Archäologie- und Ethnografiemuseum), 50260 Bricquebec, in der Festung von Bricquebec, zu sehen sind Reste der ehemaligen romanischen Kirche, Pergamente, Siegel, Fossilien, Mineralien etc., geöffnet: Juli bis August täglich 10-12 und 14-18.30 Uhr (außer dienstags), Eintritt 2 €, Kinder frei, webmaster@ville-bricquebec.fr
- **Musée Barbey d'Aurevilly**, St.-Sauveur-le-Vicomte, 66, Rue Bottin-Desylles, Manuskriptsammlung des Schriftstellers, dem der Ehrentitel *Connétable des Lettres* („Kenner der Literatur") zugesprochen wurde, wer an der Literatur des 19. Jahrhunderts interessiert ist, findet in seinem ehemaligen Wohnhaus viele persönliche Exponate, geöffnet: Mitte Mai bis Mitte September täglich außer dienstags 10-12 und 15-18 Uhr, ansonsten samstags und sonntagnachmittags, Eintritt 2,50 €, Kinder 1,50 €, Information beim Verwalter: Tel. 0233 41 65 18, dupontjo@minitel.net
- **Musée Quesnel Morinière,** 50200 Coutances 2, Rue Quesnel Morinière, Stadtmuseum südöstlich der Kathedrale, Gemälde aus dem 17. bis 20. Jahrhundert, Skulpturen aus dem 13. bis 19. Jahrhundert, Kollektion normannischer Keramik, geöffnet: Juli bis Mitte September 10-12 und 14-18 Uhr (außer dienstags und feiertags), außerhalb der Saison bis 17 Uhr, Tel. 0233 45 11 92, Fax 0233 76 55 76
- **Musée de Regnéville**, 50590 Regnéville-sur-Mer, Les Fours à Chaux du Rey („Die Kalköfen von Rey"), hervorragendes Beispiel restaurierter Industriearchitektur des 19. Jahrhunderts, gezeigt werden Modelle und Nachbildungen der Herstellung von Kalk sowie eine Übersicht über das Seefahrerhandwerk an der Küste wie Seilherstellung, Schiffsausrüstung etc., Juli/August täglich 10-12 und 14-18 Uhr geöffnet, April bis Juni und Sept./Okt. dienstags geschlossen, Eintritt 4 €, Studenten 2,30 €, Kinder 7-15 Jahre 1,50 €, Tel. 0233 46 82 18, Fax 0233 45 34 74

Besichtigungen

- **Centrale Nucléaire de Production d'Électricité de Flamanville** (Kernkraftwerk Flamanville), besichtigt werden kann eine Ausstellung über Stromproduktion und Kernkraftwerke, kommentierte Führungen montags bis freitags 9-12.30 und 14-18 Uhr, während der Schulferien zusätzlich samstags und sonntags 15-18 Uhr, Einlass nur gegen Vorlage eines Personalausweises, Information und Voranmeldung: Tel. 0233 04 12 99
- **Château de Bricquebec**, Burganlage, gut erhaltener Rittersaal (Salle des gros Piliers), Hôtel du Vieux Château, geöffnet: täglich 10-12 und 14-13.30 Uhr (außer dienstags), Eintritt 2 €, Kinder frei, Tel. 0233 53 16 85, Fax 0233 87 22 €9, webmaster@ville-bricquebec.fr
- **Château von St.-Sauveur-le-Vicomte**, gut erhaltene, imposante Festung mit bewegter Geschichte, Besichtigungen auf Anfrage beim Rathaus: Tel. 0233 41 60 26 oder beim Touristenbüro (s.o.)
- **Abtei Sainte-Marie-Madeleine**, am südlichen Ortsrand von St.-Sauveur-le-Vicomte, geöffnet: 10-12 und 14-18 Uhr, Führungen auf Anfrage, Tel. 0233 21 63 20, Fax 0233 41 61 21
- **La Maison du Biscuit**, 50270 Sortosville-en-Beaumont, etwas außerhalb von Barneville-Carteret an der Straße nach Bricquebec, ein eher kunsthandwerklicher Betrieb, in dem man bei der Produktion der Spezialitäten wie Petits Fours, Rosinenkuchen, Genueser Brot und den unterschiedlichsten Biskuitsorten zuschauen kann, geöffnet: Juni bis September täglich 9-12.30 und 14-19 Uhr, Oktober bis Mai etwas kürzere Öffnungszeiten und montags geschlossen Tel. 0233 04 09 04, Fax 0233 04 09 00
- **Abbatiale Romane Sainte-Trinité**, 50430 Lessay, 13.7.-23.8. täglich 8-19 Uhr geöffnet, Führungen 10-12 und 14-18 Uhr Teilnahmepreis 3 €, Kinder frei, Information Association des Amis de l'Abbatiale de Lessay, Tel. 0233 56 40 99, Fax 0233 45 60 85
- **Château Pirou**, Wasserburg bei Lessay, deren Kapelle, Rittersaal, Wächtertürme und Kemenaten besichtigt werden können, außerdem wird ein normannischer Teppich nach Art des Bayeux-Teppichs gezeigt (das Origina nur im Juli und August), geöffnet: Februar-Ferien bis zum Jahresende 10-12 und 14-18.30 Uhr (im Winter nur bis 17.30 Uhr und dienstags geschlossen), Eintritt 4 €, Jugendliche 3 €, Kinder 2 €, Familienermäßigung, Tel. 0233 46 34 71
- **La Fromagerie du Val d'Ay,** 50430 Lessay, Rue de la Laiterie, in der Käserei wird die Milch von Kühen aus der Umgebung, der typischen mit Weiden durchsetzten Heckenlandschaft des Cotentin, zu einer Art Camembert mit dem Herkunftszeichen L'Apellation d'Origine Contrôlée verarbeitet, die Produktion dieses seit 1931 bestehenden Betriebes kann besichtigt werden, geöffnet: Juni bis September 10-12 und 14-16 Uhr, ansonsten auf Voranmeldung, Tel. 0233 46 41 33, Fax 0233 45 07 54
- **Kathedrale Notre-Dame,** 50200 Coutances, ganzjährig 9-19 Uhr geöffnet, Führungen im Sommer täglich, Beitrag 5 €, Kinder 3 €
- **Jardin des Plantes,** 50200 Coutances, eine gartenarchitektonische Meisterleistung, angelegt als Kombination des englischen und französischen Gartentyps, geöffnet: April bis Oktober 9-20 Uhr, ansonsten bis 17 Uhr, Eintritt frei
- **Château de Gratot**, nördlich von Coutances, sehenswerter Einblick in die mittelalterliche Architektur, permanente Ausstellung „Acht Jahrhunderte Lebensart", Kunstausstellungen im Sommer, ganzjährig geöffnet 10-19 Uhr. Eintritt 2 €, Kinder 1 €, Information durch das Centre d'Animation du Château de Cratot, Tel. 0231 27 97 40, im Sommer Tel. 0233 45 18 49
- **Abbaye de Hambye**, mit angeschlossenem kleinen Liturgiemuseum, geöffnet März sonntags 13-18 Uhr, Mai bis Okt. täglich (außer dienstags) 10-12 und 14-18 Uhr (in den Schulferien ab 13 Uhr), Eintritt mit Führung 3,80 €, Studenten 3 €, Kinder von 7 bis 15 Jahren 1,80 €, Information: Abbaye de Hambye, Service Acceuil, Tel. 0233 61 76 92, Fax 0233 61 99 91

Aktivitäten

- **Segelbootsausflüge**: mit der Long John Silver, einem 12-Meter-Segler mit zwei Kabinen à vier Kojen, der die Kanalinseln im Charter-Verkehr mit Skipper ansteuert, Tages-Charter ca. 620 €, Buchungen bei Jean Guérin, Petit Port, Tel. 0233 04 06 77;

mit der Neire Mâove, einem nachgebauten historischen 14-Meter-Segelbootstyp des 19. Jahrhunderts („Goélette du Cotentin") von Barneville-Carteret entlang der Côte des Îles oder zu den Kanalinseln, Buchungen und Information: Tel. 0233 04 69 77

● **Boots- und Angelausflüge:** an Bord der Amarine, (25 Pasagiere) von Carteret und Diélette, Küstenbesichtigungsfahrten (2 Std.), Angeltouren (4-7 Std.), Information: L'Amarine – Port des Îles, Barneville-Carteret, Tel. 0233 53 85 90 oder 0680 85 85 49 (an Bord), Fax 0233 54 43 58

● **Touristenzug TTC** (Train Touristique du Cotentin Carteret-Portbail): In einem Zug aus den 30er-Jahren „flaniert" man entlang der Bäderküste zwischen Carteret, Barneville, St.-Jean, St. Georges und Portbail, der Zug fährt zwischen Ende Juni und Ende August sonntags um 15 Uhr ab Carteret und zurück um 16.30 ab Portbail sowie dienstags und donnerstags um 10 Uhr bzw. 12.30 ab Carteret und um 12.30 bzw. um 10 Uhr ab Portbail, Hin- und Rückfahrtticket 5,50 €, Kinder 4 €, Firmensitz: Clos St. Jean, 50270 St.-Jean-de-la-Rivière, Tel. 0233 04 70 08

Sport

● **Jachthäfen:** Diélette, 510 Bootsplätze, 420 Trockendockplätze, die per Trockendock-Schwingtor erreichbar sind, 50 Festankerplätze, 40 Pontonanlegeplätze im Tiefwasserbecken im oberen Hafenbereich, davon 20 als Warteplätze, Capitainerie: Tel. 0233 53 68 78;

Barneville-Carteret, Port des Isles, 311 Anlegestellen, 60 Besucherstegplätze, 95 Ankerplätze, Capitainerie Tel. 0233 04 70 84, Fax 0233 04 08 37;

Portbail, 200 Ankerplätze, 30 Besucherplätze, Capitainerie: Tel. 0233 04 83 48, Information auch über das Rathaus: Tel. 0233 04 88 30;

Agon-Coutainville, La Pointe d'Agon, 120 Liegeplätze, drei Besucher-Landungsstege, Information: Tel. 0233 45 98 60;

Jachthafen Regnéville-sur-Mer, Le Havre Regnéville, Landvorholplatz, 60 Ankerplätze, vier Besucherplätze, Information: Tel. 0233 46 36 76

● **Segelschulen:** Diélette, Centre Nautique et École de Voile, Tel. 0233 52 61 82;

Barneville-Carteret, École de Voile, Tel. 0233 04 83 54 oder 53 88 29, Fax 0233 53 68 89;

Bréhal, Espace Voile Bréhal, Tel. 0233 61 78 03, 0233 61 68 54 (außerhalb der Saison);

Bréville-sur-Mer, ASPTT, Plage de Bréville, Tel. 0233 61 83 00, bzw. 05 22 42 (nach 14 Uhr), Fax 0233 05 18 07;

Regnéville, Club nautique Regnévillais, Tel. 0233 46 36 76 (Anrufbeantworter)

● **Segelschulen und Strandsegler:** Portbail, Club de Vent de la Côte des Îles-La Cailleourie, Tel./Fax 0233 04 86 15 (Klub-Haus);

Agon-Coutainville, Club Nautique de Coutainville, Avenue des Dunes, Tel. 0233 47 14 81

● **Meer-Kajak:** Barneville-Carteret, Club et École d'Aviron en Mer, Tel. 0233 04 62 07 oder 04 69 83

● **Reiten:** Barneville-Carteret, im Club Hippique, Unterricht, Promenaden, Ausflüge, Dressur, am südlichen Ortsausgang von Barneville Plage, Rue de la Corderie, Tel. 0233 04 93 63;

Portbail, Centre Équestre de Portbail, Ferme des Mielles, Tel. 0233 04 85 96;

Coutances, Centre Équestre du Parc La Galaiserie, Tel. 0233 47 91 28;

Agon-Coutainville, Centre Équestre d'Agon-Coutainville, Tel. 0233 47 00 42 oder 45 27 05

● **Golf:** Golf de la Côte des Îles, 9-Loch-Platz südlich von Barneville Plage, 50270 Saint-Jean-de-la-Rivière, ganzjährig geöffnet, außerhalb der Saison dienstags geschlossen, Tel. 0233 93 44 85;

18-Loch-Platz des Golf Club Coutainville, nördlich von Agon-Coutainville, Sonderkonditionen für Feriengäste und Jugendliche, ganzjährig geöffnet, Tel. 0233 47 03 31, Fax 47 38 42;

Städtischer 9-Loch-Platz Bréhal, Saint-Martin-de-Bréhal, Golf-Kurse, Training und Wettbewerbe März bis Dezember, ganzjährig geöffnet, Information: Pavillon du Golf, Tel./Fax 023 351 58 88

Veranstaltungen

- **Grande Sainte-Croix:** dreitägiges Volksfest in Lessay, jeweils am zweiten Wochenende im September, Kirmes, Tiermarkt, Ausstellung, Information Tel. 0233 60 14 30, Fax 0233 60 06 75
- **Jazzfestival:** Jazz sous les pommes („Jazz unter den Apfelbäumen"), Coutances, in der Himmelfahrtswoche, mit Konzerten, Paraden, Veranstaltungen in den Straßen, Bars, Cafés, Information: Tel. 0233 76 78 50
- **Patrimoniumsfest:** Fête du Patrimoine, in Coutances, drittes Wochenende im September

Einkaufen

- **Wochenmarkt:** donnerstagvormittags in Coutances, besonders attraktiv, in der überdachten Markthalle an der Place du Charles de Gaulle trifft sich Coutances zum Einkaufen, das vielfältige Angebot beinhaltet Obst und Gemüse, Molkereiprodukte, Schinken, Kaldaunenwürste, Entenstopfleber, Austern, Muscheln, Hammelfleisch, lebendes Kleingetier ...

Verkehrsverbindungen

- **Fährbetrieb:** von Barneville-Carteret zu den Kanal Inseln Jersey, Guernsey und Sark, Auskunft: Émeraude Lines, Gare Maritime, Tel. 0233 52 61 39

  von Portbail nach Jersey, Guernsey, Sark-Alderney und Herm, Information: Gare Maritime-La Caillourie, Tel. 0233 52 10 01, Fax 0233 52 10 15
- **Eisenbahn:** SNCF-Bahnstation in Lessay an der Regionalstrecke nach Coutances
- **Flugverkehr:** Lessay hat auch einen kleinen Sportflughafen, Zugang von der D 900 in Richtung St.-Lô

Die Bucht von Mont St.-Michel

Überblick

Die Bucht von Mont St.-Michel bildet an der Grenze zur Bretagne einen tiefen Einschnitt in den äußersten Teil der Normandie. Hier münden die Flüsse Sée, Sélune und Couesnon in das Meer. Die **Tide** drückt vom Atlantik so gewaltig ein, dass zwischen Ebbe und Flut Niveau-Unterschiede von bis zu fünfzehn Metern gemessen werden – die höchsten in ganz Europa. Schier unendliche Sandbänke werden bei Ebbe freigelegt, während die Flut neue Sedimente heranträgt, die die Bucht zu verlanden drohen.

Zwei markante Felsen ragen empor: der Mont Tombelaine und der Mont Tombe, der heute unter dem Namen Mont St.-Michel mit seinem aufgesetzten Klosterkomplex weltberühmt ist. Beide Namen tragen das Worte *tombe* („Grab") in sich, was auf ihre historische Bedeutung als keltische Kult- und Begräbnisstätte hinweist.

Granville ♫ XVIII/A1

Die nördliche Grenze der Bucht von Mont St.-Michel wird von einem weit ins Meer hinausragenden Felssporn gebildet, auf dem die Oberstadt von Granville errichtet wurde. Sie ist auch heute noch von Mauern umgeben. Die Unterstadt ist teilweise auf künstlich gewonnenem Land angelegt und stellt das heutige Geschäftszentrum dar. Das milde Atlantikklima macht Granville zu einem idealen Standort für eine Thalassotherapie. Des Weiteren verfügt die Stadt über einen aktiven Fischereihafen und einen großen Jachthafen.

Geschichte

Im Gegensatz zu vielen anderen Orten der Normandie kann Granville nur auf eine kurze Geschichte zurückblicken. Die Ansiedlung von Fischern um das Jahr 1000 unter einem Normannen namens *Gran* ist zumindest nicht bezeugt.

Die eigentliche Geburtsstunde der Stadt geht auf das Jahr 1439 zurück, als Sir *Thomas Scales,* Kommandeur der englischen Truppen unter König *Heinrich V.,* den Felssporn von Granville mit einer **Ummauerung** versah. Von dieser Festung aus sollte zum Ende des Hundertjährigen Krieges der Mont St.-Michel erobert werden, den die Franzosen fest in ihrer Hand hielten. Die Engländer scheiterten und wurden 1442 sogar aus Granville vertrieben, das seither französisch geblieben ist.

Nochmalige **Angriffe** der Engländer erfolgten in den Jahren 1695 und 1803. Ein Angriff royalistischer Truppen wurde 1793 an der Grande Porte der Stadtmauer abgewehrt. Als letztes Kommando wurden im März 1945 die deutschen Besatzungstruppen von Jersey zurückgeholt.

Im Zuge der aufkommenden Küstentouristik im 19. Jahrhundert entwickelte sich Granville mehr und mehr zu einem **Seebad.** Heute ist die Stadt eines der wichtigsten Segelzentren an der Kanalküste – den ganzen Sommer über finden hier Regatten statt.

Sehenswertes

Historisch interessant ist die Oberstadt, **La Haute Ville,** mit den grauen, aus Granitsteinen von den Îles Chausey errichteten Häusern aus dem 16. bis 18. Jahrhundert. Der Zugang erfolgt über die Zugbrücke der Grande Porte, dem alten Haupttor der Stadtmauer, wo eine Gedenktafel an die Ereignisse des Jahres 1793 erinnert.

In der **Rue St.-Jean** steht das Adam-und-Eva-Haus von 1652 mit geschnitzten Figuren von Adam und Eva, den Sündenfall darstellend. Weitere sehenswerte Häuser in dieser Straße sind La Maison de Fortuné du Boisgobey, das Hôtel Ganne-Destouches und das Hôtel des Picquelin.

Geht man entlang der Stadtmauer zur Spitze des Felspornes von Granville, so gelangt man zur **Pointe du Roc,** von der man einen herrlichen Ausblick über die ganze Küstenlinie und zu den vorgelagerten Inseln hat.

Im Zentrum der Haute Ville steht die **Église Notre-Dame,** mit deren Bau noch die Engländer begonnen hatten. Ihr Vierungsturm ist der älteste Teil. Aus dem 15. Jahrhundert stammen außerdem das Schiff und die Westfront. Der Ostteil entstand im 16. Jahrhundert. Die Säulen an der Westfront wurden im 17. bzw. 18. Jahrhundert vorgesetzt. Die modernen Glasfenster mit Motiven zu David, Isaak und Ezekiel im Norden und zu Jakob und Eli im Süden stammen von *Le Chevalier.*

Im Westen der Normandie

Granville

★ 1 Pointe du Roc
★ 2 Aquarium (l'Aquarium du Roc)
ⓘⓘ 3 Kirche Notre-Dame
★ 4 Zugbrücke der Grand'Porte
Ⓜ 5 Stadtmuseum (Musée du Vieux Granville)
Ⓜ 6 Museum der Modernen Kunst (Musée d'Art Moderne Richard-Anacréon)
Ⓜ 7 Dior-Museum
🏨 8 Hôtel le Grand Large
🏨 9 Hôtel Les Bains
ⓘ 10 Tourist-Information
🍴 11 Restaurant Gentilhommière

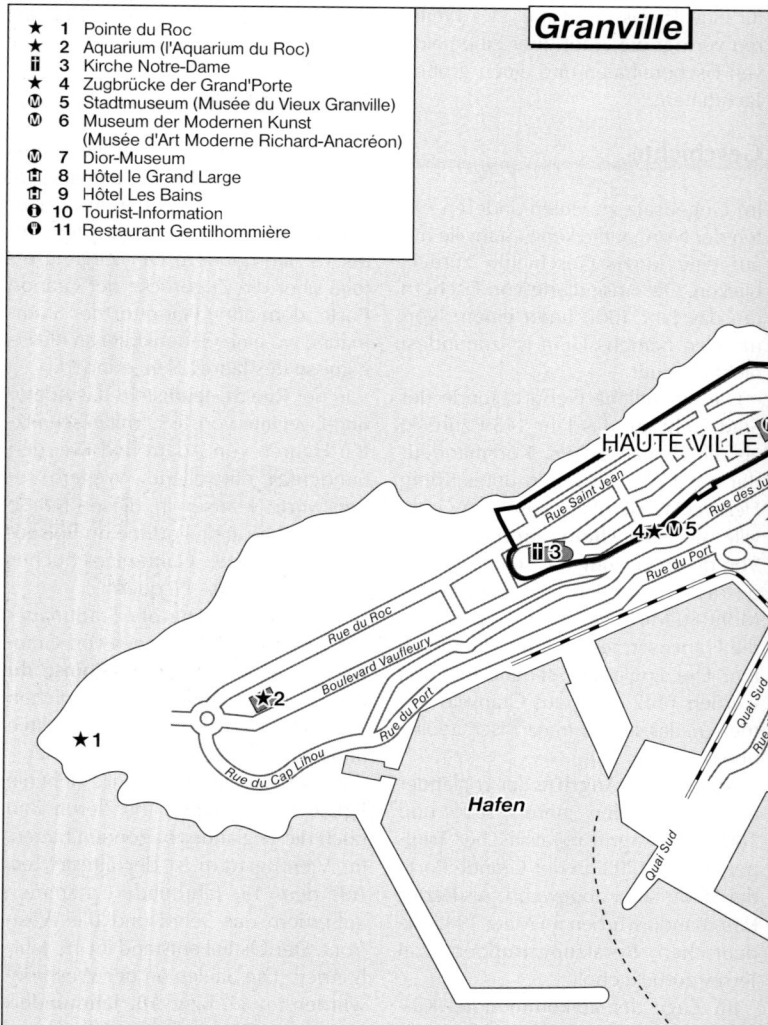

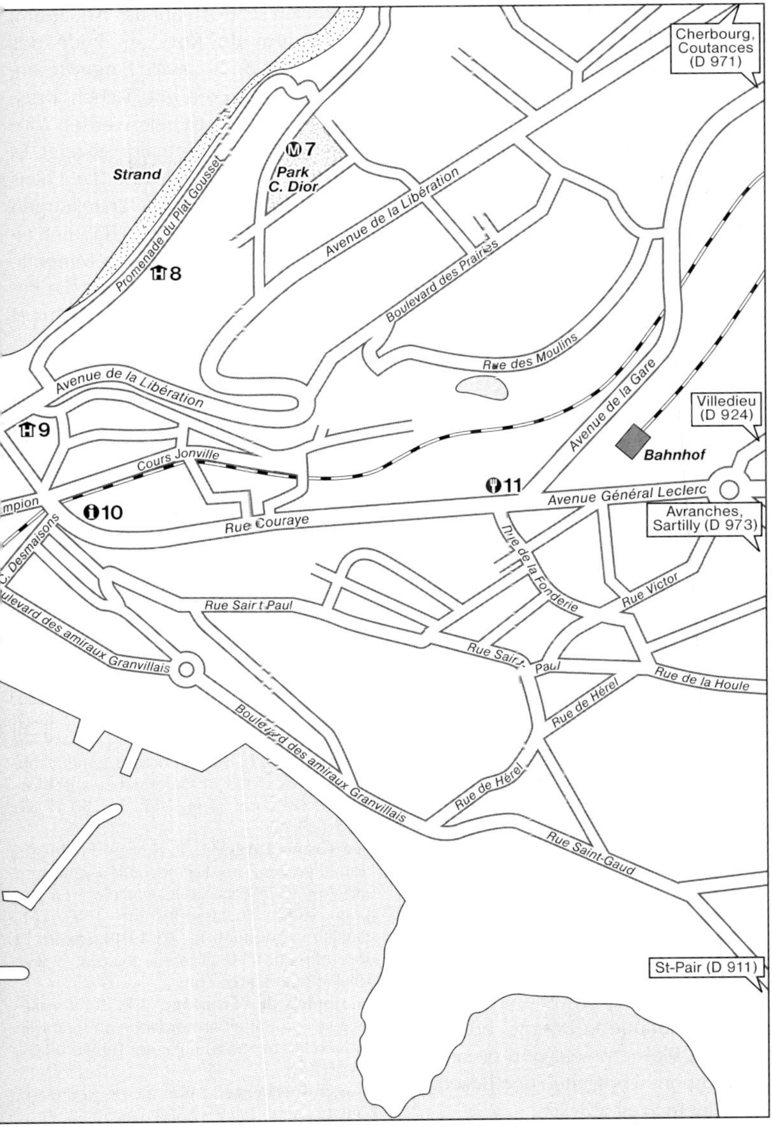

Farbkarte Seite XVIII   Im Westen der Normandie   **GRANVILLE** 501

Bucht von St-Michel

Von der **Promenade** im Süden der Kirche hat man einen schönen Überblick über die Hafenbecken.

Die Stadt verfügt außerdem über eine überraschende Vielfalt an Museen und Ausstellungseinrichtungen:

Das **Musée du Vieux Granville** ist in der ehemaligen Königsresidenz, der Logis du Roi, untergebracht. Hier erläutern Exponate die Geschichte von Granville durch die Jahrhunderte hindurch.

Das **Musée d'Art Moderne Richard Anacréon** an der Place de l'Isthme in der Oberstadt bietet eine umfangreiche Literatursammlung, Gemälde, Skulpturen und Zeichnungen sowie eine Bildersammlung des in Granville geborenen historischen Malers *Maurice Orange* (1868-1916). Stifter dieser Museumssammlung ist der aus Granville stammende Pariser Bibliothekar *Richard Anacréon*.

Das **Musée de Cire** in der Unterstadt ist ein Wachsfigurenkabinett, in dem wichtige Ereignisse der Geschichte Granvilles dargestellt werden.

Eine ganz besondere Attraktion ist das beim Casino gelegene **Musée Dior** des in Granville geborenen Modeschöpfers *Christian Dior*. In der Villa Les Rhumb, in der er aufgewachsen ist, werden heute Wechselausstellungen zum Thema Mode gezeigt. Angeschlossen an das Museum ist ein 1920 von *Dior* entworfener Park, in dem er das Kliffgelände terrassenförmig gestaltete. Skulptierte Bäume, buschige Hecken, Blumenbeete und ornamentierte Brunnen begleiten den Besucher auf seinem Weg abwärts.

Letztlich sei noch auf das Aquarium, **L'Aquarium du Roc,** am Ende des Felssporns von Granville hingewiesen. Neben den Becken mit Fischen, Krustentieren und Muscheln werden Modelle und Marine-Gemälde gezeigt. Es gibt einen Muschelpalast (Le Palais des Coquillages) mit Darstellungen von Seemuscheln, auch im Rahmen einer Lichtschau, sowie einen Mineralien- und Schmetterlingsgarten (Le Palais Minéral et le Jardin des Papillons et des Insectes).

Praktische Tipps

- **Postleitzahl Granville:** 50400
- **Tel.-Vorwahl:** 0233

Information

- **Office de Tourisme,** 4, Cours Jonville, Tel. 91 30 03, Fax 91 30 19
- **Internet:** www.pays-granvillais.net, Informationen zu Handwerk, Gewerbe, Gastronomie, Termine, Veranstaltungen etc.

Unterkunft

- **Les Bains**€€, 19, Rue Georges Clémenceau, gediegenes Hotel in Hafennähe, geschlossen: 1.1.-1.3. und 11.11.-1.12., Tel. 50 17 31, Fax 50 89 22
- **Le Grand Large**€€€, 5, Rue de la Falaise, Hotel-Residenz mit komfortablen Zimmern und Appartements, Hotel hat direkten Zugang zum Thalasso-Institut PREVITAL, ganzjährig geöffnet, Tel. 91 19 19, Fax 91 19 00, info@hotel-le-grand-large.com, www.hotel-le-grand-large.com
- **Camping de l'Ermitage,** 50350 Donville-les-Bains, unmittelbar nördlich von Granville und direkt am Strand gelegen, Tel. 50 09 01, Fax 50 88 19
- **Jugendherberge,** Auberge de Jeunesse, Baie de Hérel, Tel. 91 22 62, Fax 50 51 99

Ein Abstecher zu den Îles Chausey

Etwa fünfzehn Kilometer westlich von Granville liegt das Archipel von Chausey. Die größte Insel dieser Gruppe, die 300 Meter breite und 1200 Meter lange Grande Île, kann von Granville aus das ganze Jahr über mit dem Boot erreicht werden. Nur wenige Fischer verbringen hier die Fangzeit. Die übrigen 363 Inseln des Archipels sind unbewohnt. Bei hoher Flut werden einige von ihnen vom Meer überspült.

Die Îles Chausey bieten ein grandioses Naturschauspiel. Ihr Untergrund besteht aus Granit, der als weit verbreitetes Baumaterial in England, vor allem aber auf dem Mont St.-Michel zum Einsatz kam und mit dem auch die Straßen vor Paris gepflastert wurden. **Wild zerklüftetes Gestein** wird im Wechsel der Gezeiten überflutet und wieder frei gegeben, Gischt sprüht auf und nur allzu oft hängen die Wolken so tief über den Inseln, dass sie im Dunst verschwinden. Der Wind weht und stürmt über sie hinweg, die flache Vegetation beugt sich der Naturgewalt. Gleißendes Sonnenlicht wechselt mit der Düsternis der immer wieder aufziehenden Wolken.

Seit 1802 gehören die Îles Chausey verwaltungsmäßig zu Granville. Der größte Teil ist in Privatbesitz, nur sieben Hektar gehören dem französischen Staat. Von der französischen Regierung ist die Inselgruppe aber schon seit langem als **Naturschutzgebiet** deklariert worden. Denn diese Fleckchen Erde inmitten des Ärmelkanals stellen nicht nur ein außergewöhnliches Biotop für den Pflanzenbewuchs dar, sondern sind auch ein großartiges Brutgebiet für Seevögel!

Der Leuchtturm der **Grande Île** steht auf über 30 Meter Höhe – sein Scheinwerfer strahlt 45 Kilometer weit. Das Vieux Fort an der südlichen Bucht geht auf das Jahr 1558 zurück. Es wurde 1923 renoviert. Seine Silhouette dominiert die Küstenlinie und hier insbesondere den Plage du Port Homage, wo sich das Wasser bei Ebbe weit zurückzieht. Das große Fort wurde zwischen 1860 und 1866 errichtet. Es sollte die Festlandküste vor britischen Angriffen schützen.

Essen und Trinken

- **Gentilhommière**€€, 152, Rue Couraye, kleines Restaurant in der Nähe des Bahnhofs, bietet verfeinerte normannische Küche, unbedingt Reservierung erforderlich, sonntagabends, montags (außer Juli/Aug.) sowie 2.-18.3. geschlossen, Tel. 50 17 9

Museen

- **Musée du Vieux Granville,** 2, Rue Lecarpentier, Heimat- und Geschichtsmuseum mit saisonalen Zusatzausstellungen, in der Saison täglich (außer dienstags) geöffnet 10-12 und 14-18 Uhr, außerhalb der Saison mittwochs, samstags und sonntags 14-18 Uhr, Eintritt 1,50 €, Kinder über 11 Jahre 1 €, Tel. 50 44 10, Fax 50 36 33

- **Musée d'Art Moderne Richard Anacréon,** Place de l'Isthme, Bücher- und Kunstsammlung, geöffnet: Juli bis Sept. täglich (außer dienstags) 10-12 und 14-18 Uhr, April/Mai mittwochs, samstags und sonntags (außer 1.1.) 14-18 Uhr, behindertengerecht, Eintritt 2,50 €, Studenten 1,20 €, Tel. 51 02 94, Fax 51 98 52, musee.anacreon@wanadoo.fr, www.office-culturel@ville-granville.fr

- **Musée de Cire (Historial Granvillais),** Rue Courage 79, Wachsfigurenkabinett zur Stadtgeschichte mit audio-visueller Untermalung,

Führungen: Juli und August 10-12 und 15-19 Uhr, von April bis Juni und September mittwochs und sonntags 15-19 Uhr, behindertengerecht, Eintritt 4,50 €, Tel. 50 03 74, Fax 50 63 11
- **Musée Dior,** Villa des Rhumbs, Wechselausstellungen zu den Themen Mode und Reisen, geöffnet: Anfang Mai bis Okt. täglich (außer montags) 10-12.30 und 14.30-19 Uhr, Eintritt 4 €, Kinder über 12 Jahre 3 €, angeschlossener Park öffentlich zugänglich, Tel. 61 48 21, Fax 61 99 15, museechristiandior@wanadoo.fr
- **Aquarium sur le Roc, 1,** Boulevard de Vaufleury, mit Becken, Muschelpalast, Mineralien- und Insektengarten, geöffnet: April bis September 10-19, Februar, März, Oktober, November 13.30-18 Uhr, Eintritt 7 €, Kinder von 4 bis 12 Jahren 3,40 €, Tel. 61 30 74, Fax 61 71 43, aquarium-du-roc@wanadoo.fr, www.aquarium-du-roc.com

Aktivitäten

- **Stadtbesichtigung:** Das ganze Jahr über werden Le Roc, La Haute Ville, Les Ports und Le Jardin Dior besichtigt. Information beim Office de Tourisme (siehe dort)
- **Thalassotherapie:** Prevital, 3, Rue Jules Michelet, zwischen Casino und dem Dior-Haus, Tel. 90 31 10, Fax 90 31 00, prevital@dial.deane.com, www.prevital.com

Sport

- **Strand-Segeln, Kanu, Kajak:** Centre Régional de Nautisme, Tel. 91 22 60, Fax 50 51 99
- **Segeljachtvermietung:** Granville Plaisance, Terre Plein de Hérel, Tel. 50 23 85
- **Jachthafen:** Le Hérel, 1000 Ponton-Plätze, davon 150 Besucherplätze, Capitainerie: Tel. 50 20 06, Fax 50 17 01
- **Fallschirmspringen, Flugschule:** Aero Granville Sud Manche, Aérodrome de Granville, 50290 Bréville-sur-Mer, ganzjährig geöffnet, Tel. 50 20 44, Fax 50 21 72

Nachtleben

- **Casino:** Place du Maréchal Foche, Boule, Roulette anglaise, Black-Jack, Münzautoma-

ten, Piano-Bar, Restaurant L'Horizon, Tel. 50 00 79, Fax 50 84 03

Veranstaltungen

- **Karneval von Granville:** Die Karnevals-Tradition von Granville wurde von den Fischern der Stadt begründet. Vor jeder Ausfahrt nach Neufundland – immer mit ungewissem Ausgang – verprassten die Fischer kostümiert ihr letztes Geld in den Straßen der Stadt. Vier Tage dauert heute der Karnevalsrummel bis Faschingsdienstag.

Einkaufen

- **La Ferme de l'Hermitière,** 50320 Saint-Jean-des-Champs, südlich der D 924, wenige Kilometer östlich von Granville, traditionelle Herstellung von Apfelsaft, Cidre und Calvados, Degustation und Verkauf, geöffnet: von Ostern bis September, Tel. 61 31 51, Fax 61 87 27

Verkehrsverbindungen

- **Flughafen:** Linienverkehr und Flug-Taxis zu den Kanalinseln
- **SNCF-Bahnhof:** Tel. 0836 35 35 35
- **Fährhafen:** Emeraude Lines, Verbindungen nach Jersey, Guernsey, Sark und Îles Chausey, Küstenfahrten, Angelfahrten, Gare Maritime, 1, Rue Lecampion, Tel. 50 16 36, Fax 50 87 80, emeraudelines@CALVA.NET, www.emeraudelines.com

Die Bucht

An der ganzen Bucht von Mont. St.-Michel hat man einen wunderbaren Ausblick auf den weltberühmten Klosterberg des heiligen *Michael*. Hier führt auch der Wanderweg GR 233 entlang. Das Informationszentrum Maison de la Baie de Mont St.-Michel in Genêts veranstaltet geführte Wanderungen an der Küste.

St. Pair-sur-Mer ⟶ XVIII/A1

Das unmittelbar südlich von Granville gelegene St. Pair-sur-Mer ist für seinen **feinen Sand** bekannt.

Im Ort soll von den lokalen Heiligen, *Pair* und *Scubilien*, im 6. Jahrhundert ein Kloster gegründet worden sein, auf das auch die **Kirche** zurückgeht. Der Turm der Kirche stammt aus der romanischen Zeit, der Chor geht auf das 14. Jahrhundert zurück. Im 19. Jahrhundert wurden dann das neugotische Langhaus und das Querschiff errichtet. Im Inneren gibt es noch einen Sarkophag aus dem 6. Jahrhundert, einen Reliquienschrein mit den sterblichen Überresten des heiligen *Gaud* aus dem 7. Jahrhundert sowie verschiedene Figuren aus dem Mittelalter zu sehen.

Jullouville ⟶ XVIII/A1

Unmittelbar südlich an St. Pair-sur-Mer schließt sich als weiterer **Badeort** Jullouville an. Die Häuser des Ortes liegen verstreut unter Pinien.

Carolles ⟶ XVIII/A2

Der **Strand** von Carolles erstreckt sich unterhalb der Klippen. Hier steht das Landhaus von *Vauban*. Auf Spaziergängen in der Umgebung kann man wundervolle Ausblicke auf den Mont St.-Michel und die Flusstäler genießen. Auf den Klippen befindet sich ein Aussichtspunkt, Le Pignon Butor, mit Übersichtstafel.

Bec d'Andaine ⟶ XVIII/A2

Südlich von Carolles breitet sich der Sandstrand von Bec d'Andaine aus, hinter dem der Wind hohe Dünen aufgeweht hat. Von oben hat man einen weiten Überblick über die Bucht von Mont St.-Michel.

Genêts ⟶ XVIII/A2

Genêts steht seit der Anfangszeit des Klosters auf dem Mont St.-Michel in engem Bezug zu dieser Wallfahrtsstätte, überquerte doch ein großer Teil der **Pilger** von hier aus das gefährliche Wattenmeer. Vielleicht hat man auch deshalb eines der beiden Informationszentren der Bucht von Mont St.-Michel, das **Maison de la Baie – Relais Genêts,** hier eingerichtet.

Im Ort steht eine alte **Kirche** aus dem 12. bis 14. Jahrhundert mit schönem getäfeltem Portal. Die farbigen Glasfenster der Kirche stammen aus dem 13. Jahrhundert. Beachtenswert sind die Statuen im Inneren aus der gleichen Zeit.

Der **Ortsname** *Genêts* bedeutet übrigens „Ginster".

St. Léonard

Auf dem Weg zu der weiter südlich in die Bucht hineinragenden Landzunge Le Grouin du Sud kommt man durch St. Léonard mit der **Ancien Prieuré de St.-Léonard.** Diese ehemalige Abtei wird heute privat bewohnt. Der dreistöckige quadratische Turm der Kirche mit einem Satteldach ist romanisch und stammt aus dem 12. Jahrhundert.

In Strandnähe befindet sich das **Maison de la Pêche à Pied et des anciennes Salines,** ein Haus mit einer Ausstellung über die traditionelle Küstenfischerei und Salzgewinnung an der Bucht von Mont St.-Michel.

Vains ⟶ XVIII/B2

Auf dem Weg von St. Léonard nach Avranches liegt Vains mit dem **Manoir de Vains,** einem Schlossensemble aus dem 16. bis 18. Jahrhundert. Im Ursprung handelt es sich um einen befestigten Gutshof, von dem Reste der Festungswälle und Schießscharten erhalten sind. Sehenswert ist das Herrenhaus aus dem 17. Jahrhundert mit einer reichhaltigen Archivsammlung zum Thema „Herrschaftsleben im Ancien Régime".

Courtils ⟶ XVIII/B2

Über Avranches und Pontaubault gelangt man auf die Zufahrtsstraße D 43 zum Mont St.-Michel, von der man in Richtung Roche Torin abbiegt, um nach Courtils zu gelangen. Hier befindet sich das zweite der beiden **Informationszentren** der Bucht von Mont St.-Michel, das Maison de la Baie – Relais Courtils. Unter Verwendung moderner audiovisueller Techniken wird hier ein Einblick in die Entstehung der maritimen Tektonik der Bucht vor 500 Millionen Jahren bis in die Gegenwart gegeben. Außerdem werden geführte Entdeckungstouren unter fachkundiger Leitung entlang und durch die Bucht angeboten.

Huisnes-sur-Mer ⟶ XVIII/A2

Von Courtils in Richtung Mont St.-Michel gelangt man bei Huisnes-sur-Mer auf den großen deutschen **Soldatenfriedhof** Ossuaire allemand du Mont d'Huisnes, auf dem seit 1963 fast 2000 gefallene Soldaten des Zweiten Weltkrieges liegen. Hier auf einem Hügel bei Huisnes steht das einzige deutsche Kriegsmausoleum der Normandie.

Praktische Tipps

Information

● **Rathaus (Mairie) von Sartilly** (an der D 973 zwischen Ganville und Avranches), 50530 Sartilly, Tel. 0233 79 38 68
● **Maison de la Baie – Relais de Genêts,** Place de la Mairie, 50300 Genêts, 1989 gegründetes Info-Zentrum zur Bucht von Mont St.-Michel mit umfangreichem Veranstaltungsprogramm wie z.B. Wattwanderungen, Tel. 0233 89 64 00, Fax 0233 89 64 09, maison.baie.genets@wanadoo.fr
● **Maison de la Baie – Relais de Courtils,** Route de Roche Tourin, 50220 Courtils, Informations- und Veranstaltungszentrum zur Bucht von Mont St.-Michel in Courtils, Tel. 0233 89 66 00, Fax 0233 89 66 09, musee.courtils@wanadoo.fr

Unterkunft

● **Hôtel de la Poste**€, 50380 St. Pair-sur-Mer, 21, Rue de la Mairie, ruhig gelegen, ganzjährig geöffnet, Tel. 0233 50 06 38, Fax 50 09 46
● **Manoir de la Roche Torin**€€€, 50220 Courtils, 34, Route de la Roche Torin, Hotel mit modernen Zimmern in grüner Umgebung,

Speisesaal mit Blick zum Mont St.-Michel, Hotel vom 15.11. bis 15.12. und vom 3.1. bis 14.2. geschlossen, angeschlossenes Restaurant€€ montags und dienstagmittags geschlossen, Tel. 0233 70 96 55, Fax 0233 48 35 20, manoir.rochetorin@wanadoo.fr, www.manoir-rochetorin.com

- **Camping de L'Écutot,** 50380 St. Pair-sur-Mer, überwiegend mit Hecken durchzogenes, stellenweise geneigtes Gelände mit unterschiedlich hohem Baumbestand, gute Sanitäranlagen, April bis September geöffnet, Tel. 0233 50 26 29, Fax 0233 50 64 94
- **Castel Camping Caravaning Château de les Eaux,** 50380 St.-Aubin-des-Préaux, im Hinterland von St. Pair-sur-Mer, Wiesengelände eines Herrensitzes, Heckenunterteilung, teilweise hügelig, Mai bis September geöffnet, Tel. 0233 51 66 09, Fax 0233 51 92 02
- **Camping La Chaussée,** 50610 Jullouville, 1, Avenue de la Libération, Komfortplatz am nördlichen Ortsrand, geöffnet: 3.4.-19.9., Tel. 0233 61 80 18, Fax 0233 61 43 26
- **Camping St.-Michel,** 50220 Courtils, ebenes Wiesengelände neun Kilometer westlich des Mont St.-Michel, durch Bäume und Hecken geteilt, gehobene Sanitärausstattung, geöffnet: Anfang April bis Mitte September, Tel./Fax 0233 70 96 60
- **Camping Sous les Pommiers,** 50170 Beauvoir, lang gestrecktes, ebenes Gelände vier Kilometer südlich vom Mont St.-Michel, teilweise durch Hecken abgegrenzt, geöffnet: Mitte März bis Mitte September, Tel. 0233 60 11 36

Essen und Trinken

- **Les Bains**€€, 50530 Saint-Jean-le-Thomas, (zwischen Carolles und Bec d'Andaine) 8, Allée de Clémenceau, klassische französische Küche, angeschlossenes Hotel€ mit beheiztem Schwimmbad, mittwochs sowie vom 2.11. bis zum 27.3. geschlossen, Tel. 0233 48 84 20, Fax 0233 48 66 42, holbains@aol.com
- **Au Marquis de Tombelaine**€€, 50530 Champeaux, Fischrestaurant, an der Küste südlich von Carolles gelegen, schöne Aussicht auf den Mont St.-Michel, angeschlossenes Hotel€€, Tel. 0233 61 85 94, Fax 0233 61 21 52

Museum/Besichtigungen

- **Maison de la Pêche à Pied et des anciennes Salines,** 50300 St. Léonard, La Chaussée, Exponate zur traditionellen Netzfischerei, Nachbau einer alten Salzgewinnungsanlage, geöffnet: Juni bis September täglich 10-18 Uhr, Mai und Oktober montags bis freitags 14-18 Uhr, April samstags, Eintritt 1,50 €, Jugendliche/Studenten 1 €, Kinder frei, Tel. 0233 58 16 16, Fax 0233 70 81 42
- **Manoir de Vains,** 50300 Vains, Archiv zum Herrschaftsleben im Ancien Régime der Zeit vor der Französischen Revolution, Tel. 0233 58 24 46
- **Deutscher Soldatenfriedhof,** Ossuaire allemand du Mont d'Huisnes, 50170 Huisnes-sur-Mer, Information Tel. 0233 60 13 13, Fax 0233 60 66

Sport

- **Reiten:** Centre Équestre de Saint-Pair, 50380 St.-Pair-sur-Mer, Kairon, Tel. 0233 50 88 21
- **Segeln:** École de Voile, 50610 Jullouville, Base annexe du CRNG, Tel. 0233 51 44 34
- **Mini-Golf:** St. Pair-sur-Mer, Tel. 0233 61 58 25

Einkaufen

- **Landwirtschaftsprodukte:** Ferme de Crécey, 50380 St.-Pair-sur-Mer, Juli/Aug. täglich 17-19.30 geöffnet, Tel. 0233 61 31 51; Ferme de la Guintre, 50220 Courtils, Juli/Aug. freitags 16-19 Uhr geöffnet, Tel. 0233 50 26 20
- **Töpferwaren:** Faïencerie de la Baie du Mont St.-Michel, 50380 St.-Pair-sur-Mer, Tel. 0233 50 61 58

508 AVRANCHES Im Westen der Normandie

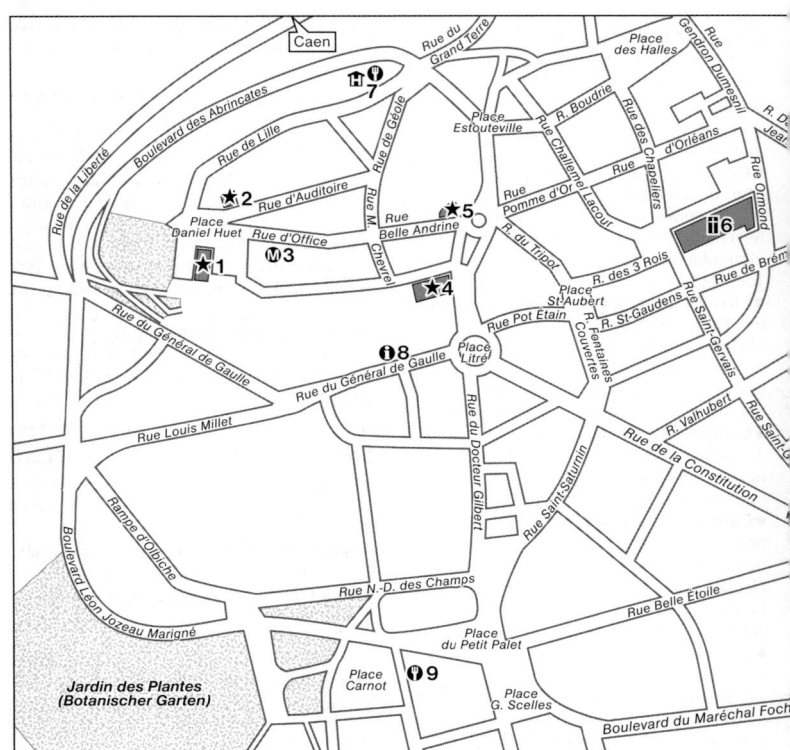

Avranches ⌕ XVIII/B2

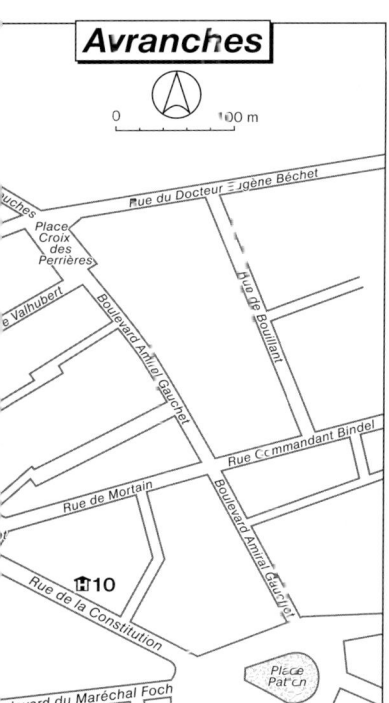

- ★ 1 Palais Épiscopal
- ★ 2 Le Doyenné
- Ⓜ 3 Musée Municipal
- ★ 4 Rathaus mit der Sammlung der Manuskripte des Mont St-Michel
- ★ 5 Donjon der Burg
- ⛪ 6 Saint-Gervais et Saint-Protais
- 🏨🍴 7 Hôtel/Restaurant Les Abrincates
- ❶ 8 Tourist-Information
- ❶ 9 Restaurant Le Jardin des Plantes
- 🏨 10 Hôtel La Croix d'Or

Die kulturhistorisch interessante Stadt Avranches liegt auf einer felsigen Anhöhe oberhalb der Mündung des Flusses Sée in der Bucht von Mont St.-Michel. Im Süden des Départements Manche ist sie der Mittelpunkt eines wichtigen Landwirtschaftsgebietes der Normandie. Schwerpunktmäßig wird hier Milch erzeugt, aber auch die Schafzucht ist wichtig. Vor allem auf den Salzmarschen in der Bucht werden die Schafe gehalten, deren Fleisch besonders würzig schmeckt. Aus dieser Gegend stammt die Schafrasse Avranchin.

Geschichte

Auf dem strategisch günstig gelegenen Felsen von Avranches siedelten seit dem 9. Jahrhundert v. Chr. **Kelten** des Stammes der Abrincates.

Unter galloromischer Verwaltung wurde Avranches schon im 4. Jahrhundert **Bischofssitz.** Der legendäre Bischof *Aubert* soll hier im Jahre 708 die Erscheinung des Erzengels Michael gehabt haben, derzufolge er auf dem 20 Kilometer entfernten Felsen in der Bucht die Abteiburg gründete und dem heiligen *Michael* widmete. So entstand der Mont St.-Michel, eines der größten Baudenkmäler des Abendlandes!

Die Normannen bauten Avranches seit dem 10. Jahrhundert systematisch zur **Festung** aus. Nachdem aber die

Franzosen ab 1204 die Herrschaft über die Normandie übernommen hatten, wurde sie von ihnen genauso systematisch geschleift.

Doch zuvor spielte Avranches noch eine Rolle in der Auseinandersetzung zwischen **Heinrich II.** und seinem Erzbischof *Thomas Becket* in Canterbury. Der Hintergrund bestand im Bestreben *Heinrichs II.*, den Einfluss des Klerus zurückzudrängen. Dieser Intention widersetzte sich Thomas Becket und wurde von vier Rittern, die von Heinrich aufgestachelt worden waren, ermordet. Der Papst exkommunizierte Heinrich II. daraufhin. Doch *Robert von Torigni,* der damalige Bischof des Mont St.-Michel, setzte sich für ihn ein. Am 12. Mai 1172 tat Heinrich barfuß, kniend und nur in ein Hemd gekleidet öffentlich an der Tür der Kathedrale von Avranches Buße. Die Kathedrale selbst wurde während der Revolutionswirren 1794 zerstört.

Schweren Schaden erlitt Avranches im Hundertjährigen Krieg, in den Religionskriegen und zuletzt im **Zweiten Weltkrieg,** als amerikanische Bomber die Stadt im Juni 1944 im Zuge der alliierten Landung mehrfach angriffen. Hier fand eine der entscheidenden Schlachten im Kampf um die Normandie statt. Dem amerikanischen General *Patton* gelang es am 31. Juli 1944, den deutschen Panzer-Gegenangriff zum Stoppen zu bringen. Damit war der Weg für die 3. Amerikanische Armee frei, um bis nach Belgien vorzudringen.

Sehenswertes

Avranches bietet heute ein geschlossenes historisches Altstadtbild. Eines der historisch wertvollsten Gebäude steht in der Rue d'Auditoire: **Le Doyonné** war der Wohnsitz des Vorsitzenden des Domkapitels und wurde im Laufe der Zeit vielfach umgebaut. Die mit einer Sonnenuhr geschmückte Fassade aus dem 18. Jahrhundert ist aber noch erhalten. Inzwischen befindet sich das Haus in Privatbesitz.

Weitere sehenswerte **historische Gebäude** stehen in der Rue de Lille, der Rue de Geôle und der Rue Challemel-Lacour sowie rechtwinklig dazu in der Rue de Pommes d'Or, dem Händlerviertel. An der Place du Marché steht noch eines der wenigen Fachwerkhäuser der Stadt.

Unter den Kirchen ist die **Église Saint-Gervais et Saint-Protais** mit ihrem 74 Meter hohen Granitturm am bemerkenswertesten. Sie wurde 1850 im Stil der Neo-Renaissance errichtet. Der Kirchenschatz (Trésor du Basilique), der weitgehend aus der zerstörten Kathedrale von Avranches stammt, enthält u.a. das Reliquienhaupt von Saint *Aubert,* des Gründerbischofs des Mont St.-Michel. Darauf soll sich der Legende nach der Fingerabdruck des Erzengels Michael befinden.

An der großen Place des Hôtel de Ville erhebt sich der **Palais Épiscopal.** Dieser Bischofspalast entstand als einstiger Wohnsitz der Bischöfe von Avranches im Mittelalter, wurde aber im 15. Jahrhundert neu gebaut. Sehenswert ist eine in Spitzbögen einge-

AVRANCHES

Im Westen der Normandie

wölbte Halle sowie eine Granittreppe in einem eleganten Turm.

Im Bischofspalast ist auch das Stadtmuseum, **Musée Municipal,** untergebracht. Hier wird die Stadt- und Kulturgeschichte von Avranches anhand von Exponaten, insbesondere zur Manuskript-Herstellung, dargestellt.

Mit dem Bau der **Burg** wurde um 950 anstelle der ehemaligen römischen Umfassung begonnen. Im späteren Mittelalter entstand der Donjon, der leider Ende des 19. Jahrhunderts durch einen geschickt in die Mauer des 13. Jahrhunderts eingelassenen Turm ersetzt wurde. Zwei weitere Türme der Stadtbefestigung, der Tour de l'Arsenal und der Tour Baudange, sind von der Rückseite des Rathauses zu sehen.

Im Hôtel de Ville wird eine wertvolle mittelalterliche **Handschriftensammlung** aus dem Bestand des Klosters Mont St.-Michel ausgestellt. In den Wirren der Französischen Revolution konnten diese einmaligen Kunstschätze in Avranches in Sicherheit gebracht werden. Sie datieren aus dem 8. bis 15. Jahrhundert. Auch die Geschichtssammlung des Abtes *Robert von Torigni* ist hier zu finden.

Neben dem Stadthaus auf dem großen Parkplatz steht eine **Statue von General Roger Valhubert** aus Avranches, der in der Schlacht von Austerlitz gefallen ist.

La Place Daniel Huet am Westrand der Innenstadt mit wunderschönem Ausblick auf die Bucht von Mont St.-Michel ist der Standort der zerstörten Kathedrale von Avranches. Eine Gedenktafel erinnert insbesondere an den Bußort *Heinrichs II.*

Wunderschön ist der **Jardin des Plantes** im Südosten der Innenstadt. Dieser Stadtgarten geht ursprünglich auf den Park eines einstigen Kapuzinerklosters zurück.

An der **Place Patton** am Ende der langen Rue de la Constitution steht das Ehrenmal des amerikanischen Generals, dem im Juli 1944 bei Avranches der Durchbruch durch die deutsche Panzer-Gegenattacke gelang.

Vor den Toren der Stadt befindet sich im Vorort Le Val St.-Père, etwa vier Kilometer südlich von Avranches, ein **Militärmuseum** (Musée de la Seconde Guerre Mondial), das sich mit den lokalen Ereignissen des 31. Juli 1944 befasst.

Praktische Tipps

- Postleitzahl Avranches: 50300
- Tel. Vorwahl: 0233

Information

- **Office de Tourisme,** 2, Rue du Général de Gaulle, Tel. 58 00 22, Fax 68 13 29, avranches-tourisme@wanadoo.fr

Unterkunft

- **La Croix d'Or**€€, 83, Rue de la Constitution, Hotel in einer vormaligen Poststation aus dem 17. Jahrhundert, die gemütlichen Zimmer liegen zum Garten hin, 30.11.-1.3. geschlossen, Tel. 58 04 88, Fax 58 06 95
- **Les Abrincates**€, 37, Boulevard du Luxembourg, modernes Hotel in der Innenstadt, zwei behindertengerechte Zimmer, 25.10.-5.11., 22.12.-7.1. und 1.1.-10.1. (angeschlossenes Restaurant) geschlossen, Tel. 58 66 64, Fax 58 40 11

Essen und Trinken

● **Le Jardin des Plantes**€, Place Carnot, ein klassisches Restaurant, das am Botanischen Garten gelegen ist, zu Weihnachten und zu Neujahr geschlossen, Tel. 58 03 68, Fax 60 01 72

Museen

● **Manuskripte des Mont Saint-Michel**, Hôtel de Ville, aus dem Bestand werden jährlich etwa 30 Buch-Kostbarkeiten in der Bibliothek des Rathauses ausgestellt, dazu gibt es Informationen über mittelalterliche Kalligrafie und Ornamentik, geöffnet: Juni bis September 10-12 und 14-18 Uhr (im Juli und August durchgehend), Eintritt 3 €, Kinder frei, Tel. 68 33 18, manuscrit.avranches@free.fr, www.villes-avranches.fr

● **Le Trésor de Saint-Gervais** (Schatz des Saint-Gervais), in der Basilique St.-Gervais et St.-Protais, Reliquiensammlung, geöffnet: von Ostern bis September 9.30-12 und 14-18 Uhr, bis 31.5. dienstags und sonntagmorgens geschlossen, Eintritt 1,50 €, Jugendliche 0,80 €, Kinder frei, Tel. 89 29 40, manuscrit.avranches@free.fr, www.villes-avranches.fr

● **Musée Municipal** (Stadtmuseum): im Bischofspalast, mit Exponaten zur Archäologie und Stadtgeschichte, geöffnet: von Ostern bis September 9.30-12 und 14-18 Uhr, dienstags geschlossen, Eintritt 2,30 €, Jugendliche 1,50 €, Kinder frei, Tel. 58 25 15, manuscrit.avranches@free.fr, www.villes-avranches.fr

● **Musée de la Seconde Guerre Mondiale**, „le Moulinet", Le Val St.-Père, Exponate und authentische Ausrüstungen zu den Ereignissen der Attacke von General *Patton* gegen den deutschen Gegenangriff Ende Juli 1944, geöffnet: von April bis Mitte Dezember täglich 9.30-18.30 Uhr, ansonsten nur an Sonn- und Feiertagen sowie während Schulferien, Eintritt 7 €, Studenten 4 €, Tel. 68 35 83, Fax 60 36 99

Besichtigungen

● **Le Jardin du Plantes** (Botanischer Garten), gegründet in den ersten Tagen der Französischen Revolution bietet dieser ehemalige Klostergarten mit seinen mosaikartigen Pflanzenanlagen einen wunderschönen Ausblick auf den Mont St.-Michel

Aktivitäten/Sport

● **Rundflüge:** insbesondere auch zum Mont St.-Michel, Aéro-Club des Grèves du Mont St.-Michel, Val St.-Père Aérodrome, Tel. 58 02 91

● **Reiten:** Centre Équestre de l'Avranchin, Boulevard Foch, Tel. 58 10 23

Bucht von St-Michel

Le Mont St.-Michel

♫ XVIII/A2

Sagenumwoben ist die Entstehung des Klosters auf dem Mont St.-Michel. In prähistorischer Zeit waren die zwei steil aus der Bucht herausragenden Granitfelsen – der Mont Tombelaine im Norden und der 80 Meter hohe Mont St.-Michel, auf dem sich heute die Klostergebäude dem Himmel entgegenstrecken – abgeschiedener, als man es sich heute überhaupt noch vorstellen kann. Angesichts eines Tidenhubes von bis zu fünfzehn Metern Höhenunterschied war die Küstenlandschaft der Bucht des Mont St.-Michel bis in das Mittelalter hinein **temporäres Überschwemmungsgebiet**, in dem die Flussbetten der Sée, Sélune und Couesnon ihren Mündungen entgegenmäandrierten und dabei ihre Verläufe immer wieder änderten.

Bei **Ebbe** zieht sich das Meer über zehn Kilometer zurück, um dann mit der **Flut** in großer Geschwindigkeit zurückzukehren – schneller als jedes Pferd galoppieren kann. Man schätzt, dass jährlich eine Million Tonnen Sedimente in der Bucht angespült werden, die aber großenteils von der Ebbe wieder fortgetragen werden.

Doch der Mensch hat **in die Natur eingegriffen.** Es wurden Deiche aufgeschüttet, um das Eindringen des Wassers in die Polder, die mit der beginnenden menschlichen Besiedlung wirtschaftlich genutzt wurden, zu ver-

LE MONT ST.-MICHEL

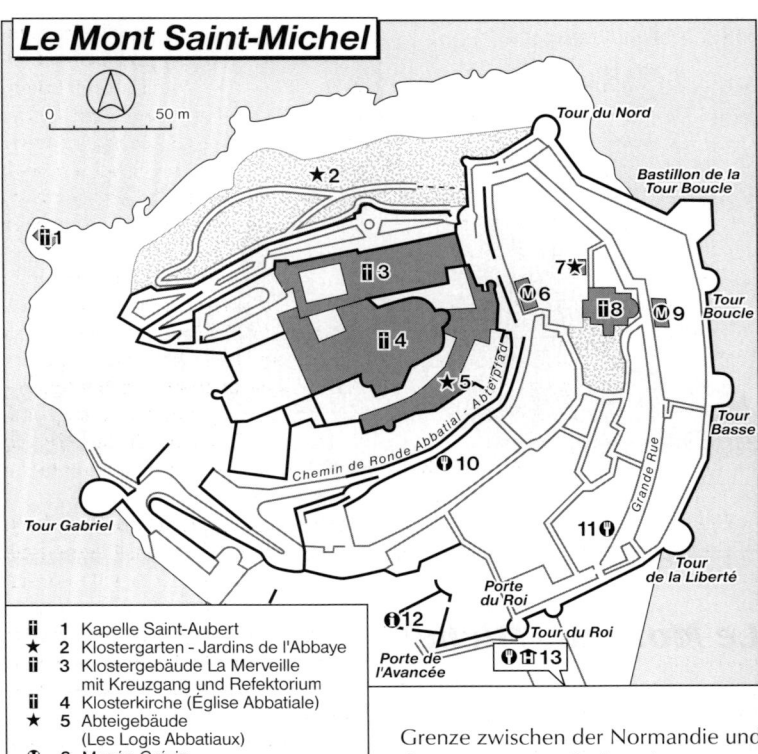

Le Mont Saint-Michel

- ⛪ 1 Kapelle Saint-Aubert
- ★ 2 Klostergarten - Jardins de l'Abbaye
- ⛪ 3 Klostergebäude La Merveille mit Kreuzgang und Refektorium
- ⛪ 4 Klosterkirche (Église Abbatiale)
- ★ 5 Abteigebäude (Les Logis Abbatiaux)
- Ⓜ 6 Musée Grévin
- ★ 7 Logis Tiphaine
- ⛪ 8 Pfarrkirche Saint-Pierre
- Ⓜ 9 Archéoscope
- 🍴 10 Restaurant Le Duguesclin
- 🍴 11 Restaurant Mère Poulard
- ℹ 12 Tourist-Information
- 🏨🍴 13 Hôtels/Restaurants auf dem Deich

hindern. Eine Straße zur Klosterinsel und große Parkplätze wurden angelegt. Da der Flusslauf des Couesnon die Deiche auch vom Festland her bedrohte, verlegte man seinen Mündungsverlauf. Bildete er einst die Grenze zwischen der Normandie und der Bretagne, so fließt er heute westlich des Mont St.-Michel direkt auf das Meer zu.

Das Landschaftsbild um den Mont St.-Michel hat sich seither sehr verändert. Die Deich- und Dammbauten verhindern den Rückfluss der Sedimente bei Ebbe und die Bucht des **Mont St.-Michel verlandet** immer mehr. Heute macht man sich zunehmend Gedanken darüber, welche baulichen Maßnahmen erforderlich sind, um den alten Landschaftszustand in der Bucht wieder herzustellen.

Geschichte

Schon den **Kelten** waren die beiden Felsen in der Bucht des Mont St.-Michel heilig. Hier hatten sie ihre rituellen Plätze zur Beerdigung der Toten eingerichtet, worauf die Namensgebung des Nachbarfelsens Mont Tombelaine (*tombe* = „Grab") und der ursprüngliche Name Mont Tombe des Mont St.-Michel hindeuten.

Die **christliche Legende** vom Mont St.-Michel hat ihren Ursprung im Jahre 708, als dem Bischof *Aubert* von Avranches der Erzengel Michael in einer Vision erschien. Der Erzengel trug ihm auf, an der Stelle der keltischen Kultstätte auf dem Mont St.-Michel eine Kapelle zu errichten.

Diese Vision des Bischofs passt genau in das Bild der Zeit, als die Christianisierungsbestrebungen der in den Norden Frankreichs eingewanderten Franken ihren Höhepunkt erreicht hatten, denn der „kämpferische" Erzengel Michael führt in der christlichen Mythologie als Schutzengel die himmlischen Heerscharen in den Kampf gegen die Ungläubigen. Auch für die Christianisierung der einbrechenden Normannen spielte der Erzengel dann eine entscheidende Rolle. Er übernahm die Funktion des kriegerischen „Schutzpatrons". Und so verwundert es nicht, dass der **Michaels-Kult** schon im frühen Herzogtum der Normandie eine wichtige Rolle spielte.

Unter Herzog *Richard* wurde im Jahre 966 auf dem Berg des heiligen Michael ein **Benediktinerkloster** gegründet. Dessen dreißig Mönche errichteten anstelle der Kapelle des Saint Aubert einen **karolingischen Kirchenbau** mit sieben Jochen, der später überbaut wurde und deswegen Notre-Dame-sous-Terre („Heilige Mutter Gottes unter der Erde") heißt. Damit war die erste Bauphase auf dem Mont St.-Michel eingeleitet; sie ist bis etwa 1180 zu datieren.

Im Rahmen der sich anschließenden zweiten Bauphase bis zur Wende vom 12. zum 13. Jahrhundert wurde das Kloster auf dem Mont St.-Michel im **romanischen Baustil** errichtet und es entstanden ein neues Konventsgebäude mit einer Residenz für den Abt, ein Gerichtssaal, ein Gästehaus und eine Pflegestation.

Der dritten, **gotischen Bauphase** des 13. Jahrhunderts entstammen die prächtigsten Bauten. Über den romanischen Teilen wurden in dieser Zeit die Ost- und Westflügel des Klosters La Merveille („Die Wunderbare") errichtet – eine architektonische Meisterleistung von Weltgeltung.

In der **vierten Bauphase** wurden die Klosteranlagen befestigt. Selbst den Engländern gelang es im Hundertjährigen Krieg nicht, den Mont St.-Michel einzunehmen. Aus dieser Zeit stammt der trutzige Eindruck, den man heute hat, wenn man sich der Anlage nähert.

Von Anfang an war der Mont St.-Michel eine Verehrungsstätte des heiligen Michael. **Heerscharen von Pilgern** suchten den Berg auf, finanzierten mit ihren Beiträgen den Ausbau der Klosteranlage und verausgabten als „Touristen" viel Geld für Unterkunft und Verpflegung auf dem Berg. Unterhalb des Klosters entstand eine richtige Stadt mit Herbergen, Gasthöfen und Geschäften, die die Gegenstände des täglichen Bedarfs für die Pilger führten – die mittelalterlichen Souvenirläden. Sogar während des Hundertjährigen Krieges ging der Pilger-Betrieb weiter, denn gegen eine Maut ließen die Engländer die Wanderer zum Mont St.-Michel passieren.

Nach dem Hundertjährigen Krieg setzte dann der Niedergang des Klosters ein. **Das Klosterleben verweichlichte**, es wurden Äbte gewählt, die noch nicht einmal die höheren Weihen empfangen hatten und gar nicht mehr dauerhaft auf dem Michaelsberg verweilten. Die Gebäude begannen zu verwahrlosen.

Während der Französischen Revolution wurde der Mont St.-Michel von den Mönchen aufgegeben. Die neuen Machthaber nutzten Teile des Gebäudekomplexes bis 1864 als gefürchtetes **Gefängnis**.

In der Zeit *Napoleons III.* begann man dann mit den ersten **Restaurierungsarbeiten**, deren Höhepunkt die Anbringung der vergoldeten Statue des heiligen Michaels auf der Turmspitze der Klosterkirche bildete.

Inzwischen ist der Klosterberg zum Heiligen Michael von der UNESCO zum **Weltkulturerbe** erklärt worden. An die zwei Millionen Besucher werden jährlich gezählt. Genau wie früher tragen sie zum Erhalt der Klosteranlagen bei, genau wie früher suchen sie die Hotels, Restaurants und Andenkenläden des Berges auf – größter Andrang herrscht am 29. September, wenn am Michaelstag die Wallfahrt eindrucksvoll zelebriert wird.

Sehenswertes

Die Klosterkirche

Herzstück der Bauten auf dem Mont St.-Michel ist die Klosterkirche. Diese Église Abbatiale erreicht man über die Stufen der Grand Degré durch den **Salle des Gardes de Porterie**, das Torhaus. Hier gingen die armen Pilger entlang, während die begüterten die repräsentativeren Abteistufen zwischen der Kirche und den Abteigebäuden nehmen konnten.

Im Jahre 1023 wurde auf dem Mont St.-Michel unter der Regentschaft von Herzog *Richard III.* mit dem Bau der großen, 90 Meter langen romanischen Kirche begonnen. Sie sollte dem anschwellenden Pilgerstrom auf den heiligen Berg gerecht werden. Doch für den Bau reichte der Platz auf dem Felsgipfel nicht aus und so wurde dort eine große **Plattform** errichtet, teilweise durch Fundamentierung im Granitfelsen der Insel, teilweise durch Überbauung der vorhandenen Gebäude. Dieses Schicksal traf vor allem die karolingische Kapelle Notre-Dame-sous-Terre aus dem Jahre 966, auf die die Plattform vor dem Westportal der Abteikirche gesetzt wurde.

Drei **Krypten** unterstützen das Mauerwerk der romanischen Kirche: die Nordkrypta Trente Cierges („Dreißig Kerzen"), die Südkrypta Saint-Martin und die Chorkrypta Gros Pilliers („Dicke Pfeiler"). Die letztere erhielt ihren Namen durch den späteren Einbau

von sechs imposanten Grundpfeilern mit einem Umfang von jeweils fünf Metern.

Klassisch romanisch zeigt sich das großzügige **Mittelschiff** der Abteikirche mit später eingebauter Holztonnendecke. Der Wandaufbau gliedert sich in Arkaden, Emporen mit Blendarkaden und hohen Obergadenfenstern darüber.

Der im Flamboyant-Stil über der Krypta der Dicken Pfeiler errichtete **Chor** wurde Mitte des 15. Jahrhunderts als letzter großer Bauteil der Abteikirche zugefügt.

Den Restaurierungsarbeiten des bis zum 19. Jahrhundert stark verfallenen Kirchengebäudes entstammen das Kreuzrippengewölbe der Vierung sowie der **Vierungsturm** mit seinem Spitzdach und der aufgesetzten Engelsfigur.

Drei Westjoche mussten abgetragen werden, was das Kirchenschiff auf ei-

Königsturm und Arkadenturm im Zugangsbereich des Mont Saint-Michel

ne Länge von 64 Metern reduzierte – und die Plattform entsprechend vergrößerte. Das **Westportal** erhielt eine klassizistische Fassade.

Wenn die Abteikirche am Abend angestrahlt wird und ihre Silhouette sich gegen den dunklen Himmel abhebt, kommt der Mont St.-Michel am allerbesten zur Geltung – ein erhabener Anblick, der einen ehrfurchtsvoll auf diese Meisterleistung des Mittelalters blicken lässt!

La Merveille

Die Klostergebäude La Merveille im Norden der Abteikirche tragen ihren Namen „Die Wundervolle" zu Recht. Sie entstanden ab 1211, nachdem in den vorangegangenen Kämpfen um die Selbstständigkeit des freien Herzogtums der Normandie die alten Abteigebäude abgebrannt waren und der französische König *Philippe II. Auguste* durch großzügige Schenkungen die Mittel für neue Bauten bereitgestellt hatte.

Der mehrgeschossige **Ostteil** besteht im Kern aus der Aumonerie, dem Almosensaal, dem darüber gelegenen Gästesaal und dem Refektorium ganz oben.

Der **Almosensaal** diente den einfachen Pilgern als Unterkunft. Sechs Säulen tragen diesen Raum, der mit einem Kreuzgratgewölbe versehen ist. Von hier aus gelangt man auch in den **Klostergarten.**

Wesentlich künstlerischer als der Almosensaal ist der **Salle des Hôtes** ausgestaltet, der Gästesaal, der den Ehrengästen vorbehalten war. Auch hier tragen sechs Säulen die Kreuzrippengewölbedecke. Ihre abstützenden Pfeiler sind schlank und mit schön skulptierten Kapitellen versehen. Hohe Spitzbogenfenster erhellen den Raum, zwei große Kamine können ihn erwärmen.

Neben dem Gästesaal besteht noch der **Salle de Sainte Madelaine,** ein Empfangsraum.

Das **Refektorium** im obersten Geschoss des Ostteils war auch während des Höhepunktes der Wallfahrten den Mönchen vorbehalten. An den Seiten dieses mit vielen Fenstern versehenen und mit einem Holztonnengewölbe eingedeckten Raumes stehen Bänke und Tische, an denen die Mönche ihre Mahlzeiten einnahmen.

Der **Westtrakt** von La Merveille ist gleichfalls dreigeschossig gegliedert. Das unterste Geschoss diente als **Lager.** Darüber war das **Skriptorium,** wo die wunderschönen, teilweise illustrierten mittelalterlichen Handschriften des Mont St.-Michel entstanden, von denen heute viele im Museum von Avranches besichtigt werden können (siehe „Avranches").

Nachdem der französische König *Louis XI.* 1740 den Orden der Chevaliers de Mont St.-Michel (Ritter des Michaelordens) gegründet hatte, wurde das Skriptorium als Rittersaal, **Salle des Chevaliers,** genutzt. Der einfach gestaltete, trapezförmig angelegte Saal wird von drei Säulenreihen getragen.

Über diesem Rittersaal wurde der **Kreuzgang** ebenfalls leicht trapezförmig angelegt. Nirgendwo sonst auf der Erde liegt ein Ort der inneren Ruhe so abgeschieden zwischen Himmel und Erde, eingeschlossen in das Geviert des doppelbogigen Wandelganges. Seine versetzt angelegten, doppelten Säulenreihen schließen mit kunstvoll verzierten Spitzarkaden ab.

Nicht unerwähnt bleiben soll, dass gerade in diesem Bautrakt während der Zeit nach der Französischen Revolution das gefürchtete **Gefängnis** untergebracht wurde, was sehr zur weiteren Verwahrlosung des Klosters bis in die zweite Hälfte des 19. Jahrhunderts hinein beitrug.

Les Logis Abbatiaux,

Die im 13. Jahrhundert errichteten Klostergebäude Les Logis Abbatiaux im Süden der Abteikirche stellen das Gegenstück zu La Merveille dar. Hier kommt die **Verteidigungsarchitektur** am Mont St.-Michel erstmals deutlich sichtbar zum Tragen.

Der Zugang zur Kirche und zum Klosterkomplex wurde verlegt und durch den **Salle des Gardes** (Wachgebäude) gesichert. Darüber wurde der klostereigene **Gerichtssaal** etablierte.

Die Unterstadt

Das Kloster auf dem Mont St.-Michel war aber nicht nur eine kirchliche Institution, sondern durch seine große Anziehungskraft auch ein Wirtschaftsfaktor von nicht zu unterschätzender Größenordnung für mittelalterliche Verhältnisse. So entwickelte sich am Kloster ein **weltliches Gemeinwesen,** die Unterstadt, die kommerziell ganz auf das Kloster hoch oben auf dem Felsen ausgerichtet war.

Im Zuge der immer dringlicher werdenden **militärischen Absicherung** des Klosterberges wurde es auch erforderlich, Soldaten als Standortbesatzung zu verpflichten – ein weiterer Wirtschaftsfaktor, der dem Kloster zugute kam. Im Vorfeld des Hundertjährigen Krieges wurde die Klosterinsel so stark befestigt, dass die Engländer sie nicht mehr stürmen konnten.

Mächtig zeigt sich das mit Zinnen und Pechnasen versehene Königstor, die **Porte du Roi;** über den Damm fährt man heute genau darauf zu.

Östlich der Porte du Roi sichert eine mit Türmen und Bastionen versehene **Wehrmauer** die in diesem Teil leichter zugängliche Insel gegen Feinde ab. So folgen auf die **Tour de la Liberté** die **Tour Basse** und die **Tour Boucle,** anschließend die vieleckige **Bastion de la Tour Boucle** und schließlich die schon oberhalb auf dem Felsen angebrachte **Tour du Nord.**

Der Norden der Insel bedurfte keiner Befestigung, da hier vom Klostergarten aus die Felsen steil zum Meer hin abfallen. Ganz im Westen wurde aus Sicherheitsgründen im 16. Jahrhundert noch der **Tour Gabriel** errichtet.

Heute betritt man die Unterstadt durch die ebenfalls im 16. Jahrhundert westlich der Porte du Roi angelegte **Porte de l'Avancée.**

Daneben befand sich die Bürgerwache, wo der Corps de Garde des Borgois, die **Bürgergarde,** ihre Unterkunft hatte und in der heute das Fremdenverkehrsamt untergebracht ist. Im Hof dieser Bürgerwache kann man noch

LE MONT ST.-MICHEL

Das Klostergebäude des Mont St.-Michel

zwei Steingeschütze sehen, die die Engländer bei Ihrem Angriff auf den Klosterberg im Jahre 1434 zurücklassen mussten.

Die Königliche Garde war übrigens in der Porte du Roi untergebracht, wo die Grande Rue der Unterstadt beginnt. Und gleich rechts war an der Grande Rue im **Maison de l'Arcade** die Garde des Abtes stationiert – jeder wollte seine auf der Insel angestammten Rechte gewahrt wissen!

An der schmalen Rue Grande stehen die **alten Pilgerhäuser** aus dem 15. und 16. Jahrhundert, in denen sich heute ein Souvenirladen neben dem anderen befindet. Im Sommer, besonders während der französischen Ferienzeit, quälen sich hier die Touristenmassen zur Abteikirche empor – den Souvenirhändlern soll es recht sein!

Auf halber Strecke nach oben befindet sich rechter Hand das **Musée Maritime,** in dem eindrucksvoll die Bewegungsabläufe in der Bucht von Mont St.-Michel gezeigt werden.

Weiter oberhalb steht auf der linken Seite die **Église St.-Pierre,** die Pfarrkirche der Unterstadt mit ihrem kleinen Friedhof. Die Säulenbasen der Kirche gehen noch auf das 11. Jahrhundert zurück, der heutige Bau stammt im Wesentlichen aus dem 14. und 15. Jahrhundert. Im Inneren befindet sich eine wertvolle Michaelsstatue, die bis heute angebetet wird.

Gegenüber von St.-Pierre steht das **Archéoscope,** in dem mit moderner audiovisueller Technik die Entstehungsgeschichte des Mont St.-Michel und seines Klosters dargestellt wird.

Etwas oberhalb der Pfarrkirche steht die **Logis Tiphaine,** die *Bertrand Duguesclin* (1320-80), heldenhafter Verteidiger des Mont St.-Michel gegen die Engländer, seiner Frau *Tiphaine de Raguenel* errichtete. Das Haus wurde im 19. Jahrhundert renoviert, seine historische Ausstattung ist noch erhalten.

Unmittelbar am Kirchhof steht das **Musée Grévin,** ein kleines Privatmuseum zur Geschichte des Klosterberges.

An der Westseite dieses kleinen Museums beginnt der **Chemin de Ronde**

LE MONT ST.-MICHEL

Abbatial, der Abteipfad, der durch die Gässchen bis zum Tour Gabriel führt.

Unterhalb des Klostergartens befindet sich ganz auf der Nordwestecke des Klosterfelsens die kleine **Chapelle Saint-Aubert,** die aus dem 16. Jahrhundert stammt.

Eine besondere Attraktion des Mont St.-Michel sind die Nachtspaziergänge **Les Imaginaires du Mont St.-Michel.** Dabei werden in themenbezogenen Musik- und Lichtshows die wesentlichen Sehenswürdigkeiten des Klosterberges präsentiert.

Praktische Tipps

- **Postleitzahl Mont St.-Michel:** 50116
- **Tel.-Vorwahl:** 0233

Information

- **Office de Tourisme,** neben der Porte de l'Avancée, dem Zugang zur Unterstadt, Tel. 60 14 30, ot.mont.saint.miche@wanadoo.fr

Unterkunft

- **Hôtel Saint-Pierre**€€€, Grande Rue, Hotel in einem denkmalgeschützten Haus aus dem 15. Jahrhundert mit modernem Komfort, Terrasse, Garten, angeschl. Restaurant€, 15.12.-10.2. geschl., Tel. 60 14 03, Fax 48 59 82, auberge.saint.pierre@gofornet.com, www.auberge-saint-pierre.fr
- **Le Relais du Roy**€€, sur la Digue, am Deich dem Mont St.-Michel gegenüber gelegenes Haus aus dem 15. Jahrhundert mit Kamin aus dem 15. Jahrhundert, 30.11.-21.3. geschlossen, Tel. 60 14 25, Fax 60 37 69, le-relais-du-roy@wanadoo.fr, www.le-relais-du-roy.fr
- **Hôtel de la Digue**€€, an der D 976 zum Mont St.-Michel, mit herrlicher Aussicht, 12.11. bis 28.3. geschlossen, Tel. 60 14 02, Fax 60 37 59, hotel-de-la-digue@wanadoo.fr, www.ladigue.fr

Essen und Trinken

- **Mère Poulard**€€€, 2, Grande Rue, das Traditionshaus auf der Insel mit auserlesener Küche, berühmt geworden durch ein Omelette, das die damalige Chefin des Hotels Tête d'Or, *Anette Poulard,* den Pilgern im 19. Jahrhundert servierte, ganzjährig geöffnet, Tel. 60 14 01, Fax 48 52 31, hotel.mere.poulard@wanadoo.fr
- **Le Duguesclin**€, zwischen dem Chemin de Ronde und der Rue Principale, Restaurant mit herrlichem Blick über die Bucht, angeschlossenes Hotel€€, geschlossen: 5.11.-25.3. sowie außerhalb der Saison mittwochs, Tel. 60 14 10, Fax 60 43 81

Museen

- **Musée Maritime,** Grande Rue, See- und Schifffahrtsmuseum der Bucht von St.-Michel, täglich 9-18 Uhr geöffnet (in der Nebensaison bis 17 Uhr), Eintritt 7 €, Kinder 4,50 €, Tel. 60 14 09, Fax 60 37 31, www.mere.poulard.fr
- **Archéoscope,** Rue Principale, Multivisionsschau über den Mont St.-Michel, von Mitte Februar bis Mitte November sowie in den Weihnachtsschulferien 9-17.30 Uhr (Juli und August bis 19 Uhr) geöffnet, Eintritt 7 €, Kinder/Jugendliche 10-18 Jahre 4,60 €, Tel. 48 09 37, Fax 60 43 88, arrayan@wanadoo.fr, www.pageszoom.com/mont-st-michel
- **Logis Tiphaine,** mittelalterliches Haus des Großkonnetabel des Mont St.-Michel mit zeitgenössischer Einrichtung, täglich geöffnet von Februar bis Mitte November 9-18 Uhr (in der Saison 18.30 bzw. 19 Uhr)

Kombi-Ticket für Musée Maritime, Archéoscope und Logis Tiphaine:
für Erwachsene 11,50 €,
für Kinder 6,80 €

Besichtigungen

- **Abteikirche Mont St.-Michel,** geöffnet: täglich 9.30-17.30 Uhr (Winter bis 17 Uhr), 1.1., 1.5., 1.11., 11.11. und 25.12. geschlossen,

Eintritt 6,40 €, Jugendliche 4,50 €, Tel. 60 14 14, Fax 70 83 08
- **Les Imaginaires du Mont St.-Michel,** nächtliche Licht- und Tonshow am Mont St.-Michel, ganzjährig allabendlich außer sonntags 22-24 Uhr, Eintritt 9 €, Jugendliche 5,50 €, Tel. 60 14 14, Fax 70 83 08

Veranstaltung

- **Herbstwallfahrt zum Mont St.-Michel:** 26. September, Information: Tel. 60 14 30, Fax 60 06 75

Das Hinterland

Das Hinterland der Bucht von Mont St.-Michel umfasst den gesamten Süden des Départements Manche. Die Landschaft zeichnet sich hier durch ihren ausgesprochenen Bocage-Charakter aus. Hauptorte sind Villedieu-les-Poêles, Mortain und St.-Hilaire du Harcouët.

Im Avranchin

Rund um die Bucht von Mont St.-Michel erstreckt sich das Avranchin, wie das Umland von Avranches genannt wird.

Ducey ⌖ XVIII/B2

Etwas oberhalb der Mündung der Sélune liegt Ducey an einem Flussübergang, den schon die Römer benutzten und die Normannen später befestigten – es sind allerdings keine Spuren davon hinterblieben.

Anfang des 17. Jahrhunderts errichtete die Adelsfamilie *Montgomery* hier ihren Stammsitz. Erbauer des letzten Endes unvollendet gebliebenen, von zwei Pavillons flankierten **Schlosses** mit Prunktreppe war *Gabriel II. de Montgomery*, dessen Vater 1559 den französischen König *Henri II.* in einem Turnier tötete – ein tragischer Unfall.

Ganz in der Nähe von Ducey in Poilly befindet sich an der N 175 ein bemerkenswertes **Möbelmuseum** im ehemaligen Breudière-Gutshaus aus dem 13. Jahrhundert: das Musée des Arts Modernes et Meubles Régioneux. Handgearbeitete Möbelstücke sowie eine Sammlung von Aubusson-Teppichen aus dem 18. Jahrhundert bilden den Kern der gezeigten Exponate und geben damit einen Einblick in die gehobene Lebensart dieser Epoche.

Im unmittelbaren Einzugsbereich von Ducey wird die Sélune durch Dämme aufgestaut. Diese Barrages de la Sélune dienen der Flussregulierung. Die erste flussaufwärts von Ducey gelegene **Barrage de la Roche-quit-Boit** wurde zwischen 1915 und 1919 gebaut. Sie ist durch ihre Architektur interessant, für die Öffentlichkeit aber nicht zugänglich.

Noch weiter flussaufwärts staut die **Barrage de Vézins** mit einem fast vierzig Meter hohen Damm die Sélune bis fast nach St.-Hilaire-du-Harcouët auf.

St.-James ⌖ XVIII/B3

Zwischen Avranches und Fougères liegt St.-James, ein Ort, dessen Gründung auf *Wilhelm den Eroberer* zurückgehen soll. **Befestigungsanlagen** aus dem 15. Jahrhundert sowie einige alte Gebäude sind Zeugen der langen Geschichte dieses Ortes.

Nahe St.-James haben die Amerikaner an der D 230 in Richtung Louvigné einen **Soldatenfriedhof** angelegt, auf dem über 4000 Gefallene aus den Kämpfen um die Halbinsel Cotentin und die angrenzende Bretagne ruhen. Zu diesem Cimetière Américain et Mémorial de Bretagne gehört auch eine Gedächtnis-Kapelle und eine Vermissten-Gedenkmauer.

Pontorson   XVIII/A3

Der Grenzort zur Bretagne verdankt seinen Namen dem normannischen Adligen *Orson*, der hier im Jahre 1031 eine Brücke über den Couesnon errichten ließ, um seiner Truppe nach einem Vorstoß in die Bretagne die Flussüberquerung zu erleichtern.

Die Gründung der Kirche **Église Notre-Dame** geht auf *Wilhelm den Eroberer* zurück. Er ließ sie als Dank für die Rettung seiner Truppen vor den Treibsanden des Couesnon zu Ehren der Jungfrau Maria errichten. Diese Episode ist übrigens auch auf dem berühmten Teppich von Bayeux dargestellt (siehe Exkurs „Der Teppich von Bayeux").

Villedieu-les-Poêles   XVIII/B1

Der Hauptort im Nordosten der Bucht von Mont St.-Michel ist Villedieu-les-Poêles. Er liegt eingebettet in eine Fluss-Schleife der Sienne.

Seinen Beinamen *les-Poêles* („Topf, Pfanne") erhielt er durch das hier traditionell seit dem 12. Jahrhundert angesiedelte Handwerk der **Kupferverarbeitung.** Den wirtschaftlichen Höhepunkt dieses auf Pfannen und Töpfe spezialisierten Gewerbes hatte der Ort im 18. Jahrhundert mit 139 registrierten Betrieben. Da aber auf diesem Sektor zu jeder Zeit Innovation angesagt war, hatte sich Villedieu-les-Poêles zusätzlich auch einen Namen mit der Herstellung von Kupfer-Milchkannen gemacht. Die inzwischen zu Industriebetrieben angewachsenen Produktionsstätten sind heute mit der Herstellung von kupfernen Boilern und ähnlichen Geräten beschäftigt. Dazu kam als besondere Spezialisierung die Herstellung von Kirchenglocken.

So reich wie die handwerkliche Vergangenheit von Villedieu-les-Poêles, so vielfältig ist auch das **Erscheinungsbild der Altstadt.** Villedieu-les-Poêles hat sich sein historisches Ambiente erhalten können. Charakteristisch sind die schönen alten Häuser mit ihre attraktiven Hinterhöfen wie etwa der Cour des trois Rois, der Cour aux Lys, der Cour aux Moines oder auch der Cour du Foyer mit dem Musée de la Poeslerie et Maison de la Dentellerie.

Zu den Sehenswürdigkeiten zählt zunächst einmal die **Fonderie des Cloches.** Dieses Etablissement wurde von den Rittern des heiligen Johannes zu Jerusalem gegründet. Ihr Orden bestand seit dem 12. Jahrhundert, das Hauptquartier richteten sie im Ort, den sie Villa Dei nannten, ein. Seit 1530 nannten sie ihre Gemeinschaft Malteserorden. Die heutige Glockengießerei an der Rue Jules Tetrel wurde 1865 eingerichtet und kann besichtigt werden.

Ganz in der Tradition von Villedieu-les-Poêles steht das **Musée de la Poeslerie et Maison de la Dentellerie.** Dieses Pfannen- und Geschirrmuseum und Haus der Spitzenklöppelkunst befindet sich in nicht minder traditionellem Rahmen in einem auf das 12. Jahrhundert zurückgehenden Bauwerk, dessen heutige Erscheinungsform aus dem 16./17. Jahrhundert stammt. Man kann die Werkstatt sowie historische Geräte und Kupfererzeugnisse besichtigen, außerdem verschiedene Spitzenklöppel, Webstühle und Treibbänke.

Im **Kupfermuseum,** dem Atelier du Cuivre, wird die Geschichte der Herstellung von Kupfergerätschaften gezeigt.

Im **Uhrenuniversum,** Royaume de l'Horloge, werden vier Jahrhunderte Uhrmacherkunst demonstriert, die Exponate stammen überwiegend aus der Region.

Im **normannischen Möbelmuseum,** Musée du Meuble Normand stehen über 150 antike Möbelstücke aus der Region und geben einen Einblick in die örtliche Geschichte dieses Herstellungszweiges.

Das **Zinn-Haus,** Atelier de l'Étain, gibt eine faszinierende Übersicht über die Herstellungsgeschichte von Gegenständen aus diesem edlen Metall.

Die **Kunstgießerei** LAULNE, Fonderie d'Art Hélaine, in der Route de Périers-St.-Jores zeigt Gusstechniken seit der Bronzezeit anhand von Exponaten und Bearbeitungsvorgängen.

Die spätgotische Kirche **Église Notre-Dame** entstand im 15. Jahrhundert im Flamboyant-Stil anstelle des Vorgängerbaus aus dem 12. Jahrhundert der Bruderschaft der Ritter des Heiligen Johannes von Jerusalem. Der Vierungsturm ist beeindruckend. Das Portal entstand erst in der Renaissance – von hier aus geht der Blick direkt zur Kanzel mit dem von zwei Kupfervasen flankierten hölzernen Tabernakel aus dem 18. Jahrhundert. Das doppelreihige, geschnitzte Chorgestühl ist beachtenswert, ebenso die Vitrinen im nördlichen Seitenschiff mit kostbaren Gewändern, die mit Spitzenarbeiten örtlicher Klöpplerinnen versehen sind.

Die Umgebung von Villedieu-les-Poêles

Verlässt man Villedieu-les-Poêles auf der nördlichen Ausfallstraße D 999 in Richtung St.-Lô, gelangt man zum **Mont Robin,** indem man hinter Percy rechts in eine kleine Nebenstraße nach Tessy-sur-Vire einbiegt. Der Mont Robin ist die höchste Erhebung der gesamten Umgebung mit einem wunderbaren Blick bis in die Suisse Normande. Bei klarem Wetter kann man sogar die Kathedrale von Coutances erkennen.

Knapp acht Kilometer westlich von Villedieu-les-Poêles findet man in Champerus an der D 924 nach Granville den **Parc Zoologique de Champerus.** Dieser Zoo ist eher ein großer Freizeitpark, dessen besondere Attraktion die frei herumlaufenden Lemuren (Halbaffen) sind.

Das Mortenais

Der äußerste Südosten des Départements Manche bildet ein kleines Universum für sich. Hier im Mortenais wechseln sich Hügel mit felsigen Partien und kleinen Flüssen ab, die mancherorts ihren Weg in Kaskaden abwärts suchen.

Mortain   *XIX/C2

An den Hängen des Flusstals der Cance bildet Mortain den Hauptort im südwestlichen Hinterland der Bucht von Mont St.-Michel. Zwei besonders schöne Kaskaden sind hier zu finden: Die Grande Cascade hat oberhalb der Stadt einen reizvollen Einschnitt in das bewaldete Tal der Cance gewaschen, die Petite Cascade entstammt dem kleinen Seitenflüsschen Cançon, das hier bei Mortain einmündet.

Der Ortsname Mortains stammt von der galloromischen Siedlung *Mauritonium* ab, einer Bezeichnung, die auf maurische Soldaten in der römischen Armee zurückzuführen ist. Im frühen Mittelalter hatte Mortain besondere Bedeutung als Sitz von Graf *Robert de Mortain,* einem Halbbruder *Wilhelm des Eroberers.* Annähernd tausend Jahre später wurde der Ort im Zweiten Weltkrieg fast völlig zerstört.

Die größte Sehenswürdigkeit Mortains ist die **Abbaye Blanche.** Die ehemalige Abtei wurde im 12. Jahrhundert von *Adeline* und ihrem Bruder *Vital,* dem Kanzler und Beichtvater von Graf *Robert,* im Jahre 1105 als Zisterzienserinnenkloster etwas oberhalb der Grande Cascade gegründet. Der Gebäudekomplex entspricht dann auch ganz den architektonischen Vorstellungen dieser christlichen Ordensgemeinschaft. Die Gewölbe der Klosterkirche aus dem 13. Jahrhundert zeigen schon die ersten Ansätze zur Gotik. Der zweischiffige, aus fünf Jochen bestehende Kapitelsaal stammt ebenfalls aus dem 13. Jahrhundert. Der Kreuzgang weist im Gegensatz zu den anderen romanischen Klöstern der Region nicht doppelreihige, sondern nur einreihige Säulenformationen auf und ist mit einem hölzernen Gewölbe versehen. Die Klosterkirche wird als „Weiße Abtei" bezeichnet, weil die Zisterzienser im Gegensatz zu den Benediktinern weiße Tracht trugen.

Die **Kirche Saint-Évroult** am Marktplatz wurde im 13. Jahrhundert aus Sandstein im strengen gotischen Stil anstelle des romanischen Vorgängerbaus von *Graf Robert* errichtet. Aus dieser Zeit stammt noch das Seitenportal. Im Inneren ist das geschnitzte Chorgestühl besonders sehenswert. Im Turm wird der Kirchenschatz aufbewahrt. Besonders wertvoll ist daraus ein mit Kupferplatten überzogener, hölzerner Schrein mit runenartigen Inschriften und den Abbildungen von Christus mit den Erzengeln aus dem 7. Jahrhundert.

Lohnend ist ein Abstecher zur oberhalb von Mortain gelegenen **Petite Chapelle Saint-Michel** aus dem 16. Jahrhundert. Von hier aus kann man bis zum Mont St.-Michel sehen.

Chaulieu   *XIX/C2

Verlässt man Mortain über die nördliche Ausfallstraße D 977, so erreicht man über Sourdeval den kleinen Ort Chaulieu mit einem schönen **Renaissance-Schloss.** Der von Wassergräben umgebene Bau weist ein ansehnliches Schieferdach auf. Im Inneren sind die farbigen Decken beachtenswert.

Brouains ⌐ XIX/C2

Westlich von Sourdeval, das Tal der Sée abwärts, kann man in Brouains die **Moulin de la Sée** aufsuchen, die auch als Écomusée de la Vallée de Brouains bekannt ist. Hier werden alle traditionellen Aktivitäten rund um den Fluss gezeigt. Dabei geht es um den Lachsfang und die Aufzucht von Flussfischen. Auch die Errichtung hydroelektrischer Industrie wird dargestellt, denn im 19. Jahrhundert gab es in diesem Talabschnitt mit einem Gefälle von mehr als hundert Metern 150 Papiermühlen. Des Weiteren werden Hammerwerke zur Besteckherstellung gezeigt.

Bellefontaine ⌐ XIX/C2

Wenn man auf dem Weg nach Sourdeval schon wenige Kilometer hinter Mortain nach links auf die D 33 abbiegt, kommt man nach Bellefontaine mit seinem attraktiven **Erholungszentrum.** Hier gibt es unter anderem ein Puppenautomaten-Theater, eine Miniatur-Eisenbahn sowie einen Landgasthof.

Barenton ⌐ XIX/D2

Südöstlich von Mortain erreicht man über die D 907 entlang des Forêt de Mortain den kleinen Ort Barenton mit dem **Maison de la Pomme et de la Poire.** Dieses „Äpfel- und Birnenhaus" ist heute ein Museum, das der Obstwirtschaft gewidmet ist. Neben den Arbeiten in der zum Museum gehörenden Plantage wird die Herstellung von Obstprodukten wie Saft, Cidre und Calvados gezeigt.

Saint-Hilaire-du-Harcouët ⌐ XIX/C2

Im Südwesten des Mortenais ist Saint-Hilaire-du-Harcouët der Hauptort. Hier findet mittwochs ein lebhafter Markt statt. Im November wird die Martins-Messe abgehalten. Außerdem befindet sich in Saint-Hilaire-du-Harcouët die Apfelschnapsbrennerei Coquerel, die zu den bekanntesten in der Normandie zählt.

St.-Symphorien-des-Monts ⌐ XIX/C3

Nur wenige Kilometer südöstlich von Saint-Hilaire-du-Harcouët liegt St.-Symphorien-des-Monts an der N 176. Hier kann man sich im **Schlosspark** entspannen und erholen – ein Park, der in seinen Ursprüngen auf das 18. Jahrhundert zurückgeht und im frühen 19. Jahrhundert in einen englischen Landschaftsgarten umgewandelt wurde. Die fünfzig Hektar große Anlage dominiert das umgebende Gelände. Der jahrhundertealte Baumbestand und die großartigen Rhododendren sind insbesondere während der Blütezeit im Frühsommer sehenswert. Die Parkanlage ist gleichzeitig Tierpark ohne Gatter und Beton.

Savigny-le-Vieux ⌐ XIX/C3

Wenig südöstlich von St.-Symphorien-des-Monts (über die D 134 zu erreichen) stehen die Überreste einer einst bedeutenden Benediktinerabtei. Ihre Gründung geht auf *Vital,* den Beicht-

vater des Grafen Robert von Mortain, zurück. Allerdings übernahm die Abtei im Jahr 1147 die Zisterzienserregeln. Beachtenswert sind die reich mit Tierskulpturen ornamentierte Kanzel sowie die Wandbilder aus dem 14. Jahrhundert.

Praktische Tipps

Information

- **Office de Tourisme,** 50170 Pontorson, Place de la Mairie, Tel. 0233 60 20 65, Fax 0233 60 85 67. mont.st.michel.pontorson@wanadoo.fr
- **Office de Tourisme,** 50800 Villedieu-les-Poêles, Place Costils, Tel. 0233 61 05 69, Fax 0233 91 71 79, ot.villedieu-les-poeles@wanadoo.fr
- **Office de Tourisme,** 50140 Mortain, Rue du Bourg Lopin, Tel. 0233 59 19 74
- **Office de Tourisme,** 50150 Sourdeval, Jardin de l'Europe, Tel. 0233 79 35 61, Fax 0233 79 35 59, otsourdeval@wanadoo.fr

Unterkunft

- **Le Moulin de Ducey**€€, 50220 Ducey, 1, Grande Rue, modernes Hotel, mit Vollholzmöbeln hübsch eingerichtet, es gibt zwei behindertengerechte Zimmer, das Hotel ist ganzjährig geöffnet, Tel. 0233 60 25 25, Fax 0233 60 26 76, info@moulindeducey.com, www.moulindeducey.com
- **Auberge de la Sélune**€€, 50220 Ducey, komfortables Hotel mit Garten zur Sélune, von Oktober bis März montags sowie vom 21.11. bis zum 12.12. geschlossen, angeschlossenes schönes Restaurant, Tel. 0233 48 53 62, Fax 0233 48 90 30, info@selune.com, www.selune.com
- **Saint-Pierre Saint-Michel**€, 50800 Villedieu-les-Poêles, 12, Place de la République, gut geführtes altes Hotel im Zentrum der Stadt, klassisch-komfortabel eingerichtete Zimmer, freitags und 12.1.-2.2. geschlossen, Tel. 0233 61 00 11, Fax 0233 61 05 52

- **Les Visiteurs**€, 50800 Villedieu-les-Poêles, 57, Rue Général Huard, Innenstadthotel gegenüber der alten Kupferschmiede, 11.11.-28.2. geschlossen, angeschlossenes Restaurant€ sonntagabends und montags außerhalb der Saison geschlossen, Tel. 0233 61 01 13, dgdesmonts@aol.com
- **La Poste**€, 50140 Mortain, 1, Place des Arcades, dominantes Hotel in zentraler Lage, angeschlossenes Restaurant€€ mit gekonnter regionaler Küche, gutes Preis-Leistungsverhältnis, freitagabends und sonntagabends (außerhalb der Saison) sowie 10.-28.2. geschlossen, Tel. 0233 59 00 05, Fax 0233 69 53 89
- **Le Temps de Vivre**€, 50150 Sourdeval, 12, Rue Saint-Martain, kleines Hotel mit angenehmer Atmosphäre, angeschlossenes preiswertes Restaurant€, montags (außer im August) sowie vom 8. bis zum 22.2. geschlossen, Tel. 0233 59 60 41, Fax 0233 59 88 34, le-temps-de-vivre@wanadoo.fr
- **Le Clé des Champs**€, 50640 Le Teilleul (östlich von St. Symphorien-des-Monts), Route de Domfront, ländliches Ferienhotel für einen Aufenthalt im Grünen, außerhalb der Saison sonntags sowie 15.2.-10.3. geschlossen, Tel. 0233 59 42 27, Fax 0233 59 33 71
- **Le Cygne et Résidence**€, 50600 St.-Hilaire-du-Harcouët, 97, Rue Waldeck-Rousseau, Hotel mit kleinen Zimmern, die überwiegend zum Garten liegen, 3.-20.1. geschlossen, Rest. Le Cygne€ angeschlossen (siehe „Essen und Trinken"), Tel. 0233 49 10 14, Fax 0233 49 53 69, hotel-le-cygne@wanadoo.fr
- **La Verte Champagne**€, 50600 St.-Hilaire-du-Harcouët, Rue de Paris, preisgünstiges und dennoch komfortables Hotel, 24.12.-2.1. geschlossen, Tel. 0233 49 20 89, Fax 0233 49 53 84

Essen und Trinken

- **Le Gué du Holme**€€, 50220 Saint-Quentin-sur-le-Homme (nördlich von Ducey), 14, Rue des Estuaires, klassische normannische Küche, geöffnet von Ostern bis September, samstagmittags und sonntagabends geschlossen, Tel. 0233 60 63 76, Fax 0233 60 06 77

Im Westen der Normandie
DAS HINTERLAND

- **Le Bretagne**€, 50170 Pontorson, 59, Rue Couesnon, normannisches Haus im Zentrum, bietet frische regionale Küche, sonntagabends, montags und 10.1.-15.2. geschlossen, Tel. 0233 60 10 55, Fax 0233 58 20 54
- **Le Sillon de Bretagne**€, 50170 Brée en Tanis, bei Pontorson, rustikales Gasthaus, sonntagabends, montags außerhalb der Saison sowie 5.1.-15.2. geschlossen, Tel. 0233 60 13 04, Fax 0233 70 91 75
- **Le Manoir de l'Acherie**€€, 50800 Sainte-Cécile bei Villedieu-les-Poêles, inmitten eines schönen Parks gelegenes Restaurant in einem alten Herrenhaus, das auch als Hotel€€ ausgebaut ist, bodenständige Küche, Weihnachten, 8.-22.11. und 1.11.-1.4. sonntagabends und 1.9.-30.6. montags geschlossen, Tel. 0233 51 13 87, Fax 0233 61 89 97, bernard.cahu@libertysurf.fr, www.regionnormande.com/manoir-acherie
- **Le Cygne**, 50600 St.-Hilaire-du-Harcouët, 67, Rue Waldeck-Rousseau, mit Sorgfalt zubereitete normannische Küche mit Rezepten wie Krebskuchen auf Estragon, Nierenpfanne mit Kalbsbries, freitagabends sowie 3.-20.1. geschlossen, an Hotel Le Cygne et Résidence€ angeschlossen (siehe „Unterkunft")

Museen

- **Musée des Modernes Arts et Meubles Régioneaux,** 50220 Poilley-Ducey an der N 178, Möbel- und Wandteppich-Museum mit 350 wertvollen Exponaten aus dem 18. Jahrhundert auf 1100 m² Ausstellungsfläche, geöffnet: Ostern bis Allerheiligen täglich 9.30-12.30 und 14-19 Uhr, im Juli/Aug. 9.30-19 Uhr, ansonsten nur sonntagmorgens, 3.1.-6.2. geschlossen, Eintritt 5,50 €, Jugendliche bis 18 Jahre 3 €, Tel. 0233 58 50 50, Fax 0233 58 38 73
- **La Fonderie des Cloches,** Villedieu-les-Poêles, 10, Rue du Pont Chignon, historische Glockengießerei, gezeigt werden die alten Methoden der Herstellung von Bronzeglocken unter Verwendung von Lehm, Pferdemist und Tierhaaren, behindertengerecht, geöffnet: 10.7.-10.9. 9-18 Uhr, 11.9.-23.12 und 1.2.-9.7. 10-12 und 13.30-17.30 Uhr, sonntags und montags geschlossen, Eintritt 3,50 €, Jugendliche bis 17 Jahre 2,50 €, Kinder unter 10 Jahre frei, Tel. 0233 61 00 56, Fax 0233 90 02 99
- **Musée de la Poeslerie et Maison de la Dentellerie,** Villedieu-les-Poêles, Cour du Foyer, 25, Rue du Général Huard, Pfannen- und Geschirrmuseum sowie Haus der Spitzenklöppelkunst, geöffnet: Ostern bis 12.11. 10-12 und 14-18.30 Uhr (außer dienstagmorgens), Juli/Aug. 10-18.30, Eintritt 3,50 €, Kinder/Jugendliche von 10 bis 17 Jahren 2 €, Tel. 0233 90 20 92, Fax 0233 61 11 78
- **Atelier du Cuivre,** Villedieu-les-Poêles, 54, Rue Général Huard, dieses Kupfermuseum zählt zu den ältesten Werkstätten der Stadt, ausgestellt werden Werkzeuge, Stößel, Klopfer etc., ein Film gibt Einblick in die Geschichte der Kupfergeräteherstellung, geöffnet: ganzjährig dienstags bis freitags 9-12 und 13.30-18 Uhr, montags und samstags bis 17.30, sonntags am letzten Wochenende im Juni und am ersten Wochenende im September, Tel. 0233 51 31 85, Fax 0233 51 04 96
- **Le Royaume de l'Horloge,** Villedieu-les-Poêles, 50, Rue Carnot, Uhrenmuseum, antike Uhren aus vier Jahrhunderten, geöffnet: ganzjährig montags bis samstags 9-12.30 und 14-18.30 Uhr, im Juli/Aug. auch sonntags 14-18.30 Uhr, Eintritt 3,50 €, bis 17 Jahre 2 €, Kinder unter 10 Jahre frei, Tel. 0233 90 95 38, Fax 61 22 92
- **Musée du Meuble Normand,** Villedieu-les-Poêles, 9, Rue du Reculé, normannisches Möbelmuseum mit 150 raren, regionalen Antiquitäten, geöffnet: Ostern bis 11.11. täglich (außer dienstags) 10-12 und 14-18.30 Uhr, Juli/Aug. durchgehend, während der Weihnachtsferien und im Februar 14-18 Uhr, Eintritt 3,50 €, Jugendl. bis 17 Jahre 2 €, Kinder unter 10 Jahre frei, Tel./Fax 0233 61 11 78
- **L'Atelier de l'Étain,** Villedieu-les-Poêles, 15, Rue Général Huard, Zinnhaus mit Exponaten aus Zinn und einer einmaligen Zinngießformensammlung, ganzjährig dienstags bis freitags 9-12 und 13.30-18 Uhr geöffnet, montags und samstags bis 17.30, sonntags letztes Juni- und erstes Septemberwochenende , Tel. 0233 51 31 85, Fax 0233 51 04 96
- **Fonderie d'Art Hélaine,** Villedieu-les-Poêles, Rouette de Périers/Saint-Jores, Demonstration von Gusstechniken seit dem Beginn der Metallverarbeitung, Entwürfe, Guss-

formen, Anbringung der Patina bis zur Endbearbeitung, Juli/August täglich 14-18 Uhr geöffnet, Tel. 0233 07 61 59, Fax 0233 07 02 91
- **Maison de la Pomme et de la Poire,** Barenton, Äpfel- und Birnenmuseum mit Plantage, Saft-, Cidre- und Schnapsherstellung, Degustation und saisonaler Obstverkauf, geöffnet: April bis September täglich 9.30-12.30 und 14-19 Uhr, Eintritt 4 €, Kinder/Jugendliche bis 15 Jahre 2 €, Tel 0233 59 56 22, Fax 0233 28 59 80
- **Écomusée de la Vallée de Brouains,** in der ehemaligen Moulin de la Sée bei Brouains werden die traditionellen Aktivitäten rund um den Fluss demonstriert, wie z.B. Lachsfang, Fischaufzucht, Papierherstellung, Hammerwerke etc., geöffnet: Mitte Juni bis Mitte September 11-19 Uhr, ansonsten 14-18 Uhr, dienstags geschlossen, Tel. 0233 59 20 50, Fax 0233 69 31 59

Besichtigungen

- **Château de Montgomery,** 50220 Ducey, Besichtigung auf Anfrage, Tel. 0233 48 50 52, Fax 0233 48 87 59
- **Barrage de Vézins,** 50540 Isigny-le-Buat (im Südosten von Ducey), kommentierte Führungen im Juli/August sowie an Feiertagen 15-16.30, Information und Anmeldung Tel. 0233 40 00 16, Fax 0233 48 53 65
- **Amerikanischer Soldatenfriedhof,** Cimetière Américain et Mémorial de Bretagne, 50240 St.-James – Montjoie-St.-Martin, zwölf Hektar große Soldatengedenkstätte, ganztägig zugänglich, Kapelle von 8 bis 18 Uhr geöffnet, Tel. 0233 89 24 90, Fax 89 24 91, jacques.adelee@wandoo.fr
- **Abbaye Blanche,** Mortain, romanisch-frühgotische Zisterzienserinnenabtei, zu besichtigen sind die Klosterkirche, der Kreuzgang und der Kapitelsaal, ganzjährig geöffnet 9.30-12 und 14.30-17 Uhr (sonntagmorgens, an kirchlichen Feiertagen, in der Woche nach Ostern, 25.12 sowie dienstags geschlossen), Eintritt 6,40 €, Jugendliche bis 25 Jahre 4 €, Kinder frei, Information: Tel. 0233 59 00 21
- **Renaissance-Schloss Chaulieu,** hervorragend renovierter, von Wassergräben umgebener Bau, mehrfach von verschiedenen Stiftungen ausgezeichnet, Besichtigungen von Mitte Juni bis Mitte September an Wochenenden 14-18 Uhr, Eintritt 4 €, Jugendliche 3,30 €, Kinder frei, Information: Association des Amies du Château de Chaulieu, Tel. 0233 59 91 90
- **Schlosspark St.-Symphorien-des-Monts,** englischer Landschaftspark und Tierpark, täglich geöffnet von Ostern bis Allerheiligen 10-20 Uhr, im Winter mittwochs und samstags, in den Weihnachtsferien und im Februar täglich, Eintritt 5 €, Kinder bis 12 Jahre 3 €, Tel./Fax 0233 49 02 41

Aktivitäten

- **Parc Zoologique de Champrepus,** acht Kilometer westlich von Villedieu-les-Poêles an der D 924 in Champerus, naturnahe Haltung der Zootiere, sehr aktiv in der Aufzucht gefährdeter Tierarten, geöffnet: April bis Oktober 10-18 Uhr, Juli/Aug. bis 19 Uhr, Eintritt 8,50 €, Kinder bis 12 Jahre 4,50 €, Information Tel. 0233 61 30 74, Fax 0233 61 71 43, www.zoo-champrepus.com
- **Freizeitpark Bellefontaine,** nordwestlich von Mortain mit Puppenautomaten-Theater, Animationen, Landgasthof etc., April bis September täglich 10-18 Uhr (Juli/Aug. und Wochenenden bis 19 Uhr) geöffnet, Eintritt 5,50 €, Kinder bis 12 Jahre 4 €, Tel. 0233 58 01 93, Fax 0233 69 52 60

Einkaufen

- **Apfelschnapsbrennerei Coquerel,** 50600 St.-Hilaire-du-Harcouët, Manoir de Coquerel in Milly, 1937 gegründeter Familienbetrieb, der Cidre, Pommeau und Calvados herstellt, Besichtigung Juli/August von Montag bis Samstag 9.30-11.30 und 13.30-16.30 Uhr, ansonsten Montag bis Donnerstag 9-11.30 und 13.30-16.30 Uhr, freitags 9-11.30 Uhr, Tel. 0233 79 02 20, Fax 0233 49 09 60

Im Süden der Normandie

Im Süden der Normandie

Château d'O

Glasfenster der Kathedrale von Sées

Gesamtanlage des welt-berühmten Gestüts Haras du Pin

Das Département Orne

Überblick

Das Département Orne ist das am wenigsten touristisch geprägte unter allen fünf Départements der Normandie. Es ist **landschaftlich sehr vielseitig** gestaltet, weil sich die Landschaftsbilder der Départements Calvados und Eure grenzüberschreitend bis in das Département Orne fortsetzen. So greift im Nordwesten der Bocage mit dem Hauptort Flers über. Östlich schließen sich die südlichen Teile der Suisse Normande und des Pays d'Auge an. Vom Département Eure zieht sich schließlich das Pays d'Ouche mit dem Hauptort L'Aigle bis in das Département Orne hinein.

Im Zentrum des Départements erstreckt sich das **Pays du Merlerault**, dessen Hauptort Argentan ist. Hier konzentriert sich ein wichtiger Teil der normannischen Pferdezucht.

Im Südosten bildet die **Region Perche** ein kulturgeschichtlich eigenständiges Gebiet des Départements Orne. Von hier stammt das Percheron, das berühmteste Arbeitspferd der Normandie.

Das Herzstück des Départements bildet der **Parc Naturel Régional Normandie-Maine.** Dieser 1975 geschaffene Landschaftspark erfasst eine Fläche von 235.000 Hektar, teilweise auch in das Pays de Loire übergreifend, mit 150 Gemeinden. Die Parkfläche kann in den oberen Teil (Haut Pays) mit Weiden und bewaldeten Abschnitten in den Alpes Mancelles einerseits und den unteren Teil (Bas

Pays) mit Bocage-Charakter, der Hügellandschaft von Saosnois und den offenen Feldlandschaften um Sées und Alençon andererseits unterteilt werden. Der Grundgedanke des Parks besteht im Naturschutz, dem Erhalt der traditionellen landwirtschaftlichen Wirtschaftsweise sowie dem Fortbestand des ländlichen Lebens, gepaart mit Anreizen zur Ansiedlung handwerklicher Aktivitäten wie auch zur Entwicklung des Fremdenverkehrs.

Auf Autorouten, auf Fahrrad- und auf Wanderwegen kann man den Landschaftspark durchstreifen. Vier empfohlene **Routen** sind ausgeschildert: die Route des Trois Forêts (Drei-Wälder-Weg), die Route Historique des Haras et Châteaux de l'Orne (Historischer Weg der Gestüte und Schlösser), der Circuit du Pays de Lancelot du Lac (Rundweg von Lancelot du Lac) sowie die Route du Poiré (Straße des Birnensaftes).

Information

● **Maison du Parc,** Le Chapître, 61320 Carrouges, widmet sich mit Ausstellungen und Aktivitäten jedes Jahr neuen Themen, wie zum Beispiel der Töpferei, den Fizen des Parks, der Obstwirtschaft etc., Tel. 0233 81 75 75, Fax 0233 28 59 30, parc.normandie-maine@wanadoo.fr

Domfront XIX/D2-3

Im Südwesten des Départements Orne, im Passais, einer für ihren Birnen-Cidre berühmten Gegend, liegt Domfront am tief in das Amorikanische Massiv eingeschnittenen Tal der Varenne. Alleine schon die Lage dieser Stadt ist außergewöhnlich – und so verwundert es auch nicht, dass hier im Mittelalter eine Festung errichtet wurde, deren Reste noch heute erhalten sind.

Geschichte

Der historische Ursprung der Stadt liegt jedoch noch weiter zurück. An dem strategisch bevorzugten Standort an der Varenne richtete der heilige *Front* eine Eremitage namens *domus frontis* ein. Über das weitere Schicksal dieser Institution ist wenig bekannt. Jedenfalls nutzte der normannische Adlige *Wilhelm von Bellême* die Steillage von Domfront über der Varenne, um hier eine Festung gegen die Bretonen zu errichten. Der Normannenherzog und spätere englische König *Heinrich I. Bauclerc* baute diese Festung ab 1092 mit einem der mächtigsten normannischen Bergfriede aus. Im Hundertjährigen Krieg wurde die Stadt vielfach belagert und von den streitenden Parteien mehrfach gegenseitig erobert. Hier nahm man 1574 den Hugenottenführer *Montgomery* fest, um ihn später in Paris hinzurichten. In der Folge wurde die Burg von Domfront, längst von mächtigen Befestigungsmauern umgeben, auf Befehl des französischen Königs *Henri IV.* geschleift. Doch trotz all dieser Wirren konnte sich Domfront seinen mittelalterlichen Charakter bewahren und zählt heute zu den interessantesten Ortschaften des Départements Orne.

Sehenswertes

Der alte **Stadtkern** von Domfont war einst von einer Mauer mit 24 Türmen umgeben, von denen dreizehn noch stehen, die meisten davon entlang der Rue des Fossées. Viele der alten Häuser aus dem 16. Jahrhundert, einst von Adligen bewohnt, sind mustergültig renoviert. Einzelne Fachwerkhäuser stehen noch in der Rue du Docteur-Barrabé. In der Grande Rue – heute Fußgängerzone – besteht noch das alte Straßenpflaster.

An der alten Furt über die Varenne steht die romanische **Église Notre-Dame-sur-l'Eau** (Unsere Liebe Frau über dem Wasser) aus dem 11. Jahrhundert. Ihr Kirchenschiff wurde allerdings im Jahre 1836 erheblich verkürzt, als man entlang des Baus eine Straße anlegte. Nach den Kriegsbeschädigungen im Jahre 1944 wurde das Gotteshaus wieder hergerichtet. Reste von Fresken aus dem 12. Jahrhundert wurden inzwischen ebenfalls restauriert.

Die **Église St.-Julien** wurde 1924 im neo-byzantinischen Stil errichtet. Schöne Glasfenster erleuchten den Innenraum.

Im Bereich der alten, geschleiften Festung bestehen noch die Überreste des **Bergfrieds** und der **Burgkapelle** St.-Symphorien aus dem 11. Jahrhundert. Das Burggelände ist heute der **Stadtpark** von Domfront mit wunderschönem Panoramablick über die Fluss-Schleife und die Stadt.

Die Umgebung von Domfront

Lonlay-l'Abbaye

Durch zauberhafte Heckenlandschaften führt der Weg nordwestlich von Domfront auf der D 22 nach Lonlay-l'Abbaye mit der gleichnamigen **Abteikirche,** die einst Teil einer Klosteranlage aus dem 11. Jahrhundert war. Im Mittelalter hatte die Abtei von Lonlay-l'Abbaye große spirituelle Ausstrahlung, die bis nach England reichte. Durch das Portal aus dem 15. Jahrhundert gelangt man direkt in das Querschiff hinein. Der gotische Chor ruht noch auf romanischen Säulen.

In Lonlay-l'Abbaye gibt es außerdem die berühmte **Biscuiterie de Lonlay-l'Abbaye,** deren traditionell hergestellte Sandkekse weltberühmt sind.

La Haute Chapelle

Auf dem Weg nach Lonlay l'Abbaye liegt der kleine Ort La Haute Chapelle an der D 22. In seinem Umfeld befinden sich einige schöne alte Manoirs, so La Chaslerie aus dem Jahre 1598, La Guyardière aus dem Jahre 1631 und das **Manoir de la Saucerie** westlich des Ortes, von der D 907 aus zu erreichen. Von Letzterem steht noch das von zwei Türmen flankierte Torhaus aus dem 15./16. Jahrhundert, das durch die Kombination seiner Baumaterialien aus Feldsteinen, Ziegeln und

Holz besonders attraktiv ist. Diese Herrenhäuser befinden sich in Privatbesitz, können aber gelegentlich im Rahmen von Führungen besichtigt werden.

Sehenswert im Ort ist auch die kleine **Kapelle,** die teilweise noch auf das 11. Jahrhundert zurückgeht. Sie liegt am alten Pilgerweg zur Abtei von Lonlay.

Dompierre

Über die nordöstliche Ausfallstraße D 22 gelangt man von Domfront nach Dompierre ganz in der Nähe des großen Waldgebietes Forêt Domainiale, der ein wesentliches Teilstück des Parc Naturel Régional Normandie-Maine darstellt. Hier befindet sich ein interessantes **Handwerksmuseum,** das Musée du Fer et du Fil, das über die traditionelle Verarbeitung von Eisen und Holz wie auch über die Textilverarbeitung Auskunft gibt.

St.-Fraimbault

Das blumenreichste Dorf in der Umgebung von Domfront ist St.-Fraimbault, südwestlich über die D 223 zu erreichen. Der Ort wurde für seinen üppigen Blumenschmuck mehrfach ausgezeichnet, so mit dem „4 Fleurs" (Vier Blumen) und mit dem „Grand Prix National de Fleurissement."

Passais la Conception

Im Umfeld von Domfront gibt es eine Reihe der ansonsten in der Normandie nicht häufig anzutreffenden steinzeitlichen Denkmäler. So gibt es **Menhire** in Saint-Bômer und in Saint-Siméon. In Passais la Conception steht der Menhir du Perron. Am bekanntesten ist aber die Allée Couverte im gleichen Ort – eine gedeckte Steinallee, die unter dem Namen **Table au Diable** (Teufelstisch) bekannt ist.

Praktische Tipps

Information

●**Office du Tourisme,** 61700 Domfront, 21, Rue Saint-Julien, Telefon 0233 38 53 97, Fax 0233 37 40 27, otbocagedomfrontais@wanadoo.fr

Unterkunft

●**Le Relais Saint-Michel**€€, 61700 Domfront, 5, Rue du Mont Saint-Michel, das Hotel gehört zur Hotel-Gruppe Logis de France, Tel. 0233 38 64 99, Fax 0233 37 96 96, relais.saint.Michel.prodhomme@wanadoo.fr
●**Camping Municipal,** 61700 Domfront, Rue du Champ Passais, Tel. 0233 37 37 66

Essen und Trinken

●**Hôtel de France**€€, 61700 Domfront, Rue du Mont St.-Michel, Mitglied der Gruppe Logis de France, normannische Küche, Spezialitäten vom Holzgrill, Tel. 0233 38 51 44, Fax 0233 30 49 54

Museum

●**Musée du Fil, du Fer et des Vieux Métiers,** Dompierre, Heimatmuseum, im Juli/Aug. täglich 15-18 Uhr geöffnet, im Mai/Juni/September nur sonntags. Eintritt 3 €, Schüler 1,50 €, Tel. 0233 38 03 25

Besichtigung

●**L'Abbaye de Lonlay,** 61700 Lonlay-l'Abbaye, freie Besichtigung im Sommer 8.30-19 Uhr, im Winter 9-18 Uhr
●**Parc and Arboretum von St.-Fraimbault,** der Forstbotanische Garten mit 82 exotischen und heimischen Baumarten ist im Juli/August geöffnet, Auskunft: Gemeinde-

amt St.-Fraimbault, Tel. 0233 30 03 93 (geöffnet Juni-September)

Sport

- **Klettern:** Im Umfeld von Domfront gibt es drei Kletterwände mit unterschiedlichsten Schwierigkeitsgraden von 7 bis 22 Meter Höhe, so der Site de la Cluse de Domfront, der Site de la Fosse Arthour bei Saint-Georges de Rouelley und der Site de Champsecre.

Veranstaltungen

- **Mittelalter-Markt:** am ersten Augustwochenende in Domfront

Einkaufen

- **Biscuiterie de Lonlay-l'Abbaye,** 61700 Lonlay-l'Abbaye, Route du Val, Herstellung, Degustation und Verkauf der berühmten Sablés de l'Abbaye, ganzjährig außer samstags und sonntags 8.30-11.30 und 14-16.30 Uhr geöffnet, Tel. 0233 30 64 64, Fax 0233 30 06 63

Bagnoles-de-l'Orne

XX/A2-3

Am Kreuzungspunkt der Fernrouten von Paris zum Mont St.-Michel und zu den Stränden der Bretagne liegt Bagnoles-de-l'Orne inmitten des großen Waldgebietes Forêt des Andaines – einem wesentlichen Teilstück des Parc Naturel Régional Normandie-Maine. Die Silhouette seiner schönen Villen spiegelt sich im angrenzenden See wider. Dieser wird von der Vée gebildet, einem Nebenfluss der Mayenne. Der Höhenzug des Forêt des Andaines bildet übrigens die Wasserscheide zwischen den Flüssen, die zum Ärmelkanal entwässern, und denen, die nach Süden der Loire zufließen.

Bagnoles-de-l'Orne ist heute zusammen mit Tessé-la-Madeleine das berühmteste **Heilbad** im Inneren der Normandie.

Der **Sage** nach soll hier einst ein Ritter namens *Hugues de Tessé* sein gealtertes Pferd nicht getötet, sondern in den Wald getrieben haben, damit es dort den Rest seines Lebens in Freiheit verbringen konnte. Doch das Pferd kam schon nach wenigen Tagen putzmunter und mit glänzendem Fell aus dem Wald zurück. An den Huftritten konnte man seine Spur in den Wald zurückverfolgen und entdeckte die Quelle, die heute die Grundlage für den Badebetrieb von Bagnoles-de-l'Orne bildet.

Diese **Quelle** fördert stündlich fünfzig Tonnen leicht radioaktiven und relativ mineralarmen Wassers von etwa 25° C zu Tage. Eine Badekur in Bagnoles-de-l'Orne ist besonders bei Kreislauf- und Venenerkrankungen zu empfehlen.

Sehenswertes

Den größten Glanz verbreitete Bagnoles-de-l'Orne in der „guten alten Zeit", als der englische König *Edward VII.* hierher kam, um zu kuren. Die **eleganten Hotels,** die **Salons,** das **Casino** und die **Teestuben** stammen aus dieser Zeit.

Schön ist der **Kurpark** (Parc de l'Établissement Thermal), der sich an der Vée entlang erstreckt.

Sehenswert sind das **Feuerwehrmuseum** (Musée Départemental des Sapeurs-Pompiers de l'Orne) und das

Pferdewagenmuseum (Exposition Permanente: Voitures Hippomobiles).

Zum **Roc au Chien**, einem Felsaussichtspunkt oberhalb der Vée auf der Seite von Tessé-la-Madeleine, führt ein kleiner Touristenzug, der in der Saison jede halbe Stunde von der Kirche aus abfährt. Der Besuch lohnt insbesondere am Nachmittag, weil man dann die Sonne im Rücken hat und der Ausblick über Bagnoles, seinen See und die Schlucht der Vée besonders schön ist.

Das **Château de Couterne,** ein massiver Stein- und Ziegelbau, steht knapp eineinhalb Kilometer südlich von Bagnoles und ist über die D 335 leicht zu erreichen.

Die Umgebung von Bagnoles

Forêt d'Andaines

Bagnoles-de-l'Orne liegt unmittelbar im 4000 Hektar großen Forêt d'Andaines, einem langgezogenen Mischwald mit schönem Baumbestand.

Am westlichen Südrand steht die kleine **Chapelle Ste.-Geneviève** mit einem hölzernen Altar und den Statuen des St. Roch, der St. Geneviève und Ste. Élizabeth.

Am westlichen Nordrand erhebt sich der 300 Meter hohe **Mont-en-Gérôme,** der einen weiten Überblick über die Landschaft bietet.

La Ferté-Macé

In La Ferté-Macé im Norden des Forêt d'Andaines sind einige hübsche Häuser aus dem 18. und 19. Jahrhundert erhalten geblieben. Der Ort hatte einst größere Bedeutung als Textilverarbeitungsstandort. Heute verfügt er über moderne Industrien des elektronischen Bereichs.

Von der alten romanischen **Kirche,** die 1851 wegen nicht mehr ausreichender Größe abgerissen wurde, steht nur noch der Turm neben der modernen Kirche. Er wird für temporäre Ausstellungen genutzt.

In der Krypta der **Kirche Notre-Dame** werden im Trésorama religiöse Objekte ausgestellt.

Außerdem verfügt la Ferté-Macé über ein **Spielzeugmuseum.**

Praktische Tipps

Information

- **Office de Tourisme,** 61140 Bagnoles-de-l'Orne, Place du Marché, Telefon 0233 37 85 66, Fax 0233 30 06 75, bagnolesdelorne. tourisme@wanadoo.fr
- **Office de Tourisme,** 61600 La Ferté-Macé, 11, Rue de la Victoire, Tel./Fax 0233 37 10 97

Unterkunft

- **Lutétia Reine Astrid**€€, 61140 Bagnoles-de-l'Orne, Boulevard Paul Chalvet, in unmittelbarer Nähe des Zentrums gelegenes, schönes und ruhiges Hotel mit Terrasse, Park und angeschlossenem Restaurant€€, Restaurant vom 15.1. bis 1.4, Hotel vom 15.10. bis 1.4. geschlossen, Tel. 0233 37 94 77, Fax 0233 30 09 87, resa@lutetiaastrid.com
- **Beaumont**€€, 61140 Bagnoles-de-l'Orne, 26, Boulevard Le Meunier-de-la-Raillière, hinter der Kirche, ruhiges Haus im Zentrum mit Restaurant€€, 1.12.-28.2. geschlossen, Tel. 0233 37 91 77, Fax 0233 38 90 61
- **Normandie**€, 61140 Bagnoles-de-l'Orne, 2, Avenue Paul Lemonet, traditionelles Hotel in der Nähe des Zentrums mit komfortablen Zimmern, Restaurant sonntagabends und montagmittags geschl., Hotel 10.11.-1.4. ge-

schl., Tel. 0233 30 71 30, Fax 0233 30 71 31, hotel-le-normandie@wanadoo.fr
- **Nouvel Hôtel**€, 61140 Tessé-la-Madeleine, 8, Avenue Albert-Christophle, traditionelles Hotel in der Nähe des Kurhauses, 25.10.-1.4. geschlossen, Tel. 0233 37 81 22, Fax 0233 38 04 68

Essen und Trinken

- **Le Manoir du Lys**€€€, 61140 Bagnoles-de-l'Orne, Route de Juvigny, Restaurant mit warmherziger Atmosphäre in einem renovierten Herrenhaus inmitten eines schönen Parks mit Obstgarten, angeschlossenes Hotel€€ mit einem behindertengerechten Zimmer, Restaurant im Winter sonntagabends, montags sowie 6.1.-14.2. (auch Hotel) geschlossen, Tel. 0233 37 80 69, Fax 0233 30 05 80, manoirdulys@lemel.fr

Museen

- **Musée des Sapeurs-Pompiers de l'Orne**, 61140 Bagnoles-de-l'Orne, 16, Boulevard Albert-Christophe, Sammlung von Handpumpen und Feuerlöschgeräten aus dem 18. bis 20. Jahrhundert, geöffnet: April bis Oktober 14-18 Uhr, Eintritt 3,80 €, Schüler 2,30 €, Tel. 0233 38 10 34
- **Exposition Permanente: Voitures Hippomobiles**, 61140 Bagnoles-de-l'Orne, Sammlung von fünfzig Kutschen aus dem 19. Jh., geöffnet: von März bis Okt. (außer montags), Eintritt 4,50 €, Schüler 2,30 €, Information: Tel. 0233 37 12 79, Fax 0233 37 15 50
- **Trésorama**, 61600 La Ferté-Macé, Ausstellung religiöser Gegenstände der katholischen Lithurgie in der Krypta der Église Notre-Dame, Führung nach Vereinbarung, Eintritt 0,80 €, Tel./Fax 0233 37 10 97
- **Musée du Jouet**, 61600 La Ferté-Macé, 32, Rue de la Victoire, Spielzeugmuseum, Juli und August täglich 15-18 Uhr geöffnet, von April bis Juni sowie Sept./Okt. nur samstags, sonntags und feiertags, Eintritt 3 €, Schüler 1,50 €, Kinder bis 6 Jahre frei, Tel. 0233 37 04 08, animationville@libertysurf.fr

Besichtigungen

- **Établissement Thermal**, 61140 Bagnoles-de-l'Orne, Besichtigung der Installationen 15.4.-25.10. montags, mittwochs und donnerstags 17-19 Uhr, dienstags und freitags 18-19 Uhr, Tel. 0233 30 38 00, Fax 0233 38 99 78

Aktivitäten

- **Ortsführung Bagnoles-de-l'Orne und Tessé-la-Madeleine:** Bäderarchitektur der Belle Époque, Teilnahmegebühr 2,30 €, Information beim Office de Tourisme
- **Ortsrundfahrt mit der Kutsche:** Abfahrt am Château de Tessée-la-Madeleine (Gemeindeamt), Dauer: ½ Std., Kalesche für fünf Personen 30 €, Information: Exposition Permanente: Voitures Hippomobiles, Tel. 0233 37 12 79, Fax 0233 37 15 50

Sport

- **Golf:** 9-Loch-Platz Golf Club Bagnoles-de-l'Orne, Route de Domfront, Tel./Fax 0233 37 81 42

Nachtleben

- **Casino:** Bagnoles-de-l'Orne, 80 Geldautomaten, Boule, Roulette Anglaise, Black Jack, Kino, Theater, Diskothek etc. Tel. 0233 37 84 00, Fax 0233 30 18 19
- **Diskothek:** Club Discothèque Le Privé, 61140 Bagnoles-de-l'Orne, Tel. 0233 37 84 30

Einkaufen

- **Trödelmesse** (Foire à la Brocante): La Ferté-Macé, Vide Grenier, Anfang September, Tel. 0233 37 10 97

Carrouges ⇗ XX/B2

Carrouges liegt inmitten des Parc Naturel Régional Normandie-Maine auf halber Strecke zwischen den Orten La Ferté-Macé und Sées westlich des großen Naturwaldes Forêt d'Écouves. Das Maison du Parc, das Informationszentrum des Landschaftsparks Normandie-Maine, ist in dem schönen Kapitelhaus des Schlosses von Carrouges untergebracht.

Château de Carrouges

Mit dem Château de Carrouges verfügt der Ort über **eines der bemerkenswertesten Schlösser** der Normandie. Inmitten eines im 17. Jahrhundert angelegten Parks geht die Anlage auf Bauteile aus dem 14. bis zum 17. Jahrhundert zurück. Sie entstand unter der Herrschaft von *Henri IV.*, der eine frühere Festung auf einem Hügel bei Carrouges ersetzen ließ. Unter *Louis XIII.* wurde der Kern der Anlage vollendet.

Das mächtige **Torhaus** des Schlosses, mit einem hohen Satteldach eingedeckt, wird von zwei Rundtürmen mit Spitzdach flankiert. Die eigentlichen **Schlossgebäude**, die sich trutzig um einen Innenhof gruppieren, sind von einem Graben und von Wehrmauern umgeben. Ställe und Domestikenräume nehmen das Parterre ein, die Herrschafts- und Repräsentationsräume den ersten Stock.

Im **Inneren** kann man dekorativ geschnitzte Holzverkleidungen bewundern. In der Küche ist eine große Anzahl kupferner Gerätschaften ausgestellt. In einem Schlafzimmer, in dem am 11. August 1473 *Louis XI.* nächtigte, wird noch das alte Bett mit schönem Baldachin gezeigt. Zu besichtigen sind auch das Kaminzimmer, das Esszimmer und die Porträtgalerie. Der Besuch endet auf der monumentalen Treppe, die mit Ziegeln eingewölbt ist.

Vom **Park** mit seinem großartigen Baumbestand und eleganten Blumenrabatten hat man einen schönen Ausblick auf das Schloss.

Die Umgebung von Carrouges

Rânes

Gut zehn Kilometer nordwestlich von Carrouges liegt der Ort Rânes an der Kreuzung der D 909 mit der D 916. Das von einem Park umgebene Schloss wurde im 18. Jahrhundert renoviert. Der Bergfried, der mittig in den Baukomplex einbezogen wurde, stammt noch aus dem 15. Jahrhundert. Heute ist die Gendarmerie in den Schlossgebäuden untergebracht.

La-Lande-de-Goult

Acht Kilometer östlich von Carrouges steht an der D 908 in La-Lande-de-Goult die Kapelle des **ehemaligen Priorats** des Ortes. Bemerkenswert sind die skulptierten Torkapitelle der kleinen Kirche. Wählt man den Weg nördlich auf der D 204 durch die Ausläufer des Forêt d'Écouves, gelangt man zur **Chapelle Saint-Michel** aus dem Jahr 1870. An diesem Fleckchen, Boutte de Goult genannt, hat man einen weiten Überblick über die Umgebung.

Praktische Tipps

Information

● **Office de Tourisme,** 61320 Carrouges, 24, Place du Général Le Veneur, Tel. 0233 27 40 62, Fax 0233 27 43 04, si.carrouges@wanadoo.fr

Sées

a XXI/C2

- **Maison du Parc,** Informationszentrum des Parc Naturel Régional Normandie-Maine, Le Chapître, 61320 Carrouges, Tel. 0233 81 75 75, Fax 0233 28 59 80, parc.normandie-maine@wanadoo.fr
- **Syndicat d'Initiative,** Rânes, Tel. 0233 39 73 87

Unterkunft

- **Hôtel Saint-Piere**€, 61150 Rânes, 6, Rue de la Libération, schönes Hotel mit klassisch eingerichteten Zimmern, angeschlossenes Restaurant€ mit Terrasse und Bar, ganzjährig geöffnet, Restaurant außerhalb der Saison freitags geschlossen, Tel. 0233 39 75 14, Fax 0233 35 49 23

Essen und Trinken

- **Le Jean-Anne**€, 61150 Rânes, 2-4, Rue de la Fée-d'Arrouges, hier gibt es gewissenhafte Küche zu moderaten Preisen wie z.B. Rindergerichte mit Senfsoße oder Fischgerichte mit Cidresoße, dienstagabends und mittwochs sowie in den Februar-Schulferien geschlossen, Tel. 0233 39 75 14, Fax 0233 39 99 73, le.jean.anne@wanadoo.fr

Besichtigung

- **Château und Parc de Carrouges,** großartige, von einem Park umgebene Schlossanlage aus dem 14. bis 17. Jahrhundert, ganzjährig außer 1.1., 1.5., 1.11., 11.11., und 25.12. geöffnet, Besuchszeiten: 1.4.-15.6. und 1.9.-30.9. 10-12 und 14-18 Uhr, 16.6.-31.8. 9.30-12 und 14-18.30 Uhr, 1.10.-31.3. 10-12 und 14-16.30 Uhr, Eintritt 5,50 €, Jugendliche 12-25 Jahre 3,50 €, Park kostenlos, Tel. 0233 27 20 32, Fax 0233 31 16 44

Aktivitäten

- **Soirée Médiviale** (mittelalterlicher Abend): Château de Carrouges, Schlossbesichtigung, Diner, Animationen, montags bis donnerstags (außer August und Oktober) 18-22 Uhr, Preis 55 €, Information: Restaurant „Au Lygnière", Tel./Fax 0233 27 20 12

Im Herzen des Départements Orne gelegen, gehört Sées zu den frühesten Stätten der Christenheit in der Normandie. Ganz in der Nähe entspringt die Orne, die dem Département den Namen gab.

Geschichte

Bereits in gallorömischer Zeit bestand in der Gegend der heutigen Ortschaft Sées eine Siedlung namens *Sagium*. Um die Christianisierung der hier siedelnden Franken war *Sankt Latuin* bemüht, der im 4. Jahrhundert als erster Bischof von Sées ernannt wurde. Unter seiner Regentschaft soll hier bereits der erste Kirchenbau entstanden sein. Die im 5. Jahrhundert gegründete Abteikirche St.-Martin wurde dann mit den anderen Abteigebäuden während der Wikingereinfälle zerstört. Erst als die Wikinger christianisiert waren, wurde wieder mit der Errichtung von Sakralbauten in Sées begonnen.

Sehenswertes

Der Liebfrauendom, **die Cathédrale Notre-Dame,** ist das beherrschende Gebäude von Sées. Nachdem die romanischen Vorgängerbauten Bränden und Einstürzen zum Opfer gefallen waren, wurde zu Beginn des 13. Jahrhunderts ein Neubau errichtet, der eine harmonische Synthese zwischen der Hochgotik der Normandie und der Île de France darstellt.

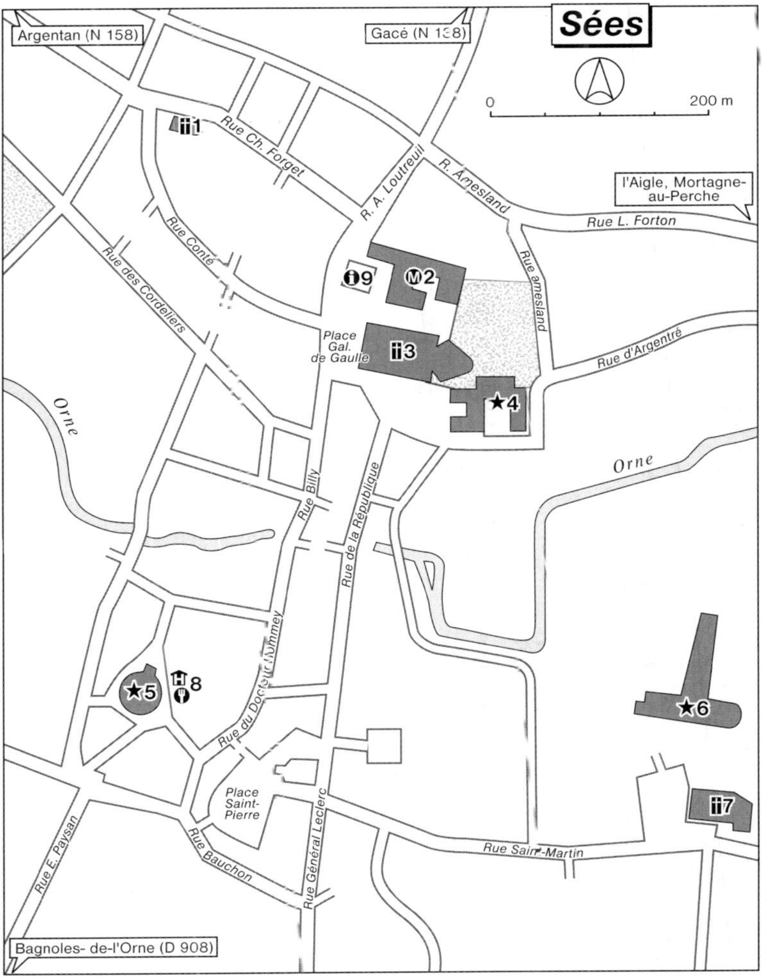

Im Süden der Normandie — SÉES

- ⛪ 1 Basilique de l'Immaculée Conception
- Ⓜ 2 Diözesanmuseum (Musée Départemental d'Art Religieux)
- ⛪ 3 Kathedrale Notre-Dame
- ★ 4 ehemaliger Bischofspalast (Ancien Évêché)
- ★ 5 ehemalige Kornhallen (Anciennes Halles)
- ★ 6 ehemalige Abtei Saint-Martin
- ⛪ 7 Église Notre-Dame-de-la-Place
- 🏨 8 Restaurant/Hôtel Le Dauphin
- ⓘ 9 Tourist-Information

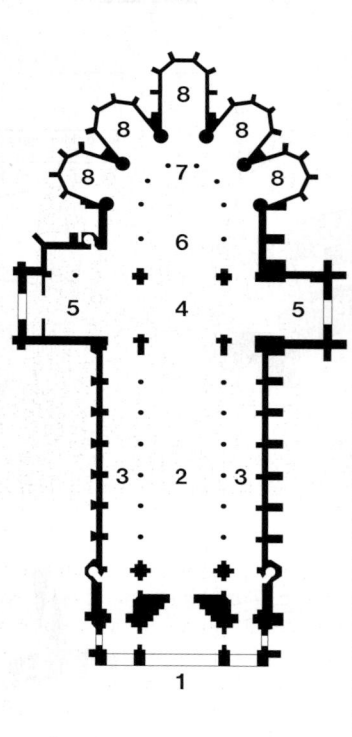

Kathedrale von Sées

1. W-Fassade mit Portalfront und zwei Türmen
2. Hauptschiff
3. Seitenschiffe
4. Vierung
5. Querschiffe
6. Chor
7. Chorumgang
8. Chorkapellen

Dass die äußeren Strebepfeiler der Kathedrale besonders wuchtig wirken, liegt an statischen Problemen, die die mittelalterlichen Baumeister nur durch Verstärkung der Außenstatik lösen konnten. Die streng gegliederte Architektur setzt sich aus einem siebenjochigen Langhaus zusammen, dem das Querschiff mit Chor und fünf Außenkapellen folgt. Klassisch ist auch die Gliederung der Wände mit großen Arkaden, darüber Triforium und Obergaden. Sehenswert ist der Figurenschmuck der Bauteile, darunter insbesondere der Fries oberhalb des Triforiums und an der Konsole der Vierung. Erleuchtet wird das Kircheninnere durch die großartigen Glasfenster und die Fensterrosen im Querschiff. Sehenswert im Inneren sind auch der Hochaltar aus der Zeit *Louis' XVI.*, die verschiedenen Grabmäler aus skulptiertem Marmor, die Büsten und Statuen sowie die Orgel von *Cavaillé Coll*.

Südlich der Orne steht die **Kirche Notre-Dame-de-la-Place** mit Flachreliefs aus dem 16. Jahrhundert zu Themen des Neuen Testaments. Außerdem besitzt die Kirche eine schöne Renaissance-Orgel.

Gleichfalls südlich der Orne steht die **ehemalige Abtei St.-Martin,** deren Gründung auf das 11. Jahrhundert zurückgeht. Heute ist hier ein Kinderheim untergebracht. Durch das klassische Eingangstor kann man auf das großartige Abteigebäude blicken. Von der Kirche sind noch romanische Reste erhalten.

Zu den Sakralbauten von Sées kam im 19. Jahrhundert die neogotische

Basilique de l'Immaculée Conception an der Rue Charles Forget hinzu. Das Innere dieser Basilika ist auf besondere Weise dekoriert.

Den alter **Bischofspalast** neben der Kathedrale, den Ancien Échêvé, hat sich Bischof *Argentré*, der Erzieher *Louis XIV.*, 1778 erbauen lassen. Entsprechend prunkvoll ist das Gebäude ausgefallen.

Auf der gegenüber liegenden Seite der Kathedrale ist im alten Kapitelgebäude das **Diözesanmuseum,** Musée Départemental d'Art Réligieuse untergebracht. Die Exponate stammen aus dem 12. bis 19. Jahrhundert.

Erwähnenswert sind außerdem die **alten Kornhallen,** Anciennes Halles, ein Rundbau aus dem 19. Jahrhundert am Place des Halles auf der dem Fluss gegenüber liegenden Stadtseite. Inzwischen sind hier eine Bibliothek und ein Kulturzentrum untergebracht.

Die Umgebung von Sées

Château d'O

In der Nähe der Verbindungsstraße N 158 von Sées nach Argentan steht nördlich vom Ort Mortrée inmitten einer zauberhaften Landschaft das Château d'O, das vielleicht interessanteste Schloss des Départements Orne. Der Schlossgraben reflektiert den weitgehend vom Einfallsreichtum der Renaissance geprägten Bau, der im Ursprung spätgotisch angelegt war. An dieser Stelle stand bereits ein Manoir, das in den Wirren des Hundertjährigen Krieges zerstört wurde. Noch im 15. Jahrhundert wurde mit dem Neubau des Château d'O begonnen. Besitzer waren die Herren der normannischen Familie *d'O*, deren Mitglieder schon *Robert den Prächtigen* auf seinem Kreuzzug nach Palästina begleiteten und die mit *Jean I. d'O* den Kanzler des französischen Königs *Charles VII.* stellten.

Die Schlossanlage besteht aus drei Bauteilen, die sich um einen Ehrenhof gruppieren. Diese **Cour d'Honneur** geht auf *Charles-Robert d'O,* Kammerherr beim König, zurück. Er öffnet sich an der Nordseite zum Graben, der das Schloss umgibt.

Château d'O

Der dreigeschossige **Hauptbau** des Schlosses trägt drei spitze Giebeldächer und schließt rückwärtig mit zwei Rundtürmen mit Spitzdächern ab. Der gotische Baukörper dieses ältesten Schlossteiles ist reich mit den neuen Motiven der französischen Frührenaissance dekoriert. Große Fenster geben den Blick zum Schlosspark frei. Der im 16. Jahrhundert errichtete Südflügel besteht aus einem langen Flur mit Arkaden, die von schlanken Säulen getragen werden. Der Westflügel entstand in der Zeit der Regentschaft von *Henry IV.* und wurde mit einem Mischmauerwerk aus Ziegeln und Steinen gebaut.

Die **Innenräume** erfuhren im 18. Jh. eine Renovierung. Im Rahmen dieser Umbaumaßnahmen wurde auch der **Park** gestaltet, der ab 1973 nochmals neu angelegt wurde.

Château de Médavy

Nördlich von Château d'O, über die D 26 zu erreichen, steht am Rande des Ortes Médavy das klassizistische Château de Médavy. Es geht auf eine Anlage zurück, mit deren Bau im 11. Jahrhundert begonnen wurde. Von den späteren mittelalterlichen Erweiterungen sind noch zwei Rundtürme erhalten.

Herrenhaus von Almenêche

Gleichfalls in unmittelbarer Nähe auf der anderen Seite der Bahnlinie steht im Ort Le Château d'Almenêche eine weitere Schlossanlage – es handelt sich um das Herrenhaus von Almenêche. Dieses Gebäude ist wie das Château de Médavy in Privatbesitz und kann nur von außen besichtigt werden.

St.-Christophe-le-Jajolet

Ein Stück weiter in Richtung Argentan liegt westlich der N 158 der kleine Ort St.-Christophe-le-Jajolet, zu dem alljährlich am letzten Sonntag im Juli die Menschen zur **Christopherus-Wallfahrt** kommen – der Schutzheilige der Reisenden ist längst zum Schutzpatron der Autofahrer geworden! Neben der Kirche St.-Christophe mit dem Marienbild aus dem 16. Jahrhundert steht dann auch eine große Statue des heiligen *Christopherus*.

Château de Sassy

Ganz in der Nähe von St.-Christophe-le-Jajolet steht das Château de Sassy idyllisch am Waldesrand. Baubeginn des von zwei Seitentrakten flankierten Schlosses war im Jahr 1760. Nachdem die Revolution die Arbeiten unterbrochen hatte, erfolgte der Weiterbau ab 1817 unter dem Marquis *d'Ommy*. 1850 gelangte das Schloss in den Besitz von *Denis Pasquier,* Kanzler unter *Louis Philippe*.

Wertvoll sind die **Bibliothek** *Pasquiers* und die **Tapisserien** aus dem 17. Jahrhundert im Hauptsalon des Schlosses.

Besonders bemerkenswert ist der **Park,** der in drei Terrassen im strengen französischen Gartenstil angelegt ist. Geschnittene Hecken säumen die Anlage. Die Fontäne und die Balustraden stammen aus dem während der Revolution zerstörten Château de Vrigny.

Am Ende des Parks steht die von Bäumen verdeckte **Gartenkapelle** mit einem flämischen Altarretabel aus dem 15. Jahrhundert mit geschnitzten Szenen aus dem Leidensweg Christi. Das Retabel stand vormals in der Abtei St.-Bavon in Gent.

Nonant-le-Pin

Nur wenig mehr als zehn Kilometer nordöstlich von Sées liegt der kleine Ort Nonant-le-Pin an der N 138 Richtung Bernay. Diese reizvolle Landschaft war Schauplatz des Romans „Die Kameliendame" von *Alexandre Dumas*.

St.-Germain-de-Clairefeuille

Die romanische Dorfkirche im nahe gelegenen Saint-Germain-de-Clairefeuille wurde im 14. und 15. Jahrhundert gotisch renoviert und erhielt im 15./16. Jahrhundert einen außergewöhnlich künstlerisch gearbeiteten hölzernen Lettner, in den dreizehn Holzbilder mit Szenen aus dem Leben Christi eingearbeitet sind – wunderbare Darstellungen aus der flämischen Schule.

Praktische Tipps

Information

●**Office de Tourisme,** 61500 Sées, Place du Général-de-Gaulle, Telefon 0233 28 74 79, Fax 0233 28 18 13, office.tourisme.sees@wanadoo.fr

Essen und Trinken/Unterkunft

●**L'Île de Sées**€, in Vandel vier Kilometer nordöstlich von 61500 Macé an der D 238 zwischen Sées und Château d'O, ehemalige Molkerei, die in ein schönes Haus umgewandelt wurde, wobei der Speiseraum aber etwas zu kitschig ausfiel, interessante, schnelle Küche, die alte Kochtraditionen mit Rezepten wie hausgemachte Kutteln *(Tripes à l'Île de Sées)* oder Ente mit Honigkruste bewahrt, sonntagabends, montags und 15.1.-28.2. geschlossen, angeschl. Hotel€€, Tel. 0233 27 98 65, Fax 0233 28 41 22, ile-sees@ile-sees.fr
●**Le Dauphin**€, 61500 Sées, 31, Place des Anciennes Halles, Restaurant mit einer Speisekarte von einfachen Gerichten bis zur Entenbrust in Cidre-Sauce, sonntagabends, montags im Winter und in der dritten November-Woche geschlossen, angeschlossenes kleines Hotel€, Tel. 0233 80 80 70, Fax 0233 80 80 79, dauphinsees@voila.fr

Museen

●**Musée Départemental d'Art Réligieuse,** 61500 Sées, Place du Général-de-Gaulle, religiöse Skulpturen, Gemälde, Gegenstände aus acht Jahrhunderten, geöffnet: von Juni bis September 10-18 Uhr (außer dienstags), Eintritt 1,50 €, Kinder 1 €, Tel. 0233 81 23 02, Fax 0233 81 23 01

Besichtigungen

●**Kathedrale von Sées,** Gruppenführung, Dauer: 45 Minuten, Preis: 1,50 €, Information: Office de Tourisme
●**Basilique de l'Immaculée Conception,** 61500 Sées, Führung: eine Stunde, Preis: 2,30 €, Information: Ermitage de la Basilique, Tel. 0233 85 17 00. Fax 0233 85 17 15
●**Château d'O,** Mortrée, Schloss aus dem 15. bis 18. Jahrhundert im Übergang der Flamboyant-Gotik zur Renaissance, möbliert, schöne Fresken, so zum Beispiel das Fresko „Apoll und die Musen" vom Ende des 18. Jahrhunderts, schöner Stuck in der Galerie etc., von einem sehenswerten Park umgeben, geöffnet: von April bis September 14.30-18 Uhr, Juli und August zusätzlich 10.30-12 Uhr, von Oktober bis März 14.30-17 Uhr, dienstags außer im Juli/Aug. geschlossen, Eintritt Schloss und Park 4,50 €, Kinder über 10 Jahre 3 €, Tel. 0233 35 34 69, Fax 0233 35 15 92

Im Süden der Normandie
ARGENTAN

Aktivitäten

- **Wallfahrt zur Basilique de l'Immaculée Conception:** in Sées, an jedem Ersten im Monat sowie zum 13.5., 15.8. und 14.11., das Hébergement à l'Ermitage verfügt über 150 Schlafplätze, Information: Ermitage de la Basilique, Tel. 0233 85 17 00, Fax 0233 85 17 15
- **Wallfahrt zur Christopherus-Kirche:** in Saint-Christophe-de-Jajolet, große Autoprozession am letzten Juli-Sonntag

Argentan ♫ XX/B1

Argentan stellt das Zentrum des nördlichen Teils des Départements Orne dar. Kurz unterhalb der Mündung der Ure in die Orne gelegen, wird die Stadt nach Nordosten durch den Forêt de Gouffern und den Forêt de Petite Gouffern begrenzt.

Geschichte

Argentan kann bereits auf eine Besiedlung seit der Antike zurückblicken. Der Standort der **gallorömischen Siedlung** diente später den Normannen als eine ihrer Residenzen. An Bedeutung gewann der Ort durch den Aufstieg des französischen Königshauses der Plantagenet.

In Argentan wurde 1170 der Versuch unternommen, den Streit zwischen dem englischen König *Heinrich II.* und seinem Kanzler *Thomas Becket*, dem Erzbischof von Canterbury, zu schlichten. Angeblich sollen dann von hier aus die **Mörder des Erzbischofs** nach England aufgebrochen sein.

Im **Hundertjährigen Krieg** wurde Argentan stark in Mitleidenschaft gezogen.

Weit über seine Grenzen hinaus bekannt war der Ort durch sein Stickereigewerbe, den **point d'Argentan,** dessen Tradition auf das 14. Jahrhundert zurückgeht. Ende des 19. Jahrhunderts erfolgte eine Wiederbelebung dieser alten Tradition, die heute vor allem von dem Benediktinerinnenkloster (Abbaye des Bénédictines) im Süden der Stadt gepflegt wird.

Im **Zweiten Weltkrieg** erlitt die inzwischen 8000 Einwohner zählende Stadt Argentan schwere Beschädigungen, die aber bis in die 50er-Jahre hinein mustergültig wieder ausgebessert wurden.

Heute ist Argentan eine lebhafte Provinzstadt mit 20.000 Einwohnern, die einen Besuch lohnt.

Sehenswertes

Mitten im Stadtzentrum steht die **Église Saint-Germain,** das Hauptbauwerk von Argentan. Mit ihrem Bau wurde im 15. Jahrhundert im Flamboyant-Stil begonnen. Der Laternenturm über der Vierung ist schon eindeutig der Renaissance zuzuordnen. Seitlich erhielt die Kirche noch einen Glockenturm, dessen Spitze 1631 vollendet wurde. Das fünfjochige Hauptschiff ist ohne Westportal ausgestattet. Man betritt die Kirche durch die Seitenportale, die hier an den in Apsidenkapellen endenden Querschiffen angebracht sind. Vor allem das Nordportal ist eine meisterhafte Flamboyant-Arbeit.

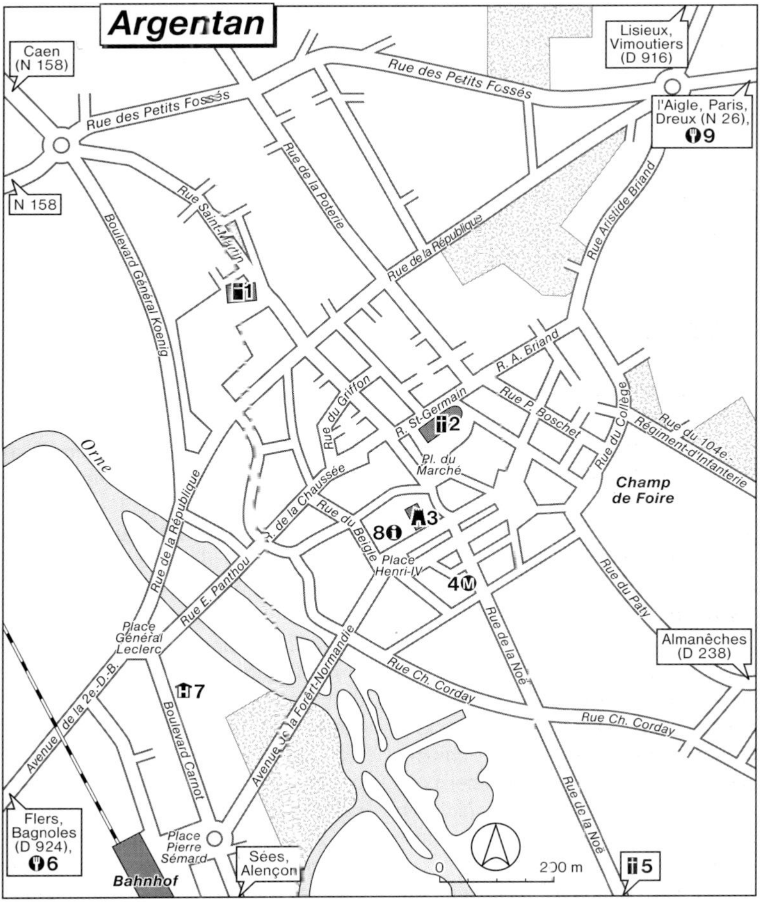

- ⛪ 1 Église Saint-Martin
- ⛪ 2 Église Saint-Germain
- ⛰ 3 Ancien Château mit Stadtgericht und Ancienne Chapelle St-Nicolas
- Ⓜ 4 Stickereimuseum (Maison des Dentelles et du Point d'Argentan)
- ⛪ 5 Abbaye des Bénédictines mit dem Atelier de Fabrication du Point d'Argentan
- 🍴 6 Restaurant Le Faisan Doré
- 🏨 7 Hôtel de France
- ℹ 8 Tourist-Information
- 🍴 9 Restaurant Pavillon de Gouffern

Der Innenraum der Kirche ist in weiten Teilen ebenfalls vom Flamboyant-Stil geprägt, so vor allem auch das Triforium. Wesentliche Teile der Innenausstattung reichen jedoch bis in die Spätrenaissance hinein. Ganz besonders beeindruckend sind die Schluss-Steine im Chor und in den Seitenkapellen, so vor allem der hängende Schluss-Stein in der Chorapsis aus dem Jahr 1607.

Die zweite bedeutende Kirche Argentans ist die **Église Saint-Martin.** Sie entstammt der gleichen Bauzeit wie Saint-Germain. Charakteristisch für diesen Bau ist der achteckige Turm mit seiner verkleinert zulaufenden Spitze. Wie bei Saint-Germain ist der Innenraum noch vom Flamboyant-Stil geprägt, wobei im Verlauf der Bauzeit bis in das 17. Jahrhundert Renaissanceelemente hinzutraten. Bemerkenswert sind die alten Glasfenster mit Motiven aus dem Leben von Christus und dem heiligen *Martin*.

Das **Ancien Château** am Marktplatz geht auf das 14. Jahrhundert zurück. In diesem so genannten „Alten Schloss", einem imposanten, rechteckigen, von zwei viereckigen Türmen flankierten Bau, ist heute das Stadtgericht untergebracht.

Zum Schloss gehört auch die **Ancienne Chapelle St.-Nicolas,** die 1773 errichtet wurde und längst zu öffentlicher Nutzung umfunktioniert ist. So befindet sich heute im Erdgeschoss das Fremdenverkehrsamt und im Obergeschoss die Stadtbibliothek, in der ein Altarstück aus dem 17. Jahrhundert ausgestellt ist.

Im Süden der Stadt erreicht man über die Rue de la Noë die nach dem Zweiten Weltkrieg erneuerte **Benediktinerinnenabtei** mit dem Atelier de Fabrication „Le Point d'Argentan".

In der gleichen Straße befindet sich auch ein kleines **Stickereimuseum** (Maison des Dentelles et du Point d'Argentan).

Die Umgebung von Argentan

Écouché ⌔ XX/B2

Wenige Kilometer flussabwärts von Argentan liegt Écouché an der Orne – ein kleiner Ort mit winkeligen Gassen, der vor allem durch seine eigenwillige Kirche interessant ist. Die **Église Notre-Dame** aus dem 15./16. Jahrhundert wurde an eine gotische Kirchenruine aus dem 13. Jahrhundert angebaut. Sie umfasst ein einjochiges Schiff mit Querschiff und Chor. Bemerkenswert sind die bemalten Reliefs am Triforium aus der Übergangszeit der Flamboyant-Gotik zur Renaissance.

Das Gebiet um Argentan war einer der Hauptkriegsschauplätze im Zuge der alliierten Landung in der Normandie. Hier wurde der Sieg über den deutschen Panzer-Gegenangriff erfochten, der den Alliierten Truppen den Weg nach Paris öffnete. Ein **Panzer** der 2. Französischen Panzerdivision wurde in Erinnerung an diese Kämpfe zwischen dem 13. und 20. August 1944 an der Kreuzung zum Ortseingang von Écouché aufgestellt.

Flussabwärts von Écouché vollzieht die Orne einige tief in die Landschaft eingeschnittene Schleifen. Einen schönen Einblick in diese Tallandschaft hat man bei **Ménil-Glaise**.

Nordwestlich in **Montgarould** an der Landstraße D 733 kann die romanische Kirche Saint-Rémy mit einem sehenswerten Portal besichtigt werden.

Le Bourg-St.-Léonard   ⇗ XXI/C1

Zehn Kilometer östlich von Argentan liegt Le Bourg-St.-Léonard an der N 26. Abseits der Hauptstraße zum Forêt de Gouffern hin gelegen, steht das von einem gepflegten Park mit einem Teich umgebene klassizistische Schloss – ein prachtvolles Bauwerk des späten 18. Jahrhunderts mit Ställen und Orangerie.

Chambois   ⇗ XXI/C1

Die D 16 führt von Le Bourg-St.-Léonard am Schloss vorbei nach Chambois.

Die romanische **Kirche Saint-Martin** hat einen schlanken Turmhelm, ein schönes Portal sowie ein Holzdeckengewölbe aus dem späten 15. Jahrhundert.

Von der Ortsfestung ist noch der **Bergfried** erhalten. Dieser rechteckige Donjon, der 1190 auf den Fundamenten einer noch älteren Burg errichtet wurde, ist ein prägnantes Beispiel normannischer Festungsarchitektur. Der Turm ist 25 Meter hoch und hat einen Umfang von 25 mal 16 Metern. Er weist eine Mauerstärke von drei Metern und vier zinnentragende Ecktürme auf.

Mont-Ormel   ⇗ XXI/C1

Folgt man der D 16 über Chambois hinaus, gelangt man nach Mont-Ormel. Ganz in der Nähe erhebt sich der Côte 262, ein Hügel, von dem aus die Entscheidungsschlacht im „Kessel von Chambois" 1944 von den Alliierten befehligt wurde. Auf dem Hügel steht heute das **Mémorial de Mont-Ormel,** das man vom Parkplatz an der Straße aus erreichen kann. In diesem Kriegsmuseum wird mit modernen technischen Mitteln der Hergang der Schlacht demonstriert.

Haras du Pin   ⇗ XXI/C2

Das „Versailles der Pferde" wird das Nationalgestüt Haras du Pin auch gerne in der Normandie genannt. Von großen Weidegebieten umgeben, liegt das Gestüt in zauberhafter Lage an den Ausläufern des Forêt de Petite Gouffern. Man erreicht es von Argentan auf der N 26 über Le Bourg-St.-Léonard.

Der Haras du Pin kann auf eine lange **Geschichte** zurückblicken. An heutiger Stelle hat schon ein normannisches Gut bestanden und so kann auch der Begriff *haras* („Gestüt") auf das germanische Wort *horse/hros* („Pferd") zurückgeführt werden.

Colbert führte dann die Institution der staatlichen Gestüte ein, um der Pferdezucht neuen Auftrieb zu geben.

Der Haras du Pin wurde in seiner heutigen Form im Jahre 1715 gegründet, die Gebäude vom Architekten *Mansart* und die Alleen und Terrassenanlagen von einem Schüler von *Le Nôtre* entworfen.

Alles strahlt das **Flair des Grand Siècle** aus: das schlossartige Hauptgebäude, die großartigen Stallungen aus Stein und Ziegeln, der Ehrenhof, die Alleen, von der sich die Avenue Louis XIV. der Schlossperspektive öffnet, die Prunkauffahrt und der über 1000 Hektar große Park.

Siebzig Zuchthengste von neun verschiedenen Rassen sind in den Stallungen untergebracht. Das Programm, das der Haras du Pin seinen Besuchern bietet, ist vielfältig. Jeden Donnerstagnachmittag im Sommer ist Hengstparade, Rennen und Turniere finden im Frühjahr und im Herbst statt, Konzerte und Ausstellungen in der Saison.

Praktische Tipps

Information

- **Office de Tourisme,** 61200 Argentan, Place du Marché, Telefon 0233 67 12 48, Fax 0233 39 96 61, tourisme.argentan@wanadoo.fr

Unterkunft

- **Hôtel de France**€, 61200 Argentan, 8, Boulevard Carnot, kleines traditionelles Hotel, persönlich eingerichtete Zimmer, in den letzten zwei Februar- sowie erste Juliwoche geschlossen, Tel. 0233 67 03 65, Fax 0233 36 62 24
- **Pavillon de Gouffern**€€, 61310 Silly-en-Gouffern, acht Kilometer östlich von Argentan an der N 26, Hotel in einem Jagdhaus aus dem 18. Jh., renoviert im neo-normannischen Stil, geschmackvoll eingerichtete Zimmer, davon zwei behindertengerecht, ganzjährig geöffnet, Tel. 0233 36 64 26, Fax 0233 36 53 81, isabelle.ternynck@wanadoo.fr
- **Le Faisan Doré**€€, 61200 Fontenai-sur-Orne, Rue de Flairs, komfortable Zimmer in einem Fachwerkherrenhaus, ganzjährig geöffnet, Tel. 0233 67 18 11, Fax 0233 35 82 15, lefaisandoree@wanadoo.fr

Museen

- **Maison des Dentelles et du Point d'Argentan,** 61200 Argentan, Rue de la Noë, Stickereien vom 17. Jh. bis in die Jetztzeit und Stickerei-Demonstrationen, ganzjährig geöffnet, Oktober bis März 10-12 und 14-17 Uhr (außer sonntags), April bis September alle Tage 10-12 und 14-18 Uhr, Führungen von 45 Minuten 2,30 €, Schüler je nach Alter von 1,50 bis 2,30 €, Tel. 0233 67 40 56, Fax 0233 67 34 47, dentelle.argentan@wanadoo.fr, www.maisondesdentelles.com
- **Atelier de Fabrication „Le Point d'Argentan",** 61200 Argentan, Abbaye Notre-Dame, 2, Rue de l'Abbaye, audio-visuelle Darstellung der Geschichte der Stickerei, Ausstellungssaal, Demonstrationen auf Anfrage, ganzjährig (außer sonn- und feiertags) 14.30-16 Uhr auf Anmeldung geöffnet, Eintritt 1,50 €, Tel. 0233 67 12 01, Fax 0233 35 67 55
- **Mémorial du Mont-Ormel,** „Les Hayettes", Mont-Ormel, Kriegsmuseum in außergewöhnlicher Übersichtslage auf dem Hügel Côte 262, Darstellung der Schlachtabfolge 19.-22.8.1944, in deren Ergebnis den deutschen Truppen eine entscheidende Niederlage beigebracht wurde, geöffnet: von Mai bis September täglich 9-18 Uhr, 16.1.-30.4. und 1.10.-14.12. mittwochs, samstags und sonntags 14-18 Uhr, Eintritt 4,50 €, Studenten und Schüler 3 €, Kinder 2 €, Tel. 0233 67 38 61, Fax 0233 67 38 72

Besichtigung

- **Château du Bourg-St.-Léonard,** klassizistisches Schloss, Salons, Speisezimmer, Schlafräume, Bibliothek zeitgenössisch möbliert, schöne Tapisserien und Holztäfelungen, geöffnet: Mai/Juni, Sept./Okt. an Wochenenden 14-18 Uhr, Juli/Aug. täglich Eintritt 3 €, Kinder 1,50 €, Park ganzjährig 8-20 Uhr geöffnet, Tel. 0233 36 68 68
- **Haras du Pin,** international renommiertes Pferdegestüt, Besichtigung ganzjährig, geöffnet: Mitte Oktober bis März täglich 10-12

und 14-17 Uhr, April bis Mitte Oktober täglich 9.30-18 Uhr, Eintritt 4 €, Kinder 2,50 €

Les Jeudis du Pin („Donnerstage im Gestüt"): Hengst- und Gespannparade im Ehrenhof, vom 3. Juni bis 30. September donnerstags um 15 Uhr, Eintritt 2,30 €, Information: Haras du Pin Tourisme, Tel. 0233 36 68 68, Fax 0233 35 57 70

Alençon ♫ XXII/A2

Alençon, die Hauptstadt des Départements Orne am Zusammenfluss von Sarthe und Briante, liegt im äußersten Süden der Normandie im Kreuzungspunkt der schon in prähistorischer Zeit benutzten Verbindungslinien von Paris nach England und von Belgien nach Spanien.

Geschichte

Schon in **gallorömischer Zeit** bestand am Standort von Alençon eine Siedlung der Aulerces, wovon sich später der Name Alençon ableitete.

Mit der Schaffung des **Herzogtums der Normandie** gewann der Ort als Grenzfestung Bedeutung. Am Ende des 10. Jahrhunderts wurde diese Grenzfestung den Herren von Bellême übertragen. Im Jahr 1040 fiel Alençon in die Hände von *Geoffrey Martel*, Graf von Anjou, wurde aber 1048 von *Wilhelm dem Bastard* (dem späteren Eroberer) zurückerobert.

Während des **Hundertjährigen Krieges** wechselte die Vorherrschaft über die Stadt mehrfach. Im Jahre 1415 – unter französischer Herrschaft – wurden die Grafen von Alençon zu Herzögen ernannt.

Vor allem die Herzoginnen von Alençon sorgten für wirtschaftlichen Aufschwung: *Marguerite de Lorraine (Margarethe von Lothringen)* trat 1492 die Herzoginnenwürde an, später *Marguerite de Navarre* und zuletzt *Élisabeth de Guise*, Tochter des Herzogs von Orléans, die bis 1696 regierte und unter deren Herrschaft das **Spitzengewerbe** in Alençon einen großen Aufschwung nahm. Staatsminister *Colbert* hatte nämlich 1650 die Gründung einer Spitzen-Manufaktur in Alençon veranlasst. Ihre Produkte, die unter dem Namen Point d'Alençon weltberühmt wurden, fanden reißenden Absatz in Frankreich und an den europäischen Fürstenhöfen. Sie brachten Alençon den Wohlstand, den heute noch die charmanten Gassen der Altstadt ausstrahlen.

Der Point d'Alençon

Tüll und Spitzen aus Alençon sind weltberühmt. Die Tradition der Spitzenherstellung in Alençon reicht weit bis in das 17. Jahrhundert hinein. Der Ursprung dieses Gewerbes geht auf eine Madame *de la Perrière* zurück, die die bis dahin tonangebende Stickerei aus Venedig verfeinerte und von *Colbert* ein Privileg für die Spitzenherstellung erhielt. Diese Spitzenmanufaktur beschäftigte in ihren besten Zeiten bis zu 8000 Näherinnen in der Stadt und im Umland. Ihre feinen Muster auf offenem Untergrund beherrschten bald den Markt. Bis 1815 hielt die Produktion an, mit dem Ende der napoleoni-

ALENÇON

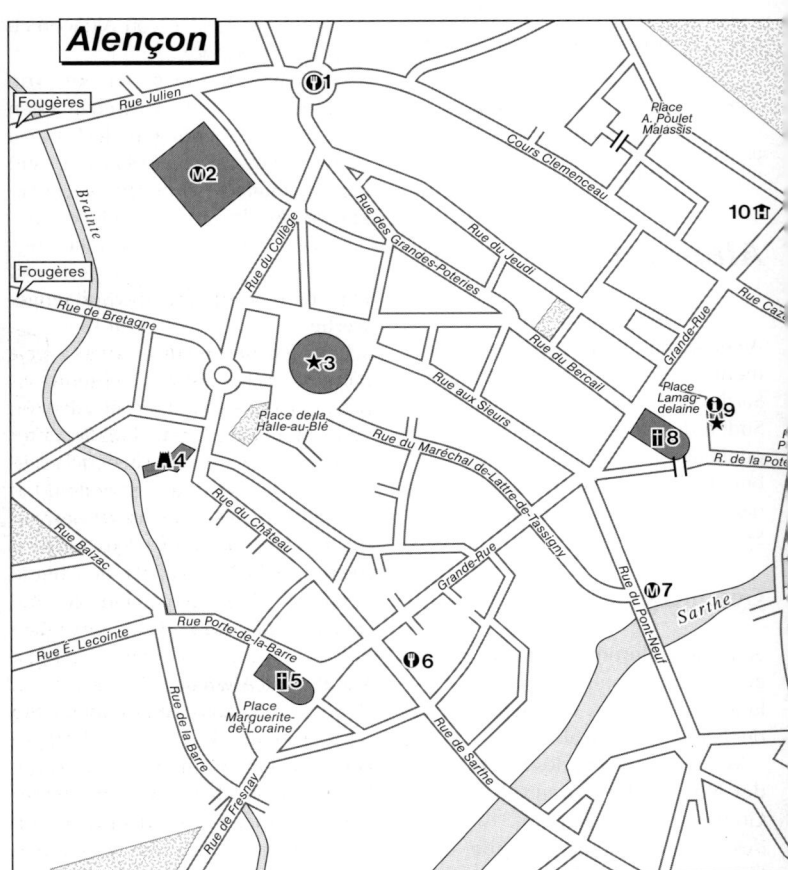

- 🍴 1 Restaurant Au Petit Vatel
- Ⓜ 2 Musée des Beaux-Arts et de la Dentelle
- ★ 3 Kornhalle (Halle aux Blés)
- 🏰 4 Château des Ducs
- ⛪ 5 Église St.-Léonard
- 🍴 6 Restaurant Le Jardin Gourmand
- Ⓜ 7 Stickereimuseum (Musée de la Dentelle "Au Point d'Alençon")
- ⛪ 8 Kathedrale Notre-Dame
- ℹ★ 9 Tourist-Information im Maison d'Ozé
- 🏨 10 Hôtel Le Grand Cerf
- ★ 11 Hôtel de Guise
- ⛪ 12 Chapelle Sainte Thérèse
- ★ 13 Geburtshaus Thérèse Martin
- 🍴 14 Restaurant L'Industrie

Musée de la Dentelle Au Point d'Alençon wach gehalten.

Übrigens war die Mutter der berühmten, am 2. Januar 1873 in Alençon geborenen heiligen *Thérèse*, der später die große Basilika in Lisieux gewidmet wurde, Spitzennäherin mit einer eigenen *fabrication*.

Sehenswürdigkeiten

Der restaurierte **Altstadtkern** von Alençon weist viele alte, sehenswerte Häuser aus dem 15. bis 18. Jahrhundert auf. Die schönsten Straßen sind die Grande Rue und die Rue de la Bercail. Besonders interessant ist das Maison à l'Étal mit dem vorstehenden, schiefergedeckten Obergeschoss in der Rue de la Barre Nr. 10.

Mit dem Bau der wunderschönen spätgotischen **Kathedrale Notre-Dame** wurde noch im Hundertjährigen Krieg unter englischer Herrschaft im Zentrum von Alençon begonnen. Sie ersetzte einen romanischen Vorgängerbau, der zur Abbaye de Lonlay gehörte. Das dreiteilige Eingangsportal mit Arkaden und dem Wimperg, dem typischen gotischen Ziergiebel, entstand zwischen 1490 und 1506 im Flamboyant-Stil und trägt üppigsten Figurenschmuck. Der innere Wandaufbau ist gleichermaßen typisch in Arkaden, Triforium und Obergaden unterteilt. Das Kirchenschiff wird von einem feinen Netzgratgewölbe gedeckt. Die schönen Glasfenster der Kirche stammen meist aus dem 16. Jahrhundert. In der nördlichen Seitenkapelle wurde

schen Ära und dem Wegfall der Privilegien verlor aber auch die Spitzenherstellung in Alençon an Bedeutung. Längst haben sich moderne Industrien in der Stadt angesiedelt, doch die Tradition der Spitzenherstellung wird in Alençon vor allem noch im Musée des Beaux-Arts et des Dentelles sowie im

ALENÇON

die heilige *Thérèse* im Jahre 1873 getauft. Hier wird heute ihr Taufkleid ausgestellt.

Sehenswert ist auch die **Église St.-Léonard** im gleichnamigen Stadtviertel nördlich der Sarthe. Sie entstand als Neubau zwischen 1489 und 1505 während der Regentschaft von *Marguerite de Lorraine*. Der dreischiffige Bau ohne Querschiff wurde gleichfalls im Flamboyant-Stil errichtet, Reste des Vorgängerbaus sind noch bei der Sakristei sichtbar.

Die **Chapelle Sainte Thérèse** in der Rue Saint-Blaise aus dem 17. Jh. mit der zweiseitigen, zum Eingang führenden Freitreppe gehörte einst zum Militärhauptquartier der Stadt. Sie steht neben dem Geburtshaus der *Thérèse Martin,* wie der Geburtsname der späteren Heiligen lautete.

Das **Geburtshaus,** die Nr. 50 in der Rue Saint-Blaise, vom Vater der *Thérèse* zunächst an einen Privatmann verkauft, wurde später vom Karmeliterorden in Lisieux, der Wirkungsstät-

Die Stadtburg der Herzöge von Alençon

te der heiligen *Thérèse* zurückgekauft und in das Museum **Maison Natale de Sainte Thérèse de l'Enfant Jésus** verwandelt.

Auf der gegenüberliegenden Straßenseite befindet sich das **Hôtel de Guise,** ein gut restaurierter Bau aus dem Jahr 1630 mit Seitenflügeln aus dem Jahr 1770 – heute Sitz der Präfektur.

Von der alten Stadtburg **Château des Ducs** am Place Foch stehen noch das von zwei Rundtürmen flankierte Torhaus sowie der einstige innere Rundturm, der von einem schmaleren Turm gekrönt wird. Die Anlage wurde von *Jean le Beau,* dem ersten Herzog von Alençon, an der Wende vom 14. zum 15. Jahrhundert errichtet und unter dem französischen König *Henri IV.* geschleift – die verbliebenen Reste sind inzwischen mustergültig restauriert worden.

Am Place Foche steht auch das klassizistische **Rathaus,** das in den Jahren 1783-88 gebaut wurde.

Die alte Kornhalle, **Halle aux Blés,** wurde 1812 als Rundbau am gleichnamigen Platz errichtet und dient heute als Veranstaltungsgebäude.

Sehenswert ist auch das **Maison d'Ozé** an der Église Notre-Dame, ein 1450 begonnener spätmittelalterlicher Bau, der im Renaissancestil vollendet wurde.

Die beiden großen Museen der Stadt, das **Musée des Beaux Arts et de la Dentelle** sowie das **Musée de la Dentelle Au Point d'Alençon** befassen sich schwerpunktmäßig mit dem Stickereigewerbe von Alençon.

Die Umgebung von Alençon

St.-Cénerie-le-Gérei

Malerisch liegt das Dorf St.-Cénerie-le-Gérei im Südwesten von Alençon im Tal der Sarthe an der Grenze zum Département Maine. Viele **Künstler** sind vom Charme dieses Ortes angezogen worden.

Die **romanische Kirche** wurde im 11. und 12. Jahrhundert errichtet. Unter ihrem Fundament hat man alte Sarkophage entdeckt. Der Chor schließt in einer halbrunden Apsis ab. Der Vierungsturm steht auf quadratischen

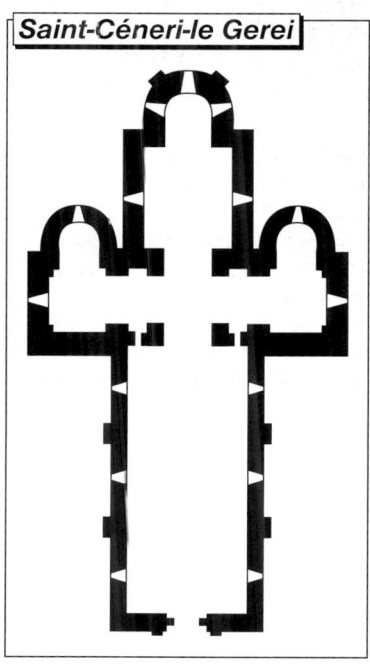
Saint-Céneri-le Gerei

ALENÇON
Im Süden der Normandie

Pfeilern. Wandfresken im Langhaus und Chor stammen aus dem 14. Jahrhundert.

La Roche-Mabile

Ein weiteres hübsches Dorf ist La Roche-Mabile fünfzehn Kilometer im Nordwesten von Alençon, zu erreichen über die D 2, von der man am Forêt d'Écouves nach links abbiegt. Hier hatten die Ritter aus dem Geschlecht der *Gérei* im 11. Jahrhundert eine Festung angelegt, deren Ruinen oberhalb des Dorfes noch heute erkennbar sind. Die romanische Dorfkirche fällt durch ihren massiven Vierungsturm auf.

Praktische Tipps

Information

●**Office de Tourisme,** 61000 Alençon, Maison d'Ozé, Place La Magdalaine, Telefon 0233 26 11 36, Fax 0233 32 10 53, alencon.tourisme@wanadoo.fr

Unterkunft

●**Le Grand Cerf**€, 61000 Alençon, 21, Rue Saint-Blaise, renoviertes Innenstadthotel, angeschlossenes Restaurant€ (sonntagabends geschlossen), Hotel 1.1.-11.1. sowie 10.-23.8. geschlossen, Tel. 0233 26 00 51, Fax 0233 26 63 07, legrandcerfalencon@wanadoo.fr

Essen und Trinken

●**Au Petit Vatel**€€, 61000 Alençon, 72, Place du Commandant-Desmeulles, Quartier Lancrel, eine der ersten Adressen am Platz, sonntagnachmittags, mittwochs, während der Februar-Schulferien, sowie 27.7.-16.8. geschlossen, Tel. 0233 26 23 78, Fax 0233 82 64 57
●**Au Jardin Gourmand**€, 61000 Alençon, 14, Rue de Sartre, kleines Restaurant in der Innenstadt, sonntagabends und montags geschl., Tel. 0233 32 22 56, Fax 0233 82 62 60

●**L'Industrie**€, 61000 Alençon 20, Place du Général-de-Gaulle, im Zentrum gelegene Brasserie mit kleinen Gerichten, ganzjährig geöffnet, Tel. 0233 27 19 30, Fax 0233 28 49 56, marclomnitz@wanadoo.fr

Museen

●**Maison Natale de Sainte Thérèse de l'Enfant Jésus,** Alençon, 50, Rue Saint-Blaise, Geburtshaus der *Thérèse Martin*, von Oktober bis Mai täglich außer mittwochs geöffnet 9-12 und 14-18 Uhr, von Juni bis September 9.30-12 und 14.30-17 Uhr, im Januar und im Winter mittwochs geschlossen, Eintritt frei (Spende erbeten), Tel. 0233 26 09 87
●**Musée des Beaux Arts et de la Dentelle,** Rue Charles Aveline beim Place Foch, europäische Stickereien und der berühmte Point d'Alençon, in der Gemäldeabteilung wertvolle Bilder der französischen und holländischen Schule, Grafiksammlung, kambodschanisch-ethnografische Sammlung, ganzjährig 10-12 und 14-18 Uhr geöffnet, montags (außer Juli/Aug.), sowie 1.1., 1.5. und 25.12. geschlossen, Eintritt 2,80 €, Führung 4 €, Schüler bis 14 Jahre frei, Tel. 0233 32 40 07, Fax 0233 26 51 66
●**Musée de la Dentelle Au Point d'Alençon,** 31-33 Rue Font Neuf, Stickereimuseum mit Nadelstickereien aus Alençon, ganzjährig geöffnet 10-12 und 14-18 Uhr (außer feiertags), Eintritt 3 €, Schüler ab 12 Jahren 1,80 €, Tel. 0233 26 27 26, angeschlossen ist das

Musée Général Leclerc, Exponate aus dem Leben des französischen Generals, der entscheidend an den Schlachten gegen die Deutschen im Zweiten Weltkrieg beteiligt war, Kombi-Ticket 2,30 €, Schüler über 12 Jahre 1,20 €, Tel. 0233 26 27 26
●**Stadtbesichtigung Alençon,** individuell und für Gruppen im Juli und August, Gruppenpreis 3,20 €/Person bzw. Einzelpreis 7 €/Person mit Eintritt in das Stickereimuseum, Information: Musée des Beaux Arts)

Maison d'Ozé in Alençon

Le Percheron – das Arbeitspferd aus der Normandie

Alle heutigen Pferde gehen in ihrem Ursprung auf das **Urwildpferd** zurück, das etwa 300 Kilogramm wiegt und eine Schulterhöhe von ca. 135 Zentimetern hat. Es unterscheidet sich von den Hauspferden nicht nur durch seine geringere Größe, die sich heute in den Ponys wieder findet, sondern auch durch kurze Ohren, Kastanien (Hornwarzen) an den Beinen sowie durch den von der Wurzel an behaarten Schweif.

Die Ansprüche, die der Mensch an das Pferd als sein **Haustier** stellt, haben sich im Laufe der Geschichte immer wieder gewandelt. Landwirtschaft, Transport und Krieg stellten jeweils unterschiedliche Anforderungen. In jüngerer Vergangenheit brachte der Einsatz maschinengetriebener Verkehrsmittel in dieser Hinsicht einen tiefen Einschnitt. Renn- und Reitsport haben der Pferdezucht aber zu jeder Zeit Impulse vermittelt.

Der Einsatz von Pferden **zum Nutzen der Menschen** begann im Vorderen Orient. Hier fand das Pferd erstmals als Reittier Verwendung und schon bald hatten die Tiere dann auch große militärische Bedeutung erlangt. Sie ermöglichten den Einsatz von Streitwagen, wie dies im 2. Jahrtausend v. Chr. sowohl in China als auch bei den Ägyptern und in Kleinasien der Fall war. Die Römer erkannten erst relativ spät den Wert von Reiterheeren. Bei den Germanen hingegen war die Bedeutung des Pferdes für unterschiedliche Verwendungszwecke längst erkannt worden. Sie verfügten schon lange über gut ausgebildete Reiterheere und bei vielen indogermanischen Völkerstämmen besaß das Pferd auch große religiöse Bedeutung

In der planmäßigen **Pferdezucht** entwickelte sich das arabische Vollblut aus den Reitpferden der Steppenvölker, das englische Vollblut aus orientalischen und englischen Landpferden. Im 18. und 19. Jahrhundert entstanden die Halbblut- oder Warmblutrassen mit verschiedenem Anteil an Araber-, Anglo-Araber und auch Vollbluterbmassen. Die kaltblütigen Zug- und Lastpferde wurden aus den Arbeits- und Ritterpferden des Mittelalters gezüchtet.

Ein solch **schweres Kaltblut** verkörpert das Percheron, das typische Zugpferd aus dem Gebiet der ehemaligen Grafschaft Perche im Süden der Normandie mit seinen kalk- und tonhaltigen, durch Hecken strukturierten Weiden. In Bellême, dem Hauptort des Gebietes, befindet sich auch das Zentrum der Percheron-Zucht.

Die **Ursprünge des Percheron** gehen auf Einkreuzungen lokaler Stuten durch arabische Hengste zurück, die der Kreuzfahrer Graf *Rotrou*, Herr von Bellême, aus Palästina als Kriegsbeute mitgebracht hatte. Weitere Einkreuzungen mit spanischem Blut wurden ebenfalls durch Graf *Rotrou* veranlasst, womit er die Grundlage für die Percheron-Zucht im 11. und 12. Jahrhundert legte. Im 18. Jahrhundert erfolgten dann die ersten gezielten Einkreuzungen mit Araberblut, denn die Percheron-Pferderasse war damals noch viel leichter als heute. So hat sich das Percheron bis heute zahlreiche arabische Charakteristika erhalten wie etwa die graue Farbe, das dichte, seidige Fell, die weiten Nüstern und die große Brust.

Die Region Perche

Ganz im äußersten Südosten des Départements Orne gelegen, stellt Le Perche eine komplexe **Übergangsregion** zwischen der Île de France im Süden und den Ausläufern des Amorikanischen Massivs dar. Über die Normandie hinaus setzt sie sich an der südlichen Grenze weiter fort.

Überwiegend gute Böden bei mild-ausgeglichenem Klima lassen Eichen- und Buchenwälder wachsen, ermöglichen den **Ackerbau** auf weiten, ebenen Flächen und geben außerdem **gute Weiden** in Tallagen ab. So ergibt es sich zwangsläufig, dass hier die Viehzucht – mit dem großen Pariser Markt vor den Toren – eine bedeutende Rolle spielt.

Neben der Rinderhaltung bildete im Perche schon immer die **Pferdezucht** einen Schwerpunkt, denn für das wachsende Transportgewerbe waren zugkräftige, leistungsfähige Pferde erforderlich. So entwickelte sich hier im Pariser Umland durch gezielte Einkreuzungen schon früh eine ganz spezifische Zugpferderasse, die unter der Bezeichnung *Percheron* auch über die Grenzen des Landes hinaus Abnehmer fand.

Die Landwirtschaft war schon immer einträglich im Perche. Die **wohlhabenden Dörfer** dokumentieren dies noch heute mit ihrem ländlichen Charme und die typischen Bauernhäuser der Region, die *fermes du Perche*, stehen selbstbewusst inmitten der grünen Hügellandschaft. Auch die Her-

Lange Zeit bestanden mehrere **Percheron-Zuchtlinien** nebeneinander, von denen allerdings nur die schwerste erhalten blieb, um den Ansprüchen der Hauptabnehmer in Amerika gerecht zu werden. Im Jahre 1883 wurde dann der Verband der Percheron-Züchter gegründet, der sich die Qualitätserhaltung und -verbesserung dieser Pferderasse zum Ziel gesetzt hat.

Grundlage der heutigen Zucht ist das **Percheron-Herdbuch**, in dem die Herkunftsmerkmale aller hochwertigen Percheron-Pferde aufgelistet sind. Nur wenn beide Elterntiere im Herdbuch vermerkt sind, kann ein Nachfahre auch als Percheron bezeichnet werden.

Die **Fachwelt** beschreibt das Percheron-Pferd heute wie folgt: „Kennzeichen: Schweres Kaltblut. Als Farben kommen Schimmel und Rappen vor. Feiner Kopf mit lebhaftem Auge und langen, feinen Ohren. Gerader Nasenrücken. Große Nüstern. Langer, kräftiger Hals. Auffallend schräge Schulter. Breite, tiefe Brust; gute Rippenwölbung. Kurzer, gerader Rücken. Viel Gurttiefe. Lange, leicht abfallende, gespaltene Kruppe (Kruppe = Kreuz des Pferdes). Kräftige, aber trockene Gliedmaßen. Starker Kötenbehang (Köte = hintere Seite der Zehe bei Rindern und Pferden). Insgesamt stark bemuskelt. Das Stockmaß beträgt 155 bis 172 Zentimeter bei einem Gewicht von durchschnittlich 900 Kilogramm."

Das Percheron ist ein hervorragendes Zugpferd, das viel Energie besitzt, Ausdauer und Arbeitseifer hat. Flexibler und leichter Schritt sowie ein eleganter Trab kennzeichnen diese Pferderasse. Sein **Temperament** verlangt eine feste Hand. In Deutschland wird das Percheron im Übrigen gerne als Brauereipferd und in Forstbetrieben eingesetzt, in Frankreich dagegen heute weitgehend zur Fleischproduktion gezüchtet.

Das Blutwurstfest von Mortagne-au-Perche

Tief im Inneren der Normandie in der Region Perche, wo die unter dem Namen *Percheron* bekannten, schweren Arbeitspferde ihren Ursprung haben, lebt es sich herzhafter als an der eher leichtlebigen Côte Fleurie oder etwa an der Côte de Nâcre. **Schmackhaft und deftig** ist hier die Küche, die die traditionellen Rezepte der schwer arbeitenden Landbevölkerung weiterentwickelt hat. Eine der Spezialitäten der Region Perche ist die Blutwurst. Ihr zu Ehren findet alljährlich das Blutwurstfest von Mortagne-au-Perche statt, das unzählige Besucher aus nah und fern anzieht.

Wie überall auf der Welt hat auch dieser Jahrmarkt eine lange Geschichte. Die **Sage** sagt, dass die Blutwurst, wie sie heute in der Perche so beliebt ist, einst von den Mauren vom Euphrat in diese Region gebracht wurde. Der Hügel, auf dem sie ihre Wurst den Einheimischen überlassen haben sollen, sei fortan Mauritania genannt worden, woraus sich der heutige Stadtname Mortagne entwickelt haben soll. Ganz so abwegig ist dieser historische Hintergrund nicht, denn die Mauren waren auf ihren Eroberungszügen rund um das Mittelmeer tatsächlich im 8. Jahrhundert über Spanien bis nach Frankreich vorgedrungen, wo sie dann von den Franken vernichtend geschlagen wurden.

Eine **Confrérie des Chevaliers du Goûte-Boudin**, eine „Bruderschaft der Blutwurstritter" achtet noch heute darauf, dass das Ansehen dieser Wurstsorte in hohen Ehren gehalten wird. Nach Ansicht der Metzger der Perche darf in *le boudin noir*, der eigentlichen Blutwurst, nichts anderes hinein als Zwiebeln, Blut und Fett vom Schwein zu gleichen Teilen, dazu Gewürz und ein wenig Rahm, damit sie noch sämiger wird.

Die Bruderschaft der Blutwurstritter organisiert jedes Jahr im März aus Anlass des Blutwurstfestes von Mortagne die **Auszeichnung der besten Wurst.** An diesem *Concours International du meilleur boudin* nehmen in der Regel über 600 Metzger teil. Dann stehen die Juroren vor der kaum zu bewältigenden Aufgabe, Tausende von Proben zu verkosten. Dies geschieht zunächst nach einem K.o.-Verfahren – die besten bleiben übrig. Sie werden dann ganz fachmännisch begutachtet, um letztendlich dem besten Stück die *Trophée Internationale* zusprechen zu können. Nachdem der Berliner Metzgermeister *Wolfgang Trieselmann* diese Trophäe dreimal hintereinander gewinnen konnte, hat ihn die *Confrérie* zum ersten ausländischen Blutwurstritter geschlagen.

DIE REGION PERCHE

renhäuser sind, im Gegensatz zu den vielen Fachwerk-Manoirs im nördlicher gelegenen Pays d'Auge, viel massiver aus Stein gebaut und hinterlassen deshalb einen herrschaftlicheren Eindruck.

Doch es hat auch **dunkle Zeiten** in der Region gegeben. Durch seine Grenzlage hat der Perche besonders unter den Wirren des Hundertjährigen Krieges und unter den Religionskriegen gelitten. Der wirtschaftliche Aufschwung wollte sich lange nicht einstellen und so wanderten viele Bewohner nach Kanada aus, das damals gerade von den Franzosen eingenommen worden war. Diese Leute aus dem Perche bilden sozusagen den Grundstock für den bis heute starken französischen Bevölkerungsanteil vor allem im westlichen Kanada. Ihnen ist in Tourouvre ein Auswanderungsmuseum gewidmet (siehe „Praktische Tipps").

Der normannische Perche verfügt über keinen klaren Mittelpunkt. Sowohl **Mortagne-au-Perche**, im nördlichen Teil der Region, als auch **Bellême** weiter südlich sind Orte, die zentrale Funktionen für ihre Umgebung ausüben. Auch hierin zeigt sich letztlich, dass der Perche nie eine in sich geschlossene, sondern immer eine offene Übergangsregion gewesen ist.

Mortagne-au-Perche ⚑ XXIII/C2

An der Stelle des heutigen Mortagne-au-Perche siedelten bereits die Kelten. In gallorömischer Zeit hieß die Siedlung *Mauritania*. Saint-Éloy soll hier im 7. Jahrhundert eine Abtei gegründet haben. Eine karolingische Burg wurde Ort von Kampfhandlungen zur Zeit der normannisch-französischen Auseinandersetzungen. Dann zogen der Hundertjährige Krieg wie auch die Religionskriege den Ort immer wieder in Mitleidenschaft. Heute ist Mortagne-au-Perche ein beschauliches Landstädtchen, dessen Wurstmarkt Besucher aus nah und fern anzieht.

Die **Kirche Notre-Dame** wurde zwischen 1494 und 1535 im Flamboyant-Stil errichtet. Imposant ist ihr Turm, an dem bis ins 18. Jahrhundert gearbeitet wurde. Das Grafenportal Porte des Comtes an der Nordseite, benannt nach den Grafen von Perche, geht stilistisch schon in die Renaissance-Zeit über. Sehenswert sind der Altar, das geschnitzte Chorgestühl sowie die bunten Renaissance-Fenster in den rechteckigen Kapellen der Apsis, die sich ohne Querschiff direkt an das dreischiffige Langhaus anschließt.

Die **Porte St.-Denis** in der Nähe der Église Notre-Dame ist der Rest der alten Stadtmauer – ein Torbogen, dem man im 16. Jahrhundert zwei Stockwerke aufsetzte. Heute befindet sich hier das Heimatmuseum, das Musée Percheron.

Ein weiteres Museum, das an den berühmtesten Sohn der Stadt, den Philosophen *Alain* (1868-1951) erinnert, ist im **Hôtel des Comtes de Perche** (Haus der Grafen von Perche) aus dem 17. Jahrhundert eingerichtet.

Bei den Kellergewölben des **Gerichtshofes** an der Place du Tribunal handelt es sich um die zweibogige, mit Kreuzrippen eingewölbte Krypta der einstigen Kirche Saint-André aus dem 13. Jahrhundert.

Nicht minder kurios ist die Tatsache, dass am **Hospiz** *(Hôpital)* der holzgewölbte Kreuzgang des ehemaligen, von *Marguerite de Lorraine* gegründeten Konventes St.-Clare aus dem 16. Jahrhundert erhalten geblieben ist.

Hinter dem **Rathaus,** das aus dem 18. Jahrhundert stammt, erstreckt sich der öffentliche **Park** mit wunderschönem Ausblick.

Die Umgebung von Mortagne-au-Perche ⇗ XXIII/C1-2

Abbaye de la Grande Trappe

Nördlich von Mortagne-au-Perche erstrecken sich mit dem Forêt du Perche und dem Forêt de la Trappe zwei ineinander übergehende Waldgebiete, an deren Rand sich die Abtei de la Grande Trappe befindet, zu erreichen über die D 930.

Die Anlage entstand im Jahre 1140, aber von den ehemaligen Bauten ist fast nichts mehr vorhanden. Die heutigen Gebäude wurden im 19. Jahrhundert im neogotischen Stil errichtet. Berühmt wurde das Kloster durch seinen Abt *Rancé,* der im 17. Jahrhundert die Zisterzienserregeln reformierte. Die nach der Abtei benannte **Trappistenregel** legt den Mönchen eine streng asketische Lebensweise mit absolutem Schweigen und harter Feldarbeit auf.

Longny-au-Perche

Gute fünfzehn Kilometer östlich von Mortagne-au-Perche liegt der kleine Ort Longny-au-Perche am Forêt de Longny im Tal der Jambée, wo sich die D 11 und die D 918 kreuzen.

Die **Kirche Saint-Martin** zeigt den stilistischen Übergang der Spätgotik zur Renaissance, mit seitlichem Glockenturm, der den für die Zeit typischen Treppenturm trägt. An Blendfenstern sind drei beachtenswerte Statuen angebracht, so der heilige *Martin* mit dem Mantel.

Von der oberhalb des Ortes gelegenen **Wallfahrtskapelle Notre-Dame-de-la-Pitié,** die man über die Rue Gaston-Gibory erreichen kann, hat man einen weiten Überblick über das beschauliche Longny-au-Perche. Die Renaissance-Kapelle betritt man durch ein hübsches Portal mit einer Statue der Mutter Dolorosa.

Forêt de Réno-Valdieu

Zwischen Longny-au-Perche und Mortagne-au-Perche erstreckt sich der Forêt de Réno-Valdieu mit seinem **alten Baumbestand** aus bis zu 250-jährigen Buchen und Eichen.

Östlich des Waldes befindet sich der Wallfahrtsort **La Chapelle-Montligeon.** Hier hatte der Abt *Bruguet* Ende des 19. Jahrhunderts eine Gebetsbruderschaft gegründet, von der um die Wende vom 19. zum 20. Jahrhundert eine monumentale Wallfahrtsbasilika mit 60 Meter hohen Türmen errichtet wurde.

Auf der D 628 erreicht man wenige Kilometer westlich den kleinen Ort **Courgeon** mit seiner romanischen Kirche aus dem 11. Jahrhundert, die im 17. Jahrhundert zwei Seitenflügel und den heutigen Turm mit Haube erhalten hat.

Etwas weiter südöstlich, von der D 10 aus zu sehen, steht das **Manoir de la Vove** über dem Tal der Huisne – das wohl typischste Herrenhaus der Region Perche. Der bis heute wehrhaft erscheinende Bau stammt im Kern aus dem 12. Jahrhundert. Das Hauptgebäude aus dem 15. Jahrhundert ist an den oktogonalen Bergfried mit seinen dicken Mauern aus dem 13. Jahrhundert angebaut. Ergänzt wurde die Anlage im 17. Jahrhundert durch einen langen Flügel mit Pilastern und hohen Fenstern. Zur Anlage gehört außerdem eine Kapelle aus dem 15. Jahrhundert.

Bellême ↗ XXIII/C2

Bellême hat wie Mortagne-au-Perche eine bewegte Geschichte hinter sich. Im Jahre 1229 wurde der Ort durch *Ludwig IX.* eingenommen. Von der alten Stadtbefestigung steht noch das Stadttor **La Porche** in der Rue Ville-Close. Es stammt allerdings aus dem 15. Jahrhundert. Zwei Seitentürme wurden später angesetzt. In ihrem Inneren befindet sich heute die Stadtbibliothek, in der auch temporäre Kunstausstellungen stattfinden.

In der Rue Ville-Close stehen auch noch eine Reihe klassischer **Bürgerhäuser** aus dem 17. und 18. Jahrhundert mit schön proportionierten Balkonen und schmiedeeisernen Gittern. Besonders hingewiesen sei auf Haus Nr. 26, das Maison du Gouverneur, sowie auf Haus Nr. 26, das Hôtel de Bansard du Bois mit seiner eleganten Fassade und dem monumentalen Portal.

Die spätgotische **Ortskirche Saint-Saveur** wurde Ende des 17. Jahrhunderts im klassischen Stil renoviert. Die Kanzel und der Hochaltar aus Marmor stammen ebenfalls aus dieser Zeit.

Die Umgebung von Bellême

Forêt de Bellême ↗ XXII-XXIII/B-C2

Nördlich schließt sich an Bellême der Forêt de Bellême an, ein über 2400 Hektar großer, gepflegter **Wald** mit majestätischen alten Eichen.

Im nördlichen Teil dieses Waldes, der von der D 938 nach Mortagne durchquert wird, befindet sich auf der dem kleinen Waldsee Étang de la Herse gegenüber liegenden Straßenseite ein alter **Brunnen mit einer römischen Inschrift.** Hier muss sich einst eine antike Tempelanlage befunden haben.

La Perrière, am äußerst westlichen Ausläufer des Forêt de Bellême, weist noch eine Reihe alter Häuser aus dem 15. bis 17. Jahrhundert auf. Wenn man dem Lehrpfad **sentier de la découverte** folgt, kann man sie alle entdecken. Vom Ort hat man übrigens eine wunderbare Aussicht über die typische Landschaft des Perche.

Zwischen Bellême und dem Forêt de Bellême steht am Waldrand des kleinen Ortes Saint-Martin-du-Vieux Bellême die romanische **Kirche Saint-Martin** aus dem 11. Jahrhundert. Der heutige, im 19. Jahrhundert restaurierte Bau ist jedoch im Kern 400 Jahre jünger. Das bemerkenswerte Chorgestühl stammt aus dem 17. Jahrhundert.

Bei Saint-Cyr-La-Rosière ⊿ XXIII/C2-3

Auf dem Weg von Bellême nach Saint-Cyr-La-Rosière kommt man am **Herrenhaus Les Feugerets** vorbei, einem harmonischen Schlosskomplex, der aus mehreren Gebäuden besteht. Zwei Quertrakte mit hübschen Balustraden an einem Graben mit einem eleganten Zentraltrakt heben sich kontrastierend gegen das Grün der Umgebung ab.

Wenige Kilometer südöstlich des Ortes Saint-Cyr-La-Rosière mit seiner romanischen Dorfkirche steht in **Sainte-Gauburge** eine Klosterkirche, die einst der königlichen Abtei von Saint-Denis zugeordnet war. Die Klosterkirche ist inzwischen in das Musée Départemental des Arts et Traditions Populaires du Perche umgewidmet worden. Die alten Klostergebäude entstammen dem 13. bis 18. Jahrhundert. Sehenswert sind die Illustrationen am Kamin in der Residenz des Abtes.

Auf der Wegstrecke nach Sainte Gauburge kommt man an dem alten Herrenhaus **Manoir de l'Angenadière** vorbei, das mit seinen massiven Türmen aus dem 15./16. Jahrhundert stammt.

Folgt man über Nocé hinaus der D 9 weiter nördlich, gelangt man zum Herrenhaus **Manoir de Courboyer,** im 15. Jahrhundert auf einem Hügel ganz in weißen Steinen errichtet. Dieser Bau gehört mit seiner eleganten Westfront zu den schönsten Herrenhäusern der ganzen Perche-Region.

Praktische Tipps

Information

- **Office de Tourisme,** 64100 Mortagne-au-Perche, Place du Général-de-Gaulle, Tel. 0233 85 11 18, Fax 0233 83 76 76, office-mortagne@wanadoo.fr
- **Office de Tourisme,** 61290 Longny-au-Perche, Mairie, Tel. 0233 73 66 23, Fax 0233 73 47 75
- **Office de Tourisme,** 61130 Bellême, Boulevard Bansard-des-Bois, Telefon 0233 73 09 69, Fax 0233 83 95 17, tourisme.belleme@wanadoo.fr

Unterkunft

- **Tribunal**€€, 61400 Mortagne-au-Perche, 4, Place du Palais, kleines renoviertes Hotel in der Innenstadt mit Bar, Restaurant€, Garten, ganzjährig geöffnet, Tel. 0233 25 04 77, Fax 0233 83 60 83
- **Moulin de Villeray**€€€, 61110 Condeau-Villeray, einen Kilometer nördlich der D 10 idyllisch an den Ufern der Huisne ruhig gelegenes Hotel mit angeschlossenem Restaurant€€, ein behindertengerechtes Zimmer, 5.1.-12. geschl., Tel. 0233 73 30 22, Fax 0233 73 38 28, moulindevilleray@wanadoo.fr

Essen und Trinken

- **Auberge des 3 J**€€, 61340 Nocé (knapp zehn Kilometer östlich von Bellême an der D 9), 1, Place du Docteur-Gireaux, Restaurant mit einer Innenvertäfelung im Stil *Louis XIII*, sonntagabends, montags sowie in der 2. Januar- und 2. Augusthälfte geschlossen, Tel. 0233 73 41 03, Fax 0233 83 33 66
- **Le Galion**€, 61110 Rémalard (knapp zwanzig Kilometer östlich von Bellême an der D 920), 21, Rue de l'Église, vom Dekor bis zur Serviette erinnert alles an Meer und Seefahrt, Dienstag, mittwochmittags, 24-31.12 und 18.-31.1. geschlossen, Tel. 0233 73 81 77, Fax 0233 73 81 77

Museen

- **Musée Percheron,** 61400 Mortagne-au-Perche, 8, Rue du Portail St.-Denis, Exponate zur Lokalgeschichte, Jul./Aug. dienstags bis sonntags 15-18 Uhr geöffnet, Eintritt frei, Tel. 0233 25 25 87

●**Musée Mémorial Alain**, 61400 Mortagne-au-Perche, 8, Rue du Portail St.-Denis, Maison du Comtes du Perche, Exponate zum Leben und Wirken des Philosophen *Alain*, der mit richtigem Namen *Émile Chartier* hieß, geöffnet: 15-18 Uhr außer 24.12.-2.1. sowie montags, sonntags und feiertags, Eintritt frei, Tel. 0233 25 25 87

●**Musée de l'Histoire de l'Émigration Percheronne au Canada** (Auswanderungs-Museum), zehn Kilometer nordöstlich von Mortagne-au-Perche in 61190 Tourouvre, 34, Grande Rue, Rekonstruktion eines Auswanderungsbüros, wo die Papiere zur Auswanderung nach Quebec ausgestellt wurden, Exponate zu den gesellschaftlichen Hintergründen der Auswanderungsbewegung nach Kanada, geöffnet: Juni bis September 10-12 und 14-18 Uhr außer montags, Eintritt 1 €, Schüler frei, Tel. 0233 25 74 55, Fax 0233 25 43 46

●**Musée Départemental des Arts et Traditions Populaires du Perche,** Saint-Cyr-La-Rosière, Prieuré de Sainte-Gauburge, Exponate zum Landleben im Perche im 19. Jh., geöffnet: täglich 14-18.30 Uhr außer 24./25.12, 31.12., 1.1., Eintritt 3,80 €, Schüler 2,30 €, Tel. 0233 73 48 06, Fax 0233 73 18 94

Besichtigung

●**Abbaye de la Grande Trappe,** Teilnahmemöglichkeit an den Gottesdiensten zwischen 4 und 18 Uhr, sonntags auch 20 Uhr, im Klosterladen werden täglich 10-12 und 14.30-18 Uhr Klosterprodukte verkauft, Tel. 0233 84 17 00

Veranstaltungen

●**Wallfahrt** zur Chapelle Notre-Dame-de-la-Pitié bei Longny-au-Perche, 8. September
●**Wallfahrt** zur Basilika Notre-Dame in La Chapelle-Montligeon, Mariä Himmelfahrt

Einkaufen

●**Marché au Boudin** (Blutwurstmarkt): Mitte März in Montagne-au-Perche

Anhang

Côte d'Albâtre bei Fécamp

Meeresbrandung

Die Klippen von Étretat

Literaturhinweise

- *Regine und Günter Scheinpflug:*
  Normandie – Küche, Land und Menschen,
  Weil der Stadt 1995

- *René Dumesnil:*
  La Seine Normande,
  Paris o.J.

- *Évelyne Malnic-Dybman:*
  Les Maisons de Normandie,
  Édition Eyrolles, Paris 1998

- *Régis Faucon, Yves Lescroart:*
  Herrenhäuser in der Normandie,
  Köln 1997

- *Landschriften Verlag (Hrsg.):*
  Landurlaub in Frankreich
  Bonn o.J.

- *Pierre Leprohon*
  Normandie,
  Parkland, Genf 1982

- **Bienvenue au Château,**
  France de Louest, Ligué 2000

- *Marianne Mehling (Hrsg.):*
  Normandie,
  Knaurs Kulturführer, München 1996

- *Lucien Musset:*
  Romanische Normandie,
  Band Ost, Würzburg 1987
  Band West, Würzburg 1989

- *Philippe Seydoux:*
  Château du Pays d'Auge et du Bessin,
  Éditions de la Morande, Paris 1992

- *Dieter Strauß, Paul Otto Schulz:*
  Normandie,
  Reisen in Europa, München 1996

Die Reihe KulturSchock

vermittelt dem Besucher einer fremden Kultur wichtiges Hintergrundwissen. **Themen** wie Alltagsleben, Tradition, richtiges Verhalten, Religion, Tabus, das Verhältnis von Frau und Mann, Stadt und Land werden nicht in Form eines völkerkundlichen Vortrages, sondern praxisnah auf die Situation des Reisenden ausgerichtet behandelt. Der **Zweck** der Bücher ist, den Kulturschock weitgehend abzumildern oder ihm gänzlich vorzubeugen. Damit die Begegnung unterschiedlicher Kulturen zu beidseitiger Bereicherung führt und nicht Vorurteile verfestigt.

Lieferbare Titel: Ägypten, Brasilien, China, Indien, Iran, Islam, Japan, Marokko, Mexiko, Pakistan, Russland, Spanien, Thailand, Türkei, Vietnam, Mit anderen Augen sehen – Leben in fremden Kulturen

Reise Know-How Verlag, Bielefeld

Glossar

- **Altar:** Opfertisch der Griechen und Römer; in der christlichen Religion der „Tisch des Herrn", der sich vielfach neben einem Hauptaltar auch aus mehreren Nebenaltären zusammensetzt
- **Altarauszug:** oberer, abgehobener Teil des Altaraufsatzes
- **Altarretabel:** Altaraufsatz
- **Apsis:** Abschluss des Chors, meist halbkreisförmig, in der Regel Standort des Altars
- **Aquädukt:** Wasserleitung, zur Überquerung von Tälern als Bogenbrücke geführt
- **Arabeske:** stilisiertes Blattwerk als Schmuckmotiv
- **Arboretum:** Ort der Gartenkunst, an dem seltene Arten und Varietäten von Bäumen kultiviert werden
- **Arkade:** fortlaufende Reihe von Bögen, die auf Säulen oder Pfeilern ruhen; sind die Arkaden wenigstens auf einer Seite offen, entsteht ein Bogengang; vorgesetzte Arkaden werden Blendarkaden genannt
- **Architrav:** steinerner Hauptbalken über den Säulen
- **Archivolte:** Bogenlauf über romanischen und gotischen Portalen
- **Atrium:** meist von Säulen umgebener Vorhof
- **Attika:** eine meist reich verzierte Wand über dem Gesims einer Säulenreihe
- **Auslucht:** Erker auf massivem Sockel
- **Baldachin:** Schutzdach über Altären, Grabmalen, Portalen etc.
- **Balustrade:** aus Balustern (kleinen bauchigen oder profilierten Säulen) gebildetes Geländer
- **Barock:** Baustil der Kunst- und Kulturepoche des 17. und 18. Jahrhunderts, in der Normandie nicht besonders ausgeprägt
- **Baluster:** bauchige Säulen, die eine Balustrade tragen
- **Baptisterium:** Taufkirche, Taufkapelle
- **Basilika:** Bautyp vieler romanischer Kirchen, nach Osten ausgerichtet, erhöhtes Mittelschiff und Seitenschiffe, Vierungsturm mit Querschiffen, Chor mit Apsis und Altar
- **Basis:** Fuß einer Säule oder eines Pfeilers, meist dekorativ gestaltet
- **Basrelief:** Flachrelief
- **Bauhütte:** Werkstatt der an einem Kirchenbau beteiligten Handwerker
- **Bergfried:** Donjon, Hauptturm einer Burg und letzte Zufluchtsstätte bei Belagerungen
- **Bering:** Außenmauer einer Burg
- **Beschlagwerk:** Schnitzwerk der Renaissance, das bandeisernen Zierbeschlägen nachgebildet wurde
- **Blattkapitell:** Gotisches Kapitell, das von feinen Blattornamenten überzogen ist
- **Blendarkade:** siehe Arkade
- **Blendmaßwerk:** siehe Maßwerk
- **Bogenfries:** bogenförmiger, bandartiger Streifen zur Gliederung und zum Schmuck einer Wandfläche, häufig bei romanischen Bauwerken
- **Buffet d'Eau:** gärtnerische Wasseranlage mit mehreren Schalen auf verschiedenen Ebenen, über die Wasser herabfließt

GLOSSAR

- **Boskett:** Hecken- oder Niederwaldbereich eines Gartens, der, in geometrisch exakten Formen geschnitten, grüne Wände bildet, die sich zu Räumen zusammenschließen
- **Bündelpfeiler:** am Hauptpfeiler angebrachte kleinere Halb- oder Dreiviertel-Pfeiler, hauptsächlich in der Gotik angewandte Pfeilerform, um den massiven Säulen ein leichteres Aussehen zu geben
- **Cabinet:** runder, ovaler oder eckiger Platz innerhalb eines Bosketts (s.o.), in der Regel mit Statuen geschmückt
- **Calvaire:** (Kalvarienberg), plastische Darstellung der Kreuzigungstruppe und des Kreuzigungsberges, meist an einem Wallfahrtsort
- **Château:** französisches Schloss (auch Bezeichnung für „Burg")
- **Chor:** der meist erhöhte und östlich gelegene Abschluss des Kirchenraumes – in der Regel mit dem Altar, der oft durch Schranken vom übrigen Kirchenraum abgetrennt ist
- **Chorgestühl:** Sitzreihen für die Geistlichkeit in Kirchen bzw. für die Mönche und Nonnen in Klosterkirchen, zu beiden Seiten des Chors aufgestellt
- **Chorgitter:** seit dem 17. Jh. anstelle des Lettners verwendetes Gitter
- **Chorumgang:** Rundgang um den Chor in Fortführung der Seitenschiffe
- **Colombages:** Fachwerk
- **Dachreiter:** kleiner Turm auf dem Dachstuhl
- **Diptichon:** zusammenklappbare zweiteilige (Altar-)Tafel
- **Directoire-Stil:** französischer Kunststil während der Herrschaft des Direktoriums (1795-99), Anlehnung an die Antike
- **Donjon:** Bergfried, befestigter Haupt- und/oder Wohnturm mittelalterlicher französischer Burgen
- **Drolerien:** (= „schrullige Komik"), scherzhaft betonte Darstellung von Tieren, Fabelwesen oder Menschen in mittelalterlichen Handschriften, in der Bauplastik oder in der Schnitzkunst, die Miserikordien (siehe dort) des Chorgestühls bieten hier das beste Beispiel
- **Ecce Homo:** (lat. = „Seht, welch ein Mensch") Darstellung Christi mit der Dornenkrone
- **Empire-Stil:** klassizistischer Kunststil in Frankreich zu Beginn des 19. Jahrhunderts nach griechisch-römischen und ägyptischen Vorbildern
- **Englischer Garten:** Landschaftsgarten im Gegensatz zur (französischen) geometrischen Barockanlage
- **Epitaph:** Relief oder Tafelbild an Kirchenwänden oder -pfeilern als Gedenktafel oder Gedenkstein, nicht unbedingt über dem Grab des Verstorbenen
- **Eremitage:** Gartenhäuschen als Pavillon in Parks und Gärten des 18. Jahrhunderts
- **Erker:** vorspringender, mit Fenstern versehener Anbau an die Außenwand eines Gebäudes, oft mit dekorativem Charakter
- **Escalier d'Eau:** Wassertreppe, gärtnerische Anlage, bei der Wasser über Treppenstufen hinabfließt
- **Fachwerk:** durch Lehm oder Ziegel ausgefüllte Hauswände, deren tragende Teile durch Balken gebildet werden

GLOSSAR

- **Fayence:** Töpferwaren mit meist buntem Glasurüberzug
- **Fiale:** gotisches Ziertürmchen als Bekrönung eines Strebepfeilers
- **Figurenkapitell:** zu einer Figur ausgearbeitetes Kapitell
- **Filigranwerk:** durchbrochene Schnitzwerke und Stuckaturen
- **Flamboyant-Stil:** spätgotischer Baustil, der sich nach dem Hundertjährigen Krieg in England und vor allem in Frankreich – und hier insbesondere in der Normandie – herausbildete, kennzeichnend ist die flammenförmige Ornamentik
- **Flügelaltar:** Altaraufsatz mit ausklappbaren, meist bemalten oder geschnitzten Flügeln
- **Fries:** flacher, plastischer oder figürlicher Schmuckstreifen zum Abschluss oder als Untergliederung einer Wand
- **Fresko:** Wandgemälde, das mit Wasserfarben auf den noch feuchten Putz aufgetragen wird und nach dem Trocknen besonders haltbar ist
- **Gaden:** in der Kirchenarchitektur Bezeichnung für ein Obergeschoss
- **Gaube:** als Giebelhäuschen ausgebildetes Dachfenster
- **Gesims:** vorspringender Wandabschluss
- **Gewölbe:** bogen- oder haubenförmiger Deckenabschluss eines Raumes
- **Giebel:** Stirnseite eines Gebäudes, bei Sattel- oder Pultdächern meist dreieckig und senkrecht, auch über Fenstern oder Türen, teilweise als Staffel- oder Treppengiebel gestaltet
- **Gloriette:** Gartenhaus in der Form eines offenen Pavillons
- **Gobelin:** Bildteppich
- **Gotik:** Epoche der europäischen Kunst und Kultur von der Mitte des 11. bis zum 16. Jahrhundert, die Anfänge liegen in der Île de France und in der Normandie; wesentliches Konstruktionselement ist der Spitzbogen in unterschiedlichsten Ausformungen, der die Aufhebung der gebundenen romanischen Bauordnung und eine rascher vorwärts drängende Abfolge schmaler Joche ermöglichte
- **Grotte:** im Rahmen einer Gartenanlage künstlich angelegte Höhle, meist mit Rocaille (s.u.) ausgekleidet
- **Hallenkirche:** Kirche mit gleich hohen Haupt- und Seitenschiffen ohne Querschiffe
- **Hallenchor:** Chor, der aus einem gleich hohen Schiff besteht
- **Helm:** Abschluss eines Turmes
- **Hochaltar:** zentraler Hauptaltar einer Kirche
- **Hôtel:** herrschaftliches Haus mit mehreren Bedeutungen: 1. „Hotel, Gasthof, Gasthaus"; 2. „Palais"; 3. Hôtel de Ville = „Rathaus"
- **Joch:** Grundeinheit des durch Pfeiler, Säulen oder Gurtbögen gegliederten Kirchen- oder Gebäuderaumes
- **Kanzel:** erhöhter Platz in der Kirche, von dem die Predigt gehalten wird, meist künstlerisch geschmückt und oft mit einem Baldachin versehen oder einem Schalldeckel überdacht
- **Kapitelsaal:** Versammlungsraum eines Klosters
- **Kaskade:** künstlicher Wasserfall im Rahmen einer Gartenanlage
- **Kassettendecke:** in rechteckige Felder unterteilte Decke (auch bemalt oder ornamentiert)

GLOSSAR

- **Kiosk:** offener Pavillon aus hölzernen oder steinernen Säulen oder Pfeilern (franz. *kiosque*)
- **Klassizismus:** Stilrichtung des Zeitraums zwischen 1770 und 1830, an klassisch-antiken Vorbildern ausgerichtet
- **Klostergewölbe:** (Haubengewölbe), kuppelähnlich gerade abschließendes Tonnengewölbe
- **Knospenkapitell:** typisches frühgotisches Kapitell
- **Konche:** halbrunder, sich in einen Nebenraum öffnender Raum, insbesondere die Halbkuppel der Apsis
- **Konsole:** Wandvorsprung, Balkenstütze
- **Korbbogen:** flachgedrückter Rundbogen
- **Kragstein:** aus der Mauer herausragender Stein, der als Stütze, als Auflage oder auch nur als Träger für eine Figur dient
- **Kreuzgang:** eingewölbtes und nach innen durch Arkaden geöffnetes Klostergeviert, das als Umgang im Kloster dient und meist an die Klosterkirche angebaut ist
- **Kranzgesims:** Abschlussgesims der Fassade unter dem Dachansatz
- **Kreuzgewölbe:** einfacher Deckenabschluss, bei dem sich zwei Tonnengewölbe rechtwinklig kreuzen (Kreuzgratgewölbe), oder Kreuzrippengewölbe, bei dem die Schnittkanten durch Rippen verstärkt sind
- **Krypta:** meist unter dem Chor gelegene Unterkirche, oft als Grabkirche angelegt
- **Labyrinth:** Irrgarten aus hohen Hecken
- **Langhaus:** der Hauptteil der Kirche, der für die Gemeinde bestimmt ist
- **Laterne:** meist verzierter, kleiner Turm zum Abschluss einer Kuppel
- **Laubengang:** Bogengang, im oder am Erdgeschoss eines Baus
- **Leibung:** Fläche des Ausschnittes von Fenstern und Türen
- **Lettner:** Wand oder Brüstung, die den Chor vom Gemeinderaum einer Kirche trennt, seit dem späten Mittelalter immer stärker verziert
- **Lisene:** schwach aus der Wand heraustretender senkrechter Mauerstreifen, häufig verwendetes Zierelement
- **Louis-Quatorze:** dem deutschen Barock zeitgleicher französischer Kunststil, benannt nach *Louis XIV.* (1638-1715)
- **Louis-Quinze:** dem deutschen Rokoko zeitgleicher französischer Kunststil, benannt nach *Louis XV.* (1710-1714)
- **Louis-Seize:** Beginn des Klassizismus in Frankreich, benannt nach *Louis XVI.* (1754-1793)
- **Loggia:** offener Gang oder Bogenhalle
- **Lünette:** bemaltes, plastisch oder figürlich verziertes, halbkreisförmiges Feld über Türen und Fenstern
- **Lukarne:** kleines Dachfenster
- **Manierismus:** Kunststil zwischen Renaissance und Barock, etwa zwischen 1530 und 1630; ausgehend vom Spätstil *Michelangelos* werden die klassischen Formen in gewollter Künstlichkeit ins Transitorische überführt
- **Manoir:** Herrenhaus – die schönsten Fachwerk- und Stein-Herrenhäuser finden sich im Pays d'Auge

GLOSSAR

- **Mansarde:** abgeknicktes Dach, dessen unterer Teil steiler als der obere ist – der so gewonnene (Wohn-)Raum wird ebenfalls Mansarde genannt (die Bezeichnung geht auf den französischen Baumeister Hardouin-Mansart zurück)
- **Mascharone:** (= franz. *Mascaron*) Maske aus Bronze, Blei oder Stein, die Wasser in ein Gartenbecken spuckt
- **Maßwerk:** Zierformen der Ausgestaltung von gotischer Fensterbögen; ist das Maßwerk auf eine Wand aufgelegt, spricht man von Blendmaßwerk.
- **Menhir:** behauener, zu Kultzwecken senkrecht aufgestellter Stein aus vorrömischer Zeit
- **Miserikordien:** an der Unterseite der Klappsitze des Chorgestühls angebrachte Stütze zum Anlehnen im Stehen, oft mit Drolerien (siehe dort) geschmückt
- **Motte:** (franz. = „kleiner Hügel"), frühmittelalterliche Festung mit Wohngebäuden des 10. bis 12. Jahrhunderts auf der Basis eines künstlich aus der Erde aufgeschütteten Hügels; das hierfür benötigte Erdreich entstammte vielfach einem um diesen Hügel angelegten Graben, solche Motten bildeten vielfach den Ursprung späterer Burganlagen
- **Netzgewölbe:** für die Gotik typisches Gewölbe mit sich mehrfach kreuzenden Rippen
- **Nekropole:** „Totenstadt", eine Begräbnisstätte des Altertums, wurde teilweise im frühen Mittelalter übernommen
- **Nymphäum:** in der Regel halbkreisförmiges Gebäude mit Statuen über einer Quelle oder über einem Gartenbrunnen (auch: Nymphenheiligtum)
- **Obergaden:** oberes Geschoss (siehe Gaden)
- **Oktogon:** Gebäude mit achteckigem Grundriss
- **Orangerie:** Bauwerk (Gewächshaus) zur Zucht von Orangen und zum Schutz der Orangenbäume im Winter
- **Orgelprospekt:** Schauseite einer Orgel
- **Pala:** Altaraufsatz
- **Palas:** Wohnbau einer Burg
- **Palisade:** aus beschnittenen Bäumen gebildete grüne Wand
- **Paneel:** Holzvertäfelung
- **Parterre:** gärtnerischer Ausdruck für flaches Beet; im übertragenen Sinn der mit flachen Beeten angelegte Bereich eines Gartens unmittelbar vor der Gartenfront eines Gebäudes
- **Patio:** Innenhof
- **Pavillon:** mehreckiger oder runder Bau in Parkanlagen
- **Pergola:** offener Laubengang aus einer Holzkonstruktion, an deren Balken Pflanzen emporranken können
- **Pfeiler:** recht- oder mehreckige Säule
- **Pfeilerbasilika:** Kirche, deren tragende Bogen des Schiffes auf Pfeilern aufliegen
- **Pilaster:** aus der Wand hervortretender Halbpfeiler mit Basis und Kapitell
- **Polygon:** Vieleck
- **Portikus:** von Pfeilern gestützte Vorhalle
- **Postament:** Sockel eines Standbildes
- **profan:** im Gegensatz zu *sakral* Kunst, die nicht zu kirchlicher Verwendung geschaffen wird

GLOSSAR

- **Quader:** behauener Block aus massivem Stein
- **Querschiff:** zum Langhaus querliegender Trakt einer Kirche
- **Refektorium:** Speiseraum in Klöstern
- **Régence-Stil:** französischer Kunststil im Übergang vom Barock zum Rokoko
- **Relief:** halbplastische, aus der Fläche herausgearbeitete figürliche Darstellung aus Holz oder Stein
- **Reliquiar:** Behälter zur Aufbewahrung von Reliquien
- **Renaissance:** der auf die Spätgotik folgende Kunststil, der das 16. Jahrhundert prägte; die Renaissance verkörpert den Übergang vom mittelalterlichen Weltbild zur Erneuerung antiker Werte
- **Retabel:** siehe Altarretabel
- **Risalit:** ein aus der Fluchtlinie in voller Höhe vortretender Teil eines Gebäudes
- **Rocaille:** reich gestaltete, muschelähnliche Kartusche; typisches namengebendes Dekorationsmotiv für das Rokoko
- **Romanik:** Kunst- und Baustil des 9. bis 12. Jahrhunderts; beherrschende architektonische Elemente sind Rundbögen, ruhige Ornamentik und eine insgesamt schwere Haltung; die Romanik wendet gegenüber den vorangegangenen Baustilen das Prinzip der Gruppierung verschiedenartiger rechteckiger und runder, längs- und quergerichteter, lagernder und aufstrebender Bauelemente zu einem vielgliedrigen Ganzen an
- **Rose:** stark gegliedertes Rundfenster über dem Portal mit reichem Maßwerk, kommt vor allem bei gotischen Kirchen vor
- **Rotunde:** Rundhaus
- **sakral:** kirchliche Kunst im Gegensatz zu *profaner* Kunst
- **Saalkirche:** stützenfreier Kircheninnenraum ohne Seitenschiffe
- **Sakramentshäuschen:** Gehäuse zur Aufbewahrung geweihter Hostien, die vor allem in der späten Gotik zu bedeutenden Kunstwerken ausgestaltet wurden
- **Säkularisation:** Umwandlung geistlicher Besitztümer in weltliche, wie sie vor allem im Zuge der Französischen Revolution unter *Napoleon* (ab 1803) vorgenommen wurde
- **Satteldach:** von zwei schräg gegeneinander gestellten Flächen gebildetes Dach mit Giebeln an den Schmalseiten
- **Säulenbasilika:** im Gegensatz zur Pfeilerbasilika von Säulen gestützte Basilika
- **Sepultur:** für Begräbnisstätten vorgesehener Kirchenraum
- **Stabwerk:** Gliederung gotischer Fassaden und Fenster, im Gegensatz zum Maßwerk mit Stäben
- **Strebewerk:** im gotischen Kirchenbau verwendetes System von Strebepfeilern und -bögen zur Abstützung von Mauern und Gewölben
- **Tabernakel:** Altargehäuse für Hostien
- **Tonnengewölbe:** in Längsrichtung durchschnittenes Gewölbe in Tonnenform
- **Triforium:** für gotische Kirchen typischer Laufgang in der Wand unter den Fenstern von Mittelschiff, Querschiff und Chor

GLOSSAR

- **Tripychon:** dreiteiliges Altarbild
- **Trompe l'oeil:** spezielle Art der Darstellung, bei der Gegenstände so täuschend ähnlich gemalt sind, dass sie dem Auge als Wirklichkeit erscheinen
- **Tympanon:** Bogenfeld über Kirchenportalen
- **Verger:** im Mittelalter allgemeine Bezeichnung für Garten, später nur noch für den Obstgarten
- **Vierung:** Kreuzung von Langhaus und Querhaus einer Kirche
- **Volute:** spiralenförmiges Ornament
- **Westwerk:** Westabschluss romanischer Kirchen
- **Wimperg:** gotischer Ziergiebel über Portalen und Fenstern, meist mit Blendmaßwerk gefüllt, auch durchbrochen gearbeitet
- **Würfelkapitell:** typisches romanisches Kapitell, aus der Durchdringung von Würfel- und Kugelform entwickelt
- **Zwerchhaus**: Dachreiter mit quer zum Haupthaus stehendem Giebel
- **Zwerggalerie:** nach außen geöffneter Gang in der Außenmauer unter dem Dachgesims
- **Zwinger:** Gelände zwischen den inneren und äußeren Mauern mittelalterlicher Burgen

Französische Küchenausdrücke

- **Agneau de pré-salé:** Lamm, das auf den salzigen, jodhaltigen Marschen der Kanalküste aufgezogen wurde – schmeckt würzig zart und sehr delikat
- **à la normande:** auf normannische Art zubereitet
- **Alambic à colonnes:** Brennofen mit Säulen
- **Alambic charantais:** Brennofen zum zweifachen Destillieren
- **à pâte pressée:** gepresste Milchmasse
- **à pâte molle:** abgetropfte, weiche Milchmasse
- **Appellation Calvados contrôlée:** geschützte Lizenz für die Herkunft des einfach gebrannten Calvados
- **Appellation Calvados contrôlée Pays d'Auge:** Herkunfts-Lizenz für doppelt gebrannten Calvados aus dem Pays d'Auge
- **à point:** auf den Punkt zubereitet
- **Belle de Boscoop:** Boskop-Apfelsorte
- **Bénédictine:** Kräuterlikör
- **Bol:** französische Kaffeeschale
- **Bouilleur de cru:** ein Bouiller de Cru brennt Cidre zu Calvados
- **Bourdin:** Birne im Schlafrock
- **Beurre blanc:** Buttersoße
- **Bouquet garni:** mit Küchengarn zusammen gebundenes Kräutersträußchen
- **Brioche:** butter- und eireiches Hefegebäck
- **Café-calva:** Kaffee mit einem Glas Calvados
- **Calvados:** Apfelschnaps (siehe Exkurs)
- **Cidre:** Apfelwein (siehe Exkurs)
- **Cidre bouché:** in Flaschen abgefüllter Cidre
- **Clos normand:** eingezäunte Wiese mit Streuobst
- **Crâbe:** Taschenkrebs
- **Coquilles St. Jaques:** Jakobsmuschel
- **Corail:** korallenrotes Geschlechtsteil von Krusten- und Schalentieren, Rogen beim Lachs
- **Courgette:** Zucchini
- **Crème anglaise:** abgeschlagene Vanillecreme
- **Crème épaisse:** frische dicke Sahne
- **Crème fraîche:** frische cremige Sahne
- **Crevettes grises:** kleine graue Krabben
- **Crevettes roses:** rosa Krabben
- **Croûte:** Rinde
- **Croûtons:** in nicht zu heißer Butter angebratene Weißbrotwürfel
- **Cru de Cambremer:** Cidre direkt aus Cambremer
- **Crêpes:** dünne, süße Dessert-Eierpfannkuchen
- **Crustacés:** Meereskrustentiere
- **Court-bouillon:** gut gewürzte Brühe, zum Kochen von Fisch und Meeresfrüchten
- **Degustation:** Produkte zum Probieren, häufig in der Direktvermarktung
- **demi-sel:** zart gesalzen (Butter)
- **doux:** süß, mild (Butter)
- **Eau de vie:** klarer Schnaps
- **en vente:** zum Verkauf
- **Flan:** eine Art gebackener Pudding
- **Four à pain:** Brotbackofen
- **Fromage blanc:** quarkähnlicher weißer Frischkäse
- **Fromagerie:** Käserei
- **Ferme:** Bauernhof
- **Fraises:** Erdbeeren

FRANZÖSISCHE KÜCHENAUSDRÜCKE

- **Gigot d'agneau:** Lammkeule
- **Grenier à sel:** Salzspeicher
- **Gratin:** mit einer Käsekruste überbackenes Gericht
- **Homard:** Hummer
- **Huîtres:** Austern
- **Joly Rouge:** Cidre-Apfelsorte
- **Livarot:** rotschimmeliger runder Rohmilchkäse
- **Madeleine:** traditionelles Teegebäck
- **Marmelade:** ursprünglich ein Früchtepüree, heute auch Bezeichnung für Gemüsepürees
- **Marmite:** Topf mit Deckel, auch Bezeichnung für in diesem Topf gekochte Gerichte wie z.B. Fleisch- oder Fischeintopf
- **moyen cuit:** halb durchgebraten
- **Moules:** Miesmuscheln
- **Moules Barfleur:** freigewachsene Miesmuscheln von Barfleur mit hellem Fleisch
- **Moules Bouchot:** Miesmuscheln aus Zuchtkulturen mit gelbem Fleisch
- **Neufchâtel:** herzförmig gepresster Rohmilchkäse
- **Noël des champs:** Apfelsorte („Weihnachten in den Wiesen")
- **Oseille:** Sauerampfer
- **Pain de mie:** weißes, fast krustenloses Sandwichbrot, das fast nur aus Krume *(mie)* besteht und im Gegensatz zu den meisten französischen Broten auch Milch, Zucker und Butter enthält
- **Pâté brisée:** geriebener Teig
- **Pâtissier:** Konditor
- **Pont l'Évêque:** quadratischer Rohmilchkäse
- **Poiré:** Birnenmost
- **Poireaux:** Lauch
- **Pommeau:** Apfellikör (siehe Exkurs)
- **Pommes:** Apfel
- **Pommes de terre:** Kartoffel
- **Pommes rissolées:** Kartoffelstückchen, in Öl angebräunt
- **Pommes sautées:** rohe Kartoffelscheibchen, in Butter und Schmalz knusprig gebraten
- **Pommier:** Apfelbaum
- **Pot au feu:** Rindfleischbouillon
- **pré-salé:** „vorgesalzenes" Schaf, das auf salzigen Meereswiesen weidet
- **Rabottes:** Äpfel (z.B. der Sorte Renette) im Schlafrock
- **Ramequin:** feuerfestes Schälchen, Käsetörtchen
- **Renettee:** süß-saure Apfelsorte
- **Rillettes:** Paste aus Fleisch- und Fettstückchen, Enten-, Gänse- oder Schweinefleisch, so lange leise gekocht, bis es fast zerfällt, gewürzt und zerzupft
- **Rouille:** scharfe Majonäse aus Ei, Senf, Öl, Tomatenmark und Piment
- **Rouge mulot:** Apfelsorte („rote Waldmaus")
- **Sablés:** runde Plätzchen aus Mürbeteig
- **Sauce normande:** Soße aus Butter und Crème fraîche
- **Saumon:** Lachs
- **Saumonière:** Lachstopf, ovale Form
- **Sorbetière:** Eismaschine
- **Tarte:** salziger oder süßer Kuchen aus Blätterteig oder geriebenem Teig
- **Tarte boulangère:** Apfelkuchen mit ungeschälten Äpfeln
- **Trou normand:** „normannisches Loch"; Ausrede, um zwischen den einzelnen Gängen ein Gläschen Calvados zur Verdauung zu trinken
- **Vinaigrette:** (Salat-)Soße aus Essig, Senf, Gewürzen (Kräutern) und Öl

Kleine Sprachhilfe

Im Alltag

Guten Tag	bonjour
Auf Wiedersehen	au revoir
Wie geht es Ihnen?	Comment allez-vous?
Danke, gut	ça va bien, merci
Entschuldigen Sie bitte	excusez moi
Sprechen Sie	parlez-vous
deutsch	allemand
englisch	anglais
italienisch	italien
Ich verstehe nicht	je ne comprends pas
Ich spreche kein Französisch	je ne parle pas français
Ich suche	je cherche
ein Hotel	un hôtel
eine Pension	une pension
einen Campingplatz	un camping

Allgemeine touristische Begriffe

(Hafen-)Anleger	quai
Besitzung, Anlage	domaine
Berg	mont
Bucht	baie
Fest	fête
Fremdenverkehrsamt	office de tourisme
Gemeindeamt	mairie
Hafen	port
Halbinsel	presqu'île
Herberge, Unterkunft	auberge
Herrenhaus	manoir
Insel	île
Kap	cap
Kapelle	chapelle
Kirche	église
Kloster	cloître, monastère
Krankenhaus	hôpital
Land	pays
Museum	musée
Platz	place
Polizei	gendarmerie
Schloss, Festung	château
(Fels-)Spitze	pointe
Stadtmauer	ramparts
Strand	plage
Straße	rue
Verleih	location
Wald	forêt

Im Hotel

Haben Sie ein Zimmer?	avez-vous une chambre ?
für eine/zwei Personen	pour une/deux personnes
mit französischem Bett	à grand lit
mit zwei Betten	à deux lits
mit Bad	avec salle de bain
mit Frühstück	avec petit déjeuner
Wie viel kostet es?	combien ça coûte?
Ich bleibe ... Nächte	je vais rester ... nuits
Ich reise morgen ab	je vais partir demain
Bitte machen Sie die Rechnung fertig	Je vous prie de faire la note
Wo finde ich ...?	Où est-ce-que je trouve...?
die Apotheke	la pharmacie
einen Arzt	un médecin
eine Autowerkstatt	un garage

KLEINE SPRACHHILFE

Zahlen

eins	un/une
zwei	deux
drei	trois
vier	quatre
fünf	cinq
sechs	six
sieben	sept
acht	huit
neun	neuf
zehn	dix
zwanzig	vingt
dreißig	trente
vierzig	quarante
fünfzig	cinquante
sechzig	soixante
siebzig	soixante-dix
achtzig	quatre-vingt
neunzig	quatre-vingt-dix
hundert	cent
fünfhundert	cinq cent
tausend	mille

Einkaufen

Bitte geben Sie mir ein Pfund ...	je voudrais bien un demi-kilo de
Apfel	pomme
Apfelschnaps	cidre
Apfellikör	pommeau
Apfelwein	cidre
Apfelsine	orange
Aprikose	abricot
Artischocke	artichaut
Aubergine	aubergine
Avocado	avocat
Basilikum	basilic
Birne	poire
Birnenwein	poiré
Blutwurst	boudin
Estragon	estragon
Feige	figue
Fenchel	fenouil
Haselnüsse	noix
Honig	miel
Käse	fromage
(Ess-)Kastanie	marron
Knoblauch	ail
Majoran	marjolaine, origan
Mandel	amande
Melone	mélon
Minze	menthe
Paprika	poivron
Petersilie	persil
Pfifferlinge	chanterelles
Pfirsich	pêche
Rosmarin	rosmarin
Salbei	sauge
Schnittlauch	ciboulette
Spargel	asperges
Steinpilze	cèpes
Thymian	thym
Tomate	tomate
Wacholder	genièvre
Zitrone	citron
Zucchini	courgette
Zwiebel	onion

Im Restaurant

Haben Sie einen Tisch für ... Personen?	Avez-vous une table pour ... personnes?
Was können Sie uns empfehlen?	Qu'est-ce que vous nous conseillez?
Es hat sehr gut geschmeckt	C'était délicieux
Die Rechnung bitte	l'addition, s'il vous plait
Vorspeisen	entrées
Suppe	potage

KLEINE SPRACHHILFE

Pastete	pâté	Forelle	truite
Schnecken	escargots	Nachtisch	dessert
Rohkost	crudités	Pfannkuchen	crèpes
Salat	salade	Eis	glace
Gemüse	légumes	Fruchteis	sorbet
Brot	pain	Karamellpudding	crème caramel, flan
Französisches Weißbrot	baguette	Getränke	boissons
Fleisch	viande	Weißwein	vin blanc
Schwein	porc	Rotwein	vin rouge
Lamm	agneau	Bier	bière
Ziege	chèvre	Mineralwasser	eau minérale
Rind	bœuf	mit/ohne Kohlensäure	gazeuse/non gazeuse
englisch gebraten	saignant	Kaffee	café
medium	à point	mit Milch	café créme
durchgebraten	bien cuit		
Wildschwein	sanglier		
Huhn	poulet	**Verkehr**	
Ente	canard	Alle Richtungen	toutes directions
Wachtel	caille		
Taube	pigeon	Ausfahrt	sortie
Rebhuhn	perdreau	Zahlstelle	péage
Fisch	poisson	Umleitung	déviation
Drachenkopf	rascasse	Innenstadt	centre ville
Goldbrasse	dorade	Fahrbahnschäden	chaussée déformé
Hering	hareng		
Kabeljau	cabillaud	Langsam fahren	ralentir
Makrele	maquereau		
Meeraal	congre		
Rotbarbe	rouget		
Scholle	plie		
Seeteufel	lotte		
Seewolf	loup de mer		
Seezunge	sole		
Tunfisch	thon		
Wittling	merlan		
Miesmuschel	moule		
Auster	huître		
Garnele	crevette		
Hummer	homard		
Languste	langouste		

Kauderwelsch?
Kauderwelsch!

Die **Sprechführer** der Reihe Kauderwelsch helfen dem Reisenden, wirklich zu sprechen und die Leute zu verstehen. Wie wird das gemacht?

●Die **Grammatik** wird in einfacher Sprache so weit erklärt, dass es möglich wird, ohne viel Paukerei mit dem Sprechen zu beginnen, wenn auch nicht gerade druckreif.

●Alle Beispielsätze werden doppelt ins Deutsche übertragen: zum einen **Wort-für-Wort**, zum anderen in "ordentliches" Hochdeutsch. So wird das fremde Sprachsystem sehr gut durchschaubar. Ohne eine Wort-für-Wort-Übersetzung ist es so gut wie unmöglich, einzelne Wörter in einem Satz auszutauschen.

●Die **Autorinnen und Autoren** der Reihe sind Globetrotter, die die Sprache im Lande gelernt haben. Sie wissen daher genau, wie und was die Leute auf der Straße sprechen. Deren Ausdrucksweise ist häufig viel einfacher und direkter als z.B. die Sprache der Literatur. Außer der Sprache vermitteln die Autoren Verhaltenstipps und erklären Besonderheiten des Landes.

●**Jeder Band** hat 96 bis 160 Seiten. Zu jedem Titel ist eine begleitende **TB-Kassette** (60 Min) erhältlich.

●**Kauderwelsch-Sprechführer** gibt es für über 70 Sprachen in **mehr als 120 Bänden**, z. B.:

●**Französisch – Wort für Wort**
Band 40, 160 Seiten, ISBN 3-89416-492-1
●**Französisch Slang**
– das andere Französisch
Band 42, 128 Seiten, ISBN 3-89416-017-9
●**Französisch für**
Restaurant und Supermarkt
Band 134, 160 Seiten, ISBN 3-89416-498-0

REISE KNOW-How Verlag, Bielefeld

HILFE!

Dieses Reisehandbuch ist gespickt mit unzähligen Adressen, Preisen, Tipps und Infos. Nur vor Ort kann überprüft werden, was noch stimmt, was sich verändert hat, ob Preise gestiegen oder gefallen sind, ob ein Hotel, ein Restaurant immer noch empfehlenswert ist oder nicht mehr, ob ein Ziel noch oder jetzt erreichbar ist, ob es eine lohnende Alternative gibt usw.

Unsere Autoren sind zwar stetig unterwegs und versuchen, alle zwei Jahre eine komplette Aktualisierung zu erstellen, aber auf die Mithilfe von Reisenden können sie nicht verzichten.

Darum: Schreiben Sie uns, was sich geändert hat, was besser sein könnte, was gestrichen bzw. ergänzt werden soll. Nur so bleibt dieses Buch immer aktuell und zuverlässig. Wenn sich die Infos direkt auf das Buch beziehen, würde die Seitenangabe uns die Arbeit sehr erleichtern. Gut verwertbare Informationen belohnt der Verlag mit einem Sprechführer Ihrer Wahl aus der über 150 Bände umfassenden Reihe „Kauderwelsch" (siehe unten).

Bitte schreiben Sie an:
REISE KNOW-HOW Verlag Peter Rump GmbH, Osnabrücker Str. 79
D-33649 Bielefeld, oder per e-mail an: info@reise-know-how.de
Danke!

Kauderwelsch-Sprechführer –
sprechen und verstehen rund um den Globus

Afrikaans ● Albanisch ● Amerikanisch - *American Slang, More American Slang* ● Amharisch ● Arabisch - Hocharabisch, für Ägypten, Algerien, Golfstaaten, Irak, Jemen, Marokko, Palästina-Syrien, Sudan, Tunesien ● Armenisch ● *Bairisch* ● Baskisch ● Bengali ● *Berlinerisch* ● Brasilianisch ● Bulgarisch ● Balinesisch ● Burmesisch ● Cebuano ● Chinesisch ● Dänisch ● *Deutsch - Allemand, Duits, German, Nemjetzkii, Tedesco* ● *Elsässisch* ● Englisch - *British Slang, Australian Slang, Canadian Slang, Neuseeland Slang*, für Australien ● Esperanto ● Estnisch ● Finnisch ● Französisch - für Frankreich, für Restaurant & Supermarkt, für den Senegal, für Tunesien, *Französisch Slang, Franko-Kanadisch* ● Galicisch ● Georgisch ● Griechisch ● Guarani ● Hausa ● Hebräisch ● Hieroglyphisch ● Hindi ● Indonesisch ● Irisch-Gälisch ● Isländisch ● Italienisch - *Italienisch-Slang*, für Opernfans, kulinarisch ● Japanisch ● Javanisch ● Jiddisch ● Kantonesisch ● Kasachisch ● Katalanisch ● Khmer ● Kisuaheli ● Kinyarwanda ● *Kölsch* ● Koreanisch ● Kroatisch ● Kurdisch ● Laotisch ● Lettisch ● Lëtzebuergesch ● Lingala ● Litauisch ● Madagassisch ● Makedonisch ● Malaiisch ● Mallorquinisch ● Maltesisch ● Mandinka ● Mongolisch ● Nepali ● Niederländisch ● Norwegisch ● Paschto ● Patois ● Persisch ● Pidgin-English ● *Plattdüütsch* ● Polnisch ● Portugiesisch ● Quechua ● *Ruhrdeutsch* ● Rumänisch ● Russisch ● *Sächsisch* ● *Schwäbisch* ● Schwedisch ● *Schwiizertüütsch* ● *Scots* ● Serbisch ● Singhalesisch ● Sizilianisch ● Slowakisch ● Slowenisch ● Spanisch - *Spanisch Slang,* für Lateinamerika, für Argentinien, für Chile, für Costa Rica, für Cuba, für die Dominikanische Republik, für Ecuador, für Guatemala, für Honduras, für Mexiko, für Nicaragua, für Panama, für Peru, für Venezuela, kulinarisch ● Tagalog ● Tamil ● Tatarisch ● Thai ● Tibetisch ● Tschechisch ● Türkisch ● Ukrainisch ● Ungarisch ● Urdu ● Usbekisch ● Vietnamesisch ● Weißrussisch ● *Wienerisch* ● Wolof

ANZEIGE

Mit REISE KNOW-HOW rund um die Welt gut orientiert

Wer sich in seinem Reiseland – gern auch auf eigene Faust – zurechtfinden und orientieren möchte, kann sich mit den Landkarten von REISE KNOW-HOW auf Entdeckungsreise begeben.

Wundervolle Wanderungen und die schönsten Strände ausfindig machen, auch fernab jeglicher Touristenrouten. Die Karten aus dem Hause REISE KNOW-HOW leiten Sie sicher an Ihr Ziel.

Landkarten:
In Zusammenarbeit mit dem world mapping project gibt REISE KNOW-HOW detaillierte, GPS-taugliche Landkarten mit Höhenschichten und Register heraus, so zum Beispiel:

- Bretagne (1:200.000)
- Normandie (1:200.000)
- Südfrankreich (1:425.000)
- Alpenvorland (1:250.000)
- Argentinien (1:2 Mio)
- Kreta (1:140.000)
- Pyrenäen (1:250.000)
- Tibet (1:1,5 Mio)

world mapping project
REISE KNOW-HOW Verlag, Bielefeld

Alle Reiseführer von Reise

Reisehandbücher
Urlaubshandbücher
Reisesachbücher
Rad & Bike

Afrika, Bike-Abenteuer
Afrika, Durch
Agadir, Marrakesch
 und Südmarokko
Ägypten
Alaska ⌀ Canada
Algerische Sahara
Amrum
Amsterdam
Andalusien
Äqua-Tour
Argentinien, Uruguay
 und Paraguay
Äthiopien
Auf nach Asien!

Bahrain
Bali und Lombok
Bali, die Trauminsel
Bali: Ein Paradies ...
Bangkok
Barbados
Barcelona
Berlin
Borkum
Botswana
Bretagne
Budapest
Bulgarien

Cabo Verde
Canada West, Alaska
Canadas Ost, USA NO
Chile, Osterinseln
China Manual
Chinas Norden
Chinas Osten
Costa Blanca
Costa Brava
Costa de la Luz
Costa del Sol
Costa Dorada
Costa Rica
Cuba

Dalmatien
Dänemarks
 Nordseeküste
Dominik. Republik
Dubai, Emirat

Ecuador, Galapagos
El Hierro
England – Süden
Erste Hilfe unterwegs
Europa BikeBuch

Fahrrad-Weltführer
Fehmarn
Florida
Föhr
Fuerteventura

Gardasee
Golf v. Neapel,
 Kampanien
Gomera
Gran Canaria
Großbritannien
Guatemala

Hamburg
Hawaii
Hollands Nordseeins.
Honduras
Hongkong, Macau

Ibiza, Formentera
Indien – Norden
Indien – Süden
Irland
Island
Israel, palästinens.
 Gebiete, Ostsinai
Istrien, Velebit

Jemen
Jordanien
Juist

Kairo, Luxor, Assuan
Kalifornien, USA SW
Kambodscha
Kamerun
Kanada ⌀ Canada
Kapverdische Inseln
Kenia
Korfu, Ionische Inseln
Krakau, Warschau
Kreta
Kreuzfahrtführer

Ladakh, Zanskar
Langeoog
Lanzarote
La Palma
Laos
Lateinamerika BikeB.
Libanon
Libyen
Ligurien
Litauen
Loire, Das Tal der
London

Madagaskar
Madeira
Madrid
Malaysia, Singap., Brun.
Mallorca
Mallorca, Reif für
Mallorca, Wandern
Malta
Marokko
Mecklenb./Brandenb.:
 Wasserwandern
Mecklenburg-
 Vorp. Binnenland
Mexiko
Mongolei
Motorradreisen
München
Myanmar

Namibia
Nepal
Neuseeland BikeBuch
New Orleans
New York City
Norderney
Nordfriesische Inseln
Nordseeküste NDS

Nordseeküste SLH
Nordseeinseln, Dt.
Nordspanien
Nordtirol
Normandie

Oman
Ostfriesische Inseln
Ostseeküste MVP
Ostseeküste SLH
Outdoor-Praxis

Panama
Panamericana,
 Rad-Abenteuer
Paris
Peru, Bolivien
Phuket
Polens Norden
Prag
Provence
Pyrenäen

Qatar

Rajasthan
Rhodos
Rom
Rügen, Hiddensee

Sächsische Schweiz
Salzburger Land
San Francisco
Sansibar
Sardinien
Schottland
Schwarzwald – Nord
Schwarzwald – Süd
Schweiz, Liechtenst.
Senegal, Gambia
Simbabwe
Singapur
Sizilien
Skandinavien – Norden
Slowenien, Triest
Spiekeroog
Sporaden, Nördliche
Sri Lanka
St. Lucia, St. Vincent,
 Grenada
Südafrika
Südnorwegen, Lofoten

Know-How auf einen Blick

Sylt
Syrien

Taiwan
Tansania, Sansibar
Teneriffa
Thailand
Thailand – Tauch- und Strandführer
Thailands Süden
Thüringer Wald
Tokyo
Toscana
Trinidad und Tobago
Tschechien
Tunesien
Tunesiens Küste

Umbrien
USA/Canada
USA/Canada BikeBuch
USA, Gastschüler
USA, Nordosten
USA – der Westen
USA – der Süden
USA – Südwesten, Natur u. Wandern
USA SW, Kalifornien, Baja California
Usedom

Venedig
Venezuela
Vereinigte Arab.Emirate
Vietnam

Westafrika – Sahel
Westafrika – Küste
Wien
Wo es keinen Arzt gibt

Edition RKH

Burma – im Land der Pagoden
Finca auf Mallorca
Durchgedreht – 7 Jahre im Sattel
Geschichten aus d. anderen Mallorca
Goldene Insel
Mallorquinische Reise, Eine
Please wait to be seated!
Salzkarawane, Die
Schönen Urlaub!
Südwärts durch Lateinamerika

Praxis

All Inclusive?
Als Frau allein unterwegs
Canyoning
clever buchen – besser fliegen
Daoismus erleben
Dschungelwandern
Essbare Früchte Asiens
Fernreisen
Fernreisen, Fahrzeug
Flieger ohne Angst
Fun u. Sport im Schnee
GPS f. Auto, Motorrad
GPS Outdoor
Heilige Stätten Indiens
Hinduismus erleben
Höhlen erkunden
Inline-Skaten Bodensee
Inline Skating
Islam erleben
Kanu-Handbuch
Kreuzfahrt-Handbuch
Küstensegeln
Maya-Kultur erleben
Orientierung mit Kompass und GPS
Paragliding-Handbuch
Pferdetrekking
Reisefotografie
Reisefotografie digital
Reisen und Schreiben
Respektvoll reisen
Richtig Kartenlesen
Safari-Handbuch Afrika
Schutz vor Gewalt und Kriminalität
Schwanger reisen
Selbstdiagnose u. Behandlung unterwegs
Sicherheit/Bärengeb.
Sicherheit/Meer
Sonne, Wind und Reisewetter
Survival-Handbuch, Naturkatastrophen
Tauchen in kalten Gewässern
Tauchen in warmen Gewässern
Transsib – von Moskau nach Peking
Trekking-Handbuch
Tropenreisen
Vulkane besteigen
Was kriecht u. krabbelt in den Tropen
Wein Guide Dtschl.

Wildnis-Ausrüstung
Wildnis-Backpacking
Wildnis-Küche
Winterwandern
Wohnmobil/Indien
Wracktauchen weltweit

KulturSchock

Afghanistan
Ägypten
Brasilien
China
Golf-Emirate, Oman
Indien
Iran
Islam
Japan
KulturSchock
Marokko
Mexiko
Pakistan
Russland
Spanien
Thailand
Türkei
Vietnam

Wo man unsere Reiseliteratur bekommt:

Jede Buchhandlung der BRD, der Schweiz, Österreichs und der Benelux-Staaten kann unsere Bücher beziehen.
Wer trotzdem keine findet, kann alle Bücher über unseren Internet-Shop unter **www.reise-know-how.de** oder **www.reisebuch.de** bestellen.

Frankreich & Co.

Die schönsten Ferienziele
richtig erleben!
Die Reiseführer der Reihe
REISE KNOW-HOW bieten
Insider-Informationen und
Hintergrundwissen von Spezialisten,
genaue Karten, aktuelle Preise,
Adressen von guten Restaurants,
empfehlenswerten Unterkünften
und interessanten
Einkaufsmöglichkeiten.

Homann, Eberhard.,
Krusekopf, Wilfried
Bretagne
672 Seiten,
26 Karten und Pläne,
durchgehend illustriert,
großer Farbteil,
farbiger Kartenatlas

Gabriele Kalmbach
Paris und Umgebung
360 Seiten,
20 Karten und Pläne,
durchgehend illustriert

Stefan Brandenburg, Ines Mache
Provence
576 Seiten,
35 Karten und Pläne,
durchgehend illustriert,
großer Farbteil

ANZEIGE

Miller, Alo und Niko aus
Das Tal der Loire
480 Seiten,
15 Karten und Pläne,
durchgehend illustriert,
farbiger Kartenatlas

Schuh, Michael
Pyrenäen
432 Seiten, 15 Karten und Pläne,
durchgehend illustriert,
großer Farbteil,
farbiger Kartenatlas

Otzen, Hans und Barbara
Burgund
erscheint Frühjahr 2003
ca. 380 Seiten,
ca. 20 Karten und Pläne,
durchgehend illustriert,
farbiger Kartenatlas,

REISE KNOW-HOW Verlag,
Bielefeld

Praxis – die handlichen Ratgeber für unterwegs

Wer seine Freizeit aktiv verbringt, in die Ferne schweift, moderne Abenteuer sucht, braucht spezielle Informationen und Wissen, das in keiner Schule gelehrt wird. REISE KNOW-HOW beantwortet mit bald 40 Titeln die vielen Fragen rund um Freizeit, Urlaub und Reisen in einer neuen, praktischen Ratgeberreihe: „Praxis".

So vielfältig die Themen auch sind, gemeinsam sind allen Büchern die anschaulichen und allgemeinverständlichen Texte. Praxiserfahrene Autoren schöpfen ihr Wissen aus eigenem Erleben und würzen ihre Bücher mit unterhaltsamen und teilweise kuriosen Anekdoten.

Rainer Höh: **Kanu-Handbuch**

Rainer Höh: **Wildnis-Ausrüstung**

Rainer Höh: **Wildnis-Küche**

Frank Littek: **Fliegen ohne Angst**

Rainer Höh: **Orientierung mit Kompass und GPS**

Wolfram Schwieder: **Richtig Kartenlesen**

Reto Kuster: **Dschungelwandern**

Klaus Becker: **Tauchen in warmen Gewässern**

M. Faermann: **Sicherheit im und auf dem Meer**

M. Faermann: **Survival Naturkatastrophen**

M. Faermann: **Gewalt und Kriminalität unterwegs**

J. Edelmann: **Vulkane besteigen und erkunden**

Rainer Höh: **Winterwandern**

Hans-Jürgen Fründt: **Reisen und Schreiben**

Rainer Höh: **Outdoor-Navigation**

Register

A
Ab-Hof-Verkauf 33
Abbaye d'Ardenne 405
Abbaye de Baubec 270
Abbaye de Belle-Étoile 444
Abbaye de Fontaine-Guérard 154
Abbaye de Hambye 492
Abbaye de la Grande Trappe 562
Abbaye de Mondaye 432
Abbaye de Mortemer 139
Abbaye Sainte-Marie
  de Villers-Canivet 416
Abtei Saint-Évroult 215
Acquigny 156
Agon-Coutainville 491
Aizier 197
Alençon 551
Allouville-Bellefosse 243
Amorikanisches Massiv 60
Andelle 151
Angeln 43
Ango, Jehan 257
Anreise 26
Antike 71
Apfelweinstraße 373
Apotheken 40
Appartements 53
Architektur 109
Argentan 546
Arques-la-Bataille 263
Arromanches-les-Bains 339
Ärztliche Versorgung 40
Asnelles 339
Auberville 312
Aubigny 416
Auderville 477
Audrieu 405
Aumale 282
Aunay-sur-Odon 437
Aureville, Barbey de 123
Auslandskrankenschein 40
Auslandsreise-
  Krankenversicherung 20
Ausrüstung 22
Authie 406
Auto 27
Avranches 509
Avranchin 522
Avre 164

B
Baden 29
Bäderarchitektur 119
Bagnoles-de-l'Orne 536
Bahn 26
Banken 42
Banneville-sur-Anjon 437
Barentin 184
Barenton 526
Barfleur 466
Barneville-Carteret 481
Barneville-la-Bertran 294
Barock 115
Bartholomäusnacht 89
Basse-Normandie 100
Bayeux 424
Beaumesnil 209
Beaumont 209
Beaumont-en-Auge 352
Beaumont-Hague 478
Beaumont-le-Roger 208
Bec d'Andaine 505
Bec-Hellouin 206
Behinderte 31
Belbeuf 149
Belle Époque 91
Bellefontaine 526
Bellême 563
Bénouville 237, 325
Bernay 212

REGISTER

Bernières-sur-Mer 331
Bessin 433
Beuvron-en-Auge 367
Beuzeville 205
Bevölkerung 100
Biville 479
Blainville 153
Blangy-sur-Bresle 280
Blonville-sur-Mer 307
Blosseville-sur-Mer 252
Bocage 439
Bois-Guilbert 270
Bolbec 199
Bolleville 244
Bonsecours 185
Bosc-Roger 270
Botschaften 17
Boucherie 33
Boudin, Eugène 292
Boulangerie 32
Boulon 410
Brandung 63
Brécy 407
Brèche au Diable 415
Bresle 277
Breteuil-sur-Iton 162
Bretteville 468
Bretteville-sur-Odon 405
Bréville 492
Bricquebec 480
Briefmarken 43
Brionne 205
Broglie 213
Bronzezeit 71
Brouains 526
Bruneval 235
Buchy 153
Bunker 343
Bures-en-Bray 268
Bürgerkrieg 88
Bürgertum 91

Busbahnhöfe 57
Butterturm 113

C

Cabourg 318
Caen 392
Cagny 409
Calvados 35
Cambremer 370
Camembert 385
Camping 54
Cany-Barville 249
Cap de Flamanville 480
Cap de la Hague 476
Cap Lévy 468
Carentan 457
Carolles 505
Carrouges 538
Castillon 436
Caudebec-en-Caux 195
Caumont-l'Éventé 438
Caux Maritime 245
Cerisy-la-Forêt 435
Chambois 549
Chambray 157
Chambres d'Hôtes 52
Chapelle-sur-Vire 452
Charcuterie 33
Charentonne 211
Chartier, Émile 124
Château de Balleroy 434
Château de Betteville 353
Château de Bizy 133
Château de Canon 409
Château de Cany 249
Château de Carrouges 539
Château de Chambray 162
Château de Colombières 434
Château de Crasville 251
Château de Creully 407
Château de Filières 200

Château de
  Fontaine-Étoupefoeur 405
Château de Gonneville 472
Château de Grandchamps 370
Château de
  Guillaume-le-Conquérant 307
Château de la
  Rivière-Bourdet 190
Château de Lantheuil 407
Château de l'Angotière 452
Château de Matignon 453
Château de Médavy 544
Château de Miromesnil 263
Château de Pontécoulant 420
Château de Robert-le-Diable 190
Château de
  Saint-Germain-de-Livet 374
Château de Sassy 544
Château de Vaulaville 432
Château des Aygues 235
Château des Nouettes 211
Château des Ravalet 472
Château d'Ételan 196
Château d'Argouges 432
Château d'Assy 416
Château d'Orcher 200
Château d'O 543
Château du Bec 235
Château du Breuil 357
Château du
  Champ-de-Bataille 207
Château Gaillard 143
Château Gaillon 142
Château La-Petite-Haye 216
Château Martinvast 474
Château Menneval 212
Château Mont-de-la-Vigne 369
Château Pirou 484
Château Roque-Baignard 366
Château Vendeuvre 383
Château-Musée Martainville 153

Chaulieu 525
Cherbourg-Octeville 470
Childerich 72
Chlodwig 72
Christentum 72
Cidre 35
Cintheaux 410
Cité de la Mer 472
Clécy 419
Clères 185
Clermont-en-Auge 367
Clothilde 72
Colleville-sur-Mer 343
Conches-en-Ouche 211
Condé-sur-Ifs 410
Condé-sur-Noireau 419
Confiserie 32
Coquainvilliers 358
Cormeilles 354
Corneille, Pierre 123
Côte de Grâce 297
Côte de Nacre 324
Côte des Deux Amants 144
Côte d'Albâtre 230
Côte Fleurie 286
Courseulles-sur-Mer 332
Courtils 506
Coutances 484
Crasville 466
Crèmerie 33
Crèvecœur-en-Auge 369
Criel-sur-Mer 276
Criquebeuf-en-Caux 237
Criquebœuf 297
Croisset 186
Cuverville 235

D
D-Day 94, 346
Deauville 302
Déjeuner 36

Départements 100
Dienstleistungssektor 98
Dieppe 257
Dîner 36
Diplomatische
    Vertretungen 17
Diskotheken 42
Dives-sur-Mer 315
Domfront 533
Dompierre 535
Donville 492
Doudeville 251
Douvres-la-Délivrande 330
Ducey 522
Duclair 192
Dun 251
Durdent 249

E
Ebbe 29
Écluses d'Amfreville 144
Écouché 548
Écouis 140
Edikt von Nantes 89
Einkaufen 32
Ein- und Ausreise-
    bestimmungen 18
Einwohner 100
Eisenbahn 26
Elbeuf-sur-Seine 149
Elektrizität 34
Englischer Landungsversuch 264
Envermeu 265
Épicerie 32
Ermenouville 252
Essen und Trinken 34
Étretat 233
Eu 277
Eure 155
Europäische Union 97
Évreux 159

F
Fachgeschäfte 32
Fahrrad 45
Falaise 411
Falaises des Vaches Noires 310
Fauves 123
Faxe 43
Fayencen 127
Fécamp 237
Feiertage 39
Ferienhäuser 53
Fermanville 468
Fernsehen 41
Fernwanderwege 45
Fervaques 375
Fiquefleur 294
Fischerei 106
FKK 31
Fläche 100
Flamboyant-Stil 113
Flaubert, Gustave 152
Fleischwirtschaft 103
Flers 443
Fleury-la-Forêt 139
Flora und Fauna 64
Flugzeug 26
Flut 29
Fontaine l'Abbé 212
Forêt d'Andaines 537
Forêt de Bellême 563
Forêt d'Eu 280
Forêt de Grimbosq 410
Forêt de Lyons 139
Forêt de Montgeon 226
Forêt de Réno-Valdieu 562
Forêt Domaniale de Cerisy 435
Forêt Domaniale d'Arques 265
Forges-les-Eaux 269
Fort de Tourneville 226
Foto 39
Francheville 162

Franken 72
Fränkisches Reich 72
Französische Revolution 90
Fremdenverkehrsämter 16
Friedhof 345
Frühgeschichte 70
Frotte, Graf Louis de 91

G
Gacé 377
Gaillon 141
Gärten 66
Gatteville-le-Phare 467
Geld 18
Genêts 505
Geografie 60
Geologie 60
Gepäckversicherung 19
Germanen 72
Geschichte 70, 487
Gesundheit 40
Getränke 37
Gewerbliche Wirtschaft 108
Gezeiten 29, 68
Girondisten 90
Gisors 137
Gîtes 52
Giverny 133
Glaubensspaltung 88
Gold Beach 338
Golf 44
Golfstrom 63
Gommerville 200
Gonneville-sur-Honfleur 294
Gonvreville l'Orcher 200
Gorges de Saint-Aubert 420
Gotik 112
Gournay-en-Bray 270
Goury 477
Grandcamp-Maisy 348
Grande marée 69

Granville 498
Grémouville 244
Gréville-Hague 477
Grosley-sur-Risle 209
Gruchy 477
Guernsey 486

H
Haras du Pin 549
Harcourt 207
Harfleur 227
Haute-Normandie 100
Heckenlandschaft 65
Heinrich II. 80
Heinrich III. von England 83
Heinrich V. 84
Heinrich VI. 85
Heinrich von Guise 89
Heinrich von Navarra 89
Henri II. 88
Henri III. 89
Henri IV. 89
Héricourt-en-Caux 250
Hermanville-sur-Mer 327
Herrenhäuser 116
Herrenhaus
  La Chénevotte 380
Herrenhaus Les Feugerets 564
Herrenhaus von
  Almenêche 544
Herzogtum Normandie 74
Herzog von Bedford 85
Heudicourt 139
Hinreise 26
Hochsaison 21
Honfleur 287
Hotels 50
Houlgate 313
Hugenotten 88
Huisnes-sur-Mer 506
Hundertjähriger Krieg 83

REGISTER

I
Îles Chausey 503
Impressionismus 122
Industrie 108
Informationen 16
Infrastruktur 98
Internet 16
Iton 159
Ivry-la-Bataille 157

J
Jakob II. von England 89
Jakobiner 90
Janville 249
Jardin d'Elle 453
Jeanne d'Arc 182
Jersey 485
Johann ohne Land 80
Jugendherbergen 54
Jullouville 505
Jumièges 192
Juno Beach 330

K
Kanalinseln 485
Karl II. 73
Karl III. 74
Karl der Große 73
Karl der Schlimme 84
Käsesorten 102
Kasinos 42
Katharina von Medici 89
Kelten 71
Klassizismus 115
Klima 63
Konsulate 17
Kosten 19
Krankenversicherung 20
Krankheit 40
Kulturinstitute 16
Kunsthandwerk 125

L
L'Aigle 210
L'Ermitage 443
La Barre de Semily 452
La Croix-St.-Leufroy 156
La Dathée 443
La Ferrière-sur-Risle 209
La Ferté-Macé 537
La Haute Chapelle 534
La-Lande-de-Goult 539
La Madeleine 458
La Merveille 518
La Roche-Mabile 557
Landschaftsbilder 61
Landung der Alliierten 94, 346
Landwirtschaft 100
Langrune-sur-Mer 331
Le Bourg Dun 251
Le Bourg-St.-Léonard 549
Le Brévedent 357
Le Chaos 340
Le Circuit du Grès 251
Le Havre 220
Le Héron 151
Le Hôme 321
Le Mesnil-Durdent 252
Le-Mesnil-sous-Jumièges 192
Le Molay-Littry 434
Le Neubourg 207
Le Tréport 273
Leihwagen 29
Les Andelys 142
Les Îles Saint-Marcouf 459
Les Sallenelles 321
Les Vaux 444
Lessay 484
Lillebonne 197
Lion-sur-Mer 327
Lisieux 360
Lisores 385
Literatur 123

Livarot 382
Longny-au-Perche 562
Longues-sur-Mer 340
Lonlay-l'Abbaye 534
Louis XIV. 89
Louviers 156
Luc-sur-Mer 330
Ludwig IX. 82
Ludwig X. 83
Ludwig XVI. 85
Ludwig der Fromme 73
Lyons-la-Forêt 139

M

Madame Bovary 152
Maisons de France 16
Malerei 121
Mandeville-en-Bessin 434
Manéglise 227
Manoir d'Ango 248
Manoir d'Auffay 250
Manoir de Bellou 376
Manoir de Caudemone 375
Manoir de Chiffretot 376
Manoir de Coupesarte 381
Manoir de Courboyer 564
Manoir de l'Angenadière 564
Manoir de la Crasvillerie 466
Manoir de Lortier 376
Manoir de Rabomare 200
Manoir de Villers 190, 216
Manoir des Évêques 355
Manoir du Mesnil 192
Marais Vernier 197
Marat, Jean-Paul 91
Marcilly-sur-Eure 159
Medien 41
Merville-Franceville Plage 321
Mesnières-en-Bray 268
Mesnil-Val 275
Mietwagen 29

Milchwirtschaft 102
Mirbeau, Octave 124
Mittelalter 72
Moderne 119
Monet, Claude 134
Mont-Cauvaire 185
Montebourg 460
Mont-Ormel 549
Mont St.-Michel 513
Montville 185
Montvilliers 227
Monument Leclerc 459
Mortagne-au-Perche 561
Mortain 525
Mortenais 524
Motteville 244
Moyaux 366
Mulberry 339

N

Nachtleben 41
Neufchâtel-en-Bray 269
Neuilly 157
Nez de Jabourg 478
Nonancourt 164
Nonant-le-Pin 545
Normannische Charta 83
Normanville 250
Noron-l'Abbaye 417
Noron-la-Poterie 432
Notfälle 42
Notre-Dame-
  de-Bondeville 185
Notrufsäulen 28

O

Öffnungszeiten 42
Offranville 263
Öko-Landwirtschaft 106
Omaha Beach 343
Omonville La Rogue 477

REGISTER

Orbec 378
Ouistreham 326

P
Pacy-sur-Eure 157
Panne 28
Parc des Sources d'Elle 452
Parc Naturel Régional
  de Brotonne 198
Parc Naturel Régional des Marais
  du Cotentin et du Bessin 454
Pariser Becken 60
Parks 66
Passais la Conception 535
Pauschalangebote 51
Pavily 184
Pays d'Auge 350
Pays de Bray 267
Pays de Falaise 411
Pegasus-Brücke 325
Penly 265
Pennedepie 297
Pensionen 50
Perche 559
Percheron 558
Petit Couronne 185
Petit déjeuner 34
Pferdezucht 106
Pflanzen 64
Philippe II. Auguste 80
Philippe VI. 83
Philipp der Schöne 83
Pierrefitte-en-Auge 357
Piraterie 85
Plateau de Caux 243
Point d'Alençon 126, 551
Pointe de Barfleur 467
Pointe de Saire 465
Pointe du Chicard 237
Pointe du Hoc 348
Poissonnerie 33

Pommeau 35
Pont d'Ouilly 419
Pont-Audemer 203
Pont-de-l'Arche 148
Pont de Tancarville 197
Pont l'Évêque 351
Pontorson 523
Pont-St.-Pierre 154
Popa 74
Portbail 483
Port-en-Bessin 340
Post 43
Pourville-sur-Mer 248
Pré-Bocage 437
Prieuré Saint-Michel de Crouttes 387
Privatunterkünfte 52
Proust, Marcel 320

Q
Querqueville 474
Quettehou 463
Quevillor 190
Quézy 410
Quillebeuf-sur-Seine 197
Quilly-le-Vicomte 358
Quinéville 459
Quittungen 21

R
Rad fahren 45
Radio 41
Rânes 539
Ravenoville Plage 459
Regierungs- und
  Verwaltungssystem 98
Regionalwahlen 98
Regnéville-sur-Mer 491
Reisezeit 21
Reiten 44
Religionskriege 88
Remilly-sur-Lozon 453

Renaissance 113
Restaurant 36
Richard I. 75
Richard II. 75
Richard III. 75
Richard Löwenherz 80, 146
Rinderhaltung 103
Risle 203
Riva Bella 326
Robespierre 90
Rocher de la Roque 144
Roches de Ham 452
Rocques 358
Rollo 74
Romanik 109
Römer 71
Rots 406
Rouen 169
Route des Colombiers Cauchois 250
Route des Falaises 275
Route du Fromage
  de Neufchâtel 272
Routes Nationales 28
Rugles 210
Ry 153
Ryes 432

S

Sahurs 189
Saint-André-d'Hébertot 353
Saint-Arnoult 307
St.-Aubin-sur-Mer 247, 331
St.-Cénerie-le-Gérei 555
St.-Christophe-le-Jajolet 544
Ste.-Adresse 226
Sainte-Gauburge 564
Ste.-Marguerite-sur-Mer 247
Ste.-Marie-du-Mont 458
Sainte-Marie-Laumont 442
Ste.-Mère-Église 459
St.-Fraimbault 535
St.-Germain-de-Clairefeuille 545
St. Germain des Vaux 477
Saint-Germer-de Fly 271
Saint-Hilaire-du-Harcouët 526
Saint-Hymer 353
St.-James 522
St. Laurent-sur-Mer 345
St. Léonard 505
Saint-Lô 451
Saint-Martin-aux-Buneaux 245
Saint-Martin de Boscherville 191
St.-Michel-de-Montjoie 443
St.-Martin-des-Besaces 438
St.-Nicolas d'Aliermont 265
St. Pair-sur-Mer 504
St.-Pierre, Bernadin de 123
Saint-Pierre-de-Manneville 190
Saint-Maurice-d'Ételan 196
St.-Pierre-du-Mont 345
St.-Pierre-Église 467
St.-Pierre-le-Vieux 251
Saint-Pierre-sur-Dives 382
Saint-Rémy 419
St.-Sauveur-le-Vicomte 480
Saint-Sever-Calvados 442
St.-Symphorien-des-Monts 526
Saint-Vaast-la-Hougue 464
St.-Valery-en-Caux 246
Saint-Wandrille 193
Säkularisation 91
Sartre, Jean-Paul 125
Savigny-le-Vieux 526
Seebädermode 92
Seefahrer 86
Sées 540
Segeln 46
Seine-Tal 130
Sentier des Douaniers 478
Sigy-en-Bray 270
Soldatenfriedhof
  345, 434, 506, 523

REGISTER

Sotteville-sur-Mer 247
Soumont-Saint-Quentin 415
Spezialitäten 32, 37
Sport 43
Sprache 46
Sprachschulen 47
Sprachhilfe 578
Springtide 69
Sprota 75
Steinzeit 70
Stephan von Blois 80
Stickerei 125
Strände 29
Strandsegeln 46
Straße der Abteien 189
Straßenkarten 28
Suisse Normande 418
Surfen 46
Sword Beach 325

T
Tal der Saire 464
Tancarville 200
Taubentürme 117
Telefonieren 49
Teppich von Bayeux 78, 430
Thaon 406
Thury-Harcourt 418
Tiere 49, 64
Tillières-sur-Avre 164
Tinchebray 444
Tocqueville 467
Töpferwaren 127
Tordouet 378
Torigni-sur-Vire 453
Torps 416
Touques 306, 357
Tourismus 108
Tourist-Informationen 50
Troarn 409
Trouville-sur-Mer 298

U
Umweltpolitik 99
Umweltschutz 67
Unterkunft 50
Urville-Nacqueville 474
Utah Beach 457

V
Vains 506
Val de Richer 366
Val de Saire 463
Valmont 241
Valognes 460
Varende, Jean de la 125
Varengeville-sur-Mer 248
Vascœil 151
Vattetot 237
Vatteville-la-Rue 197
Vauville 478
Ver-sur-Mer 339
Verkehrsmittel 57
Verkehrsregeln 27
Verneuil-sur-Avre 165
Vernon 131
Versicherungen 19
Verständigung 46
Vertrag von Troyes 84
Verwaltung 100
Veules-les-Roses 247
Veulettes-sur-Mer 245
Vexin 137
Video 39
Vierville-sur-Mer 345
Vieux 410
Villedieu-les-Poêles 523
Villequier 196
Villers-Bocage 437
Villers-Fossard 453
Villers-sur-Mer 309
Villerville 297
Vimoutiers 385

Vire 441
Vorsaison 21

W
Wälder 66
Wandern 45
Wasserqualität 31
Wechselkurse 19
Weltkriege 93
Wetter 63
Wikinger 73
Wildes Campen 55

Wilhelm der Eroberer 77, 316
Wilhelm Langschwert 75
Wilhelm Rufus 79
Wirtschaft 100

Y/Z
Yport 237
Yvetot 243
Zeitungen 41
Zelten 54
Zoo de Jurques 438
Zug 26

Der Autor

Hans Otzen, Jahrgang 1942, ist diplomierter Volkswirt und promovierter Agrargeograf. Beruflich mit Fragen des weltweiten Agrarmarketings befasst, führte ihn sein Weg immer wieder in die Landwirtschaftszentren der Erde, vor allem auch nach Frankreich und da speziell in die Normandie.

Beeindruckt von den Natur- und Kulturräumen, die er bereist hat, begann er schon früh, seine Eindrücke in Reiseführern darzulegen. So entstanden Bücher über die Anden, das Amazonas-Gebiet, Kenia, Niederösterreich und Tirol sowie über Korsika. Besonders faszinierten ihn aber die Landschafts- und Lichtkontraste in der Normandie, ihre weltberühmte Kirchenarchitektur, die zauberhaften Fachwerkhäuser in den Städten und Dörfern wie auch die Apfelgärten im Pays d'Auge, der Heimat des Calvados, der die Normandie so berühmt gemacht hat.

Kartenatlas
Normandie

Zeichenerklärung

- ★ Sehenswürdigkeit
- ♠ Château, Manoir
- ⚏ Kirche, Kloster
- ⊞ Soldatenfriedhof
- ∴ Ausgrabungsstätte, Ruine
- ※ Panorama

- ══ Autobahn
- ── Hauptstraße
- ── Nebenstraße
- ── Eisenbahn
- ▪▪▪▪ Tourist-Bahn
- ─·─ Grenze
- ── Parkgrenze

0   10   20   30 km

Maßstab 1 : 400.000

II Cap del la Hague, Cherbourg, Portbail

Carentan, Utah Beach, Pointe de Barfleur

DEAUVILLE, FÉCAMP, LE HAVRE

Barentin, Bolbec, St.-Valery-en Caux

VI CANY-BARVILLE, DIEPPE, YVETOT

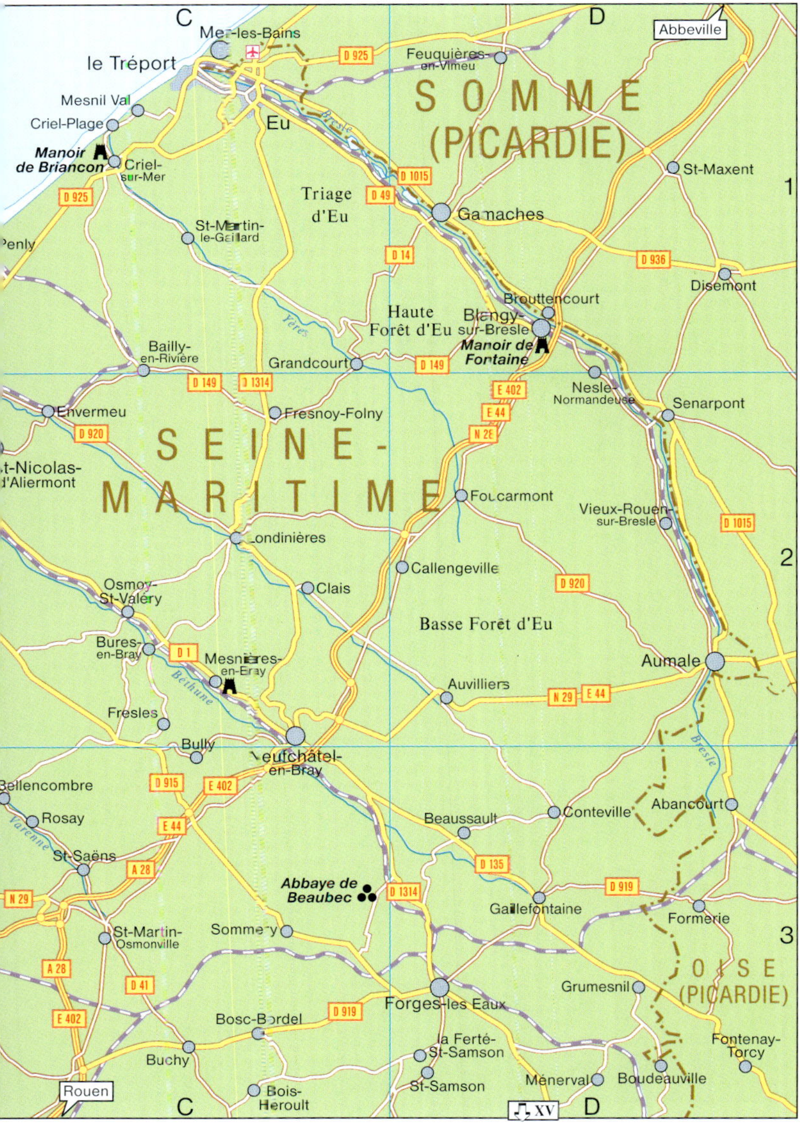
C
D
Mers-les-Bains
Abbeville
le Tréport
D 925
Feuquières-en-Vimeu
SOMME (PICARDIE)
Mesnil Val
Criel-Plage
Eu
Bresle
Manoir de Briancon
Criel-sur-Mer
D 1015
St-Maxent
1
D 925
Triage d'Eu
D 49
Gamaches
Penly
St-Martin-le-Gaillard
D 14
D 936
Disemont
Brouttencourt
Haute Forêt d'Eu
Blangy-sur-Bresle
Yères
Manoir de Fontaine
Bailly-en-Rivière
Grandcourt
D 149
D 149
D 1314
Nesle-Normandeuse
E 402
Senarpont
Envermeu
Fresnoy-Folny
E 44
D 920
N 28
SEINE-MARITIME
St-Nicolas-d'Aliermont
Foucarmont
Vieux-Rouen-sur-Bresle
D 1015
Londinières
2
Callengeville
Clais
Osmoy-St-Valéry
D 920
Basse Forêt d'Eu
Bures-en-Bray
D 1
Mesnières-en-Bray
Aumale
Béthune
Auvilliers
N 29
E 44
Fresles
Bully
Neufchâtel-en-Bray
Bresle
Bellencombre
D 915
E 402
Rosay
Abancourt
Beaussault
Conteville
E 44
Varenne
St-Saëns
A 28
D 135
Abbaye de Beaubec
D 1314
D 919
N 29
Gaillefontaine
Formerie
St-Martin-Osmonville
Sommery
3
A 28
D 41
OISE (PICARDIE)
Grumesnil
Forges-les-Eaux
E 402
Bosc-Bordel
D 919
la Ferté-St-Samson
Fontenay-Torcy
Buchy
St-Samson
Ménerval
Boudeauville
Rouen
Bois-Héroult
C
XV
D

VIII Coutances, Granville, Lessay

CARENTAN, ST.-LÔ, VIRE IX

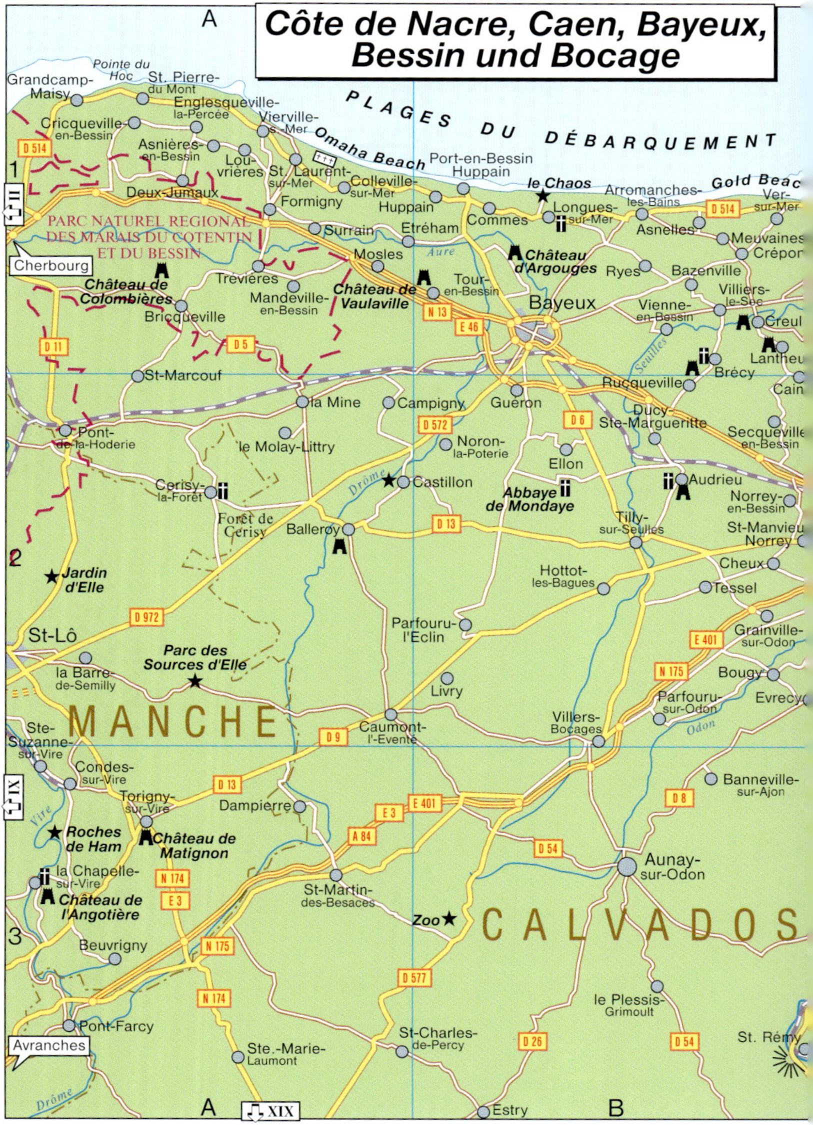
Côte de Nacre, Caen, Bayeux, Bessin und Bocage
PLAGES DU DÉBARQUEMENT
Omaha Beach
Gold Beach
Grandcamp-Maisy
Pointe du Hoc
St. Pierre-du Mont
Englesqueville-la-Percée
Vierville-s.-Mer
Cricqueville-en-Bessin
Asnières-en-Bessin
Louvrières
St. Laurent-sur-Mer
Colleville-sur-Mer
Port-en-Bessin Huppain
le Chaos
Arromanches-les-Bains
Ver-sur-Mer
Deux-Jumaux
Formigny
Huppain
Commes
Longues-sur-Mer
Asnelles
Meuvaines
Crépon
PARC NATUREL REGIONAL DES MARAIS DU COTENTIN ET DU BESSIN
Surrain
Etréham
Cherbourg
Mosles
Aure
Château d'Argouges
Ryes
Bazenville
Château de Colombières
Trévières
Château de Vaulaville
Tour-en-Bessin
Villiers-le-Sec
Mandeville-en-Bessin
Bayeux
Vienne-en-Bessin
Creully
Bricqueville
Lantheuil
Seulles
Brécy
St-Marcouf
Rucqueville
Cainet
la Mine
Campigny
Guéron
Ducy-Ste-Marguerite
Secqueville-en-Bessin
Pont-de-la-Hoderie
le Molay-Littry
Noron-la-Poterie
Ellon
Audrieu
Cerisy-la-Forêt
Drôme
Castillon
Abbaye de Mondaye
Norrey-en-Bessin
Forêt de Cerisy
Balleroy
Tilly-sur-Seulles
St-Manvieu Norrey
2
Jardin d'Elle
Cheux
Hottot-les-Bagues
Tessel
Parfouru-l'Eclin
Grainville-sur-Odon
St-Lô
Parc des Sources d'Elle
la Barre-de-Semilly
Bougy
Livry
Parfouru-sur-Odon
Evrecy
MANCHE
Ste-Suzanne-sur-Vire
Caumont-l'Eventé
Villers-Bocages
Odon
Condes-sur-Vire
Banneville-sur-Ajon
Torigny-sur-Vire
Dampierre
Vire
Roches de Ham
Château de Matignon
Aunay-sur-Odon
la Chapelle-sur-Vire
Château de l'Angotière
St-Martin-des-Besaces
Zoo
CALVADOS
3
Beuvrigny
le Plessis-Grimoult
Pont-Farcy
Avranches
St-Charles-de-Percy
St. Rémy
Ste.-Marie-Laumont
Drôme
A
B
1
XIX
IX
D 514
D 11
D 5
N 13
E 46
D 572
D 6
D 13
D 972
D 9
E 401
N 175
E 3
A 84
D 54
N 174
D 8
D 577
D 26

CAEN, FALAISE, TROUVILLE-SUR-MER XI

XII Côte Fleurie, Lisieux, St.-Pierre-sur-Dives

Bernay, le Neubourg, Pont-Audemer XIII

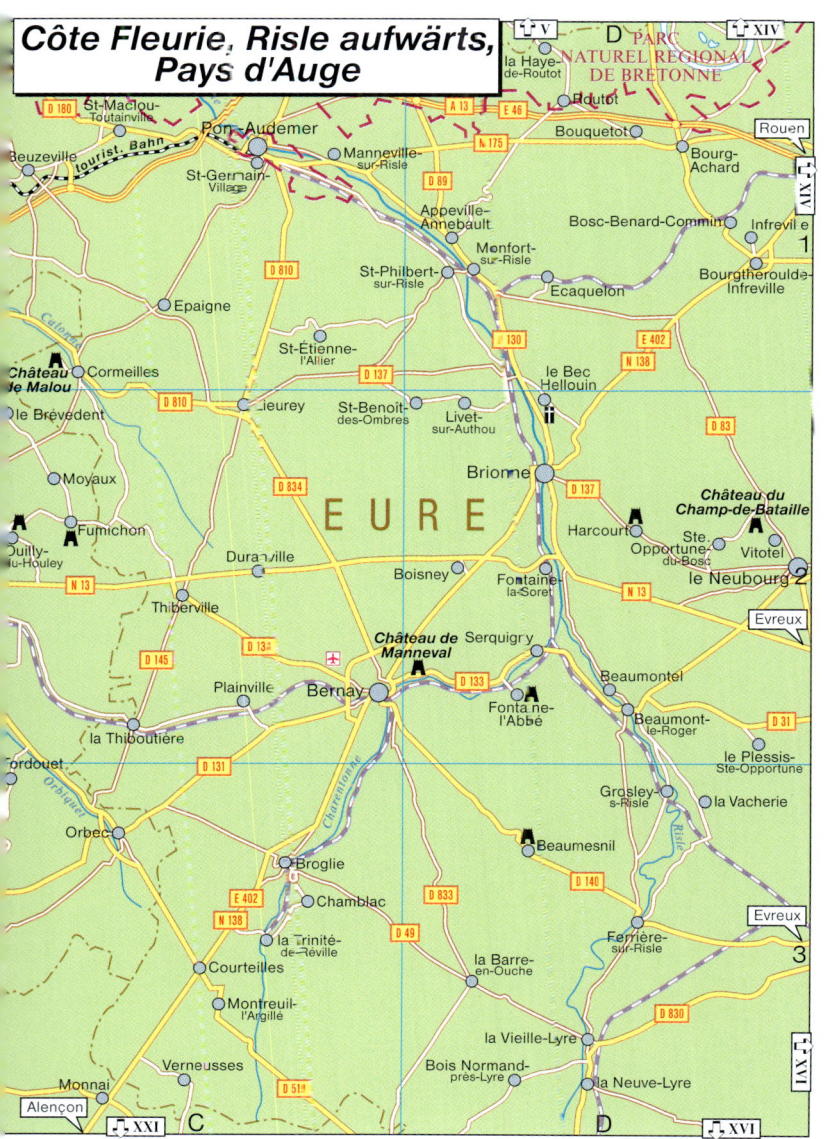

XIV Brionne, Louviers, Rouen

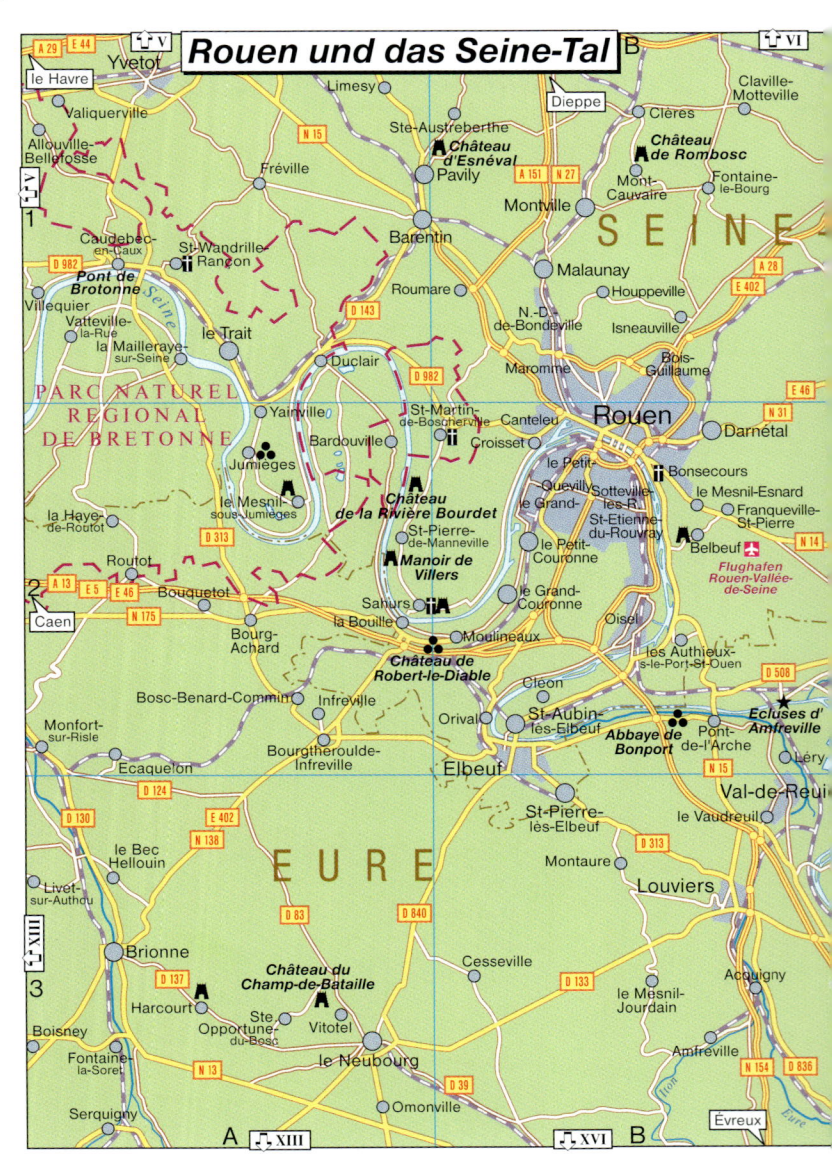

Forges-les-Eaux, Gaillon, Gournay-en-Bray XV

XVI BERNAY, CONCHES-EN-OUCHES, L'AIGLE

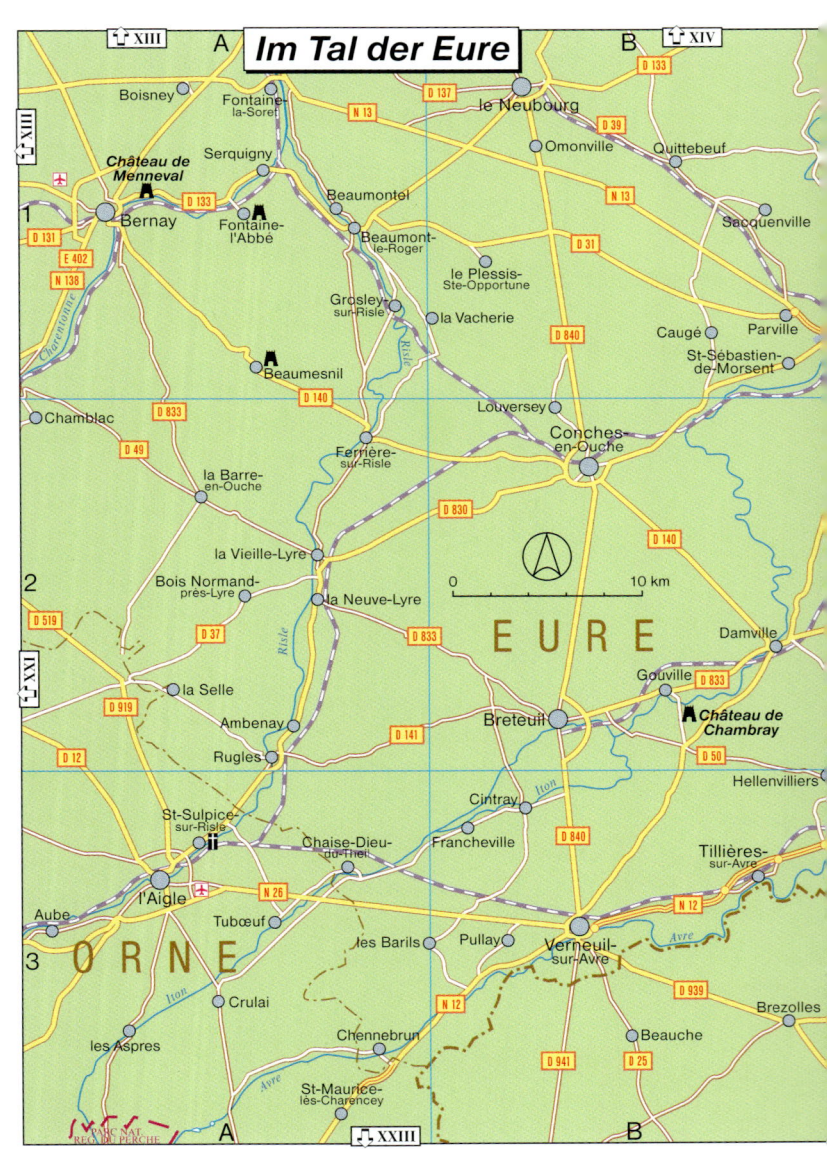

ÉVREUX, NONANCOURT, VERNON XVII

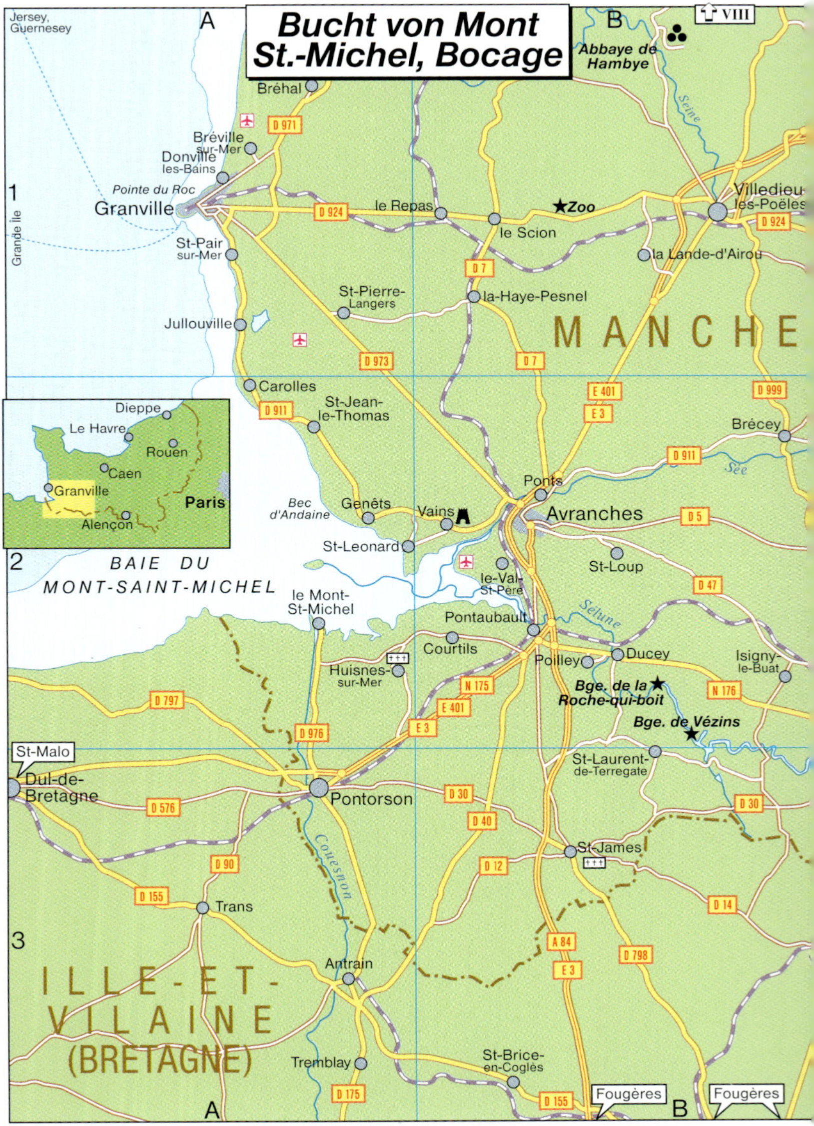
Bucht von Mont St.-Michel, Bocage
VIII
Jersey, Guernesey
Abbaye de Hambye
Bréhal
Bréville sur-Mer
Donville les-Bains
Pointe du Roc
Granville
St-Pair sur-Mer
Jullouville
Carolles
St-Pierre-Langers
le Repas
le Scion
Zoo
Villedieu-les-Poëles
la Lande-d'Airou
la-Haye-Pesnel
MANCHE
St-Jean-le-Thomas
Genêts
Bec d'Andaine
Vains
St-Leonard
Ponts
Avranches
Brécey
Sée
St-Loup
le-Val-St-Père
Sélune
Pontaubault
Courtils
Huisnes-sur-Mer
le Mont-St-Michel
Poilley
Ducey
Isigny-le-Buat
Bge. de la Roche-qui-boit
Bge. de Vézins
St-Laurent-de-Terregate
BAIE DU MONT-SAINT-MICHEL
Dieppe
Le Havre
Rouen
Caen
Granville
Paris
Alençon
St-Malo
Dul-de-Bretagne
Pontorson
Couesnon
St-James
Trans
Antrain
Tremblay
St-Brice-en-Coglès
Fougères
ILLE-ET-VILAINE (BRETAGNE)
Seine
Grande Île
D 971
D 924
D 7
D 973
D 911
E 401
E 3
D 999
D 5
D 47
N 175
N 176
D 797
D 976
D 576
D 30
D 40
D 90
D 12
D 155
D 14
A 84
D 798
D 175
A
B
1
2
3

Domfront, Mortain, Vire — XIX

XX ALENÇON, ARGENTAN, FLERS

Aube, Gacé, Sées XXI

XXII Alençon, Sées, St.-Céneri-le-Gérei

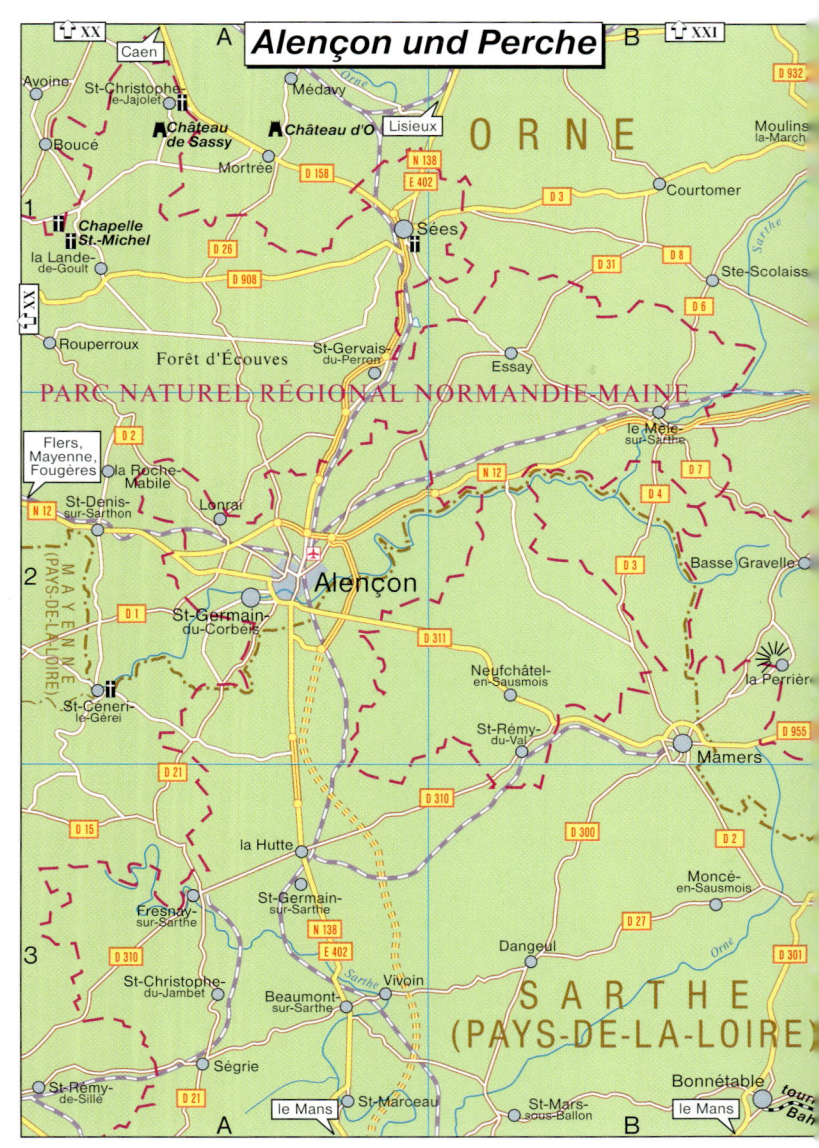

BELLÊME, LONGNY-AU-PERCHE, MORTAGNE-AU-PERCHE XXIII